中国快递史话

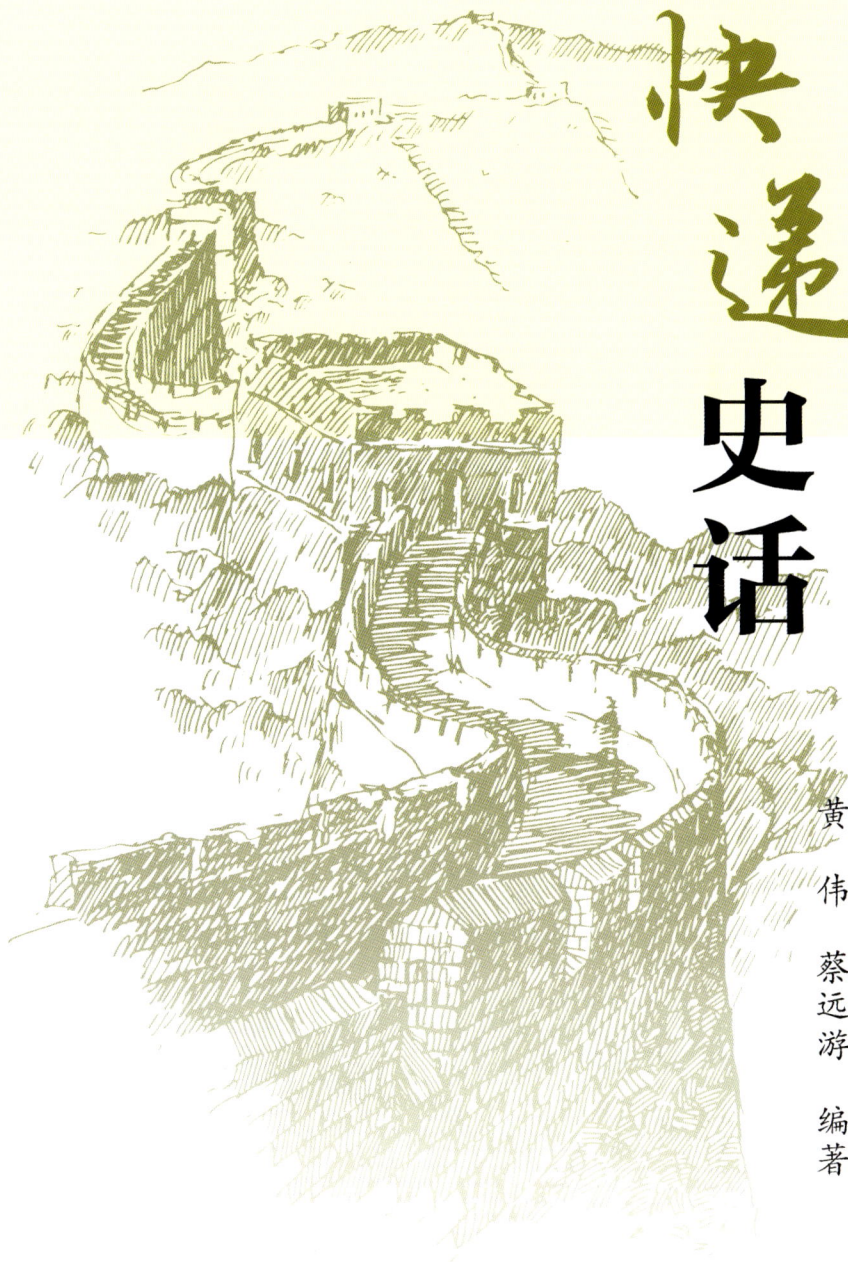

黄 伟　蔡远游　编著

厦门大学出版社　国家一级出版社
XIAMEN UNIVERSITY PRESS　全国百佳图书出版单位

图书在版编目(CIP)数据

中国快递史话/黄伟,蔡远游编著. —厦门:厦门大学出版社,2019.2
ISBN 978-7-5615-7236-8

I.①中… Ⅱ.①黄…②蔡… Ⅲ.①快递—邮电经济—经济史—中国 Ⅳ.①F632.9

中国版本图书馆 CIP 数据核字(2018)第 268553 号

出 版 人	郑文礼
责任编辑	江珏玓

出版发行 厦门大学出版社

社　　址	厦门市软件园二期望海路 39 号
邮政编码	361008
总 编 办	0592-2182177　0592-2181406(传真)
营销中心	0592-2184458　0592-2181365
网　　址	http://www.xmupress.com
邮　　箱	xmupress@126.com
印　　刷	厦门集大印刷厂

开本	787 mm×1 092 mm　1/16
印张	27
插页	2
字数	592 千字
印数	1~4 000 册
版次	2019 年 2 月第 1 版
印次	2019 年 2 月第 1 次印刷
定价	78.00 元

本书如有印装质量问题请直接寄承印厂调换

厦门大学出版社
微信二维码

厦门大学出版社
微博二维码

推荐序

《中国快递史话》即将顺利出版发行,对中国快递业而言,这是一件可喜可贺之事。作为业界一分子,我对此表示衷心的祝贺,也对本书的创作团队和编辑人员表示诚挚的感谢。

今年是中国改革开放40周年。40年来,一个草根产业在中国大地以不可阻挡之势崛起,赢得了全世界的关注和尊重。尤其是国家邮政体制改革理顺监管体制、《邮政法》修订确立快递的法律地位以来,快递业得到了迅猛的发展,成为中国新经济的一匹"黑马",更成为世界邮政业的动力源和稳定器。年快递业务量从2006年的10亿件增长到2017年的401亿件;截至2017年,7家快递企业上市,6家年收入超300亿元的大型快递企业集团诞生,这样的发展速度让业界极为振奋。

在这样的时代背景下,本书的出版具有划时代的里程碑意义。在此我谈几点感想:

首开先河,弥足珍贵。本书在中国快递业创造了以史话体裁为行业写史的先例。长久以来,行业内尚无一本全面、系统、专业介绍快递行业发展史的图书,关于这个行业的过往发展沿革、在争端与冲突中艰难前行的历史资料更是屈指可数,鲜少亮相于世人面前。作为业界第一本由民间人士创作的专业书,本书的写作方式和阅读体验都让人耳目一新。在这本书中你会看到许多珍贵的史料,它们穿越历史时空,走出落满尘埃的高阁,让你有种寻幽探宝的知足和喜悦。古代邮驿制度的更迭变化、邮政体制改革的层层深入、快递行业法律地位的确立、快递从业人员的奋斗和付出、快递行业的发展壮大……这就是历史,道路曲折,前途却无限光明。幸运的是,我们经历了历史前进道路上的曲折,更迎来了激荡人心的光明前程。

以史为镜,不断奋进。本书内容涵盖了中国快递业发展40年来的每个重要发展阶段,题材贯穿力强,涵盖内容广泛,视野开阔,创作者敢于创新、有担当,不仅精辟地分析了行业发展每个阶段的重要特征,准确找到行业存在的问题,也为全行业深化发展指明了方向、拓宽了思路、提出了建议。40年发展风雨路,中国快递企业摸爬滚打、砥砺前行。从1979年中国外运与日本OCS签订国际货物运输代理协议、1980年中国邮政开办全球邮政特快专递业务,到1993年顺丰在广东顺德、申通在杭州成立,快递产业的成功,离不开时代机遇这个巨大的车轮,更离不开每一个快递人的倾心付出。"求木之长者,必固其根本;欲流之远者,必浚其泉源。"不忘本来才能开辟未来,善于继承才能更好地创新。快递之于中国,是新经济的代表和经济发展新动能的主要力量,是推动流通方式转型、促进消费升级的现代化先导产业,连接着生产者和消费者,在稳增长、促改革、调结构、惠民生、防风险等方面发挥着重要作用。通过对历史的梳理与回顾,可以更加清楚地认识快递行业在国家经济发展、改善人民生活中扮演的角色,看清我们的职责本位,明确未来要追寻的方向。历史的脚步不断前进,新时代蓝图催促我们不断奋进。

立足现实,探索未来。当代中国正经历着我国历史上最为广泛而深刻的社会变革,正进行着人类历史上最为宏大而独特的实践创新,这是一个伟大的时代。在快递行业,也到处都是活跃的创造,到处是日新月异的进步。2004年前后,顺丰在广东东莞虎门镇的中转场只有一条几十米长、仅能转半圈的最原始、最粗糙的平面皮带机。10多年后的今天,顺丰拥有24个全自动分拣中心,全自动化的分拣设备1个小时至少处理7.1万件货物,从入库、在库到分拣、装车的完整过程实现了全自动化操作,成为"科技是第一生产力"在快递行业的真实写照。以历史的眼光来看,整个快递业莫不是如此,科技已经给快递业的发展插上了腾飞的翅膀,从管理科学到信息技术,从自动化分拣到航空运输,都为快递业的发展打下了坚实的基础。在不远的将来,我们要建成普惠城乡、技术先进、服务优质、安全高效、绿色环保的快递服务体系,形成覆盖全国、连通世界的服务网络。新时代梦想已经起航,新的历史也将再次创造,我们要发挥快递行业内外的积极性,共同书写更辉煌的未来。

《中国快递史话》的出版不是终点,而是一个新的起点。希望我们以永不懈怠的精神和一往无前的奋斗姿态,勇于变革、勇于创新、永不停滞,在迈向快递强国的道路上,闯出新天地,干出新业绩!

中国快递协会会长

2018年11月18日

前　言

40 年来,中国快递业从默默无闻变得家喻户晓、全球瞩目。从 1979 年至 2018 年,在改革开放背景下诞生、在转型改制中快速发展的中国快递业,无论所处环境多么纷繁复杂、生存境况多么艰难恶劣,都始终保持初心,筚路蓝缕,砥砺前行。

2018 年,时值中国改革开放 40 周年。40 年里,中国快递业始终与改革开放进程同步伐、与时代共命运、与人民群众的生产生活紧密相连,创造了丰功伟业,为行业继往开来、奋勇前进奠定了坚实的基础。

20 世纪 70 年代末,在改革开放的号角声中,我国外向型经济与民营经济日渐活跃。为满足人民群众在经济、政治、文化、社会等方面日益增长的需要,我国快递业开始起步发展。20 世纪 80 年代,我国邮政机构先后开办了国际、国内特快专递业务,开中国内地快递业务之先河。20 世纪 90 年代起,随着市场经济的推进,尤其 1992 年邓小平同志南方讲话后,一些非邮政企业和个体经营者逐步介入包裹寄递业务领域,邮政企业独家经营的状况开始改变。其中,比较有代表性的是目前中国两个规模最大的民营快递企业——顺丰速递和申通快递,分别在珠三角和长三角地区起家。

进入 21 世纪,中国快递市场呈现加速发展态势。2001 年,中国加入世界贸易组织(WTO),并做出了开放速递服务市场的承诺;2005 年 12 月准许外商投资企业在中国成立独资的企业经营快递业务,中国快递市场吸引了众多外资快递企业不断进入;2006 年,我国邮政体制改革,明确快递业统一由邮政管理部门监督;2009 年,《邮政法》修订实施,快递业从此有了合法的"身份证";2012 年,深化邮政体制改革——建立三级邮政管理体系,快递市场发展环境进一步优化;2015 年,国务院印发《关于促进快递业发展的若干意见》,鼓励各类资本依法进入快递领域,支持快递企业兼并重组、上市融资,整合中小企业,优化资源配置,实现强强联合、优势互补。

随着一系列行业利好政策的颁布实施,从 2006 年到 2016 年,我国快递业务量增长 31 倍,业务收入增长 13.7 倍。中国快递市场已经呈现三足鼎立的竞争局面,国有快递企业、民营快递企业、外资快递企业共存,形成了中国快递市场多元化的竞争格局。

中国快递业的高速发展始终得到党中央、国务院的高度重视。2014 年,促进快递业发展内容首次被写入《政府工作报告》;国务院总理李克强多次视察快递企业、十多次为快递发展"点赞"。2014 年 1 月,李克强总理在陕西顺丰视察时指出,快递业关系经济民生,是中国经济的一匹"黑马"。

改革开放 40 年,中国快递业发展取得的耀眼成绩数不胜数。行业发展每前进一小步,都极为来之不易,这背后凝聚着各方面的努力和汗水。《中国快递史话》是目前国内第一本聚焦中国快递行业发展史的图书,借改革开放 40 周年庆祝之际出版,记录历史,展望未来。

《中国快递史话》共设九个章节,在内容题材、叙述方式上有以下特点:

首先,起笔编写本书之前,我们先对"中国快递业起源"这个颇具争议性的话题表明观点和态度。正如一位德高望重的行业前辈所言,我们要与时俱进,用发展的眼光看问题,要跟上时代发展步伐,更多关注中国快递业发展的现在和未来。因此,他认为不需要把主要精力和目光停留在一些历史遗留的有争议的问题上,包括当年争论不休的快递业起源问题等。本书对中国快递业的阐释以国家邮政局的定义为准,即"快递是邮政业不可分割的组成部分"。本书观点认为,快递业在中国并不是一个纯粹的新兴行业,而是有着源远流长的历史,这在本书第一章"中国邮政发展起源"有着充分的论述。如国家邮政局政策法规司原司长达瓦就认为,快递自古以来就属于邮政业,这不是今天才定义的。秦朝时期明确了马递、车递、步递、船递四个速度,其中马递就是现在所说的快递。本书第一章阐述了一个主要历史事实,即近代邮政的产生,是古代邮驿系统与民间通信机构民信局二者的结合,但是这种形式的邮政没有在中国产生,而是在资本主义最先兴起发展的欧洲。中国快递业在继承我国古代邮驿系统和民间通信机构的优良传统下,引进和吸收国外现代快递业的经营管理理念,伴随着我国改革开放和邮政体制改革的步伐,走在了世界第一快递大国的发展轨道上。

其次,以第三者的立场和角度来写中国快递业发展史,是本书最大的特色。一是避免了管理部门编纂行业发展史存在官方色彩较为浓厚的特点,或由于受正史体裁、风格、政府部门宣传导向等因素影响,无法较为详细全面地将许多行业发展中不为人知但又起到关键性作用的人物、企业和事件收纳进来的缺点,本书采用第三者的立场讲述历史,不受这些因素制约,风格可以诙谐、严肃,在适当的地方也可以增加对事件的评论,甚至还可以有第四者、第五者的声音等,形式灵活多样,知识性、理论性、趣味性兼顾。二是一段中国快递业发展史,其实也是快递企业的成长史。从第三者的角度来写中国每家快递企业的发展史,也就避免了站在某一家企业立场,难免会犯下以偏概全、笔墨不均、态度不对等、宣传倾向性强等问题和错误。三是本书不避讳讲述中国快递业成长初期那段"被打压"

的历史,用图片、当事人访谈等形式对那段历史进行了还原,同时也不避讳中国快递业当前高速增长态势下存在的许多问题,对此进行了充分阐述,让读者可以对快递业有一个全面深入的认识。

再次,本书体裁为史话,即以历史事实为依据,采用大量的趣味性故事讲述一段真实的历史。"一定要以严谨审慎的态度客观讲述历史,尊重历史事实,还原历史真相,同时要避免低级趣味性,不能把史话写成了笑话。"在走访许多行业资深前辈的过程中,他们反复强调了这样一种态度。为达到这个要求,一方面,本书撰写团队查阅考证了大量史料、原始报道和专业书籍等,这些资料皆有权威出处,在一定程度上对内容的真实性、严肃性、权威性做了充分保障。另一方面,本书撰写团队访谈了多位行业内德高望重、极具话语权和代表性的退休领导干部,如引进第一家外资快递 DHL、促成其与中外运合作的中国国际货代协会原会长、时任驻美联络处外交官罗开富;如国家邮政局政策法规司原司长达瓦,他经历了邮电分营、邮政政企分开,是 1998 年国家邮政局成立后第一任行业管理司司长、2007 年国家邮政局重组后政策法规司第一任司长,他对行业的贡献让人肃然起敬;再如国家邮政局市场监管司原司长安定、北京市快递协会副会长兼秘书长王宝华等,他们在几十年的行业管理工作中,经历了行业管理部门从打压"黑快递"到现今全力支持快递业大发展的全部过程,对个人心理的转变在书中都有详细描述。在本书中,我们可以看到许多类似这样的人物访谈声音。

全球发展经验表明,快递业务能够关联生产、流通、消费、投资和金融等多个领域,成为区域间、产业间、群体间重要的联结纽带,是现代社会不可替代的基础产业。在中国,经过改革开放 40 年的快速发展,中国快递业已经成为能够促进国民经济增长、创造社会就业、促进产业结构升级的新兴现代服务业。特别是近年来,电子商务的兴起、跨区域贸易的迅速增长,加上制造业、高科技和知识型产业处在调整转型过程中,快递业发挥了重要的作用,呈现出良好的势头和广阔的发展前景。2014 年 9 月 24 日,国务院常务会议对快递业进行了重新定位,提出"快递业是现代服务业的关键产业,是流通转型、促进消费升级的现代产业,是物流领域的先导产业"。国家对快递业未来发展寄予厚望。

好消息频传,根据数据统计,2012—2017 年,中国快递业务量从 57 亿件增长到 401 亿件,连续四年稳居世界第一,包裹快递量超过美、日、欧等发达经济体,对世界快递增长贡献率超过 50%,已成为世界邮政业的动力源和稳定器。在 2017 全球智慧物流峰会上,阿里巴巴集团董事局主席马云表示,8 年后,快则六七年,中国包裹量将达到每天 10 亿个,是目前规模的 10 倍。根据业内专家预测,到 2020 年,我国快递业供给总量将超过 700 亿件,行业总体规模将超过8000 亿元。

2016—2017 年,短短两年时间内,圆通、申通、中通、顺丰、韵达、百世、德邦 7家民营快递公司先后上市,逐鹿资本市场,我国快递业进入全方位拥抱资本的新阶段。

40年来,中国快递业的发展成绩是骄人的,潜力是无限的,前途是无限光明的。关于这些,《中国快递史话》都有着非常前瞻性的论断,如书中所指明的那样:我国快递业仍然处于可以大有作为的战略机遇期。快递业要发挥在国民经济和社会发展中的基础性先导性作用,就需要坚持"创新、协调、绿色、开放、共享"的新发展理念,深入分析我国经济社会发展趋势,准确把握全球快递业发展规律,推动行业由"快递大国"向"快递强国"变革。

这是一个千帆竞发、百舸争流的时代,站在新时代的风口,面对风云激荡、挑战不断的行业竞争格局,中国快递业要以时代弄潮者的勇气和魄力,踏浪而行,砥砺而歌,用无可比拟的责任感、使命感书写行业发展新篇章!

在这样一个最好的时代,我们谨以此书向行业的未来致敬!向中国改革开放40周年致敬!

编者

2018 年 12 月 17 日

目 录

第九章　中国快递业的新征程

附　录

后　记

第一章

中国邮政发展起源

第一节　先秦时期

　　邮政业是国家重要的基础性产业,其发展源远流长,可以追溯到我国古代的邮驿。快递是邮政业不可分割的组成部分,是一种新兴服务,要了解中国的快递,就要从古代邮驿发展起源和衍变讲起。

　　夏商时期,我国邮驿制度便粗具雏形。交通方面,夏朝已经开始开凿道路、修建桥梁,并使用各类交通工具,设"车正"管理车服之事,为各地往来和邮驿发展奠定基础。商朝交通进一步发展,除用船外,还制造了越来越复杂完备的车辆,使用马和牛,并开始修建可供车马通行的大道,出现了浮桥,为迅速传递信息提供了可靠条件。

　　商朝已经出现了专门的邮递机构。这时期的甲骨文中有"迮""羁""传""辛"等字。"迮"表抵达,为驿传之最初形式,亦指当时驿传者;"羁"指道上供食宿之旅舍;"传"可指驿传、传车或传舍;"辛"即"信"。这些文字均表明商朝已有较为频繁的通信活动与颇具规模的驿传设施,不仅有用于邮驿的交通工具,驿路上还设馆舍。

　　商朝战争较为频繁,要求决策与政令迅速传达,因此促使邮驿制度进一步发展。甲骨卜辞多处记有"来告""有警""来闻"等,由四方边境向中央传达军事情报。甲骨文中记载着殷商盘庚年代(公元前 1400 年左右),向天子报告军情的记述,有"来鼓"二字。经考证,"来鼓"即类似今天的侦察通信兵。在《诗经》中,也有"简书"的记载,"简书"就是在兽骨上刻上文字,由通信兵传递的官府紧急文书。"简书"出于殷末周初(公元前 12 世纪—公元前 11 世纪),是邮驿的前身。[①]

　　西周是我国奴隶社会鼎盛时期,也是各种制度开始完善的时期,邮驿制度在此时形成了一个比较完备的系统。西周初期,战争不断,频繁的军事战争必有信息传递,利用烽火台传递信息,虽然较快,但只能起到报警的作用,很难满足掌握敌情、指挥作战的需要。所以,随着社会发展和政治军事上的需要,逐步形成了传送官府文书更加严密的邮驿制度,并与烽火台互为补充、配合使用。

---

　　① 蒲朝府:秦汉邮驿制度研究,山东大学 2016 年硕士学位论文,第 12 页。

骊山烽火台

西周时期,根据各种不同的文书传递方式和传递范围开发出不同的业务种类,比如"传",是用车传递,这是一种轻车快传;"邮"主要是指边境上传书的机构;"徒"则为急行步传,让善于快跑的人传递公函或者信息;还有"驲",是另一种车传。各种不同的制度说明当时人们的通信频繁。周朝时,邮驿人员在通行之时亦需持节作为信物与凭证,使邮传系统得到极大完善。[①]

西周政府里还有一整套自上而下的监管机构。在天官冢宰的统一领导下,由秋官司寇负责日常的通信,夏官司马负责紧急文书,地官司徒负责沿途馆驿供应和交通凭证以及道路管理。负责日常通信事务的司寇下还有一系列专门人员,有大行人、小行人等。其中行夫是管理来往信件、信使的具体执行官。[②]

春秋时期邮驿制度发展的重要标志是单骑通信和接力传递的出现,这是我国邮驿制度史上的一次重大变化。单骑快马通信即为"遽",是点对点传递的形式。《左传》记载,公元前540年,郑国公孙黑叛乱,正在外地办事的相国子产闻讯立即赶来,他临时乘了单骑的"遽"归来制止了叛乱,这个"遽"就是当时最快的通信方式。接力传递是指每辆邮传车只需要跑十里便可以交给下一舍的车辆,这样的接力运输和传递信件的方式,自然比单程车传要快。

战国时期,群雄纷争,诸侯兼并,大国争霸。战争中,各国为加强对边疆等地的统治,迅速传递军事信息,大修驿道,建立并完善本国的邮驿系统。诸侯国在邮传方式和管理上

① 邹莹:《中国古代邮驿制度与传播》,《咸宁学院学报》,2003年8月,第23卷第4期,第99～100页。

② 臧嵘:《中国古代驿站与邮传》,中国国际广播出版社2009年版,第11～12页。

均取得空前发展,为秦汉邮驿制度的成熟奠定了坚实的基础。战国时邮驿所用交通工具既有传车,又有骑传,邮传用马已非常盛行。符信、简书与符节等在此时比较流行,驿途上也出现一种证件,叫作"封传"。除专使与特使外,战国时各国的乘传使者有不同的称呼,如楚国叫"信臣",齐国叫"候吏",亦有唤作"传言"的。战国时在沿途除设"邮"外,还置"传舍"以供乘传使者使用,由"舍长"负责管理。①

整个先秦时代,除官方通信外,我国尚没有正式的私人通信机构,只有当时握有大权的少数贵族才有私邮的权力。例如,齐国孟尝君曾设代舍、幸舍和传舍上、中、下三等驿舍。私人主持通信的出现是战国时期驿传体系的又一发展,在军事情报传递上发挥着重要作用。但是春秋战国时期,各国邮驿系统均是服务于自身利益的,各之间道路不畅、关卡阻碍,邮驿系统处于各自为政的情况,直到秦国统一中国,全国性的邮传系统进入革新划一的发展时代。

第二节　秦汉时期

秦始皇统一中国(公元前 221 年)后,在全国修驰道,"车同轨、书同文",建立了以国都咸阳为中心的服务网络,制定了邮驿律令。汉代邮驿继承秦朝制度,并统一名称叫"驿",邮驿还随着丝绸之路的形成,服务范围通达印度、缅甸、波斯等国。

陕西省富县秦直古道

---

① 蒲朝府:秦汉邮驿制度研究,山东大学 2016 年硕士学位论文,第 12 页。

一、邮驿机构

秦汉时期,邮驿机构名称较为繁杂,主要的有五种:邮、传、驿、置、亭。"邮"最初作为边境通信机构而出现,秦兼并六国,通信系统称为邮。秦汉时期,"邮"作为通信机构广布各地,设置相当广泛,其功能颇为全面,除传递信息外,亦需提供饮食、休息之地等。

秦及西汉时期,"传"的应用较为普遍。所谓"传",乃是用车传递。秦虽统一称"邮",但传与邮并存于秦朝通信系统中,传为邮最重要的补充形式。西汉初重用传,乘传不仅可通行内地郡县,还可延伸至边远诸郡。秦汉时期传的效率相当高,军事信息传递、政令传达等都可以用传,另外对保鲜要求极高的荔枝、龙眼等水果亦由传献至京城,可见传的可靠性与时效性。[1] 镫发明以后,驿骑速度取得飞跃性发展。传在此后一二百年才逐渐退出历史舞台。

虽晚至东汉,驿才取代传占据主要地位,但秦甚至先秦时已出现驿,驿与传曾长期并行,西汉时期便是传车与驿骑同用。驿与传区别较为明显,传主要用车,驿主要用马,驿是传递信息的邮驿机构之一,但其任务并不仅限于传递书信。由于传舍需提供车马等,因此后世可见传驿并称。[2]

汉改邮为置。置与邮、驿、传、亭等均为通信机构。改邮为置的时间是汉武帝元朔元年至元狩四年(公元前 128 年—公元前 125 年)。由于"置"前多加县名,易知"置"一般设于县,为县级邮驿机构。秦汉时期置大概每三十里或者十里一设。置中有人员负责邮传工作,且置的规模颇大,下设传舍、厩、厨等,不仅需要递送文书,还需接待过往差吏,提供食宿,喂饲马匹,至魏晋时逐渐废弃。[3]

亭,最初是为旅客提供住宿的。但秦汉时期的亭绝不仅限于提供宿食,亭的种类颇多,有都亭、门亭等,邮亭专门负责邮递。邮亭数量较多,为最低级别的邮驿机构,邮亭内有邮人专门负责邮递之事,除此之外,还有一部分亭兼顾传递,一些较为重要的文书由亭长直接递送。[4]

二、邮驿传递方式

秦汉时期的邮驿根据距离、时效等要求,开发出不同种类的服务,以满足不同的寄递需求。按传递工具可分为步递、车递、马递和船递四种。步递速度较慢,常用于短距离传送;车递与马递传送速度较快,适合于远距离传递。船递为南方或河湖地区的特殊传递方式,但并不仅限于用船,常水路、陆路配合传送。

---

① 覃晓岚:《秦汉传车考略》,湖南大学 2014 年硕士论文,第 12~14 页。
② 高荣:《秦汉驿的职能考述》,《河西学院学报》,2009 年第 25 第 4 期,第 1~5 页。
③ 高荣:《论秦汉的置(上)》,《鲁东大学学报》(哲学社会科学版),2012 年 9 月,第 29 卷第 5 期,第 60~65 页。
④ 吴荣曾:《汉代的亭与邮》,《内蒙古师范大学学报》(哲学社会科学版),2002 年 8 月,第 31 卷第 4 期,第 54~57 页。

快递属于邮政业,不是今天才定义的,自古以来就是这样。比如秦始皇年代就明确了马递、车递、步递、船递四个速度,其中马递就是现在所说的快递。所以,邮政业在我国有三千多年历史,早在三千年前就有递送物品的说法,而递送速度的快和慢只是服务档次问题,它属于以实物为媒体的通信业。在 WTO 和万国邮联的规定当中,有个业务叫courier,翻译过来就是通信、信使的意思,有人翻译成了快递,但快递什么,是快递包裹、信件,还是现在的送餐服务,没有说。快递送信,那就是通信业;快递包裹,就有两层意思,以"千里送鹅毛,礼轻情意重"为例,鹅毛是物品,但是鹅毛代表着人的心意,所以在这种语境下快递有一定的信息服务的概念。总而言之,快递是一个实物传递的过程,这个过程可以传递物品,如衣服等,也可以传递信息,这就表明邮政业有拓展的空间。为此,欧美国家通过邮政体制改革发展了一个快递业务,也就是私营邮政业务。

——国家邮政局政策法规司原司长达瓦

秦汉时期文书传递方式较为多样,但归结起来可以分为"以次传"与"以邮行"两种形式。"以次传"的"次",其意为"顺序""次第"。因此"以次传"即按顺序传递,"以次行"与"以次传"含义一致。"以次传"是在各县、道、燧、亭中按顺序依次传阅,中间所经各地均需认真查阅文书内容,查阅完后及时发往下一县。秦朝法律对"以次传"规定严格,若文书经过某县并未查阅即发往下一县,则该县必须受罚。"以次传"既可步递,亦可车递。

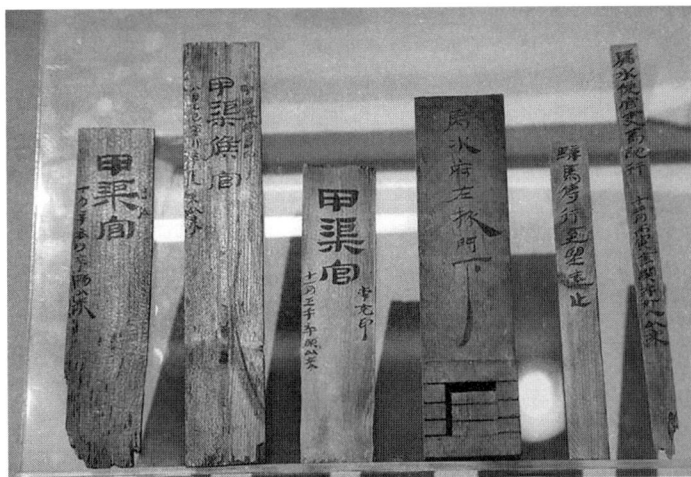

汉代甲渠候官邮书封检

"以邮行"为点对点传递,中间虽经接力传递,但诸转换点仅负责转送,并无权查看文书内容。盛行于先秦时期的专人专程传送已被点对点传送取代。秦代"邮"的效率更高,即得益于路线固定、点对点的传递方式。"以邮行"一般以传送紧急、重要文书为主,由邮人通过邮亭机构进行远距离传递,不必由官府另外派人。"以邮行"可步递,可车递,亦可船递。[①]

---

①　蒲朝府:秦汉邮驿制度研究,山东大学 2016 年硕士学位论文,第 37～40 页。

三、邮驿管理机构

秦汉时期,疆域范围空前辽阔,道路交通四通八达,邮驿通信遍及全国各个角落,并由此形成了一整套从中央到地方较为严密完善的邮驿管理系统。丞相府与尚书台只是名义上总理全国邮驿事务的首脑机构。中央政府是具体负责邮驿事务的机构,在汉成帝以前是典属国及其属官;汉成帝以后,其职能被并入大鸿胪;东汉精简机构,邮驿事务又归太尉府下的法曹掌管。秦汉地方邮驿管理为郡县两级制,从道路桥梁和邮亭的修治到邮书递送均由当地郡县政府负责,邮驿机构所需的传车马、食物、草料等后勤供应亦由地方政府负责。不仅如此,邮驿机构官吏的任免、人员配置也由地方政府决定。郡作为最高地方行政机构,则通过派其属吏担任诸如"置史"等职以"监""领"邮驿事务。各郡还设有"主邮驿科程事"的郡法曹。此外,汉代各郡国还设有督邮一职。最初只是督送邮书,后来则成了专司督察县政(包括邮驿事务)的郡吏。

秦代以水德自命,色彩上"尚黑"、数字上"尚六"。当时的车同轨一律为"舆六尺",用于邮驿业务的马匹则是"乘六马",上等工作人员的着装都是黑色。到了汉代,黑色不受欢迎,工作人员穿红色工作服。另外,身上还背着"赤白囊",即一种红白相间的专用邮包。如今的邮政投递员都统一穿着墨绿色的工作服。

张飞鞭打督邮

四、邮驿法令

秦汉时已有管理驿传体系的律文,在传递文书、餐饮供给、粮草仓管理、违法惩治等方面均有明文规定,如《行书律》、《传食律》、《仓律》及《汉律》中都有详细记载。一是传递文书之律。《行书律》详细规定了急缓文书传送之时间、收送之登记、遗失及未按时送达如何处理等内容。二是餐饮供给之令。《传食律》记载了对于不同等级之人所提供米、酱、菜等饮食亦各异,其中应包括对管理驿传吏员之食物分配。三是粮草仓管理之法。《仓律》记载了驿传人员自备口粮与沿途驿站供给之不同情况,亦规定了马匹喂饲之事。四是违法惩治之文。《汉律》对乘轺传者应下传却不下传之情况有明文惩罚规定。

邮驿制度至秦汉之时业已成形,不同机构各司其职、协调运作。秦汉邮驿使中央与地方联系更为紧密,中央政令得以迅速传达至各地,亦可使基层情况及时上报。秦汉邮驿机构形制完备、管理严格规范,奠定了中国历代邮驿制度的基础。

高邮与盂城驿

谈到盂城驿就不得不谈高邮,因为高邮还有个别称叫"盂城"。秦王嬴政于公元前223 年在此筑高台、置邮亭,汉建县,历史就庄重地把这个地方正式命名为"高邮"。全国两千多个县市中,地名与邮传联系在一起的唯有高邮,高邮是国内唯一因邮建城、因邮而闻名的城市。高邮市拥有全国规模最大、保存最为完好的古代驿站——盂城驿,从此高邮因"邮"而生,因"邮"而兴,一支"邮"字歌从古唱到今。

盂城驿在高邮市区南门大街馆驿巷内,绝大部分建筑为清代重建。由于历经战火、水灾等破坏,现尚有息厅、敞厅、后厅、秦邮公馆门楼、驿丞宅及监房等建筑,驿站东南有驿马饮水地的遗址。现在的盂城驿为明代遗存,是在元代秦淮驿的基础上发展起来的。朱元璋称帝后,在明洪武九年(1376 年),令翰林学士考古订正全国俚俗不雅驿名,秦淮驿改名为盂城驿。在国内像这样大规模的古驿实属少见,对研究我国古代邮政史、交通史、水利史具有重要的科学、艺术、历史和文物价值。1913 年 1 月,随着北洋政府宣布将驿站全部裁撤,盂城驿走完其苍老而豪迈的最后一步,将历史的光点留给后人。

高邮名胜——古盂城驿

第三节　魏晋南北朝时期

　　在秦汉与隋唐之间,有一个近 400 年的动荡分裂时期,这就是魏晋南北朝。魏晋南北朝时期,各方军阀割据,政权更迭频繁,但各国间交往密切,公文邮驿制度因此得以传承发展,在秦汉与隋唐之间起着过渡作用。[①]

　　三国时期,曹魏政权在邮驿机构设置上基本沿袭东汉,但把主管邮驿的法曹归属于相国府;诏令起草和密令颁布由中书令执掌,一般的诏书仍由尚书台颁布。孙吴政权的公文通信组织可分为两套系统:中央政权设有中书令,负责起草和颁布诏书;地方各郡可能沿袭了东汉的制度,有郡奏草史,负责传递奏章。

　　晋朝邮驿由法曹主管逐渐转向由兵曹或驾部郎管理。西晋政权初步形成了三省共掌权力制度。尚书省负责日常文书的收发,属下有右丞负责督促记录文书,写表奏事。尚书省中有驾部郎、客曹等。中书省负责起草诏令,颁发密旨。开始由通事舍人一人掌呈奏案章,后改为由中书侍郎一人掌诏命。晋朝地方政权仍是州郡县三级,每个州在中郡以上各置从事一人,巡视郡国,督促文书,检查非法。从事是州郡间负责文书传递的重要官员,州刺史对各郡的指示往往通过从事去传达。各郡皆有功曹掌管邮驿,有的则由督邮负责。每个县都有承驿吏主管通信,由舍长主管传舍,沿路的亭则由"亭子"负责。

　　南北朝时期,公文传递组织的设置基本上沿袭魏晋,公文邮驿系统设置大致相同,依然设有尚书、法曹、客馆令、公车令等官职,侍中主管诏书的封发。这时期舍人开始执掌政务实权,到南齐初年甚至能够起草诏书。北朝时州郡上报文书给中央,起初先上报司徒,后改为径送相府。[②]

一、公文传递机构

　　东汉初年,传、驿已有合并趋势,但魏晋时期传、驿还是两套机构,在作用上有明显的区别。在组织机构上,中央对传、驿两者历来分别管理,一归客驿令,一归法曹。在地方,传舍设在县以上的城市内,由舍长负责;县以上城市内另有一套邮驿共置的机构,由承驿吏负责。道路沿途则有亭传或邮亭来接待过往官员和传递公文的人员。因此,魏晋时期的亭传、邮亭任务基本合一。后来,由于战争频繁,步递逐渐被淘汰,如有特殊需要则派步卒——"健步"专程前往递送。在传、驿逐渐统一过程中,两者的区别主要表现在交通工具的不同上,任务有时会有交叉。这时期结束了秦汉时代的传、驿分设,开创了隋唐的馆驿合一制度,起着承前启后的作用。

---

　　①　邹莹:《中国古代邮驿制度与传播》,《咸宁学院学报》,2003 年 8 月,第 23 卷第 4 期,第 99 页。

　　②　赵彦昌、吕真真:《魏晋南北朝时期公文的邮驿制度》,《秘书》,2009 年 3 月,第 22～23 页。

二、传递方式

此时期一般以专人送信为主,接力传递的记载较少。曹魏时驿置与传舍只是提供食宿,马匹可以替换,通信人员则往往跑完全程。晋代,重要文书也是由专人乘驿,中途换马不换人。两晋时期,公文传递出现了一些新的方式。一是流动送达。句容县令刘超在出巡时"但作大函",走到属下的村子,则让当地人"投函中讫,送还县"(《晋书·刘超传》)再拆阅。二是动乱时期传递信函的方式多样。驿道不通,使者或是绕道前进,或是乔装成商人。如果城池被困,则将书信写在帛上,附于箭上射出。更具保密性的是将公文裹在箭杆上,然后在外面涂上一层漆来伪装。南朝诏书首先由侍中封发,为了文书传递的安全迅速,一般要加上"如"字。地方上报的公文要严格按照县—郡—州的次序依次转递。为了便于推算文书从发出到接收的日期,对每个州与国都之间的距离根据实测做出明确记录。从现有的史料看,记载最为详尽的当数南朝。[①]

驿使(嘉峪关魏晋砖画墓砖画)

三、第一部邮驿专门法令

秦汉时期,有关邮驿的律令散见于各种法律条文当中,没有专门为公文传递颁布律令。魏晋南北朝时期,出现了中国历史上第一部邮驿专门法令——魏《邮驿令》。《晋书》说魏法,制信律 18 篇,州郡令 45 篇,尚书官令、军中令合 180 余篇。这是中国历史上第一部以《邮驿令》命名的专门法。除了魏《邮驿令》之外,其他各国也非常注重政令的畅通,并有相应的处罚规定。例如:在蜀国,诸葛亮治军严明,在通信方面规定,"受令不传,传之不审,以惑吏士;金鼓不闻,旌旗不睹,此谓慢军"(《武侯兵法》),都要以军法处置。在晋代,魏时废掉的厩律又恢复了,对职掌机要的官员与他人的通信限制很严。南朝规定收到驿书必须迅速执行,不得拖延。

---

① 　赵彦昌、吕真真:《魏晋南北朝时期公文的邮驿制度》,《秘书》,2009 年 3 月,第 23～24 页。

四、邮驿的私人化倾向

较秦汉邮驿制度而言,魏晋南北朝邮驿制度呈现出两种比较明显的趋势:一是军事化性质逐渐强化;二是私人化倾向日益显著。魏晋南北朝时期邮驿的私人化现象主要表现为三个方面:一是邮驿私营现象逐渐增多。汉末动乱,邮驿管理松弛,私营邮驿又逐渐兴起,两晋南北朝的门阀制度则进一步促进了邮驿私营的兴盛。二是官驿兼营私人书信。在汉代的邮驿法令中,是禁止私人书信通过邮驿机构递送的。魏晋南北朝时期,邮驿可能已经具有兼营私信的功能。两晋为门阀政治,世家大族和地方官员均拥有特权,可随便动用邮驿为私人服务。三是逆旅的兴起。逆旅是私人沿路设置的为过往商客提供饮食、住宿以获取利润的设施,两晋南北朝时期得到迅速发展。由于两晋南北朝官府经营的亭传扰民严重,良吏们纷纷在所辖范围内废罢亭传,朝廷、官府公文则转由驿站负责,一般官吏、百姓行旅住宿往往由私人逆旅承担。这极大地促进了私人逆旅和通信的发展。[①]

魏晋南北朝时期虽然战乱频繁,各种割据政权分疆而治,影响了南北文化的交流与融合,但是,南北文化的交流并未因政权的割据和战乱而停止。割据政权都很重视交通、邮驿建设,重视与其他割据政权的交通往来,三国如此,南北朝也不例外。南北朝邮驿制度私人化的趋势,极大地促进了南北朝文化的交流与融合。值得注意的是,商贾贸易与聘使往来一样,都要借助邮驿交通才能实现。因此,可以说频繁的文化交流得力于魏晋南北朝日渐完备的邮驿交通体系,尤其是得力于当时邮驿管理私人化倾向日益明显的时代风气。

第四节　隋唐时期

隋唐时期是我国封建社会的盛世。隋政权统一全国,结束了魏晋以来的割裂局势。出于政治、军事等方面的考虑,统治者非常重视驿传系统的建设,在水陆交通要道上广设驿传,构成了以长安、洛阳两京为中心,遍布全国各地的驿传交通体系,为唐代邮驿制度的完善成熟奠定了坚实的基础。唐承隋后,建立了发达的驿路系统和驿馆制度,以供官吏往来和文书传递,兼有住宿的传舍职能,此外还供接待外夷使节住宿之用,是国家沟通各地、加强中央与地方联系,从而使政令畅通的重要机构。《唐六典》卷五"尚书兵部"中载,唐代"凡三十里一驿,天下凡一千六百三十有九所"。在唐朝开元年间,全国共有驿站 1639 所,其中陆驿 1297 所,水驿 256 所,水陆兼营的有 86 所。[②]

---

① 吴大顺:《魏晋南北朝邮驿的私人化倾向与诗歌异地传播》,《学术论坛》,2001 年第 4 期,第 80～84 页。
② 叶美兰:《中国邮政通史》,商务印书馆 2017 年版:第 53～54 页。

一、驿路交通

隋炀帝时开通江南河,京口到余杭八百余里,要求能通行龙舟。唐政权重视对驿路的维护,交通线路畅通全国各地。

著名散文家柳宗元在《馆驿使壁记》中记载,唐时以首都长安为中心,有七条重要的放射状的驿道通往全国各地,那时邮递效率非常高。据推算,中央政令一经发出,两个月内便可推行全国。除国内七条主要邮路外,唐朝对外还有若干国际性的驿道。[①]

柳宗元《馆驿使壁记》

二、传驿合一

隋时,传和驿开始统一。到唐初,在法律上不再有关于"传"的规定,"馆驿"连称并成为唐时驿传设施的固定称呼。唐代的驿兼有官旅和邮传两种主要职能,相当于现在的便民服务网点。官旅职能,主要表现在接待使臣、使者、监察地方的各级御史,提供食宿、鞍马、草料、人夫等;邮传职能,主要表现为传递公文书或进贡。

唐代乘传发驿非常严格,原则上只有因公才能使用馆驿,因公主要指官员赴任出使。违规遣驿则要受到惩处,但为了表示对官员的恩宠和体恤,也允许官员有时因私事使用馆驿,这主要指节假日及请假。唐初因私事请假也可使用馆驿,但后来渐趋严格。此外,官员达到一定级别也可以因私使用馆驿。官员使用馆驿,要有凭证,这种凭证称为传符、券或牒等。唐初规定,给驿要给传符,凭传符乘驿。这种传符为铜做的,数量不多,使用也极不方便。随着乘驿者规模的扩大,传符被改为纸券。唐中后期藩镇势力大增,乘驿者更为

---

①　臧嵘:《中国古代驿站与邮传》,中国国际广播出版社2009年版,第77~78页。

增多,又出现一种新的给券形式"转牒",实际上就是各地节度使批的条子,凭此条子可在馆驿中享受招待和供给。这种"转牒"是非法的,相对它而言,门下省发放的符券称正券、公券。对这些凭证的检查由门下省负责。符券上注明行程,即走哪些驿,要走多少天等。官员使用馆驿时应向驿吏出示符券,驿吏据券供马;无券索要驿马,或超过限量的,驿吏和官员都要受到处罚。[①] 乘驿者拿到符券后,到目的地要上交,事情办完后再领回,回京后交给门下省;如果不按期交回要依律论罪。

三、邮驿管理机构

唐前期,尚书省驾部是国家驿政的最高领导机构。玄宗开元十六年(728 年),敕命出使御史不定期巡察馆驿,由此开始其他职官常临时兼任全国性或两京地区的馆驿使职。德宗兴元元年(784 年)又明确规定,监察御史"以第一人察吏部、礼部,兼监祭使;第二人察兵部、工部,兼馆驿使"。是知,长安和洛阳各设馆驿使一名,由两京御史台监察御史中的顺序第二人兼任。贞元十九年(803 年),监察御史韩泰以馆驿使"先是假废官之印而用之",奏请"铸使印而正其名"。铸造印信标志着馆驿使正式成为一项固定的使职。除此而外,唐政府还有定期对全国邮驿的考核制度,完成任务者有奖赏,有违法越轨行为者将受到惩罚。考核之外,还有不定期的巡视。唐朝规定,全国各地的邮驿机构,各有不等的驿产,以保证邮驿活动的正常开支。这些驿产,包括驿舍、驿田、驿马、驿船和有关邮驿工具、日常办公用品和馆舍的食宿所需等等。

四、通信方式

隋唐时期,一般的公文传递分水驿和陆驿两种,负责传递文书的有驿夫、水夫。水驿送信,唐政府有一定的期限规定。一般规定在逆水行重舟时,河行每日 30 里,江行每日 40 里,其他 45 里;空舟行驶,则河行 40 里,江行 50 里,其他 60 里;在顺水中,则不管轻重舟,一律规定江河行每日 100 至 150 里。陆驿一般有马递和步递两种,后来又添驿驴传递。马递按唐政府官方规定,快马要求一天走六驿,即行 180 里左右,再快些则要求日行 300 里。最快的要求则为日驰 500 里——这是用于送赦书等紧急公文的速度。赦书关系到一个人的生命,自然要求更快一些。步递人员在唐朝称为"步奏官""健步""脚力""送铺卒"等,这些名词表示不同的等级,其对步递人员的速度要求是一天行走 50 里。

保密也是古代邮驿非常重视的问题。为了预防中途泄密,文书被人拆看或伪造,古代采取了不少特殊的手段。在唐代,公文邮件的封装通常要用囊封,尤其是密奏,更要囊封。封泥不仅有保密的作用,还有等级之区别,一般最高五封,最低三封。封泥越多,表明邮件越重要,所用的速递工具就要考虑缓急。

---

① 李然:《唐代官员使用馆驿的管理制度》,《边疆经济与文化》,2014 年第 8 期,第 85~86 页。

唐时已开始流行用邮驿运送水产、水果。当时平原郡（今山东境内）进贡的螃蟹，便是使邮驿。据唐段成式《酉阳杂俎》记载，这种蟹是在河间一带捕捉的，很贵重，在当时一只价值一百钱。为了保证是活的，每年进贡时都用毡子密封起来，捆在驿马上速递到京城。中国快递史上最著名的一次快递业务是给杨贵妃送荔枝，诗人杜牧是这样写的："长安回望绣成堆，山顶千门次第开。一骑红尘妃子笑，无人知是荔枝来。"唐玄宗李隆基为讨宠妃杨玉环欢心，使用快递，从遥远的南方向北方的长安送荔枝。这在今天已不算什么，但在当时太奢侈了！

五、隋唐时期私人间书信往来便利

隋唐结束了数百年来的割据局面，随着运河开通、驰道修筑，大大便利了人们的出行，商业繁荣远远超过了前代，达到了我国封建社会的全盛时期。统治者也多体恤民情，实行温和的统治政策，对通信有所放宽，允许官员利用邮驿有了突破。进入隋唐以后，官员之间的私信往还、文人彼此唱和，除了唐末战争的影响使得"家书抵万金"的情况出现外，基本上已无障碍。公元618年，唐高祖李渊为了使刚刚建立的政权稳固下来，得到臣子们的拥护，吸取隋朝灭亡的教训，特恩准官员间可以互通私信。官员之间可以合法地通过专门派人和托人捎带互通音信，因此商人成为私人之间传信的重要桥梁，私人客店兴旺，出现民办"驿驴"。

经济的发达、社会的稳定，必然带来邮驿的发展。商人能够在人们传递书信、物品方面起到重要作用，不仅因利益的驱使，还与当时社会商业的发达，提供食物、住宿的旅馆等服务业场所的增多有很大关系。随着大运河的开通，来往的船只、商人络绎不绝，为了满足商旅食宿的需要，全国范围内兴起了建造旅邸的热潮。不仅中国人开旅店，外国人特别是中亚与西亚商人在中国开旅店的也不少。这一时期普通的个人旅店不仅在数量上增多，在服务上也更加周到，出现专门为客人准备的"驿驴"。[①] 邮驿的发展也进一步促进了唐代经济和社会的发展，唐时西北地区的丝绸之路就是依靠驿路兴起的。[②]

第五节　宋元时期

宋代是中国驿传制度史上具有划时代意义的时期，它开创了驿与递功能的分离，并设置不同的管理机制对其进行管理，提高了驿传的效率，这一制度为以后的元、明、清所沿

---

① 黄银鸽：《唐宋私人信件的传递途径》，《社科学论》，2017年第9期，第148页。
② 孙宜孔：《隋唐驿传制度的演化与影响》，《三门峡职业技术学院学报》，2016年第15卷第4期，第95～96页。

袭,有效保证了交通和国家政令的畅通。

一、宋代的递铺制度

宋朝国势不及隋唐,外部民族矛盾尖锐、战事频繁,内部农民起义此起彼伏,严峻的形势迫使宋朝统治者高度重视军事通信。在对前朝尤其是隋唐时期邮驿制度继承的基础上,宋代政府实现了诸多创新,其驿所、递铺分立,且分布以京城为中心向边疆地区扩散,不仅建立健全了递铺组织,而且进一步严格了公文交接制度,邮驿体制多据军事所需而予以革新,促进了颇具创造性的"急脚递"制度的发展。宋代的"急脚递",是在步递和马递基础上创立的,最早记载出现于宋真宗景德二年(公元1005年)。急脚递并非人力的步递,而是一种马递,要求日行400里。元代的急递铺,更接近今天的快递公司,程限与宋代一样。驿与专门供行人住宿的馆舍合并,仅成为接待以官员为主的公差人员往来的驿馆。驿馆之外,则普遍设立递铺,专门承担文书传递任务。宋代驿馆只设于交通要道之上,递铺不仅设于驿路之上,还设于不通驿路之处。馆驿接待任务由百姓承担,而递铺文书传递则由军卒代替民夫。这是宋代驿传体系的鲜明特点。

递铺的建置在两宋时期也经历了一系列创置和变革。北宋时,递铺因隶属于尚书省,被总称为省铺。及至南宋时期,在省铺之外,宋政府另外设置斥堠铺与摆铺作为临时传递文书的机构,称为京递。因而南宋时,递铺系统出现了省递与京递并存的局面。可以说,宋时将驿与递分立,在馆驿制度外建立一套专司承传运输的递铺系统,并创设了严密而完备的管理及法律制度,在整个中国驿传史上都是不容忽视的一大创举。[①]

宋代递铺数量巨大。宋代的版图虽然比隋唐时狭小,但邮传系统的发达程度和管理制度的完善程度,都不在其下,有不少方面还远远超过唐代。如北宋在驿递分立之后,仅递铺的数量就是唐开元年间驿传总数(1639所)的3倍多,达到5000所以上。南宋只有半壁江山,但其递铺的数量也在3000所以上。在传递内容上,宋代递铺除传递官方文书外,还传递私人信件,标志着宋代通信范围的扩大,同样是中国驿传制度史上的一大进步。再加上还有一整套严密的管理制度做保证,所以宋代的邮驿事业空前发达。

(一)递铺的种类设置

递铺相当于快递网点,是以文书传递为主要职能的邮传机构,在整个宋代经历了一系列的沿革和变迁。因而递铺种类的划分相对复杂:以递铺功能为划分标准,可分为文书传递递铺和非文书传递递铺两种。文书传递职能是递铺的主要职责所在。非文书传递递铺是指宋时设置的专门用以传递官物的递铺,如"茶铺""车子铺""香药铺"等。以递铺设置的地点为标准来划分,可分为陆递和水递两种。宋代的交通运输常常是视当下的需要,取最快捷方便的形式来完成递送任务,如水运用水路,陆运用陆路。因此,宋代递铺的设置,

---

① 张可辉、叶美兰:《宋代急脚递之创设及其管理、驿令考述》,《南京邮电大学学报》(社会科学版),2015年3月,第17卷第1期,第65~66页。

于水路和陆路上皆有。以递铺设置的时间为划分标准,可分为省递和京递。如上文所述,北宋建隆二年(961年)始置递铺,元丰改制后,递铺隶属尚书省,谓之省铺。南宋历经战火,邮传系统遭到严重破坏,几近瘫痪,被迫重置邮传,在省铺之外另设斥堠铺与摆铺,以承传文字。斥堠铺、摆铺的设立,主要用于专门承传递赴京城的文书,因而被总称为"京递",以与"省递(铺)"相区别。南宋时形成了省递与京递同时共存并立的递铺组织系统。① 由此可见,宋代的递铺根据实际情况的不同而制定了不同的设置标准,对目前快递公司设立的千篇一律的快递网点来说,还是有一定的借鉴意义的。

(二)递铺系统的管理

宋代,递铺分布广密,在全国形成了一个庞大的驿递网络。而对于如何管理这一庞大的驿递系统,宋制在因袭唐制的基础上,进行了一系列的变革和完善,形成了一套相较前代更为完备的管理制度。在中央,采用兵部与枢密院互相制约共管的格局;在地方,则实行路、府(州、军)、县三级典领制,层层管理,层层制约,形成了一套相对完整的管理体制。而在此之外,宋时还设置巡辖使臣,专职负责递铺的检察和管理,以确保文书的顺利传递以及递铺系统的有效管理。这也是宋制之于前朝驿传制度的一大创新。同时,宋对于递铺的管理,不仅限于职官管理,在其组织管理上也有一套完备的制度建置。宋代邮驿的一大变革即是以兵卒代替百姓作为递夫。宋初邮驿变革是为了适应军事变革的需要,即为了革除前朝的弊病。以有组织、有纪律的厢军士兵担任国家公文传递,在提高通信效率,乃至相对减轻百姓负担方面,无疑都有一定的积极作用。宋代以前传递文书是征用民役,自此实行以兵卒代民役,并成为以后各代定制。

(三)《金玉新书》

文书传递只有及时安全到达目的地,才能保证政令如期得到贯彻,地方民情能够及时上达朝廷,军事作战不致贻误战机。可以说,文书能否按时传递、安全到达,关系到整个国家能否正常运转、良好的社会秩序能否得到维护。因而,文书传递的及时性、安全性以及准确性是整个邮驿传递的灵魂,是其自身价值的意义所在。为保障文书传递的及时性和安全性,宋时制定了一系列的制度、法规,除此外还制定了其他诸如传递设施保障、驿路安全保障等制度。要有别于前代的制度设置,必然需要大量新的制度及法律创制来予以保障。基于此,宋律在唐律的基础上,完善并创制了诸多法令条文,形成了具有自身特点的邮驿法律。宋代有关邮驿传递的律文散见于诸多法律中,主要有《宋建隆重详定刑统》(简称《宋刑统》)、《嘉祐驿令》、《大观马递铺敕令格式》、《庆元条法事类》及《金玉新书》。而对于递铺制度的规定,以上律文皆有涉及,尤其是《金玉新书》,其内容几乎都是对递铺传递制度的规范,可谓是宋有关递铺敕、令的分类汇编专集。成书于南宋的《金玉新书》是迄今为止我国古代保存较为完整的一部专门性的邮驿法规。该书的内容皆是针对两宋递铺通信

---

① 　王葳:《宋代递铺制度研究》,山东大学2014年硕士学位论文,第6~7页。

的法律规定,而且其法规设置系统严密,可以说是涉及了递铺制度的每一环节。

(四)私书附递

宋时允许官员私书入递,也是其有别于前代的一大变革。唐时官员间私信往来、诗歌唱和的现象已很普遍,但其传递方式多是由官员派专人传递或托人捎带,虽后期出现过由邮驿代递的情形,但考诸唐制,并没有明确的制度可循。宋时,对于官员的往来私书,曾明确规定可交由递铺寄送。但为防止私书侵夺官文书的递送资源,宋律明确规定,官员私书只得交由步递传送,禁止擅发急递。宋时允许私书附递,标志着宋代通信范围的扩大,从侧面展现了宋时高度发达的邮传驿递系统。同时对官员的优厚待遇,也在某种程度上巩固了其中央集权统治。这些制度的创制和完善,不仅标志着宋时邮传制度的发达,而且其某些制度更为后世朝代所继承,如其急递制度便一直为元明清各代所承袭,对后世的驿传制度产生了深远的影响。①

二、元代的站赤制度

站赤,是蒙古语 jamuci 的音译,即驿传。元朝疆域极其辽阔,这在中国历史上是少见的,要对如此广袤的领域进行有效的统治,加强对人民的控制,忽必烈在其统治期间,不断地扩大驿站规模。他根据各地的具体情况,即站赤的设置,是视当地情形的需要而定多寡,建立了以大都为中心,辐射整个统治区域的驿站系统,从而沟通了中央与地方,地方与地方之间的联系。

元代有如此大规模的驿站网络,究其原因:一方面是为了军事需要,从 1206 年建立蒙古国开始,蒙古族便发动了一系列的军事征服活动:三次西征、亡西夏、灭金朝、攻南宋,一直到忽必烈即位 30 多年间,几乎年年都在用兵。为了保证军用物资的运送、军事情报的传递和军队给养的供给,需要一个庞大的驿站系统来维系。因此,每征一地,都不同程度地恢复或建立驿站系统。另一方面,由于元朝版图辽阔,以往的郡县制度已不能适应当时的形势,在这种情况下,元朝建立了行省制度。为了对行省乃至边远地区进行有效的管辖和控制,防止地方暴乱,通达边情,元朝也需要驿站这样的通信网络来实现。忽必烈统一中原,建立大元王朝后,逐步建立起以大都为中心的四通八达的驿路,并颁布"站赤"制度。元朝管理驿站的中央机构是通政院和中书省兵部。通政院专管驿站事务,而兵部的权限还包括其他方面。元世祖忽必烈在位时,曾制定了一份《站赤条例》,基本内容有 10 多项,诸如驿站组织领导、马匹的管理、驿站的饮食供应、验收马匹和约束站官、检验符牌、管理牧地、监督使臣和按时提调等等。

---

① 臧嵘:《中国古代驿站与邮传》,中国国际广播出版社 2009 年版,第 117～119 页。

元代的急递铺令牌

　　蒙元时期的驿站和驿站制度是当时最为先进的、最有特色的。其最大的特点是元代站赤制度,其规模之大,分布地域之广,与政治、经济联系之密切,超越了历史上任一朝代,堪称当时的"互联网",对后世影响深远。明、清两朝的驿站制度与方法,基本上沿袭元朝而来。蒙元时期的驿站和驿站制度以其便利、快速、安全、畅通等,促进了商贸活动,保障了各地各民族相互间的交流和交易。①

第六节　明清时期

一、明代驿递制度

　　明代作为大一统的专制主义政体更为成熟的时代,驿递制度也在这一时期得到了进一步的发展和完善。驿递组织自京师遍及四方,京师设有会同馆,外地则设有驿站、递运所和急递铺。明代资本主义萌芽,商品经济发展,永乐时期诞生了商营民用的快递组织——民信局。明代的驿递管理体系也相当完备,主要有驿务监察管理体系、驿律法令强制体系和符验勘合领销制度。明代驿递制度,对明朝统治巩固中央集权,加强地方的有效统治起到了重要作用。

　　明代,水马驿是驿递的主干,设于交通干线和通衢大道,陆路曰马驿,水路曰水驿。递运所设于全国较大的水陆码头或交通枢纽,分陆路和水路两种,专司运送国家军需物资、贡物等。没有递运所的地方,官方物资运输仍由水马驿承担。急递铺,遍设于全国各州县,专职公文递送。水马驿、递运所、急递铺并称为明代驿递三大机构。②

(一)驿务管理

　　明代在中央的驿递管理机构为兵部的车驾清吏司。驿递的地方管理,由各省的布政

　　①　奥林胡:《蒙元驿站制度及其衍生运营模式研究前沿》,《前沿》,2012 年第 23 期,第 118～121 页。
　　②　徐海燕:《明代驿递制度初探》,《边疆经济与文化》,2016 年第 2 期,第 65～66 页。

使司与提刑按察使司协同管理。布政使司起主导作用,按察使、按察使副使及各州知府配合管理,下设驿递道分管地方驿递事务。明代的驿传道其职位,都是由各省的地方主管官员去充任驿递之官。他们的职责诸多,其中就包括驿递之事,明代州、县作为基层的地方行政区域,驿务则设置驿丞来管理。①

(二)驿递律令和监督

明代在驿递管理方面,主要以"依法治驿"为特点。《大明律》中的《兵律》内含《邮驿律》18 条,还附"例"10 条。递送公文的急递铺律例共 6 条,驿传方面的律令规定共有 12 条。明律对危害驿递,耽误军事要务,造成重大失误和影响者,严以处死。对于延误公文递送或违反递规和失职的行为,除了追究当事人员之外,相关上级官员也要层层依法制裁。如有具体情节相异者,则视情节区别对待。不单单只是刑法就完事,有些还要追加经济责任。

(三)民信局

中国古代的邮驿组织,是政府专用的通信机构,只传官书,不传民信。进入明朝中叶以后,随着生产力的进步、商品经济的发展以及民间通信需求的增加,专门为民间通信而设立的机构应运而生,这就是民信局。可以说这是最早的有组织的快递公司。民信局在邮政还未出现及其出现以后的一段时间内,承担了中国民众的通信任务,在一定程度上解决了民间通信难的问题。②

明永乐年间,由于资本主义的萌芽,在东南沿海商业比较发达的城镇,产生了民信局,并逐渐向内地发展。就一般情况而言,在民信局未出现以前,由私人随从的家丁或专门雇用的脚夫汇寄银信包裹,应当是相当普遍的做法。在人口流动频繁、银信包裹空前增多的背景下,一旦业务量达到足以形成一种新的服务业,民信局就应运而生了。

清同治、光绪年间,民信局进入全盛时期。全国大小民信局已达数千家,有雄厚实力的则在商业中心上海设总店、各地设分店和代办店。各民信局间虽无隶属关系,但彼此协作、互换互递,构成民间通信网。清末民初,由于中外商务勃兴,在沿江沿海各口岸或大小城市,民信局星罗棋布,成为中国通信及商业的一大特色。③

(四)张居正驿递改革

明代驿递制度较为完善,比前代也有所发展。明代初期因为法度严明,尚能控制。自后期之后,法令废弛,驿递之害以及其固有的弊端,逐渐显现突出,其消极影响已经辐射于社会的各个层面,甚至威胁到社会和统治的安宁和稳定。驿递一旦瘫痪,朝廷的信息网就

---

① 曹红:《明代公文邮驿制度研究》,《兰台世界》,2013 年 11 月,第 147~148 页。

② 胡婷:《民信局的取缔与邮政的近代化》,《重庆邮电大学学报》(社会科学版),2007 年 1 月,第 19 卷第 1 期,第 125 页。

③ 杨纯瑛:《试论明代驿递系统的社会功能》,《乐山师范学院学报》,2002 年 2 月,第 17 卷第 1 期,第 54~57 页。

会中断，必然会大大削弱对全国控制和指挥的能力。在这种情况下，朝野上下"清邮传以疏民困"的呼声四起，从而迫使明政府不得不采取措施进行改革。明代后期规模较大的驿递改革主要有三次：嘉靖三十七年（1558年）、万历三年（1575年）和崇祯二年（1629年）。在此期间，不少地方官员如海瑞、潘季驯、戴璟等人，也在自己的辖区内采取相应措施整顿驿递。

张居正以吏部侍郎入职内阁，隆庆六年（1572年）任内阁首辅。他历经明代嘉靖、隆庆、万历三朝，目睹了明廷之弊，为挽救危机，在万历初年提出了一系列改革政治、经济和军事的措施。针对驿递弊端，他毅然把整顿驿递作为其改革的重要部分：一是严以法令；二是坚决处罚违驿之官；三是严于律己；四是裁减冗费，合并驿银。张居正等人的一系列驿递改革在短期内虽确有成效，起到了一定清理驿递、疏减民困的作用，对缓解当时的社会矛盾有积极意义，但由于各种社会和政治原因，造成了改革的种种局限性，使其从长远来看奏效不大。①

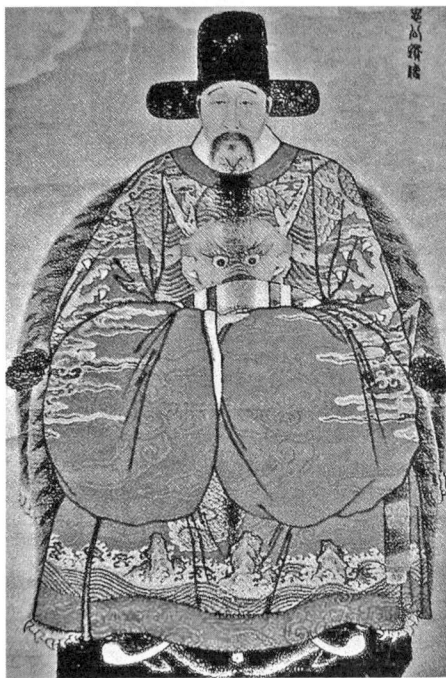

张居正

注：张居正（1525—1582），字叔大，号太岳，幼名张白圭，湖北江陵人，时人又称张江陵（今湖北荆州）。明朝中后期政治家、改革家，万历时期的内阁首辅，辅佐万历皇帝朱翊钧开创了"万历新政"，史称张居正改革。

（五）龙场驿丞王守仁

驿丞是主管驿站的官吏。明代边远地区的贫困驿站，又是政府流放"罪犯"的场所。

---

① 魏海荣：《明代中后期驿递改革研究》，西北师范大学2012年硕士学位论文，第25～35页。

明代一些著名的官员就曾因得罪权贵,先后被发配到驿站服役。明正德年间,著名的理学大师王守仁就是其中的一位。

闻名于世的龙场九驿

王守仁(1472—1529),明代哲学家、教育家,字伯安,浙江余姚人。龙场位于贵阳西北,距贵阳市区38公里,现为修文县政府所在,龙场驿站为水西奢香夫人于洪武十七年(1384年)始建,为水西九驿中的首驿。正德元年(1506年)二月,时任兵部武选清吏司主事的王阳明因为抗疏救南京科道戴铣等人,遭廷杖,下诏狱,寻谪龙场驿驿丞,是年35岁。正德三年(1508年)春王阳明抵达龙场,开始为时两年的贬谪生活,直至正德五年(1510年)春调任庐陵县知县,离开龙场,前后跨界三年,实足两年时间。

关于王阳明初到龙场时的情形,他在《何陋轩记》中是这样描述的:"始予至,无室以止,居于丛棘之间,则郁也。迁于东峰,就石穴而居之,又阴以湿。"王阳明的得意弟子钱德洪在《阳明先生年谱》中称"龙场在贵州西北万山丛棘中,蛇虺魍魉,蛊毒瘴疠,与居夷人鴃舌难语,可通语者,皆中土亡命"。龙场驿丞也是王阳明一生所担任的最小官职。王阳明身处逆境,圣心不移,在龙场度过了他生命中物质最贫困、精神极富足的时光,始悟格物致知,始论知行合一,构建了可以与传统理学分庭抗礼的具有自己个性特色的王氏心学体系。这个时期,他对《大学》的中心思想有了新的领悟。王守仁认识到"圣人之道,吾性自足,向之求理于事物者误也"。这段时期他写了"教条示龙场诸生",史称龙场悟道。

(六)崇祯皇帝裁撤驿站与李自成起义

崇祯初年,为了节省开支而大幅度裁撤驿站,可是,裁撤的结果是大批无法生存的驿卒纷纷加入农民军的行列,其中就有李自成。而崇祯皇帝裁撤驿站的起因却事出偶然。

当时有一御史名叫毛羽健,趁其老婆回老家时纳妾,不想这事被远在千里之外的老婆知道了。其老婆大为恼怒,当即赶往北京,抓了现行。毛御史的老婆之所以这么快就从家乡赶到北京大发雌威,和她充分利用了当时世界上最先进的驿站系统不无关系。用史书上的话来说,叫作"乘传而至",也就是乘坐驿站的车马,享受驿站提供的便利服务来到北京。惧内的毛御史不敢跟老婆较真,只能迁怒于驿站系统。为此,作为监察百官、专事向皇上提合理化建议的高级官员,毛羽健向崇祯上了一道奏章。奏章里,他极言驿站之害,要求撤掉全国驿站以节省费用。另一个叫刘懋的给事中也跟着附和。

节俭的崇祯听了建议,要求全国的驿站统统停办,所有驿站工作人员一律不再聘用。受裁撤驿站影响最大的,首当其冲要数陕西。无以谋生的下岗驿站人员中,有一位就是后来大名鼎鼎的李自成。李自成没法在驿站再混下去,前驿卒李自成最终成了大明帝国的掘墓人,当他率领农民军把北京城团团包围时,当初下令裁撤驿站、从而让他失业的崇祯走投无路,只好上吊自杀。可以说,这次裁驿时间之短、幅度之大、范围之广、影响之深,在明代历史上是空前的。这是明王朝在土崩瓦解的前夕进行的一次冒险活动。

二、清代邮驿发展达到了我国古代的顶峰

清朝是我国历史上最后一个封建王朝,与官方文书的传递、官役公务往来的食宿交通、军事物资的运送有关的邮驿,伴随着清王朝走完了它的全部历程,对于统一的多民族国家的形成和巩固发挥了重要作用。清代邮驿沿袭了历代的传统,由驿、站、塘、台、所、铺等六种形式组成,以京师的皇华驿为中心,分五路通往全国各地,其运行又以其功能的不同分为三个系统,即由驿站途径完成的递送重要公文的系统;由军站、塘、台完成的军事通信系统和急递铺完成的寻常公文递送的步递通信系统。据光绪朝《大清会典事例》记载,全国共有驿站 1972 处、急递铺 13935 所。这些驿、站、台、塘、铺、所等设施遍布全国各地,形成了覆盖全国的邮驿网络。

清代的邮驿建立了完善的管理机构,在中央隶属于兵部,由车驾清吏司掌握,他们的职责是"掌颁天下之马政以裕戎备,凡邮驿皆掌之"。另外,还设有会同馆和捷报处,他们的任务是"典京师驿传,以待使命"。在地方上,各省驿传归按察使司按察使(臬司)管理,按察使有"振扬风气、澄清吏治、兼领合省驿传"的职责,新疆的驿传由镇迪道兼管,全国共18 人。此外,吉林、黑龙江各站统于将军,蒙古各站统于理藩院章京,北路张家口以外各台统于阿尔泰军台都统。乾隆二十年(1755 年),规定驿站的钱粮都由州县经管,驿站只负责应差和喂马,不必另设官员管理。在城及离城较近的驿站,由州县兼管,撤销驿丞;离城较远或离城区虽近,但路当冲衢要道,驿务繁忙,州县无力兼管者,仍由驿丞管理;对距本州县较远,但离其他县较近的驿站,调整隶属关系,划归就近县管理。到光绪末年,全国仅有 10 个省设驿丞 65 个。盛京的驿站不隶属州县,设驿丞管理,由盛京兵部管辖。清代驿站的经费一般随地粮税征收,各省设驿道库,为驿站经费的专库,由按察使(臬司)管理。[①]

---

① 　宫宏祥:《论清代驿站的组织与管理》,《太原大学学报》,2003 年 9 月,第 4 卷第 3 期,第 71~72 页。

清代西藏驿夫传递公文铜质信筒（研究清代邮驿史之珍贵实物）

清代邮驿制度经历了重要变革，其重大特点是"邮"和"驿"的合并。从汉唐以来，邮负责传递公文，是一种通信组织，也称为递或者传；而驿，实际上是只负责提供各种交通和通信工具，而且兼有招待功能，二者互为补充，是两套组织系统。清朝时期，这两种组织就统一在一处了，通信系统大大简化了，提高了通信的效率。

据记载，清朝通信的时限达到了历史最快速度。以前一昼夜最多跑400里、500里，清朝的马递传送公文，最快一昼夜可以达到600～800里。清朝的驿站比明朝更为普遍，尤其在一些边远的县级地区，新设了县递。这种邮递在县间通信，弥补了干线驿站的不足。县递不是正规的驿站，但起着驿站的作用，邮驿事业比以前方便了。清朝邮驿十分注重保密，军机处设立以后，皇帝上谕或者诏令的下发，直接由军机处交给兵部捷报处发给驿站递出，并且标上特殊字样，要求以每日600里或者800里的速度传递，这样的方式既保密又高效。

清朝邮驿发展的一大表现是边疆邮驿的开辟。清朝时期，清政府在东北、西北和西南边疆地区，开辟了许多新的驿道，设置了邮驿机构，这些邮驿机构根据地区等不同称呼不一，大部分称为驿，军用的称为站，新疆、甘肃地区称为塘，北方蒙古地区称为台，甘肃部分地区称为所等。清朝根据边疆各地的不同情况，在继承以前驿站的基础上，建立了全国性的稠密的通信驿站网络，达到了我国古代邮驿事业的高峰。①

到了清代后期，国家吏治逐渐腐败，驿站系统滋生出克扣饱私、徒靡巨帑、搜刮民脂民膏等种种腐败情形，随着近代通信和交通事业的发展，近现代化的邮政代替古老的驿站，已成为历史发展的必然。

鸡鸣驿

鸡鸣驿城位于河北省怀来县鸡鸣驿乡鸡鸣驿村，是一处驿站遗存。驿城占地220000平方米，平面近方形，城墙周长1891.8米。城墙表层是砖砌的，里层是夯土。墙体底宽8～11米，上宽3～5米，高11米，城墙四周均匀分布着4个角台。东西各开一城门，建有城楼，城外有烟墩。城内的5条道路纵横交错，将城区分成大小不等的12个区域。城内建筑分布有序，驿署区在城中心，西北区有马号，东北区为驿仓，城南的傍城有驿道东西向通过。城内还有古代遗留的商店和民居。鸡鸣驿城是中国邮传、军驿的宝贵遗存，具有很高

---

① 臧嵘:《中国古代驿站与邮传》，中国国际广播出版社2009年版，第144～147页。

的文物价值。

鸡鸣驿始建于元代,1219 年成吉思汗率兵西征,在通入西城的大道上开辟驿路,设置"站赤",即驿站。到明永乐十八年(1420 年)鸡鸣驿扩建为定货府进京师的第一大站。清康熙年间,设驿臣主管驿站事务。鸡鸣驿在明成化八年(1472 年)建土垣,隆庆四年(1570 年)砖修城池,全城周长 2330 米,墙高 12 米,设东西两门,城门上方筑两层越楼,此城中部建玉皇阁楼,城四角分筑角楼。东西"马道"为驿马进出通道,城南的"南官道"即是当年驿卒传令干道。清乾隆三年(1738 年)将城墙重新修理,并在城东筑护城坝一道。

鸡鸣驿是目前国内保存最好、规模最大、最富有特色的邮驿建筑群,具有重要的历史、艺术、科学价值,被称为邮政考古、机要考古的一座"活化石"。1982 年被河北省政府公布为省级文物保护单位。2001 年被国务院公布为第五批全国重点文物保护单位。2005 年被建设部、国家文物局列入第二批中国历史文化名村。2003 年、2005 年,鸡鸣驿两次被世界文化遗产基金会列入 100 处世界濒危遗产名单。

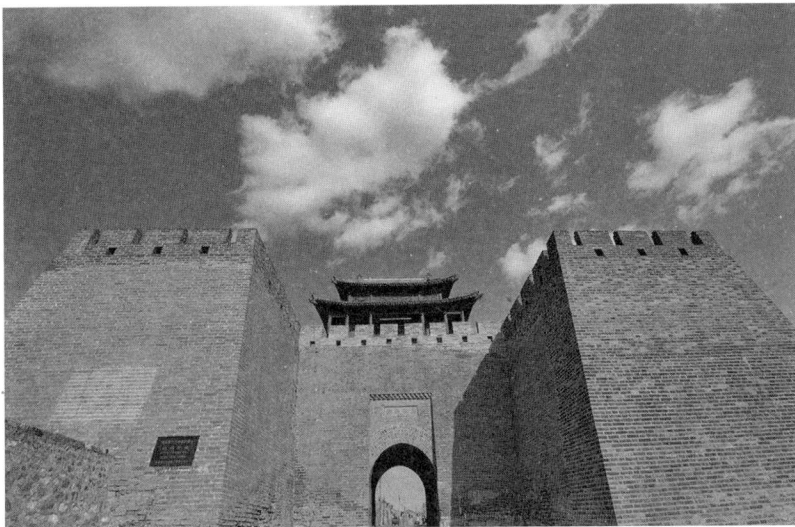

河北省鸡鸣驿古城门

第七节　中国近代邮政的产生

1840 年鸦片战争,打开了中国闭关锁国的大门,中国开始沦为半殖民地半封建社会。由于资本主义的入侵,封建自给自足的自然经济逐步解体,一部分官僚、地主和商人开始投资于新式的工商业,引进先进的机器设备和技术。资本主义列强强行与中国通商,倾销商品,掠夺原材料,使得中国,特别是沿海、沿长江地区的经济与世界经济的联系日益密切,并逐渐成为世界资本主义市场的一部分。中国的一些有识之士,也开始"睁眼看世界"、寻求"富国强民"之路。中国社会,尤其是大城市和沿海地区,对信息的传递提出了新的要求。但当时中国邮驿较落后且墨守成规,不思改进。清政府为适应对外通信需要而设立的文报局,也只传外交文件,类似邮驿。专营民间通信的民信局,规模小,通信范围狭窄,且松散分散。历史呼唤着通信方式的改进,呼唤着新的通信制度的诞生。随着资本主义的入侵,西方新的通信方式也逐渐传入中国。

一、客邮

近代邮政传入中国,是以"客邮"的形式出现的。"客邮"指的是西方列强在中国非法开设的邮局。它始自乾嘉年间,鸦片战争后,更是纷至沓来,对我国近代邮政事业的产生和发展具有重大的影响。1834 年,英国商务监督律劳卑在其广州住所内开办了一个所谓的"英国邮局",这是在中国最早出现的"客邮"。鸦片战争后,英国在中国的通商口岸广设邮局。其他帝国主义国家借口"利益均沾,机会均等"的原则,纷纷仿效。法国于 1861 年,俄国于 1870 年,美国于 1867 年,日本于 1876 年,德国于 1886 年先后在中国设立了各自的"客邮"局。

第二次鸦片战争后,各国以种种借口不断扩大"客邮"范围,不仅在中国沿海、沿江各大中城市任意设立邮局,甚至扩展到中国的边疆如新疆、云南、黑龙江、西藏等地。"客邮"虽设立在中国的土地上,但是它不受中国政府的管辖,各自执行本国的邮政章程,使用本国的邮票,却加盖中国的地名邮戳;不仅邮寄本国侨民的邮件,也收寄中国人在中国境内互寄的邮件,甚至凭借客邮邮袋有不受海关检查的特权,可以贩运毒品、珍宝等,进行走私活动。此外,各国驻华领事馆、租界当局以及洋行、投机商也任意开设"书信馆""本地邮局",其中不少是打着传递书信的招牌,实际上进行投机诈骗等非法活动。

1903—1906 年法国客邮在中国发行的邮票

"客邮"的建立虽然是帝国主义对中国邮政主权的一种侵犯,但是"客邮"确实是在中国出现最早的与中国传统驿站所不同的新式的、比驿站更优越的通信方式,是中国近代国家邮政创办的推动力。首先,"客邮"是先进的中国人认识近代邮政的窗口。有识之士普遍认为,近代邮政优于传统的邮驿制度。信资少、递送速度快并且准确无误,兼投公私信件,上下称便。其次,"客邮"刺激了当时一些思想先进、忧患意识强烈的官员,他们纷纷上书要求创办国家邮政以代替传统的邮驿制度和取消"客邮"。"客邮"对有识之士和先进官员的刺激,使他们认识到了传统邮驿的落后和西方邮政的先进性。他们纷纷著书立说,奔走呼号,向广大普通民众和政府宣传近代邮政的好处,他们的努力使清政府逐渐将创办近代国家邮政提上了议事日程。[①]

二、海关办邮政

早在 1861 年,时任广州海关副税务司的赫德就向恭亲王奕訢建议,中国应仿西方办法,兴办国家邮政,以节省国家办驿站的开支,但当时的总理衙门未采纳。同年,英、法、俄、美等国根据《北京条约》,在北京设立了驻华使馆。为了方便,各国使馆文件改由清政府的总理衙门转交中国驿站代寄。1865 年,总税务司署由上海迁设北京,海关来往的文件也由总理衙门代寄,这些文件主要往来于北京、上海之间,当时适值太平天国和捻军等农民起义时期,北京、镇江间战事不断,总理衙门负有"保安照料"各国往来文书的责任,深感力不从心。所以,自总税务司署迁北京后,总理衙门就打算把递送各国使领馆文件的工作交赫德办理,双方在 1866 年达成协议,将这项邮递任务移交海关兼办。于是,从 1866 年 12 月起,北京、上海、镇江、天津海关先后设立邮务办事处。1867 年 3 月 4 日,赫德公布了邮件封发时刻表和邮寄资费,收寄范围仅限于使馆文件和海关本身公私信件。从 1868 年 1 月 7 日开始,在天津开始收寄外侨的信件。海关兼办邮政的最初 10 年发展缓慢,赫德曾想使邮政发展合法化,但最终没有实现,所以在这一阶段,邮政的近代化脚步很慢。海关兼办邮政是近代邮政雏形,为后来海关试办邮政奠定了初步基础。

总体看来,在赫德等人的推动下,海关试办的近代邮政走上了较为正规的道路,成为海关内部具有相对独立性的一个业务机构,并逐渐推广到各通商口岸。到 1882 年,福建以北的所有通商口岸的海关都设有邮务机构。由此,中国邮政突破了驿站不寄民信、民信局不寄官文的传统格局,进入官办民享的新式邮政时代,邮递范围也从国内扩大到国外,为以后国家邮政的开办创造了条件。但因为是刚起步,这种书信馆只出现在通商口岸,而且也没有获得清政府的正式批准。[②]

三、大清邮政官局的开办

自赫德开始试办海关邮政,到 1896 年清光绪皇帝批准正式开办国家邮政(大清邮政),先后经历了 18 年时间。在如此漫长的时间里,为了推动国家邮政的开办,赫德等人做出了巨大的努力。鸦片战争后,中国的通信组织是多种多样的,有官办的驿站、文报局,有商办民信局、侨批局,有西方国家私设的"客邮",有租界当局、洋商、投机分子等办的"本地邮局""书信馆"等,这就形成了清代通信事业的复杂局面。

---

① 刘波:《清末"客邮"问题的产生及影响》,《云南社会科学》,2013 年,第 4 期,第 167～171 页。
② 姚琦:《海关与中国近代邮政的创办史》,《上海电力学院学报》,2003 年 12 月,第 19 卷第 4 期,第 77～81 页。

为了促使清政府早下决心开办邮政官局,赫德坚持,一不向清政府要人,二不向清政府要钱,但是却坚持海关办邮政必须由清廷颁发谕旨。而总理衙门却顾虑正式开办邮政能否收回"客邮",是否会因有损民信局和驿站而引起民愤,故迟疑不决。赫德一再表示绝不会伤及小民利益,也不会给政府的驿站造成困扰。1896 年,南洋大臣张之洞上奏折奏请开办国家邮政。于是总理衙门根据张之洞的奏折和赫德所拟的邮政章程,奏请皇帝正式批准。光绪二十二年二月初七(1896 年 3 月 20 日),光绪帝批示"依议"。总理衙门就依此任命赫德为"总邮政司"。至此,大清邮政正式开办。在种种因素的作用下,中国邮政的产生,虽步履维艰,但毕竟开创了中国邮政近代化的新局面。大清邮政官局在机构设置、经营管理等方面都引入了西方先进的管理模式,与我国传统的驿站管理相比具有很大的优越性。

1896 年大清邮政官局成立后仍然由海关主持,沿用海关制度下的机构设置。赫德在海关系统中专设邮政部门,采取垂直管理模式,不受地方各级官员牵制和干扰,直接管理全国邮政事务。海关税务司兼任邮政司,负责管理所辖海关区划内的所有邮局。机构设置责任明确,等级清楚,不同的部门有不同的责任,各司其职互不干扰但又紧密相连,构成一个高效的有机整体。大权集中于总邮政司手中,下级必须服从上级,命令到达迅速且有效。与封建的官僚体制形成鲜明对比,革除了封建体制中职责模糊、各自为政、相互推诿、管理混乱的局面。

清朝虽于 1896 年开始由国家出面办理邮政,但并没有一个正式的官方管理机构,全国邮政事务仍然是由总税务司负责。1901 年,依《辛丑条约》,总理衙门被裁撤,清政府设立外务部,班列六部之首,并设立陆军部、铁路局等部门行使原总理衙门的职权。总税务司属于外交机构,因而邮政归外务部管辖。直到 1906 年,清朝实行立宪改革,才成立正式的中央机构——邮传部,负责铁路、公路、轮船、邮政四项事务的管理;驿传事务则划归陆军部。新成立的邮传部从总税务司接管邮政,从陆军部接管驿传事务。此后晚清邮政近代化的使命便由邮传部完成,直至民国建立。①

四、赫德与中国邮政的近代化

1896 年 3 月 20 日,清廷委任海关总税务司赫德为总邮政司开办大清国家邮政,把兴办近代国家邮政的大权交给了英国人。清政府为何最终选择了一条由外国人及帝国主义把持的海关具体主持开办近代邮政的道路呢?这是半殖民地国家地位使然,是软弱的清王朝只顾眼前不顾国家长远利益的结果,也是赫德等人的精心策动的结果。赫德是中国举办邮政的积极鼓吹者,早有谋取中国邮权的野心。1878 年由赫德主持海关试办邮政,这是他取得中国邮权的第一步。甲午战争前后,开办国家邮政条件成熟了。清政府不敢"改驿归邮",考虑到赫德一不要人,二不要钱的承诺,便把开办大清国家邮政的大权交给

---

① 崔红欣:《晚清中国邮政的近代化》,河北师范大学 2007 年硕士学位论文,第 16~18 页。

了赫德及其把持的海关。邮政开办后，赫德对驿站主张不触动，消极应付，避免招致官僚集团的不满与攻击，也与清政府的思路不谋而合。因此，赫德继续把持邮政大权，中国邮政主权进一步丧失，更为重要的是对以后邮政几十年的发展产生了深远的影响。

罗伯特·赫德

　　注：罗伯特·赫德（Robert·Hart，1835 年 2 月 20 日—1911 年 9 月 20 日），英国政治家。赫德曾担任晚清海关总税务司达半个世纪之久（1861—1911 年），在任内创建了一整套严格的海关管理制度。他主持的海关创建了中国的近代邮政系统。著有《中国论集》等。

　　设立近代国家邮政的目的是抵制"客邮"，然而大清国家邮政设立后，"客邮"有增无减，破坏了中国国内邮件的专营权，走私漏税。大清邮政由赫德总司其事，引起法国人的嫉妒，据邮传部邮政司档案载：1898 年 3 月 13 日，法公使吕班致清政府总理衙门："中国邮政局总管一缺。法国人员充补。"总理衙门在赫德与吕班的争执下，做了决定："可允照办。"这便成了"法国人办理邮权"的尚方宝剑。继赫德之后，法国人帛黎、铁兰士把持中国邮政几十年，造成了很恶劣的影响。

中国第一套邮票——大龙邮票

　　我国官方第一次正式发行的邮票，是在清朝晚期的 1878 年 7 月，邮票一套共 3 枚。邮票的面值是用银两计算：绿色的面值 1 分银，红色的面值 3 分银，橘黄色的面值 5 分银。邮票图案中间是蟠龙，上端两角是"大清"两字。这是我国首次发行的邮票。1885 年我国又发行了一套 3 枚蟠龙邮票，图案与首次发行的邮票相似，只是花纹较细票面较小。所以，后来人们称我国 1878 年首次发行的邮票叫"大龙邮票"，后来发行的一套邮票叫"小龙邮票"。

大龙邮票

第八节　中华民国时期

民国初年,中国有三种邮政组织形式存在:官办驿站、民营信局、客邮。它们与近代开办的新式邮政并存,形成鼎立之势。

一、邮驿之争:驿站的裁撤问题

在清末政府裁驿的基础之上,民初交通部对全国驿站进行了全面裁撤。清末裁驿,可谓是政策准备。1912年5月,交通部宣告将驿站全部裁撤,在交通部的通令下,各省纷纷裁撤驿站;至1914年,江西与广西之驿站亦相继裁撤,全国驿站遂尽裁撤,只有外蒙古、西藏、青海少数地方尚存遗制。

清末未能解决的问题,在民国初年仅用两年多的时间就告成功,此中因由,一方面固然在于驿站的裁撤问题实质上是新旧制度与体制的竞争,时代在进步,积弊丛生、落后的驿站最终归并于先进的邮局乃历史必然;另一方面我们也应该看到,交通部作为民国新政府主管邮政的职能部门,其所起到的引领作用、影响,不可忽视。总之,驿站的裁撤问题可分为两个时期:一为清末特别是邮传部成立后的酝酿、尝试时期;二为民国初年交通部的成果实施时期。至此,在我国存在了两三千年的驿站制度,终于寿终正寝。

二、官民之争:民信局的衰落

作为民营寄递机构,民信局至清末国家邮政开办之初已有相当发展,全国有民信局数千家,其机构遍布民间,业务兴旺,它们以悠久的历史和低廉的资费,仍旧占据着相当部分的市场。近代邮政开办后,邮政官局采取了既利用又压制的方针,因为国家邮政虽奉旨设立并推广,但是民信局由来已久,赖以谋生的人很多,若突然下令停办,可能引起社会震动。但是民信局与邮政官局并存，又会影响到国家邮政的发展，因而政府对民信局采取利用和压制的双重手段，并期望在逐步壮大邮政官局实力的基础上，令它们自行关闭。民信局的势力尽管在海关推行邮务的攻势下有所萎缩，但到清末时仍十分强大。民国初年，政府继续采取一系列取缔民信局的措施。此后，全国民信局势力江河日下，逐年衰落。

民信局衰落的原因：一是民信局作为民间组织，过分注重邮政的营利性而忽视了其公益性。热点地方会保障质量，但是对于偏远地方却不进行维护；从收费角度来看，民信局收费要比邮局高。二是邮政国营乃现代邮政的要求和必然结果。现代邮政事业组织庞大、设备繁巨，机构遍及城乡，不是私人之人力物力所能胜任的，而同时邮政所经营的通信业务，对于公众的需求弹性甚小，如果让私人经营，很容易发生操纵垄断的毛病，所以其他交通事业在世界各国中，还不乏民营的实例，而邮政则全为国营。其间虽也有私人组织专司民间书信传递，但还是不如政府经营的便利，而逐渐归于淘汰，邮政国营遂成为必然的结果。三是随着民国初年工商业的进一步发展，邮件数量猛增，对邮政机构的区域分布和业务功能提出了更高的要求，且民信局传统的信息传递方式已弊端重重，显然不能适应新形势的要求。中华邮政以新标榜，借助政府资源和行政力量排挤民信局，竞争取得了胜利；但面对西方列强的强大势力，在与客邮的竞争中，却收效甚微。

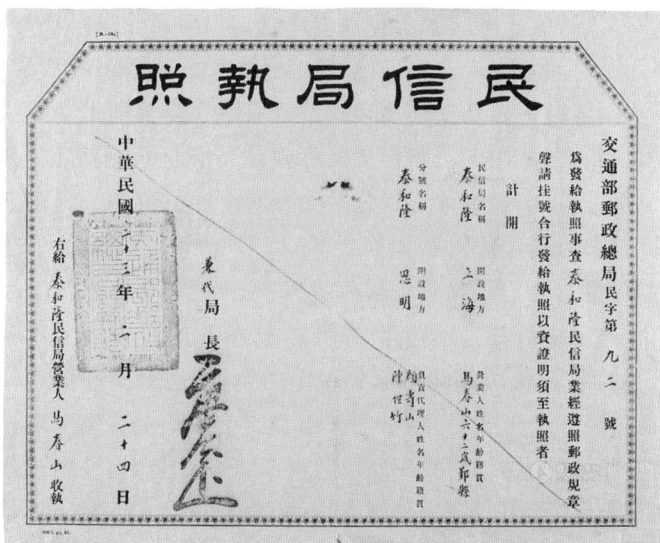

民信局执照

三、华洋之争：官邮与"客邮"

相对于1912年交通部对驿站的全面裁撤，中华邮政与客邮的抗争则是一个既斗争又妥协的曲折过程。1916年，在中国加入万国邮会后，客邮仍违反国际公约，无视交通部他国邮件非经中国邮寄不得直接承寄的规定，仍增设如故，交通部虽多次与之交涉，但都没有结果。为打击客邮，我国不断健全和完善官邮章程和各项业务，力图与国际接轨，矢志不移地推行联邮政策，以便从国际邮政公约上寻求支持以撤销客邮，这是我国邮政与国际接轨、实现邮政现代化的重要内容。经过不懈的努力,中国终于"自 1914 年 3 月 1 日起,正式加入万国邮会,9 月 1 日起实行邮会主要章程"。加入万国邮会,象征着中华邮政在国际上得到了广泛认可。加入邮会后,由于中国享有邮会成员一切同等的权利,客邮也受到了国际公约的限制。交通部以国际公约为依据,对客邮的打击力度明显加大。总之,1914 年中华邮政开始与国际接轨,与之相伴的还有交通部打击客邮的努力,这为以后顺利撤销客邮奠定了基础。此后中华邮政一直不断健全和完善邮政的各项制度,无论是国内业务的发展还是国际业务的拓展,都是力争符合国际惯例以实现中华邮政的现代化。1922 年 2 月 1 日太平洋会议通过了撤销在华客邮的议案,但仍不彻底,直至 1945 年抗日战争胜利,日本投降后,才算彻底解决。[①]

四、中国与万国邮联

万国邮政联盟简称万国邮联,前身是 1874 年成立的"邮政总联盟",1878 年改为现名。万国邮联自 1948 年起就成为联合国的一个专门机构,总部设在瑞士首都伯尔尼,宗旨是促进、组织和改善国际邮政业务,并向成员提供可能的邮政技术援助。万国邮联的成立对促进各国间的邮政通信联系起到了积极的作用。中国虽然很早就与万国邮联有了联系,却迟迟未能加入这一国际组织。个中原因,时任海关总税务司的英国人赫德有着不可推卸的责任,而英法两国对中国邮权的争夺和清政府的昏聩无知也是其中的重要原因。

及时加入万国邮联,会使中国不断熟悉国际邮政通信业务,了解国际邮件运转的规则及国际邮政操作惯例,这对中国邮政近代化是十分必要和有益的。同时,还可以使在华客邮失去存在的借口。中国有过加入该组织的机会,1878 年万国邮联在巴黎召开大会,法国就向中国发出了入会邀请。清政府正式批准开办国家邮政时,也曾设想开办后即加入万国邮联,为裁撤客邮创造条件。1896 年 6 月 27 日清政府照会瑞士政府,表示准备加入万国邮联的愿望。然而,赫德对此却持消极否定的态度,面对有利形势,赫德借口时机不成熟拒绝参加。在国家邮政正式开办后,他又借口未有专署办邮加以阻止。当时,很多人包括一些外国人都主张中国应加入万国邮联以阻止客邮的入侵。时任中国总税务司的赫德对于中国邮政加入万国邮联以阻止客邮入侵观点,不仅不予支持,反而泼冷水,给予打击。

万国邮联标识

---

① 苏全有、黄莎:《交通部与民初的邮权统一政策述评》,《重庆邮电大学学报》(社会科学版),2010 年 5 月,第 22 卷第 3 期,第 59～63 页。

除了赫德的反对和干扰,英法两国之间对中国邮权的争夺也是中国迟迟未能加入万国邮联的另一个重要原因。赫德主持中国邮政是英国人夺取中国邮政大权的表现。所以,法国趁第二次万国邮联大会在巴黎召开之际,借东道主之便力邀中国参加。其实法国当时并非真心要帮助中国,只不过想借此机会插手中国的邮政而已。结果,由于英国的强烈反对,法国未能如愿以偿,中国也因此失去了一次加入万国邮联的好机会。在中国加入万国邮联的问题上,赫德认为中国加入万国邮联后,邮政势必要独立,法国人就会趁机而入。法国若是得到中国邮政,就会加强其在中国的影响,取得与英国平起平坐的地位,这是英国政府不愿看到的,所以英国就设法加以阻止。近代中国邮政尽管早就与万国邮联发生联系,却迟迟未能加入这一组织,成为列强争斗的牺牲品。因此,中国邮政的近代化付出了沉重代价。中国国家邮政直到清朝灭亡都没有加入国际邮政联盟,我国邮票不能用至国外,严重影响了中国国家邮政的近代化和国际交流。[①]

1908 年,赫德离开中国回国。经过一番争夺,法国人帛黎控制了中国的邮政大权。1914 年 3 月,中国政府正式提出加入万国邮联,并决定参加预定当年 9 月 10 日在西班牙首都马德里举行的万国邮联大会,但时隔不久,因为第一次世界大战的爆发,中国邮政代表团未能成行。尽管如此,人们仍然把 1914 年 3 月 1 日作为中国加入万国邮联的日子,这年 9 月中国开始履行万国公约,中国邮政开始和国际惯例接轨。[②]

五、抗战前邮政的发展

民国初年,国内政局动荡不安,百业萧条,相比之下,中华邮政却是一枝独秀,在艰苦的环境中稳步发展,中华邮政的发展仅从局所的增加、邮路的扩展及邮政业务的增进就可一目了然。

上海邮政总局

---

① 胡中升:《近代中国迟迟未加入万国邮联的原因探析》,《重庆邮电学院学报》(社会科学版),2005 年第 6 期,第 125~127 页。

② 修晓波:《邮政史话》,社会科学文献出版社 2011 年版,第 36~37 页。

注：上海邮政总局，坐落于中国上海市四川路桥北堍，门牌为虹口区北苏州路 276 号。大楼始建于 1924 年，造价为 320 万银圆。由当时沪上著名的英商思九生洋行负责设计，本埠知名的余洪记营造厂负责营建。大楼拥有号称"远东第一大厅"的邮政营业厅，气势雄伟，现在仍为上海市邮政公司和四川路桥邮政支局所在地。

（一）邮政局所的增加

邮政局所是邮政业务的基础，局所数量的多少、局所分布的疏密，在某种意义上，可视为邮政盛衰的晴雨表。1914 年邮制变更，局所增加益速，到 1921 年，全国有邮政局所 11033 处，8 年间增加 2709 处，是我国邮政局所发展最迅速的时期。至抗战前夕，邮政局所的增加，无日不在进展之中。

（二）邮路的扩展及种类的增多

邮讯的传递依赖于交通机关，根据交通机关种类的不同，邮路可分为邮差线、航船线、铁路线、汽车线与航空线。中华邮政在拓展邮路时注意从实际出发，因地制宜，大力发展邮差线路，邮政运输除利用现代工具，如火车、轮船、汽车、飞机外，则大量利用木帆船、骡马、骆驼，严寒地区甚至用狗拉雪橇，因此，邮路扩展十分迅速。

（三）邮政业务的增进

中华邮政的业务范围比较广，种类繁多，包括邮讯传递、财货流通、邮政代办业务。邮讯传递为邮政的中心任务，带有独占性质，即各类邮件的收寄分递。财货流通虽不是邮政的独占业务，但重要性并不亚于邮讯传递，即包裹、储金汇兑、简易人寿保险等业务。邮政代办业务主要有邮传电报、代售印花及代订书籍、刊物等。中华邮政始终保持着全国集中统一管理，邮政收入一律上缴邮政总局。1920 年以后有《邮政条例》的法律保障，实行了比较科学的业务管理、财政管理、人事管理制度，因此中华邮政在建立后 20 多年中，发展比较健康和迅速，是近代邮政发展的最好时期。[①]

六、抗日战争时期的国统区和沦陷区的通邮

抗战爆发后的 1937 年 8 月 13 日，国民政府交通部属下的中华邮政总局自南京迁往汉口。1938 年因武汉撤退，邮政总局又迁往昆明，部分领导人迁往重庆。以后由于日军侵入缅甸，总局也迁往重庆，直到抗战胜利。随着战事的推移，国民政府的辖地即通常所谓的国统区迅速缩小，相反，日伪所占的沦陷区的范围却越来越大，原有国统区的邮政便面临重大的抉择。就当时的实际情况而言，国民政府选择了维持运营与保持联系，并为此

---

① 胡婷、陈艳君：《旧中国中华邮政的统一与发展述论(1912—1937)》，《黄山学院学报》，2005 年 8 月，第 7 卷第 4 期，第 49～50 页。

采取了异乎寻常的态度和措施。

很显然要达到上述目的可以说是极为不易的。沦陷区的控制大权握于日军之手,邮政的运作自然处于其严密监控之下,要保持通邮就必须适应这种特殊的形势,采取新的措施。为此,国民政府加强特殊形势下的管理,在邮区有管理局所在地失守而其他地方未完全沦陷的,邮政总局则命该邮区部分员工撤至安全地点,另设"管理局办事处"以统辖邮区内未沦陷区域的邮政机构;为使原有的邮政系统能在沦陷区继续保持运作,交通部属下的中华邮政总局有意安排在中华邮政工作的外国人直接掌管沦陷区的邮政,并随形势的变动,频频调整邮路。在开辟通邮通道方面,国民政府做出了最大限度的努力,一方面千方百计在交战区找寻秘密邮路,以保持对沦陷区的继续通邮;另一方面煞费苦心开辟国际邮件的路线。对于沦陷区内的中华邮政,日本采取了暂时默许其存在并逐步加以控制的手法,太平洋战争爆发后才最后实行全面接管。当然,在不同的地区其具体做法并不相同。由于敌我双方采取了极为奇特的政策,使得国统区与沦陷区之间通邮能够维持并一直持续到抗战后期。[①]

日本侵华邮票

七、国民政府的邮件检查制度

抗战时期,国民政府军统特务机关在国统区建立邮件检查机构,形成了一整套的邮件检查制度,检查空前严密。直到抗战结束半年多以后,国民政府才停止对邮件的全面检查。国民政府军事委员会为镇压一切反动,监视敌方间谍并防止危害国家扰乱治安破坏国防外交一切阴谋起见,对全国国营邮电局邮件电报及专用无线电台实施检查。邮件检查由军统局设立的邮电检查所进行,既检查邮局邮件,也检查电局电报电话,并检查各种秘密电台的通信。

---

① 　杨家余:《抗战时期国统区与沦陷区之间通邮问题述略》,《山西师大学报》(社会科学版),2000 年 10 月,第 27 卷第 4 期,第 86~89 页。

由上可知国民政府在抗战时期设立邮电检查所有其必要性,因为在战时情况下,交战双方都努力设法使用各种手段来获取对方政治、军事、经济等多方面的情报,同时利用通讯手段进行宣传煽动,而且日本自发动战争开始就对沦陷区的邮件加以检查,所以军事委员会在各地设立邮电检查所可谓名正言顺,其主要出发点也是着眼于保密防谍。但邮电检查所是在军统特务机关抗战爆发前所建立的组织和制度基础上发展起来的,其另一个重要使命是破获"反对政府与反对主义"的活动,巩固国民党一党专政,这就决定了战时邮件检查制度的两面性。总之,抗战时期的邮件检查制度是一把双刃剑,一方面它对于防奸防谍和搜集敌方情报起了一定作用,另一方面它又是对人民通信自由的破坏,同时也对邮政部门的工作效率和信誉产生了不良影响。

八、赤色邮政

1927年,中国共产党领导建立了中国工农红军,首先开辟了井冈山革命根据地,并建立了中华苏维埃政权。为了适应革命斗争的需要,各根据地都成立了"递步哨""传山哨"等通信联络组织,依靠广大群众,利用各种方式,监视敌人动向,传递军事情报,并且在根据地及国民党统治区建立交通站,传递消息、护送干部、运送物资。在此基础上,1928年首先在湘赣边区工农民主政府正式成立了"赤色邮政",并于1929年发行了邮票。1930年在江西吉安成立赣西南邮政总局,1931年迁往兴国,改名为江西省邮务总局。1932年赤色邮政经过整顿改名为"中华苏维埃邮政",并建立统一制度,发展为军邮和民用两种形式的通信组织。中央设立邮政总局,各苏区省设邮务管理局,以下设县邮局和邮站,统一使用中央苏区发行的邮票。在抗日战争期间,各根据地邮政组织以交通站形式继续做通信和交通向导工作,并在敌占区坚持斗争,在敌人的封锁下千方百计完成通信任务。

江西赤色邮政邮票

在解放战争期间,邮政职工提出"一切为了前线","解放军打到那里,邮政就通到那里"的战斗口号,组织随军邮政支援战争。在各野战军设军邮总局,军以下兵团、纵队和师团中,分别设军邮分局、支局和交通站,组成一个完整的军邮通信系统,为解放战争的指挥联络、传递信息以及战士和家人通信做出了巨大贡献。

九、南北通邮谈判

"南"指在抗日战争解放战争期间,以重庆和南京为中心的国民党统治区及其建立的中华邮政。"北"指以延安为中心的共产党领导的广大解放区及其建立的中国人民邮政。

抗日战争期间,为沟通国共两区邮政联系,使人民通信不受阻挠,周恩来于 1940 年 5 月在西安,毛泽东于 1942 年年初在延安,曾先后亲自接见中华邮政第三军邮总视察段的总视察林卓午。周恩来亲笔题词"传邮万里,国脉所系",鼓励国共两区通邮,但国民党当局对两区通邮仍坚持他们的主张。

1946 年年初,国共双方签订《停战协定》,按协定组成"北平军调处执行部"进行了"整理恢复邮政"谈判。在谈判时,中共代表表示"赞成统一全国邮政业务、人事管理、邮票印发",要求做到"建立新的不分党派的统一的邮政管理组织,因才用人,不为党派资格学历所限制",但国民党代表主张必须按照国民政府考试院规定的考试办法对解放区邮政人员进行甄别。此次谈判未能达成协议。

1946 年 6 月,内战重起且不断扩大。南京政府对解放区实施交通经济封锁,强令各地中华邮政员工随国民党军队进退,同时停止了交换邮件,国共两区通邮因此中断。随着战局的发展,广大群众对禁止通邮纷纷提出批评。南京政府于 1949 年 1 月提出试办通邮;4 月,中华邮政代表团随同南京政府和平谈判代表团到达北平,进行"南北通邮谈判"。此次谈判虽然正式签署了南北通邮协定,但是国民党政府却做出对中共通邮通汇兑一律停止的规定,从而使通邮协定成为一纸空文。不久,全国解放,通邮问题随之解决。

十、中国邮政进入新的历史阶段

中华人民共和国的成立翻开了历史的新篇章,也标志着中国邮政的新生。1949 年 11 月 1 日,统一管理全国邮政和电信事业的邮电部成立,朱学范任部长,王诤任副部长。12 月 10 日至 28 日,邮电部在北京召开第一次全国邮政会议。会议确定,中华人民共和国的邮政属于国营经济组织,应配合新民主主义的政治、经济、文化建设,办理邮政业务,调整网络和组织局所建设,以服务人民为总的方向和最高原则,确定邮政名称为"中国人民邮政"。"中国人民邮政"铭记最早使用于邮资票品上是在 1950 年 2 月 10 日发行的第 1 版"天安门"图案的普通邮票。经过逐步调整,中国人民邮政形成了以北京为中心,沟通全国各地的通信网络。此后,中国邮政事业发展日新月异,取得了丰硕的成果,中国邮政发展进入了新的历史时期。

新中国第一任邮电部部长朱学范

第九节 新中国时期邮政的发展

新中国的诞生,为我国邮政事业的发展开辟了广阔的前景。在党和政府的领导下,广大邮政干部和职工本着为人民服务的宗旨,积极工作,艰苦努力,邮政事业取得了很大的成绩。

一、新中国邮政的发展

新中国刚成立时,我国邮政通信网的基础很差,网点稀少,设备陈旧。1949 年年底,全国(除西藏和台湾)仅有邮政自办局所 4207 处,自办邮运汽车 427 辆,邮路总长度 70.6 万公里。而且这些设备大多在城市,广大农村很少,农民用邮极为困难。1949 年 12 月召开的第一次全国邮政会议上确定了邮政业务的经营方针:为配合经济建设和文化建设,在邮电部邮政总局的领导下,有重点、有计划、有步骤地积极发展邮政业务,提高为人民服务的效能,增加收入,为达到邮政经济逐步自给自足而奋斗。1950 年至 1952 年的三年内,邮政业务迅速恢复和发展,函件和报刊发行量大增,1952 年包裹和汇兑业务量均超过历史最高水平。邮件传递速度提高,农村邮政很快发展,对抗美援朝、土地改革、三反五反运动都起到了很好的作用,方便了人民通信。[①]

1952 年邮政部门在增产节约运动和推广邮政业务中,出现了强迫摊派的问题,11 月 19 日,邮电部发布《关于克服发展业务中的缺点及今后方向的指示》,明确提出把“迅速、准确、安全、方便”这八个字作为邮电企业的服务方针。这个方针在邮政职工中深入人心,广大职工在“八字方针”的指引下,努力提高通信生产和服务质量,出现了很多感人事迹。1955 年第四次全国邮电工作会议通过的有关邮政通信服务水平的四项决定,对邮政局所的营业日和营业时间,各类邮件的处理、运输和投递时限及频次,对邮政生产过程的监督检查等,做了全面具体的规定。这是邮政工作的一大进步。

从 1958 年开始,全国范围内兴起了“大跃进”运动,邮政部门虽然出于改变落后面貌、加快邮政发展的良好愿望,但是在全国普遍开展“大跃进”的形势影响下,邮政部门也缺乏冷静的思考,过分强调主观精神的作用,忽视了客观物质条件的可能,违背了邮政发展的客观规律,严重干扰和损害了邮政事业的健康发展。这一时期邮政生产制度建设上的主要成就是建立了全国范围内统一的分拣封发体制,并对农村投递制度进行了改革,建立了人民公社邮递员制度,改善了广大农村地区的投递问题。从 1961 年到 1963 年,邮电部总

---

① 《新中国邮政》编写组:《新中国邮政》,人民邮电出版社 1989 年版,第 6、28～29 页。

结"大跃进"的教训,端正指导思想和业务方针,恢复各项合理的规章制度,研究并制定调整的具体方案和措施。从 1958 年到 1965 年,邮政事业虽然受过干扰和挫折,但由于社会主义制度的优越性和广大职工的社会主义积极性,仍然取得了很大成就。1965 年与 1957 年相比,全国邮路及农村投递路线总长度增长 127 万公里,增加 57%;邮运汽车增加 613 辆;业务量有较快增长,函件由 1957 年的 164000 万件上升到 1965 年的 217000 万件;包裹由 1957 年的 2500 万件上升到 1965 年的近 3000 万件;报刊累计数由 1957 年的 295800 万件上升到 1965 年的 540000 万件。[①]

1966 年 5 月开始,历时 10 年的"文化大革命"给中国人民和国民经济带来了深重的灾难,也给邮政事业带来了重大损失,邮电部门从部机关到各地企业均遭到冲击,给邮政通信安全造成了严重破坏。但同时,邮政事业受到党中央和国务院的关注,邮政干部职工克服了重重困难,邮政事业在艰难中仍然获得了一定的发展。尽管这一时期国民经济遭到严重破坏,但工农业生产建设仍继续有所发展,社会对邮政通信的需求在不断增加,尤其是知识青年上山下乡等造成全国人口的流动等等,对邮政通信提出了更多的要求,这为邮政的发展提供了客观的社会条件。1976 年和 1965 年相比,火车邮厢增加 143 辆,增长了 82%,邮运汽车增加 3866 辆,增长了 2.44 倍。邮政业务量也有所上升,1976 年函件达到 277000 多万件,增长了 27.6%;包裹达到 6880 多万件,增长了 1.29 倍。1975 年,报刊发行累计份数达到 124.7 亿份,增长了 1.3 倍。1975 年邮路和投递路线达 479.6 万公里,增长了 1.3 倍。[②]

1978 年 12 月召开的中共十一届三中全会,提出了对内搞活经济、对外进行开放以及改革经济管理体制等一系列重大方针政策,这对邮政事业既是机遇,也是挑战。邮政部门认真贯彻中央的路线、方针、政策,拨乱反正,调整管理体制,增加投入,加速发展,在国家"以邮养邮"政策的扶持下,邮政事业摆脱了严重困难,出现了 20 世纪 80 年代后期持续发展的新局面。1979 年 3 月 30 日至 4 月 23 日,邮电部在北京召开第十七次全国邮电工作会议,总结经验教训,确定把邮电部门的工作重点转移到以通信为中心,实现通信现代化,更好地为社会主义现代化建设服务上来。1980 年 7 月,邮电部召开了第十八次全国邮电工作会议,决定制定邮电十年发展规划。根据这次会议精神,各级邮政部门立足现有基础,挖潜、革新、改造,努力解决通信中的薄弱环节,增强了通信能力。针对邮政面临的问题,邮电部采取一系列广开门路、搞活邮政的措施,加快邮政基本建设,全面整顿企业,改善发展农村邮政,取得了一定的成效。1983 年至 1985 年,全国主要邮政业务量的年均增长率,信函为 11.2%,汇兑为 7.1%,报刊为 19.8%,均一倍或者几倍于前几年的增长。但是邮政面临的问题更加突出,主要表现在:通信能力严重不足,局所网点稀少,邮政技术装备水平极度落后,邮政职工队伍素质与企业要求不适应。1986 年,国务院对邮电工作的两个"六条指示"和中央关于"七五"计划的建议,都明确提出优先发展邮电通信的方针政策。在全国范围内出现了各方面重视和支持邮电发展的新形势。进入 20 世纪 90 年代,

---

① 姜希河:《中国邮政简史》,商务印书馆 1999 年版,第 123 页。
② 姜希河:《中国邮政简史》,商务印书馆 1999 年版,第 133 页。

中国的改革持续深化,对外开放进一步扩大。加快发展,深化改革,加强建设,推进技术进步,促进邮政现代化,成为当时中国邮政的中心课题。同时国家加大了对邮政的投资,从1991年到1996年的6年中,邮政累计投资超过100亿元,是"七五"期间投资的5倍多,约等于新中国成立后40年邮政总投资的3.3倍。1997年、1998年两年,邮政部门继续加大投入,两年的建设投资达到240.6亿元;加快了中心局建设,加快邮运网的建设,加快邮件处理自动化和计算机网络建设,根据市场需要,强化业务经营,拓展业务领域,发展邮政业务,改善邮政服务。随着1998年邮电分营的实施,我国邮政业进入了独立发展的新时代。

二、中国邮政快件业务的开办

进入20世纪80年代以来,邮政部门坚持"人民邮电为人民"的优良传统和"发挥优势,适应市场,规模经营,全面发展"的经营指导方针,大力发展传统业务,积极发展新型业务,使业务机构趋向合理,邮政业务量有较大发展。

随着经济的发展和社会需要的增加,中国邮政在1980年7月15日首先开办了国际特快专递业务,从1984年11月1日开始开办国内特快专递业务。中国邮政特别重视提高特快专递的质量和信誉,实行统一的时限管理,科学地组织生产作业,最大限度减少中转环节,积极为用户提供良好的服务。为了有效地发展这项业务,邮电部于1985年成立中国邮政速递公司,增加专用车辆和服务人员,改进内部作业组织,普遍开展上门揽件;同时拓展业务范围,开办了同城快递、超常规快递、鲜花礼仪、代收货款、代客报关、国际特快送款等业务。邮政特快专递业务的开办,加速了信息传递,提高了社会经济效益,促进了业务发展。[①]

20世纪80年代初,中国邮政部门在速递市场中的占有率几乎为100%,在1987年以前都保持在95%以上。不可否认,中国EMS的诞生推动了中国速递行业的兴起。进入20世纪90年代,随着外商投资和对外贸易的迅猛发展,中国经济的增速不断加快,特别是内需的拉动,促进了国内速递业的蓬勃发展。中国邮政EMS也进入快速发展时期,业务量、收入年均增幅达到90%和86%,业务覆盖面扩大到国内近2000个市(县)和全球220个国家和地区,统一的特服专号185、邮件跟踪查询网络、专业机构相继建立。EMS业务蓬勃发展,成为中国邮政的重要业务。[②]

三、在万国邮联的活动

早在1914年3月1日,我国就加入了万国邮联。新中国成立后,1950年5月5日,我国周恩来总理兼外长以外交部的名义致电联合国和万国邮联,告知我国政府任命邮电部

---

① 姜希河:《中国邮政简史》,商务印书馆1999年版,第166～167页。
② 潘建伟:《中国邮政速递的变革与公司化》,北京邮电大学2005年硕士论文,第1～2页。

邮政总局局长苏幼农为代表,出席在瑞士蒙特罗召开的万国邮联执行及联络委员会会议。5月15日,在该委员会开幕会议上,通过了瑞士对捷克的修正案,接受我国代表为唯一有资格的代表出席本次会议,这是新中国代表第一次出席邮联的会议。5月24日,我国代表苏幼农出席了这次会议,同年12月,我国同意接受执行1947年万国邮联在巴黎签订的万国邮政公约及有关业务协定。但是在1951年5月21日,万国邮联执行及联络委员会通过美国的提案,非法剥夺了我国在万国邮联的合法权利。1952年5月17日,周恩来总理以外交部部长的名义致电万国邮联第13届代表大会,郑重声明:"本届大会如无中华人民共和国代表参加,则其一切决议都将非法,因而也是无效的。"至此,我国与万国邮联断绝关系达21年之久。

1971年10月25日,第16届联合国大会通过了恢复我国在联合国的合法席位的决议。万国邮联在1972年2月28日就中国代表权问题进行了通信投票,结果于4月12日以66票赞成、11票反对、5票弃权通过决议,承认中华人民共和国为中国在万国邮联的唯一合法代表。4月13日,邮联国际局总局长致函我国外交部通知了这一表决结果。自此,我国恢复了在万国邮联的合法席位。①

第十节　中国邮政与现代快递

现代快递作为一种先进的邮递和运输服务方式,于20世纪70年代末进入我国,在促进经济发展、方便社会交流、满足消费者和商家多元化寄递需求和扩大就业等方面发挥了积极作用。很多人认为快递行业是一个纯粹的新兴行业,其实不然。从本质上来说,快递提供的寄递服务,是邮政业务的一部分。

今人耳熟能详的"邮政",在今天主要指寄递信件和包裹、办理汇兑、发行报刊等业务。但是中国在近代邮政产生以前的邮驿系统,都是以"置邮传命"为根本宗旨,同时具有传递政令舆情、维系朝政运转、整饬吏治等多种重要的政治功能。故传统"邮政"的含义,重心在"政",唯有政通人和,方能国泰民安。② 所以,中国古代的邮驿系统事实上是中央政府与各级地方政府之间的组织传播,这种传播是把广大老百姓排除在外的。但另一方面各朝都允许一定级别的官员利用邮驿系统传递家信,到了宋代,政府甚至规定凡朝廷命官,不论职位高低,均可以通过递铺传递家信。这个措施从一定程度上说可以算是近代邮政制度的早期萌芽。③ 中国古代邮驿系统经过几千年的运行,探索并形成了一套组织严密、

---

① 《新中国邮政》编写组:《新中国邮政》,人民邮电出版社1989年版,第6、28～29页。

② 吴昱:《"置邮传命"与政治运转:清代"邮政"的传统内涵》,《广东社会科学》,2014年第4期,第124～131页。

③ 邹莹:《中国古代邮驿制度与传播》,《咸宁学院学学报》,2003年8月,第23卷第4期,第99～102页。

操作规范、运作高效的运作流程,这是一笔极其宝贵的财富,值得我们进一步挖掘和学习。另外,作为官方邮驿系统的补充,从事私人信函、包裹以及小额汇款寄递的民间通信机构——民信局,在中国已有数百年历史,为国家邮政服务普通群众提供了可借鉴的历史经验。可以说,中国古代官方的邮驿系统有着严密的组织机构和操作流程以确保高效而安全地进行邮递活动,但是却把普通民众排除在外。立足于服务普通民众,为民间提供寄递服务的民信局却有着分散、弱小、安全得不到保障等弱点,而近代邮政的产生可以说是二者的结合,但是这种形式的邮政没有在中国产生,而是在资本主义最先兴起发展的欧洲。

奠定近代邮政基础的是邮政的第一次改革。公元 1840 年,英国政府采纳了罗兰·希尔在《邮政改革:其重要性与现实性》一书中的观点,对邮政进行了改革,可称为邮政的第一次改革,其主要内容包括:实施均一资费制;采用邮资预付和发行邮票;重申邮政由国家专营,业务向所有用户开放。当年发行了人类历史上的第一套邮票——黑便士邮票。罗兰·希尔的邮政改革思想很快在世界传播并得到许多国家的认可。罗兰·希尔的邮政改革思想之所以能够风靡世界,与当时的西欧和北美开始了工业革命密不可分。工业革命极大地促进了社会经济的发展和人们生活方式的改变,社会化大生产、经济文化的联系和国际交往,都需要高效、安全、方便的邮政通信服务,特别是现代交通工具火车、汽车、轮船和飞机的发明与使用,为现代邮政的发展提供了物质技术基本,因而大大推进了各国建立和普及邮政的进程。这一改革是世界邮政史上的一个里程碑,它明确了近代邮政的基本特征,为后来各国邮政确立了一个基本的运作模式。[①] 到了 1896 年,经清光绪皇帝批准,中国正式开办了国家邮政(大清邮政),经过清末邮政改革、民国中华邮政的发展及新中国成立以后的持续发展和改革,中国邮政已经步入现代邮政的发展轨道。

不管当前快递业信息化、自动化达到什么样的程度,从其基本模式上来看,还是在近代邮政基本运作模式的范围内,其主要特点也继承了近代邮政的基因:以统一的价格向全民开放寄递服务。不同的是,快递的经营主体、服务范围、服务时限等方面发生了巨大的变化,为社会经济的发展提供了强大的基础寄递服务支撑体系,成为当代社会最有生命力和活力的行业之一。

近代以来,我国积贫积弱,由于遭受列强侵略等种种因素,快递从 20 世纪初开始逐渐淡出了人们的视野,直到改革开放后现代快递诞生。而中国快递业在继承我国古代邮驿系统和民信通信机构的优良传统下,伴随着我国改革开放和邮政体制改革的步伐,走在了世界第一快递大国的发展轨道上。

---

① 金燕:《罗兰·希尔与近代英国邮政改革》,《南京邮电大学学报》(社会科学版),2016 年 6 月,第 18 卷第 3 期,第 78~84 页。

第二章

中国引进国际快递业

第一节　现代快递业的诞生

我国的现代快递业始于 20 世纪 80 年代从美国等国家引进国际快递，其过程较为艰难和复杂。要说清楚中国怎样引进国际快递，首先还得从现代快递的诞生和发展说起。

一、现代快递业的诞生

（一）现代快递服务诞生在美国

现代快递服务业诞生于 20 世纪 60 年代的美国，有一定的偶然性，但是如果结合历史发展的国际大背景去观察，又具有必然性。根据马克思主义关于社会生产关系一定要适应社会生产力发展的基本原理，当传统的落后的信息与实物的传递方式不能再适应社会大生产、商品大流通的需要时，一种与时俱进的、能够满足未来社会发展的崭新运输方式一定会产生。快递服务就是这样一种新生事物！

第二次世界大战结束后，在以原子能、电子计算机、人工合成材料、空间技术等人类历史上规模最大的新一轮科技革命的推动下，社会生产力有了巨大的发展，带动了以西方发达资本主义国家为主导的国际贸易的持续发展，推动了全球海运业的快速发展，特别是1966 年在连接美国和欧洲各国的大西洋航线上采用了集装箱专用船进行大量运输以后，新兴的轮船航行速度提高了，海运货运量增加了，国际贸易量扩大了。但是新的问题也来了：由于当时的贸易商都是通过各国的邮政系统寄递海运商务文件（单证、提单等），普通邮政的服务时效不能满足国际贸易和国际航运发展的要求，出现了不少海运轮船已经到达目的港口，而交接船运所需的商务文件还在邮路上，使得负责承运的海运公司为等待收到这些商务文件而不得不向轮船已经靠岸的目的港缴纳数额不菲的港口使用费和滞期费，因而增加了经营成本，非常令人头疼。

1969 年 3 月的一天，一位名叫达尔希（Dalsey）的美国大学生，到加利福尼亚州的一家海运公司看望朋友时，听一位管理人员讲，有一艘德国商船正停泊在夏威夷港，而提货单还在旧金山制作中，如果通过邮局需要一周时间才能寄到夏威夷港。达尔希主动提出，愿意乘飞机将文件送到夏威夷。管理人员经过比较发现，此举可以节省昂贵的港口使用费和滞期费等开支，便同意他充当一次特殊信使。达尔希完成任务后，便联合了赫尔布罗姆（Hillblom）、林恩（Lynn）两位大学生朋友，于 1969 年 10 月 20 日在旧金山成立了由他们三人名字的第一个英文字母缩合而成的"DHL航空快件公司"(英文简称"DHL",中文简称"敦豪"),专门承揽在美国本土与夏威夷岛之间,需要快速传递商务文件和包裹业务,后来业务又发展到全美国境内为民航、商业公司,以及个人的服务上,很快DHL就以安全、快捷的服务闻名全美,到1974年,DHL已经在全美设立了18个办事处,为客户提供通往国外23个城市的国际快件服务,进一步提高了DHL的信誉和知名度。

DHL公司既是现代快递服务这一崭新的运输服务商业模式的首创者,同时也是全球首家民营快递企业。DHL公司在美国市场打响快递服务品牌后,又雄心勃勃地将目标瞄准了欧洲和亚洲市场。20世纪70年代初,DHL公司在香港建立了分支机构,管理美洲以外的全球速递业务。1974年"DHL国际航空快件有限公司"在香港正式成立,总部曾长期设在比利时首都布鲁塞尔。1992年因业务发展的需要,DHL公司股权首次部分转让给德国汉莎航空公司和两家日本企业。其业务已经覆盖全球230多个国家和地区,成为名副其实的跨国集团。与此同时,德国邮政本身通过不断的股份制改革和股权的分批上市与全部出售,也由原来一个德国政府所有的垄断型国有企业变身为全球物流业中具有国际竞争力的社会化公众企业。

1997至2002年,德国邮政通过分次收购最终完全拥有了DHL公司的股权。2003年,德国邮政开始实施全球网络规划,将DHL业务分为四大部分:敦豪快递、敦豪货运、敦豪丹莎航空快运、敦豪物流服务。与此同时还统一了DHL在全球所有业务的品牌标志,即现在人们所熟悉的"黄底红字"。

进入21世纪,德邮集团高度认同并尊重DHL的全球品牌价值与影响力,并升级为德邮集团的发展战略,将德邮集团从名称到公司标志(LOGO)都进行了变革。新集团的名称为"德国邮政敦豪集团(Deutsche Post DHL Group)",新的集团LOGO为"DPDHL"(德邮敦豪)的双品牌,在全球开展快递物流业务时不但沿用DHL品牌,还结合其他收购,整合资源,不断投资扩大DHL品牌的影响力,统一了DHL的全球业务;不仅稳定了原有的DHL全球客户,而且通过德邮集团的雄厚实力与资源优势,进一步巩固了德邮敦豪集团在全球快递物流业界的领先地位。同时也在全球的快递物流业中,创造出了一个传统的邮政企业与优秀民营快递企业"合二为一"、融合发展的新范例。

回看20世纪的70年代,初创时期DHL公司的成功引来了众多的效仿者。全球国际贸易的迅速发展使国际快递服务市场的需求不断增加,欧美日等发达国家对航空运输管制的解除,多数发展中国家对物流、邮政市场的逐步放开,推动了20世纪80年代快递业向全球的快速扩展。涌现出了能够与DHL公司并驾齐驱的另外几大国际快递巨头,即美国的两大民营快递企业——后起之秀的美国联邦快递公司(FedEx)、老牌的美国联合包裹运送服务公司(UPS),欧洲的老牌邮政企业如德国邮政集团(后来收购了DHL公司)、荷兰邮政集团快递(TNT)等多家全球性的快递企业,还有像日本的海外新闻株式会社(OCS)、宅急便(黑猫快递)、佐川急便等众多区域性的快递企业,快递业在全球形成了燎原之势。今天的快递业已遍及250多个国家和地区,成为各国开展对外贸易、对内发展经济、改善社会与民生的不可或缺的新兴服务业。

（二）国际快递服务的商业模式

与传统的国际货运、邮政服务相比，国际快递企业适应了经济全球化时代的发展要求，遵循市场经济的原则，实行企业全球一体化的运营与自负盈亏的市场体制，在广泛的全球商业服务过程中创新出了独具特色的国际快递服务的商业模式，它们以国际航空运输为骨干，以密集的跨国（境）的地面快递服务网络为基础，以多种运输手段和高科技为支撑，来实现快捷高效服务全球快递用户的企业使命。国际快递服务的特色主要有[①]：

（1）门到门递送服务。它要求递送快件的各种运输方式之间必须做到无缝衔接，这也是"一体化航空快递"这一快递服务的术语中，理解和执行"一体化"含义的关键所在。国际快递公司从一国发货人指定的桌面、门口或者装卸码头收货后，按照快递公司精心设计的最佳线路，经过航空等多种运输工具之间快速、无缝的接力运送，然后直接送到另一个国家的收货人手中。这种创新服务极大地方便了用户，他们无须再自己拉货到机场办理托运，也不需要收货时再安排运输。

（2）监管控制。航空快递公司凭借完善的全球网络与精密的信息系统，可以对递送的所有物品进行严密的监控，不仅保障了递送物品的安全性，也减少了递送过程中丢失或损坏的风险。

（3）跟踪查询。这项服务使用户可以在网上精确地跟踪他们的货物/文件，还可以证实递送的完成，有效保护了寄件人与收件人两方面的利益。

（4）协助清关。无论对于出口商还是进口商，清关都是一件较为困难的工作。而跨国快递公司凭借长期办理通关手续中积累的专业化经验，可以协助客户与海关方面有效沟通、交涉，以先进的技术和简化的报关程序，为客户提供快捷的清关服务。

（5）高可靠性。对于寄递高科技含量、高增加值产品或者是非常重要财务文件的用户来说，快递公司的可靠性与寄递速度同等重要。跨国快递公司的准时送达率一般高于99％，凭借自身强大的运营能力、信息化手段，并以多项措施来掌控寄递各环节的情况，以确保寄递快件全程的高可靠性。

（6）快速递送。国际快件实现隔夜递送或者次日达，与传统的货运相比可大幅节省快递用户的宝贵时间，减少存货，降低成本，改善客户的服务。

（7）全球服务。一体化的航空快递服务是一个全球化运作的行业，国际快递公司需要建立覆盖世界所有主要城市的复杂的空中枢纽和转运站网络，布局合理的多级快件分拨中心、强大的地面配送体系，以保证服务全球快递客户的目的。这种全球服务网络，有利于吸引和维护全球性的重要客户群体，保持和提高跨国快递公司的全球快递市场的竞争力和影响力。

（三）现代快递服务的理论创新

现代快递服务的理论创新主要是指对现代航空快递隔夜送达的理论，由美国联邦快

---

① 美中贸易全国委员会：《中国的一体化航空快递业》，2003年9月印制。

递公司创始人、富有想象力的美国退伍军人弗雷德里克·史密斯(Frederick W.Smith)于20世纪70年代初所创造的。航空快递隔夜送达理论的核心是"中心分拨论",也被称为"转盘分拨论"。该理论认为,航空快递公司在全国的中心地区建立分拨中心,从全国各地收集来的快件,按所到达的城市分拨完毕后,装上飞机;晚上该公司在所有城市的飞机飞到全国的分拨中心,在分拨中心将文件和货物按照所到城市交换完毕,当天晚上再装上飞机返回起飞地,并完成在当地派送的分拣准备。第二天早上快递公司再用汽车送到收件人的桌子上,收件人确认签收,就完成了具体一单的快递服务的业务流程。这种理论创新,对于传统邮政业的分级转运、接力式的"邮递"理论和以陆路铁路、汽车等交通工具为主的传统邮政运输方式形成了挑战,对于传统货运业"合理流向"论等也形成了冲击①。

表面上看,快递隔夜送达的运营模式也有不合理性。例如,主要依托飞机实施往返运输,成本很高,一般企业难以承受;再如,作业方式也不尽合理,这种运营模式必然要求机组、航站和快递分拨中心的员工需要长期上夜班,而夜间由于是航空快递分拨中心作业的高峰期,还要开足马力干!这也不符合多数人白天上班、夜晚休息的日常作息习惯,所以一般的企业员工也难以接受。

但是联邦快递公司成功的运营实践表明,快递实行一票到底和"一站式"的服务方式创新,减少了运输的层级,有效缩短了运输时间,解决了传统运输方式中"慢与等"的老大难问题;运用飞机运输和巧妙安排夜间作业,能够避开白天民用航空公司拥挤、繁忙的客运时段,最大限度地使用了夜间充足的航空线路资源,节约了快递企业的时间成本;而快递公司利用多数人休息的夜间完成了快递的分拨与派送的准备,不仅提高了快递企业自身的运营效率,找到了比传统运输企业实现"快人一步"递送服务的时间差,也使快递业服务各界的综合社会效益实现了最大化。随着航空快件运输规模的扩大,快递企业可以控制总成本;而通过对员工作业实行轮换制也可以解决员工的休息问题。因此,快递隔夜送达的实践与理论总结,是经济全球化与社会大生产发展的必然产物。它顺应了社会各界在经济全球化时代追求经济活动能够高效、快速、安全开展的一致要求;特别是使各国的工商界、金融界、贸易界、制造业、运输业,甚至一些政府部门与非政府机构等都高度依赖快递服务开展业务,也使快递业成为助力各国经济与社会发展,推进全球经济一体化的重要力量。

全球快递业的发展还表明,这一理论与运营模式具有强大的生命力。几十年来,各国的快递企业仍然在按照这一理论和运营模式有效地运转着,并在实践中加以改进、完善。例如,今天全球快递业根据快件送达的区域不同而实行的 24 小时、48 小时、72 小时等不同时间段内必须完成送达的限时服务制度,就是以快递隔夜送达的服务理论为基础,在实践中不断完善的产物。再如,快递服务所创造的门到门递送、全程监控、跟踪查询等服务方式,今天已经在越来越多的物流企业、服务业企业中普及,提高了这些行业的服务品质,受到了公众的欢迎。而快递业追求高品质服务的初心则始终未变,即:客户至上,努力为

---

① 《中国对外贸易运输总公司发展史》编写组:《中国外运四十年》,中国工人出版社1990年版,第203页。

客户提供高效、快速、安全的快递服务。

二、快递服务的全球化发展

（一）经济全球化与服务经济发展深刻改变世界

1.经济全球化推动各国经济发展相互依存,走向开放和市场化

经济全球化始于二战后的 20 世纪 50 年代,各国在发展经济中日益重视国际贸易、投资、商品、人员等的流动与发展,进入 20 世纪 80 年代至 21 世纪初,经济国际化的发展呈现加速度。因此,从本质上看,经济全球化也可以说是一场运动、一个过程,它是各国经济发展在市场导向、市场规律的作用下,使货物、服务、诸多生产要素更加自由地跨境移动,以寻求更好的效益和更大的市场。在这个过程中,促进了各国经济与社会交往的相互依存、依赖,相互开放市场成为必然,"地球村"更加一体化,逐步走向了人类命运共同体。

这种经济全球化发展的趋势,具有必然性。马克思、恩格斯在 1848 年发表的《共产党宣言》中指出:"新的工业的建立已经成为一切文明民族的生命攸关的问题,这些工业所加工的,已经不是本地的原料,而是来自极其遥远的地区的原料,它们的产品,不仅供本国消费,而且同时供世界各地消费。旧的、靠本国产品来满足的需要被新的、要靠极其遥远的国家和地带的产品来满足的需要所代替了。过去那种地方的和民族的和自给自足状态和闭关自守被各民族各方面的互相往来和各方面的互相依赖所代替了。物质的生产是如此,精神的生产也是如此。各个民族的精神产品成了公共的财产,民族的片面性和局限性日益成为不可能,于是由许多民族的和地方的文学形成了一种世界的文学。"历史的发展印证了先哲们伟大预见的科学性。世贸组织前总干事鲁杰罗于 1997 年 7 月指出:"以要素自由流通为基础的经济全球化趋势不可逆转,正在拆除各种围墙藩篱,跨越各国边界,编织一个统一的世界经济。一个以经济全球化为基础的无国界经济正在全球范围内形成。"实践表明,经济全球化的基础是贸易的全球化,推动经济全球化发展的主要力量,一是科技创新,特别是信息化、互联网的日益普及;二是跨国公司生产与经营的全球化;三是金融全球化的进程加快;四是交通运输与基础设施的现代化、网络化,促进互联互通,方便了快捷运输;五是各国政府的改革、支持与引导作用。今天,逐步富起来的中国老百姓也在以多种形式参与着全球化,一次说走就走的出境游、网购一件中意的外国商品、观看一场外国电影大片、购买进口的汽车或者手机,等等。现在各国和各民族创造的一切物质的、精神的成果正在日益被各国民众共同享受着,这就是我们身边每天都在发生的全球化体验。

2.服务经济正在成为世界经济的新引擎

快递业是现代服务业的重要组成部分。要了解快递业为什么能够产生与快速发展,就需要了解快递业与服务业、服务贸易和服务经济的关系,认识发展包括快递业在内的现代服务业的历史必然性。

人类社会在经历了农业经济时代和工业经济时代之后,开始迈向服务经济时代。一

个国家进入服务经济时代的标志,就是这个国家服务业产值所占的比重超过本国国内生产总值(GDP)的50%以上。而服务业的范围,通俗地讲就是指在一个国家里除了农业、制造业以外的所有其他产业。与此相对应,服务业的产值就是一国除了农业、制造业以外,所有其他产业产值的总和,这样一个历史进程在20世纪70年代以后陆续出现在欧美发达国家。进入21世纪后,发达国家的服务经济又率先进入了稳定、提高的阶段。在社会生产力大发展和科学技术日益普及的大背景下,这些国家尽管农业普遍实现了机械化、半自动化,农业产量与农产品质量明显提高,城乡差别大幅度缩小了,但是农业工人和农业人口都比较少,农业产值在国家GDP的比重大体上维持在1%~2%左右。在工业领域也是类似的情况,多数欧美国家在完成了工业化中后期的发展阶段后,制造业的机械化与自动化普及,工业产量和产品质量明显提高了,但是工业人口占社会就业总人数的比重却在减少,工业产值在国家GDP的比重大体在10%~20%左右;而服务业的产值则占到国家GDP比重的70%以上。所以进入服务经济发展阶段的国家,包括快递业在内的整个服务业就必然成为其国民经济的主要产业,也是国民财富的主要创造者。与此相关联的是服务业同时也成为一个国家民众就业、社会生活与消费及国家税收的主要提供者。

近几十年来发达国家凭借它们在服务经济方面的领先优势,大力推动了国际服务贸易向全世界的发展。例如,1970年全球服务贸易出口额仅有710亿美元,而到1996年就达到12600亿美元,增长了16.8倍,平均每年增长11.7%,远高于同期国际货物出口的增长速度。服务贸易在整个国际贸易中的比重,在20世纪80年代占到约1/5,而进入90年代已增加至1/4,特别是在知识密集型和技术密集型服务业,如电信、商业分销、金融、保险、运输、法律等发达国家服务经济领先的行业也成为它们向发展中国家市场拓展服务贸易的重点。推动服务经济全球发展的重要标志之一,就是1994年《关税与贸易总协定》(GATT)乌拉圭回合谈判结束时各成员国集体签订的《服务贸易总协定》(GATS)。之后在1997年世贸组织(WTO)又通过了三个重要的服务贸易协议,即《基础电信协议》、《信息技术协议》和《金融服务贸易协议》。随后,WTO又于1999年发动了"千年谈判"(又称为"西雅图回合"),重点想解决各国开放服务业和服务贸易问题,这次谈判由于许多发展中国家还没有做好服务业大开放的准备而未能达到预期结果,但是服务贸易的开放进程仍然在推进中。自2011年启动多哈回合谈判,到2015年达成的第一个有约束性的多边协定《贸易便利化协定》,根据WTO相关的规定,只有2/3成员完成国内核准程序后该《协定》才能生效。目前各成员国正在积极履行国内核准的程序,一旦达标并生效后,将对我国和世界贸易发生深远的影响。根据经合组织研究报告估算,贸易便利化有望降低10%~15%的贸易成本,每年为全球创造1万亿美元的收益和2100万个就业岗位,帮助发展中国家出口增长10%、发达国家出口增长5%。我国作为世界第二大经济体和货物贸易、服务贸易大国,实施贸易便利化将有效降低我国的出口成本,扩大与各国货物贸易、服务贸易的双向流通,进一步推动中国快递与中国制造、中国品牌、中国商品、中国服务、中国资本、中国企业走出去。

2001年12月,中国加入世界贸易组织(WTO),在怎样理解世界贸易组织有关快递的解释,履行对外资企业开放国际快递业务方面,我国有关部门曾经有过激烈的争论,争论的焦点是对快递业的开放程度怎样合规合理。我国在加入 WTO 之日前,国内有关主管部门已经批准外资快递企业来华投资经营国际快递服务业务和部分国内快递业务了。但是,对于外资快递企业可以经营哪些快递业务,经营快递业务需要履行哪些手续,各部门有不同的理解。对外贸易经济合作部 1995 年发布的《中华人民共和国国际货物运输代理业管理规定》规定了对外经济贸易管理部门有快递业务的审批权,外资快递企业可以经营除私人信件以外的国际快递业务,对此,当时的国家邮政局持不同意见,和外经贸部、国际货代协会,以及外资快递企业曾经产生过不少矛盾。但是,为满足外资快递企业在华经营的需要,履行我国加入世贸组织的承诺,国家邮政局主动调整思路,于 2001 年 12 月 20 日,会同信息产业部、对外经济贸易部联合发文,决定依据 1986 年颁布实施的《中华人民共和国邮政法》,由国家邮政局以委托的形式,委托外资快递企业经营除私人信件和县级以上的党政军机关公文以外的国际快递业务,以代替行政审批。这样一来,外资快递企业就以合法的方式正式在中国境内经营国际快递业务,也为 2009 年新修订的《邮政法》对快递企业经营快递业务的规定打了前站。加入世贸组织 8 年后,有关政府部门最终统一了认识,为外资快递企业在华经营快递业务提供了法律依据,使中国外资快递业有了一基本运营的根据,进一步促进了快递业的发展。

2015 年 12 月,在肯尼亚内罗毕举行的 WTO 部长级会议上,又形成了在世界贸易组织框架下扩大信息技术协议产品范围的谈判成果。包括中国在内的 24 个参加方共同发表了《关于扩大信息技术产品贸易的宣言》,明确各参加方要约束并逐步取消 201 项产品的关税。后经我国政府对我国《加入世界贸易组织关税减让表修正案》的审核同意,并经全国人大常委会批准,我国从 2016 年 9 月 15 日起对该《关税减让表修正案》附表所列 201 项信息技术产品的最惠国税率实施首次降税。此次降税是为了落实 WTO 框架下扩大服务贸易相关谈判的成果,将逐步取消相关信息技术产品的进口关税,促进世界信息服务贸易的发展。

这些开放服务业的全球性政策导向,推动着服务贸易在世界的较快发展。2009 年,世界服务出口额达到了 3.3 万亿美元,比 1970 年的 710 亿美元增长了 45 倍。同时,服务业占各国经济的比重也越来越大。据统计,2015 年,服务业产值占国民生产总值的比重发达国家已达到 70% 以上,其中美国的服务经济最发达,稳居美国 GDP 比重的 80% 以上;中等收入国家接近 60%,而低收入发展中国家也达到 40% 左右。这充分说明了世界生产力的不断发展,必然促进包括国际快递业在内的服务贸易成为世界贸易的主流趋势,服务经济正在成为世界经济的新引擎。

中国由于历史体制的原因以及受到“先生产、后生活”等传统观念的影响,服务业的发展曾长期滞后。“十一五”(2006—2010 年)时期是中国服务业加速发展的起步期。2007 年 3 月发布的《国务院关于加快发展服务业的若干意见》明确提出,要把加快发展服务业作为我国的一项重大而长期的战略任务,表明我国充分借鉴世界各国发展服务经济的经验,并从进入 21 世纪后经济发展水平与将要升级发展的国情出发,最高决策层已将服务业视为未来推动经济增长和加快转变经济增长方式的必由之路。经过"十一五"、"十二五"全国人民近十年的不懈努力,我国第三产业增加值占国内生产总值比重从 2013 年起开始超过第二产业.2015 年我国第三产业增加值占 GDP 的比重第一次出现了服务经济比重超过 GDP50% 这一历史性的拐点,达到了 50.2%。2016 年我国服务业占 GDP 的比重继续增加到 51.6%。与此同时,中国的服务贸易也保持了良好的发展势头。"十二五"以来,中国服务进出口年均增长 15.7%,世界排名由"十一五"末的第四位上升至第二位,2016 年中国服务进出口总额突破 5 万亿元人民币(达到 6575 亿美元),同比增长 14.2%,服务贸易规模居世界第二位。其中在快递服务领域,我国快递业务量的市场规模从 2014 年起就开始稳居世界第一。目前,中国服务进口在全球居第二位,服务出口在全球居第三位。中国市场吸纳了近 1/10 的全球服务出口,表明我国服务业和服务贸易的开放发展,对全球贸易和世界经济增长做出了重要贡献。世界贸易组织官员认为,未来中国在全球服务贸易发展中的角色将越来越重要,将日益成为全球服务贸易发展的重要领导角色。

(二)欧美国家政府改革促进了快递服务全球化的发展

1.美国政府改革交通与邮政的垄断体制促进快递业发展

由于现代快递业最初发源于美国,美国政府及地方政府首先要面对垄断的交通运输业与传统的邮政业如何处理与新兴民营快递业的关系问题。20 世纪 70 年代末,美国先后在民用航空和邮政专营领域进行了改革。1978 年美国取消了客运和货运航线及定价方面的限制。1979 年经过长期的争论,美国邮政中止了对特别紧急信件(extremely urgent letters)的专营权,允许私营快递服务商提供"次日达"(next day delivery)的信件寄递服务,条件是这些信函的邮资不得低于 3 美元或者两倍于一类邮件的首重资费,两者中以较高的为准。这成为美国邮政历史上具有重大意义的改革事件。1986 年,美国邮政在举行公开听证和公众评议后,中止了对国际邮件的专营权,美国民营快递企业从此获得了经营国际快递业务的合法权利。在公路运输方面,长期以来美国各州都对货车加收不同的税费,阻碍了联邦快递的业务发展。经过努力,1994 年经美国国会批准,才取消了对联邦快递汽车运输的种种税收和限制。而在此之前,作为美国老牌民营快递企业的 UPS 公司,在二次世界大战以后通过市场竞争提供优良的服务,凭借自身强大的实力,得到了美国政府、市场与大众的认可,获得与美国邮政总局同等的权利,成为能够为企业和个人送货的公共承运人。1995 年在世界贸易组织(WTO)正式接替原来的关贸总协定(GATT)后,美国政府继续以开放的态度遵守 WTO 的规则,允许各国的快递物流企业参与美国快递物流市场的竞争。美国政府与绝大多数的州政府能够顺应全球化的历史潮流和广大民众对于高品质、高效率快递服务的需求,对美国的交通运输领域、邮政服务领域和地方建设进行了持续性的改革、开放,放宽交通运输管制、调整邮政专营权、扶持新兴产业,为快递业的发展创造了条件。美国既是全球第一家快递——DHL 公司的诞生地,也造就了 UPS 和 FedEx 等快递物流巨头今天在全球快递物流业领先的国际地位。

2.欧盟国家以邮政改革促进快递业发展

再看欧洲大陆邮政改革与市场开放的情况。从 20 世纪 80 年代起,经济全球化的步伐逐步加快,建设欧洲统一大市场也达成了共识。欧共体 12 个成员国于 1991 年 12 月签署的《马斯特里赫特条约》规定,为构建内部统一大市场,共同体内应实现商品、人员、资本、技术等要素的自由流动。邮政作为服务领域的一部分也不例外,这就从根本上确立了欧盟范围内邮政市场逐步趋向自由化的指导原则,对成员国邮政的法规修改和变革产生了重要影响,进而还影响到其他欧洲国家的邮政改革。1997 年 12 月 15 日,欧盟通过了《关于发展共同体邮政服务内部市场并提高服务质量的一般规则》的法令,规定欧盟内部邮政市场对欧盟各成员国的邮政业务经营公司开放,由各国的邮递公司以公司化经营的原则共同平等竞争。根据法规要求,欧盟各国邮政市场于 2003 年 1 月 1 日起全面开放。欧盟部长理事会又于 2002 年 5 月 7 日通过了一项旨在促进公平竞争的邮政服务法规,这项新法规要求欧盟成员国在 2003 年到 2006 年期间为开放邮政服务市场采取实质性步骤,为实现统一的欧盟邮政服务铺平道路。它是在 1997 年法规的基础上增加了有步骤开放市场和引入竞争机制的要求。许多国家据此放松了邮政业的市场进入规制,允许企业在邮政专营权范围之外的寄递领域开展竞争,从而打破了邮政部门的独家垄断经营。改革之后,信函、包裹、报刊发行、国内外快递等业务都由多家邮政企业和非邮企业共同开展竞争,增强了邮政市场的活力,也有力地推动了欧洲各国的邮政改革与快递物流市场的开放。

（三）发达国家邮政企业通过体制机制改革成为市场竞争的有力主体

与此同时,市场经济的大潮也在欧洲大陆掀起了各国对传统的低效率的国有企业进行政企分开和市场化改革的进程。这里以德国邮政的改革为例。

德国邮政的改革经历与成果使它成为全球邮政领域市场化改革的优等生。德国邮政体制改革始于 1990 年,分两个阶段推进。改革的目标是,打破行政垄断、减少政府干预、实行企业化经营,最终使这一公营部门私有化。第一步是按照业务领域的特点,把邮政、电信和邮政储蓄部门拆分、组建成三家公司;第二步则是在公司运转五年后,公司改制上市,继而撤销德国的邮电部,将保留下来的政策调节职能并入德国财政部。德国邮政改革中还有一个值得注意的做法是先立法,后改革。经过两个阶段的改革,德国邮政和邮政银行这一昔日传统的垄断行业已基本开放,在脱离行政体系后,企业效益不断提高,国际业务进一步扩大。2003 年以后,德国邮政体制继续改革,改革措施主要集中在允许其他新的竞争主体进入某些特许经营领域、调整和收缩网点布局及降低成本,以进一步提高效益。经过二十多年的持续性改革、上市,德国邮政早已由一个国家垄断部门转变为市场化的上市公众公司,不仅摆脱了亏损,而且走出国门参与欧洲多个国家的邮政服务与物流市场的竞争,发展成为以国际快递物流业务为主的领先的跨国物流集团。

第二节　中国引进国际快递业的历程

一、对外开放后我国国际快递服务的市场需求不断增加

（一）我国外向型经济迅速发展的迫切需要

自 20 世纪 70 年代末我国改革开放以来，对外经济贸易事业迅速发展。在各类对外经贸活动中，首先面临的就是中外双方都急需相互快速传递"商务文件、银行票据、外贸样品和小件包裹"等，特别是来华的国外客户表示他们需要国际快递的服务，热切希望国际快递进入我国市场。而我国政府及时批准引进了国际快递服务业务，就解决了开放以后在我国对外经贸活动中人们期盼已久的"商务文件与物品快速交换的问题"。可以说，国际快递服务是国际经贸活动的首要环节与先行官，其次才是成交、运输和结汇。对于商家来说，选择好国际快递，就是在抢抓宝贵的商机。例如，1988 年，中国成套设备进出口公司有一个紧急投标文件急需发往沙特阿拉伯，中外运敦豪接到求援电话后，立即派员工帮助装订、打包、制单，两小时内将标书送上了当日的航班，使该公司顺利中标 4000 万美元的合同。可以说，国际快递的服务很好地体现了现代社会"时间就是金钱，效率就是生命"的新财富观。

我国外资快递企业提供国际快递服务的主要特点(1980—2009 年)

	项目	内容
1	业务经营	以商务文件、资料、票据、单证、小件样品等为主
2	服务对象	在华的跨国公司、涉外机构、外经贸工商企业等约 80 万家用户
3	服务范围	我国 2000 多个县(市)，全球 220 个国家和地区
4	服务标准与时效	提供从中国 2 天到达世界五大洲主要城市、1 天到达亚洲主要城市的全程式信息跟踪、安全便捷的一站式服务、个性化服务
5	服务商与企业机制	经批准成立的各类所有制国际货代物流企业，国际快递市场遵循市场经济原则，由家宏观调控，企业自负盈亏，优胜劣汰

资料来源：根据我国国际快递企业的资料整理

快递服务业的商业价值与社会价值，还更多地体现在它改善我国企业运行的经济环境，增强其产品竞争力和对于各行业各部门提高经济效益的帮助上。正如美中贸易全国委员会于 2003 年 9 月发布的《中国的一体化航空快递业》报告所指出的，在国际化竞争日益加剧的环境下，有更多的公司会选择国际航空快递来获得竞争优势。该报告显示，"在美中贸易全国委员会访问的 219 个在中国经营的大公司中，大多数公司(无论是作为供应商还是客户)的合作伙伴要求使用航空快递服务。在目前正在使用国际航空快递的公司

中,90%以上说他们的海外客户要求通过航空快递寄送某些包裹,这些公司中的绝大多数还说,他们对其海外供应商业提出了同样的要求"。报告说,"在调查问卷中,很多在华公司都表示,如果没有有效的一体化航空快递业,他们会推迟在中国继续投资或进一步扩展的计划"。在分析国际客户依赖国际快递服务的原因时,该报告指出,调查表明"当物流成为重要的竞争驱动力时,竞争单位由公司联盟替代了单个公司,竞争在供应链之间展开。在这样的环境里,交货速度可以降低仓储和存货,也降低了缺货或者降价处理的风险,这就是巨大的成本优势所在。决定一个公司的声誉、质量和利润的因素除了自身的成本外,还在于供货商的表现(成本、质量和送货速度)"。快递服务对于中小企业同样重要。该报告指出,中小企业通常缺乏大公司的运输递送基础设施,它们必须委托一家代理许多客户的服务商来完成运输和快递。这样,中小企业可以受益于国际航空快递公司大规模运输所产生的规模效益。同时,国际航空快递公司向中小企业提供大客户所享有的同等质量的服务(快速、可靠、跟踪服务)。

该报告根据对客户的调查指出,航空快递服务对于中国经济发展的重要性将与日俱增。调查显示,根据被调查公司的意愿,未来五年(指到 2008 年),以航空快递方式递送的货物所占的百分比与 2003 年相比,中国金融服务业将从 16.7% 提高到 18.7%,贸易/销售行业将从 8.7% 提高到 11.9%,电子信息设备厂商将从 9.2% 提高到 10.9%,电子机械设备厂商将从 6.2% 提高到 8.2%,纺织/服装厂商将从 4.3% 提高到 5.9% 等,总之,所有被调查的行业都将日益依赖国际航空快递公司的服务。国际快递服务被誉为推动我国与世界经济联系的"助推器"和"加速剂"。快递服务业在促进我国外经贸事业和外向型经济的发展、改善产业投资环境等方面,发挥着积极的作用。

以我国改革开放后第一个十年(1979—1987 年)外向型经济的发展为例。到 1987 年,我国累计签订利用外资协议(合同)项目 10350 项,累计协议金额 625.09 亿美元,其中外商直接投资等达 257.73 亿美元,14 个沿海开放城市引进技术改造项目 5000 项,成交额 34.5 亿美元,推动了国内现有企业的技术改造、产品的更新换代和结构的调整优化,并引进了一批新技术,发展了一批新产品,有的还填补了国内空白,增强了国家的出口创汇能力。[①] 在这些外向型经济发展的喜人成绩单中,我国国际快递服务业所作出的积极贡献,功不可没。

(二)我国发展国际交流、保证重大活动的迫切需要

国际快递的诞生,极大地促进了各国之间经济、外交、文化、体育、科技、旅游、救援等各领域的往来,成为国际交流和保证各国重大活动举办不可缺少的现代化传递工具。以我国改革开放以来通过国际快递服务促进国际交往、保证重大活动的实例来看也是如此。

例如,1987 年英国女皇伊丽莎白访华,英国政府委托 DHL 公司将一批重要的外交文件先期送达北京,助力了英国女皇访华的圆满成功。

---

① 参见《中国共产党的七十年》第 498 页。

1990年,中外运敦豪被指定为1991年"第十一届北京亚运会"的独家快递服务公司,提供了保证这次体育盛会的所有国际快件的服务。由于这次亚运会是在我国平息了1989年北京政治动乱后的特殊背景下,首次在北京举办的国际体育盛会(之前西方国家和舆论有呼吁抵制参加的声音)。因此,确保其成功举办,就成为当时我国政府和社会的一项重要工作。通过举办这一洲际体育盛会,向国际社会传达出了我国坚持改革开放不动摇,社会稳定、人民团结、欢迎四海宾客,共走和平发展之路的重要讯息。中外运敦豪由于出色的服务,被亚运会组委会授予了"特别荣誉奖"。

1990年,中外运敦豪的员工紧急行动,连续奋战数日,将中国政府援助的两批救灾物资,及时运抵受灾的南太平洋岛国——斐济。

2000年12月和2002年4月,美国联邦快递公司两次受中国政府有关方面的委托,圆满完成了将中国的国宝大熊猫(每次2只)运抵美国指定动物园的光荣使命,为促进中美两国人民的友好关系做出了贡献,也增加了一段中美间快递物流业友好合作的佳话。

2002年足球世界杯前夕,中国民众订购的15749张世界杯门票,就是被国际体育组织指定由DHL公司从英国曼彻斯特快运到北京,再快递到中国球迷手里的。

2005年,北京奥组委宣布美国UPS公司被选定为北京2008年奥运会物流和快递服务赞助商。这一方面是充分考虑了美国UPS快递公司作为国际奥委会多届奥运会周期顶级的国际赞助商,具有服务奥运会的丰富经验和提供全球一流快递物流服务的实力;另一方面,也是考虑到了当时国内的任何一家快递物流企业都难以胜任的现实。后来,美国UPS公司及其中国公司,会同参与合作的众多中国快递与物流企业,共同努力,不负众望,为北京奥运会提供了全方位的物流和快递的优质服务,并受到了北京奥组委的表彰。

我国国际快递服务企业提供的代表性服务事件(部分)

年份	项目	服务商
1990	北京第11届亚洲运动会(指定国际快递服务)	中外运敦豪公司
2000	北京2008奥运会申办报告书,国际快递专递服务	中外运空运公司
2001	上海APEC峰会(财长会议等),国际快递专递服务	中外运敦豪公司
2002	韩日世界杯足球赛中国赛区门票专递服务	中外运敦豪公司
2005—2008	北京2008奥运会快递与物流高级赞助(服务)商	UPS中国公司

资料来源:根据有关国际快递企业的资料整理

类似的事例还有很多,已经足以说明,改革开放以来引进国际快递业,是我国发展国际交流、保证中外重大活动的成功举办的迫切需要。

(三)满足跨国公司来华投资全球一体化运营的迫切需要

在来华投资开办中外合资、合作企业的热潮中,有许多是各行业中国际知名的大型跨国公司,其中许多还是美国《财富》杂志每年发布的"世界500强"榜单中的常客。由于它们汇集了世界上众多的科技人才,公司掌握着大量的先进技术,资本雄厚,在国际市场占有重要的份额既是经济全球化的重要推手,也是经济全球化的最大受益者。在数十年经济全球化的摸爬滚打中,它们创造了产供销全球一体化运营的模式,形成了不同类型跨国公司之间长期的全球性战略伙伴关系,也促进了全球性生产要素资源的优化布局。这其中有一个重要环节,就是生产型的跨国公司与快递物流等服务型的跨国公司在母公司的层级上签订"总对总"的战略合作协议,从而建立起从生产到流通包括快递物流服务在内的全球供应链体系,通过长期的业务合作与一站式的全球服务,了解彼此的需求,对服务质量与服务时效放心,也便于财务结算。这种合作还可以有效地节约成本、提高效率、增加产品与服务的竞争力,有助于保持双方的国际市场竞争优势。例如,德国的几大汽车企业成为 DHL 公司的长期战略伙伴;美国的几大汽车、化工、农业、能源等行业的大企业则分别是美国 UPS、联邦快递的长期战略伙伴;日本的佳能等大公司则是日本大型物流跨国企业——运通公司的战略伙伴。佳能等公司就提出,我们的业务发展到世界哪个国家,运通公司的物流服务就应该提供到哪个国家,有利于巩固双方长期的战略合作联盟。这也是为什么欧美国家的跨国公司来到中国投资后,在快递服务方面,美国的大企业习惯找 UPS、联邦快递,欧洲的大企业习惯找 DHL、TNT,日本的大企业(佳能等)找日本运通的重要原因。由此也说明,我国引进国际快递服务业务,是适应经济全球化发展的迫切需要。另外,政府部门及我国驻外机构也在引进国际快递服务业过程中发挥了重要推动作用。

我与夫人张香兰都毕业于北京外贸学院(今对外经济贸易大学),毕业后,我先留校当了英文老师,并于 1971 年被派往我国驻荷兰代办处(即大使馆)工作,因为一场大车祸回

原中国国际货代协会会长、时任驻美联络处外交官罗开富先生和夫人
张香兰女士 1979 年在中国驻美国大使馆工作期间的合影

国,1972年被分配到中国机械进出口总公司工作,夫人被分配到中国外运总公司工作。1977年,我在机械进出口总公司已经是一名业务部干部,比较年轻,经过组织的考察、选调,第二次以随员外交官身份被派驻到我国驻美国联络处(后升格为驻美大使馆)的商务参赞处(简称"商参处")工作。1979年,中美正式建交,我夫人张香兰女士便以外交官夫人身份被派往商参处工作。因为她的人事关系在原经贸部,熟悉外贸运输工作,在商参处就负责我国外贸运输方面在美国的相关事务。

随着中美两国关系的正常化,特别是当时的邓小平副总理成功访美以后,到我们商参处咨询、了解中国国内情况,洽谈、合作的客商也明显增多了。记得1980年年初,一位美籍华人李媚女士专程到我驻美大使馆商参处拜访。她的身份是DHL美国公司的代理人。我和夫人一起出面接待了她。她向我们介绍了DHL美国公司的发展情况,国际快递服务业对一个国家经济发展的重要作用等。她说现在中美两国已经正式建立了外交关系,中国实行了对外开放政策,各种外商投资企业也会多起来,一定也需要国际快递服务。她正式提出,建议DHL美国公司能够进入中国,可以与中国的有关公司进行合作,可以建立合资的快递企业等。她希望我国商参处能够把她推荐的信息通过外交途径介绍到中国国内的有关方面,她愿意积极配合。

第一次听了李媚女士的介绍后,我们认为这对国家经济快速发展是个好事,如果能够引进国际快递业务,对于国家的改革开放、加速经济建设、发展外经贸事业有好处,就向商参处的彭金波参赞做了汇报,并很快拟文,经彭参赞和中国派驻美国的首任大使柴泽民批准后发文到国内当时主管邮政的邮电部,报告了相关情况与建议,但是后来没有收到邮电部的回复。后来据李媚女士讲,她访问了中国,在中国拜访过邮电部门,提出了推荐DHL美国公司进入中国,引入国际快递服务的想法,但是被拒绝了,理由是那样会损害国家主权。虽然第一次没有成功,但李媚并没有灰心,她相信开放的中国需要国际快递服务。

一段时间后,李媚女士第二次来到商参处,再次向我们力推国际快递业务进入中国市场的重要性,依然热情推荐DHL美国公司进入中国,希望我们推荐其他国内企业探讨合作。我们也了解了当时快递业的发展情况,知道在美国,快递服务的主要用户多为经济贸易单位,如工商企业、银行、运输公司等,的确提高了效率;国际快递服务业务经过多年的发展已经较为成熟,并迅速在许多国家推开了,普遍受到欢迎。经过研究,我们认为国际快递业务是一种先进的现代方式,如果引进了将有利于国内经济发展。于是,我们再次给国内打报告,经大使同意和彭参赞签发后,发给了国内的原外贸部(今为商务部),引起了外贸部部长的重视,他认为这是一件好事,便很快批转给了中外运公司,开始安排中外运集团公司(简称"中外运公司")着手落实这件事。后来,中外运总公司通过我们商参处,直接与李媚女士联系上了。双方经过友好谈判,达成了互为代理的合作协议。据了解,由于双方的诚意合作,快递业务量发展很快,加上都看好中国快递市场的发展前景,就有了后来(1986年)双方共同投资成立的国内第一家合资快递公司"中外运—敦豪国际快递有限公司",也使双方合作进入了新的发展阶段,可以说这是中国现代快递业的开端。1986年12月,中外运—敦豪合资快递公司成立,中外运总公司还专门邀请了张香兰女士作为特邀嘉宾参加了开业酒会。当时,主持开业酒会的中外运总公司刘福麟副总经理,他也是中外运—敦豪合资快递公司的第一任董事长,还用了"吃水不忘挖井人"的比喻,感谢我们当年在驻美使馆工作期间,把 DHL 快递公司推荐给中外运。

——原中国国际货代协会会长、时任驻美联络处外交官罗开富

二、中国邮政 EMS 与快递市场的关系

(一)万国邮联(UPU)

万国邮政联盟(Universal Postal Union),简称万国邮联,英文简称"UPU"。它是归属于联合国的一个专门机构,是各国政府之间商定邮政事务和负责组织国际邮政事务的国际组织。万国邮联成立于 1874 年 10 月 9 日,成立初期名称为"邮政总联盟(General Postal Union)",1878 年,鉴于加入邮联的国家和地区日益增加,改名为"万国邮政联盟"。1948 年 7 月,万国邮联成为联合国组织负责国际邮政事务的专门机构,总部设在瑞士伯尔尼,其宗旨是:组织和改善国际邮政业务,通过邮政业务的有效工作,发展各国人民之间的联系;并在文化、社会与经贸领域内促进实现国际合作的崇高目标。万国邮联的法规包括组织法、总规则、万国邮政公约及其实施细则,对所有邮联成员国具有约束力。万国邮联组织法是邮联最重要、最基本的法规,主要内容为组织条例、万国邮联法规和最后条款以及万国邮联组织法最后议定书。万国邮政公约适用于国际邮政业务的共同规则,其实施细则为有关邮政业务的具体协定。万国邮联的组织机构由邮联大会、行政理事会(CA)、邮政经营理事会(POC),以及负责邮联日常事务的国际局(IB)组成。其常设机构包括行政理事会、邮政经营理事会和国际局。邮联大会是邮联的最高权力机构,由各会员国政府授权的代表参加,一般每 5 年举行一届。万国邮联的会员国资格,凡是联合国成员国,只要声明承认万国邮联组织法和具有约束力的各项法规,即可成为万国邮联会员国。非联合国成员国的主权国家,也可以申请加入,但需要得到至少 2/3 的会员国同意。到 2016 年年底,万国邮联已有会员国 192 个。

1914 年 3 月 1 日,我国加入万国邮联,1951 年在万国邮联的合法席位被非法剥夺,1972 年 4 月 13 日在万国邮联的合法席位又得到了恢复。我国在 1999 年成功承办了第 22 届万国邮联大会,又称"邮联北京大会"。2004 年布加勒斯特邮联大会选举产生的邮联国际局总局长为来自法国邮政的埃德华·达杨,副总局长为来自中国邮政的黄国忠先生,由中国人当选万国邮联的国际局副总局长,无论在我国邮政还是在亚洲邮政的历史上均尚属首次。万国邮联会员国还在各地区组成区域性邮联,目前共有九个。我国于 1975 年 11 月 13 日加入"亚洲及太平洋邮政联盟"(简称"亚太邮联",APPU)。

(二)全球 EMS 合作机构

邮政"全球特快专递"(Express Mail Service,简称 EMS)合作机构是万国邮政联盟国

际局的下设机构,目前有 180 个邮政成员。它是在万国邮联支持下,依托各国邮政间形成的全球邮政服务网络与资源,在各国邮政履行邮政普遍服务业务的基础上,自愿开展的全球邮政快递服务业务的加盟制商业合作体。其业务性质不是传统的邮政普遍服务,而是商业化的邮政增值服务业务。

EMS 合作机构开展业务的特点如下:

一是实行委托制。由于邮政服务涉及国家主权,所以各国邮政企业之间开展跨国(境)的邮政快递服务,不允许相互在对方国家设立属于对方国家的邮政快递企业,只能相互委托对方国家的邮政企业代理开展揽收本国到达对方国家的邮政快件,及投递对方国家到达本国的邮政快件业务。

二是多站式的转运、分拨方式。通常甲国邮政 EMS 企业需要先把各地要投递到乙国的国际邮件集中起来,通过飞机、火车等交通工具快速转运到乙国邮政 EMS 的大分拨中心,乙国邮政 EMS 公司再根据客户的快件投递信息分拨到下一级区域性分拨中心,再进行末端的配送安排,如果是要投递到乙国边远地区的邮政快件,还可能需要更多次的分拨与转运。

三是实行加盟制。各国邮政企业拥有自愿参加与退出全球 EMS 合作联盟体的决定权。这与各国邮政官方部门代表本国政府参加万国邮联组织,需要获得万国邮联 2/3 以上成员国家同意方能加入是不同的;也与各国政府加入万国邮联组织后,各国代表的席位是相对固定的,而具体代表人员的更换由各国政府自行决定的组织方式也是不同的。

四是在运营上各国邮政企业实行自负盈亏和在财务上实行年度结算制。邮政快递属于商业服务,各国 EMS 企业都是独立核算与运营的实体,绝大多数国家已将它与本国履行邮政普遍服务的邮政企业或(机构)实行了分业运营,它们相互之间的业务往来也是实行经济核算或者代理制的。另一方面,作为国际快递服务市场的一部分,各国邮政快递的全球服务价格是遵循市场定价原则而不是各国政府提供邮政普遍服务的普惠制低价原则。在快递业务结算上,各国邮政企业也参照了万国邮联的结算方式,为方便起见实行年度结算。每年按照各国邮政企业间实际产生的跨境快递服务费用,实行多退少补;也有经过双方协议,流转到下一年再结算的记账贸易等不同的结算方式。

五是 EMS 合作组织是逐步建立与规范的。各国邮政企业间的合作在先,机构健全在后。1999 年中邮 EMS 发起设立万国邮联 EMS 合作机构,是 EMS 合作机构的创始成员,并担任理事至今。2002 年中邮 EMS 又与国际 EMS 市场最大的五个国家和地区(澳大利亚、日本、韩国、美国、中国香港)邮政发起创立卡哈拉合作组织,统一了国际 EMS 的服务标准。

(三)中国邮政 EMS 是快递市场的一部分

中国邮政 EMS,全称中国邮政速递物流股份有限公司(简称中国邮政速递物流/中邮 EMS)。它在国内 31 个省(自治区、直辖市)设立分支机构,并拥有中国邮政航空有限责任公司、中邮物流有限责任公司等子公司。截至 2016 年年底,公司注册资本 150 亿元人民币,资产规模超过 600 亿元,员工近 16 万人,业务范围遍及全国 31 个省(自治区、直辖市)的所有市县乡(镇),通达包括港、澳、台地区在内的全球 200 余个国家和地区,自营营业网点超过 5000 个,是中国经营历史最悠久、规模最大、网络覆盖范围最广、业务品种丰富的快递物流综合服务提供商之一。公司主要经营国内速递、国际速递、合同物流等业务,国内、国际速递服务涵盖卓越、标准和经济不同时限水平以及代收货款等增值服务,合同物流涵盖仓储、运输等供应链全过程。拥有享誉全球的"EMS"特快专递品牌和国内知名的"CNPL"物流品牌。

　　1980 年 7 月,在中国城市的部分邮政企业开始办理到达部分国家的国际邮政特快专递业务(国际 EMS 业务)。从 1984 年 4 月,开始办理国内邮政特快专递业务(国内 EMS 业务)。1985 年 12 月,中国速递服务公司经原外经贸部批准在北京成立。中国速递服务公司在一段时期内也是实行政企合一的体制与双重职能,即一套人马、两块牌子,对内管理时为邮电部门的速递服务局,对外经营时为中国速递服务公司。1987 年 5 月,公司开启与国际非邮政快递公司的合作,诞生了"中速快件"国际业务。1994 年 1 月,在全国首家实现邮件网上跟踪查询,开始迈入信息化时代。1995 年 11 月,中国邮政航空公司成立,是国内第一家全货运航空公司。1999 年,公司发起设立万国邮联 EMS(全球特快专递)合作机构,并担任理事至今。2000 年,开办了直递业务,进入物流领域。2001 年 8 月,开办国内快递包裹业务,提供陆运快递服务。2002 年 5 月,公司与南方航空公司签订协议,重组中国邮政航空公司,南航出资 1.9 人民币,获得邮政航空公司 49% 的股权。2002 年,又与国际 EMS 市场最大的五个国家(地区)邮政发起创立卡哈拉合作组织,统一了国际 EMS 服务标准。2003 年 1 月,成立中邮物流有限责任公司,成为国内最早从事合同物流的企业之一,兼营快货和国际货代业务。同年开通物流集散网,开办中邮快货业务和冷链物流业务。2004 年,中邮物流开始提供 VMI 仓储增值服务,同年 8 月邮政航空公司开办全夜航,成为当时国内唯一的一家夜航公司,推出一、二线城市次晨达、次日递业务。2005 年 7 月,与卡哈拉合作组织成员共同推出中国、美国、澳大利亚、日本、韩国、香港间国际时限承诺服务。2006 年 5 月,规模排名亚洲最大、世界第三的南京邮政速递物流航空集散中心正式落户南京;同年 8 月和 12 月,邮政航空公司开通了北京—韩国首尔、上海—日本大阪的国际航线,实现了韩国、日本主要城市次日递。2007 年,公司的合同物流服务延伸至港澳等亚太地区,同年 1 月和 8 月,正式开办国内电子商务速递业务和经济快递业务。2008 年,进入供应链金融服务领域,开始提供 Milrun 巡回取货服务;同年 12 月,全国速递、物流完成整合,成立中国邮政速递物流公司。2009 年,开始提供保税仓储服务;同年 2 月推出 100 个重点城市间的国内时限承诺服务;同年 7 月国际承诺服务进军欧洲,推广至英国、西班牙。2010 年 6 月,中国邮政速递物流公司完成股份制改造,成立"中国邮政速递物流股份有限公司",这一年公司的经营收入首次突破 200 亿元大关。2011 年经批准该公司启动了在国内 A 股市场的申请上市筹备工作,2013 年由于该公司体制架构方面的不足而主动撤回了 IPO 申请。2015 年 4 月,经国务院批准,中邮集团及所属中国邮政速递物流股份有限公司(EMS),对现行管理体制进行调整,由现行的母子公司两级法人体制改为总分公司一级法人体制。提高了该公司的管控能力。到"十二五"期末的2015年,该公司总收入完成289.6亿元,比"十一五"期末的2010年增长44.8%。

以上说明,第一,中国邮政速递物流公司及其经营的邮政快递业务均为市场经济的产物。快递业务是市场竞争性业务,该公司作为中邮集团的二级子公司,已经完成了股份制改造,人、财、物独立管理,企业独立运营,实行市场定价,经济上自负盈亏并依法纳税,成为我国快递物流市场上的一家出身于邮政系统的重要的国有快递物流企业。第二,中邮EMS开展的国内快递服务业务是中国快递市场的一部分,而其经营的国际邮政快递业务则是世界快递市场的一部分。

三、中外运成为涉外运输合作的唯一指定对接单位

随着1978年年底党的十一届三中全会的胜利召开,我国实行了以经济建设为中心,对内经济改革、对外开放的新国策。之后,大规模的招商引资、利用外资开始在全国各地掀起热潮,当时我国招商引资的重点是"三来一补"的代工贸易和在工业领域优先引进先进技术、设备,在审批中外合资、合作和独资企业时政府主管部门也是优先考虑上述的领域与行业。当时包括国际货代业在内的外经贸事业与各行业一样,不仅迎来了历史性的发展机遇,同时也要面对在全新的对外开放环境下遇到的许多新情况、新问题。其中在服务业方面,就出现了外国大型快递企业申请进入中国,要求为在华的外国企业提供国际快递服务业务的新情况。

而在当时,我国的服务业包括国际货代业、海陆空的各类运输业,虽然与世界先进国家的运输业相比差距很大,但是对于我国服务业如何开放、哪些行业应当先开放等重大问题,国内还没有统一的认识。因此当时外贸部作为我国对外经贸、外国投资、国际货代业等涉外经济的主管部门,态度是积极和慎重的。既要坚定不移地贯彻党的改革开放总政策,又要充分考虑当时我国国情和各行业的具体情况,对于国内一些落后产业、行业发展亟须的,同时在国际上又是比较成熟、对我国适用的先进技术与服务方式等,以批准试点的方式作为个案处理,"摸着石头过河",通过引进或者利用外资,在探索中前行。

在涉及外贸运输服务领域的对外开放方面,考虑到我国当时仍然实行由政府统制对外贸易的管理体制,外经贸部运输局与中国外运(以下简称"中外运")又是合二为一的双重身份,中外运作为国家涉外运输的唯一指定窗口单位,比较熟悉国际运输业发展的情况,对外谈判有经验,在对外开放之初的新形势下,涉外运输服务领域如何开放需要探索。因此指定由中外运作为涉外运输合作的唯一对接窗口单位,既是我国当时外贸运输管理体制的一种自然延续,可以通过中外运尝试对接外资开展包括国际快递在内的海、陆、空运各种新型的涉外运输业务,先取得经验再总结、推广;也可以方便政府的管理,控制风险。

四、我国引进国际快递业务与成立中外合资快递企业

（一）国内首家引进国际快递代理业务的合作企业——中外运与日本 OCS

日本海外新闻株式会社（OCS）[①]（以下简称"OCS"）是第一家进入中国快递市场的外国快递公司。中外运也因此成为我国引进国际航空快递业务的第一家中国企业。

1979 年下半年，中外运总公司接到 OCS 美国公司的来函，希望同中外运开展快件业务合作。为此，中外运认真研究函内所提的内容，认为函中所建议的内容，核心是分拨货物，立即送货上门，然后向对方提供送货信息。建议中的许多工作中外运已经在做。例如外运接交站曾分拨过成套设备的技术资料，按照订货公司和客户的委托发至全国。而来函的新要求只是在货物到达目的地时，不再通知客户来取货，而是改为送货上门，这对外运公司来说很容易，这种业务既方便了用户，又可以为国家创造外汇，何乐而不为！经请示外贸部和海关总署同意后，中外运公司很快答复对方，中外运有能力办理这项业务，1980 年 6 月，中外运同 OCS 签订了中国的第一家国际快件业务的合作协议，双方合作顺利，中外运作为中国国际快件业务的开拓者而被载入中国快递史册。

1982 年，OCS 又提出在上海开办报纸和杂志快件的进口业务，因为当时中国图书进口公司在上海还没有设立分公司，而上海有众多的日本企业、研究机构、涉外人士是 OCS 的客户，需要及时得到 OCS 所办的日本主流报纸和杂志，以便随时了解国际贸易与日本经济的资讯，从而开展业务。中外运鉴于与 OCS 之间已有的良好合作与新的市场需求，外运总公司与上海外运公司经请示海关总署和上海海关，同意上海外运公司办理日本海外新闻株式会社报纸和杂志的进口快件业务。由此，中外运也扩大了与 OCS 的国际快件业务合作[②]。

（二）我国第一家中外合资快递企业——中外运敦豪的诞生

DHL 公司是进入中国的第二家国际快递企业，也是从与中外运总公司签订互为代理协议，开始了双方的合作。中外运首先代理 DHL 公司的全球客户到中国的进口快件，利用中外运遍布全国的物流分支机构与业务网络完成国内段的 DHL 快件派送，并收取一定的代理费。经过一年多的"实战"学习与摸索，中外运的航空货运团队及其各地的下属部门初步掌握了国际快递服务业务的知识与技巧，培养了第一批快递服务的业务骨干和基层的快递服务队伍。从此在中外运的业务结构中新增了国际快递服务业务，中外运初步具备了开展国际快递业务的能力。

[①] OCS 简介：1957 年 9 月，日本的"朝日、每日、读卖、日经"四家主要的新闻社在东京发起成立了"日本海外新闻普及株式会社"（Oversea Courier Service，简称 OCS）。成立之初，主要是为海外的日本商社提供进出日本的新闻报纸和文件派送服务。1959 年 9 月，OCS 开设了大阪分社后，又陆续在日本国内开设了多个分支机构发展业务。并从 20 世纪 70 年代开始设立海外分公司，成立合资公司、开办事务所，并发展了数百家的代理商、代理店，迅速扩展了国际快递服务业务，成为日本知名的国际快递企业之一。

[②] 《中国对外贸易运输总公司发展史》编写组：《中国外运四十年》，中国工人出版社 1990 年版，第 203～204 页。

从 1980 年至 1986 年 11 月,中外运总公司是作为 DHL 公司的代理在中国开展业务。由于国内外向型经济的发展,带来了我国对国际快递服务需求的持续增加,加上双方的良好合作,使企业的国际快递代理业务也持续增长。双方企业的管理层都看好中国快递市场的未来,也达成了双方开展长期战略合作与合作升级的共识。经过共同深入的研究与筹备,并经原外经贸部批准,1986 年 12 月 1 日,具有独立法人资格的中外合资企业——"中外运—敦豪国际航空快件有限公司"(以下简称"中外运敦豪")在北京成立了。公司的注册资本为 50 万美元,由双方各出资 25 万美元(股权均等),首次的合作期限定为 15 年(至 2001 年)。它是我国的第一家中外合资国际快递公司,标志着我国在"国际快递领域的招商引资"取得了突破性的进展。

创业之初,中外运敦豪在北京市朝阳区三里屯地区的北京机电学院(今北京市机电股份有限公司所在地)租用了一间 30 平方米的平房作为公司的第一个快件分拣操作间。公司以 1 间平房、5 台电脑、2 部车、30 名员工、50 万美元注册金为全部家当,迈出了艰苦创业的第一步。在中外运总公司的有力支持和中外运敦豪公司上下团结一心、勇于开拓下,公司业务快速向全国延伸。1988 年成立了上海、广州分公司,1993 年成立了天津、大连、青岛、杭州、厦门、武汉、深圳分公司,1995 年又成立了西安、石家庄、成都、南京、宁波、福州分公司。在成立后第一个十年的创业期里,就初步搭建起来全国性的运营网络,服务质量坚持与国际接轨,全面对接 DHL 公司全球服务的标准、体系,确保了对中国客户的一流服务。

1996 年 12 月 1 日,中外运敦豪迎来了它成立 10 周年的纪念日。此时,中外运敦豪已拥有了一个北京总部,三个区域分部(北方区/北京、南方区/广州、东方区/上海),26 个分公司,员工 1500 人;运营条件大为改善,拥有运输车辆 250 台、电脑 200 台,固定资产超过 2 亿元人民币。经营成绩亮眼:年进出口总票数达到 220 万票,年总收入超过 3 亿元,年税前利润 9600 万元。更有价值的收获是,中外运敦豪以国际水准、国内一流的优质服务赢得了商贸界企业与社会各界用户的好评和信赖,塑造了我国快递服务行业服务水平的新标杆。来自各方面的祝贺都充分肯定了这家合资快递公司取得的进步。时任外经贸部部长的吴仪女士在贺信中指出:"中国对外贸易运输总公司是我国对外经贸行业的大型国有企业之一,中国外运与敦豪的成功合作,为我国国际快递事业的发展提供了有益的经验,对促进我国对外经贸事业的发展发挥了积极作用。希望你们以'中外运—敦豪'成立十周年为新的起点,认真总结经验,继续开拓前进,为我国的国际快递事业和外经贸事业的发展做出新的贡献。"时任国务院副总理李岚清的题词是"发展航空快运事业,为扩大对外贸易服务。"时任全国人大常委会副委员长陈慕华的题词是"以优质、快捷的服务,为社会主义建设做贡献!"

中外运敦豪公司第一个十年的成绩,坚定了双方继续长期合作的决心。1996 年双方再次续约,在原来合同的基础上,又延长 15 年的合作期(至 2016 年)。1999 年,经双方协商,并经原外经贸部特批,再次签订新合同,以 1986 年 6 月 25 日为起始日,合作时间延长到 50 年,合同期延至 2036 年 6 月 24 日,新注册资本为 1300 万美元。外方承诺:长期与中方在中国合资经营业务;中方承诺:努力扩展合资公司在中国的服务网点。

经过长达 15 年的艰难谈判,我国于 2001 年 12 月加入了世界贸易组织(WTO),标志着我国开始全面融入世界经济体系,我国的改革开放进入了面向全世界全方位、高水平开放的新阶段,包括快递服务在内的服务业也成为我国政府承诺分阶段开放的具体内容之一。根据我国政府的开放承诺,中外运敦豪可以选择逐步提高外资在合资企业的股份比例,也可以选择独资后在中国独立发展。而双方选择了继续以合资快递企业的形式在中国共同发展。在第二个十年,中外运敦豪取得了新进步。2003 年,开始实施总额为 2 亿美元的 5 年投资计划,用于完善和升级现有设施。随着这一计划的实施,中外运敦豪的网络优势得到进一步巩固。2006 年 4 月,为进一步提升 DHL 在中国的作业能力,德邮敦豪集团发布了"中国优先"战略。随着这一战略的实施,到 2006 年年底,中外运敦豪的合资分公司总数从 1996 年的 26 家扩大到 72 家,进一步完善了网络覆盖,经营业绩在中国的外资快递企业中保持第一。中外运敦豪还投资 2400 万美元,在北京兴建新的中外运敦豪大厦,并于合资公司第三个十年开始的时候(2007 年)正式启用。随着公司进入第三个十年(2006—2016),中国经济也进入了"新常态",调整经济结构,以服务经济为导向,提质增效、转型升级成为这个时期中国发展的新特点。中外运敦豪也与时俱进,积极调整业务结构,努力适应中国市场的变化和客户的新需求,创新发展,保持了在行业内航空和地面作业的优势,经营业绩继续领先,服务遍及全国 31 个省市自治区,覆盖中国超过 95% 的人口和经济中心;市场影响力进一步扩大。

中外运敦豪被业界称为我国中外合资企业的典范,业内多位专家认为,其成功的原因主要有:(1)双方真诚合作。2002 年德国邮政集团控股 DHL 后,原德邮集团主席崇文礼先生以及德邮集团的历届决策层高管,都高度重视并坚持与中外运长期战略合作的方针,与中外运集团的合作更加默契。而作为中方合作伙伴的中外运集团则始终全力支持与其的合作和扩展市场,抽调集团精英到合资企业担任高级管理的人士也都尽心竭力地工作。(2)把利润用于再投资。双方信守承诺,以不断的再投资保证了合资公司的不断发展。(3)坚持本土化。经过多年努力与磨合,合资公司的高层管理人员均为中国本土人士。(4)科学决策,先人一步。多年来,面对每一次市场与环境的重要变化,或在公司新的发展阶段上,公司决策层都抓住了关键问题,提出切实可行的措施解决,例如,新的投资布局、网点建设,持续的业务培训,人才选拔,重视公关与宣传等,抢抓商机,拓展发展。(5)有效的管理模式。公司成立之初就确定了高效的管理模式:董事会—全国总部—区域分部—各地分公司—当地营业中心。(6)企业文化建设。全球的 DHL 公司已经形成了"客户为先"的企业文化,中外运敦豪建立之初就高度重视企业文化建设。一方面学习理解 DHL 公司企业文化的全球理念内涵,同时从国情出发,树立了"和谐效率"的企业宗旨和经营理念,全心全意为客户服务,不断满足客户日益增长的快递物流需求,团结员工,共同奋斗。

(三)美国联邦快递公司(FedEx)进入中国市场

美国联邦快递公司(以下简称"联邦快递",FedEx),始于 1971 年,总部位于美国田纳西州的孟菲斯市。其创始人为美国退伍军人弗雷德里克·史密斯（Frederick W.Smith）先生。联邦快递的业务包括提供全球的快递服务、货运服务、电子商务、物流金融、供应链管理服务和商业服务等，下设三个业务公司和一个服务保障公司。三个业务公司分别是联邦快递公司、联邦快递地面包裹系统有限公司、联邦快递散货货运公司，一个服务保障公司是联邦快递企业服务有限公司，为各业务公司提供支持、服务。这一组织架构有利于各类业务的独立经营、核算，为客户提供专业化服务与提高效率，同时又开展竞争合作，总部协同管理。联邦快递在世界主要的国际快递公司中拥有规模最大的飞机机队。尤其是它于2016年以44亿欧元（约合49亿美元）成功收购TNT快递后，是到目前为止世界上最大的空运网络与欧洲最大陆运网络的结合，进一步提高了联邦快递在全球特别是在欧洲的快递物流服务能力，联邦快递的员工也将近40万人。还有，联邦快递多年倡导的"PSP"（people service profit，员工—服务—利润）的独特管理理念与企业文化，提高了员工对企业的向心力，助力联邦快递在世界快递物流领域保持领先的市场竞争力。

联邦快递进入中国市场分为与中国企业合作合资和独资发展的两个阶段。

1.联邦快递与中国企业合作合资的阶段

1984年，美国联邦快递公司与中外运总公司签订了互为代理国际快件业务的协议，在中国开展快递业务，正式进入中国市场。1987年联邦快递开始办理中国的快件出口业务。1996年3月，联邦快递的货机开始往返于（北京/上海）与美国之间。1997年联邦快递与中外运分手，开始与大通国际运输公司合作，两年后的1999年6月也与大通公司分手。

1999年11月，联邦快递与天津市大田航空代理公司（以下简称"大田公司"/DTW）成立合资公司"大田—联邦快递有限公司"，合同期为10年（到2009年）。这家合资企业的董事长是大田公司总经理王树生先生，副董事长是航空快递的资深经理人陈嘉良先生（中国香港人），总经理是钟国仪先生（中国香港人），副总经理是李昕女士。这是外资快递企业首次与国内民营企业联手成立的合资快递公司，成为当时快递与物流业界的一大新闻。

联邦快递能够选择与大田公司"联姻"，主要原因在于：一是两家公司的主业相同。1992年成立的大田公司以经营航空货运代理业务为主，与联邦快递属同行，方便业务的快速对接。二是看中了大田公司实行自负盈亏、机动灵活的市场经济体制，大田公司对市场变化的反应迅速，决策快、效率高，企业有活力，具有相当的实力而且前景光明，已是当时国内知名的民营物流企业之一。三是特别看中大田公司创始人、民营企业家、警察出身的王树生先生个人的魄力与能力。大田公司在他的领导下，善于抓住机遇，例如他"敢为天下先"，大胆地利用包机开展对俄罗斯的航空货运等，解决了当时许多对俄开展大宗贸易的国内商家对俄运输困难的大烦恼。再如大田公司重视人才，不惜重金聘请组成国际化的经营团队，抢占市场机遇，推动了大田公司的快速发展。王树生先生被业界公认为是中国杰出的物流企业家，曾经荣获"中国物流界十大风云人物奖"等多种荣誉。

这段合资的历史加快了联邦快递与大田公司彼此的发展，为两家公司后来的发展打下了新的重要基础。

大田公司方面：在合资公司成立前，大田公司的业务以经营航空货运代理业务为主，快递业务比较弱，不论业务量还是经营能力，在国内快递市场都可以忽略不计。但是在合资公司成立后，由于联邦快递有着成熟的快递运营体系与资源、全球的网络渠道和强大的市场影响力，就为其中方合资伙伴的大田公司发展快递业务提供了天然的良好条件。加上当时我国外向型经济蓬勃发展，提供了有利的国际快递市场机遇，使得大田公司快递业务和航空货运业务等各项业务迅速扩展，企业实力不断壮大。双方于 2005 年年底"分手"而大田公司已于 2002 年成立了大田集团（王树生先生出任集团公司董事长兼总裁），注册资本为 2.13 亿元人民币，服务网点遍布全国 541 个城市，拥有 118 家分公司，员工超过 5500 人，作业车辆 1500 部。随着大田集团的成立，公司也从传统的货运代理企业转型为综合性的现代物流企业。

联邦快递方面：联邦快递在合资公司成立前在中国没有属于自己的运营体系与全国网络。它在与中外运的代理合作期内，一方面它提供的进出口快件业务都是通过中外运系统完成的并向中外运支付代理费。另一方面，由于中外运与 DHL 公司的合作、成立合资公司在前，而且受当时的政策所限，世界上主要的跨国快递企业进入中国市场都要首先与中外运合作，这些国际快递企业在国内外市场上是激烈的竞争对手，而现在要同时与一家中国企业合作，也有对外资企业自身的商业秘密和客户信息被泄漏、被对手利用的担忧。这也是后来多家国际快递企业在政策放开的形势下选择停止与中外运继续合作的一个重要的考量因素。并非中外运的资源不好，也不是双方合作不愉快，而是它们要从有利于外资企业长期在中国发展的利弊来综合考虑与决策的重大事情。

联邦快递在与大通国际运输公司的合作期内，也有力地提高了大通国际运输公司的快递业务服务能力，扩大了大通国际运输公司在中国物流网络的建设；还由于大通国际运输公司本身也是一家中外合资企业，也有自己的追求，主营货运业务且以服务亚洲区域为主。所以尽管双方合作愉快，友好地分手也是一种明智的选择。因此，历经考察后，联邦快递选择与民营的大田公司合资办企业，也是联邦快递放手一搏，通过与大田公司合资，在中国市场站稳脚跟，加快建设属于联邦快递自己的中国网络的一个阶段性战略决定。

在合资期内，由于双方强强联合、优势互补，以大田公司为载体，联邦快递的全球客户来往于中国的庞大快件量使合资公司的国际快递业务快速发展，"大田—联邦快递有限公司"的快递物流网络也因此加快了在全国的布局，这家合资公司在国内快递市场的影响力迅速提升。

同样是在合资期内，联邦快递在中国市场的重要性与影响力也是节节攀升。2003 年 9 月，联邦快递开通了深圳—美国阿拉斯加的直飞航班。2004 年 11 月，联邦快递在上海设立了独立的中国业务分区总部，以方便贴近中国客户。从 2005 年 3 月起，联邦快递每周有 26 个航班在中国机场起降。2005 年 7 月，联邦快递宣布投资 1.5 亿美元在广州新机场建立亚太国际转运中心。到 2005 年年底，联邦快递已在中国成立了包括在上海、天津、广州、福州、深圳、厦门、苏州、石家庄等城市的 19 家分公司，网络覆盖全国 200 个城市。

2005 年年底，双方经过友好谈判，同意提前终止"大田—联邦快递合资公司"的经营。

2006 年 1 月双方签约,联邦快递以 4 亿美元现金收购同大田在合资公司 50％的股份以及大田在国内 89 个的快递网点和资产,2007 年联邦快递完成了对大田集团快递业务的收购。从此,开启了联邦快递在中国独资发展的阶段。

2.联邦快递在中国独资发展的阶段

2007 年 5 月,联邦快递以自己多年来在中国投资设立的经营机构和收购大田在国内 89 个快递业务的网点为基础,推出了联邦快递在中国国内的快递服务业务,可以送达 400 个城市,如今已经深入中国的三四线城市。

2008 年西方的金融危机爆发以来,严重影响了世界经济的发展,中国经济也进入了新的调整、发展阶段。联邦快递根据国际和中国市场的变化,也在做出相应的改变,积极寻找新的市场与客源,并开始取得了成效。2009 年 2 月,联邦快递开始启用在广州新机场新建的联邦快递亚太转运中心,其主要功能是立足华南、服务全中国、辐射东亚、东南亚、拓展亚太区域的快递物流业务。到 2016 年年底,联邦快递在我国国内城市注册的分公司已经达 78 家,在中国同时提供国际快递和国内服务,每周有近 200 个货运航班进出中国,在中国有 2700 辆递送车辆。联邦快递高管多次表示,中国市场是联邦快递全球市场的重要组成部分,将不断深耕中国市场,拓展中国业务,服务中国经济与人民。

（四）美国联合包裹运输服务公司（UPS）进入中国市场

美国联合包裹运输服务公司(以下简称"联合包裹"/UPS),创建于 1907 年 8 月美国华盛顿州的西雅图市,其创始人是当时 18 岁的美国青年吉姆(Jim),又名 James E.Casey。当时,吉姆向朋友借来 100 美元,在西雅图市创建了美国信使公司(即 UPS 的前身)。由于商业发展的需要,当时美国已经有了多家美国信使服务公司,吉姆曾经在一家信使公司任过职。创业之初,吉姆与合作伙伴 Claude Ryan 等租用了街面的一间简陋的办公室,并请来了十几位年轻人包括他自己的弟弟,担任信使(派送员)。他们通过在市内的几个服务网点接听客户的电话,指派距离最近的派送员去收件(包裹、信件、请柬、食物等),然后要按时送到。派送员可根据距离的远近选择步行(一路小跑)、骑自行车,如果距离远或有较重的货物时就用马车送。第一次世界大战后,美国的包裹业务增多,这家信使公司开始为邮局做代理,以投递包裹和物品为主,并开始使用摩托车送货。1913 年第一次使用福特汽车送货。不久又与几家同行合并,把业务转向"协助零售商,提供家庭配送",西雅图市三家最大的百货商店成为其固定客户。从 1918 年起,公司就用褐色作为公司形象的标志性颜色,并沿用至今。1919 年公司正式命名为"美国联合包裹运输服务公司",也沿用至今。1924 年开始使用传送带系统分拨包裹。1929 年开始使用飞机,业务扩展到美国西海岸的所有大城市。UPS 将总部迁到了亚特兰大市。第二次世界大战后,UPS 的业务遍及全美。UPS 通过市场竞争,凭借提供优良的服务和自身强大的实力,得到了美国政府、市场与大众的认可,获得与美国邮政总局同等的权利,成为了在美国能够为企业和个人送货的公共承运人。

从 20 世纪 80 年代起,经济全球化的浪潮与欧美国家跨国公司向世界各大洲市场拓展的步伐加快,UPS 也加快了从美国"走出去"的速度。1985 年,UPS 开始隔夜空运服务,1988 年开始经营包机业务,同时把业务扩展到亚太地区,并通过与中外运合作进入中国市场。进入 21 世纪,UPS 以新的姿态推动发展。2003 年 3 月 UPS 宣布更改了司标(logo),以更加简明、动感、闪亮的新司标向世人传递着 UPS 在传承中创新发展的理念与信心。UPS 在美国和世界各地开展了一系列收购活动,范围涉及知名物流公司、货代企业、银行、报关行、百货连锁店等,不断增强为世界不同客户提供综合性快递物流服务的能力,提升在全球快递物流市场的竞争力。目前 UPS 可以提供全球包裹与快件投递、美国散货拼车、电商物流、供应链管理、物流金融等服务。

UPS 进入中国市场分为与中国企业合作合资和独资发展两个阶段,简述如下。

1.UPS 与中国企业合作合资阶段

UPS 国际快递于 1988 年进入中国,与中国对外贸易运输集团(中外运)合作,开始从事中国市场的快递业务。1996 年 UPS 和中国对外贸易运输公司在北京设立了中外运北京航空 UPS 国际快递有限公司。在两者合作之初,UPS 快递和中国外运共同在北京、上海、广州、深圳成立了四个代表处,全面管理 UPS 在中国的业务运营。1998 年,双方商议后,将合资公司更名为"中外运—联合包裹国际快递有限公司"。2001 年,UPS 收购了在中国开展业务的美国飞驰公司,同时收购了飞驰的合资公司——天津泛艺国际货运代理服务有限公司(到 2004 年 4 月,由于 CEPA① 的实施,该公司成为 UPS 供应链公司的独资公司)。2001 年 1 月 12 日,UPS 货机获得飞往中国的直航权,同年 4 月,UPS 的第一架货机从美国直航北京,开启了中美两岸直航业务。2003 年 1 月,UPS 与海南航空公司所属的扬子江快运航空有限公司合作,开辟了每周 6 班的厦门、广州、北京、青岛航线。2003 年 2 月,UPS 在当时的五大国际快递公司中,率先将"大中华区总部"从香港移到了上海。到 2004 年年底,该合资公司在全国共建设了 23 个独立办事处。

2.UPS 在中国独资发展阶段

2004 年 12 月,双方经过友好协商,达成协议,UPS 以 1 亿美元买断了中外运在合资公司里所持有的全部股份,成为首家独资快递公司,获得在中国 23 个主要城市的业务独立运营权,并且服务遍布大陆 80% 的区域。中外运将不再拥有代理 UPS 国际快递业务的权利。2005 年年底,中外运完成了全部交接。与此同时,根据双方的协议,原先为 UPS 服务的中外运员工,可以自愿选择是否加入 UPS 的独资公司。结果,很多原来在 UPS 快递业务链条上负责报关、派送等环节的中方员工,几乎是整建制地选择了 UPS 的独资公司。这些早已熟悉了 UPS 业务和经营方式的员工,对于外资方面来说应该是最有价值的资源。

2008 年北京奥运会期间,UPS 为北京奥组委提供全面的物流资讯和快递服务。随

---

① CEPA(Closer Economic Partnership Arrangement),即《关于建立更紧密经贸关系的安排》的英文简称。包括中央政府与香港特区政府签署的《内地与香港关于建立更紧密经贸关系的安排》、中央政府与澳门特区政府签署的《内地与澳门关于建立更紧密经贸关系的安排》。

后,UPS 在中国市场有两个重大的投入,一个是 2008 年 12 月 9 号,UPS 上海国际转运中心在上海浦东国际机场投入运营;另一个是 2010 年 5 月 18 日,深圳宝安机场的 UPS 深圳航空转运中心正式启用。2012 年 10 月 8 号,郑州—美国货运航线开通,UPS 落户郑州。2012 年 UPS 正式进军中国国内医药冷链物流市场,在上海建立第一家医疗保健仓储中心。2013 年 5 月 30 日,UPS 第二家医疗保健仓储中心在杭州萧山临江工业园区建立。

UPS 之所以能走到今天,有三个较为关键的因素,即企业文化、企业执行力、不断的变革,可以用"变中求胜"来描述 UPS 的发展。实际上,变革的核心有四个:第一是如何吸引、培养一支业务娴熟,业务多元化的团队;第二是提供高附加值的服务,努力发展成为解决方案的领导者;第三涉及企业文化,就是以客户为中心,持续不断的关注客户需求,为客户提供有预见性的、与众不同的解决方案;第四是在全球范围内倡导不断地追求卓越、不断地创新,来加速改革的进程。

(五)荷兰邮政集团(TNT)进入中国市场

荷兰邮政集团(以下简称"荷兰邮政",TNT),创始于 1946 年,总部位于荷兰。TNT 的前身是成立于 200 多年前的荷兰邮政(TPG),1996 年收购澳大利亚 TNT 快递后进入快递业务。2005 年 4 月,荷兰邮政(TPG)改名为 TNT。TNT 快递曾长期是全球领先的四大商业快递提供商之一和欧洲最大的快递服务商。在邮政领域,TNT 是全球率先进行公司化和私有化改革的邮政企业,并因此成为全球利润率最高的邮政企业之一,其邮政业务除荷兰本土外,还扩展到英国、德国等多个欧洲国家。其分支机构分布于近 70 个国家,服务覆盖范围遍布 200 多个国家。TNT 集团为客户提供包括直邮方案、快捷的门到门快递服务和复杂的供应链管理在内的整合商务解决方案。

2016 年美国联邦快递公司(FedEx)以 44 亿欧元(约合 49 亿美元)成功收购了 TNT 快递公司,标志着 TNT 集团独立运营历史的终结。TNT 原在各国的分支机构将逐步整合到美国联邦快递公司的系统中。原来世界长期存在的四大国际快递公司竞争的格局也将改变为 FedEx、UPS、DHL 的三足鼎立。

TNT 进入中国也分为与中国企业合作合资和独资发展两个阶段。

1.TNT 与中国企业合作合资阶段

1982 年,原澳大利亚 TNT 快件公司进入中国,与中外运总公司合作,开展国际快递业务。1988 年 5 月 26 日,中外运—天地国际快件有限公司在北京成立,注册资本 100 万美元,双方股份各占 50%。合资公司合同期为 15 年(至 2003 年)。2003 年合资公司合同到期后,TNT 不再与中外运续约。此时,作为合资公司外方的原澳大利亚 TNT 快件公司已经为荷兰邮政(TPG)所属,TNT 转而与中国的超马赫国际运输代理有限公司合作,成立了 TNT 国际快递公司。

2.TNT 在中国的独资发展阶段

2004 年 9 月,经国家外经贸部批准,TNT 集团在上海设立了投资性控股公司,全面管理在华投资事宜。TNT 将在欧洲开展的成熟的汽车物流产品引入中国,积极发展在华汽车物流业务。2002 年 6 月,TNT 与上海大众汽车公司合作,成立了"安吉天地汽车物流有限公司";此外,还成立了合资公司"上海 TNT 物流有限公司"。

TNT 还加强了在航空运输领域的投入,推出了"中欧快递直航"服务。2002 年 10 月,TNT 与南方航空公司签订了代码共享协议,从 2003 年 5 月起,将"中欧快递直航"服务,从每周 2 班增加的 5 班。实行独资后,TNT 集团陆续向中国投资 20 亿人民币,全面推进与中方的各项合作,包括用 3 年时间完成了对国内最大民营公路运输企业之一的华宇物流集团的收购与改造,引入了 TNT 欧洲公路运输先进的管理理念和"次晨达"等成功的限时服务产品,新公司以"天地华宇"的新名称投入运营,成为国内公路运输业提供中高端服务的骨干企业之一,也是改革开放以来中国道路运输业利用外资的最大项目之一,是外资物流企业参与中国民营物流企业重组改制的重要实践之一。(注:"天地华宇"公司后来被中信集团收购,继续沿用"天地华宇"的品牌经营。)TNT 还从 2004 年起在中国发展特许加盟网点,每个网点的加盟费为 10 万元人民币,加盟期为 5 年,网点每月上交 6% 的营业额。TNT 还推出了"TNT－1"的经营模式,即将"快递、物流、直邮、货运"等各项业务整合在一起,为客户提供"一站式"的服务,受到了客户的欢迎。

TNT 还重视与中国高校的合作。2004 年 11 月,TNT 与上海交通大学的院校合作创办了"TNT 中国大学",共同培养物流和运输领域的人才。

TNT 集团高度重视与中国邮政的合作,这也成为它与其他几大国际快递公司在中国投资的一大不同之处。1999 年 11 月,TNT 就与政企合一的原国家邮政局建立起了长期合作的关系,中国邮政系统可以利用 TNT 的世界网络。2003 年 4 月,TNT 集团与中国邮政签署战略合作伙伴关系谅解备忘录,把合作范围扩大到快递、邮政、物流、培训多方面,双方的合作迈上了新台阶。2004 年 9 月,双方在上海共建国际快件处理中心。从 2005 年起,TNT 还以中国邮政直邮公司为合作伙伴,在华引入了在欧洲颇为成功的直复营销业务。通过 TNT 的国际系统,提高了中国邮政快递服务水平和市场的竞争力。此外,TNT 在中国还积极参与各项公益事业,践行着它在全球倡导的负责任的企业公民理念。

(六)其他国际快递物流企业进入中国市场

1. 中外运—欧西爱斯国际航空快件有限公司

欧西爱斯国际航空快件有限公司(简称"欧西爱斯快递",OCS)进入中国市场的过程,可分为与中国企业合作、合资和独资发展三个阶段:

1979 年 OCS 与中外运总公司达成代理协议,成为我国改革开放以来第一家以合作方式进入中国的国际快递企业,这在中国快递业的发展史上具有里程碑的意义。OCS 与中外运总公司的代理合作期为 15 年(1980—1995 年)。中外双方合作的背景及代理合作期的相关内容请参见本章第二节"三、我国引进国际快递业务与成立中外合资快递企业"的部分。

1995年双方的代理合作期到期后,由于对十几年的合作均感满意,双方一致认为,在中国境内组建合营公司,充分利用OCS的国际网络和中外运的国内运输网络,将使包括新公司在内的中国航空快件业务提高到一个新的水平。经过友好协商与积极筹备,1996年1月,中外运—欧西爱斯国际航空快递有限公司在北京成立,注册资本225万美元,双方股份各占50%。合资公司合同期为15年(至2011年)。在合资公司成立的前十年里(到2005年),该合资公司已在公司业务集中的北京、上海、天津、青岛、大连、广州等主要城市成立了分公司,建立起经营的骨干网络。

分析中外运与OCS从代理合作到经营合资公司,业务进展和成功原因主要有:

一是双方的真诚合作。中日两国都是东方国家,"一衣带水",历史文化渊源,双方本着"和为贵"的精神真诚合作,堪称典范。中外运集团遍及全国的国内物流以及OCS遍及全球的国际网络,成为该合资公司拓展业务的坚实基础。二是共同打造核心竞争力。双方突出中日航线的产品优势,努力将中日航线的快递服务做深做优,这是其他非日资背景的国际快递企业难以超越的。三是推进信息化。双方充分认识到信息化是现代经济发展、实现企业现代化的基础与重要手段。通过整合现有信息技术资源,扩大投资,全面提升了合资公司信息系统,打造实时企业服务(RTE),在深度和广度上不断提升客户服务质量和价值。四是扩大网络。根据业务发展需要,对内继续完善合资公司的国内布局,对外扩大国际网络优势。在保持中日航线优势的基础上,增加了中国—欧洲航线等国际直航航线,全面提升了国际网络的运递速度。五是突出个性化服务。该合资公司在规范化服务的基础上,充分考虑客户的个性化需求,贴近客户,从细微处入手,努力成就客户目标,提高客户的满意度与信任感,与许多客户形成了长期服务的伙伴关系。

2.大通国际运输有限公司

大通国际运输有限公司(简称"大通",EAS),1985年在北京成立,是国内最早的合资物流快递公司之一。EAS主营以京津环渤海地区为中心的国内快递物流业务。大通曾与上海实业公司合作,2004年起转而与香港嘉里集团公司合作,并由嘉里集团控股,公司更名为"嘉里大通联网有限公司(Kerry EAS)"。经过多年发展,嘉里集团的物流网络遍布全国,稳定发展并以物流业务为主,近年来进入了中物联公布的"中国物流企业50强"榜单。2015年年初国家邮政局为落实国务院2014年提出的对外资企业扩大开放国内快递市场的决定,新批准嘉里大通等外资企业经营国内快递业务。

五、中外运克服阻力发展国际快递业务

(一)中外运多次克服困难发展国际快递业务

第一阶段。1981年上半年,原邮电部会同外国投资委员会起草文件,国务院以(国发1981年11号)文件发出,禁止非邮政部门办理速递业务,并规定邮政部门不能同国外速递公司建立业务关系。邮电部以11号文件为依据,数次致函外贸部要禁止中外运开展此项业务。中外运向外贸部领导作全面汇报并请给予支持。后经外贸部多次同邮电部交

涉,据理力争,阐明中外运办理此项业务是航空货运的一部分,是中外运近三十年来办理航空运输业务的发展,是我国对外开放的需要,利在国家。在交涉过程中,中外运指示所有分公司不能中断这项业务。

第二阶段。1983 年,中外运的国际快件业务有了较大发展,主要是 1982 年 4 月同DHL 公司总部签订了双方国际快件合作协议和中外运的部分省市区分公司试办了出口快件业务。这时,国务院秘书局转给外贸部一份邮电部工作人员来信,要求中外运执行11 号文件,停止办理国际快递业务。外贸部领导指示中外运认真研究。中外运一方面向外贸部领导说明情况,另一方面,中外运的工作人员也以"人民来信"的方式向国务院有关领导阐述中外运承办国际快件业务的必要性以及同国际商务快件业务与邮政业务的区别。经多方面工作,获得理解,渡过了第二次危机。

第三阶段。1986 年 2 月,原邮电部会同国家工商行政管理局、国家安全部以(1986 邮联 70 号)文件转发全国,再一次禁止非邮政部门办理快件业务。全国各地的邮电局、工商行政管理局、安全局都转发了这个文件,形成了全国全面禁止中外运办理快件业务的局面。其主要理由是:非邮政部门办理快件业务不"安全"。这次冲击影响比较大。例如,广东省深圳市委召开数次会议,要求深圳外运公司停止快件业务。中外运请示了经贸部领导,由经贸部运输局给十几个省、市、自治区的外运公司拍发电报指出:"外运公司办理速递业务有法律依据,没有经贸部的指示,业务不能停止,涉及不到安全问题。"同时,中外运总公司多次到国家工商行政管理局、国家安全部汇报此项业务的性质与特点,说明了中外运承办的进出口快件都需要经海关检验,安全不比邮政差,甚至更有保障,请他们理解和支持中外运的工作。经过艰苦工作,得到国家工商局、安全部领导同志的谅解。国家安全部主管局领导明确表态:"原来情况我们不了解,听了经贸部外运公司同志介绍情况后,我们清楚了,愿意参加协调工作。"第三次危机是在经贸部运输局的大力支持下渡过的。

第四阶段。紧接着又出现在 1986 年 9 月中国秋季广交会前,广东省邮电管理局以(1986 邮联 70 号)文件为依据,在广州等地广为散发和张贴"布告",不仅发给广交会期间的中外来宾,甚至将布告张贴到了广东省外运公司的大门口。布告限令非邮政部门在 10月 1 日前停止快递业务,否则将要通过工商局对这些单位进行制裁。中外运总公司接到广东省外运公司的报告后,立即找到海关总署反映情况。海关总署领导指示:海关对进出口快件有监管办法,现在仍然有效。广东海关接到总署领导的指示后,对广东省外运公司承办的进出口快件仍然按从前的办法给予放行。邮电部门 10 月 1 日的期限并没有阻止中外运的国际快递业务。而国家工商行政管理局对国际的快件业务有了认识与了解后,对中外运的工作给予支持,在中外运最困难的时刻批准了"中外运—DHL 公司"的营业执照,还指示广东省工商局,不能对中外运广东省公司采取制裁措施。① 这不仅保证了我国对外贸易主要窗口——广交会期间中外客商对国际快递服务的需要,而且对于满足广东省特别是珠三角地区外贸公司和各类外向型企业与港澳地区外资外商之间每天大量、亟

---

① 《中国对外贸易运输总公司发展史》编写组:《中国外运四十年》,中国工人出版社 1990 年版,第 204~206 页。

须的跨境商务快件服务需求提供了重要保障,有力地支持了广东省的对外开放与经济发展。

应该说,随着国家各有关部门对国际快递业务的性质、范围、作用逐步有了清晰的认识和认同,对国际快递的发展情况逐步了解,才解放思想、实事求是地解决了中外运作为中国第一家引进现代国际快递业的公司的经营中种种政策障碍,使得中外运得以正常经营国际快递业务,再加上各中外快递企业共同努力,开创了中国国际快递业的大好局面。

(二)中外运经营快递业务的发展环境得到改善

国际快递服务这一新生事物虽然在我国的发展初期饱经风雨,但是随着改革开放的逐步推进,外向型经济迅速发展,国际快递服务的需求快速增加,使中外运国际快递业务的社会影响扩大,政府部门对它的认知度也在提高,中外运等非邮政企业经营国际快递服务业务的发展环境逐步改善,迎来了光明的发展前景。

1984年4月,在国家工商行政管理局核批的中外运总公司的营业证书中,进一步明确经营范围包括"承办资料,印刷品的快运"等业务。

1985年2月12日,海关总署针对涉外运输渠道的多样化,正式颁布了我国《海关对进出口快递物品监管办法》,并正式通知了国家工商行政管理局、经贸部、中国民航局、铁道部、邮电部、中外运总公司,对中外运办理国际快件业务加以肯定。

1986年11月14日,经贸部办公厅致函国家工商行政管理局称:"航空货运速递(也称快件、快递业务)是目前世界各国普遍采用的一种快捷的'桌到桌'航空货运业务……属特种进出口航空货运,在国际上都属于货运代理,中国外运总公司办理快递业务是符合国家有关规定的。"

1986年9月底,经贸部以〔86〕外经贸运字第38号文件致全国人大常委会法制工作委员会,对《中华人民共和国邮政法》草案第六条提出了修改建议,中心意思是快件与邮政不同,不应限制非邮政部门办理快件业务。随后,经贸部参加了《邮政法》修改会议,进一步陈述允许非邮政部门办理快件业务的理由和必要性。1986年12月2日通过的《邮政法》明确规定:只有信件和具有信件性质的物品才属邮政专营。至此,办理快件的非邮政企业从法律上得到了保护。

1987年1月7日,国家工商行政管理局批准了中外运总公司申请成立的"中国航空货运代理公司"(今"中国外运空运股份有限公司"/上市公司简称"外运发展"的前身)的工商登记注册,在其经营范围里规定,除承办航空货运业务外,还承办"文件、资料(不含信件)、印刷品及小件货物的航空速递业务"。

为促进中外运顺利开展快件运输业务,满足外经贸事业发展需要,经贸部于1987年4月发出了《关于外运公司承办快递业务有关问题的通知》,明确指出:外运公司所办快件业务是经上级单位批准的。并规定快件公司和其他货运代理一样,归口经贸部和各地经贸厅（委）领导和管理。①

（三）中外运快递业务在竞争中迅速发展

中外运从 1980 年上半年在北京试办快递业务开始,逐步发展到上海、广州两个空运口岸,再以这两个空运口岸为中心,形成辐射各地的快件服务网络,1985 年又发展了深圳口岸,使中外运的快件服务网络遍布全国各地。中外运总公司在争取快件地位合法化的同时,对外也做了大量的调查工作。积极慎重地选择国外快件公司建立代理关系。1982年 6 月中外运总公司首次组团访问日本海外新闻株式会社,认真学习了国外快递的先进管理经验。同年 9 月中外运总公司召开了快件会议,系统地介绍了日本海外新闻株式会社的快件业务情况,并制定了中外运公司快件业务操作办法和中外运公司快件出口办法。

中外运从 1982 年开始办理快件出口业务,主要是通过日本海外新闻株式会社和DHL 网络出口。为配合全国快件出口,中外运先后在主要城市大的宾馆饭店设立服务专柜,配备专车和专人,业务由最初一年一万票,发展到 1988 年的全年 60 万票。航空快件之所以发展这么快,主要是在国家对外开放政策的引领下,适应了我国外向型经济和市场大发展的需要,同时快递这一提供"桌到桌"的新型服务方式,以安全、快捷的服务,抢时间、争速度,满足了商务客户对时效性的迫切要求;涉外快递服务因其良好的社会效益和为客户带来了实实在在的收益而广受欢迎,得以迅速发展。例如,根据中国银行山东分行1985、1986 两年的统计,通过中外运系统的快件速度要比通过邮政办理的邮件平均每票快 2～3 天,两年可减少利息损失 160 万美元,受到了中国银行的肯定和赞赏。随后,中外运又应国外代理和客户要求,于 1985 年前后开办了贵重物品和鲜活食品的国际快递业务。办理了多批从世界各地运到中国的外汇现钞、白金、黄金、白银、稀贵金属的快件业务。办理的由东京启运的日本鲜活食品快件,使早晨在日本机场起飞的新鲜的生鱼片和其他日本食品货物,当天晚上北京的客人就可以吃到。由于办理了多种类型的国际快递业务,使中外运快递服务的知名度进一步提高,业务量扩大,为普及和推广中国的国际快递服务业,满足国家外经贸事业发展的需要,做出了应有的贡献。

1987 年 11 月,中外运总公司在青岛召开了中外运的全国快件工作会议,系统地介绍了中外运山东分公司开展快件业务的经验,北京航空货运站、深圳、上海、江苏等分公司也交流了快件业务经验。这次会议为维护已经树立起来的中外运快递服务业务的良好信誉,对于加强管理、人员培训和扩大宣传工作等提出了明确要求,为推动中外运快递业务的发展起到了积极作用。②

---

① 《中国对外贸易运输总公司发展史》编写组:《中国外运四十年》,中国工人出版社 1990 年版,第 206～207 页。

② 《中国对外贸易运输总公司发展史》编写组:《中国外运四十年》,中国工人出版社 1990 年版,第 207～208 页。

第三节　引进国际快递对我国经济
##　　　　与社会发展的促进作用

改革开放以来,大规模引进外资和大批的中外合资、中外合作、外商独资企业的出现,推动了我国国际快递服务市场的快速增长。国际快递服务被引入中国后,鲜明地显示了先进的快递生产力在促进我国外向型经济发展、产业结构调整、扩大就业、推动垄断行业改革等多方面的积极作用,在此过程中,国际快递服务业已经成为和更将成为中国经济与经济全球化这一历史进程紧密相连的催化剂。主要体现在以下几个方面:

(一)促进了我国外经贸事业和外向型经济发展

中国在改革开放后的近三十年里,制成品的出口占中国出口的 90％以上,主要是传统的劳动密集型产品和高技术产品两大类。在这一时期,劳动密集型产品是中国最具竞争力的出口产品,竞争力主要源自生产要素的成本价格相对较低。但是中国在对外贸易上面临着两大不利因素,一是国内物流的运行效率和质量不高,不能满足出口企业的要求;二是中国远离主要的出口市场,增加了国际运输成本,延缓了出口企业应对国际市场变化的反应时间。进入 21 世纪以来,美国和欧盟这两大出口市场都加强了与周边经济的合作,并逐渐形成区域自由贸易区。这种趋势对中国的出口企业构成了挑战,一方面削弱了中国的成本优势,另一方面凸显了中国远离主销市场的空间劣势。例如从加勒比到美国海运最多只要 2～3 天,而从中国到美国的海运方式,在这一时期,最快的远洋运输船也要走 7～10 天。而国际快递公司提供一体化服务使中国到美国的快递过程只需要 1－2 天(美国到中国的门到门快递过程缩短到 2～3 天)。对中国企业来说,尤其是生产电子信息类等高技术产品、时装类高附加值产品的出口企业,使用一体化航空快递服务就大大提高了中国企业的出口能力与时效性,是克服市场竞争劣势的必然选择。大批在华跨国公司、我国多数外向型企业及涉外机构、组织,优先选择中外合作、合资快递企业的服务,体现了国际快递服务是促进全球经济发展的先导性行业之一的重要作用;也反映出外商快递企业在中国国际快递市场获得的优势地位,主要是由先进生产力推动市场竞争发展的结果,反之将延缓中国的经济发展。

改革开放以来,我国外经贸事业的持续发展有力地促进了国民经济增长和就业的扩大。例如,进入 21 世纪的第一个十年(2001—2010)里,我国年平均外经贸对 GDP 的贡献率在 20％以上,GDP 每增长 11％,差不多其中就有 2 个百分点是外经贸的作用。外经贸的就业人数近 1 亿,超过了全国城镇就业人数的三分之一。我国的涉外税收占全国税收总额近 40％。对外开放大大加速了我国工业化和现代化进程,使我国实现了跨越式发展。特别是制造业,在我国对外开放的前 30 年里,国际评论界长期把中国称之为“新的世界工厂”。2007 年我国制造业增加值占世界比重从 1980 年的 0.2％提高到 2005 年的 8.

2％,达到世界第三位,仅次于美国和日本。这是一个非常大的变化。而从进入 21 世纪第二个十年开始(2010 年以后),我国不仅成为世界第一大的制造业国家,随着中国制造业的转型升级,《中国制造 2025 年》发展纲要的实施,特别是大批科技型、智能化工业产品的涌现,国际评论界又开始把中国制造业的新发展新趋势,更多地称为是世界的"中国智造"。

再从促进改革、提升影响力的角度看。对外开放、引进先进技术和管理经验,不仅弥补了计划经济体制下生产力低下、物资短缺、民生困难的暂时性问题,打开国门后,更是促使人们反思我国经济为什么长期落后等深层次原因,于是解放思想、实事求是,下定决心推进改革,促进了有中国特色社会主义市场经济体制的建立和完善。对外开放还促进了中国与世界的共同发展,我国对外经济贸易总额和国内生产总值(GDP)占世界的比重大幅上升,对世界经济的贡献度提高,经济实力的增强也显著增强了我国在国际事务中的影响力和话语权。

改革开放 30 年中国对外经贸事业与外向型经济的发展(1978—2008)(摘要)

	项目(亿美元)	1978 年	2008 年	增长率	备注
1	进出口贸易总额	206.4	25616 比上年(21738)增长 17.8％	124 倍	对外贸易世界排名第三
2	实际利用外资额	124.57 (1979—1982)	924(不含金融类) 累计超过 8500	68.2 倍 (累计)	
3	外商直接投资企业(家)		37871 家(2007 年) (新批非金融类外企) 累计超过 63 万家		
4	外资企业占国民经济比重(％)	不到 4％ (1988 年以前)	超过 10％ (从 1993 年起)		
5	外商投资占全社会固定资产投资的比重(％)	超过 10％ (1994—2002 年)	投资总额 17.23 万亿元人民币,外商投资占 3.7％		
6	国家外汇储备	1.67	19500	11676 倍	
7	中国经济开放度 (以中国外贸依存度衡量)	9.8％	67％	6.8 倍	
8	中国对外投资额	161.3(2006 年)	406.5(非金融部分)		
9	国内生产总值(GDP)	3624.1 (亿元人民币)	超过 300000 (亿元人民币)	82.8 倍	经济总量世界排名第四
10			超过 20％(2001 年以来)		

续表

	项目(亿美元)	1978 年	2008 年	增长率	备注
11	涉外税收占全国税收比重		近 40%		
12	外向型经济就业	约 40 万人	1 亿人口(占全国城镇就业人数的三分之一多)	250 倍	

资料来源:根据国家统计局、国家发改委、商务部等信息整理。

(二)提升服务业水平,加快了我国产业结构的调整

快递业是适应新技术发展和经济全球化趋势而迅速发展起来的新兴服务产业,有强劲的生命力和广阔的市场前景。当时中国快递业呈现出低端、中端和高端三个不同的形态,三者的主要区别在于技术装备水平、增值服务能力等方面;传统的运输业提供标准化的和以单一运输方式为主的普通货运服务,传统的邮政业提供建立在政府专营条件下的面向全体公民保障基本通信水平的普遍服务。这些服务都不能满足市场经济环境下社会各界特别是工商界对文件、目录、样品等递送的快速、方便、安全、监控、核查等方面的特殊要求;也不能满足在信息化日益普及,电子商务和网络购物迅速发展,人民生活水平不断提高,个人消费品更新换代加快对快递服务需求的增长要求。快递服务业从诞生的那天起就对传统的运输业和邮政业构成了挑战,快递服务业以创新的限时服务理念、运输工具集成化链接、门到门的递送方式、全程可跟踪的信息化服务、安全、高效送达等优势不但大量分流或替代了传统运输业、邮政业的原有业务,而且根据市场变化不断创造出新的服务产品,快递业促进了传统服务业向现代服务业的转型。

(三)增加就业

民以食为天,就业乃民生之本。数据显示,快递服务业已经成为改革开放以来我国创造就业岗位最多的一个新兴服务行业,成为吸纳社会就业、促进社会稳定的新亮点。快递业是典型的劳动密集型的服务行业,快递服务过程中涉及的环节众多,因此其所能提供的岗位非常多样,从分拣、递送到行政、销售、工程技术和管理职位;门到门的快递服务方式特别是同城快递需要大量人手。另外,除了涉外快递业务需要掌握一定的外语水平外,一般国内快递服务对快递员的文化程度要求不是特别高,也有利于吸纳大量社会劳动力就业。据调查,民营快递企业的就业主体(90% 以上)是农民工和城镇下岗职工这样的普通劳动者,属于通常所说的弱势群体的一部分,快递业为他们打开了就业之门。

由于自 20 世纪 90 年代以来国内快递市场需求的持续增长,快递业的门槛还没有形成法定的设置,在许多部门和地方的支持下,民营快递业快速发展。以上海为例,据报道,根据上海市统计局发布的信息,到 2006 年年底仅上海工商部门登记的带有快递、速递等名称的企业超过 1.2 万家,其中以民营企业为绝大多数。以上海市为龙头,连接浙江省、

江苏省及其辐射整个长江三角洲的地区是我国经济发展水平最高、外商投资最为集中、外向型经济最为发达、产生的对内对外的快递需求量最大，也是民营经济最为活跃和各级政府官员的思想比较解放和务实的地区，这些综合因素的叠加，使该地区成为我国快递市场最活跃、快递业务量最大和民营快递企业发展最快最多的区域。到 2006 年，仅上海地区的快递从业人员就超过 10 万人，其主体是民营快递企业，上海当地快递的年营业额超过 20 亿元。民营快递的业务量已占上海全市国内省际快递量的 70%以上、市内快递量的 95%以上。从全国看，经济越发达的地区，对民营快递服务的需求和依赖性越高，这也是民营快递能够活跃于我国约 500 多个大中小城市及周边地区的主要原因。

2007 年，重组后的国家邮政局首次在全国范围内对各类快递企业进行了行业统计。根据这次统计，国家邮政局公布了 2008 年邮政快递业发展的数据，我国规模以上（年经营额在 200 万元以上）快递企业的从业人员已超过 24 万。这 24 万人中，主要国有快递企业约有 6 万多职工，其中最多的是中邮 EMS 约 5 万人，其余为中外运快递、民航快递、中铁快运等非邮政国有快递企业的职工人数；在华外资快递企业 DHL、UPS、FEDEX、TNT 等的中国雇员人数约 2 万人；其他都是由规模以上民营快递因企业创造的就业岗位，大型民营快递如顺丰速运（集团）有限公司当时有 6 万多名职工，上海申通快递公司当时有 5 万多名名职工，北京宅急送快运公司当时有 1 万多名职工等。还要看到，这个 24 万人的数字中并未包括分散在各地数以万计规模以下各类快递服务企业与服务实体的就业人数，估计约有 5 万至 10 万人。

还需要指出，邮政体制改革之前政企合一的我国邮政部门（如邮电部、前国家邮政局等）在公布我国邮政业发展的统计数据中，只有国有邮政企业（包括邮政 EMS）的就业人数，从来不包括实际上远超过邮政 EMS 快递职工人数的各类非邮政快递企业特别是民营快递的就业人数。因为那个时期，由于邮政部门的改革滞后，仍然维持邮政企业的垄断经营，非邮政快递企业特别是民营快递被视为非法经营的"黑快递"而受到邮政部门的持续打击与封杀，也因此造成了双方长期的冲突、对立。所以尽管当时以民营快递为主体的非邮政快递企业为社会创造了大量的就业岗位，并有效解决了邮政快递服务的供给不足，受到广大快递消费者的欢迎，也为发展我国的服务业一直在做出重要贡献，但是这样一个客观存在的庞大的社会群体，在改革之前的相关行业统计中却无法体现出来。所以 2007 年重组后的国家邮政局的这次行业统计虽然是初步的和具有恢复性质的，但却是邮政体制改革后带来的革命性、创新性的一次统计试验，它比较全面地反映了改革开放以来我国快递业各类所有制企业就业人数的实际情况，因而这次行业统计实际上是重组后的国家邮政局贯彻党的解放思想、实事求是的马克思主义思想路线的一个重要体现，也是在邮政快递行业统计工作上的一次重要的拨乱反正。由此，它也奠定了以后我国快递业统计工作的现实基础，并在后来的实践中不断改进。

根据国家邮政局的统计，到"十一五"（2006—2010）期末的 2010 年，我国快递业从业人员增长至 54.2 万人，占同年全国第三产业就业人员总数的 0.2%。2010 年快递业从业人员增长 35%，也远高于同年全国就业总人数 1.5%的增长率，这在我国的第三产业中属于高速增长的行业。快递业"十二五"(2010—2015)规划提出的就业指标是,希望年均增长 20%,新增就业岗位 35 万个以上,从业人员总数达到 100 万。而发展的实际情况是"十二五"期间我国快递从业人员仍然保持了快速增长的势头,到"十二五"末的 2015 年年底,快递业创造了就业岗位已超过了 200 万个,是"十一五"期间快递业就业人员的 3.7 倍。其中,民营快递企业的贡献最大。根据北京交通大学发布的研究报告,快递业对促进经济发展意义重大,尤其对带动就业作用巨大。仅 2015 年全国发出的 207 亿件快递就带动了 203 万人就业,包括快递的收派员、分拣员、客服人员和货车司机等多种岗位。

快递业的就业效应还体现在促进间接就业方面。根据英国牛津经济预测机构的研究,快递业带来的间接和引发的就业比快递业的直接就业的规模还大,直接与间接就业比率是 1∶1.124。据统计,到"十二五"末的 2015 年年底,我国快递业创造了 230 万个就业岗位,通过快递服务助力电商业、农村与中西部地区劳动者创业、扶贫脱贫的人数近 260 万人。预计"十三五"(2016—2020)期间,每年快递业将新增约 20 万个就业岗位,到 2020 年快递业将超过 300 万人,随着我国经济增长与发展环境的改善,通过快递业"联通上下游,扩大同心圆"的延伸服务,不仅快递业本身将会接纳更多劳动者,还将带动更多的产业发展与劳动者就业。

(四)改善民生,便利了民间交流与老百姓的涉外服务

改革开放以来,随着国门的不断打开,我国对外民间交流的领域不断拓宽。例如,中外机构的学术交流与相互访问、出国留学、出国旅游等活动日益增多,经常会有普通百姓需要委托国际快递公司及时快递各种证件、资料、包裹等亟须办理的事情。如果通过传统的邮局办理国际邮件,往往也需要十天半个月,早已误事。而隔夜送达的国际快递服务解决了普通公民涉外事务的燃眉之急。

(五)推动打破垄断行业改革,彻底改变陈旧的传统观念

改革开放以来我国快递业发展的积极作用,还在推动我国邮政行业垄断改革方面发挥了不可替代的重要作用。

中外快递发展史的研究表明,现代快递服务业是现代市场经济和经济全球化时代的产物。由民间私人开创的现代快递服务业务诞生于市场经济发达的美国,而后迅速在欧洲等所有发达国家经济体普及,并于 20 世纪 90 年代起为广大的发展中国家所接受并兴起。它始终遵循着市场经济的规律去发展,即快递企业以市场经济的土壤为生存发展的基础,以快速、准确、安全、最大限度满足快递客户的需求为服务宗旨,以自负盈亏为快递企业的运营机制,通过优胜劣汰实现快递服务业的不断发展,才成为今天在全球 200 多个国家和地区广泛受到欢迎和快速发展的新兴物流服务业。中外快递服务业发展的阻力,都不约而同地与长期垄断寄递服务行业的邮政部门发生了矛盾和较量。因此,这种矛盾和斗争从本质上说,是快递业所代表的寄递服务行业中新兴市场经济的力量(先进快递生产力的代表)与传统的垄断性和管制型的寄递服务业旧思维旧体制的斗争。在中国,则具

体表现为实行市场化体制经营的、促进市场开放的各类快递市场主体与长期以来实行计划经济的指导思想与政企合一体制(代表寄递服务业中落后的生产关系)的邮政部门之间的矛盾,斗争的焦点是对于快递服务业务是加强行政垄断,还是推动快递市场的开放。

自 20 世纪 90 年代中国确立社会主义市场经济改革目标以来,中国经济改革不断深化,民航、电力、电信、邮政等垄断行业的市场化改革先后被提到议事日程,并取得初步成效。1998 年,电信和邮政开始分营。邮、电分营迫使中国邮政开始寻求独自的发展。作为国家垄断行业,邮政多年以来的做法是企图通过维护和扩大邮政专营权,缩小快递服务的竞争范围,以获取快递业务的垄断利润。尤其是对非邮政快递企业长期采取打压之策。但十多年来我国非邮快递企业,特别是外资快递企业的强势进入和民营快递业在夹缝中不断成长壮大的事实对传统邮政企业的改革起到了推动作用,包括我国物流业、国际货代业、非邮政快递企业和社会各界多年来以多种形式持续地向国家和有关部门反映快递行业和广大消费者的意见,反映我国快递市场发展的事实和世界邮政改革的进展与趋势,强烈呼吁国家重视和推动邮政体制的改革问题。

2003 年 10 月,党中央十六届三中全会通过的《关于完善社会主义市场经济体制若干问题的决定》在"加快推进和完善垄断行业改革"部分中明确要求加快邮政的体制改革,要求"实行政企分开、政资分开、政事分开。对自然垄断业务要进行有效监管",指明了邮政改革的方向。2005 年 7 月,国务院原则通过了《邮政体制改革方案》,它以实行政企分开、政资分开、政事分开、分业经营等为主要内容,邮政部门和邮政企业的体制改革进入了实质性的加快阶段;经过一年多的紧张准备,2007 年年初,根据政企分开的原则,新组建了承担政府管理职责的国家邮政局(含快递业管理)和只经营邮政业务的中邮集团,我国快递业的发展进入了新的阶段。

重组后的国家邮政局按照马克思主义生产关系要适应生产力发展的基本理论,积极贯彻落实国务院邮政体制改革的工作部署,顺应国际贸易快速增长和快递大发展这一世界性趋势,积极以政府主管部门的身份管理全国的快递业务,主动建立了对快递管理的各项管理制度,采取了很多具体措施来规范快递业,使我国的快递管理迅速走向正途,从而奠定了我国快递业务的管理基础,促进了外资快递企业在我国的发展。

与此同时,由于中国邮政 EMS 经营的成功,外资快递陆续进入中国市场,市场发展很快,从而引发了快递的概念在国内陆续形成,给我国人民的经济生活带来一些改变。快递的概念逐渐被社会各界接受,快递业得到迅速发展,引起一些民间有创业激情的年轻人的重视关注,一些民营企业在 20 世纪 90 年代陆续成立,从而带来我国快递企业形成国有、民营、外资快递的蓬勃发展。

第三章

中国快递业的高速发展

第一节 中国快递业高速发展的背景分析

一、顺应商品经济和社会经济发展的必然趋势

(1)生产力发展的必然产物。生产力发展到一定阶段时,旧的生产关系必然要改变,来适应生产力的新发展。现代快递是在顺应国际贸易和商务活动的客观需求下而必然产生的新型的服务。快递业作为第三产业服务业,依赖于整个经济的发展和提升而增加服务产值,行业水平与社会发展的程度呈现正相关。经济的发展会产生货物位移的需求,随着生产节奏加快和人民生活水平提高,对于位移服务的时效、安全性等因素的考量也逐渐提升,经济不断发展促使了新型服务——快递服务的产生。

(2)经济全球化的客观要求。随着全球贸易的快速发展,全球一体化的快递方式能更好地满足各国经济交流需求。快递在经济贸易交流中扮演着越来越重要的角色,人们对其需求也日益加强,供需矛盾越发突出。在世界经济贸易全球一体化的背景下,国际贸易快速发展呼唤全球一体化的快递方式的出现,快递服务的重要作用日益显现。1978年,我国开始实行改革开放,与外国的贸易、经济文化交流不断增多。中外双方对实现商业文件、银行票据和各类相关文件的快速传递和交流的需求日益增加。此时,国际快递服务已在日本等发达国家及欧美地区得到了很大发展,但在中国却是一个新生事物。为了满足日益增长的需求,1980年7月,国际邮政特快专递业务正式开办,开创了我国现代快递业。1984年4月,开办国内特快专递业务。1985年12月,当时的外经贸部批准邮政部门成立了中国速递服务公司,成为我国第一家专业快递企业,开始在国内经营邮政特快专递服务。

(3)市场经济快速发展的迫切需求。20世纪以后,欧美国家的经济快速发展,促进对"运输、递送、分派"的需求日益增强。虽然电话和电传已经广泛使用,但是那些重要的正本协议、合同、标书、银行票据等,必须原件交换。此外,商业中经常出现一些紧急情况,如客户急需样品、零件等物品,但是,传统邮政传递速度太慢,短则几天,多则十几天,甚至更长。合同、票据不能及时到达就会造成巨大的经济损失,样品延期送达将会失去订货机会等,这些情况时常发生,严重影响公司的正常运营。国际快递的及时出现有效解决了这些问题。

(4)交通运输工具的进步。在漫长的人类社会发展历程中,交通运输从最初的人扛畜拉发展到现在的海、陆、空立体交通的过程,交通运输的发展同生产力的发展、文明的演进呈现出同步的趋势。

美国最早的快递——"骏马快递"

19世纪40年代末,美国加利福尼亚州的淘金热潮吸引了大批东部的居民涌往西部。美国东部到西部相隔2000多公里,东西两地用马车传送的信件一般要花好几个星期才能够送达。美国东部一家名叫威尔斯的运输公司于1860年开办"骏马快递"的邮政速递业务,快递路线共1900英里长,每隔15英里就设置一个驿站,各站均备有强壮骏马,100多位送信的骑手们以最快的速度传送信件。直至1861年10月,美国东西部建立了有线电报联络方式,现代交通工具相继出现,骏马快递才退出历史舞台。这种传递方式和2000年以前的中国邮驿方式差不多,历史是惊人的相似。

交通运输工具的进步使原始快递告别了"人跑马奔"的时代,代之以自行车、摩托车、汽车、火车和飞机,更使快递在安全性、时效性和运输能力上发生质的飞跃。

(5)通信和信息技术的革命。自19世纪中叶以来,电报、电话、电磁波相继发明和发现,实现了利用金属导线来传递信息,甚至通过电磁波来进行无线通信,扩大了人们的通信范围,加快了通信速度,人类在通信领域产生了根本性的巨大变革。但是,实物的传递速度跟不上,直接影响工作效率。因此,快递服务就应运而生。而计算机、互联网和物联网等现代信息技术的发展也促进了快递服务的飞速发展。

相对于传统交通运输业和邮政普遍服务,快递服务提供的则是差异化的一种快捷、安全的"门到门"直达式服务,适应了当今世界跨境电商和经济全球化快速发展的要求,市场前景广阔。它的出现不但受到国内外商界的欢迎,也得到了公众的认可。多年来,我国快递服务的高速发展,对于提高我国国际竞争力、促进国际交往、方便人民生活,发挥了积极的作用。

二、快递的发展对全球的示范和影响

快递业的发展进程与邮政业等主要经济部门的改革进程密切相关。20世纪,快递业在美国起步时就面临很大的发展制约。当时,整个世界,包括市场经济体制比较完善的美国,民用航空业和邮政业等主要经济部门的行政垄断氛围还很浓厚。如何处理新兴的快递业与传统邮政业的关系成为此阶段政府必须解决的问题。20世纪60年代末,美国邮政就以私人快递侵犯了邮政专营范围为由,威胁要起诉那些侵犯专营的私人快递公司。

20世纪70年代末,美国先后在民用航空和邮政专营领域的改革取得突破。1978年美国放松航空货运管制,出台《美国民航放松管制法》,对航空货运市场产生了巨大影响,FedEx正是凭借这次机遇提前布局航空快件,一举奠定其在航空货运业的领先地位,1978年挂牌上市成为首家上市的航空货运公司。1979年美国邮政中止了对特别紧急信件的专营权,打破了快递属于邮政专营范围的局面,允许私营快递服务商提供"次日达"的信件寄递服务。1986年美国邮政在举行公开听政和公众评议后,中止了国际邮件的专营权,私人速递服务商从此获得了经营国际速递业务的合法权利。美国快递业随之迅速发展并在20世纪80年代走出美国,走向世界。

第二节　中国现代快递服务的出现与发展

一、中国近代快递发展雏形

中国近代快递历史可以追溯到 100 年前的快信——清朝邮局当时也面临民间邮局的竞争,信件递送效率不佳,因此在 1905 年,推出快信制度,并且设计以"飞龙"为造型的绿色邮票。为了让经手人可以管控流程,快信邮票设计为一张四小联,每经过一手,就撕下一节,贴上快信邮票的信件,不需要在转运过程中停顿,邮票还可以当作负责送信专差的报酬,相当特别。初期快信制度只在天津、上海、北京三地实施,后来推广到长江流域及南方大邮局,四联设计让这张邮票面积比传统邮票大上好几倍,一度成为最大的邮票。快信制度一直延续到民国初年,邮票图样改为飞雁,1916 年废止。

传统快信飞雁邮票

二、中国现代快递业发源于国际快递业务

改革开放以后,快递业在中国的发展具备了适宜的土壤和环境。与美国快递业发展轨迹不同,中国现代快递业首先始于国际快递。

1992 年,邓小平同志发表南方讲话以后,中国经济蓬勃发展,快递市场也呈现出勃勃生机,中国不少大中城市尤其是国内企业对国际快递业务需求的迅速增长。随着国际快递公司将业务范围扩展到国内的普通企业以及个人用户,邮政企业与国际快递企业之间的摩擦开始加剧,并直接体现为外经贸部和邮政系统对于快递业务主管权力的划分。

三、中国现代快递服务体系的建立

1986 年,中国颁布新中国成立以来第一部《邮政法》。1989 年,万国邮联华盛顿大会将国际快递业务的基本规定纳入万国邮政公约,成为邮联的一项正式业务,在形式上宣告快递业主管权归于邮政业。在这样的大背景下,2001 年 10 月,美国"炭疽热"事件出现后,国家邮政局、信息产业部和对外经济贸易合作部联合发布了《关于进出境信件和具有信件性质的物品的寄递业务委托管理的通知》。该通知要求,从事国际快递业务的国际货运代理企业到邮政部门办理委托手续。

通知正文

2006年邮政业体制改革取得重大突破,邮政业实现政企分开,民营快递企业需要到国家邮政局进行备案后才能取得正式参与快递业经营的资格。2007年1月29日,重组后的国家邮政局正式挂牌,2007年9月12日,国家邮政局发布《中华人民共和国邮政行业标准——快递服务》(YZ/T0128—2007),对快递服务的组织、环节和服务改进均做了基本要求,作为快递业的第一个规范性政府标准文件,该标准的出台对于促进我国快递业有序竞争发展具有重要意义。2009年4月24日,《中华人民共和国邮政法》经第十一届全国人民代表大会常务委员会第八次会议通过,新《邮政法》第一次制定了有关快递市场准入制度的法律规定,并在"邮政专营权"等关键条款问题上做了原则性表述,民营快递的市场主体地位得以确立。

四、中国近代快递的发展历程

纵观我国快递的发展历程,按照发展特点可以划分为三个阶段:萌芽阶段、成长阶段和转型升级阶段。

1.萌芽阶段(1979 年—1992 年)

萌芽阶段是从 1979 年我国最早开始有现代快递业务到 1992 年邓小平南方讲话,这阶段我国快递业的主要特征有:

(1)企业数目从无到有,业务规模不断扩大

1978 年中国实行改革开放后,对外贸易和文化交流往来频繁,一批驻华机构和企业纷纷设立,国内出口企业数量不断增多,迫切需要便捷高效地保持对外联系,及时获取国外资讯,迅速交换中外双方的商业文件、票据、包裹等,但当时的中国信息业尚不发达,快递业更是一片空白。

快递最早始于 1979 年中国对外贸易运输总公司与日本 OCS 签订了国际货物运输代理协议,由中外运公司代理 OCS 公司开展将日本报刊及商业函件递送给日本驻华机构和企业的服务。随后世界主要跨国快递企业,包括 DHL、UPS、FedEx、TNT 分别与中外运签订代理协议进入我国快递市场。国内企业独立开展快递业务始于 1980 年中国邮政开办的全球邮政特快专递业务,1984 年中国邮政又开办了国内特快专递业务,对业务领域进行延伸。1985 年中国速递服务公司(EMS)成立,这是我国第一家专业的快递企业,专营国际、国内快递业务。当时,我国快递发展还处在尝试阶段,快递按照传统邮政的运营模式优先处理。该阶段经营快递业务的企业数量非常少,主要是中国邮政开展的特快专递及外资快递在华代理,业务规模相对较小。根据国家统计局数据显示,1988 年我国邮政特快专递业务量为 153 万件,1992 年上升到 959 万件,是 1988 年的 6.27 倍。

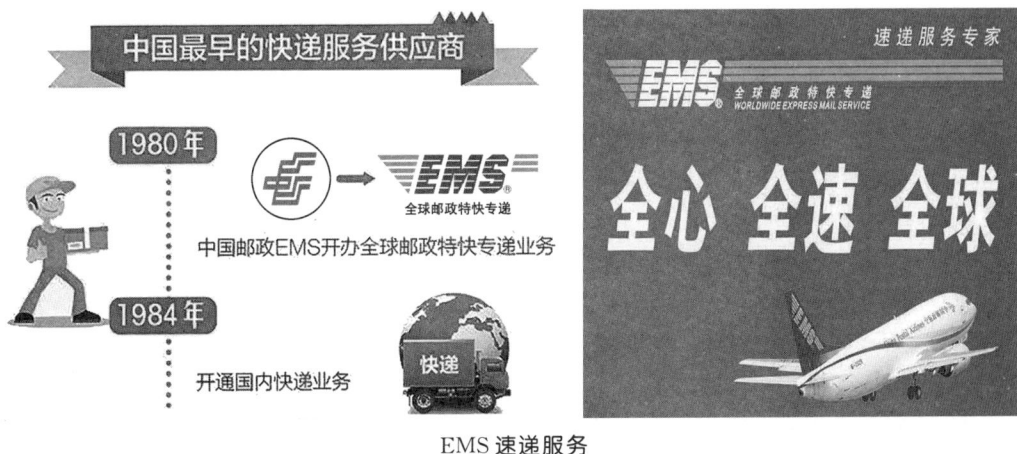

EMS 速递服务

(2)法规体系初步形成,市场准入受到制约

随着我国快递的发展,快递的相关法律法规体系逐步形成。1986 年《中华人民共和国邮政法》颁布,这是我国快递发展史上的一件大事。《中华人民共和国邮政法》及 1990 颁布的《邮政法实施细则》对邮政专营等问题进行了规定。《中华人民共和国邮政法》第八条规定:"信件及其他具有信件性质的物品寄递业务由邮政企业专营,但是国务院另有规

定的除外。"《邮政法实施细则》第四条对信件及其他具有信件性质的物品进行了说明："信函是指以封套形式传递的缄封的信息的载体。其他具有信件性质的物品是指以符号、图像、音响等方式传递的信息的载体。具体内容由邮电部规定。"《邮政法》及随后颁布的《邮政法实施细则》明确了邮政专营的范围"信件及其他具有信件性质的物品寄递业务由邮政企业专营",这对其他市场主体构成了潜在的进入壁垒。但是,《邮政法》没有对专营具体范围进行界定,也为我国快递市场其他主体进入留下了法律空间。1986年和1991年邮电部相继发布了《国际邮件处理规则》和《国内邮件处理规则》,对国际邮件和国内邮件的操作流程、操作规范及收费标准等系列内容做出具体规定。《邮政法》《邮政法实施细则》及相关法律法规的出台,标志着我国快递法律法规体系的初步形成,规范了快递业务的发展。

(3)行业竞争相对较小,市场价格相对较高

在萌芽阶段,快递市场的经营主体较少,快递经营者主要是中国邮政开办的特快专递及外资快递在华代理商,因此市场竞争相对较小。快递由我国邮电部垄断经营,价格由政府价格主管部门(当时是国家计委)会同邮电部制定,价格水平、价格结构由政府(价格主管部门会同邮电部制订方案,国务院批准)决定。

当时的快递是我国邮政经营的高盈利性业务,价格水平中包含很高的利润要求,属于高端服务,不是为普通人服务,只是普通人偶尔使用的高端或奢侈性服务。

奢侈品的国际快递

1986年到美国起重500克及以下49元,续重500克或其零数16元。以后资费水平大幅上涨。

1990年到北美特快专递文件首重500克以内100元,续重500克或其零数40元。

奢侈品的国内快递

1984年国内特快专递开办时的资费水平是起重200克或其零数8元,续重每200克2元,不足200克按200克计算。

1992年国内特快专递邮件资费第一次提价,起重200克或其零数由8元调为12元,续重每200克或其零数由2元调为3元。

2.成长阶段(1993年—2009年)

中国快递成长阶段从邓小平南方讲话到2009年新修订的《中华人民共和国邮政法》颁布实施,在这一阶段,中国市场经济得到全面发展,快递服务需求开始旺盛。根据中国海关的数据显示,中国进出口快件由1993年的669万件上升到1998年的1034万件,20世纪90年代末中国整个快递服务业务量已达2.2亿件,而在2000年,EMS快件业务完成量为1.1亿件左右。

依当时情况,中国邮政速递已经无法满足各行各业特别是外贸行业对相关物件的快速递送要求,由此,民营快递企业作为助推快递行业发展的另一支力量应运而生,并逐渐形成快递经营主体多元化格局。这些民营快递公司的成立,大大缓解了中国邮政速递的压力,更好地满足了国内外快递发展的需求。这阶段我国快递发展的主要特征有:

（1）民营快递纷纷成立，业务规模不断扩大

1992 年邓小平南方讲话后，我国民营经济发展所面临的束缚逐步放松，民营快递获得了新的发展机遇。我国民营企业家抓住这一发展机遇，纷纷创办快递企业，一时间，民营快递企业如雨后春笋般涌现。1993 年申通快递和顺丰速运、1994 年宅急送、1999 年韵达快运、2000 年圆通速递等快递企业相继成立。

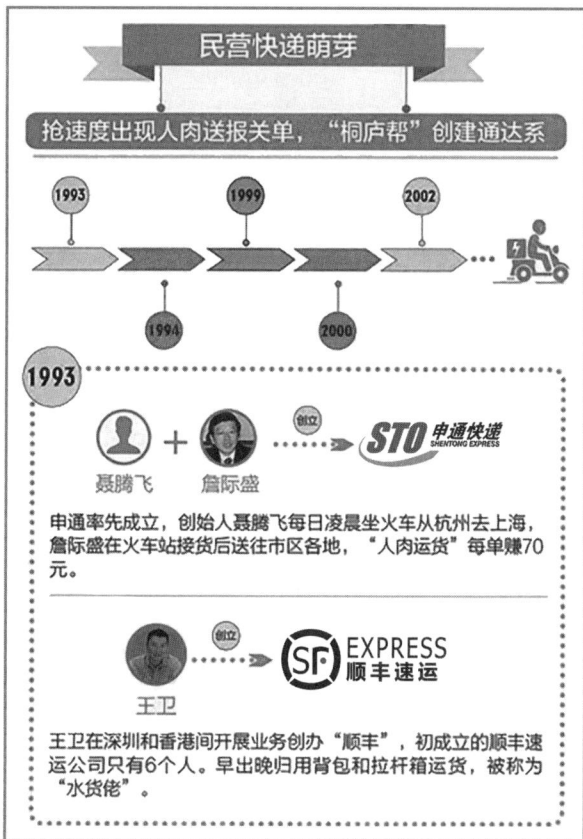

民营快递萌芽

"中国快递之乡"书写传奇

一折青山一扇屏，一湾碧水一条琴。自杭州驱车向西南 90 公里，便可到达这个地处浙西北山区山清水秀的小城，有着"中国最美县城"之称的桐庐县城。一进入桐庐县界，就能看见一块大石碑，书写着"中国民营快递之乡"。据桐庐县商务局统计，全国由桐庐籍民营企业家创办和管理的快递企业已达 2500 余家，从业人员超过 20 万，年营业额 300 多亿元，占全国快递行业将近 60％的市场份额。2010 年，中国快递协会授予桐庐县"中国民营快递之乡"称号。

20 世纪 90 年代，杭州众多贸易公司报关单需要送到上海，邮政投递最快也需要 3 天，企业普遍为此时效感到头痛。1993 年，年仅 20 岁的聂腾飞从大山深处的夏塘村来到杭州一家印染厂做工，满怀壮志的他迅速嗅得快递商机，和好友詹际盛萌生了一个可以被

称之为"快递雏形"的想法——代人出差。1993年,两人合伙开办了一家私人快递公司即申通的前身——盛彤公司。当时,聂腾飞白天骑着自行车在杭州拉业务和接单,晚上坐火车到上海,第二天凌晨詹际盛在上海火车站接应,再把报关单投递到上海市区。靠"自行车+火车"的原始模式,杭州到上海的火车晚上八九点出发次日凌晨三四点到,车费15元但跑腿费却达100元。随后,他们的家人、同学、朋友、同乡纷纷从申通开始,相继孕育出对中国民营快递业颇具影响的圆通、中通、韵达、快捷、国通等桐庐籍民营快递公司。

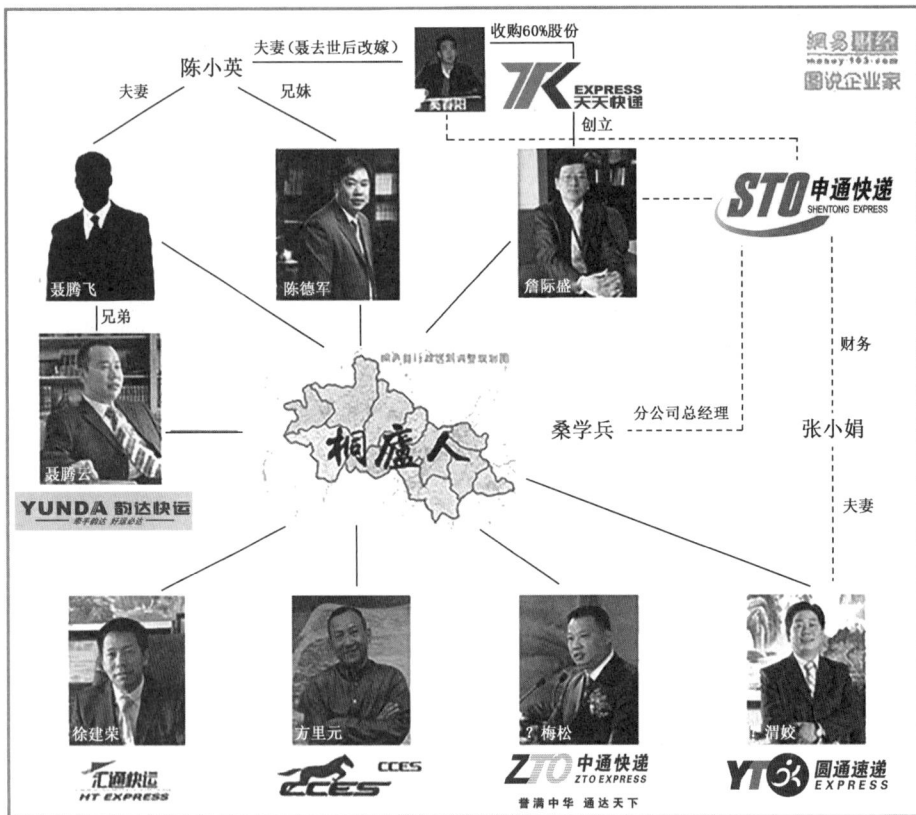

中国快递之乡民营快递企业谱系图

资料来源:网易财经。

快递企业数量的增加,给我国快递市场的发展带了新的气息、新的血液、新的活力。

国内主要快递企业成立情况

企业名称	顺丰	申通	宅急送	圆通	韵达	中通
成立时间	1993年3月	1993年	1994年1月	2000年5月	1999年8月	2002年5月
总部所在	深圳	杭州	北京	上海	上海	上海

资料来源:各快递公司网站

　　我国民营快递企业从民营经济比较发达的长三角、珠三角崛起,以工商、金融、贸易、海运业为主要服务对象,以商务文件、小包裹为传递内容,以较低廉的资费,采取"门到门、桌到桌"的服务方式,承诺在规定的时间内完成寄递服务。

　　通过提供这种与邮政特快专递差异化的服务,民营快递企业迅速站稳了脚跟,国内快递市场也由邮政特快专递"一枝独秀"局面逐步过渡到众多快递企业"百花争春"的时代。

申通燃起快递星星之火

圆通创业初期人员合影

　　改革开放以来,我国以更快的速度融入世界经济。1988年,我国对外贸易年出口额超过1000亿美元,达到1357.01亿美元,吸引大量外资来我国投资,有力拉动了我国快递行业的发展。

　　特别是我国加入世贸组织后,进入世界市场的步伐进一步加快,社会对快递服务的需求持续较快增长,大量的样品、单证、商务函件、资料、文书等都需要快递传递,快递服务进入了快速发展的黄金期。全国快递业务量以每年超过20%的速度递增。按照入世承诺,我国逐步取消外资在中国设快递公司的股权限制,到2005年年底已经允许外资在华设立全资快递公司,我国快递市场参与主体再次丰富。

　　(2)邮政改革扎实推进,政企分开迈出关键一步

　　根据2005年国务院关于《邮政体制改革方案》,邮政体制实行政企分开,加强政府监管,完善市场机制。2007年,重组国家邮政局,作为国家邮政监管机构,组建中国邮政集团公司,实现了政企分开的改革目标,建立了企业独立自主经营、政府依法监管的新邮政体制。政企分开结束了国家邮政局既当裁判员又当运动员的时代,这是我国快递发展史上具有里程碑意义的大事,为快递市场发展营造了公平的监管环境和法制环境,为邮政管理部门公开公平公正地监管快递市场奠定了制度基础。

　　(3)政策法规不断健全,发展环境明显改善

　　2009年,修订后的《中华人民共和国邮政法》(以下简称《邮政法》)颁布实施,首次将快递业务纳入调整范畴,明确了快递企业的法律地位,确立了"鼓励竞争、促进发展"的原则。以《邮政法》为基础,《邮政用品用具监督管理办法》《快递市场管理办法》《快递业务经营许可管理办法》等相配套的快递法律法规体系基本形成。为了更好地促进快递服务的发展,国家邮政局积极协调相关部门出台扶持政策,出台《国家邮政局关于贯彻落实物

流业调整和振兴规划的实施意见》、《国家邮政局中国民用航空局关于促进快递与民航产业协同发展的意见》等,切实解决快递企业发展的实际问题。《快递服务》邮政行业标准、《快递业务员国家职业技能标准》等一系列标准的发布施行,为快递服务规范发展营造了良好的环境。

(4)中国快递协会成立,行业自律进一步加强

2009年,中国快递协会《中国快递协会企业自律公约》发布实施,标志着我国快递管理体制和市场机制的进一步完善,对行业自律乃至整个行业的健康发展具有十分重大的意义。同时,综合交通运输体系的完善和信息技术在快递服务行业的广泛应用,快递行业发展的外部环境显著优化。

(5)市场竞争日趋激烈,快递产品差异化逐渐显现

随着我国快递市场参与主体的增多,快递服务的服务对象开始由精英阶层向普惠民生方向延伸,快递消费群体迅速壮大。在该阶段,我国快递服务价格结构呈现三个层次,第一阶层是以顺丰速运和EMS为代表的,价格水平相对较高;第二层次是"四通一达"为代表的,价格水平处于中间水平;第三层次就是区域性的中小快递企业,价格水平相对较低。

(6)快递市场发展格局初步形成,多元化趋势日趋显著

①多层次服务共生。快递服务发展迅速,经营主体不断增加,服务范围进一步拓展,经济快递、当日递、次晨达、次日递等快递服务产品不断涌现,满足了消费者对快递服务的差异化需求。快递企业适时开办签单返还、代收货款等增值服务,适应了电子商务特别是网络购物快速发展的需求。

②多种所有制并存。国有、民营、外资三类市场经营主体通过发挥各自的优势展开了激烈的竞争,外资与国有在国际市场展开竞争,国有与民营在国内市场展开竞争。其中,国际快递以外资为主,尽管在国内从事国际快递业务的公司已达150多家,但四大跨国快递巨头由于资本雄厚、技术先进、运输能力强、运输网络广等原因,占据中国国际快递90%左右的市场份额。国内快递则以国有为主导、民营为主体,国内异地快递业务中,民营快递约占70%以上的市场份额,国有快递占不足20%的市场份额。

③多元主体竞合。竞争领域由国际业务向国内业务拓展,由大城市及东部经济发达地区向中小城市和内地扩张。目前,中国快递市场按照"点—线—面"的发展战略,在东部沿海地区形成了以沿海大城市群为中心的四大区域性快递圈,分别是以广州和深圳为中心的珠江三角洲快递圈、以上海、南京、杭州和宁波为中心的长江三角洲快递圈、以北京、天津、沈阳、大连和青岛为中心的环渤海快递圈以及以厦门和福州为中心的环台湾海峡快递圈。这四大区域以滚动式、递进式的扇面辐射,带动中部和西部地区的发展。随着我国市场主体的增加和市场竞争的加剧,我国快递市场的规模不断扩大。1993年,我国快递业务规模仅为2156.2万件。2017年,全国快递服务企业业务量累计完成401亿件,同比增长28%;业务收入累计完成4950亿元,同比增长24.5%。

中国快递市场"价格战"竞争日趋白热化

市场的事要交给市场来决定,中国快递企业最常用也最直接的竞争方式就是采取价格竞争,价格战是处于完全竞争市场的快递业发展的必经阶段。伴随着电商的快速发展,国内快递业务量也呈现井喷式增长。但低门槛也使得快递业早已进入到白热化的竞争状态,甚至已经进入了"5毛"时代,即每票快件利润低于0.5元。以杭州到上海的电子商务快件为例,最初EMS是20元/件,随着申通、圆通、韵达等快递市场主体的进入,价格从20元下降到15元/件,15元/件下降到8元/件,8元/件下降到5元/件,部分快递企业甚至只收费3元/件,不同快递企业为争抢客户甚至直接采取恶意压价行为,企业为保住客户或拓展市场只能以微利甚至亏损的方式接受,在恶性竞争下是快递行业服务的高度同质化。民营快递企业解决价格大战的思路就是由外延式扩张转向内涵式提升。自2009年起,圆通速递和IBM合作斥巨资进行信息化改造;百世、中通、申通开展了针对大商家的仓储一体化服务;中通、圆通、德邦等快递企业纷纷在生产环节中使用大数据产品来提升效率、降低成本;继顺丰之后圆通也筹建了自有的货运航空公司。

3.转型升级阶段(2010年至今)

物流快递被业界称为"第三利润源泉"、"21世纪最大的行业"。经过多年的高速发展后,我国快递业务遭遇了发展瓶颈。企业投入与业务规模增长速度的不均衡,给快递行业的正常运行造成了很大的压力。2011年,我国人均国民生产总值超过5000美元,按照国际经验,我国总体上进入了消费加速转型阶段,消费结构将向更高层次转化。

历经多年高速发展,中国快递行业的基础性作用更加突出,已成为新经济的代表和经济发展新动能的重要力量。中国快递量已超过美、日、欧等发达经济体,对世界快件的增长贡献率超过50%,成为世界邮政业发展的动力源和稳定器。中国快递年支撑跨境网络零售额超过千亿元,年支撑网络零售额超过5万亿元,占社会消费品零售额比重超过15%,年直接支撑制造业产值2375亿元,对消费增长的贡献率超过30%,对经济增长的间接贡献率超过20%。快递发展将由劳动密集型向资本密集型和技术密集型转变,运营机制由传统企业向现代企业转变,发展方式由规模发展向科学发展转变,竞争方式由价格竞争向品质竞争转变。快递业已成为推动流通方式转型、点燃消费激情、促进消费升级、拉动经济增长的现代化先导性产业,成为促进就业、改善民生、服务生产生活、优化结构调整的重要力量。快递业在这阶段呈现的主要特征有:

(1)政策体系不断健全

国家出台一系列政策逐步规范国内快递市场的运营秩序,各地促进快递业发展的意见措施相继落地,快递发展政策红利不断释放,促进我国快递业渐渐走向稳定、健康的发展道路。

综合宏观政策方面,在国家持续推进"放管服"改革的大背景下,《国务院关于促进快递业发展的若干意见》等国家政策相继发布,促进与关联产业协同、企业兼并重组、快递末端投递等一系列产业政策陆续出台,开展邮政业营业税改增值税测算,积极争取邮政业税收扶持政策,营改增税制改革平稳实施。2011年,国家发改委颁布了《产业结构调整指导目录(2011年本)》,快递首次被纳入国家鼓励类产业,快递发展中遇到的用地难、通行难、融资难等难题将逐步得到解决。2017年,《国务院办公厅关于进一步推进物流降本增效促进实体经济发展的意见》,进一步推进物流降本增效,着力营造物流业良好发展环境,提升物流业发展水平。2017年,国家工商总局发布进一步简化快递企业设立分支机构备案手续政策,地方开展快递领域工商登记"一照多址"改革,规范快递企业分支机构工商注册程序,完善了快递业务经营许可审批与注册登记联动机制。2017年,《国务院关于深化"互联网+先进制造业"发展工业互联网的指导意见》发布,国家将以互联网为抓手加快发展先进制造业,快递业作为物流业的先导产业,具有信息系统发达、物流网络完善、人才专业化程度高的优势,依托互联网平台开展供需对接、集成供应链、产业电商等创新型应用,提升社会制造资源配置效率。2017年,国务院办公厅印发《关于积极推进供应链创新与应用的指导意见》,明确了供应链创新与应用的主要原则、发展目标和重点领域,并提出了一系列支持政策与措施。

《快递暂行条例》进入国务院审议阶段

2017年7月24日,国务院法制办发布《快递暂行条例(征求意见稿)》公开征求意见,这是第一个最高规格的快递行业专题性法律文件,对快递行业有里程碑式的意义,《条例》在强化实名收寄、防范个人信息泄露、"最后300米"投递等方面做出了明确规定。

专家观点认为:《条例》既是对我国快递业发展到一定阶段的总结,同时也是下一步发展的基础。条例的制定着力处理好三种关系,促进快递业持续健康发展。一是处理好行业管理和促进发展之间的关系。条例的立法宗旨以促进快递业健康发展为主线,明确了政府层面上如何引导快递企业发展的问题,明确了对行业的监管要采取包容审慎的态度。二是处理好企业责任和公共安全的关系。企业在发展的同时也应该承担相应的社会责任,保障寄递渠道安全畅通。三是处理好有序竞争与发展的关系。关注和回应了行业发展的需求,既规范和促进快递业的发展,又鼓励大众创业、万众创新,推动快递业为经济社会发展做出更大贡献。

邮政产业发展政策方面,《中华人民共和国邮政法》修订实施,为快递业高速发展奠定了法律基础和保障。《邮政行业安全监督管理办法》《邮政业行业统计管理办法》《邮政业标准化管理办法》等规章相继出台,与修订后的《邮政法》《快递市场管理办法》《快递业务经营许可管理办法》《邮政业标准化管理办法》等配套实施,法规体系进一步完善。《快递企业等级评定管理办法(试行)》《快递业务操作指导规范》《快递服务系列标准》《快递运单》等国家标准的发布实施,快递市场的发展得到进一步的规范。国家邮政局出台《国家邮政局关于快递企业兼并重组的指导意见》《关于推进"快递向西向下"服务拓展工程的指导意见》《关于促进快递服务与网络零售协同发展的指导意见》《加快推进邮政业供给侧结构性改革意见》《电子商务与快递物流协同发展意见》《关于推进邮政业服务"一带一路"建设的指导意见》等,对快递服务发展的难点、热点问题进行宏观指导,快递被纳入加强和改进城市配送管理工作政策体系。

（2）产业发展势头迅猛

快递业正在从新经济的"黑马"砥砺变为"千里马"，快递业的重要地位日益凸显。2017 年 1 月 4 日，李克强总理在第一次国务院常务会议上指出"快递业作为'新经济'的代表，既拉动了消费也促进了生产"。中国快递对全球快递包裹增长的贡献率明显提升，成为全球快递包裹市场增长的第一引擎。快递业务量增速居中国现代服务业前列，成为中国新经济的代表行业。

快递使用频率明显增加，快递日均服务人次超过 1.7 亿，相当于每天 8 个人当中就有 1 个人使用快递，年人均快件使用量近 31 件。全行业已初步形成 7 家年收入超 200 亿元、8 家年收入超 100 亿元的快递企业，快递业市场化、网络化、规模化、品牌化程度不断提高。

中国快递业务量增长的第一动力源泉——网络购物

2012 年到 2016 年，我国网络购物用户人数从 2.42 亿人增长至 4.67 亿人，增长近一倍。电子商务交易额从 8.1 万亿元增长至 26.1 万亿元，年均增长 34％。中国电子商务研究中心监测数据显示，2017 上半年中国电子商务交易额 13.35 万亿元，同比增长 27.1％。其中，B2B 市场交易额 9.8 万亿元，网络零售市场交易额 3.1 万亿元，生活服务电商交易额 0.45 万亿元。

2017 年"双 11"期间，阿里天猫成交额为达到 1682 亿人民币，"双 11"当天物流订单达到 8.12 亿个；京东最终的销售额超过了 1271 亿。根据国家邮政局监控平台数据显示，2017 年 11 月 15 日，快递企业投递量达 2.26 亿件，创行业日投递量最高纪录。

（3）快递业务量高速增长

2014 年，我国快递服务企业完成业务量首次突破 100 亿件，达到 139.6 亿件，业务量首次超越美国成为世界第一快递大国；2015 年，全国快递业务量突破 200 亿件大关；2017 年，继续保持良好增长态势，快递业务量突破 400 亿件，连续多年稳居全球首位，最高日处理量突破 2.2 亿件。

从业务量增速来看，2008—2010 年的快递业务量年均增速大体在 23～26％左右。2011 年以后的快递业务量年均增速明显上了一个台阶，最高的 2013 年达到 61.6％，最低的 2015 年也在 48％以上。从快递业务收入增速来看，2008—2017 年期间，快递业务收入的增长呈前低后高的态势，2008—2010 年的年均增长率不到 20％，此后各年的增长率均在 30％以上，最高的 2016 年达到 43.5％。

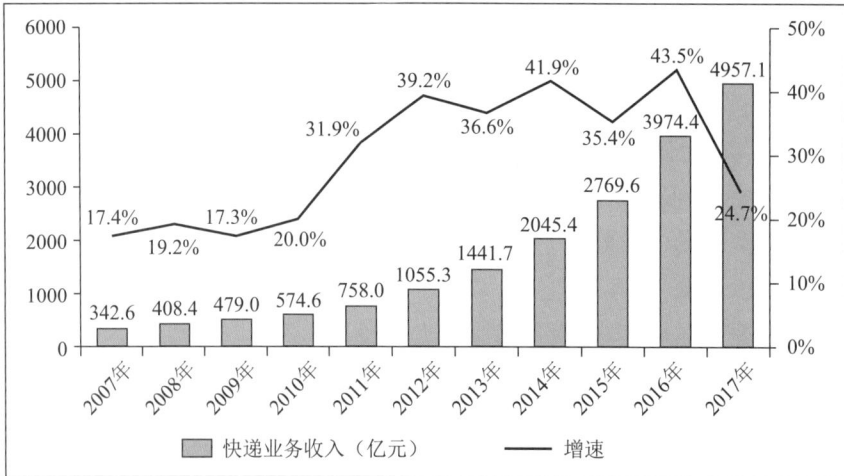

2007—2017我国快递业务收入增长情况

（4）快递基础设施能力水平大幅提升

在各级邮政管理部门的积极支持下，邮政快递企业基本实现了"大网络"和"大品牌"两大成果，7家企业陆续上市。

快递网络向中西部地区、中小城市及县域乡镇加快延伸，全国快递服务营业网点从6.4万个增至18.3万个，县级网点覆盖率达95％以上，乡镇网点覆盖率提升至70％。快递处理能力显著增强，集约化程度进一步提高。全国配备全自动分拣设备的枢纽型分拣中心61个，建成快件分拣中心逾千个，在建或建成投入使用的快递专业类物流园区超230个。2017年，全国快递公共投递服务站达到3.15万个。在国内航空快递市场上，EMS、顺丰、圆通均已成功自建了货运航空公司，航空快递"三足鼎立"已经成形。快递专用货机从19架增至96架，航空快件占国内货邮吞吐量的比例超过一半。申通、中通、韵达等高度重视航空快递建设，正全力加强与各大航空公司合作。快递综合运输能力大幅提升，高铁运快件和电商快递班列取得突破，快递干线车辆从7万辆增至20万辆。

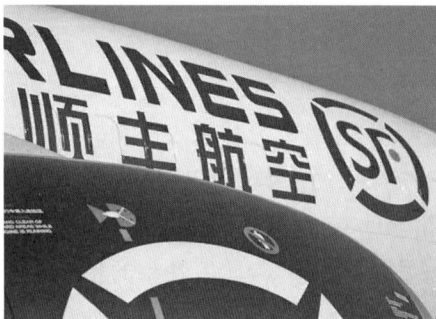

顺丰航空

圆通航空

中国航空货运发展的奇迹——顺丰航空

顺丰航空隶属于顺丰集团,致力为顺丰提供快件产品的空运服务,是中国最大的货运航空公司。截至目前,顺丰航空机队规模已经达到 42 架(其中有 2 架 B747、5 架 B767、18 架 B757、17 架 B737),顺丰航空目前已经通航国内外近 50 个城市和地区,实现安全飞行逾 20 万小时,平稳运输货物超 160 万吨。

2016 年,顺丰为顺应国家发展战略、促进开放型经济和实现物流业转型升级的需要,公司投资设立合资公司,合资公司将全面负责鄂州机场的建设和运营。鄂州机场建成后,鄂州枢纽将成为亚太区第一个,全球第四个专业货运枢纽,将推进公司运营模式变革,增强公司的国际竞争力。

顺丰航空在 2017 年实现作为快递航空在物流领域的品牌升级。2017 年 3 月,顺丰航空机务培训中心正式获得民航中南管理局批准的 CCAR147 机型培训资格,正式成为 CCAR147 机构的一员,顺丰航空专业维修技术人员的培养与维修团队的发展建设也将由此获得有力支持。2017 年 9 月,顺丰航空在民航业内率先通过了"运行控制风险管控系统补充运行合格审定",正式获颁国家 AAAAA 级(运输型)物流企业资质,成为国内首家获得 5A 级物流企业资质的民营航空公司,正式进入"5A 级"管理时代。2017 年下半年,顺丰航空正式获得深圳宝安国际机场指挥中心大厅的协调席位,顺丰华南航空枢纽毗邻的新机坪也正式启用。

(5)技术装备水平显著改善

随着我国战略新兴产业的发展,信息技术、高端装备制造、新能源的广泛应用,我国快递服务发展所面临的科技环境日益优化,快递行业的技术先导性作用将日趋突出。

2017 年,国家邮政局印发邮政业应用技术研发指南,制定行业技术研发中心认定管理和科技奖励办法。2016 年,国家发改委发布公示,圆通速递有限公司将联合北京国邮科讯科技发展有限公司承担国内物流领域首个"物流信息互通共享技术及应用国家工程实验室"。菜鸟网络、京东相继公开旗下的"物流实验室"。安全匿名面单、民生服务 APP、无线射频识别、自动分拣技术、安全传感技术、全球定位系统、地理信息系统、电子数据交换和移动支付等一批前沿技术将在快递行业得到广泛应用。快递企业加大对技术设备的投入,引入快件自动分拣设备,一大批具有超强处理能力和先进处理设备的转运中心相继投产使用。智慧快递标志之一的快递智能自助柜加速进入社区和校区,主要城市投放智能快件箱 20.6 万组。自动化、人工智能、Uber 化、物联网、3D 打印、新能源、区块链等概念也将为重塑新业态奠定基础无人仓、无人机和无人车开始尝试应用,机器人创业公司如快仓、Geek+等开始"冒头"服务快递企业。第三方支付、移动支付等支付的广泛应用,有利于代收货款等增值业务的开展和资金风险的规避。手持终端和无线录入设备等进一步普及,手持终端近 80 万台,企业实物传递网技术改造和升级稳步推进。快递企业积极推进快递服务管理信息化,促进信息技术的广泛应用,保证为用户提供及时、准确和完整的跟踪查询服务。

申通快递"小黄人"入选砥砺奋进的五年科技成就展

快递分拣机器人,形似扫地机器人,椭圆底座,长48厘米,下方装有万向轮,上面置有黄色托盘用来盛放包裹,被形象地称为"小黄人"。

智能机器人"小黄人"每小时可分拣快件1.8万件,可节省人工成本70%以上。"小黄人"的智能体现在哪?一是自动扫描条码并称重;二是自动计算最优路线;三是返回时自动选择最近等待区;四是自动寻找最近充电桩对接充电,并浮动需要充电的标准。移动的机器人托盘还可实现对传统面单和电子面单的自动识别功能,使得企业的管理更加规范和科学。

"小黄人"公司在国内已申请专利41项,其中7项已授权。在美国的4项专利申请已通过专利合作协定(PCT)申请,正在做进入各个目标国家的准备。

"小黄人"

(6)绿色快递日趋形成广泛共识

在国家生态文明建设的推动下,绿色消费市场在中国已逐渐成形,绿色供应链体系正在建立,电子商务和制造业的绿色化发展趋势将成为物流绿色化、低碳化的主要助推器。网购已经成为不可逆转的消费趋势,在享受网购带来的便捷的同时,快递包装箱、包装袋、封装胶带等固体废物造成环境污染问题也亟须解决。

2017年,国家邮政局联合10部门印发关于协同推进绿色包装工作的指导意见,推动快递包装绿色化、减量化和可循环利用。快递业绿色发展产学研协同创新示范基地落户山东,计划总投资约3.5亿元。目前,主要品牌快递企业电子运单普及率提升至80%,全行业新能源汽车保有量达到7158台。顺丰购置飞机和自有营运车辆安装了绿色信息系统,每年投资10个亿用于建设信息化智能调度系统。实时掌握每个快件和每辆运输车辆的具体状态,具有在线监测预警的功能。申通自主研发"芯片"耐用环保袋已在全网大面积推广使用,以碳酸钙为原料的信封和塑料袋逐步试用。韵达向转运中心与网点推广可循环利用50~100次的环保袋。全峰在全网推广使用塑料中转箱,大幅提升快件运输安全、使用寿命及装卸效率。

不断完善行业治理体系,提高治理水平。在邮政、快递、物流领域,绿色快递包装标准已经进入社会公示阶段,绿色快递包装认证办法也正在研究制定中,《邮政业封装用胶带第1部分:普通胶带》、《邮政业封装用胶带 第2部分:生物降解胶带》、《快递服务制造

业信息交换规范　第 1 部分:仓配一体化》《快件航空运输信息交换规范》《冷链快递服务》《快件处理场所设计指南》等 6 项行业标准发布。

（7）快递信用建设开始启动

为贯彻落实国务院《社会信用体系建设规划纲要（2014—2020 年）》《关于建立完善守信联合激励和失信联合惩戒制度　加快推进社会诚信建设的指导意见》和《关于促进快递业发展的若干意见》精神,实施《国家邮政局关于加强快递业信用体系建设的若干意见》,加强快递业信用体系建设,促进快递业健康发展。

2015 年,国家邮政局提出了要建设诚信快递企业,建立企业诚信评价体系,推动信用等级评定工作,推动企业建立和完善对加盟企业、员工和消费者的诚信记录和评价。国家邮政局印发《快递业信用管理暂行办法》。对快递业信用信息的采集、评定、应用和监督管理等进行了规定,明确提出快递业信用管理以经营快递业务的企业为主要对象,建立唯一电子化信用档案进行信用评定和管理。对以加盟方式经营快递业务的,在信用建设方面实行统一管理,强化落实企业总部在信用管理方面的主体责任。

目前,占有一半快递业务量市场份额的"三通一达"四家快递企业,利用所设公共平台已经完成了《快递员失信管理办法》和《快递客户失信管理办法》,它将对快递业全面推行诚信体系建设起到积极的推动作用。

（8）快递下乡成为政府一号工程

2016 年,"快递下乡"已经作为一项国家工程列入年初中央 1 号文件,同时也被纳入了国务院"十三五"规划纲要。《国务院关于落实发展新理念加快农业现代化实现全面小康目标的若干意见》中,第 14 条明确提出,实施快递下乡工程;加强农产品流通设施和市场建设;加强商贸流通、供销、邮政等系统物流服务网络和设施建设与衔接,加快完善县、乡、村物流体系。2017 年,中央农村工作会议提出,"农业供给侧结构性改革取得新进展,粮食生产能力跨上新台阶,新型农业经营主体发展壮大,农村新产业新业态蓬勃发展,农业现代化稳步推进""脱贫攻坚开创新局面,精准扶贫精准脱贫方略落地生效,6600 多万贫困人口稳定脱贫,脱贫攻坚取得决定性进展"。《中共中央国务院关于落实发展新理念加快农业现代化实现全面小康目标的若干意见》第 14 条明确提出,要实施"快递下乡"工程,加强商贸流通、供销、邮政等系统物流服务网络和设施建设与衔接,加快完善县、乡、村物流体系。

以政策为引导,以市场为导向,快递服务在县域和农村地区的深度和广度正以前所未有的速度持续提升,全国主要邮政、快递企业纷纷推出了一系列推进"快递下乡"举措。邮政集团公司在 2016 年重点工作中就提出要加快农村线上线下渠道共同发力,做好服务"三农"工作;圆通开始推进通乡镇、通村组的"两通"工程;申通则启动"千县万镇"工程;韵达实施了"开通乡镇"拓展计划,尝试建立健全符合农村电商发展的标准和体系;京东则通过建设"一县一中心",着力打造村民代理体系和农村物流;苏宁易购也以直营店为节点,推进工业品下乡和农产品进城;阿里巴巴则通过"千县万村"计划,搭建县、村两级服务网络,力争经过 2 到 3 年的努力,投资 100 亿元,把 1000 个县、10 万个村的网络铺下去,争取实现覆盖全国 1/3 的县以及 1/6 的农村地区。

截至 2016 年,全国农村快递覆盖率已达 80.5%,"快递下乡"已经覆盖全国 2/3 以上的乡镇,农村快递增长对快递业务总量增长的贡献度超过 40%。"互联网＋快递＋农产品"帮助农村从过去单纯的"寄快递"向"产快递＋寄快递"转变,为产业扶贫和农民增收做出了积极贡献。2017 年,全国农村地区收投快件量超过 100 亿件,带动农产品进城和工业品下乡超过 6000 亿元,快递企业打造服务现代农业"一地一品"项目 905 个,涌现出江苏宿迁沭阳花木、广西玉林百香果、江西赣南脐橙等包裹量超千万的龙头品牌。

快递企业成为助力农村精准扶贫的重要力量。行业年均服务人次突破 1000 亿,累计新增就业岗位 100 万个以上,支撑网络零售交易额超过 5 万亿元,快件平均单价累计降低 1/3。快递下乡抢滩农村市场,符合创新、协调、绿色、开放、共享的发展新理念,是贯彻推行农村精准扶贫的重要载体,激发带动了一大批青年农民工返乡创业,在搞活流通中促进了农民增收致富。

(9)快递向综合性服务企业转变

中国快递业历经高速发展的"黄金十年",资本方的持续关注和支持使得行业飞速发展,2017 年资本介入更加深入,业内竞争更加激烈,行业进入了残酷竞争期和资本融合期。2017 年,率先登陆资本市场的首批快递企业加速由单一型向平台型、产业链、生态圈等模式转型。快递行业的增速和利润都已经出现了明显的下降,相关快递公司的盈利压力加大,要在多元化中找盈利突破口。企业通过收购、重组、上市等方式加快资源整合,上市公司现代企业制度日益完善,市场格局不断优化,建立差异化企业文化和产品体系。在培育新动能方面,企业积极拓展冷链、医药等高附加值业务,加快向综合寄递物流服务商转型。顺丰、圆通、中通、韵达已开始做重货和快运,重货龙头企业德邦也开始做快递。此外,快递企业龙头——顺丰也致力打了一套"高利润市场"组合拳,已开辟冷链、医药配送,金融等业务。

冷链快递成为中国快递发展新蓝海

随着消费结构的不断升级,冷链必定会成为快递业新蓝海。2016 年顺丰发布了《大闸蟹寄递行业解决方案》,从包装保障、揽收保障、中转运输保障、派件保障、售后保障五大方面提供物流服务保障,并提供销售、推广、金融三大延展服务。京东物流联合苏州市阳澄湖大闸蟹行业协会、百余家阳澄湖原产地商家,共同开启了"鲜天下之优——阳澄湖大闸蟹京东物流生鲜冷链原产地解决方案推介会",将为阳澄湖大闸蟹提供包含物流、运营和营销在内的一整套解决方案,推出五大举措全方位攻克活蟹冷链物流难题。EMS、圆通等企业也先后布局冷链市场。2017 年,跨越速运以台州杨梅为支点,开通了"生鲜配送"业务,并与江苏大闸蟹、水蜜桃、四川车厘子、广东荔枝、浙江猕猴桃等均开始合作。2016年,顺丰旗下成都顺意丰医药有限公司与赛诺菲达成了战略合作,赛诺菲把制药药品的运输交付顺丰,后期根据业务推进或将疫苗配送业务一起交付给顺丰冷运承运。

圆通快递也称要打造成一家全球一流的综合物流服务商。2017 年圆通完成对香港先达国际控股,并启动建设全球包裹联盟,战略入股义新欧班列。

圆通战略入股义新欧班列

(10)资本要素助推产业发展进程

中国快递业经营成本不断上涨,经营利润率不断下降,要打破同质化、价格战的行业恶性竞争格局,迫切需要从资金上寻求突破口,各企业将资本运作视为弯道超车的必备条件,上市融资将成为实现突破的重要手段。

2016—2017 年是快递企业上市年,快递企业的发展实力和未来前景受到资本青睐。圆通成功借壳大杨创世登陆 A 股,中通成功登陆美国纽约交易所,申通成功借壳艾迪西,顺丰控股借壳鼎泰新材,韵达借壳新海股份,百世和德邦 IPO 先后获得证监会批准。顺丰、德邦及“三通一达”等 7 大民营快递企业已经正式聚首资本市场。此外,全峰、天天、速尔等组成的快递企业第二梯队也正在加快资本竞逐步伐。优速快递继 3.1 亿元 A 轮融资后又获总额达 20 亿元的银行授信和 A＋轮融资,天天快递以 42.5 亿元价格彻底委身苏宁,全峰快递获青旅物流投资 12.5 亿元,丰巢快递柜也已经完成鼎晖领投的 25 亿元的 A 轮融资。

圆通速递 A 股上市仪式

2017年8月,顺丰发布新增股份上市公告书,募集资金净额78.2亿元,23.8亿元用于航材购置,3.1亿元用于飞行员招募,7.18亿元投入冷运车辆与温控设备采购项目。韵达启动了非公开发行股票募集资金计划,拟募集资金不超过45.17亿元,主要投向智能仓配一体化转运中心建设项目、转运中心自动化升级项目、快递网络运能提升项目、供应链智能信息化系统建设项目和城市快速配送网络项目。申通募集资金净额约47亿元。投入中转仓配一体化项目、运输车辆购置项目、技改及设备购置项目、信息一体化平台项目。

百世快递上市

中通快递上市

申通快递上市

德邦快递上市

顺丰速运上市

韵达快递上市

（11）跨界融合成为快递主流发展趋势

在"互联网＋"时代下，跨界融合被赋予新的内涵，快递行业更是如此，其跨界融合不仅仅体现在主动谋求线上线下融合，更体现在快递与其他产业间跨行业的协同发展。快递企业主体更趋多元发展，从快递、邮政、运输、仓储等行业向生产、流通等行业扩展。打通上下游、形成产业链、画大同心圆、构建生态圈，已成为快递发展的时代要求。推动快递企业与制造业、商贸业的联动、协同和融合发展，全面整合仓储、运输、加工、配送等环节的资源，已成为快递发展的重要趋势。

顺丰、百世、中通、韵达已经成立快运事业部，探索逐步实现向综合物流供应商转型。苏宁作为零售企业强势兼并天天快递，将全面强化仓配一体化配送模式。与此同时，德邦、荣庆、安能、佳吉、远成、天地华宇等一大批物流企业相继获得快递经营许可证，在涉猎快递业务的过程中谋求新优势新发展。例如：安能物流采用"以车计费"新模式正式进军快递市场；德邦快递推出了标准快递、特惠件、电商尊享件、商务专递等系列服务产品；荣庆跨界后则主要瞄准当前价值最高、潜力最大的生鲜电商末端配送市场逐步发力。

快递企业业务板块由"1＋1"向"1＋3"拓展，重点聚焦电子商务、制造业、跨境贸易等领域，产业链进一步延伸。仓配一体化、代收货款、供应链管理等业务种类加快发展，服务内涵不断扩大，部分快递企业正由传统快递服务提供商向综合性快递物流运营商转型。

（12）快递企业加快走出去步伐

"一带一路"倡议对促进快递企业拓展海外市场起到了积极作用，助推了中国快递企业国际业务的快速发展。中欧班列运输邮件快件取得重要进展。国内各大快递企业均在加快国际化步伐，努力开拓国际业务。快递企业加快在重点国家和地区的网络布局，进入的海外市场以港澳台、东南亚等周边市场为主，跨境寄递、国际物流和海外仓等业务迅速发展。部分企业积极开拓欧美市场并取得了可喜成绩，部分企业已完成赴境外资本市场上市。

跨境网购是我国经济的一块巨大蛋糕，该市场整体处于起步阶段，发展势头猛且后发力强劲。2017年，国内快递企业全面加速布局海外市场，发力跨境物流或开通跨境电商平台，力图把握这一"百亿时代"重要"蓝海"机遇。顺丰自营的跨境B2C电商网站"顺丰海淘"上线。圆通旗下电商平台"一城一品"正式启动海外直购业务。2016年顺丰国际业务增长3倍，申通增长近7倍，圆通增长1倍，国际业务成为快递市场新的增长点。中国邮政速递物流的国际业务仍以万国邮联框架下EMS合作平台为主，同时在美国、澳大利亚、德国和英国等国开办海外仓。顺丰在15个国家开通业务，其中在9个国家设立营业网点，顺丰国际网络延伸至51个国家和地区。申通快递全货机2016年11月首航捷克布拉格，自2013年开始在美国实施"沿海到中心"的战略布局，在美开通10个集运中心。圆通速递于2017年11月成功完成收购香港先达国际物流有限公司；2015年4月发起举办了首届"全球包裹联盟峰会"，首批联盟成员来自全球25个国家和地区，共50家网络加入联盟。中通快递集团于2017年11月底联合宁波英才科技有限公司，与匈牙利国家邮政股份有限公司合资成立中欧供应链管理股份有限公司；2016年10月成功赴美上市，成为第一家赴海外资本市场上市的国内快递企业。百世集团于2017年9月成功在美国纽约证券交易所挂牌上市。

全球包裹联盟峰会

中外快递巨头联手服务"一带一路"战略

2017年,UPS与顺丰控股宣布在香港成立合资公司,助力双方共同开发和提供国际物流产品,聚焦跨境贸易,拓展全球市场。公司的成立将让中美两家知名的物流企业在网络、规模等方面取长补短,提升效率,为客户提供更优质、更多样的服务。UPS与顺丰两家中美领先的快递物流企业的合作,一方面可以为"一带一路"框架内的各方提供互联互通的物流服务;另一方面,此种合作也为中国民营快递企业在全球经济下开辟了一条开放共赢的发展新路径。

(13)末端"最后一公里"竞逐一触即发

规范、高效、便捷的快递末端投递服务,对于构建符合时代发展要求的现代快递服务体系、树立企业后续市场竞争优势和满足民众需求至关重要。基层网点是快递企业生存发展的生命线,作为快递企业网络的重要组成部分,快递末端最能够直接反映企业真实的成长经营情况。随着国务院《关于促进快递业发展的若干意见》《关于大力发展电子商务加快培育经济新动力的意见》和各省份促进快递业发展的政策性文件的陆续出台,长期以来制约快递发展的"最后一公里"难点热点问题,将逐步实现统一、规范和责任管理。

快递末端配送已成长为一个新兴市场,快递企业同社会物业、便利店、社区综合服务平台、校园管理机构等各种社会资源开展合作,共同打造快递末端的服务平台。邮政企业的村邮站全面扩容,顺丰打造"顺丰家"和联合申通、中通、韵达、普洛斯等企业推出"丰巢",百世开辟"店加",圆通试水"妈妈店",京东推出"便民乐加",京东、淘宝推出线下自提点,菜鸟网络将投资100亿元构建农村物流公共服务平台……各家企业将各展所能,试图攻克末端配送这个薄弱环节,末端配送领域的激烈竞争一触即发,快递行业末端竞争更趋白热化。

第三节　国内重点快递企业发展

按照体制来分,我国重点快递企业主要有国有快递企业、外资快递企业、直营制民营快递、加盟制民营快递、电商自营快递、快运型快递企业、限时配送企业等几种类型。

一、国有快递企业

(一)中国邮政速递物流股份有限公司

中国邮政速递物流是经国务院批准,由中国邮政集团公司作为主要发起人,于 2010 年 6 月发起设立的股份制公司,是中国经营历史最悠久、规模最大、网络覆盖范围最广、业务品种最丰富的快递物流综合服务提供商。

EMS 网站

中国邮政速递物流在国内 31 个省(自治区、直辖市)设立分支机构,并拥有中国邮政航空有限责任公司、中邮物流有限责任公司等子公司。截至 2016 年年底,公司注册资本 150 亿元人民币,资产规模超过 600 亿元,员工近 16 万人,业务范围遍及全国 31 个省(自治区、直辖市)的所有市县乡(镇),通达包括港、澳、台地区在内的全球 200 余个国家和地区,自营营业网点超过五千个。

中国邮政速递物流主要经营国内速递、国际速递、合同物流等业务,国内、国际速递服务涵盖卓越、标准和经济不同时限水平和代收货款等增值服务,合同物流涵盖仓储、运输等供应链全过程,拥有享誉全球的"EMS"特快专递品牌和国内知名的"CNPL"物流品牌。

中国邮政速递物流坚持"珍惜每一刻,用心每一步"的服务理念,为社会各界客户提供方便快捷、安全可靠的门到门速递物流服务,致力于成为持续引领中国市场、综合服务能力最强、最具全球竞争力和国际化发展空间的大型现代快递物流企业;曾先后荣获第四届中国货运业大奖、中国消费者(用户)最喜爱(满意)品牌、中国消费者(用户)十大最满意品牌、全国售后服务行业十佳单位、《读者文摘》信誉品牌金奖、万国邮联 EMS 质量认证金奖、全国食品冷链物流定点联系企业、快递服务行业第一品牌、中国物流信息化十佳应用企业、全国制造业与物流业联动发展示范企业等荣誉称号。

（二）民航快递有限责任公司

民航快递有限责任公司成立于1996年,是中国航空集团旗下的综合物流公司及相关业务服务提供商。民航快递始终秉承"诚实守信,安全高效,以客为本,互惠共赢"的经营理念,致力打造"和谐阳光,务实进取"的企业文化,持续推进品牌建设、队伍建设、信息建设和网络建设。作为唯一入选"中国500最具价值品牌排行榜"的物流、快递企业,民航快递品牌连续13年荣获世界品牌实验室颁发的"中国500最具价值品牌"称号,至2016年,其品牌价值已达106.85亿。

民航快递

民航快递依托全国175个机场和国内1578条(含港澳台航线85条)、国际302条航线资源的独特优势,在国内大中城市覆盖网点已达363个,在部分主要机场拥有"快件绿色通道",可实现在飞机起飞前1小时将客户货件及时配装飞机,并形成北京、广州、上海、成都四个生产运营集散中心,为客户提供安全、便捷、准时、诚信满意的服务。

多年来,民航快递曾荣获中国物流市场服务用户满意品质信誉第一品牌、中国物流十大杰出企业、中国物流十大影响力品牌、中国物流企业50强、中国最佳雇主、中国快递市场用户满意第一品牌、亚洲品牌创新奖、蒙代尔全球物流100强、中国物流行业最具国际竞争力品牌、消费者信赖的中国质量500强、十佳电子商务物流创新企业、第29届奥林匹克运动会颁奖礼仪用花工作贡献奖、最佳快递公司、中国物流品牌价值百强企业、全国先进物流企业、亚洲品牌500强等荣誉称号。

（三）中铁快运股份有限公司

中铁快运成立于1997年,总部设在北京,是中国铁路总公司直属现代物流企业,国家AAAAA级物流企业。

中铁快递

中铁快运依托遍布全国的高铁列车(动车组)、旅客列车行李车、特快及快速货物班列、电商班列等铁路运输资源,综合运用铁路、公路、航空各类运输方式以及经营网络、仓储与配送网络和信息化平台、95572客户服务平台、电子商务平台,中铁快运为广大客户提供高铁快运、普通货物快运、货物快运和普通包裹代理等系列产品服务。根据客户个性化需求,提供运输、仓储、分拨、配送、包装、信息跟踪、保价保险、签单返回、异地调货、代收货款、电子商务等增值服务,为广大客户提供物流方案设计、供应链管理等全方位、"一站式"综合物流服务。

中铁快运自 2005 年成立后,其经营网络遍布全国 31 个省、自治区和直辖市,覆盖国内 500 多个大中城市,能够同时提供 70 多个国家及地区的快递货运代理服务。中铁快运自有公路运输及城市配送汽车近 3000 辆,每日定点、定线开行 210 条公路干支线班车,分拨、仓储场地面积约 60 万平方米,日均运输包裹约 40 多万件,年发运量约 350 多万吨。中铁快运拥有并在全国所有城市开通使用 95572 客户服务电话和 95572 短信息服务平台,建立起 7×24 全国统一客户服务体系和集信息追踪查询、电子商务(中铁快运官方微博、微信)于一体的服务平台。

中铁快运始终专注于不断提升综合物流服务能力和服务品质,全面通过 ISO9001 标准质量体系认证,多次荣获全国现代物流先进集体、全国先进物流企业、中国物流百强企业、中央国家机关文明单位等荣誉称号。

二、外资快递企业

外资快递基本于 20 世纪 80 年代末相继进入中国,因为政策限制,最初都与中外运公司以合资的形式开展国际快递业务,随后联邦快递和 TNT 先后与中外运"分家"。除了 DHL 继续与中外运合作外,其他三大快递均陆续独资经营,在中国境内均建立起与其全球网络相连的本地网络,通过遍布世界各地的递送网络实现高效、可靠和快捷的全球运输服务,占据了进出中国国际快递服务市场 90% 的份额。

(一)中外运敦豪国际航空快件有限公司

中外运敦豪成立于 1986 年,是由全球快递、物流业的领导者 DHL 与中国对外贸易运输集团总公司各注资 50%,是中国成立最早、经验最丰富的国际航空快递公司。

中外运敦豪

公司经营范围包括经营国内快递(信件除外)、国际快递(邮政企业专营业务除外)等。作为德国邮政全球网络旗下的知名品牌,DHL 的服务网络覆盖全球 220 多个国家和地区,在全球拥有 285000 名员工,为客户提供快捷、可靠的专业化服务。2006 年,中外运敦豪在全国各主要城市已建立 56 家分公司,拥有超过 6500 名高素质员工,服务遍及全国

318 个主要城市,覆盖中国 95％的人口和经济中心;投资约 2400 万美元,在北京兴建中外运敦豪大厦。

中外运敦豪是中国快递市场的先行者。中外运敦豪一方面将 DHL 广受客户青睐的服务产品引进中国市场,同时还根据中国市场需求不断开发新服务,丰富自身产品,如进口到付、定时特派、DHL 重宝箱、DHL 超值重货等。

(二)优比速(UPS)包裹运送(广东)有限公司

UPS 是世界上最大的快递承运商与包裹递送公司,1907 年成立于美国,作为世界上最大的快递承运商与包裹递送公司,UPS 同时也是专业的运输、物流、资本与电子商务服务的领导性提供者。

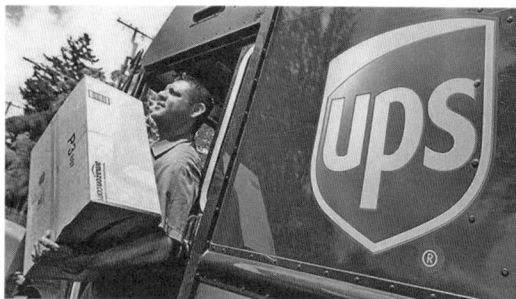

UPS

UPS 拥有全球雇员 42.77 万人,亚太地区超过 14000 人,共有各种车辆超过 1400 辆,操作机构(中转站与中心)超过 344 个。国内每周 259 次航班,国际每周 133 次航班。亚太地区设浦东、台北、香港、新加坡、菲律宾潘帕嘉航空中转站。UPS 在中国完成"上海、深圳双中心"运作的布局,并落户郑州、合肥。

UPS 每天都在世界上 200 多个国家和地域管理着物流、资金流与信息流。通过结合货物流、信息流和资金流,UPS 不断开发供应链管理、物流和电子商务的新领域,如今已发展成为拥有 300 亿美元资产的大公司。2017 年《财富》美国 500 强排行榜中,UPS 快递排名第 46 位。2017 年 6 月,《2017 年 BrandZ 最具价值全球品牌 100 强》公布,UPS 快递排名第 16 位。

(三)联邦快递(FedEx)

FedEx

联邦快递是一家国际性速递集团,提供隔夜快递、地面快递、重型货物运送、文件复印及物流服务,总部设于美国田纳西州,在 2017 年《财富》美国 500 强排行榜中排名第 58 位。

联邦快递为顾客和企业提供涵盖运输、电子商务和商业运作等一系列的全面服务,提供了一套综合的商务应用解决方案,联邦快递设有环球航空及陆运网络,迅速运送时限紧迫的货件,而且确保准时送达。

2013 年 4 月 1 日起,联邦快递中国有限公司实施 GDS(全球分销系统)中国区全境覆盖计划,在武汉设立中国区公路转运中心,正式将武汉作为全国公路转运枢纽,承担武汉自西安、郑州、长沙、南昌、上海、重庆、成都、广州的 8 条公路干线、16 个往返班次的货物分拨与转运业务。

1999 年,联邦快递与天津大田集团在北京成立合资企业大田—联邦快递有限公司,联邦快递是第一个在中国设立洲际转运中心的跨国货运巨头,每周有 228 班货机往返,其包裹分拣能力可以达到每小时 2.4 万件。2012 年,国家邮政局官方网站公布,批准联邦快递(中国)有限公司(简称联邦快递)经营国内快递业务。

三、直营制民营快递——顺丰速运

1993 年,顺丰诞生于广东顺德;2016 年顺丰速运取得证监会批文获准登陆 A 股市场;2017 年,正式更名为顺丰控股,股票代码 002352。顺丰是国内领先的快递物流综合服务提供商。物流综合服务能力是行业未来的核心竞争力,服务体系越完整,整体供应链的效率越高,可持续发展能力就越强。

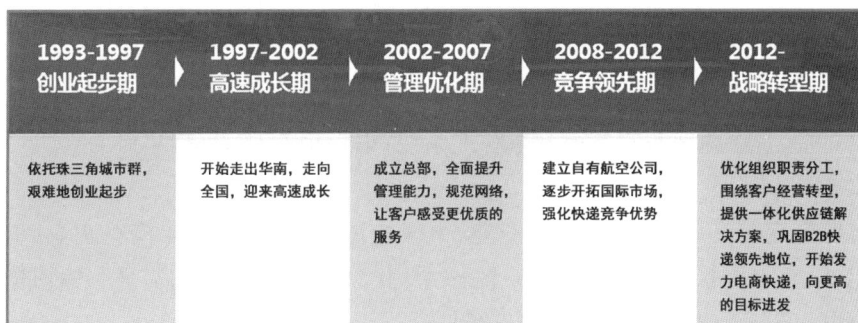

1993-1997 创业起步期	1997-2002 高速成长期	2002-2007 管理优化期	2008-2012 竞争领先期	2012- 战略转型期
依托珠三角城市群,艰难地创业起步	开始走出华南,走向全国,迎来高速成长	成立总部,全面提升管理能力,规范网络,让客户感受更优质的服务	建立自有航空公司,逐步开拓国际市场,强化快递竞争优势	优化组织职责分工,围绕客户经营转型,提供一体化供应链解决方案,巩固B2B快递领先地位,开始发力电商快递,向更高的目标进发

顺丰速运发展历程

经过多年发展,顺丰已初步建立起为客户提供一体化综合物流解决方案的能力,不仅提供配送端的高质量物流服务,还延伸至价值链前端的产、供、销、配等环节,从客户需求出发,利用大数据分析和云计算技术,为客户提供仓储管理、销售预测、大数据分析、结算管理等一体化的综合物流服务。公司的物流产品主要包含:商务快递、电商快递、仓储配送、国际快递等多种快递服务,物流普运、重货快运等重货运输服务,以及为食品和医药领域的客户提供冷链运输服务。此外,顺丰还提供保价、代收货款等增值服务,以满足客户个性化需求。

顺丰同时还是一家具有网络规模优势的智能物流运营商。顺丰拥有通达国内外的庞大物流网络,包括航空网络、分点部网络、地面运输网络、中转场网络、客服呼叫网络、产业园网络等等,拥有显著的规模优势。同时,顺丰重视 IT 资源投入,不断提升物流运营和内部管理的智能化水平,是一家具有"天网＋地网＋信息网"核心竞争力的智能物流公司。

顺丰业务板块

在业务经营模式方面,顺丰采用直营的经营模式,由总部对各分支机构实施统一经营、统一管理,在开展业务的范围内统一组织揽收投递网络和集散处理、运输网络,并根据业务发展的实际需求自主调配网络资源;同时,顺丰大量运用信息技术保障全网执行统一规范,建立多个行业领先的业务信息系统,提升了网络整体运营质量。

2003 年,顺丰开辟航运市场,与扬子江快运签下合同,扬子江快运的 5 架 737 全货机全部由顺丰租下,其中 3 架用于承运快件。顺丰成为国内第一家使用全货运专机的民营速递企业。

作为国内民营快递行业中首家拥有自有全货机的公司,现有 51 架全货机为每天百万件的快件服务;12 个枢纽级中转场,19 个航空、铁路站点,127 个综合中转场,133 个简易中转场,其中部分已投入使用全自动高效分拣系统,确保快件准时、安全送达;9 个独立呼叫中心,7140 个座席,每天提供 115 万人次的话务服务,亲切可靠;95338 交互式语音应答系统、顺丰官网、大客户发件系统、会员系统、APP 手机客户端、微信公众号、在线客服等多渠道提供 7×24 的自助服务;国内首家拥有在线集中式移动终端服务系统的企业,所有收派人员均配备了高科技手持终端设备。此外,顺丰相继研发了快件全生命周期管理、大客户线上对接、资源调度和监控等多个智能系统,以保证快件安全,从而为客户提供更加优质的服务。

顺丰曾先后荣获"AAAAA"物流企业、中国物流改革开放 30 年旗帜企业、中国快递物流示范基地、十佳电子商务物流创新企业、中国(深圳)国际物流与交通运输博览会品牌企业奖、信用管理 AA 级企业等各类荣誉称号。

(四)加盟制民营快递

(一)申通快递

申通快递品牌初创于 1993 年,从诞生起一直秉持"用心成就你我"的信念,2016 年,申通快递在深交所敲响上市钟声。

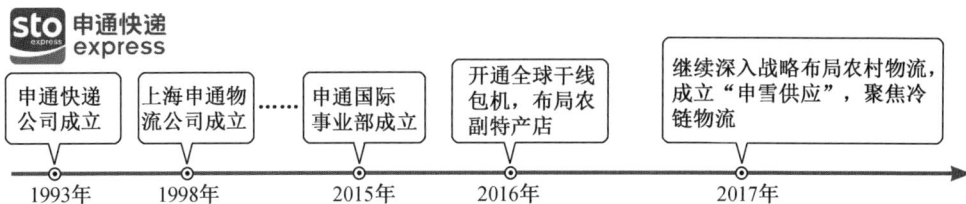

申通快递发展历程

作为民营快递领航者,申通快递始终坚持"让客户享受快递新生活,让员工实现个人价值,让企业担当社会责任"的企业使命。截至2017年,公司已拥有独立网点及分公司近1800家,服务网点及门店25000余家,乡镇网服务点20000余家,全国大型转运中心及航空部90个,从业人员超过30万人,每年新增就业岗位近1万个。

2016年以来,申通快递斥资30亿元用于在全国范围内建设大型现代化智慧物流园。园区建设将集自动化快递分拣中心、快递产品研发、电子商务发展、绿色快递包装应用基地建设等全产业链专业、优质的保姆式和一站式服务。申通快递积极投入构建全球海外仓服务体系,为全球跨境电商提供一条龙跨境供应链服务,在美国、德国、英国、法国、加拿大、泰国等地区的辽阔大地上,让"STO申通快递"彰显着民族品牌的智慧与活力。

公司始终以标准业务为基准,不断完善终端网络、中转运输网络和信息网络三网一体的立体运行体系,严控用户寄件、仓储运输、信息查询和客户服务的每一个流程,并在全国范围内建立了完善、流畅的自营快递网络和稳定可靠的加盟体系,在为市内、省际和国际业务提供24小时、48小时、72小时等时效保障和承诺达,还严控任何安全风险,支持网络控制、全程跟踪,提供保价、定时配送、代收货款、短信通知等增值服务,以严格的质量管理,为客户提供最专业的服务保证。

申通快递始终以开拓者的姿态诠释快递梦想,用人才与科技,走出了一条助力中国经济快速发展的特色品牌之路。2015年申通快递率先在快递行业启用自动分拣机器人,2017年风靡全球的中国快递网红——申通快递"小黄人"已经先后在申通快递义乌、郑州、天津、临沂投入使用,多次获得央视和国外主流媒体的报道和宣传,引起了社会的广泛关注。在信息化建设上,申通以物流营运全部环节为主体,大力开发申通信息化管理系统,实现信息化模式创新,依托大数据和互联网采集功能,在为客户提供更加快捷、安全、准确的快递服务的同时,也为全自动分拣提供了信息技术支持。申通还始终坚持低碳环保、绿色发展的理念,自主研发了绿色环保袋,既方便了运输储藏、系统结算,又可以循环使用、降低成本,同时还通过植入芯片,为定位追踪和智能分拣提供了技术条件,切实推进经济和社会的长远发展。

申通快递曾先后荣获中国品牌奖、中国品牌价值百强物流企业、中国物流业大奖年度影响力企业、中国十佳物流企业、行业领军企业、中国快运物流示范基地、中国物流业品牌价值百强企业、中国品牌诚信100强、全国物流百强企业等荣誉称号。

（二）圆通速递

上海圆通速递（物流）有限公司成立于 2000 年 5 月 28 日，是国内大型民营快递品牌企业，致力于成为"引领行业发展的公司"，以"创民族品牌"为己任，以实现"圆通速递——中国人的快递"为奋斗目标。始终秉承"客户要求，圆通使命"的服务宗旨和"诚信服务，开拓创新"的经营理念，现已成为一家集速递、物流、航空、金融、科技等业务为一体的大型企业集团。

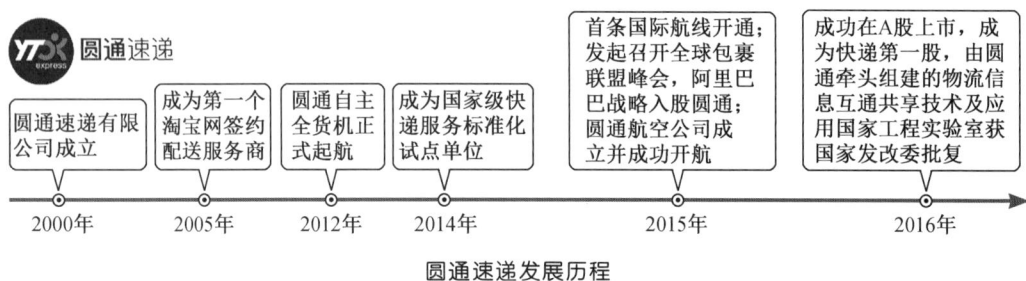

圆通速递发展历程

圆通在国内拥有 40 余万名员工，10 个管理区、82 个转运中心，68000 余个派送网点，县级以上城市网络覆盖率达 98%，日均快件量已超 2000 万，市场占有率居行业前列；在海外，圆通国际网络覆盖 4 大洲，拥有国际直营站点 60 余个，覆盖 50 多个国家和地区，开通国际航线 2000 多条，海外网络代理点突破 1000 家。作为国内两家拥有航空公司的民营快递企业之一，圆通航空投入使用的自有全货机已达 11 架，基本搭建起覆盖各大区域的航线网络，腹舱航线总数超千条，覆盖国内城市 120 多个。

2016 年 10 月，圆通（600233.SH）在行业率先成功上市，成为中国快递第一股。2017 年，圆通在国际化、科技创新、产业链布局等方面继续不断推进。公司牵头承建国内物流领域首个国家工程实验室——"物流信息互通共享技术及应用国家工程实验室"，战略控股香港先达国际物流公司，战略投资"义新欧"中欧班列，发起成立全球包裹联盟峰会，等等。

圆通始终以"客户要求，圆通使命"为服务宗旨，以"诚信、创新、共享"为核心价值观，创新变革，提质增效。圆通长期践行"服务社会、强企为国"的企业责任理念，为社会提供近 40 万个就业岗位，为大学生、下岗工人、返乡创业人员搭建"大众创业、天下加盟"开放型的创新创业平台，积极主动参与公益事业，先后捐赠善款累计数亿元，并设立创业发展基金和"圆通公益基金"，承担社会责任，不断回报社会。

圆通于 2005 年 10 月通过 ISO9001:2000 国际质量管理体系认证，被评为"中国快递行业十大影响力品牌"、2008 年度"上海名牌"企业、当选为中国快递协会副会长单位和上海市快递行业协会副会长单位；荣获首届电子商务快递物流大会"最佳快递物流人气奖"、第六届中国货运业大奖——最佳快递公司国内快递业务铜奖、上海市"快递服务标准知识竞赛组织奖"；入选"2008 年中国高成长连锁企业 50 强"、"2009 年度上海民营企业市场竞争力 100 强"和上海市"2007 年度——2009 年度青浦区五十强民营企业"名单；2017 年荣获"中国民营企业 500 强"、"中国民营企业服务业 100 强"称号。

圆通荣誉

（三）中通快递

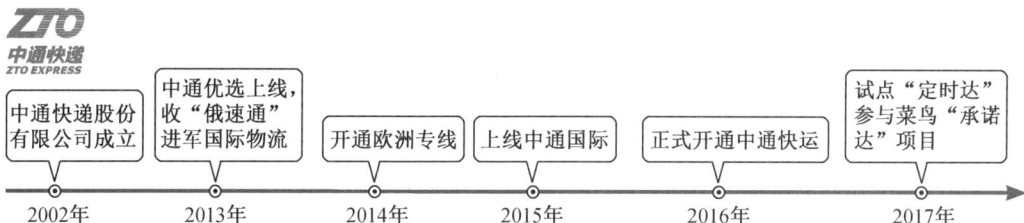

中通快递发展历程

中通快递成立于 2002 年 5 月 8 日，是一家集快递、快运、电商、云仓、跨境物流等业务于一体的综合物流集团。历经十五年的扎实创业，坚持走智能化、科技化、人才化道路，现已发展成为全球业务量第一的知名快递企业。国务院总理李克强曾两次莅临中通快递网点及分拣中心视察。2016 年 10 月 27 日，中通快递在美国纽约证券交易所成功上市，成为当年美国证券市场最大的 IPO。

中通快递上市

中通不断开拓和完善农村服务网络，助力精准扶贫，为全国各地绿色优质农产品提供方便快捷的寄递服务，截至 2017 年，中通全网从业人员 30 多万，全国网络合作伙伴超过 9400 家，分拣中心 79 个，服务网点约 28900 个，干线运输线路超过 1920 条，干线运输车辆超过 4410 辆，其中自营卡车数量超过 3250 辆，网络通达 97.69％以上的区县，乡镇网点覆盖率超过 81.5％。

中通坚持"改革创新、实干兴企"，在国内快递行业率先推行有偿派费机制，率先施行预付费系统结算机制，率先开通跨省网络班车。中通始终注重科技投入与应用，与中科院微电子研究所合作研发具有全球领先水平的自动分拣流水线,比国外同类产品节省近70%的成本。在全网推广应用手持终端、对全网主干线网络班车配备全球定位系统。投入使用计算机电话集成、地理信息系统、数据分析系统等先进科技设备,设立统一的呼叫中心和客户服务平台,成立科技团队自主研发信息系统。

中通积极履行社会责任,以全方位的实际行动获得了社会的认可。仅 2014 至 2016 年,中通实现纳税近 20 亿元,已为超过 30 万人提供了就业创业平台,在北京奥运会、上海世博会、广州亚运会、亚信峰会、二十国集团杭州峰会、"一带一路"国际合作高峰论坛、党的十九大等重大活动中,中通集全网之力确保了寄递服务安全。

中通近年来的发展得到了中央领导同志的多次肯定。2014 年,李克强总理莅临中通快递调研,称赞"你们的工作了不起!"。2015 年,李克强总理在河南郑州视察中通后鼓励中通:"有后劲!祝你们成功!"2017 年,李克强总理在匈牙利接见中通快递集团代表,勉励中国快递企业在中欧跨境电商物流领域进一步做大做强,发挥更大的作用。2015 年张德江委员长鼓励中通"再接再厉,更上一层楼"。2015 年,国务委员王勇在出席首届中国(杭州)国际快递业大会时勉励中通:"做中国的中通,更要做世界的中通!"

(四)韵达速递

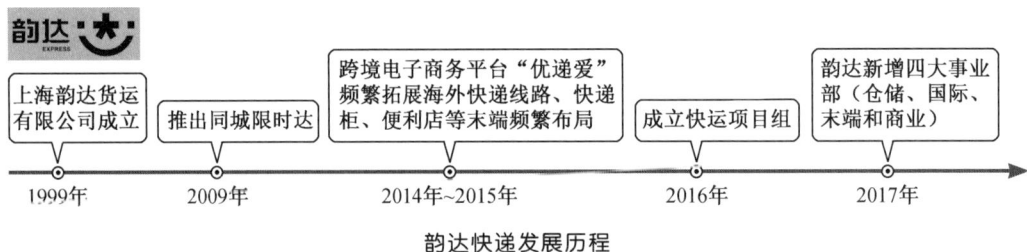

韵达快递发展历程

韵达控股股份有限公司成立于 1999 年,致力于构建以快递为核心,涵盖仓配、云便利、跨境物流和智能快递柜为内容的综合服务物流平台。韵达于 2017 年 1 月 18 日在深圳证券交易所正式完成借壳上市重组更名,现为中国快递协会副会长单位、上海市快递行业协会副会长单位。

韵达服务包括综合服务和产品,业务已覆盖 31 个省、市、自治区,并相继开拓了包括英兰、荷兰、加拿大、新西兰、新加坡、韩国、日本、中国香港、中国台湾、泰国等国家和地区在内的国际快件物流网络。目前,韵达已有 2800 多家加盟商及 20000 余家配送网点,在全国共设立了 54 个自营枢纽转运中心,常规干线运输线路多达 3900 多条,主干线运输车辆 8400 余辆,末端派送车辆 20000 余辆。同时,韵达还开辟了 460 余条常规航线。

韵达总部以大数据能力为载体,按照服务质量、标准化建设程度和安全管理等多口径对加盟商进行管理和考核,保证网络服务效率和服务质量。韵达采取自建门店、合作便利店、智能快递柜等方式建设末端网点,自建门店超过 20000 个,合作便利店、物业及第三方合作资源超过 16650 个,智能快递柜 74000 余个。韵达已和速递易、云柜、日日顺、e 邮站、南京魔格、中集、中科富创等各大智能快递柜公司开展合作,日均投递量已达 30 万件。

韵达现有信息系统主要包括 13 大平台 50 多套系统。韵达大力推进快递行业的电子面单普及度，自主研发了行业独有的微笑平台、自动仲裁系统、基于电子面单的二维码系统。韵达已经研发成功并实施有电商特色的 WMS 仓库管理系统、OMS 订单管理系统，推动云仓管理的实现。此外，韵达成功研发了第四方物流平台石墨系统、区域市场协同平台等创新产品。

韵达坚持"德才兼备，主动创新"的人才观，聚焦以"保姆计划、储备机制、击鼓传花、带 2 接班"为路径，构建引进与培养相结合的人才发展机制，构筑以奋斗者为本的众创合伙人平台，全面实施省总负责制和管理培生相结合的人才梯队建设战略，打造一支眼光前瞻、业务精专、创新奉献的专业化、国际化人才团队，韵达与国内清华大学等多所高校联合办学。

韵达先后被评为全国快递旺季服务保障先进企业、安永复旦最具潜力企业奖、中国物流业品牌价值百强企业、上海市先进私营企业、上海市五星级诚信创建企业、上海市青浦区纳税百强企业、上海世博会邮路安全保卫工作先进单位、上海世博会窗口服务先进集体、全国交通运输行业文明单位等荣誉称号。

（五）百世集团（快递）

百世快递 BEST EXPRESS

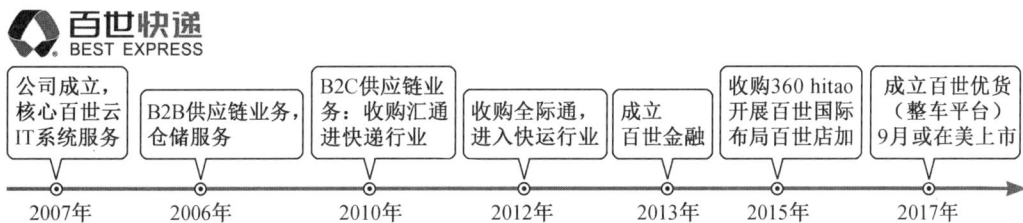

2007年	2006年	2010年	2012年	2013年	2015年	2017年
公司成立，核心百世云IT系统服务	B2B供应链业务，仓储服务	B2C供应链业务：收购汇通进快递行业	收购全际通，进入快运行业	成立百世金融	收购360 hitao开展百世国际布局百世店加	成立百世优货（整车平台）9月或在美上市

百世快递发展历程

百世集团自 2007 年成立以来，始终将"科技基因"贯穿其中。专业的互联网背景技术团队，自主研发日处理交易数千万级的系统集群，打造一站式的物流和供应链服务平台，互联网应用技术能力在不断提升，并以科技推动发展。

百世秉承"智慧供应链赋能新零售"的使命和"成就商业，精彩生活"的企业愿景，以"商业和生活"为服务核心，发展出 7 大事业部：百世云、百世供应链、百世快递、百世快运、百世金融、百世国际、百世店加。截至 2017 年，在全国拥有 600 多个仓库及转运中心，运营面积达 470 万平方米，拥有 9900 多全职员工和上万个认证加盟商及合作伙伴，仓储配送网络覆盖全国，并延深至县、乡级区域。

百世集团旗下知名快递品牌"百世快递"，服务网络覆盖全国，业务辐射至西藏、新疆等偏远地区，乡镇覆盖率位居行业前列。截至 2017 年，百世快递拥有转运中心 150 多个，21100 多个网点，2400 多条班车线路。

百世快递始终坚持以信息化、自动化建设为核心能力，在国内率先运用信息化手段探索快递行业转型升级之路，综合实力位居行业前列。2013 年，百世自主研发的风暴自动分拣系统在旗下百世快递转运中心投入使用，包裹分拣准确率从全人工分拣的 80% 提高到 99.9% 以上，每小时处理能力大幅提升，分拣效能提升 4 倍，大大提升了快递时效。专为百世快递员打造的"如来神掌"智能 APP，在优化用户体验、提升快递效率的同时，也实现线上线下的完美对接。2016 年，百世快递的管理系统在加盟制快递企业中，率先通过了中国公安部"信息系统安全等级保护"三级备案证明，为更好地保护客户的个人信息提供了保障。

（六）国通快递

国通快递成立于 2003 年，总部设立在上海，是一家网络覆盖全国的品牌快递公司，拥有先进的全球 POD 追踪查询系统，使用先进的专业自动化软件系统进行全面管理。

国通快递

公司全网从业人员约 50000 人，全国各地设有分拨中心 40 多家。干线班车运营线路500 多条，全网运营车辆数万辆。公司服务项目有国际快递、国内快递、物流配送和仓储等，提供国内当日达、次晨达、次日达、隔日达等服务。同时，开展了运费到付、电子商务配送、签单返回等增值业务。客户群体遍及电子商务、制造业、高科技 IT 产业、零售业等多个领域。

国通快递多年来始终秉承"为民服务，和谐万家"的最高服务理念，拥有先进的管理团队和大量的优秀人才储备，先后在华东、华南、华北等区域购地扩建直属上海总部的快递分拨中心，重点地区配备有自动流水线操作设备；荣获"中国快递行业十大影响力品牌"、"中国快递市场客户满意十佳品牌"等荣誉称号。

（七）优速快递

优速快递

优速物流有限公司创立于 2009 年，总部位于上海青浦，是一家提供全国性快递服务的规模型快递企业。优速已经在全国建立分拨中心 93 个,拥有营业网点近 5000 家,员工 60000 余人,运输、派送车辆万余台。聚焦"大包裹",优速坚持走着一条差异化发展道路,主要定位于提供 2～100kg 大包裹快递的门到门服务。也正是在这个市场战略的指引下,富士康、海尔、华为等一大批国际知名企业成为优速的战略合作伙伴。

近年来,优速快递当选为"中国快递协会理事单位",屡次荣获"中国快递行业安全、快捷、诚信服务十大满意品牌"、"中国民营快递十强企业"、"全国联合诚信物流·快递示范单位"、"中国电子商务物流企业理事单位"、"2010—2011 年度全国交通运输行业文明示范窗口"等荣誉称号。

四、电商自营快递

(一)京东快递

京东快递是京东商城自营快递,2007 年京东自建物流正式进入快递业,于 2012 年获得快递牌照,其获批主体为"江苏京东信息技术有限公司",为京东商城全资子公司,许可证号为国邮 20100206A。

京东快递有丰富的物流配送经验;专业的安全监控体系和货物摆放规则;高效的 5 小时逆向上门取件服务;对商家开放快递系统平台,方便商家订单监控和账目核对;2000 个座席的客户呼叫中心随时为商家提供咨询服务。截至 2016 年 6 月 30 日,在中国范围内拥有 7 大物流中心,234 个大型仓库,6780 个配送站和自提点,覆盖中国范围

京东快递

内的 2646 个区县,仓储设施占地面积约 550 万平方米。凭借超过 20000 人的专业配送队伍,为消费者提供一系列专业服务,如 211 限时达、次日达、夜间配和三小时极速达,GIS 包裹实时追踪、售后 100 分、快速退换货以及家电上门安装等服务,保障用户享受到卓越、全面的物流配送和完整的"端对端"购物体验。京东拥有中国电商领域规模最大的物流基础设施,拥有中小件、大件、冷藏冷冻仓配一体化物流设施。

(二)苏宁快递

苏宁快递是苏宁云商自己成立的物流体系,苏宁物流积极申请快递从业牌照,已经取得 200 多个城市的国内快递牌照及电商企业唯一一个国际快递牌照。苏宁申请的快递经营范围为国内快递业务,经营区域包括北京、上海、天津、广州、南京、苏州、无锡、武汉等 11 个主要城市。苏宁快递提供标准的门到门、全年 365 全天候服务,

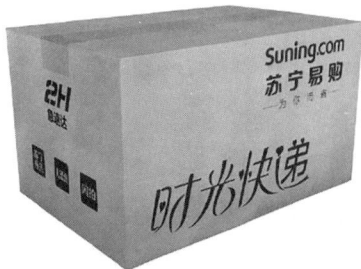
苏宁快递

末端快递网点 18769 个,完整覆盖全国 98% 以上城市和乡村,拥有行业最丰富的产品体系,包括半日达、准时达、次日达、预约送、承诺达、大件送装一体,并统一对每一项服务进行如约承诺。

苏宁物流已经完成了在中国大陆、中国香港、日本等 280 多个地级城市的网络布局,将建成 12 个自动化分拣中心、60 个区域物流中心、300 个城市分拨中心以及 5000 个社区配送站,并逐步向社会开放物流资源和能力。苏宁自建区域物流中心已交付 23 个,在建及代建近 14 个,仓储总面积近 400 万平方米,车辆数超 5000 台,高峰时期可达两万辆,日均配送量超过 300 万件。2014 年,苏宁物流推出急速达、半日达、一日三送等特色化产品,不断完善覆盖城市及农村市场的物流网络布局。根据业务需求,苏宁物流将扩大开展冷链物流服务的城市范围,在北、上、广、深、成等城市建设冷库。

五、快运型快递企业

(一)德邦快递

2013 年,德邦快递正式上线,定位为"中国高性价比的大件快递",仅用一年时间,快递收入即突破 5 亿元。2016 年年底,德邦物流在全国 32 个省(区、市)的 315 个城市共拥有营业网点 5320 个(不含事业合伙人网点),拥有各类型运输车辆 10211 台,在北京、上海、广州、武汉、成都、郑州等区域中心城市共有 114 处分拨中心,进行 24 小时货物运输服务。2017 年,公司网点近 10000 家,服务网络覆盖全国 34 个省级行政区,全国转运中心总面积超过 120 万平方米。目前,德邦正从国际快递、跨境电商、国际货代三大方向切入跨境市场,已开通韩国、日本、泰国等多条国际线路,全球员工人数超过 13 万名。

德邦快递

德邦物流以直营无网络为主,2015 年 8 月启动事业合伙人计划,截至 2016 年年底,签约成为合伙人的个体总计 5190 个。德邦物流对运输货物重量按照以下的规格范围进行分类:轻货(单票 30kg 以下)、小票零担(单票重量 30kg～500kg 范围内)、大票零担(单票重量 500kg～6000kg 范围内)以及整车(单票 6000kg 以上)。公司提出了"经济快递"的独特理念,将德邦快递定位为中国性价比最高的重货快递,即针对货重区间在 3 千克到 60 千克的产品,推出"360 特惠快件服务",该服务以 3 千克为首重,每千克续重价格显著低于市场平均水平。目前客户类型为各类工业和贸易企业,快递业务收入从 2014 年 4.9

亿元增长至 2016 年的 41 亿元,年均增长 188.5%,占德邦总收入的比重从 2014 年的 4.7% 提高到 2016 年的 24.1%,成为德邦物流新的增长点。

2017 年 12 月德邦上市获证监会审核通过,拟募集资金 29.88 亿元,主要投资于直营网点建设、运输车辆与设备购置和信息化平台建设。

未来三年,德邦将采购零担车辆、短途运输车辆 8700 台,长途运输卡车车头 470 台,长途运输卡车货柜 390 台。采购快递专属设备 3.07 亿元,其中大型硬件设备 2.25 亿元,软件设备 1800 万元,咨询服务费 6400 万元。信息化平台支持德邦未来 5～10 年核心运营,包含调度管理、营运操作、综合管理、结算管理、渠道交互管理和客户关系管理。

(二)远成集团

远成集团是一家集物流、商流、资金流、信息流服务为一体的大型现代综合物流服务企业集团,现已形成多层次、广覆盖、独具特色的综合物流体系,旗下拥有五大业务板块:远成物流、远成快运、远成供应链、远成物流城、远成冷链。公司秉承"以心传递、畅达天下"的物流星级服务理念,打造中国卓越的现代综合物流服务品牌。远成集团已通过国际质量管理体系 ISO9001 和环境管理体系 ISO14001 以及 OHSAS18001 职业健康安全管理体系认证,引进和开发先进的物流供应链管理系统。在全国各省市自治区均拥有全资直属一级分公司、二级分公司,营业网点覆

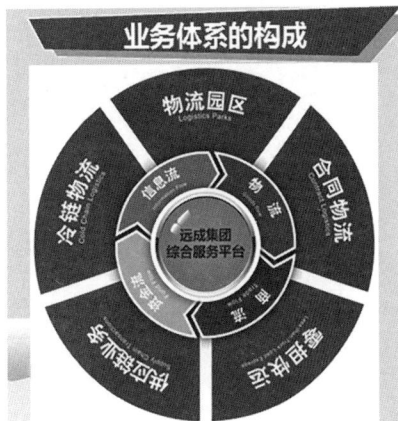

远成集团业务体系

盖所有的省会城市及绝大多数地级市,构建起多层次、广覆盖的独具特色的综合物流服务模式。

远成集团不断完善网络建设,已经建成中国领先、规模最大、独具远成融合特质的快运运营网络平台,成为中国标准门店规模最大的快运平台。企业现有员工人数超过 40000 人,标准化门店 9500 个,合作代收点 100000 余家。全国分拨转运中心 200 个,仓储面积近 200 万平方米,自有车辆 8000 台,可控车辆 20000 多台,开通全国 15000 多条运输线路,实现 40 余个主要城市开通同城循环班车,覆盖全国 6000 多个市县乡。

远成集团借鉴星级酒店的服务模式,在行业内首开物流星级服务标准及规范,在物流服务的各个节点和环节都达到星级服务的标准和规范。经过近 30 年的发展,长期合作客户遍布 19 个行业达 5 万家,中国 500 强的市场占有率达到 50% 以上,80% 以上的客户合作期限在 5～10 年及以上。远成集团为客户提供供应链上、下游一体化的服务,进行资源整合服务集成,是中国首批 5A 级"综合服务型物流企业",近年来连续荣获"物流百强企业"、"中国物流杰出企业"、"诚信创建企业"、"中国物流创新奖"、"中国物流示范基地"、"中国海峡两岸十大最具成长性物流企业"、"中国物流学会产学研基地"、"中国物流业年度影响力企业"、"低碳物流企业"等荣誉。

（三）上海安能聚创供应链管理有限公司

安能成立于 2010 年,是中国增长最快速的综合型物流集团。安能以"准时、安全、服务、经济"的理念,提供遍布全国的快递、零担快运、整车物流服务。安能快运业务拥有遍布全国的 210 多个分拨中心,4000 多条运输线路及 14000 多个网点用户,稳居中国零担快运行业第一。安能快递业务起步于 2016 年,依托于安能强大的骨干网,快速完成了遍布全国 12000 个快递网点的拓展,覆盖了全国 98% 的县级区域,包裹以每月环比 30% 的速度爆发性增长。安能快速增长吸引了包括红杉、华平、高盛、凯雷、鼎晖等全球顶尖投资机构的资本注入。

安能快递

安能坚持"传递信任,成就梦想"的企业使命,致力于成为中国商业流通领域最有效率的连接者,打造中国最强大的物流网络生态,促进中国供应链能力的升级和重构。安能以产业驱动创新,持续从客户需求出发,推出"MiNi 小包"、"定时达"等领先产品;以科技驱动效率,率先应用智能路由调度、指环无线扫描、云呼客服系统等业内领先科技产品。

安能曾荣获"中国物流杰出企业"、"中国快递融合发展奖"、"中国物流创新奖"、"中国电商物流大奖"、"中国新锐创业家奖"、"中国海峡两岸十大最具成长性物流企业"、"运输过程透明管理标杆企业奖章"、"上海最具发展潜力新服务企业 50 强"、"杰出品牌形象奖"、"华人企业领袖最佳颠覆奖"等荣誉称号。

六、限时配送企业

（一）跨越速运

跨越速运集团有限公司成立于 2007 年 8 月 13 日,注册资金 1 亿元,是一家主营"国内限时"服务的大型现代化综合速运企业。跨越速运追求物流时效和服务品质,被誉为"中国限时速运领导者"和"快递界先锋黑马企业",先后荣获"国家级高新技术企业"、"国家 AAAA 级物流企业"、"深圳市高新技术企业"、"深圳市重点物流企业"、"中国物流行业

30 强优秀品牌"、"中国著名品牌""广东省物流协会副会长单位"等荣誉称号。

跨越速递

　　跨越速运以深圳、上海、北京三大机场操作中心为核心管理区,各省一级城市为营业管理中心,航空机场为分拨节点,向区域内二级、三级城市延伸拓展营业网点。公司实行直营模式,网络遍布全国 32 个省级行政区 500 多个城市,如今已有 11 架货运包机、1.5 万台运输车辆、4 万名员工和遍布全国的 3000 多家服务网点,日均货运处理能力达 10 万余票。公司在成都、嘉兴、顺德等地设有五个专业仓储基地,总仓储面积已达 20 万平方米。跨越速运目前推出三大时效产品——当天达、次日达、隔日达,同时更为客户推出独具特色的贴心服务——24 小时取派件。2017 年,跨越除了保持核心竞争力业务的高效发展,继续完善生鲜冷链业务。

(二)闪送

　　北京同城必应科技有限公司位于北京市留学人员创业园海淀园,是一家移动互联网的高新技术企业,致力于为用户提供全程可监控的专人直送服务。

　　闪送的定位就是基于众包的同城专人直送服务平台,为用户提供"1 分钟响应、10 分钟上门、60 分钟送达"的同城速递服务。当用户有加急件或者需要专人直送的服务需求时,可通过 Web 在线下单或者手机 App 客户端随时随地下单,发出加急送件需求,由系统根据客户需求基于位置信息就近分配闪送员上门为其服务,用户可以通过手机客户端全程监控闪送员端位置,闪送员承诺在规定时间内完成包裹的送达。闪送平台上的业务以 C 端居多,约占 70%～80%。2017 年"七夕"有超过 15 万束鲜花从散布在全国的花店发出,经闪送员传递抵达用户手中。未来两三年内,闪送将聚焦探索个人用户的增量。

近 10 亿资本青睐限时配送企业

　　2017 年,随着互联网的高速发展,涌现了蜂鸟配送、新达达、美团、闪送等即时配送企业。2014 年 11 月,人人快递获腾讯和高榕资本 1500 万美元 A 轮融资后,2016 年 4 月获5000 万美元投资。2015 年,达达获得俄罗斯 DST 基金 D 轮投资。2015 年 10 月,UU 跑腿获得 1000 万天使投资,2016 年 12 月 19 日获得天明投资 9600 万 A 轮融资,2017 年 6

月 9 日获得启赋资本和天明资本等投资机构 1 亿元 A＋轮投资。2017 年 2 月,闪送公司宣布完成 C 轮 5000 万美元融资,由 SIG(海纳亚洲创投基金)和执一资本领投,普思资本等跟投,光源资本担任本轮融资的独家财务顾问。2017 年 6 月,闪送宣布完成 C＋轮 5000 万美元融资,由顺为资本、华联集团领投,赫斯特国际集团和普思资本跟投。

闪送平台上有超过 30 万名的"骑手",分全职和兼职两种,均签署众包合同。闪送员来自各行各业,全部经过面试、培训等考核合格后持证上岗。

为了更好地贯彻相应的管理运作制度,提高闪送员的黏性及归属感,闪送打造了专属于他们的网络社区圈子,及时帮助闪送员解决各类问题。2017 年 8 月 3 日,闪送公司正式宣布与百度地图达成战略合作。百度地图也将通过 27 万闪送员对百度地图的使用,对百度地图的位置信息更新及路况进行实时优化。2017 年 11 月,北京闪送科技与北京 SKP(新光天地)发表合战略作声明,双方将在高端消费人群的购物体验领域开展广泛尝试以及深入合作,为线下消费场景的服务升级跨出了重要一步。需要说明的是,由于闪送的运营方式和法律规定的快递四个环节有一定程度的背离,目前,这种快递方式还没有得到有关部门的认可。

第四节　中国快递发展过程中存在的问题

近年来,随着我国信息化、工业化、城镇化、农业现代化加快融合发展和居民消费升级,快递服务有效促进了电子商务、跨境贸易和高精制造业、交通运输等上下游产业的发展,成为沟通国际国内两个市场,连接产业间、城乡间和区域间的重要纽带,在调结构、扩内需、促就业和推动实体经济发展等方面发挥着越来越重要的作用。特别是在电子商务爆发式增长的带动下,快递行业取得了持续快速发展。在取得高速发展的同时,快递行业还存在一些问题:

一、基础设施投入不足

近年来随着快递业务的高速增长,快递企业在基础设施方面的投入不断增大,但其投入方式仍显粗放,发挥基础设施投入的系统性能力偏弱,主要表现在:

(1)基础设施建设缺乏系统性规划。由于长期采取自然生长型的企业发展模式,国内快递企业在战略定位、网点规划设置、路由规划方面存在较大随意性,部分企业在扩建基地时战略考虑缺乏,在基础设施领域,除整体规划投入无序外,还表现为租用场地、用房比重过大,导致快递企业轻资产特征突出。

（2）快递企业基础站点投入过小。大部分快递企业基层站点均不成规模、标准化水平偏低，店、场合一模式较多，业务区块区分不清晰，工作人员管理人员混杂，设施设备不规范的问题较多。

（3）道路运输工具尚未规范。在强调环保、交通总量控制的城市治理思路下，如何实现有效的进出城市，特别是一线和特大型城市成为当前快递企业发展的瓶颈之一。

（4）作业装备研发及部署过缓。在人力成本高企和社会保障体系严格要求背景下，传统的人海模式还能持续多久是行业品牌企业必须思考的问题。快递业在分拣场以传统分拣模式为主，皮带机、笼筐加分拣人员的双手就构成了生产力的主要组成。这种模式在快件量保持连续 50％增长的背景下显得落后而不可持续。

（5）航空投入步伐不快。除 EMS、顺丰、圆通外，其他公司尚未在航空领域有战略性投入迹象，如果以形成能与国际一流快递企业竞争的快递企业群体为目标，国内参与快递航空业竞争的群体太少，高水平时效服务能力偏弱。

（6）信息化投入仍占比过低。相较于电子商务的高速发展和智慧中国战略，中国的快递企业在与信息化时代、大数据时代接轨方面明显进展缓慢。

二、不平衡、不协调现象依然突出

我国快递发展区域间差别依旧显著，企业间发展不平衡、不协调问题突出。东部依然占据了绝对优势，东中西部之间以及城乡之间快递服务差距仍旧较大，中西部地区收、派件量比例失衡情况突出，全网合理补偿机制探索滞后，当地快递服务进一步发展后劲不足。问题主要表现在：

（1）服务标准化的问题。服务标准化是快递服务转型升级的重要内容。全网实现标准化服务，是具备现代快递服务能力的标志之一。

（2）管理模式标准化。我国企业在管理上的普遍现状是，全网重结算、重罚款、轻管理、轻规范，以罚代管现象较为突出。总部对各管理区部和基层站点实行一体化管理的能力，是企业竞争的重要胜负手。

（3）服务要求标准化。目前，已经有包括《快递服务》国家标准、《快递服务企业操作中操作指导规范》以及《快递服务旺季服务操作指南》等标准化文献，部分企业还按照各自的需求对各项业务进行了细化要求。

（4）装备设施标准化。设备标准化开发及部署可以解决员工素质问题带来的服务质量困扰。通过标准设备配置嵌入流程规范操作的管理模式，由于其成本、技术环境基础等诸多因素的限制，在行业内推广尚待时日。

（5）运输车辆标准化。快递车辆标准化问题已经成为制约行业发展的瓶颈之一。一方面，车辆进城严格管理，对快递公司进城快件车辆提出了标准化的要求；另一方面，从城市终端收派车辆而言，快递电动车辆的定型及标准化任务较为迫切。

（6）低水平价格战的问题。快递企业陷入价格战的主要原因是市场培育仍较为单一，除部分企业以商务快递为主外,大部分市场主体都将精力集中于电子商务特别是网络零售领域,企业定位高度重合、缺乏差异性。

（7）淘宝件定价机制不合理,买方市场特征突出。电子商务卖家往往在议价时有着更为优势的地位,发货量较大的电商卖家无疑具备了买方市场地位,通达系本身在大部分地区提供的服务质量并无显著差异,因此价格战往往是最无奈的选择。

（8）竞争手段单一,仅依靠价格战。虽然行业内也有提升服务的共识,并将服务质量作为核心竞争力,但实际上,到具体业务竞争中,由于服务质量的差异化不足以影响消费者的选择,因此往往还是回归到简单价格竞争这条路上。

价格问题在各行各业都起到决定一个行业生存质量和服务水平的作用,是决定性因素。其实,快递行业从一开始就没有形成一个完整的价格体系,不像百年邮政,有史以来在它的营业窗口就执行一个全网的价格体系,但快递没有。那时候在辽宁海城的西柳大集,如同覆盖全东北的小义乌,在那里邮政企业有自己收寄的一套体系,为了抢占市场,设立了自己的网点,有它的天然优势,比如地方政府给提供场地。而其他快递企业则进不去,只能想办法靠人来收,没办法定每件快递多少钱,都是手拎起来,脚踢一踢,估摸一下,说:"十块!走不走?""走啊!"只要觉得比邮政价格低,就装车走了。所以,后来快递形成自己的运营体系时,仍延续了传统的习惯,定价很随意。为了要量;价格就低一些;为了控制量,价格就高一些。因此,价格体系的形成是快递行业的短板,也是未来发展的方向,这个问题迟早要破题。

——中国快递协会副会长　孙康

快递最初价格并不低,它的降价有一个过程。第一阶段与电商平台有关,那时淘宝给电商平台培训,有一课就是讲如何赚快递的钱,让电商平台与若干家快递合作,把价格降下来,通过这种手段用快递费把电商扶持起来。第二阶段是快递公司抢单,为了争快递老大,开始在内部拼命降价。现在到了谷底后,快递公司是求质还是求量,出现了中通和韵达在 2017 年"双 11"之前提出快递涨价的现象,实际上是快递价格调整,这是一种理性的回归。

——中国快递协会发展研究室主任　张玉洲

（9）爆仓困境。爆仓是季节性爆发式增长的电子商务促销与快递服务日常服务能力之间存在的矛盾。这一问题的解决也有赖于上下游产业之间的协调共赢。"双 11"作为考验快递业应对极限峰值的测试,是一场行业练兵,更是一场行业升级之战。现有模式下,快递企业始终要去被动适应这一巨大变革,在话语权模式不改变的前提下,电子商务能释放出巨大的消费需求,快递企业能否承接。

爆仓准备期带来的巨大的成本投入。快递企业为了迎接以周为单位的业务旺季,要进行从调度、人员、车辆、设备等全方位的增量储备,旺季过后之前大量储备的人员还需要继续留任,这期间的资本效率企业应当是冷暖自知,被迫迎接旺季,被迫组织扩大再生产,这种经营状态带有强烈的电商驱动惯性,是否符合企业发展的规律,值得深思。

爆仓后遗症难以消除。电商企业促销一日,快递企业奔忙一周甚至数周,对企业、设备、车辆、人员来说;都是一种超常规的生产状态,透支换来的业绩增长,难言健康。

2009 年 11 月 11 日,淘宝平台首次推行网销打折活动,当天的销售额达到 5200 万,众多快递企业来不及反应,严重爆仓,耗费几周时间才将所有快件处理完毕。2015 年到 2017 年的 11 月 11 日,快递运送速度大有改观。"双 11"后的一周内有超过 94% 的物流订单已经发货。

三、安全形势面临严峻考验

近几年,随着快递业务的高速发展,寄递渠道的安全隐患和问题也越发突出。

(1)快件安全问题。一方面,收寄验视制度在确保快件安全规范方面确有重要作用,收寄验视环节承担了过重的"第一道关口"的责任。对于寄递物品的安全检查应当分环节进行处理,不同环节承担不同程度的责任,把真正需要专业检出的责任留给专业设备和人员,让收寄环节的"安全性"验视回归本来面目。

(2)信息安全问题。快递服务信息安全近年来成为社会关注的热点问题。快递服务信息泄露屡禁不止,危害日益严重,已经危及快递行业的健康发展,引起了各方面的高度关注。

(3)生产安全问题。快递企业现阶段仍处于劳动密集型阶段,参与人数多、参与车辆多,生产处理场地堆放的物资集中,且大部分基层站点堆放不规范的情况较为突出,容易造成生产安全事故。近年来,由于交通事故和火灾所造成的快递从业人员伤害和快件损毁事件多有发生。进入快递生产旺季后,企业由于大负荷超强度操作,人员机器疲劳等原因,更易造成安全生产事故,这些问题严重影响了快递企业的正常发展,各企业对此也高度重视,采取了许多措施加以解决。

第四章

国家邮政体制改革

　　20 世纪 80 年代以前,世界各国大都是邮政电信合为一体来担当国家通信重任。直到 70 年代末,在市场经济和高新科技的冲击下,邮政业开始了全球范围内的改革之旅。而 20 世纪 80 年代则是世界范围内第一次邮政体制改革的高潮。在此期间,荷兰、法国、德国、澳大利亚等一批国家先后实行了邮政的政企分开。从 2000 年至今,第二次邮政体制改革的高潮仍在持续过程中。

　　在我国,20 世纪 80 年代和 90 年代初是我国从计划经济向市场经济转变的时期,邮政改革的着眼点主要放在企业管理微观方面,还没有触及经营机制和管理体制方面的改革。90 年代中期,随着社会主义市场经济体制的进一步发展,我国邮政业面临更加严峻的形势和挑战。一是市场竞争的挑战,邮政传统业务市场受到了很大的冲击,尤其是特快专递业务。当时,包括 DHL、Fedex、UPS 等都以积极的姿态进入中国快递业务市场,市场竞争更加激烈。二是邮政严重亏损的挑战。此前由于邮电合营,可以以电补邮,一旦分营,邮政亏损将会难以为继,不仅没有扩大再生产的能力,而且还会面临生存危机。三是管理体制的挑战。邮政的运行、经营机制以及人们的思想观念和业务规章制度,基本上仍然停留在计划经济时期。

　　国内市场的挑战、国际邮政的经验,都向中国邮政昭示:中国邮政必须探索新的思路,采取新的措施,深化体制方面的改革。在这样的国际国内背景下,我国邮政体制经历了两次大规模的变革,第一次从 1998 年开始,中国邮电自上而下开始了分营工作,一直到 1999 年 1 月,分营工作完成,邮政作为国民经济体系的一个部分开始独立运营。第二次是 2003 年开始由国家发改委牵头,财政部、信息产业部、国家邮政局等部委参与,共同推进邮政政企分开。2005 年 7 月,国务院第 99 次常务会议批准了《邮政体制改革方案》,确定政企分开后国家邮政局作为行业主管部门独立出来,中国邮政集团公司进行内部改组。2006 年国家设立垂直管理的 31 个省(区、市)邮政管理局,2012 年成立 332 个市(地)邮政管理局,县级管理机构也在逐步组建中,邮政监管体系基本成形。与此同时,中国邮政集团公司旗下的中国邮政储蓄银行的成立,集团的主业逐步进行改革,内部体制也进行了调整,形成了更为现代的公司治理体制。

　　经过一系列体制改革,邮政业形成了清晰的行业定位,较为完善的监管体系,市场主体的竞争活力得到充分释放,监管机制及市场机制各就其位,快递企业与中国邮政集团公司作为平等的经营主体走上了历史舞台,为其快速发展创造了良好的监管环境,可以说,邮政体制改革是促进快递行业发展的根本原因之一。

第一节　中国邮政体制改革的背景

一、邮政体制改革的国际大环境

20 世纪 80 年代初,资本主义国家经历了持续三年的世界性经济危机。在此之后,各发达资本主义国家虽然先后摆脱了危机,经济开始回升,但在许多国家的国内经济和国际经济关系中出现了比较严重的结构性困难和危机。对此,发达国家和发展中国家普遍进行了经济调整和改革,这其中非国有化浪潮和产业结构的调整对邮政影响尤为深刻。

(一)改革势在必行

邮政作为重要的社会基础设施,一直是政企合一的国营部门,担负着为社会提供基本通信服务的责任。但随着光通信技术为代表的新兴产业的兴起,传统的邮政通信业务受到了很大的冲击,同时私营速递公司的发展也给邮政带来了很大的竞争压力。邮政难以继续维持其既是规范市场的政府主管部门又是竞争主体的双重角色,因此成为经济改革和调整的一个重点。

对邮政的改革和调整主要表现在邮政政企分开、成立邮政公司、建立监管机构、推进市场开放等等。这次政企分开浪潮一直持续到 20 世纪 90 年代。在这期间,最引人瞩目的是欧盟成员国的邮政体制改革。1997 年,欧盟出台了邮政指令,对其成员国邮政普遍服务、专营业务、市场开放、邮政市场监管等一系列问题做出了具体规定,同时明确要求各国邮政必须政企分开,建立独立于邮政运营者的监管机构,保证邮递市场的公平竞争。而到 2000 年年底,欧盟的 15 个成员国全部实现了邮政的政企分开。欧盟的邮政体制改革为 UPS、Fedex 等私营速递企业的飞速发展打下了重要的基础,而这些快递公司的发展又促进了新一轮的世界邮政市场整合和各国的邮政体制改革。

经济全球化在 20 世纪末开始达到了高潮,而这也对世界邮政产生了巨大的影响。在经济全球化、WTO 第二轮服务贸易谈判和信息技术革命浪潮的背景之下,第二次世界邮政体制改革开始在全球范围内展开。世界范围内经济全球化的不断发展,科学技术特别是信息技术的突飞猛进,为邮政发展提供了前所未有的物质技术条件和市场机会,尤其是推动了一些大邮政的国际扩张和市场自由化。例如法国邮政、德国邮政等大邮政通过资本运作成功实现了跨国经营。同时期的邮政市场开放主要集中于缩小邮政专营业务、出口国际邮件市场放开和邮政快递市场竞争的白热化。WTO 也对推动包括邮政在内的经济全球化起着推波助澜的作用。此外,信息技术革命对邮政的影响也非常大。

（二）典型模式

新的通信方式对实物形态的邮政业务有巨大的替代作用，因而导致邮政业务量的增长缓慢。在这样的发展环境下，各国邮政都在对自己的管理体制进行研究和探索，以期能找到合适的模式适应市场的不断变化。而在体制改革进程上，各国一般有以下几种做法：

第一种模式是政府所有，商业化经营，公用部门。这种模式是从政府部门做初步的转变，脱离政府机构系列，但仍由政府直接管理。如美国邮政从 1971 年改为政府独立执行机构，直接对美国国会负责，理事会由总统任命。但美国邮政仍然承担了公共邮政通信的政府职能，邮政工作人员仍为公务员。日本邮政 2003 年由邮政事业厅改为邮政公社，由总务省领导，职工也仍为公务员。此种模式为非公司体制，享受免税待遇及其他政府优惠。

第二种模式是政企分开，国有独资的公司制。这种模式是成立邮政公司或邮政集团公司，政企分开，政府成立监管机构。公司为独资性质，政府是唯一股东。多数国家采用这一模式，如英国、法国、加拿大及亚洲一些国家。这一模式的特点为：商业自主权比较大，可以经营信函以外的各种新业务，价格控制也不严格，可以进行跨国并购等。[1]

第三种模式是国家控股的股份公司，股票上市。这一模式目前只有荷兰和德国两家。荷兰邮政实行股份制较早，部分股票上市后以 10 亿英镑并购 TNT 公司，组成 TNT 邮政集团（TPG），其快递业务收入占邮政总收入的 41%，物流占 22%。德国邮政于 2000 年改制为股份公司，31% 的股票上市，同时并购了 DHL 快递公司和 DANZAS 物品公司，已经成为欧洲最大的跨国邮政供应商。

虽然各国邮政根据本国情况实行不同的体制模式，但邮政承担国家公共通信服务的职能没有变，邮政公司通过与政府签订合同承担普遍服务，并纳入法律条文中。[2] 出于国家安全的考虑，各国政府仍赋予公共邮政以信件业务的专营权，只是专营的范围有所不同，并且正在逐步、缓慢地缩小专营范围。有的国家虽未明确邮政专营范围，但规定的信件寄递业务准入门槛很高，实际上维持了邮政的保留业务阵地。纵观世界各国邮政改革的历程，不难看出邮政改革的主旋律是政企分开、邮电分营、完备法规、坚持普遍服务、发展竞争业务，目的就是搭建政府与邮政的新型关系，使邮政更加适应激烈竞争的市场环境。

（三）显著特点

通过一系列的体制改革，除少数国家仍维持政府部门、政企合一的体制外，各国的邮政体制呈现出以下显著特点：

特征一是政企分开，即邮政脱离政府部门成为一家国有企业。1981 年英国组建国家邮政公司，实行政企分开，商业化经营，市场化运作，是最早进行邮政改革的国家之一；随后，荷兰邮政（1989—1994 年）、德国邮政（1990—1997 年）、法国邮政（1991—1999 年）、巴

---

①　《加拿大邮政连续八年赢利》，《中国邮政报》，2003 年第 476 期。

②　焦铮：《国外邮政管理体制改革分析》，《现代邮政》，2013 年第 11 期。

西邮政(1996年)等也进行了这样的改革。这一阶段的主要特点是:建立新的管理机构和系统,重新调整普通邮件和速递的基础设施,盘活资产,压缩成本,裁减人员和提高服务质量。

特征二是联合兼并。如荷兰邮政(1997—2000年)收购TNT,与英国和新加坡邮政组建跨国邮件合资公司;德国邮政(1998—2001年)1999年出资9.33亿欧元收购瑞士Danzas物流公司,出资2.11亿欧元收购德国邮政银行以及对DHL进行投资控股等;法国和英国邮政也在欧洲收购速递和包裹公司等。这一阶段的主要特点是通过资本运作(少数国家邮政通过邮政股票上市筹集资金)建立了欧洲或全球速递网、新的国际邮件网,建立国际物流商务,扩大金融业务,开办电子商务等。

特征三是组建集团,即将传统的邮政、速递、物流及金融业务整合,组建区域和全球性的邮政集团,使其成为速递和物流解决方案的主导经营商。目前具备一定实力的国家邮政不多,其代表有德国邮政集团、TPG邮政集团、法国邮政集团和英国邮政集团等。这一阶段主要体现的特点是通过建立全球化的业务平台,使自己成为本行业最有竞争力的跨国集团。[1]

二、邮政体制改革的国内环境

中国邮政体制改革处于世界范围的第二次邮政改革浪潮中。面对西方发达国家的邮政速递企业的竞争压力,中国的邮政体制改革显得有些被动,然而改革的倡导者和执行者们在被动解决问题的同时也正试图主动地为中国邮政行业的发展创造一个良好的环境。

(一)改革前承受的市场压力

为了适应经济全球化和世界邮政市场的发展变化,应对来自国外的邮政速递企业的竞争压力,中国邮政也必须尽快展开体制改革。随着中国国内市场经济的发展,市场公平竞争的需要,包括邮政在内的一批国有企业和国家相关部门当时也都正在或将要进行相关的体制改革。中共中央十六届三中全会通过的《中共中央关于完善社会主义市场经济体制若干问题的决定》指出,要加快铁道、邮政和城市公用事业等改革,实行政企分开、政资分开、政事分开,这就明确了中国邮政的政企分开改革必须加快。2001年,我国加入世贸组织,通信市场逐步对外开放,外资不断进入我国的通信市场,对我国的邮政业造成了很大的冲击,邮政体制改革势在必行并且日益迫切。[2]

① 《德国邮政业务收入、业务结构和邮件量》,《国际邮政信息》,2003年第4期。
② 史虹:《中国邮政体制改革的机遇与优势》,《企业改制》,2006年第3期。

（二）改革前行业的发展需求

邮政体制必须进行改革的另一个重要原因来自于邮政内部在运营和管理过程中所存在的弊端。在1998年之前，中国邮政一直都与电信业一起，采用"邮电合一"的管理体制，这种体制对于确保邮政和电信的快速发展，保证国家通信安全发挥了重要作用。这种管理体制也是与过去我国通信技术的发展状况相适应的。在改革开放前，我国的电信业发展较慢，电话的普及率较低，公众通信主要通过邮政的实物信件的传递。20世纪80年代后期，电信事业有了较大发展，开始通过"以电养邮"的政策，为邮政的发展提供资金保障，邮政的基础建设得到了加强。

但是，随着我国市场经济体制的逐步建立，通信技术的发展，"邮电合一"的管理体制已不能适应日益发展的邮电事业，并且带来的矛盾越来越突出。首先，这种管理体制逐渐使邮政处于次要地位。这是邮政在邮电业务收入中比重逐年下降的客观事实造成的必然结果。1952年，邮政业务收入占邮电业务收入的44.5％，1992年下降到23.9％，而1997年只剩下了9.15％。这样的业务发展份额必然造成当时的中国邮电投入较大力量去抓电信，邮政业务的发展相对来说被忽视。其次，经营核算不清。邮政由于其业务经营的特殊性，相比较电信而言，所投入的人力比较多。但这不应成为邮政维持其粗放型经营的理由。事实上，当时的邮政生产不考虑成本、管理缺乏效率，管理成本在邮政总成本中的比例逐年增大，而这对于邮政在经济全球化、市场竞争激烈的环境下的正常发展是不利的，同时也是对邮政的国有资产的一种非有效管理。然而在"邮电合一"的情况下，这一现象隐藏在了总体形势良好的表面现象之下，长期以来未受到足够重视。再次，电信补邮政使邮政缺乏自我发展的动力，邮政开发新业务和新市场缺乏积极性，邮政的发展受到了严重的制约。在这样的外部竞争压力以及内部发展需求的共同促进下，"邮电分营"已经成为中国邮政不得不面对的关键问题。

第二节　我国邮政体制改革进程

新中国成立以来，随着社会主义建设事业的发展，我国的邮政经营管理体制和组织机构经历了多次调整和变革。改革开放以来，我国邮政体制改革经历了三个阶段，第一阶段是邮政体制改革初期（1978—1998），解决了邮电合营不利于专业化的监管问题。第二阶段是矛盾凸显（1998—2006），快递企业蓬勃发展但没有合法地位，邮政企业既是裁判员又是运动员，行业管理较为混乱。第三阶段是改革攻坚期（2007—2016）国家邮政局实现重组，彻底摆脱了政企合一的管理体制，《邮政法》修订工作的完成，快递企业拥有明确的法律地位，改革过程最核心的"邮电分营，政企分开"两大任务正式完成。

一、1978 年以前邮政体制的调整

（一）统一领导、分别经营到邮电合一

1949 年邮电部成立后，当时明确采取"统一领导、分别经营、垂直系统"的管理体制。即邮政、电信由邮电部领导，部内设邮政总局、电信总局并分别垂直领导所属企业，分别经营邮政和电信业务。

模范投递员罗淑珍（20 世纪 50 年代照片）

1949 年 12 月，在邮电部领导下召开了第一次全国邮政会议，具体确定邮政的经营管理体系为：邮政总局——各大行政区的邮政总分局——各邮区（省）邮政管理局，管理局领导下的现业局分为一、二、三、四等局。总分局的职责是代表总局进行督导检查。各邮区管理局与当地市邮局是否分立，未做统一规定，按各地具体情况分别处理。从此全国邮政组织从分散的地区性管理过渡到全国统一管理，形成全国统一的邮政系统。

（二）管理体制的下放与调整

为了加强各级地方政府对邮电工作的领导，1953 年开始，将邮电部门单一垂直的体制，改为邮电部和地方政府双重领导，以邮电部门为主的管理体制。1958 年"大跃进"期间，在当时中央国营工业企业纷纷下放的形势下，邮电部也不顾通信组织全程全网不可分割的基本特点，将邮电企业下放到地方政府。在执行中，有的地方对邮电企业层层下放，甚至一直下放到县或者人民公社，企业管理混乱，通信质量下降。1960 年国民经济实行"调整、巩固、充实、提高"方针。为了保证邮电部门顺利进行全面调整，总结"大跃进"中全面下放的教训，1961 年 12 月，中共中央批准了邮电部"关于调整邮电体制的请示报告"，于是从 1962 年实行新的管理体制。除西藏外，各省市区邮电企业均实行以邮电部为主和地方政府的双重领导管理体制。邮电系统内，实行部—省—县三级管理。业务项目开办、业务规章制度、各项资费等均由邮电部统一计划安排。邮电企业干部管理以邮电部为主，调配时应征求地方党委意见。政治工作机构和政治思想工作受地方党委和上级邮电政治工作机构的双重领导。

（三）1970 年至 1973 年邮电分设

1969 年 11 月 5 日,国务院转批邮电部、铁道部、交通部等单位关于邮电体制改革意见的报告,决定撤销邮电部,邮政电信从邮电部到基层都分开。邮政部分成立中华人民共和国邮政总局,与铁道部、交通部合并。省以下邮政实行由省市自治区和铁交邮合并后的双重领导,以省市自治区为主。

从 1970 年到 1973 年,全国邮政从上到下形成了一个有自主性的运营体系,保证了全国邮政通信网的完整和畅通,同时发挥了地方关心邮政、建设邮政的积极性,也有利于邮政更好地为当地建设服务。邮政行业责任明确,自主性强,牵扯少,而且铁、交、邮生产过程相近,合作关系密切,因而这一时期邮政发展较快,建设了一批局所,改善了营业条件,增加了技术设备,增强了营运能力。

20 世纪七八十年代邮政用的老台秤

上述组织管理体制前后实行不到 4 年,1973 年 5 月,国务院、中央军委下达"关于调整邮电体制问题的通知",邮政总局从交通部划出,6 月 1 日恢复邮电部,邮电再度合一。

（四）集中统一管理和实行经营承包责任制

邮电部恢复后,各省市自治区恢复省市自治区邮电管理局。除省会市和中央直辖市的邮政局和电信局一般仍可分设外,地、市、县均恢复邮电局。各省、市、自治区邮电管理局由各省、市、自治区领导。北京市邮政局由邮电部和北京市政府双重领导。地、市、县邮电局由各省、市、自治区邮电管理局和地、市、县双重领导,业务工作以邮电管理局为主,党政工作由地市县负责。邮电的各项计划,仍实行中央和省市自治区两级管理,省、市、自治区以下各项邮电建设计划,纳入省、市、自治区国民经济计划,一级干线的生产建设、物资维修以及由全国集中支付的费用均纳入国家计划。此规定 1974 年起执行到 1979 年。[①]

此后,随着我国改革开放的深入进行,邮政的改革也顺应国际和国家大势,不断吸取国外的先进经验,在结合我国邮政实际的基础上,进行了持续深入的改革。

---

① 《新中国邮政》编写组:《新中国邮政》,人民邮电出版社 1989 年版,第 217～221 页。

二、改革开放以来邮政体制改革过程

（一）邮政体制改革初期（1978—1998）

邮政体制改革初期，主要矛盾在与邮电合营不利于企业的运营管理，也不便于整体的宏观监管。

（二）改革开放初期，邮电合营，政企合一

1979 年 3 月召开第十七次全国邮电工作会议，根据党的十一届三中全会精神，确定把邮电工作转移到以通信为中心，为现代化建设服务上来。明确邮电通信是社会主义生产力，是社会主义企业，既要完成通信任务，又要完成国家的经济任务。在管理体制方面，由于邮电计划由部和省市两级管理，实际执行中遇到一些问题。1979 年 4 月 20 日，邮电部向国务院呈送了《关于调整邮电管理体制问题的请示报告》，6 月 28 日国务院批转了报告。报告中明确：邮电通信是党和国家的神经系统，

中国人民邮政帽徽

是国民经济的先行部门，它具有全程全网、联合作业的特点。为了有利于国家通信网的统一规划和建设、有利于通信的统一调度指挥，有必要对现行的邮电管理体制进行调整，实行邮电部和省、市、自治区双重领导，以邮电部为主。在中央和地方有关部门的支持下，邮电管理体制的调整进行顺利，至 1979 年年底基本完成。

从 1980 年起全国邮电系统实行新的管理体制。实践证明，这一重大调整是成功的，既保证了邮政全程全网的集中统一指挥，又能因地制宜地服务于地方，发挥中央、地方和企业的积极性，保证了国家重点通信建设，有利于国家通信网的统一规划布局和指挥调度，保持了方针政策的统一性和连续性，通信行业管理也得到加强。

1984 年 1 月，全国邮电企业推行"经济核算制"，邮电企业有了自己相对独立的经济利益。1984 年 10 月 16 日，财政部决定从 1984 年到 1990 年，对邮电部所属企业实现的利润实行"倒一九分成"，即上缴财政 10％，90％留邮电部门用于发展邮电事业，外汇收入继续按照 90％留成。1986 年 12 月 2 日，第六届全国人民代表大会常务委员会第十八次会议通过了《中华人民共和国邮政法》，自 1987 年 1 月 1 日起生效。

1988 年 11 月，国务院在批准邮电部"三定"方案时明确提出，邮电体制和机构改革的方向应当是政企分开、邮电分营，分三步走：第一步，对邮电物资等管理机构完全实现政企分开；第二步，逐步实现邮政、电信分营和政企分开，同时确定邮电主要业务必须由国家统一经营；第三步，邮电通信的管理体制应继续实行以系统领导为主、以地方政府领导为辅。

1990 年 7 月 31 日，第一次调整自 1950 年以来执行的邮政资费标准。1990 年 11 月 12 日，国务院又发布了《中华人民共和国邮政法实施细则》。1993 年 4 月，根据第八届全国人民代表大会第一次会议批准的国务院机构改革方案，将邮政总局从邮电部机关行政

序列中分离出来,改为单独核算的企业局,对外仍称邮电部邮政总局。1993 年 12 月,邮电部作出改革邮电科研体制的决定,将原邮电科学研究院分别组建为电信科学技术研究院、电信科学研究规划院和邮政科学研究规划院,实现了科研"软"和"硬"的分开。1994 年 2 月,邮电部门开始实行人员"零增长"政策。

（三）改革开放中后期，邮电分营，政企分开

1992 年根据政府机构改革实行政企分开的方针,国家编制委员会《邮电部"三定"方案》中,确定邮政机构的改革要改变政企合一,逐步实行政企职能分开。1994 年 3 月,国务院要求进一步改革邮电管理体制,国务院批准的邮电部"三定"方案要求:邮电部要进一步政企职责分开,将邮政总局、电信总局分别改为单独核算的企业局,统一经营全国邮政、电信通信网和邮电基本业务,并承担普遍服务的义务。邮电系统继续实行邮电部和省区市双重领导、以邮电部为主的管理体制,邮电部负责对全国通信行业的宏观管理,统一管理国家公用通信网和通信业务市场。

从 1994 年开始进一步推进邮电政企职责分开、加强对通信行业的宏观管理,并分别成立邮政司和电信政务司,将邮政总局和电信总局分别改为单独核算的企业局,各自经营全国的邮政和公用电信业务。1994 年 8 月,邮电部提出"联合投资、有偿使用、按资分利、照章纳税"的原则,邮电部门进一步加强与地方政府、社会各方面的广泛合作,逐步形成了依靠政策筹资与依靠市场融资并存、以自筹为主的通信投资新格局。1995 年 4 月,邮政总局以"中国邮电邮政总局"的名义进行企业法人登记,简称"中国邮政",其原有的政府职能转移至邮电部内其他司。1997 年 1 月,邮电部作出在全国实施邮电分营的决策。1998 年 3 月,根据第九届全国人民代表大会批准的国务院机构改革方案和《国务院关于部委管理的国家局设置的通知》(国发〔1998〕6 号),国家对邮电体制进行了重大改革,实施了邮电分营,分别成立了信息产业部(在原邮电部电信部门、电子工业部的基础上组建)和国家邮政局。1998 年 4 月 28 日,国家邮政局正式挂牌,1998 年 12 月底邮电分营完毕,邮政独立运行体制形成。[①]

（四）矛盾凸显期（1998—2005）

1998 年邮电分营完毕,国家邮政局成立,标志着邮政独立运行体制形成,一直到 2006 年省级邮政监管部门成立,邮政监管未进行彻底分开前,是非常关键的 8 年,是快递发展变化最多最快,也是邮政管理部门和快递企业矛盾最激化的 8 年。这 8 年快递企业实现了从萌芽状态到蓬勃发展的转变,而在政企合一的邮政监管体制下,邮政管理部门站在邮政企业的角度,打压其他快递企业,名曰打击"黑快递",成为这一阶段的非正常的状态。

由于立法存在滞后性问题,从民营快递公司诞生的那一天起,由于没有明确的合法身份及其存在的抢食中国邮政专营的行为,就注定了它要游走于法律的"灰色地带"。这一

---

① 安冉:《中国邮政体制改革大幕开启》,见:贺雪峰:《三农中国》,湖北人民出版社 2006 年版,第 11 页。

时期快递企业既在邮政的"打压"下匍匐前进，又在市场的哺育下潜滋暗长。

2004年12月24日《第一财经日报》记者采访申通快递公司的总裁陈松海时，他说，仅仅在上海，就有十多万人在从事快递业务。陈松海告诉记者，这十万多个快递从业者大多来自民营快递企业，只要在穿梭的人群中看到穿着普普通通、背着一个小黑包的人，十有八九就是快递员；而路上跑的许多没有名头的"集装箱"车，也多半是民营快递公司的，不仅不敢打上公司名称，甚至恨不能连车牌号都隐去。在快递市场上，很多民营企业都已感到"做快递像做贼一样"。即使像盛彤实业旗下的申通快递这样年营业额在10亿元以上的民营龙头企业也在所难免。

当时中国快递的监管者主要是中国邮政，而四大国际快递巨头的监管者却是隶属于商务部的国际货物运输代理协会，中国邮政既是快递企业的监管者又是竞争者，这样的竞争不可能存在公平性。

从各地媒体可以查阅的信息看，当时快递企业被查封是十分普遍的事情。按当时的《邮政法》规定，对这类企业的处罚权应该归工商部门。可事实上邮政执法大队往往成为主角。江苏省的地方条例规定中，邮政是拥有执法权的，也就是说邮政可以单独给需要受罚的民营企业开罚单。而像申通这样"树大招风"的民营快递公司，受到邮政的查处更是"家常便饭"，每年缴纳的罚款就在500万元左右。

当时的邮政部门之所以可以处罚民营快递公司，是由于1986年版的《邮政法》，只规定了信件和其他具有信件性质物品的寄递业务由邮政企业专营，而没有说明信函的详细内容，也没有说明多重的包裹算信函。包括报关单、票据等民营快递常常涉及的邮件速递业务是否属于邮政专营范围，法律上也没有明确的规定。这就给了邮政部门可以"理直气壮"查处民营快递公司的机会。

在当时的监管环境下，有些地区的快递企业为了能够有一点生存空间，宁愿向邮政缴纳"保护费"。部分城市的快递企业向邮政部门主动缴纳"罚款"的行为已经形成了行规。当时有报道说有些民营快递以12元的价格接收的快递业务，每天会将若干转交由邮政部门的EMS递送，并按邮政的收费标准向邮政支付每件18元的递送费。

同时，不仅仅像申通这样的民营快递企业遭到邮政的"特别照顾"，当时四大国际快递巨头之一的德国快递公司敦豪（DHL）宣布进军国内快递业务之后仅一周，也曾被江苏邮政列为重点"查处对象"。当时江苏省邮政局行业管理处下发了一份名为《关于对全省速递市场进行联动执法检查的通知》，列出了一些需重点查处的快递对象，而DHL是被列入"黑名单"的唯一一家外资快递公司。虽然当时的监管体制不尽合理，但民营快递扩张的势头从未停止过，每年都以120％～200％的速度在递增。

（五）改革攻坚期（2006—2016年）

从2006年组建各省、自治区、直辖市邮政管理局到2007年初国家邮政局重组完毕，彻底摆脱了政企合一的管理体制，2009年《邮政法》修订工作的完成，标志着我国快递发展史上第一次用法律的形式明确了快递企业的法律地位，确定了快递市场准入制度，规定了快递业务的基本规范。2012 对邮政法第四条作了修改，明确了省级以下邮政管理机构的法律地位和职责，做到了各级邮政管理部门职权法定，确保省级以下邮政管理机构能够依法履职。

这 9 年间邮政行业的监管部门由政企合一的状态，逐步形成了国家、省、市三级规范的监管体系，保证了国家邮政监管机构的独立性与公正性。市场主体变为由快递企业及邮政公司组成的相对公平的竞争市场，两者之间在法律上是平等的关系，同样都是邮政管理部门的监管对象。政企分开后，监管工作更加规范、深入，企业竞争更加遵守市场规则，快递企业的竞争优势逐渐凸显，行业发展迎来了爆炸式的增长黄金期。

第三节　邮电分营
——为邮政体制改革打下坚实基础

新中国建立并成立邮电部之后，一直持续到 1998 年，邮电部和各省区市管理局实行"邮电合一"、"政企合一"的管理体制，这种体制在计划经济时期和改革开放以后邮电摆脱困境，邮电两大专业相互补贴，集中财力物力进行重点通信建设，迅速发展网络，增加通信能力，扩大服务方面，起了重要作用。但是在社会主义市场经济体制下，逐渐暴露了原有体制不利于两大专业的健康发展，客观形势要求"邮电分营"和"政企分开"。1992 年根据政府机构改革实行政企分开的方针，国家编制委员会批准《邮电部"三定"方案》中，确定邮电机构要改变政企合一，逐步实行政企职责分开。从 1992 年起，邮电部实行政企分开"三步走"的步骤。第一步首先完成了邮电工业、物资、施工、集邮等单位的政企分开，将邮电两个总局的行业管理职能向综合部门转移。综合部门的企业管理职能向两个总局转移，并建立了政策法规和通信行业管理的机构。第二步从 1994 年开始进一步推进邮电政企职责分开，邮电部加强对通信行业的宏观管理，并成立邮政司和电信政务司，将邮政总局和电信总局分别改成单独核算的企业局，各自统一经营全国的邮政和公用电信业务。第三步积极创造条件，为最终实现邮电分营、政企分开做准备。[①]

一、邮电为什么要分营

天下大势，合久必分，分久必合。邮电是我国长时间邮政和电信的统称。邮政和电信二者具备一样的功能，那就是通信，只是二者通信的途径不一样，邮政指的是传递信函为主的通信事业。电信指的是利用有线电、无线电等电磁系统传递符号、文字、图像等信息

---

① 姜希河：《中国邮政简史》，商务印书馆 1999 年版，第 201～202 页。

的通信方式。在以前,二者可以作为相互补充的通信方式共存。但是,随着信息技术、社会需求和管理方式等的发展,邮政和电信无论是从宏观上还是微观上,都存在着较大的差异。不区分专业的混合经营与"大锅饭"管理,削弱了专业管理和经济核算。邮电通信由邮政通信和电信通信两个不同的部分组成,在邮政和电信两个专业的内部,又各有若干不同特点和用途的业务种类。但是很长时期实行的是不区分业务性质的混合管理和"大锅饭"经营。多年来把国家主管部门对邮政、电信的归口领导和企业管理混同起来,片面强调上下一致,上下对口,削弱了邮政、电信及不同业务种类的专业管理;同时也给实行企业经济核算、专业经济核算造成重大的障碍,致使考核经济效果,核定各类业务资费失去了可靠的依据。

曾经遍布全国的邮电局

在当时我国邮电管理体制下,除了省会以外,其他层次上普遍实行邮电机构合设,统一领导。但当时普遍认同的"邮政亏损电信补"这一指导思想则不符合市场经济条件下邮电两大通信产业快速发展的要求,它很容易在客观上造成重电轻邮的既成事实,掩盖邮政发展中存在的真实矛盾。这一概念上的模糊则必然导致一方面使邮政发展投入不足,与市场经济发展要求的距离逐渐拉大;另一方面又导致了邮政企业进取心不足,参与市场竞争能力与意识的弱化,最终在市场经济竞争中拱手让出本该属于自己的市场份额,无法保证邮政持续、稳定、健康发展的宏观目标的实现,从邮电发展整体效益上看损失也将是严重的。因此,实行邮电分营的改制,通过邮电分设、分营势在必行。

电信业是邮政利用电子通信、电子技术开发的新业务,叫电子通信业。1848年,马克思和恩格斯发表了《共产党宣言》,里面提到一个国家和民族的经济要发展,必须具备三个基础条件。第一,具备原材料工业,如矿山、钢铁等;第二,具备能源工业;第三,具备communication,我国翻译成了具备交通业。当时的翻译者把这个词理解为是两个行业,即运输业和通信业。实际上,马克思在1848年讲的通信业并不是指电信,因为那时电子还没有发展起来,直到1907年才有了电子。《那年花开月正圆》这部电视剧讲的就是清朝末年的事,里面开始有了电报业务。后来社会发展,慢慢有了电话、互联网业务,所以电信是邮政开发的新业务,但是办大了,就独立出去。我国是以马克思主义为理论基础的国家,后来改革开放当中就说要想致富就要修路,要想发展就上通信。那时,大家都没有注意到邮政业,而是重视了电信业,电信发展特别快,这是对的,但是忽视了邮政。

——原国家邮政局政策法规司司长达瓦

二、邮电分营过程

根据国家机构改革和邮政、电信发展的需要,1998 年信息产业部在全国实施了邮电分营工作。邮电分营是技术进步和通信事业发展的客观要求;是邮政、电信两大专业根据自身规律,建立现代企业制度,加强企业管理,走向市场,迎接竞争挑战的需要;也是国家行政管理体制改革,政企职责分开对邮电改革提出的一项紧迫任务。邮电分营的目的是进一步解放生产力,促进邮政、电信事业的更大发展。邮电分营总的原则是要有利于邮政、电信企业实现两个根本性转变,建立现代企业制度;有利于保持国家通信网的统一性、完整性,保障国家通信与信息安全;有利于邮政、电信事业的长远发展,保持邮政、电信服务工作的延续性。

为了加快实现邮电体制改革的目标,探索邮电分营的方法和经验,1997 年初在重庆市和海南市进行邮电分营试点。重庆建立直辖市以后,1997 年 4 月 10 日开始,邮电两大专业分营,分别建立管理局,一分到底,一步到位。同年 5 月 9 日,重庆市邮政管理局成立,到 7 月底全市 44 个区市县邮政局先后成立,按新体制运行。海南省于 1997 年 3 月开始邮电分营工作,其基本格局是:省邮电管理局的机构基本不变,各市县分别组建邮政局、电信局,其人、财、物一分到底。[①]

1998 年 3 月,第九届全国人大一次会议通过了国务院机构改革方案。改变原来政府机构直接干预企业生产经营活动政企不分的体制,实行政企分开。新的国务院组成部门不再设邮电部,而是在邮电部和电子工业部的基础上组建信息产业部,在信息产业部的管理下,成立国家邮政局。

从 1998 年 4 月开始,信息产业部先后下发了《关于印发〈邮电分营工作指导意见〉的通知》、《关于印发〈邮电分营中企业资产、负债和所有者权益划分的规定〉的通知》、《关于进一步明确邮电分营中几个问题的通知》、《关于邮电管理局邮电分营与机构调整问题的通知》等四个指导性文件,对分营的指导原则、企业的管理体制和机构设置、人财物的划分、进度安排、工作要求作了明确规定,保证了分营工作的顺利进行。

1998 年 4 月 28 日,国家邮政局正式挂牌成立。国家邮政局的成立,标志着近 50 年的"邮电合一"的体制的结束。这个时候的国家邮政局是主管全国邮政行业以及管理全国邮政企业的机构,既是行政机构,又是公用企业,既要行使对全国邮政行业的管理职能以维护国家利益和用户权益,又要负责统一建设和经营全国邮政网,承担全国邮政普遍服务任

[①] 　姜希河:《中国邮政简史》,商务印书馆 1999 年版,第 205～206 页。

务。其所属机构分为两部分,行业管理司、邮资票品司、国际合作司等属于政府职能的管理机构;网络运行部、公众服务部等属于企业经营管理机构。同时还设立若干直属专业经营管理部门的邮政储汇局、邮政速递局等,以及支撑部门,如邮政科学研究院、石家庄干部培训中心、邮政文史中心等。这次重组的国家邮政局最大的特点就是政企不分,我们可称为"98版国家邮政局"。

　　邮电分开是必然的,与孩子大了和父母分家是同一个道理,但里面有个问题,原来在邮电部里面邮和电已经分开经营了,但改革分的时候,新成立的国家邮政局被定位为副部级,这是其一。其二是重新回到了政企合一上面。这样的结果不是促进的,反而在客观上为邮政发展带来了负面的结果,产生了额外的问题,主要体现在政府职能受到了削弱,被弱化了。当时国家邮政局只有两个司发挥政府职能作用,一个是票品司,只管理邮票发行,另一个是行业管理司,主管部门就是国家邮政局,自己管自己,又要管理企业化的经营,几头顾不上,企业化职能受到了影响,政府职能也受到了削弱。面对这个情况,一方面国民经济发展要求邮政要改革,另一方面邮政内部干部职工也强烈呼吁进行改革,所以国务院在 2005 年拿出邮政体制改革的新方案时核心就是两条,一是要政企分开,二是要分清楚公益性的邮政业务和商业化的邮政业务的区别。

——原国家邮政局政策法规司司长达瓦

　　国家邮政局在各省、自治区、直辖市设置省级邮政局,根据国家邮政局的授权,负责地方邮政行业管理,为公用企业。省(区、市)邮政局实行国家邮政局和地方政府双重领导、以国家邮政局为主的管理体制。地市县邮政局、电信局分别纳入国家邮政局和中国电信系统,实行垂直管理。

　　邮电分营是中国通信业进行的一项重要改革,是通信业基本管理制度的根本变化,涉及上百万邮电职工和数千亿资产。在信息产业部的指导下,在广大邮电干部职工的共同努力下,改革仅用不到一年时间就圆满完成了。这一次改革实现了邮电分设,邮政独立运营,使邮政成为一个独立的产业部门,为进一步按照邮政自身特点深化管理体制改革打下了良好的基础。邮电分营是邮电自身发展的内在要求,势在必行。原来邮电合一,邮政大树底下好乘凉,但是大树底下却难成梁。邮政要生存要发展,就要经风雨,见世面,风吹雨打才能成为参天大树。比如,重庆邮电分营的 1997 年,成为重庆邮政通信史上发展最快的一年,邮政业务总量和业务收入分别达到 2.2 亿元和 3.8 亿元,比上年分别增长 12.4%和 59%,邮政业务总量和业务收入又比上年同期分别增长 24%和 9.51%。①

---

　　① 姜希河:《中国邮政简史》,商务印书馆 1999 年版,第 206 页。

三、改革阵痛

邮电分营之后，由于邮政服务质量的不高以及电子通信技术的发展对邮政的传统实物传递造成冲击，在很长一段时间内，中国邮政都处于亏损状态。1998 年邮电分营初始，中国邮政就背负了高达 179 亿元的巨额亏损。此后，邮政的亏损也一直没有好转，还曾经位列全国各行业亏损之首。

1999 年国家财政部被迫给予邮政部门"8531"的财政补贴政策，即从 1999 年至 2002 年累计补贴 170 亿元，这是国家对邮政当时经营现状的一个过渡性的补偿。2003 年，补偿政策结束，但中国邮政的亏损问题依然存在。邮电分营，给本就经济困难的邮政业发展带来了巨大困难。中国邮政独立运营时，带走了邮电业 48% 的人员，却只拥有 12% 的收入和 9% 的资产。

种种因素，使得这次邮政与电信的拆分在邮政业内部形成了一次巨大的地震。邮电分营前后，邮电系统内部人心惶惶，觉得好日子到头了。分营前夕，多数地方的邮政部门职工都想去电信，生怕自己被留在没有盈利前景的邮政部门；而最终结果是，很多地方邮电局一把手进入电信，副局长则留在了邮政；很多历史负债、离退休人员等负担都留给了邮政，好的办公场所和很多优质资产和资金都分给了电信。河南省一位县邮电局长本想会分到电信局，结果被分配到了邮政局，当时就想不开，跳楼自杀身亡，分营之震动可想而知。为了提高自身的盈利能力和市场竞争力，1999 年，中国邮政提出"三年扭亏，五年形成良性循环"的阶段性目标；后来喊出"一天营收一个亿"的口号。但是，由传统国企向市场化企业的转型不可能一帆风顺。中国邮政开始那几年战略思路不清，发展思路不明确，一年提一个思路，一会把物流当作重点，一会又重点搞集邮，走了很多弯路，邮政营业厅也变得面目不清，营业厅成了超市，一度靠推销邮票、明信片、贺年卡、挂历、IC 电话卡甚至啤酒、月饼、方便面等过日子。当时的营收任务压力巨大，许多地方完不成指标，最后只能掺水造假。比如，当时为了增加营收，对集邮品掠夺式开发，大量印刷明信片、邮票。2000 年左右发行量都在几亿枚。事实上，这些明信片、集邮品并没有都卖出去，却都入了账，成为营收的一部分。2003 年、2006 年国家邮政局为减少资产占用，组织了两次邮资票品的销毁工作。河南、黑龙江等很多有邮票印刷厂的地方，邮资票品竟没有彻底被销毁，这些库存一直存在了大约 10 年。直到 2011 年，中国邮政集团痛定思痛，才开始对全国库存的明信片、集邮品再一次大批量销毁，一车一车的邮票和明信片由武警押送到印刷厂，打成纸浆。

中国邮政所面临的亏损的困境，主要来自于三个方面：第一，邮政管理费用增幅较高，业务成本的增加高于业务收益的增加，其中邮政承担的普遍服务业务的亏损最为明显。但由于普遍服务业务的特殊性，中国邮政并不能因此而缩小业务范围或者随意提高业务资费，因而这一亏损成为当时邮政经营中的一个硬伤。第二，中国邮政竞争性业务的萎缩。随着市场竞争的加剧，在竞争性服务领域，利润丰厚的速递业务不断遭到来自私人速递企业以及跨国速递企业的挑战,以 EMS 为代表的中国邮政速递业务所占领的市场份额不断萎缩,如今只占有 10% 不到的市场份额,这给中国邮政的收益带来了很大的影响。第三,专营性业务的"不专营"。由于相关法律法规的不健全,中国邮政的专营性业务也不断遭到来自私人速递公司和跨国速递公司的非法侵吞,在事实上"专营业务"已经几乎不存在,这也造成了中国邮政收益的减少。

四、积极效果

邮电分营后,在国家邮政局的领导下,我国邮政业的业务迅速发展,邮政业务的范围与领域大大拓展,虽然邮政的普遍服务业务基本还是亏损业务,但是邮政储蓄、邮政快递、物流等业务却形成邮政业新的利润增长点,成为支撑邮政业发展的新支柱。

(一)邮政各业务的发展状况保持增长

2005 年,我国邮政业务收入的总额为 625.5 亿元,比上年增长 10.8%,其中,邮政特快专递业务发展最快,完成 2280.3 万件,比上年增长了 15%,业务收入达 65.8 亿元,新增收入首次突破 10 亿元大关。函件完成 735114.8 万件,比上年同期减少 11.23%,包件完成 9531.8 万件,比上年同期减少了 4.19%。中国邮政物流业务收入全年实现收入 19.5 亿元,代收代支业务为 2483 亿元,比上年增长了 14.45%,在代理保险业务上,累计投保户数为 2396 万户,累计代收保费 221.5 亿元。2005 年年底全国邮政储蓄期末余额达到 13598.7 亿元,比上年增加 28811.9 亿元。储蓄通存通取联网网点达到 3.5 万处,完成异地通存通取和转账交易 4 亿笔,交易金额 1.7 万亿。全国邮政电子汇兑开发汇票量达到 1.61 笔,汇款金额 1893.9 亿元。在集邮方面,2005 年集邮邮票销售 12.1 亿枚,比上年同期下降了 18.7%,集邮品销售 0.29 亿册,比上年同期下降了 16.4%,完成集邮业务收入 35.8 亿元。在国际业务上,2005 年出口国际及港澳台各类业务总收入为 25.96 亿元,同比增长 20.4%,其中函件业务收入为 2.7 亿元,同比下降 5%,包裹业务为 5.5 亿元,同比增长 7.4 亿元,速递业务收入为 16.9 亿元,同比增长 29.1%,汇兑业务收入 0.8 亿元,同比增长 82.2%,可见函件、包件、集邮业务下降幅度较大,但是快递、金融、物流等业务却大幅度增长,这些增长业务的市场竞争已经逐渐激烈,其业务的增长速度赶不上居民需求的增长速度,市场份额逐步被竞争者所侵占,邮政必须尽快提高这些业务的竞争力水平,为邮政带来更多的利润。

(二)邮政的规模与综合能力不断扩大

中国邮政加大网路的经营服务保障力度,强化全网运行管理,使网路规模与网路资源的配置更加适应邮政市场竞争和企业经济效益提高的需要。2005 年,全国共有邮政局所、代办点 6.6 万处,邮政生产用房 2198 万平方米,邮路 2.1 万条,总长度 340.6 万公里,航空邮路 181.4 公里,各类生产用汽车 4.4 万辆,全国已有邮政信函自动分拣机 107 套,包裹分拣设备 108 套,邮政用微机 18.5 万台,邮政的整个技术装备水平不断提高,2005 年固定资产原值已经达到 1094.95 亿元,达到一个较大的规模。值得一提的是在 1999 年愈演愈烈的电子商务大潮中,物流热使不相干的中国邮政进入工厂界,工厂启发中国邮政提出电子邮政的新战略,向电子邮政迈进,进而转型为基于互联网的新型服务企业是中国邮政的战略要点。邮政遍布城乡、连接世界的邮路资源以及大量投资形成的邮政基础设施和专用固定资产,是提供各种邮政服务的基础和保证,也形成邮政业独有的优势。

(三)邮政的服务水平和服务质量不断提高

邮政网点覆盖全国各地,为普遍服务提供了良好的物质基础。到 2005 年年底,全国有邮政局所、代办点合计 6.6 万处,其中,设在农村的局所、代办点 4.7 万处,邮政报刊图书销售点 4.7 万处,集邮品销售点 1.7 万处,邮政储蓄点 3.5 万处,邮政信筒信箱 20.2 万个,邮政妥投点达 3752.9 万个。全国开办邮政储蓄业务的乡镇 2.1 万个,开办 11185 客户服务中心的地(市)298 个,人均函件量达 6 件,每个局所、服务网点平均服务人口达 2 万人,每百人报刊量为 11 份。

(四)中国邮政不断通过加快传递速度来改善服务水平和质量

2005 年速递专业服务质量得到新的提高,特快专递国内时限准时率达到 90% 以上。在邮政物流专业网络的建设上,通过行邮专列扩容和停靠点调整,组成物流专线,优化网络线路、加快集散中心和省内网建设,全面升级信息系统,服务质量不断提高。

五、新的挑战

在国家邮政局的带领下,邮政的发展现状相比以前得到了很大的改善,但是仍然存在不足之处,邮路利用率较低,网络的规模经济作用还不能充分发挥出来,邮政业的服务质量还要进一步提高,邮政普遍服务业务亏损较大,竞争性业务发展受限,总体竞争能力和水平不高。与此同时,政企不分的邮政体制受到了来自各方面的压力和批评。

挑战一。中国邮政"政企合一"、"政资合一"的体制,使邮政企业缺乏竞争意识,裹足不前,同时不利于邮政企业进行充分竞争。这是邮政体制存在的最突出问题,其他问题大多是由此而产生的。1988 年在国务院机构改革中,其他行业主管部门基本实现了政企分开,但邮政部门在实施邮电分拆后,政企不分的格局却延续下来。中国邮政成了各行业主管部门中为数不多的"政企合一"机构。国家邮政局既是政府管理邮政业务的行政机构,又是大型国有公用企业,既具有管理全国邮政企业的职能,又具有从事邮政业务经营的职能;既是邮政业的监管机构,承担着监管全国邮政市场的职能,又是国有资产的出资人代表,具有实现国有资产保值增值的责任。"政企合一"使得邮政局在市场上既是"裁判长"又是"运动员",不利于作为邮政局公平执政,不利于邮政企业走向市场,更不利于非邮政企业与邮政企业公平竞争。

挑战二。普遍服务业务与竞争业务混业经营,专营业务范围过宽。提供普遍服务是世界各国政府赋予邮政部门的职责,中国同样承担着以国家规定的用户所能承受的统一资费,为所有公民提供普遍服务的职责。普遍服务业务与竞争性业务是两类不同性质的业务。因此,二者应按不同的核算和监管标准分拆经营。但是,我国邮政系统内普遍服务业务与竞争性业务是混业经营的。随着社会的不断进步,快递、物流、报刊发行等竞争性业务越来越多,这些业务如果被纳入针对普遍服务业务的专营范围,会造成竞争性业务与普遍服务业务的冲突越来越激烈。专营业务范围不适当的扩大造成了诸多的问题,如强化了行业垄断经营体制、损害了竞争者的权益、缩小了消费者的选择权等等。

挑战三。邮政企业现代企业制度建设滞后,企业激励和约束机制缺乏,生产率低下。早在1995年原邮电部就成立了"中国邮电邮政总局"和"中国邮电电信总局"两个企业局,它们在形式上已经成为具有法人资格的企业,并在国家工商局登记注册。国家邮政局内部设立了中国集邮总公司、中国速递服务公司、中国邮政广告公司、中国邮政航空服务有限责任公司、中国邮政物流有限责任公司等企业。但邮政企业与其他国有企业一样也存在着现代企业制度缺乏或不完善的问题,如产权不明、权责不清、公司治理结构不规范、管理不科学等。在其他国有企业和公用企业推进现代企业制度建设已取得明显进展的情况下,邮政企业的现代企业制度建设是明显滞后的。现代企业制度建设滞后造成邮政企业人员激励与约束机制缺乏、多劳不一定多得、人员能进不能出、干部能上不能下、机关作风比较浓厚等。同时,邮政企业内部富余人员多、债务负担重等历史包袱也很沉重。所有这些严重影响了邮政企业劳动生产率的提高,削弱了邮政企业的市场竞争力。这也是邮政系统亏损的重要原因之一。

挑战四。邮政监管体制存在明显缺陷、法规不完善。由于政企不分,邮政部门在一定程度上集行政、企业、执法、裁决和立法五种职能于一身,邮政部门对系统内邮政企业的监管由于存在共同利益而难以有效实施,对系统外从事邮政服务业务或相关业务的非邮政企业的监管也由于存在利益上的竞争关系而难以公正实行。总之,独立、公正的监管机构有待建立。20世纪80年代出台的《邮政法》已越来越不适应形势发展的需要,随着我国服务市场的进一步开放,国内外各方面力量越来越多地涉足邮政服务业务领域,市场竞争日趋激烈。如何在保证普遍服务的前提下最大限度地开放邮政市场,促进邮政市场竞争,亟待从法律上予以规范。现行《邮政法》对专营权范围规定不够明晰,造成邮政专营权实施不尽如人意。

挑战五。缺乏科学的普遍服务补偿机制。政府承担着宪法规定的"保护公民通信自由权利"的职责,邮政代行政府职责。承担这一普遍服务职责是造成邮政系统亏损的重要原因之一,特别是在西部边远地区,其业务开展越多亏损越大。如何解决普遍服务的补偿问题是困扰世界各国邮政的一个难题,各国解决的方式也不尽相同,如美国采取调整资费的方法,日本等国则采取"交叉补贴"的办法,西班牙则采取普遍服务补偿基金的办法。而我国在邮电分营之前实际上是采取内部"交叉补贴"的办法,邮电分营后则实施了"8531"补贴政策,期望对邮政部门的补贴逐年减少,最终促使邮政自负盈亏。但是,这个政策并没有解决邮政部门承担普遍服务义务的补偿问题,从而为邮政部门通过扩大专营范围寻求垄断利润以弥补亏损提供了借口,而专营范围的不适当扩大不利于邮政市场的开放和竞争。

挑战六。政企不分的邮政体制不能适应我国政府履行入世承诺的需要。那时,世界各国邮政体制改革的趋势是推进政企分开,实行公司化和产权多元化,甚至民营化;通过立法,分阶段缩小甚至逐步取消邮政专营,放开邮政市场,鼓励公平竞争;区别对待不同性质的业务,对具有公益性质的邮政普遍服务业务实行独立核算,并由国家对其政策性亏损部分给予补贴,而对具有竞争性、商业性的业务(如国内外快递、物流等)则允许市场竞争。加入 WTO 后,中国政府承诺已开放的领域不能倒退并将逐步开放邮政市场,外国资本可以以合资、独资等方式进入中国邮政服务市场。但是,我国当时政企不分的邮政体制,一方面不能适应邮政体制改革的国际趋势,另一方面也与 WTO 和服务贸易总协定的基本原则相悖,不利于我国政府履行入世的承诺。

挑战七。政企不分的邮政体制不能适应邮政服务业和国民经济发展的需要。随着私人信函和电报等传统邮政业务的逐步衰落,邮政部门不断加大进入快递、物流等新业务领域的步伐,邮政业与其他服务业不断走向融合。但是,政企不分的邮政体制是为适应传统邮政业务而设计的,主要针对的是邮政普遍服务业务,不能适应邮政新兴业务发展的需要。政企不分的邮政体制,已成为推进邮政上市、设立邮政储蓄银行和对邮政部门进行必要财政补贴的重大障碍。政企不分还使得邮政企业效率低下,缺乏竞争力,难以应对激烈的市场竞争。同时,政企不分的邮政体制排斥市场竞争,歧视非邮政企业,缩小了广大消费者的"用邮选择权",影响了内外贸的发展,也不利于扩大就业和促进社会稳定,其中最典型的就是与快递业务的竞争。

速递业务的竞争主要集中在营业与投递服务、时限、查询和资费四个方面。首先,在营业和投递服务方面,邮政 EMS 开办的城市和网点很多,在网点上具有优势,零散用户,即个人用户到窗口的比较多,而大用户是大公司争夺的对象,EMS 在大用户上没有明显的优势,逐渐失去大用户。EMS 的投递范围广、投递户数多,投递服务的难度相对较大,而其他公司的投递户数少、范围集中,做好投递服务相对容易。其次,在资费方面,大批的民营快递公司经营机制灵活、投入的成本少,尤其是同城快递业务,有的民营快递公司仅凭几辆自行车就可开始运营,因此,与需要支撑庞大运营网络的邮政企业相比,具有明显的价格优势。其他快递公司在执行资费政策时也比 EMS 更加灵活,给 EMS 造成很大的压力。再次,在时限方面,EMS 在国内异地特快专递业务上具有一定的优势,但随着民航运输能力的增加和竞争的增强,民航的投送时限会越来越快。同城特快专递业务上,民营企业由于操作灵活、中间环节少,在时限上强于 EMS。最后,在查询方面,DHL、UPS、FedEx、TNT 等公司都拥有先进的网络系统,货件从收寄到运输、投递环节都录入计算机系统,在查询时能很快追踪到货件,这是跨国公司的优势。在国内范围 EMS 利用邮政综合网搭建的查询平台,邮件从收寄、分拣运输、投递各环节逐步增加录入数量,"11185"特服号的使用为用户提供了方便。与民航等国企大公司和民营企业相比,EMS 具有查询方面的优势。国内特快专递,尤其是同城特快专递,由于进入门槛低,潜在竞争对手多。

六、亏损压力下的执法冲动

邮政部门政企不分,集运动员和裁判员于一身,不利于邮政企业与非邮政企业公平竞争,不利于邮政部门公正执法。普遍服务业务与竞争性业务不分,导致邮政系统内部该补贴的部门和业务品种没有补贴到位,而不该补贴的从事竞争性业务的部门和业务品种则享受着补贴和优惠政策,也不利于公平竞争。邮政部门在扭亏压力下继续扩大邮政专营范围的一些举措,难以为广大非邮政企业所接受。当时发生的"阳光报业事件"和"国际速递事件"是政企不分的邮政体制不能适应公平竞争市场经济体制需要的集中体现。

阳光报业事件

1999 年 8 月,河北省张家口人郭东生联络了六家股东投资 15 万元,经市工商部门和市新闻出版局批准,成立了张家口市阳光报业有限公司,专门从事报刊、图书的零售投递业务。"阳光"公司一成立就打出了"投送到户,不怕楼高"的服务口号,采取将报刊逐门逐户送到用户家门口的方式,因此受到了市民的欢迎,短短几个月内,用户就迅速增长到一万多户。虽然发行量还不到当地发行市场的 2%,但当地邮政部门却以"破坏邮发报刊正常征订秩序"为缘由对其进行了查处。

2000 年 9 月,在当地邮政部门对阳光报业有限公司的查处缺乏强有力的法律依据的情况下,河北省政府颁布实施了《河北省邮政管理规定》,其中明确指出邮发报刊指定由邮政部门专营。不久,张家口市邮政局便正式下发通知,责令阳光报业公司停止从事邮发报刊征订业务,并对已征订的用户作退订处理。

阳光公司认为:"第一,邮政法从来没有禁止私营企业从事报刊发行。第二,统一经营不是只有你能经营。营业执照写着我的经营范围包括书报刊零售,征订是零售的一种,我们没有超出经营范围。"当地邮政局则认为:"你营业执照上的经营范围没有报刊征订,零售是一手交钱一手交货当时发生的买卖关系,征订是先收款后交货。你现在的做法是超范围经营。"按照《河北省邮政管理规定》的有关条款,以自办发行为主的报刊,征订发行行为都被视为违规。2001 年 3 月 28 日张家口邮政局给"阳光报业"下了一份《河北省邮政通信行政案件听证告知书》,称该公司违反了《河北省邮政管理规定》第 29 条第 5 款,"违规征订邮发报刊",故予以警告,并罚款 27868.78 元。"阳光报业"不服,要求举行公开听证会。

2001 年 4 月 19 日听证会如期举行。会上,当时的张家口市邮政局局长杨桂林认为,按照《河北省邮政管理规定》,邮发报刊的征订发行由邮政部门专营,也就是说,其他行业或个人不能搞邮发报刊的征订。杨桂林还列出邮局的"难处":国家邮政由于历史原因,承担了许多普遍服务义务,由此经营成本居高不下,把邮发报刊的征订列入专营,也是一种补偿。

郭东生认为,阳光报业的行政主管机关是工商行政管理局,依照《公司法》第八条、第十一条、第二十七条的规定,公司法定行业主管部门是新闻出版管理局,公司依法办理了书报刊经营许可证。所以,"邮政企业即市邮局对我公司的经营行为根本没有行政处罚权,曾对我公司作出的处罚建议应当立即撤销"。而邮政局邮政通信执法人员则认为,阳光报业属于"超范围经营",营业执照上没有注明报刊征订,依据《河北省邮政管理规定》,邮发报刊的征订由邮政专营,市邮政局负责本行政区邮政行业管理工作。郭东生强调《反不正当竞争法》明确规定,政府及其所属部门不得限定他人购买其指定的经营者的商品,限制其他经营者正当的经营活动。郭东生说,听证会是邮政局主持的,对方调查人员也是邮政局的,主席台上坐的既是裁判员,又是运动员,这样的比赛规则肯定是不公正的。

听证会后,张家口市邮政局再次认定阳光报业公司属于违法经营,并作出行政处罚决定,对阳光报业有限公司予以警告并罚款 2.98 万元。阳光公司不服并将邮政局告上法庭。按照《河北省邮政管理规定》的有关条款,以自办发行为主的报刊社的征订发行行为都被视为违规。张家口市邮政局局长杨桂林说,专营和垄断的意义是不同的,垄断经营是以暴利高额利润为前提,但从报刊来看恰恰不是这种情况。而省行管办的主要负责人魏友芝则坦言,邮政部门扭亏压力不小,有的报刊还要搞自办发行,如果报刊征订发行这块蛋糕再被切,无异于雪上加霜。他说,有朝一日这块市场肯定要放开,但不是现在。

这件事引起了相关部门和专家学者的争论:

邮政研究专家顾联瑜认为,邮政专营问题是邮政法对普遍服务的范围定义为"信件及带有信件性质的物品",此定义过于宽泛、模糊不清。普遍服务并不是邮政经营的所有业务都要实现普遍服务。普遍服务是有条件的,是有限定范围的。邮政局不适当地扩大了普遍服务的范围,除了信件寄递业务外,还把包裹寄递、报刊发行等业务也列入了普遍服务的范围,这显然是不正确的。国家实施的《邮政法》和《邮政法实施细则》没有具体规定限制民营企业经营邮政业务,也不排斥民营企业经营邮发报刊征订发行,地方政府制定邮政专营邮发报刊的规则,限制民企发展,与《反不正当竞争法》相抵触。其中邮发报刊征订发行邮政专营条款带有行业垄断嫌疑。

河北省人大内务司法委员会办公室主任陈金玉认为,法律面前,民营企业和国企等其他形式的企业是平等的。《河北省邮政管理规定》是省级人民政府以政府令形式颁布的地方政府规章,具有一定的法律效力,民营企业对其中某些规定存有异议,可以向颁布部门申请行政复议。

北京远东律师所崔庆丰律师认为,根据我国《反不正当竞争法》第七条规定,政府及其所属部门不得滥用行政权力,限定他人购买其指定的经营者的商品,限制其他经营者正当的经营活动。而 2000 年 9 月出台的《河北省邮政管理规定》却明确规定邮发报刊的征订发行要由邮政企业专营。

中国社会科学院工业经济研究所副研究员余晖在谈及此问题时说,这就是垄断!垄断是一种市场力量,如果一个企业或几个企业拥有了绝大部分的市场份额,而且利用这种市场优势采取了不正当竞争行为,就是一种典型的垄断。如果说邮发报刊是一种不赚钱的业务,而且阳光公司又深受消费者欢迎,那么邮政企业为什么还视其为眼中钉肉中刺呢？所以这不但是垄断，而且是依据不合法的行政权力而产生的垄断。其直接结果就是为当地邮政企业实施不合法的行政处罚提供了依据。

杨桂林认为从地方政府的规定来看，《河北省邮政管理规定》是对《邮政法》进行了细化。有关专家则认为，这种细化本身就是不合法的。地方性法规对国家法规的细化，不能超越法律所规定的权力，否则就是一种行政越权行为。即便要对法律进行重新解释，也应该由国家立法部门来进行解释，地方立法机构和行政机构没有这种权力。

国际速递事件

当时我国从事速递行业的主要是邮政和各速递公司，其中中国邮政所属的 EMS 的营业额占总数的 40％，速递公司占 60％。中国邮政与速递企业之间多年积累的矛盾凸现出来。速递公司与 EMS 的分庭抗礼迫使邮政部门以管理者的姿态出现，邮政部门对山东、河北、山西、四川、江西等地的速递公司进行了查抄，扣留了部分文件和待运品。

当时中国国际货运代理协会会长罗开富认为，邮政部门的这种行为不符合我国破除垄断、提倡自由竞争的政策体系，不符合我国入世、进一步开放的总体政策和走向，此次被查抄的多为中外合资企业，这一行为破坏了我国在国际上的形象，不利于建立良好的投资环境。同时，邮政部门并无任何权力查抄速递企业，这一行为是不合法的。而据邮政部门讲，对上述公司查处的理由就是速递公司超出了法定的经营范围，经营了信件这一邮政部门专营的业务。

邮政部门的查抄行为到底有没有法律依据呢？1986 年我国颁布实施的《中华人民共和国邮政法》第八条规定："信件和其他具有信件性质的物品的寄递业务由邮政部门专营，但国务院另有规定的除外。"该法明确了非邮政企业按国务院有关规定经营私人信函之外的信件类快递业务的合法性。国务院 1995 年国函 53 号文批准颁发的《中华人民共和国国际货物运输代理管理规定》第十七条规定："国际货运代理企业可以接受委托，代为经营国际快递，私人信函除外。"该规定明确将私人信函以外的国际快递业务纳入了货代企业的经营范围。

大田航空代理有限公司总裁王树生指出，速递业务市场上的确存在着种种问题，比较混乱，但被查抄的几家大的速递公司不在此列，它们均为外经贸部批准成立和经营的，有工商部门颁发的营业执照，主要经营的是私人信件之外的各种商业文件的国际速递业务。

据中国国际货运代理协会秘书长李力谋介绍，中国邮政与速递企业之间的冲突已发生过多次，1995 年和 1999 年就发生过类似的事件，当时都是由国家有关部门进行协调，结果是维持现状。但是矛盾没有解决，反而愈演愈烈，进入白热化阶段。邮政部门的几次查抄行动的做法都大同小异，虽每次的时间和背景不同，但都是基于一个共同的因素，那就是国内速递业公司的迅速发展。李力谋称，速递企业的市场份额从开始时的 5％增长到现在的 60％，对邮政 EMS 是一个不小的冲击。

有关人士分析，由于社会需求量较大，再加上各类速递公司价格的低廉与服务的灵活，在不长的时间内，同城速递已经在全国各大中城市火起来，如果邮政还保持这样的服务和速度，将会丧失很大的市场。消费者对速递公司的信任度比邮政高。例如，当时一家由济南市长途汽车总站开办的同城快递公司"兔兔快运"可以送的东西大到冰箱、彩电,小到鲜花、蛋糕、车票、药品等,而且价格也相当便宜,在二环路以内,无论大件小件都是 20 元钱;时间上保证在两小时以内到达。虽然刚刚开张一个多月,但营业收入已达到了 10 多万元。济南市虽然有 30 多家速递公司,但由于同城快递对服务、速度的要求较高,大多数公司都把注意力集中在热点城市之间的线路上,没有在意这一块市场;而邮政速递 EMS 的价格和速度均没有优势:200 克为 22.1 元服务费,此后每增加 200 克加收 6 元,而且上午寄送的东西,快的时候下午才能送到。也就是说,一件 5 千克重的药品,如果让"兔兔快运"来送:只需两个小时 20 元钱就可送达;而如用邮局的速递,可能需要半天甚至一天时间 166.1 元钱才能送达。

中国邮政曾与 40 余家在国内外深具影响力和知名度的企业巨头们进行了物流配送洽谈会,并与其中的戴尔、IBM、青岛海尔、施乐等签订了物流合作意向书,但邮老大事实上并没有什么实际动作,十多份巨头之间的合作意向书本身只是战略层面上的,没有涉及具体运作步骤。对于抢滩物流配送这一新兴产业,最大限度地瓜分市场份额,中国邮政雄心勃勃,但在全国范围内却总是举步维艰,给人以跃跃欲试却又总也动不起来的感觉。

(以上内容摘自 2001 年 6 月 7 日中国经济时报《报刊发行是否专营 从阳光事件看邮政垄断》报道)

七、邮政法的迁就

政企不分的邮政管理体制,除了在经营、执法等方面遇到了很大的困难之外,引起更大争论的是在当时国家邮政局主导下的《邮政法》的修订工作,这成为政企不分的邮政管理体制所有矛盾的焦点。

从 1999 年开始修订邮政法,直到 2007 年国家邮政局重组,修订的主体一直是政企不分的国家邮政局。站在国家邮政局的立场上,邮政专营权事关它在市场上的经营利益,它是不会真正从考虑国际民营快递公司的角度上考虑问题的,不管它说的理由多么光鲜,但是从它提出的关于邮政专营的建议草案来说,多多少少都有着维护其自家利益的嫌疑,这也是邮政法修订整整用了十年时间的原因。如果不是因为 2005 年邮政体制改革方案的出台和 2007 年国家邮政局的重组,在一定程度上达到了政企分开的局面,代表邮政企业利益的国家邮政局一定会在这个邮政专营问题上继续纠缠下去,邮政法的出台定会再继续拖延下去。就是在确定政企分开、国家邮政局重组的局面下,2009 年新的邮政法实施以后,邮政专营问题也没有完全解决,而是留下了一些缺口。这说明,一方面,国家邮政局在考虑这个问题的时候,站在邮政企业的角度上考虑问题,对专营范围不愿过于放开,以保护公民的信息安全和国有企业的利益;另一方面,重组后的国家邮政局毕竟已经是政府部门,它要适应自己的新角色,学会从整个大局出发,平衡各方利益,不能只一味考虑邮政企业的利益。所以从一定意义上来说,在对待邮政专营问题上,国家邮政局做了这样的中和,接受了各方面的妥协,表明它有了巨大的进步。

第四节　政企分开——实现了科学合理的邮政管理和运营体制

（一）政企分开为何姗姗来迟

20 世纪 90 年代初,中国邮政已经有了政企分开的呼声。1995 年,原邮电部成立了两个企业局,即中国邮电邮政总局和中国邮电电信总局。这两个企业局的设立与当时政企分开的改革思路是相通的,它在形式上已经是具有法人资格的企业,并在国家工商局注册登记。随后,各省市也纷纷成立企业法人,邮政系统政企合一的局面仍在继续。

1998 年,在国务院序列改革中,信息产业部下设电信管理局与国家邮政局,此时对于邮政结束政企合一的局面来说是个良机。邮政系统内外关于邮政业务分拆、结束政企合一局面的呼声很高。

其实就在 1998 年国家邮政局重组刚刚形成的时候,就有专家公开表示,这只能是一种过渡体制,以后它必将走政企分开的道路。邮政改革虽然是一个系统、繁杂的工程,但是改革的阻力不是在技术层面上,邮政过去不是不想彻底进行改革,而是有着难言之隐,追溯源头的话,还将涉及法律不健全的问题。当时的邮政法是 1987 年 1 月 1 日正式生效的。随着社会经济的发展、市场环境的不断变化,民营快递公司应运而生,跨国快递巨头也纷纷抢滩中国市场,广义的邮政专营早已经被部分攻破,政企合一的局面不利于行业发展,频频出现冲突。

2001 年新华网消息说,据《法制日报》报道,各地邮政部门在整顿邮政市场、查处非法快件公司违规经营寄递业务的过程中,对一批经营国际快递业务的国际货代企业(包括合资企业)进行了罚款、查封,使其正常的经营活动受到了阻碍。

国际速递业务是世界上许多国际货运代理公司普遍提供的一种专业性的快捷的"桌到桌"航空运输服务,自 20 世纪 80 年代引入我国以来发展非常迅速。2001 年我国从事这一行业的主要是邮政和各速递公司,其中国邮政所属的 EMS 营业额占总数的 40%,速递公司占 60%。

速递公司与 EMS 的分庭抗礼迫使邮政部门以管理者的姿态出现,邮政部门对山东、河北、山西、四川、江西等地的速递公司进行了查抄,扣留部分文件和待运品。中国国际货运代理协会会长罗开富认为,邮政部门的这种行为不符合我国破除垄断、提倡自由竞争的政策体系,不符合我国入世、进一步开放的总体政策和走向。此次被查抄的多为中外合资企业,这一行为破坏了我国在国际上的形象,不利于建立良好的投资环境。但是,邮政部门并无任何权力查抄速递企业,这一行为是不合法的。据邮政部门讲,对上述公司查处的理由是速递公司超出了法定的经营范围,经营了信件这一邮政部门专营的业务。

政企分开前,邮政企业面临着各方面巨大的市场竞争压力。一是异军突起的民营企业,2005 年我国有数千家民营快递企业,他们熟悉市场,经营机制灵活,承担了约 80％的同城快递服务和 60％的异地快递服务。二是国有大企业正式迈进快递市场,如民航快递、中铁快运等,他们利用其行业的运输资源,在效率和成本上拥有很大优势,且服务区域与 EMS 相同,是国内 EMS 不容忽视的竞争对手。三是国际快递公司伺机占领市场,主要是 DHL、UPS、FedEx、TNT 四大国际快递公司。他们主要采用收购、合资、合作形式跻身中国国内速递市场,1999 年 TNT 与中国邮政共同成立"中速快件",在快件的重量和规格限制方面有较大的灵活性,并于 2000 年 6 月 1 日起在全国范围内正式运营,着力发展国内快递业务。2003 年 5 月,DHL 宣布进入中国国内快递市场,计划在中国 50 个城市设立办事处,设立 3 个物流中心和 16 个货物中心。2005 年 UPS 开始涉足中国国内快递业务,并为跨国集团公司等客户提供快递服务。经过最近几年的发展,外资快递巨头们已具备了开拓国内快递市场的网络基础,如 FedEx 在收购了大田快递的 89 家分公司后,更顺利地进入中国二三级城市;TNT 成功收购华宇后,将使其原本就已经强大的网络优势更加强大。[①]

（二）政企分开改革方案出台

就在中国邮政顶住多方压力苦苦支撑的时候,中国邮政体制改革也在低调而稳步地推进。

1998 年邮政、电信分离后,中国邮政一直保持着政企合一的体制,身兼"裁判员"和"运动员"的双重职能。在石油、电力、民航等垄断部门相继实现政企分开并初见成效后,邮政体制改革被提上日程。2003 年,由国家发改委牵头,财政部、信息产业部、国家邮政局等部委参与,联合拟定了《邮政体制改革方案》。2005 年 7 月 20 日,国务院第 99 次常务会议听取了国家发改委关于邮政体制改革方案的汇报,并批准了《邮政体制改革方案》。这次会议确定了邮政体制改革的基本思路是:实行政企分开,加强政府监管,完善市场机制,保障普遍服务和特殊服务,确保通信安全改革邮政主业和邮政储蓄管理体制,促进向现代邮政业方向发展;重新组建国家邮政局,作为国家邮政监管机构;组建中国邮政集团公司,经营各类邮政业务,成立邮政储蓄银行,实现金融业务规范化经营。

按照部署,此次邮政体制改革将按照"一分开,两改革,四完善"的思路进行。"一分开"即政企分开,重组邮政监管机构,组建国家邮政局和中国邮政集团公司;"两改革"即改革邮政主业,改革邮政储蓄;"四完善"即完善普遍服务机制、特殊服务机制、安全保障机制和价格形成机制。改革之后传统的老邮政将被"一分为二":一是国家邮政局将以国家邮政监管机构的身份出现,地方邮政管理局接受其监管;二是组建中国邮政集团公司,公司业务将包括普遍服务业务、竞争性业务(包括快递和物流业务)和邮政储蓄业务。2006 年 2 月 13 日,国务院办公厅向各省级政府和中央各部委分别下发了《关于印发国家邮政局主要职能、机构设置和人员编制规定的通知》和《关于印发省(区、市)邮政监管机构设置、主要职责和人员编制规定的通知》两个文件,标志着中国邮政业政企分开的准备工作正式展开。

---

① 于都:《改革体制政企分开走向市场》,《中华新闻报》,2000 年 08 月 14 日,第 001 版。

（三）破冰之旅

2006 年，中国邮政改革写下了浓墨重彩的一笔：省级邮政管理局的陆续设立拉开了邮政政企分开改革的序幕，邮政体制改革中诸多因素的解决也随之提上了议事日程。自 8 年前邮电分离以来，中国邮政的改革问题一直在探索。设立省级邮政监管机构，标志着邮政政企分开改革迈出了关键一步。

2006 年 9 月 4 日，邮政管理局悄然在天津、浙江、山东、四川和陕西这五个省市正式挂牌成立，作为省级邮政监管机构，各省、市邮政管理局受国家邮政局垂直领导。随后，其他省、区、市政监管机构也陆续成立，31 个省、区、市的邮政监管机构全部宣布成立。重组后的国家邮政局和中国邮政集团公司也计划于年内挂牌。届时，中国邮政"政企分开、监管独立"的新型框架将粗具雏形，邮政系统维系多年的"政企合一"体制将告别历史。同时，中国庞大的邮政业务将被剥离并投向市场。

此次邮政管理局的建立秉承了"自下而上"的原则，即先设立各省市邮政管理局，在年内再挂牌最高级别的国家邮政局。这种自下而上的模式有些反常，从侧面反映了邮政改革的迫切和压力。正常的模式应该是先成立国家邮政局，再由新任的局领导到各省市督建下属的管理局。从此以后，"自下而上"似乎成了国家邮政局推动一些难点工作开展的惯有做法，作为对全国网络型企业进行监管的管理部门，按常理来说，国家邮政局应该先进行国家邮政局机关和中国邮政集团公司总部的改革工作，再自上而下推动工作更加有力，但实际上，在很多工作上，国家邮政局更多地采用"自下而上"的做法，不能不说这种工作思路是国家邮政局独有的思维方式，这种方式切实有效且易于施行。在 31 个省（区、市）的邮政监管机构成立之后，按照国务院确定的"积极稳妥"的方针，国家邮政局的重组及中国邮政集团公司的组建工作也在不断推进。

（四）重组国家邮政局

2006 年，国务院办公厅印发《国家邮政局主要职责、内设机构和人员编制规定》（即"三定规定"），意味着酝酿八年之久的邮政体制改革终于正式挺进核心地带，即将迈出实质性的政企分开第一步。在局里工作的干部职工，却无法一如既往地安心，他们正面临一个新选择。摆在他们面前的是两条完全不同的路：留在国家邮政局当公务员，或者加入中国邮政集团成为企业员工。按照"三定规定"，国家邮政局将进行重组，下设 5 个职能机构，拥有 98 个人员编制，负责行使政府邮政监管职能。企业职能将剥离给即将组建的中国邮政集团公司。与此相适应，国家邮政局现有的干部员工将在双向选择后，一部分进入重组后的国家邮政局，另一部分加盟中国邮政集团公司。[①]

根据《国务院关于印发邮政体制改革方案的通知》（国发〔2005〕27 号），重组国家邮政局（副部级机构）。国家邮政局是信息产业部管理的国家邮政监管机构。国家邮政局的职能主要是研究提出邮政业的发展战略、发展规划和有关政策；起草邮政行业的法律、行政

---

① 《国务院批准国家邮政局"三定方案"，国家邮政局要求确保邮政业稳定发展，抓好方案落实》，《人民邮电》，2006 年 2 月 28 日，第 001 版。

法规和规章草案;依法监管邮政市场,保障公平竞争;负责邮政市场准入;保障邮政通信与信息安全;研究提出邮政服务价格政策和基本邮政业务价格建议,并监督执行;制定邮政服务标准,监督邮政服务质量;推进邮政普遍服务机制的建立和完善;负责纪念邮票的选题和图案审查;负责审定纪念邮票和特种邮票年度计划;代表国家参加国际邮政组织,处理政府间邮政事务;办理国务院和信息产业部交办的其他事项。

国家邮政局的组织架构如下:

(1)综合司(外事司)。组织协调国家邮政局机关日常工作,承担会议组织、文电运转、档案管理、机要保密、新闻宣传、秘书事务以及信访、财务资产、安全保卫等行政管理工作;负责邮政应急体系的组织协调工作;拟订邮政对外合作与交流政策并组织实施,承办邮政外事工作和对台、对港澳邮政事务。

(2)政策法规司。研究提出邮政业的发展战略、发展规划和有关政策;起草邮政业法律、行政法规和规章草案;拟订邮政资源规划;拟订邮政业技术标准;承担邮政业统计工作;办理行业行政复议事项。

(3)普遍服务司(机要通信司)。研究提出普遍服务的标准并拟订相关政策,建立和完善普遍服务的机制,依法监督邮政普遍服务义务的履行;研究提出邮政价格服务政策和基本邮政业务价格建议并监督执行;拟订保障机要通信、义务兵通信、党报党刊发行、盲人读物寄递等特殊服务的政策并监督实施;保障机要通信安全;审查纪念邮票的选题和图案;审定纪念邮票和特种邮票年度计划。

(4)市场监管司。依法实行快递等邮政业务的市场准入制度,并对信件进行统一监管,维护信件寄递业务的专营权;依法监管邮政市场和集邮市场;拟订保障邮政通信与信息安全的政策并监督实施。

(5)人事司拟订机关人事、教育、培训、劳动工资管理制度并组织实施,承办国家邮政局系统机构、人员编制和干部管理工作;承担机关党委日常工作;联系邮政行业的协会;负责国家邮政局的党群工作,办事机构设在人事司。

(6)邮政监管机构依法监管邮政市场,保障邮政通信与信息安全,有关部门有责任协助邮政监管机构的工作。工商部门负责依法查处无证无照、超范围经营等非法寄递行为;海关、出入境检验检疫等部门负责依法对进出境的国际邮递物品进行监管、检验检疫;公安、国家安全机关按照职责分工,负责依法查处与邮政有关的违法犯罪行为,公安机关要加大打击制售假邮资票品行为的力度。邮政监管机构有责任协助有关部门的工作。[①]

2007年1月29日,重组后的国家邮政局和新组建的中国邮政集团公司在北京人民大会堂隆重举办了揭牌仪式,邮政政企分开改革顺利完成。重组后的国家邮政局开始以新的身份、新的使命面对快递企业。

国家邮政局和中国邮政集团公司揭牌典礼,标志着邮政业进入政企分开的新时代。

---

① 阴志华:《国家邮政局:收放结合促职能转变》,《中国交通报》,2013年6月14日第001版。

重组后的国家邮政局组织召开第一次国内快递企业座谈会

2007年2月3日上午,重组后的国家邮政局组织召开第一次国内快递企业座谈会,介绍邮政体制改革和快递等邮政业市场监管情况,听取快递企业的意见建议。来自中国邮政速递服务总公司、中国民航快递、中铁快运、中外运、宅急送、顺丰、盛彤、圆通、全一、韵达、汇通等11家国有和民营快递企业的负责人与会。会议由国家邮政局副局长苏和主持,马军胜局长首先介绍了邮政改革的基本情况、国家邮政局职能以及今后加强市场监管、促进行业发展的基本思路。他表示,邮政监管部门将树立"以人为本、监管为民"的理念,从培育壮大国内快递市场、促进行业发展、为公民提供更好的服务的角度,加强快递市场监管。一是尽快完善行业法规体系和监管体系,建立市场准入制度和退出机制,建立行业统计制度,建立行业标准,为快递市场把好关;二是鼓励公平竞争,贯彻"平等准入、公平待遇"原则,努力为各快递企业构建"公开公平、竞争有序"的市场环境;三是指导行业自律,在加强政府监管的同时,积极支持筹建行业自律组织,发挥其在政府与企业间的桥梁纽带作用;四是扶持快递业做大做强,搭建沟通交流合作的平台,引导企业转变增长方式,提高科技含量,在法律框架内积极呼吁并协调解决快递企业发展中的困难。

座谈会受到快递企业的热烈欢迎,大家普遍认为这次座谈会鼓舞人心,达到了增进了解、增强互信、加强互动、促进发展的目的。纷纷表示,看到了行业的希望,要主动接受和积极配合邮政监管机构的监管,一致呼吁尽快组建快递行业协会,完善行业自律;快递企业要团结一致,加强沟通,相互学习,共同发展,实现共赢,为国家的发展和社会进步贡献自己的力量。

2007年3月23日至24日,国家邮政局在北京召开政企分开后的首次工作会议。这是国家邮政局改组后召开的第一次会议,此次会议确定了政企分开后,邮政监管部门的监管思路和工作任务。①

重组后的国家邮政局组织召开第一次工作会议

---

① 末锦丽:《国家邮政局召开首次工作会议》,《人民邮电》,2007年3月27日,第001版。

　　会议深入分析了我国邮政监管工作形势,理清了邮政监管工作思路,全面部署了2007 年的监管工作任务。会议动员全国邮政监管干部坚定信心,夯实基础,突出重点,扎实推进,努力开创我国邮政监管工作新局面。信息产业部部长王旭东出席会议并讲话。他指出,作为信息产业的重要组成部分,邮政业是国家重要的社会公用事业,邮政网络是国家重要的通信基础设施。改革开放以来,特别是近年来,邮政部门全面贯彻落实科学发展观,坚持"以加快发展推进改革、以深化改革促进发展",求真务实,开拓进取,加快推进邮政改革发展步伐,取得了明显成效。当前,我国正处于全面建设小康社会的关键时期,也是邮政业发展的重要机遇期。经济社会的持续较快发展,以及国家关于调整经济结构、建设社会主义新农村、构建和谐社会等战略决策的实施,为邮政业发展提供了良好的机遇和广阔的市场。同时,日趋激烈的市场竞争和日新月异的信息通信技术也使邮政业面临着严峻挑战。

　　会议确定了 2007 年的四大任务:一是推进法制体系建设,提高依法行政水平;二是推进监管体系建设,增强市场监管能力;三是推进支撑体系建设,夯实监管工作基础;四是加强监管队伍建设,切实改进工作作风。

　　马军胜在工作报告中提出了六条监管的基本思路:坚持发展是第一要务,促进邮政业又好又快发展;坚持普遍服务,不断完善保障机制;坚持依法行政,提高邮政监管的公信力和执行力;坚持以人为本,牢固树立监管为民的理念;坚持实事求是,把夯实基础作为开局头几年邮政监管工作的重要内容;坚持开拓创新,积极探索有中国特色的邮政监管之路。重组后的国家邮政局开始摆脱以前政企不分的焦虑,站在全行业的高度上推进行业的健康发展。2007 年 6 月 29 日,国家邮政局挂牌仅五个月,全国快递服务统计调查结果首次发布,此举填补了快递服务在国家统计调查制度上的空白。此后,快递业务量和业务收入增长幅度之大、速度之快、持续时间之长,成为邮政体制改革最辉煌的成果。

（五）组建中国邮政集团公司

　　2006 年 8 月 28 日,国务院做出《关于组建中国邮政集团公司有关问题的批复》:一是原则同意《中国邮政集团公司组建方案》和《中国邮政集团公司章程》;二是在原国家邮政局所属的经营性资产和部分企事业单位基础上,依照《全民所有制工业企业法》组建中国邮政集团公司;三是暂由财政部代表国务院履行出资人职责;四是邮政集团进行国家授权投资机构和国家控股公司的试点;五是同意将各省区、市邮政局和原国家邮政局直属单位的经营性净资产上划作为中国邮政集团公司的国有资本;六是邮政集团的财务关系在财政部单列;七是实行合并报表制度,其所属全资企业和分支机构由集团公司集中汇总缴纳所得税;八是根据国家有关规定,承担邮政普遍服务义务,受国家委托,承担机要通信业务、义务兵通信等特殊服务;九是邮政集团组建后,国务院及有关部门对邮政企业的原有扶持政策继续执行;十是邮政集团组建后,要根据国家产业政策,调整业务结构,优化邮政网络,实行企业内部重组,增强市场竞争力,提高投资效益和经济效益。同时,要积极创造条件,依照《中华人民共和国公司法》进行改组和规范,逐步建立完善的公司法人治理结构。随后,在组建企业集团总部和各省分公司时,按照"精简、高效"的原则,对企业内部的组织架构和管理流程进行调整。

中国邮政集团公司负责经营和管理国有资产,承担国有资产保值增值义务;经营各类邮政业务,强化公共服务职能,加快竞争性领域市场化进程;继续使用中国邮政名称和标志,实现无形资产保值、增值。其主要职责是:经营集团公司及下属企业的全部国有资产和国有股权;经营国内和国际邮件寄递业务;经营报刊等出版物发行业务;依托邮政网络,开发邮政物流、电子邮件等新兴业务;受政府委托,办理机要通信业务和义务兵通信业务;经营邮票发行业务,普通邮票发行数量由中国邮政集团公司按市场需要确定,纪念邮票和特种邮票发行计划由中国邮政集团公司根据市场情况提出,报国家邮政局审定;经营邮政汇兑业务,依法经营邮政储蓄业务;按照国家及国际有关规定,办理国际业务对外结算;经有关部门批准后,可从事国内外投融资和其他业务。

2007年9月4日西藏自治区邮政公司挂牌,至此全国所有省、区、市邮政公司都正式完成政企分开改革。酝酿数载的中国邮政政企分开工作完成,中国邮政集团公司成为一个崭新的兼营邮递业和金融业的大型国有企业,我国邮政体制改革迈出具有标志意义的一步。

(六)先天不足

中国邮政改革方案基本成型,这并不意味着前面的道路已经四平八稳,一些悬而未决的问题仍需要市场的检验。事实上,一些矛盾的端倪已经显现。政企分开初步实行,国家邮政局、各省、区、市邮政管理局人员已确定,但实际看来,重组后的国家邮政局、各省区市邮政管理局的绝大多数人员都是原邮政系统的人员。这些人能否摆脱长期以来形成的政企不分的认识局限,站在政府监管机构的立场上看待邮政市场的监管,尤其在对待中邮集团和非邮企业的认识上,是否能够站在公平的角度上处理相关问题,将是对他们的极大考验。

而对于重组后的中邮集团来说,在一定意义上,中邮集团的组建是各方博弈产生的妥协性产物。国资委是管理国有资产的国家职能部门,代表政府行使经营性国有资产和非经营性国有资产的行政管理和监督职责。按理说,中邮集团组建后应当划归国资委管辖,但却划给了财政部。中邮集团拥有中国货运邮政航空有限责任公司、邮政银行、中邮创业基金管理有限公司等控股子公司,既运营金融资产又经营实业,防止内部利益输送、保护邮政储户的利益成了很大的难题。具体到外部监管,如果按照目前的组织架构:邮政储蓄银行归银监会监管,中邮集团归国家邮政局监管,同时还牵涉到履行出资人职能的财政部,多头监管将使外部防范作用大打折扣。

第五节　省级以下邮政监管机构的成立

2006 年设立垂直管理的 31 个省（区、市）邮政管理局，履行行业管理和市场监管职责。当时，在省级以下没有建立相应的邮政管理机构。国务院批准的省级邮政管理机构"三定"方案明确："关于进一步完善省级以下邮政监管体制问题另行研究。"

（一）事情正在起变化

政企分开以后，经过几年的努力，我国邮政体制改革已取得明显成效。国家和省一级邮政实现政企分开，建立了社会主义市场经济体制下政府依法监管、企业独立自主经营的邮政新体制。新体制的逐步确立极大地释放了生产力，行业规模进一步扩大，发展速度和质量都有了很大提升。

邮政企业改革转型步伐加快，邮政速递物流和邮政金融改革取得重大突破，中国邮政集团公司进入世界 500 强。快递服务按照现行邮政法规定的"鼓励竞争、促进发展"的原则，加快市场化机制建设，形成了多种所有制并存、多元化竞合、统一开放、竞争有序的市场格局，特别是随着工业化、信息化、城镇化、市场化和国际化的深入推进，行业发展前景看好。邮政业联系生产、服务民生的优势得到更好的发挥，广泛深入地渗透到生产、流通、消费等各个领域，成为电子商务、跨区域贸易、高精制造业等关联产业的重要支撑，为促进经济结构调整、创新社会服务方式发挥了作用。

在邮政行业改革与发展取得明显成效的同时，也出现了一些突出的困难和问题：一是邮政业整体规模仍然偏小，发展水平不高且地区差异大，还远远不能适应经济社会发展和人民生活需要，亟须进一步加强政府宏观管理和政策支持力度，把法律、法规、政策落实到位。二是随着行业迅速发展，邮政安全问题凸显。不法分子利用寄递渠道实施违法犯罪活动的案件多发。现行邮政法将快递业务纳入邮政市场监督管理范围，邮政管理部门依法保障通信安全和信息安全的任务艰巨。三是邮政监管力量严重不足。全国省一级邮政管理队伍总数不足 500 人（编制 498 人），平均一个省份 16 人。省级以下没有邮政管理机构和人员，"高位截瘫"现象十分突出，管理工作难以有效展开，在加强市场规范化管理和排除寄递渠道安全隐患等方面力量薄弱。四是邮政企业在省级以下的分支机构没有更名，仍称作"某某市（县）邮政局"，致使社会误解市（县）一级邮政企业未实行政企分开、依然行使政府职能，不利于建立公平公正的邮政市场环境。

这种"繁荣与问题并存"的状况，要求进一步健全完善邮政监管体制，加强省级以下的邮政监管力量和强度。组建地市级邮政管理局，更好地保障邮政普遍服务，维护邮政通信和信息安全，规范邮政市场秩序，把行政服务和监督管理的力量下沉，推进基本公共服务均等化，促进快递企业提高服务能力和水平，更好地保护用户合法权益，满足百姓用邮需求,落实法律、法规、规章的规定以及中央和地方出台的规划、政策,真正做到增就业、保民生、促发展。从实际情况看,当时的国家和省两级邮政监管体制已难以适应实际需要,省级以下邮政监管缺乏机构保障的问题日益突出。增设省级以下邮政管理机构既是我国进一步深化邮政体制改革的需要,同时又是深化这项改革的一个步骤。

(二)12个邮政监管办事处的先行探索

2007年6月28日,国务院办公厅转发发展改革委《关于2007年深化经济体制改革工作的意见》(国办发〔2007〕47号)提出,由发展改革委、财政部、邮政局牵头,"继续推进邮政企业主辅分离、结构优化等改革,加快省级以下邮政监管体系建设"。随后,根据国办发〔2007〕47号、国家邮政局国邮发〔2007〕85号文等有关文件规定,我国继续深入推进邮政体制改革的计划,除在国家和省一级设立邮政管理局外,还在全国6省的12个重点城市(辽宁大连,山东青岛,江苏苏州、无锡、南通、徐州,浙江温州、宁波,广东深圳、佛山、东莞,福建厦门)设立办事处进行省级以下的行业监管。

广东省邮政业的发展一直处于全国前列,根据国家邮政局的总体部署,为了解决基层邮政监管队伍问题,加强重点地区邮政监管工作,维护邮政市场秩序,维护邮政专营权,促进邮政业健康发展,广东省邮政管理局决定在广州成立执法大队,在深圳、佛山、东莞设立办事处,作为省邮政管理局的派出机构。2007年8月底,深圳、佛山、东莞办事处分别在当地举行成立揭牌仪式。办事处的主要职责是:贯彻执行国家关于邮政行业管理的方针政策、法律法规和邮政服务标准,监督管理本地区邮政市场,组织协调本地区邮政普遍服务、机要通信等特殊服务的实施。其中,广州执法队主要负责管辖广州及中山、珠海、清远、韶关等5个市的邮政市场;深圳办事处主要负责管辖深圳市邮政市场;佛山办事处主要负责管辖佛山及江门、阳江、湛江、茂名、肇庆、云浮等7个市的邮政市场;东莞办事处负责管辖东莞及梅州、汕头、惠州、潮州、揭阳、汕尾、河源等8个市的邮政市场。

2007年10月17日,山东省邮政管理局青岛办事处正式挂牌成立,标志着青岛市邮政行业实现政企分离。办事处承担原属于青岛市邮政局的全部行政管理职能,负责青岛、威海、日照三市行政区内的邮政监管工作。根据山东省邮政管理局的授权,青岛办事处具体职责包括:贯彻执行国家关于邮政业管理的法律法规、方针政策和邮政服务标准;负责监督管理邮政市场;负责组织协调邮政普遍服务和特殊服务的实施;配合公安、安全、海关等部门,依法开展邮政通信安全和信息安全监管;会同有关部门监督、管理邮政业服务价格与服务质量等工作;承办山东省邮政管理局交办的其他工作。

2007年10月24日,福建省邮政管理局厦门市办事处正式成立。12月3日,办事处举行揭牌仪式,标志着福建省省级以下邮政监管机构正式组建并开始运作。原福建省邮政管理局局长赵进修致辞,他对厦门市办事处的成立意义及主要职责作了详细说明。他表示,省邮政管理局及其派出机构将依法履行国家赋予的神圣职责,认真贯彻执行邮政业管理的法律法规、方针政策和行业标准,监督管理邮政市场,保障邮政普遍服务、特殊服务的组织实施。办事处主要职责包括:贯彻执行邮政业管理的法律法规、方针政策和邮政行业标准与政策服务标准;监督管理厦门、漳州、龙岩等地区邮政、快递市场;组织协调厦门、漳州、龙岩等地区邮政普遍服务及机要通信、义务兵通信、党报党刊发行、盲人读物寄递等特殊服务,等等。

2007年9月,江苏苏州、无锡、南通、徐州等四个重点城市办事处成立。2007年12月22日和25日,浙江省邮政管理局温州办事处、宁波办事处先后正式成立。2010年,全国首次重点城市邮政监管办事处座谈会在厦门召开。

苏和副局长在重点城市邮政监管办事处座谈会上讲话

国家邮政局召开重点城市邮政监管办事处座谈会

2010年8月16日至17日,全国首次重点城市邮政监管办事处座谈会在厦门召开。国家邮政局苏和副局长到会并讲话。

座谈会上,辽宁、江苏、浙江、福建、山东、广东省邮政管理局汇报了邮政监管办事处成立几年来的工作情况,福建厦门邮政监管办事处、广东深圳邮政监管办事处做了经验交流报告。座谈会还就邮政监管办事处的职责、工作思路和监管模式进行了积极、深入的探讨,并对加强监管办事处的建设提出了意见和建议。市场监管司就贯彻落实会议精神、加强邮政监管办事处的管理提出了具体要求。

苏和副局长在讲话中指出,邮政监管办事处成立以来,各省邮政管理局和监管办事处认真贯彻落实国家局党组的工作部署,积极探索重点地区邮政监管的新思路、新方法,创新监管手段,认真履行职责,较好地完成了邮政监管工作,对规范邮政市场秩序,维护广大消费者和企业的合法权益,促进邮政业的健康发展起到了积极的作用。他要求各省管局在今后的工作中要加大对邮政监管办事处的建设和管理,在加强普遍服务和邮政市场监管、快递业务经营许可、重大活动期间邮路安全、邮政安全预警等方面继续发挥邮政监管办事处的作用,使邮政监管办事处工作迈上一个新的台阶。

国家邮政局市场监管司韩瑞林司长、王丰副司长、办公室、人事司、市场监管司相关人员,辽宁、江苏、浙江、福建、山东、广东省邮政管理局分管局长、市场监管处处长、12个重点城市邮政监管办事处负责人等40余位代表参加了会议。

（三）市（地）邮政管理局纷纷成立

2012 年 1 月 20 日,国务院办公厅印发了《国务院办公厅关于完善省级以下邮政监管体制的通知》(国办发〔2012〕6 号)为保障邮政普遍服务,加强邮政市场监管,维护邮政通信与信息安全,促进邮政业健康发展,对完善省级以下邮政监管体制有关问题进行明确。至此,完善省级以下邮政监管体制改革工作正式拉开帷幕。为了能在全国范围内建立起地市级的监管机构,国家邮政局点面结合,有序推进;依据中央相关文件,制定印发了 30 多个配套文件;抓好试点,确定了 6 个重点联系省份,进行有针对性指导,并及时总结经验,向全国推广;不断总结工作推进中具有代表性、苗头性和倾向性问题,妥善解决相关问题。

2012 年 3 月 1 日,交通运输部、中央编办和国家邮政局联合召开完善省级以下邮政监管体制实施工作动员电视电话会议,对省级以下邮政管理机构组建工作做出全面工作部署。从上到下建立和形成了专门工作机构和协调机制,确定了"分步实施、试点先行、突出重点、循序渐进"的工作原则以及"先组建、后完善"的工作路径,按照"筹备启动、调查摸底、推进实施、工作总结"四个阶段扎实推进省级以下邮政管理机构组建工作。

2012 年 5 月 4 日,国家邮政局召开全国邮政管理局长座谈会,会议总结完善省级以下邮政监管体制工作的进展情况,加强信息沟通,理清工作思路,准确把握当前的工作重点和关键环节,全面部署下一阶段的工作任务。各级邮政管理部门要推动有关领导小组充分履行好对工作全局的领导职能,协调各单位做好分工任务,认真研究解决重大问题,加快推进各地实施方案的出台;要高标准、严要求地完成市(地)局领导班子的配备工作,坚持德才兼备、以德为先的用人标准,切实做到选优配强;要高度重视省以下邮政监管机构干部队伍的组建工作,坚持公正、平等、竞争、择优的原则,坚持综合素质和专业能力兼备的标准,注重从基层和生产一线选拔优秀干部;要严格按有关文件规定,实事求是地解决办公场地、车辆和经费问题;要充实省级邮政管理部门功能,适应省级以下监管体制的变化,更好地为基层服务。

2012 年 9 月 11 日,全国邮政管理局长座谈会在北京召开,会议总结了前一阶段完善省级以下邮政监管体制的工作情况,对下一阶段工作进行部署。国家邮政局马军胜局长做了重要讲话,要求各级邮政管理部门增强责任意识、担当意识,坚定改革信心,调动各方面的积极性、创造性,确保在 11 月底之前实现市(地)邮政管理局组建工作"机构、人员、经费、设施"四个到位,基本完成组建工作。

2012 年 9 月 29 日,深圳市邮政管理局成立揭牌仪式在深圳市福田区隆重举行,这是全国首个揭牌成立的市(地)邮政管理局,标志着中央、省(区、市)和市(地)三级邮政管理体制开始形成,在 27 个省(区)按照市(地)行政区划设置 332 个市(地)邮政管理局,在 4 个直辖市和海南省(除海口市、三亚市)跨区域设置 25 个邮政监管派出机构,这将更加有利于保障邮政普遍服务,更加有利于加强邮政市场监管,更加有利于维护邮政通信与信息安全,更加有利于促进邮政业健康发展。

2012 年 11 月 22 日,《中华人民共和国邮政法修正案(草案)》提请全国人大常委会审议。修正案草案对现行邮政法第四条作了修改,一是将该条第二款关于"省、自治区、直辖市邮政管理机构在国务院邮政管理部门的领导下,负责本行政区域的邮政普遍服务和邮政市场的监督管理工作"的规定,修改为"省、自治区、直辖市邮政管理机构负责本行政区域的邮政普遍服务和邮政市场的监督管理工作";二是增加规定:"按照国务院规定设立的省级以下邮政管理机构负责本辖区的邮政普遍服务和邮政市场的监督管理工作。"这次《邮政法》修正案明确了省级以下邮政管理机构的法律地位和职责,做到了各级邮政管理部门职权法定,确保省级以下邮政管理机构能够依法履职。

(四)地市级邮政管理机构的组成

地市级邮政管理机构人员,由领导班子和机关干部两部分组成。

1.领导班子

领导班子一般从以下四个方面的人员中择优选用:国家邮政局系统工作人员,交通运输系统工作人员,邮政企业工作人员,地方国家机关、国有企业事业单位等工作人员。选用过程为:(1)协商相关单位推荐干部,研究形成考察对象建议名单,报国家局党组审核;(2)省局会同地方组织部进行干部考察、形成领导班子人选配备方案、征求地方党委意见、报国家局党组审核;(3)省局党组研究讨论决定班子任职意见、组织任前公示、印发任职文件、组织任前谈话、宣布任职决定等。根据党章、中央组织部《关于完成邮政管理体制组织人事工作有关问题的通知》和国务院办公厅《关于完善省级以下邮政监管体制的通知》规定,市(地)邮政管理局局长兼任同级交通运输部门副职领导。是否担任交通运输部门党委委员或党组成员,由当地党委根据工作需要研究确定。最终选定市(地)邮政管理局领导班子成员676人。

2.机关干部

机关干部通过组织公务考试进行招录。中央要求市(地)一级邮政管理局的组建要在2012年年底前完成,组建工作启动之时,已经错过了2012年考试录用公务员的报名和笔试时间,因此,经请示国家公务员局,单独组织邮政监管系统的公务员招录。在人力资源和社会保障部、国家公务员局的大力支持与配合下,招录工作有序展开,三部门于4月联合制定印发了2012年度省级以下邮政监管机构考试录用公务员方案,共设置招录职位929个,5月下旬进行考生网上报名和资格审查,7月8日进行全国统一笔试。最终机关干部通过组织省级以下邮政管理机构公务员考录,择优考录公务员864名。

在管理体制方面为中央和地方双重管理、以中央为主,省(区、市)及市(地)邮政管理局由上级邮政管理部门与所在地人民政府双重管理,邮政业务、机构编制、干部任用、财务收支等以上级邮政管理部门管理为主,主要负责人兼任同级交通运输部门副职领导,其任免需征得当地党委、政府同意。进一步明确和强化地方人民政府在邮政管理方面的责任。地方人民政府应当将邮政设施的布局和建设纳入本地城乡规划,对提供邮政普遍服务的邮政设施建设等提供政策和资金支持;统筹协调和指导邮政管理部门与相关方面的工作,将邮政管理相关工作纳入地方政府工作考核体系;加强邮政队伍思想政治和廉政监督等工作。地方交通运输部门根据地方人民政府要求,协助做好邮政管理相关工作,统筹协调本地邮政行业规划与交通运输规划的衔接,促进邮政与交通运输资源的整合,负责邮政管理部门党务等工作。

市(地)级邮政管理局的主要职责是:贯彻执行国家邮政法律法规、方针政策和邮政服务标准,研究拟订本地区邮政发展规划,监督管理本地区邮政市场以及邮政普遍服务和机要通信等特殊服务的实施,负责行业安全生产监管、统计等工作,保障邮政通信与信息安全,承办上级邮政管理部门和地方人民政府交办的其他事项。上述机构的规格比照同级政府部门管理机构确定,具体机构设置和人员编制另行规定。

2012年是邮政业改革发展取得重要突破的一年,各级邮政管理部门着力深化邮政体制改革,依法履行职责,三级邮政管理体系基本形成,行业发展迈上新台阶。

(五)县级邮政监管机构的探索

2012年,国务院下发的《关于完善省级以下邮政监管体制的通知》明确:"关于在县级机构设置方面,原则上不单独设置邮政监管机构,一些业务集中、情况特殊的地方,可依托县级交通运输部门承担有关监管工作,或由上级邮政管理部门设置派出机构履行监管职责,具体形式由上级邮政管理部门与地方人民政府协商确定。"这项规定为县级邮政监管机构的成立留下了可操作的空间。随着邮政行业的快速发展,邮政管理工作继续向下延伸成为一个现实问题而需要逐步解决。

2014年6月26日,义乌邮政管理局成立,这是全国首个县级邮政管理机构。义乌邮政管理局的揭牌成立,是县域邮政监管模式新的探索和实践,不仅是我国邮政体制改革的重要成果,也标志着我国邮政业完善县级邮政监管体制的工作进入了一个新的阶段。义乌邮政管理局的成立,给邮政管理工作继续向下延伸建立了一个模式,顺应了邮政业的发展需要,标志着邮政管理触角首次直接延伸到了县级城市,壮大了基层邮政监管队伍,增强了监管力量,有利于营造县级

义乌邮政管理局成立

城市良好的行业发展环境,有利于规范引导邮政快递企业合法诚信经营,加强行业安全监管,进而促进当地邮政行业稳步健康发展。更为重要的是,义乌局的组建是对邮政管理体制改革的一次重要尝试和有益探索,对全国其他条件成熟的县级城市设立邮政监管(派出)机构,壮大行业基层监管队伍,增强邮政市场监管力量极具示范意义。

在义乌局成立以后,大部分省(区)纷纷成立县级机构,甚至有部分地市县级机构实现了全覆盖。2016年2月,国家邮政局下发《关于县一级邮政监管工作有关问题的通知》国邮发〔2016〕23号文件,在总结前期各省市区县级邮政监管机构组建的做法上,对县级邮

政监管机构的组建工作提出了指导性意见,从组建县级邮政监管机构的设置模式、主要职责、行政执法、财务管理等方面做了相关规定。但是从县级机构的实际运行来看,一方面目前我国法定的是三级邮政监管机构,邮政监管从信息系统、执法检查、财务预算等都是按照三级监管机构进行设计的,很多方面无法做到与县级机构的无缝对接,不能充分发挥县级机构的作用;另一方面各省市区的县级机构的组建模式和内部运作各不相同,有的甚至只是挂了一块牌子,干部队伍素质参差不齐,这些问题的存在需要国家邮政局进一步进行规范,以更好地发挥县级机构的作用。

第六节 中国邮政集团公司的改革

2005 年的《邮政体制改革方案》核心内容被概括为"一分开、两改革、四项措施"。其中的"两改革",是指改革邮政主业,改革邮政储蓄。邮政体制改革成功与否,在很大程度上取决于中国邮政集团公司的改革,这不但关系到邮政普遍服务的保障,更关系到整个邮政业的发展前景。

(一)中国邮政储蓄银行的成立

邮政政企分开后,中邮集团按照国家对邮政改革的总体要求,积极深化内部重组改革,首先进行的是邮政储蓄银行的改革。

与中国邮政政企分开改革同步,中国邮政金融经营体制改革也随改革的大潮进行。1997 年 1 月,人民银行向国务院上报了《关于邮政储蓄汇兑管理体制改革的请示》,开启邮政储蓄体制改革进程。3 月国务院第 144 次总理办公会议原则同意人民银行关于邮政储蓄改革的请示,并确定人民银行会同国务院有关部门研究实施方案。在此后的两年中,人民银行、国家邮政局、财政部等部门对邮储改革问题进行了反复认真的研究。

1999 年 5 月 6 日,国务院批准人民银行上报的《中国邮政储蓄银行章程》。2004 年 5 月,中国银监会下发了《邮政储蓄机构业务管理暂行办法》,明确要求邮政储蓄与邮政业务应实行"财务分开和分账经营",这是邮政储蓄系统转为邮政储蓄银行的前提条件,也是将邮政储蓄系统纳入监管体系内,减少邮政储蓄系统可能面临的风险的基本要求。

2004 年 5 月 27 日,《邮政储蓄机构业务管理暂行办法》实施,国家将邮政金融纳入银行业管理范围。2005 年的《邮政体制改革方案》要求加快成立中国邮政储蓄银行,实现金融业务规范化经营,拖延数年之久的邮政储蓄银行组建工作出现了加速的迹象,2006 年 6 月 26 日,银监会正式批复《中国邮政储蓄银行筹建方案》,指导、督促国家邮政局抓紧方案的落实,并要求在 6 个月内完成邮政储蓄银行的筹建工作。在邮政储蓄银行组建期间,邮政储蓄及各项邮政金融业务照常进行,并行使用"中华人民共和国邮政储蓄银行"和原"邮政储蓄"的品牌名称。2006年12月18日,邮政集团以全资方式出资200亿元组建的邮政储蓄银行,并在国家工商总局完成名称预先核准登记,其全名为"中华人民共和国邮政储蓄银行有限责任公司",简称"中华人民共和国邮政储蓄银行"。2006年12月31日,银监会正式批准中华人民共和国邮政储蓄银行开业。2007年3月6日,中华人民共和国邮政储蓄银行有限责任公司注册成立,刘安东任董事长,陶礼明任行长。

2007年3月20日,中国邮政储蓄银行在北京正式挂牌成立。在原国家邮政局邮政储汇局的基础上改组成立的中国邮政储蓄银行,由财政部进行财务监管和国有资产管理,在财政部单独开立账户,业务范围以零售业务和中间业务为主,面向普通大众,特别是为城市社区和广大农村提供基础金融服务。至此,以国内营业网点最多的金融机构的身份,中国邮政储蓄银行以全新的面貌正式跻身银行业,开始独立运行。2011年12月31日,经国务院同意并经银监会批准,中国邮政储蓄银行由原中国邮政储蓄银行有限责任公司整体改制为股份有限公司。经过励精图治,如今呈现在公众面前的邮储银行已是一家公司治理机制健全、风险管理水平优异、核心竞争力独特、社会公众形象良好的大型零售银行,成为中国银行体系中不可或缺的骨干力量。

(二)中邮集团的主业改革

按照2005年《邮政体制改革方案》关于改革邮政主业的要求,中邮集团主要有三个任务:一是调整业务结构。在传统邮政业务基础上,积极拓展业务领域;重点发展电子商务、现代物流等新业务,逐步向现代邮政业转变。二是优化邮政网络。在保障普遍服务的基础上,进一步优化邮政网络布局;适当调整农村和低收入地区的邮政经营网点,把业务量小、经营效益低的自办网点转为委托代理经营;增加配备必要的邮政航空运能,开辟国际邮运航线。三是实行企业内部重组,优化企业资产和人员配置。剥离非主业资产、闲置资产和破产企业中的有效资产,实行主辅分离,辅业改制。中国邮政集团公司根据现代邮政业发展需要,对企业进行重组,组建物流、速递、电子商务等专业公司,实行专业化经营。按照现代企业制度要求,加快邮政企业改革,建立完善公司法人治理结构;优化企业组织结构和人力资源配置,压缩管理层级,合理配置经营网点人员,通过培训转岗等途径分流安置冗余人员;健全成本控制机制和内部激励约束机制,降低运行成本,提高经营效益。同时支持中国邮政集团公司优良资产在境内外上市融资。

中国邮政储蓄银行正式挂牌成立后,按照国务院《关于2009年深化经济体制改革的工作意见》中关于"深化邮政体制改革,推动邮政速递物流业务重组改制"的要求。2010年6月,中国邮政将速递物流两大专业重组,组建了中国邮政速递物流股份有限公司。中国邮政速递物流股份有限公司是经国务院批准,由中国邮政集团公司于2010年6月联合各省邮政公司共同发起设立的国有股份制公司,是中国经营历史最悠久、规模最大、网络覆盖范围最广、业务品种最丰富的快递物流综合服务提供商。中国邮政速递物流在国内31个省(区、市)设立全资子公司,并拥有中国邮政航空公司、中邮物流有限责任公司等子公司。中邮人寿保险股份有限公司是由中国邮政集团公司与20个省(区、市)邮政公司共同发起设立的国有寿险公司,于 2009 年 9 月 9 日挂牌开业。中邮保险充分依托邮政现有网络和资源,以"服务基层、服务三农"为己任,坚持专业化与特色化并举的原则,以小额保险为切入点,以促进城乡保险业务均衡发展为着力点。

到此,中国邮政完成了国务院邮政体制改革方案和《邮政法》规定的邮政实现"分业经营"的任务,形成了邮政业务、金融业务、速递物流业务三大板块分业经营和邮政公司、邮储银行、速递物流公司、中邮人寿保险公司四大经营主体的运营体系。

（三）邮政速递和物流的合并

面对民营、外资速递物流公司越来越猛烈的夹击之势,中国邮政集团公司开始通过整合旗下的资源来抢夺市场。中国邮政集团公司旗下的中国速递服务公司(EMS)和中邮物流有限责任公司(中邮物流)进行合并和整合。EMS 成立于 1985 年,主要负责经营和管理全国的邮政特快专递业务,服务对象包含大量个人用户;而中邮物流成立于 2003 年,四大主要业务为一体化物流、同城(区域)配送、货运代理、分销与邮购,服务对象主要是企业。

事实上早在邮政政企还没有分开时,EMS 和中邮物流的总部已经在北京合并办公,当时,两家公司就曾在行政力量推动下试图合并,使之成为与邮政普遍服务、邮政储蓄并驾齐驱的第三大支柱,但最终流产。事实上,从 2009 年开始,中国邮政集团公司下属的一些省、市公司已经率先进行了整合工作,从 2009 年 12 月开始,云南、北京、宁夏先后宣布成立了邮政速递物流公司。此前中国邮政的速递和物流业务都是两套人马,运输渠道各自相对独立,同一城市的场地和设备也没有共享,合并后有利于闲置资源的共享,能降低成本。但是速递业务和物流业务的运作模式不一样,邮政速递是标准化运作,核心目标是快速高效,提供门到门限时递送服务,需有完善的网络和现代化的信息系统支撑;而物流则是个性化运作,为客户提供面向大宗物品的运输、仓储、配送等综合服务,对时效性的要求和产品的附加值远低于速递业务。因此两者在具体业务的操作上,很可能还是要各自进行。同时中国邮政的速递和物流业务合并,也是为了将 EMS 的竞争性业务和中国邮政的普遍服务彻底分开而进行的资产剥离。中国邮政的投递业务中,速递与物流属于竞争性业务,利润较高,效益较好,而像信函递送等则属于普遍服务业务,多年来,普遍服务业务一直是亏损的。而此前,EMS 和信函递送都是通过邮局系统来操作,混业经营一直为外界诟病。此次邮政的速递和物流业务合并后,普遍服务业务就可以单独核算资产和亏损额,以便国家对普遍服务业务后续可能的补贴额的计算有所依据。

2010 年 6 月 29 日,中国邮政速递物流股份有限公司揭牌典礼在京举行。这是中国邮政按照国务院关于邮政体制改革的总体要求,深化邮政主业改革的重要举措,是我国邮政体制改革取得的又一重大阶段性成果。中国邮政速递物流股份有限公司在全国 31 个省(区、市)建立全资子公司,各省(区、市)子公司同日挂牌宣告成立。

中邮速递物流股份有限公司的建立,标志着中国邮政向现代邮政转型迈出了重要一步。邮政速递物流股份制改造的顺利推进,是全国邮政多年来坚持不懈地推进速递物流改革的成果。邮政速递物流专业重组为股份有限公司,对于充分发挥中国邮政的资源优势,实现邮政企业整体资源的合理配置,不断拓展可持续发展的市场空间,激发企业的创造力,提升企业的竞争力,具有重要的战略意义。

随着邮储银行、速递物流股份有限公司的相继组建,邮务类、邮政速递物流、邮政金融三大业务将更加按市场经济规律进行专业化的经营,按不同业务的发展规律和市场需求,努力实现又好又快、可持续的健康发展。中国邮政速递物流股份有限公司总经理王彪表示,股份公司的成立为邮政速递物流的快速、健康发展,创造了良好的环境和条件。速递物流股份有限公司将秉持"用心每一步"的服务理念,按照股份公司的要求和行业发展的客观规律,建立和完善高效率的公司治理机制,加快转变发展方式,努力实现邮政速递物流的经营市场化、运营标准化、管理科学化。在确保发展的同时,突出效益观念,不断提高运行质量,加速改进全程服务质量,提升服务品质,增强服务能力和竞争能力,为速递物流的可持续发展打好基础。

(四)中邮集团的内部体制改革

2014年2月,在交通运输部和国家邮政局的部署下,中国邮政集团向全网下发通知,要求全面完成362个市(地)级邮政企业的更名换牌工作。2014年3月10日,国家邮政局披露,全国市(地)邮政企业更名挂牌工作完成,362个市(地)一级"邮政局"全部更名为"邮政分公司"。在完成全国362个市(地)一级邮政公司改制后,中邮集团的内部体制改革开始推进。

2015年2月份,中邮集团确立"一体两翼"的经营发展战略。"一体"就是要以邮政窗口资源为基础,以市场需求为导向,积极打造适应现代电子商务发展模式的线上线下为一体的综合便民服务平台。"两翼"就是金融翼和寄递翼。金融翼是指以银行服务为基础,包括保险、证券、投行、资产管理等在内的综合性金融产品及服务;寄递翼是指中国邮政所经营的各类寄递业务,要以电子商务寄递发展为契机,重新确立邮政在寄递市场的主导者地位。与此经营发展战略相关联的是,2015年4月8日,中国邮政集团公司进行总分公司制改革。经财政部批准,中国邮政集团公司与全国31个省邮政公司进行吸收合并。合并完成后,31个省邮政公司及其下属机构由原先的子公司变成分公司,其全部资产、负债、业务、人员、合同和其他一切权利和义务,全部由集团公司承接,债务债权则由各新设分公司承继。作为全网型企业,中邮集团以往的组织架构割裂了全网资源,未能形成合力,因此需要在管理上加强集团对全网的管控力,母子公司制改向总分公司制转变,是其内部改革的第一步。过去31个省级公司通过改制虽然归属邮政集团,但依然是独立法人、拥有独立经营权。这次吸收合并以后,相当于取消独立权,改子公司为分公司,有利于进一步提高总公司的控制力。改制后的"总分公司制"才适合一体化、集约化、品牌化以及国际化的需求,才能提供标准统一的服务,是改革的正确方向。如今此组织架构初步达成,随后中邮集团该做什么,如何利用架构优势发挥全网资源,将是中邮集团重要的课题。

总体来说,邮政体制改革以来,中国邮政集团公司不断创新体制机制,拓展业务领域,推进转型升级,极大地解放和发展了邮政生产力,集团公司收入年均增长 15.2%,比 GDP 年均增幅高出 6.8 个百分点,比中央企业年均增幅高出 5.8 个百分点,中国邮政发生了翻天覆地的变化,彻底摘掉了穷帽子。2016 年,中国邮政集团公司在《财富》世界 500 强排行榜中位居第 105 位,收入规模位居世界邮政第 2 位,利润位居第 1 位;在中国企业 500 强排名中位居第 21 位;邮储银行已成功在港交所主板上市,并创下 2015 年以来全球最大 IPO。(数据来源于中国邮政报)

但是不可否认的是,中邮集团公司绝大部分的利润贡献来自邮储银行,而非普通邮政和邮政速递业务。仅仅在十余年前,快递业务收入的七八成都是被中邮集团占据,但近十年来民营快递迅速崛起,如今中国邮政所占据的份额不足两成,而且占比仍在持续下滑。作为国字号"邮老大",要想重新占据寄递市场的主导地位,必须以壮士断腕的魄力,进一步减少对金融收入的依赖,真正进行市场化改革,让"寄递翼"真正成为中邮集团腾飞的翅膀。

2017 年"双 11"期间我们去全国各地检查,结果一比较发现,邮政 EMS 与民营快递企业的差别特别大,这种差距主要体现在体制上。EMS 在邮政大的经济实体当中,在业务结构上没有突出其经济地位和市场主导地位。原本国家给的关照是十分充分的,所有场地都是划拨的,设备投入也是国家的资金,无论技术还是各项政策等都优越于民营企业,但是没有独立。当时邮电分家后,邮政要独立面对市场发展自己,不能再像以前靠着电信补给。但是在市场进程当中,EMS 并没有很自觉的真正按照市场规律、市场需求、市场规则做大做强自己。最早靠电信,后来靠储蓄,直到今天还是把邮政储蓄作为重要的收入来源和财政支撑。

——中国快递协会副会长、秘书长孙康

第七节 改革还要继续

(一)改革的红利

邮政业是国民经济的重要产业,与人民群众生产生活息息相关,各方对此高度关注。2006 年我国实施了以邮政政企分开为核心的改革,清晰界定了邮政领域政府与市场的边界、政府与企业的职能,有力地推动了政府治理能力提升和行业发展,主要体现在以下几个方面。

(1)目标清晰步伐稳健。邮政体制改革红利持续释放,法规政策利好、市场需求旺盛、行业务实奋进,邮政业保持了持续快速发展的良好态势。2013 年,全国邮政管理工作会议提出,到 2020 年"建成与小康社会相适应的现代邮政业"的全行业奋斗目标,树立起引领行业不断开拓进取的"灯塔",推动行业发展加快和改革不断深入。

（2）管理体系日臻完善。从 2006 年内蒙古自治区邮政管理局率先成立到西藏自治区邮政管理局落地,31 个省(区、市)全部实现邮政政企分开,再到翌年重组后的国家邮政局与新组建的中国邮政集团公司挂牌成立,邮政管理部门依法监管、邮政企业独立自主经营的新型邮政体制逐步形成。随着邮政业的发展壮大,2012 年成立地市级邮政监管机构,2014 年年初,部分县级邮政管理机构也得以成立,进一步完善了管理体系,增强了监管力量。与此同时,监管部门不断简政放权,简化对快递企业的审批流程,并加强事中事后监管。在增强市场活力的同时,保证市场安全运行。

（3）行业业绩再攀高峰。2006 年,中国邮政业务总量为 730.5 亿元,业务收入为 649.3 亿元;全国快递企业年投递快件总量达 10 亿件,年业务收入 299.7 亿元。2015 年,全行业业务总量为 5078.7 亿元,年均增长约 25%;全行业业务收入为 4039.3 亿元,9 年间增长 4 倍多。邮政业年业务量增幅连年攀升,呈现了持续快速发展的良好态势;全行业业务收入 2008—2013 年增速逐年递增,2014—2016 年增速逐渐趋稳。在"三期"叠加效应日益凸显、国民经济下行压力加大的宏观背景下,邮政业传统大客户、大订单需求减少,行业整体增速上行面临阻力,传统邮政业务继续呈现下降趋势。与此同时,随着体制改革不断深化和政策环境持续优化,邮政业务规模持续扩大,整体实力进一步增强。近年来,邮政业业务收入占国内生产总值的比例从 2008 年的 0.3% 提高到 2015 年的接近 0.6%,在国民经济中的分量不断提升,行业发展呈现出增长快速、结构优化的特点。

（4）法律法规逐步健全。邮政法先后经过一次全面修订和两次修正,邮政业法律法规体系"矩阵"业已形成,内容涵盖安全监管、普遍服务、快递管理等诸多方面。《邮政行业标准管理办法》等一系列部门规章相继颁布,法制体系日趋完善;《邮政普遍服务》的修订完善和《快递服务标准》等标准陆续编制出台,标准体系逐渐健全。与此同时,地方性法规和政府规章如雨后春笋,纷纷为当地行业发展铺路搭桥,营造了良好的发展环境。2010 年 1 月,按照邮政法和《快递业务经营许可管理办法》的规定,国家邮政局向 13 家企业颁发了首批快递业务经营许可证。此后,快递业务经营许可工作得到不断完善和规范,促进了快递业务更加健康有序地发展。2015 年 5 月,根据国家行政审批制度改革和进一步简政放权的要求,国家邮政局制定《快递业务经营许可工作优化方案》,从梳理权限、优化流程、缩短时限等方面入手,使各级邮政管理部门职责更加清晰,进一步压缩时限提高效率,实现了全流程、全环节上网。通过有度、有效的市场干预,不断挖掘发展潜力,更为精准、更加精细地清除阻碍快递行业发展的"堵点"和"痛点"。

（5）邮政企业迸发活力。邮政体制改革后,中国邮政集团公司全面深化改革,加快转型升级,业务领域不断拓宽,企业规模不断扩大。国家保障邮政普遍服务的方向不变,力度更强,为满足人民群众对于优质、高效邮政服务的需求,各级邮政管理部门和邮政企业一直在不断努力。2010 年,在国家发改委、国家邮政局、中国邮政集团公司等相关部门、单位的积极推动下,空白乡镇邮政局所补建工作如火如荼地在全国展开。是年,除上海、江苏外,全国未设邮政网点的乡镇有 8440 个,约占乡镇总数的 25%。在多方支持和行业从业者的共同努力下,这场建设任务重、协调难度大、涉及 29 个省(区、市)1687 个县的空白乡镇邮政局所补建攻坚战于 2015 年顺利完成,如期实现了邮政服务"乡乡设所"的目标。

(6)快递"黑马"异军突起。2006 年,全国经营快递业务的法人企业仅有 2422 家,从业人员约 22.7 万人;年投递快件总量达 10 亿件,年业务收入 299.7 亿元。2015 年,快递许可企业超过 1.4 万家,从业人员超过百万人,快递年业务量达 206.7 亿件,业务收入达 2769.6 亿元,分别是 2006 年的 19 倍和 9 倍。10 年间年均增速超过 40%,近 5 年增幅超过 50%。2016 年快递业务量达到 300 多亿件,是 2006 年的 28 倍,从业人员超过 200 万人。快递板块成为拉动全行业发展的主要力量,市场活力不断释放,快递业务收入占全行业收入的比重逐年上升,从 2007 年的 35.4% 上升至 2015 年的近 68.6%,上升近 2 倍。围绕进一步促进快递转型升级,国家邮政局积极推动快递企业从做大规模向做强实力转变,努力打造核心竞争力、产业带动力、社会影响力强的现代企业集团;启动"快递下乡""快递西进"工程,将"引进来"和"走出去"有机融合,引导快递企业"向下""向西"和"向外"拓展;将快递业务板块由"1+1"向"1+3"拓展,在标准快递和国内电商快递基础上,着力发展服务先进制造业快递和跨境电商快递;鼓励企业调整产品结构,丰富产品类型,严格服务标准,提供多层次、多样化和个性化的产品体系。①

(二)改革还未成功

但也要看到,邮政领域一些长期存在的深层次问题尚未得到根本解决,如邮政专营范围界定模糊;邮政普遍服务体制改革进展缓慢,邮政普遍服务发展滞后,农村和西部服务薄弱;国有邮政企业改革尚未完全到位,邮政企业效率、服务水平和竞争力问题突出;快递市场秩序较为混乱,诚信问题比较突出;邮政监管体系和监管能力还不能满足高速增长的快递监管需求;邮政领域开放还有一定的空间,国际资源整合能力严重不足,快递企业走出任务相当艰巨等。

国务院通过的《邮政体制改革方案》有三个基本原则:以公司化和集团化改造为方向,建立现代企业制度;分拆普遍服务业务和竞争性业务,缩小专营业务范围;建立独立公正的邮政监管机构。对照《邮政体制改革方案》的要求,回顾 12 年来邮政体制改革的过程,我们可以发现,能改的已经改革到位,剩下的都是难啃的骨头,相关的邮政改革配套机制还远远没有到位,主要体现在:一是普遍服务机制还未完全建立。邮政专营的范围还未确定,邮政普遍服务基金的具体征收使用管理办法还未确定,普遍服务的成本和补贴还不透明,邮政公司保障普遍服务的具体要求还未出台,相关的监管体制机制没有健全。二是特殊服务机制还未完善。机要通信、党报党刊发行、义务兵通信等特殊业务关系还未理顺,特殊业务成本负担机制还未调整完善到位。三是安全保障机制还需进一步强化。相关法律法规还需要进一步细化完善,邮政监管力量需要进一步加强,监管手段需要进一步完善等。

---

① 以上内容摘自国家邮政局网站《邮政体制改革实施十年(2006—2016)》。

2017 年 10 月，党的十九大胜利召开，在十九大前夕，中央电视台播放的《改革进行时》大型政论纪录片引起群众热议，我国各领域正在进行着更加深入的改革，而邮政体制改革是其中的一部分，但是和其他领域改革相比，我国的邮政体制改革总体来说比较缓慢，其中最核心的中邮集团的改革是最难啃的骨头。如何推进邮政集团的市场化改革到位，进一步保障邮政普遍服务，进一步完善邮政监管体制机制将是下一步的重点改革任务。

当前我国正在进行着人类历史上最大规模的工业化、城市化、信息化、市场化、全球化和绿色化进程，经济发展的需求条件、技术供给条件、制度条件、社会条件、资源环境条件以及国际环境正发生着深刻的变化，这将对未来发展产生深远的影响。中国邮政和快递业要赢得长远未来，需要打造新的经济，建设新邮政、发展新快递，推进结构的深刻调整、发展方式的深刻变化和国际竞争力的提升；需要深入推进供给侧结构性改革、深化体制机制改革、着力实施"一带一路"战略，按照"五大发展理念"、"四个全面部署"，制定出适应和引领经济新常态的战略和政策。这样一个大变革的时代，孕育着巨大的历史机遇，如何顺应时代潮流，把握变革之机，推动中国邮政业、快递业又好又快发展，是摆在我们面前的一大课题，我国的邮政体制改革任重而道远。

第五章

中国快递法律地位的确立

第一节　我国快递法律体系建设概况

我国的现代快递业兴起于 1979 年以后,但在过去很长时间,我国快递业务发展十分缓慢,错过了很多发展时机。直到最近 10 年,我国快递业才得到了迅猛发展,业务量大幅提升,基础设施逐步完善,服务水平逐步提高。这个巨大的发展成绩,与我国涉及快递的法律体系的逐步形成密不可分。

1986 年 12 月 2 日,《中华人民共和国邮政法》(以下简称《邮政法》)颁布。1990 年 11 月 12 日,《邮政法实施细则》颁布。伴随着我国邮政体制改革的进程,2009 年 4 月 24 日,《邮政法》进行第一次修订。此后在 2012 年 10 月 26 日和 2015 年 4 月 24 日,《邮政法》再次进行了第二次和第三次修订。《邮政法》的三次修订,甚至今后的再次修订,都离不开特定的时代背景。

2005 年,我国邮政体制改革,实行政企分开,将快递划为邮政业统筹管理;邮政普遍服务与快递业务分业经营,分账核算。体制改革带来了生产力的解放,邮政业服务主体多元化,给快递企业的发展带来了良好的政策环境。2009 年,新修订的《邮政法》从根本上明确了快递业务和快递企业的法律地位,确立了鼓励竞争、促进发展的原则,为快递市场的健康发展提供了制度保障。与此同时,国家重视服务业,邮政快递是国家鼓励发展的服务产业之一,得到各方面的优惠政策。特别是近年来,在国家制定的关于服务业、电子商务、基础设施建设等一系列推动发展改革的重大政策中,快递服务都占有相当重要的位置。①

总而言之,中国快递行业的发展,离不开法律的准许、规范、管理、支持和鼓励。时至今日,中国快递行业的法律体系正在逐步形成。从是否主要规定快递行业的角度看,快递行业法律体系包括主要规定快递行业的法律和其他法律中与快递行业有关的规定。据统计,目前我国已经出台的主要规定快递行业的法律、其他法律中与快递行业有关的规定约502 个。其中法律仅有一部,即《邮政法》;行政法规及国务院发布的规范性文件主要有 4部,如下表所示。②

---

① 王玉、江宏:《达瓦:为促进快递物流业发展尽心尽力》,《物流技术与应用》,2017 年第 6 期。
② 丁红涛:《中国快递行业法律体系的现状、问题和发展方向》,微信公众号:挂甲屯法律评论。

快递行业相关行政法规及规范性文件

序号	时间	名称
1	1990 年 11 月 12 日	《邮政法实施细则》
2	2005 年 08 月 19 日	《国务院关于印发邮政体制改革方案的通知》(国发〔2005〕27 号)
3	2012 年 01 月 20 日	《国务院办公厅关于完善省级以下邮政监管体制的通知》(国办发〔2012〕6 号)
4	2015 年 10 月 23 日	《国务院关于促进快递业发展的若干意见》

另外,部门规章及部委发布的规范性文件主要有 28 部,国家邮政局发布的规范性文件共有 54 个,快递标准共有 36 个,快递规划共有 15 个,地方性法规、地方规章、地方规范性文件大约有 363 个。

我国快递行业法律体系的确立过程,是快递行业逐步成熟的必然要求,主要体现在五点:(1)行业从劳动密集型向技术密集型转变,快递企业日益成为科技公司、大数据公司;(2)行业从劳动密集型向资本密集型转变,一线快递企业已全部登陆资本市场;(3)行业从中国本土向全世界发展,快递企业不断在海外开疆拓土,从中国公司演变为国际公司;(4)行业从单一快递业务向综合物流运输解决方案体系转变,快递企业的经营范围从快递业务拓展到快运等物流业务;(5)行业从单一快递业务向行业综合业务转变,快递企业从快递业务拓展到仓储、电商、金融等多样化业务。从这些表现可以看出,快递行业的发展由点到线、由线到面、由面到体、由此体到彼体,在点的层面,也不断深化、细化,这足以说明快递行业已经是国民体系中逐步成熟的行业。在行业平稳前进的同时,法律保障不可或缺。法律对快递行业的保护,必须是全方位、多层次、多角度的,必须形成体系。[①]

第二节 《邮政法》的出台和修订

一、《邮政法》的出台

(一)出台背景

从 1949 年到 1998 年,在近 50 年的时间内,主要是邮电部对全国的邮政和电信事业进行统一领导和管理,并具体经营邮政和电信业务,邮电部既是"运动员"又是"裁判员"。

---

① 丁红涛:《中国快递行业法律体系的现状、问题和发展方向》,微信公众号:挂甲屯法律评论。

位于北京长安街的原邮电部

行邮专列积极服务中国邮政特快专递
业务的发展

处于"政企合一"时期的中国邮政先后于 1980 年、1984 年开办了国际、国内特快专递业务,开中国大陆快递业之先河。①

在《邮政法》出台的 1986 年,当今知名的众多快递企业还没有诞生。那一年,距离顺丰正式在广东顺德成立(1993 年 3 月 26 日)和申通初创(1993 年)还有 7 年,距离韵达创立(1999 年 7 月)还有 13 年,距离圆通成立(2000 年 5 月 28 日)还有 14 年,距离中通创建(2002 年 5 月 8 日)还有 16 年,距离汇通成立(2003 年 5 月)还有 17 年……

1986 年,中国还处在计划经济时期,对普通大众而言,邮政特快专递以外的民营快递还是"神一般的存在",那是听都没有听过啊!

邮递员与人们的生活息息相关

---

① 　王晓玲:《浅析中国快递行业现状及发展前景》,《祖国》,2013 年 10 月下半月。

（二）出台过程

从 1949 年到 1986 年，我国邮政事业实现了大发展，但也存在一些不容忽视的问题。为了适应邮政行业规范发展的需要，出台《邮政法》提上了邮电部的日程。经过邮电部特别是其下设的邮政总局的多方奔走和持续努力，克服了重重困难后，新中国首部《邮政法》最终得以提交全国人大常委会审议。

1986 年 12 月 2 日，时任国家主席李先念签署中华人民共和国主席令（六届第 47 号）：《中华人民共和国邮政法》已由中华人民共和国第六届全国人民代表大会常务委员会第十八次会议于 1986 年 12 月 2 日通过，现予公布，自 1987 年 1 月 1 日起施行。

由此，1986 年版《邮政法》成为新中国第一部邮政法。

（三）鲜明的时代特色

翻开颇有历史感的 1986 年版《邮政法》，我们会发现这部法律非常具有时代特色，其中颇具代表性的就是总则中第二条和第三条的规定。第二条规定，国务院邮政主管部门管理全国邮政工作。国务院邮政主管部门根据需要设立地区邮政管理机构，管理各地区的邮政工作。第三条规定，国务院邮政主管部门所属的邮政企业是全民所有制的经营邮政业务的公用企业。邮政企业按照国务院邮政主管部门的规定设立经营邮政业务的分支机构。

1986 年版《邮政法》公布后，有专家撰文论述了《邮政法》的四大立法原则——保护通信自由和通信秘密的原则、邮政事业为人民服务的原则、促进邮政事业发展的原则和邮件损失赔偿适用限额赔偿的原则。[①]

1986 年版《邮政法》仅有八章四十四条，各章分别为总则，邮政企业的设置和邮政设施，邮政业务的种类和资费，邮件的寄递，邮件的运输、验关和检疫，损失赔偿，罚则，附则。纵观整部法律，一些规定较为笼统，第二章（邮政企业的设置和邮政设施）仅有两条，分别是第十条（邮政企业及其分支机构的设置标准，由国务院邮政主管部门规定）和第十一条（邮政企业应当在方便群众的地方设置分支机构、邮亭、报刊亭、邮筒等设施，或者进行流动服务。城市居民楼应当设置住户接收邮件的信报箱。在较大的车站、机场、港口和宾馆内，应当设有办理邮政业务的场所），且在第十一条中并未明确信报箱设置的责任主体，不可避免会导致执行过程中的差强人意。

虽然 1986 年版《邮政法》未对快递业务进行任何着墨，但在本章内容中谈论《邮政法》，不可不提第八条。1986 年《邮政法》第八条规定，信件和其他具有信件性质的物品的寄递业务由邮政企业专营，但是国务院另有规定的除外。邮政企业根据需要可以委托其他单位或者个人代办邮政企业专营的业务。

"信件和其他具有信件性质的物品的寄递业务由邮政企业专营"的规定，为以后民营快递与邮政企业的冲突甚至是有关部门之间的纷争埋下了一颗"定时炸弹"，这在下文中会有详细的介绍。与此同时，"邮政企业根据需要可以委托其他单位或者个人代办邮政企

---

① 吴高盛：《谈我国第一部〈邮政法〉的立法原则》，《法学》，1987 年 03 期。

业专营的业务"的规定,却在为民营快递和洋快递"关上了一扇门"的同时"开了一扇窗",众多民营快递和外资快递办理委托手续后,就算是从业务上接受邮政部门的监管,其经营的快递就算"合法"了。民营快递充分依靠"钻"第八条这三分之一条规定的"空子"实现了"长大"。正如媒体报道的那样,"事实上,让邮政企业如鲠在喉的民营快递更多的是在邮政企业的授权下发展壮大起来的。"①

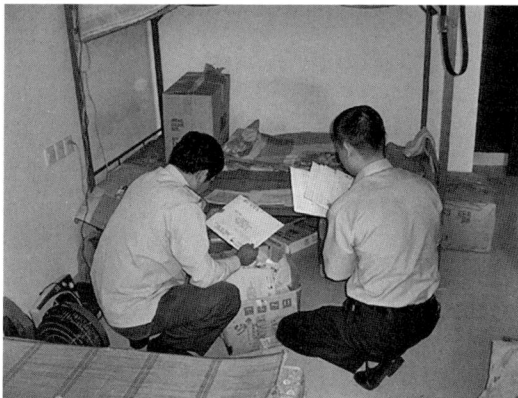

工商执法人员从"黑快递"床下查出信件

　　一些外资快递企业在通过委托形式经营快递业务的同时,还有一些外资"巨无霸"快递企业,依托 WTO 的规则,利用名词翻译的倾向性或漏洞②,以货运代理之名行非法经营快递业务之实,造成的影响极为恶劣。③

　　1998 年国家邮政局成立后下设行业管理司,我担任行业管理司司长。这个司的职责主要为:研究拟定邮政行业管理政策,起草邮政法律、法规草案,拟定部门行政规章,发布业务规章,管理全国邮政市场和集邮市场,负责邮政国家标准用品的监制;对邮政企业执行有关法规、政策和邮政服务等情况实施监督检查;指导企业法制建设,负责有关合同的综合管理,处理有关法律事务。

　　行业管理司主要做的工作有这几方面。1990 年《中华人民共和国邮政法实施细则》发布后,里面第四条、第五条都规定了非邮政企业要经过邮政企业委托才可以做邮政业务。接受邮政委托实际上是一种审批,让他们接受邮政的监督。与后来的快递许可制很像,但简单得多。那时,国家邮政局是政企合一的身份,行业管理司是下面一个司,既是裁判员又是运动员的身份,难免有些不公的说法和言论行为。在民营快递没有发展起来之

---

① 王玿:《邮政专营重组快递业前景前瞻:从民企手里抢过去未必是金饭碗》,《瞭望东方周刊》,2009 年 10 月 12 日,http://finance.ifeng.com/news/industry/20091012/1319010.shtml,访问日期:2017 年 7 月 16 日。

② 刘中林:《是"信使服务"还是"速递服务"——Courier Services 的中文译法及影响》,《通信企业管理》,2003 年第 5 期,第 50~51 页。

③ 与此类似的是,参加邮政法制定的原国家邮政局相关负责人在接受编辑部专访时特别指出,《共产党宣言》初期翻译时将"communication"译为"一般产业(设施)"而非"基础产业(设施)",这就导致邮政业长期未能作为基础性产业,虽然后期的翻译进行了调整,但对邮政业发展所造成的影响已无法挽回。

前,我们有保护 EMS 的职能,加强对外资快递的管理。后来,随着民营快递的发展,我们站在保护民族产业的角度也给了民营快递企业一些适当的保护,对外资快递做了适当的限制。比如,那时 FedEx 甚至准备搞低价竞争,以很低的价格进入中国占领我们的市场,它的这个手段在印度和埃及已经干成了,在中国没有干成。原因就在于,那时我们行业管理司对其行为采取了敏锐坚决的措施,特别是中国快递协会成立后,我们组织会员企业对 FedEx 的错误行为开展了讨论,提出了善意的批评,最后使其纠正了自己的错误做法。可以说,顺丰、韵达、申通能发展到今天的样子,与我们当时的一些工作分不开。

——原国家邮政局政策法规司司长达瓦

是"信使服务"还是"速递服务"①

——Courier　Services 的中文译法及影响

随着中国加入 WTO,国内经济和贸易法规与世界接轨的问题变得越来越重要。法规接轨的最基本要求是概念接轨。然而由于种种原因,国内对 WTO 法规中某些概念的翻译和理解,与这些概念的本来含义存在差异,从而为政府主管部门行使市场管理职责带来了一定困难。本文就 WTO 在寄递业务分类方面的规定以及国内媒体和相关部门在这一问题上存在的误解进行探讨。

一、我国的承诺及邮政专营

中国在加入 WTO 时签署的服务贸易具体承诺减让表中,对"Courier Services"的开放做出了承诺。"Courier Services"在国内一般翻译为"快递服务"或"速递服务"。但这种译法既没有译出原文的本意,也没有表明这种业务寄递内容的性质是信函还是货物。我国对"Courier Services"这一领域开放的具体承诺是"加入时,允许外国服务提供者设立合资企业,外资比例不超过 49%。加入后一年内,将允许外资拥有多数股权,加入后 4 年内,将允许外国服务提供者设立外资独资公司"。承诺还特别注明,这些企业的经营范围是"CPC75121,但现由中国邮政部门依法专营的服务除外"。关于中国邮政部门依法专营的业务范围,1986 年颁布的《邮政法》明确规定,"信件和具有信件性质的物品寄递业务由邮政企业专营,邮政企业可根据需要委托其他单位或个人代办邮政的专营业务"。《邮政法实施细则》第四条也明确规定,"未经邮政委托,任何单位和个人不得经营信函明信片或其他具有信件性质的物品的寄递业务"。

二、关于对 Courier Services 的理解

如果不是人们把"Courier Services"翻译为"快递服务"或"速递服务",上述规定非常容易理解,哪些业务开放、哪些业务保留或专营,外行人也会一目了然。然而,正是因为误用了"快递"或"速递"概念,使得本来明确的经营范围变得模糊不清,于是便出现了"快件"与"信件"的属性之争。某些跨国速递公司,以经营"速递业务"为名,不经邮政部门委托,擅自开办进出境信件和具有信件性质的物品的寄递业务,扰乱了市场秩序,也为客户的信

---

① 刘中林:《是"信使服务"还是"速递服务"——Courier Services 的中文译法及影响》,《通信企业管理》,2003 年第 5 期,第 50~51 页。

息安全带来了隐患。为整顿寄递市场的混乱局面，信息产业部、外经贸部和国家邮政局（简称"两部一局"）曾于 2001 年 12 月根据《邮政法》和《邮政法实施细则》联合发出通知，要求以前经外贸部批准设立的国际货代企业，如经营国际快递业务、进出境信件和具有信件性质的物品的寄递业务，应到政府主管部门——国家邮政局或其分支机构（各省邮政局）办理委托登记手续。但由于当事各方在概念的理解等方面存在差异，通知的落实工作在一定程度上受到阻碍，委托登记的期限也不得不向后拖延。国外一些政府的贸易部门也借此大做文章，指责中国在加入 WTO 后不认真履行承诺，市场开放方面出现了"倒退"甚至提出要重新审查中国的 WTO 成员资格，大有不达目的誓不罢休的架势。虽然经过当事各方的反复协商和谈判，"两部一局"又发出了关于委托登记的"补充通知"，适当放宽了委托业务的条件，多数速递公司也如期办理了委托登记手续，但如果在问题之初就对"Courier Services"有一个正确的理解，可能问题的解决会更加容易。

要理解"Courier Services"的确切含义，首先应该找到它的定义。在现行 WTO 法规中，对服务业的分类和界定源于 1991 年的联合国中心产品分类目录（Central Product Classification）。WTO 将所有服务业分为 12 个大类，其中邮政服务与电信服务、"Courier Services"等并列属于"通信服务"大类。对邮政服务和"Courier Services"的定义如下：

751 邮政服务和 Courier Services

7511 邮政服务（Postal Services）

75111 与函件相关的业务（Postal Services Related to Letters）

国家邮政部门从事的信件、报纸、杂志、期刊、宣传册、传单及类似印刷品的揽收、运输、投递服务，包括国内业务和国际业务。

75112 与包裹相关的业务（Postal Services Related to Parcels）

国家邮政部门从事的包裹和小包的揽收、运输、投递服务，包括国内业务和国际业务。

75113 邮局窗口业务（Post Office Counter Services）

国家邮政部门在邮局窗口提供的服务，如邮票销售、邮件处理和其他窗口业务。

75119 其他邮政业务（Other Postal Services）

信箱出租、候局领取及其他没有分类的公共邮政服务。

7512 Courier Services

75121 Multi-modal Courier Services

"Courier"从事的信件、包裹、小包的揽收、运输、投递服务，包括国内业务和国际业务。提供这些业务时可以自备运输工具，也可以使用公共运输设施。

75129 Other Courier Services

"Courier"提供的是没有分类的其他货物运递业务。例如，不包括仓储在内的货物运输或转运。

从 WTO 的定义分析，邮政业务和"Courier Services"在提供的方法和手段方面没有什么区别，也无快慢之分，主要差异在于邮政业务由国家邮政部门提供，而"Courier Services"由"Courier"提供。因此，"Courier"是国家邮政以外的寄递业务提供者，与快慢无关。

在《美国传统字典》中，"Courier"解释为"信使"或"送信者"。WTO的另一种官方语言——法文，在定义中与英文"Courier Services"对应的词是"Services de Courrier"，这里的"Courrier"也是"信使"或"运递者"的意思。美国在2000年12月提交给WTO服务贸易理事会的提案中也解释说，"Courier Services"主要是指"专人信使传递消息和包裹的服务"。在提案中，美国政府还建议修改现行寄递服务分类方法，即在"通信服务"大类下，增加与邮政服务和"Courier Services"等并列的"Express Delivery Services"（速递服务）。这里暂且不论美国的建议是否合理，也不考虑WTO其他成员国是否会同意美国的观点，仅从建议本身分析就足以说明，"Courier Services"与"快"无关，否则就没有必要再加一项"速递服务"。

综上所述，"Courier Services"翻译成"信使服务"或"信使业务"较为恰当，它能确切表达这一概念的原意。

三、产生误解的原因

在过去十几年中，人们之所以把"信使服务"称为"速递服务"或"快递服务"，是有其背景和原因的。即便在国外，很多人也经常将"Courier Services"（信使服务）和"Express Delivery Services"（快递或速递服务）混为一谈，有时甚至相互替代。笔者认为，产生这种误解的原因主要有两个方面：

第一，由于传统的国家邮政是政府部门，在尚未受到私营寄递公司竞争的威胁之前，一般工作效率不高，服务质量较差，邮政客户对快速、可靠的业务需求得不到很好的满足。于是，一些私营寄递公司以"速递"或"快递"业务来吸引客户，成了他们市场营销的重要手段。事实上，私营寄递公司寄递速度确实比多数邮政快，公司的名称也贯以"Express"（快、迅速）等字样，因此很多人，甚至包括邮政部门，习惯把这些寄递公司从事的业务称为速递或快递业务。

第二，除少数几个邮政市场完全开放的国家外，绝大多数国家邮政部门或邮政公司都因提供普遍服务而享受一定范围的业务专营权。在法律上，私营寄递公司只能从事专营范围以外的业务。为了避开《邮政法》中规定的专营业务，这些公司故意不按照寄递物品的性质分类，而是按寄递的速度分类。因此，无论是信件还是包裹，都统称"快件"，给人以"快递信件"不是"信件"的感觉，从而在形式上避免"违法经营邮政专营业务"。其结果是这些公司方便地扩大了业务范围，也在市场竞争中处于更加有利的地位。

结论：现行WTO分类中的"Courier Services"翻译成"速递服务"或"快递服务"是不恰当的，应该译成"信使服务"，它不但能反映WTO法规的原意，也有利于国家主管部门对国内寄递市场的规范管理。

此外，由于时代的局限性，1986年版《邮政法》并未赋予邮政部门执法权，明确由工商部门对相关违法行为进行罚款等处理。第四十条规定：违反本法第八条规定，经营信件和其他具有信件性质的物品的寄递业务的，由工商行政管理部门责令其将收寄的信件和其他具有信件性质的物品及收取的资费退还寄件人，处以罚款。当事人对处罚决定不服的，可以在接到处罚通知之日起十五日内向人民法院起诉；逾期不起诉又不履行的，由工商行政管理部门申请人民法院强制执行。

　　刚成立行业管理处时，我们作为管理人员要管什么、怎么管，这些都不懂，没有经验，可以说是在懵懂的情况下做了行业管理。比如一开始报刊丢失非常严重，偷盗报刊基本每个环节都有，我们就全程跟踪，层层检查，提高报刊短缺率，通过努力使得报刊丢失短缺的情况逐渐好转。

　　从不懂，到开始研究着怎么去管，我们一直在摸索。1986年出台的《邮政法》里面有一条说信件和其他具有信件性质的物品的寄递业务由邮政企业专营，这条我当时背得特别清楚，因为这是我们的处罚依据，那时我们就用这一条执法。另外把行政处罚法都要学会，把行政处罚的每一条规定都要记住。

　　1999年4月29日，北京市政府第27号令发布，即《北京市邮政特快专递经营活动管理办法》（简称27号令）。27号令第五条规定，非邮政企业或者其他经营组织申请代为办理信件和具有信件性质的物品的特快专递经营业务的，应当与邮政企业协商一致后，按照规定向市邮政管理局申请办理经营资格证件。第七条规定，非邮政企业或者其他经营组织需要使用邮政企业的通信网络从事特快专递经营活动的，应当向市邮政管理局办理备案手续，并与邮政企业依法签订合同。第十一条规定，违反本办法第五条的规定，无经营资格证件或者取得经营资格证件不按照规定经营的，由市邮政管理局责令其将收寄的信件和具有信件性质的物品以及收取的自费退还寄件人，并给予警告，可以处1万元以下罚款。第十二条规定，违反本办法第七条的规定，擅自使用邮政企业的通信网络从事特快专递经营活动的，由市邮政管理局责令其期限补办备案手续；逾期不办理的，由市邮政管理局按照《北京市邮政通信条例》的规定依法处罚。2007年11月23日，北京市政府第200号令对《办法》进行了修正，将第五条改为："邮政企业根据需要，可以委托其他单位或者个人代办邮政企业专营的信件和具有信件性质的物品的特快专递经营业务，并依法签订业务委托合同。未经邮政企业委托，任何单位和个人不得从事信件和具有信件性质的物品的特快专递经营活动。"另外，将第十一条改为第十条，修改为："违反本办法第五条的规定，未经邮政企业委托经营信件和具有信件性质的物品的特快专递经营业务的，由市邮政管理部门提请工商管理部门依法处理。"27号令的出台为我们执法提供了有力依据。

　　那时社会上把民营快递都叫做"黑快递"，而许多企业确实存在违法行为，比如一些加盟制民营快递即使是总公司也很少有营业执照，都是打一枪换个地方。我们也非常执着，只要发现一个速递，就追踪不放，会跟着他们的车到地下车库，结果就发现了很严重的问题。他们私拆邮件，给邮件都换了一个包装。当时有个叫全一速递的公司，其文件柜里全是档案，这些档案都换了面单，拆掉包装后再去寄，可见违法问题非常严重。他们的操作流程很简单，先是由正规快递公司以高于邮政的价格收回快递，再换成EMS的面单，然后以EMS寄出去，赚取其中的差价。那时一家快递公司往往会有很多公司的面单，他愿意给谁就给谁。在政企合一时期，民营快递企业已经是打都打不死了，最初罚款2000块他可能都会有意见，后来罚款到8000块他们连笔录看都不看就直接签字走人，可以说是不惜违法也要干，而我们罚款到一万块就封顶了。这说明民营快递的效益非常好，而恰恰因为邮政企业满足不了市场需求,才给了民营快递企业机会。

　　随着社会发展,我们邮政行业管理人员的思想观念也在不断转变,而我们的转变主要是在参与邮政法的多次修改中改变的。市场发展速度越来越快,邮政的发展已经不能满足市场发展的需要了,随着电子商务迅速发展,新邮政法的出台,我们管理人员的水平不断提高,可以说管理者的思想转变是促进这个行业发展的一个很重要的因素。

——北京市快递协会副会长兼秘书长王宝华

(四)配套法规出台

　　为推动《邮政法》的实施,国务院 1990 年 11 月 12 日以国务院令第 65 号发布了《中华人民共和国邮政法实施细则》(以下简称"细则"),并自发布之日起施行。

　　《细则》共八章六十五条,每章的题目与《邮政法》相同,并对相关内容进行了明确和细化。例如《细则》第二条规定,中华人民共和国邮电部是国务院邮政主管部门,管理全国邮政工作。各省、自治区、直辖市邮电管理局是地区邮政管理机构,管理该地区的邮政工作。《细则》第四条规定,未经邮政企业委托,任何单位或者个人不得经营信函、明信片或者其他具有信件性质的物品的寄递服务,但国务院另有规定的除外。《细则》第五条规定,邮政企业委托其他单位或者个人代办邮政业务时,应当协商一致,并签订代办合同。《细则》第十九条规定,邮政企业经营国内、国际邮件的寄递业务和邮件的特快专递业务。

二、《邮政法》第一次修订

(一)邮政体制改革推动法律修订

　　20 世纪 90 年代,国民经济尤其是改革开放后市场经济的大发展,我国邮电体制已不能适应经济发展的大环境。在这一背景下,邮电部于 1997 年 1 月决定在全国实施邮电分营。

信息产业部和国家邮政局的牌子挂在一起

　　1998 年 3 月,在原电子工业部和邮电部的基础上,国务院开始组建新的信息产业部。

当年 4 月,新成立的信息产业部下发《邮电分营指导意见》。国家邮政局正式挂牌,邮电开始分离。新成立的国家邮政局政企合一,负责经营国家邮政网络,独立运营并管理全国邮政行业。

当时,1986 年版《邮政法》已经施行十余年,对保证邮政通信工作正常进行、保护公民的通信自由、通信秘密和促进邮政事业发展发挥了重要作用。但由于 1986 年版《邮政法》是计划经济的产物,随着改革开放和社会主义市场经济的不断发展,尤其是邮电分营,邮政事业独立运行以后,该法已经落后于时代的需要,难以适应当时的新情况、新变化和新要求。1999 年起,经全国人大和国务院同意,国家邮政局开始启动对 1986 年版《邮政法》的修订工作。

(二)"十年磨一剑"

从 1999 年,国家邮政局开始着手修法,到 2009 年 4 月 24 日通过,《邮政法》的修改整整走过了 10 个年头。国务院从 2006 年开始,每年都将《邮政法》列入当年一类立法计划,全国人大法工委 2006 年就已着手调研,做好了迎接的准备,但由于各方分歧太大,国务院几次都未能提交全国人大。[①] 这在新中国的修法史上极为罕见。最终,经过多方努力和共同推进,各方争议得以统一,邮政法第一次修订得以实现。

1.体制改革推动修法

《邮政法》的第一次修订与邮政体制改革密不可分,二者几乎是一个相融相生的关系,在修订过程中,体制改革继续深入推进,2005 年 8 月 19 日,国务院印发《邮政体制改革方案》,要求实行政企分开、改革邮政主业、改革邮政储蓄、完善邮政改革配套机制和加强对邮政体制改革的领导和支持。

针对政企分开,方案要求重组邮政监管机构,在剥离国家邮政局的企业职能、资产和人员的基础上重组国家邮政局,为国家邮政监管机构,设立省(区、市)邮政管理局为省(区、市)邮政监管机构,受国家邮政局垂直领导;将国家邮政局的企业职能、经营性资产和人员分离出来,组建中国邮政集团公司作为国务院授权投资机构,财务关系在财政部单列,并暂由国家邮政局、财政部分别作为其行政主管和国有资产管理部门,条件成熟后另行研究调整管理关系;将各省(区、市)邮政局的企业职能、经营性资产和相关人员分离出来,组建为中国邮政集团公司的全资子公司或控股公司。

在加强对邮政体制改革的领导和支持方面,方案明确:"鉴于现行《中华人民共和国邮政法》[②]已不适应改革与发展的需要,为保障邮政体制改革的顺利实施,有关部门要加快修订工作。国家赋予中国邮政集团公司信件寄递业务专营权,并通过立法明确邮政专营业务范围。对快递等邮政业务实行市场准入制度。"

---

① 南焱:《〈邮政法〉10 年争端内幕》,《中国经济周刊》,2009 年第 17 期(5 月 4 日),http://paper.people. com.cn/zgjjzk/html/2009－05/04/node_1422.htm

② 即 1986 年邮政法,笔者注。

2008 年 3 月 23 日,新组建的交通运输部正式挂牌

2006 年 9 月,国家邮政局下属各省级机构纷纷实行政企分开。2007 年 1 月,国家邮政局实行政企分开,剥离企业职能,并重组为国家邮政管理部门,对邮政行业实行政府管理。原国家邮政局的企业职能由新组建的中国邮政集团公司承担。2007 年 1 月 29 日,国家邮政局和中国邮政集团公司揭牌。中共中央政治局常委、国务院副总理黄菊,中共中央政治局委员、国务院副总理曾培炎致信祝贺。

2008 年,国务院机构改革方案指出,成立交通运输部,国家邮政局为其下属单位,即通俗所称的"部管局"。

2.修订过程曲折复杂

随着改革的深入推进,邮政体制出现了重大变化,原政企合一的国家邮政局拆分为邮政监管部门和邮政企业。在这一过程中,《邮政法》修订进程也不断加快①。

1999 年,遵照国务院领导"建议尽快修改邮政法"的批示,国家邮政局成立了邮政法修改工作小组,启动了 1986 年《邮政法》的修订工作,在进行大量的调查研究及论证工作的基础上,对邮政法作了初步修改。

2000 年 11 月 27 日,国家邮政局正式向信息产业部报送"关于报请审议《中华人民共和国邮政法》(修改上报稿)的报告"。从 2001 年 2 月份开始,信息产业部政策法规司与国家邮政局多次开会研究,进一步确定了修改工作的指导思想和基本原则,并做了数次修改。2001 年 3 月 26 至 28 日,为配合《邮政法》的修改工作,国家邮政局和国际邮联在北京

---

① 笔者采访了有关当事人并借鉴了周鑫(《法治与社会》,2010 年第 9 期,第 75~77 页)、肖黎明(《历时八年九易其稿 邮政法为何"千呼万唤不出来"?》,《法制日报》,2007 年 8 月 17 日,http://politics.people.com.cn/GB/6126374.html)和南焱(《〈邮政法〉10 年争端内幕》,《中国经济周刊》,2009 年第 17 期(5 月 4 日),http://paper.people.com.cn/zgjjzk/html/2009-05/04/node_1422.htm)的文章。

共同举办了"邮政普遍服务国际研讨会",这是继第 22 届邮联大会之后在我国举办的又一场国际邮政盛会。来自南非、德国、美国、巴西、印度、英国、伊朗、日本、越南、中国等 21 个国家和地区的代表参加了会议。会议对邮政普遍服务达成诸多重要共识,这些共识推动了邮政普遍服务战略在各国的贯彻实施。同时,此次会议对世界各国加强邮政法制建设的相关内容进行了研讨,对《邮政法》修改工作得到有关方面的理解和支持,起到了重要作用。

2001 年 5 月 16 日,信息产业部政策法规司在北京主持召开了由国家邮政局及 17 个省、自治区、直辖市和计划单列市邮政局代表参加的邮政法修改工作座谈会。根据此次座谈会代表所提意见,又对邮政法修改稿进行了修改。

2001 年 10 月 10 日,信息产业部致函国务院各部委及相关直属机构(共 43 个单位),征求对邮政法修改稿草案征求意见稿的意见。根据各部委意见进行归纳总结和研究讨论,并在进一步听取国家邮政局意见的基础上,对邮政法修改稿进行了再次修改。

鉴于"9·11事件"后,美国发生了影响邮件安全的"炭疽病事件",为杜绝类似的安全隐患,2001 年 11 月 15 日,国务院办公厅下发了《关于加强信件印刷品等寄递业务管理防止炭疽杆菌传播的紧急通知》,要求对邮政市场进行清理整顿。根据此通知,同年 12 月 20 日,信息产业部、对外经济贸易合作部、国家邮政局下发了《关于进出境信件和具有信件性质的物品的寄递业务委托管理的通知》(国邮联〔2001〕629 号)(简称"629 号文")。

纽约的炭疽菌病例患者收到可疑信件,被查出发自佛罗里达州的圣彼得斯堡邮件处理中心后,当局派人在这个邮件处理中心展开大规模的消毒工作

629 号文规定:本通知下发之前经对外贸易经济合作部批准设立的国际货代企业,经营国际快递业务,需要办理进出境信件和具有信件性质的物品寄递业务的,应在 60 天内到邮政部门办理委托手续。邮政部门自收到申请信件寄递委托业务的全部文件之日起,45 天之内依法决定委托或不委托(这也意味着国际货代企业可以接受邮政委托经营信件业务①)。在规定时间内未办理邮政委托手续的,应立即停止经营此类业务。

通知还规定,通知下发之后,拟成立的国际货代企业,需要办理信件寄递委托业务的,应事先到邮政部门办理委托手续后,方可到对外贸易经济合作部办理相关手续。

① 笔者注。

2002年2月4日,国家邮政局发布了《关于贯彻信息产业部等部门有关进出境信件寄递委托管理文件的通知》(国邮〔2002〕64号)(简称"64号文")。64号文进一步规定了委托经营的范围,即进出境单件重量在500克以上(不含500克)或单件资费在国家规定的(同一重量、同一通达国家或地区的)邮政特快专递资费标准以上的信件和具有信件性质的物品的寄递,但不包括具有公民个人名址的信件及县以上(含县级)党政军等机关的公文。

上述行政措施一经出台即引起了广大货代企业的不满,遭到质疑较多就是这些措施有可能违反了中国加入世界贸易组织的承诺。

629号文件和64号文件出台后,美国的UPS、德国的DHL等国际快递公司,已将两份文件内容向美国政府和欧盟进行了通报。首先是2002年3月8日,美国驻华大使致函国务院领导,质疑629号文件精神不符合WTO原则。2002年3月19日,在日内瓦举行的服务贸易管理理事会上,美国、日本、欧盟等国家和地区均提出反对意见,美国将此事列入政府间的磋商内容,亚太快递工作委员会也对此表示关注。2002年3月25日,对外贸易经济合作部以信息快报的形式向国务院报告此事,国务院领导很快作出批示,让信息产业部和国家邮政局迅速处理。

2002年7月4日,国务院办公厅对国家邮政局提请国务院对5号令①中第十七条"私人信函"解释的复函,对"私人信函"的解释如下:私人信函是指各类文件、通知以及非私人属性的单据、证件、有价证券、书稿、印刷品等以外的书信。9月5日,信息产业部、对外贸易经济合作部、国家邮政局随后联合发布了《关于进出境信件和具备信件性质的物品的寄递业务管理的补充通知》(简称"472号文件")②。

472号文规定,经邮政部门委托,国际货物运输代理企业可以办理进出境信件和具有信件性质物品的寄递业务,但私人信函及县级以上(含县级)党政军机关的公文除外。在本通知下发前经对外贸易经济合作部批准设立的国际货物运输代理企业,申请经营进出境信件和具有信件性质物品的寄递业务,可持本通知要求的材料直接到所在地省级邮政部门或国家邮政局办理委托手续;所属各分支机构可直接持总公司(总部)已申办的《邮政委托证书》和企业隶属关系证明,到所在地省级邮政部门领取《邮政委托证书》。办理进出境信件和具有信件性质物品寄递业务委托经营手续的国际货物运输代理企业,应在本通知下发之日起六十天内,到邮政部门办理委托手续,期限届满后未办理委托手续的,不得继续经营信件和具有信件性质物品的寄递业务。

2002年10月21日,国家邮政局对各省(区、市)邮政局又下发了《关于简化国际货代企业办理邮政委托手续的通知》(国邮〔2002〕556号)(简称"556号文件"),进一步简化了国际货代企业办理邮政委托的手续。

---

① 1995年6月,经国务院批准,原外经贸部公布了《中华人民共和国国际货物运输代理业管理规定》(简称"5号令")。

② 关于进出境信件和具备信件性质的物品的寄递业务管理的补充通知,商务部网站,http://www.mofcom.gov.cn/article/bh/200311/20031100146528.shtml,查阅日期:2017年7月23日。

国务院的批复和 472 号以及 556 号文尽量消除了 629 号、64 号等文件中邮政委托带有的限制性的行政审批色彩,使邮政委托得以实施,也终于使这场外交风波得以平息。但与此同时,这三份文件也使中国邮政对专营权的捍卫以大部分专营业务被放开而告终,原本一直争执不下的《邮政法实施细则》第四条规定(信件和其他具有信件性质的物品寄递业务由邮政企业专营),也因委托的存在而承认了国际货代企业经营部分邮政专营业务的合法性。

2002 年 4 月 16 日,经信息产业部部务会议讨论通过,部长签发,正式向国务院上报"关于报请审议《中华人民共和国邮政法(修改稿)》的请示"。随后,《邮政法》列入国务院立法计划。国务院法制办公室会同信息产业部、国家邮政局以及新组建的交通运输部等部门,根据《邮政体制改革方案》,在反复征求全国人大财经委、全国人大常委会法工委、发展改革委、财政部、公安部、国家安全部、商务部等 16 个有关部门、单位和上海、广东等 20 个地方人民政府以及邮政企业、快递企业、专家、用户等各方面意见的基础上,借鉴其他国家的经验和做法,对 1986 年《邮政法》进行了较为全面的研究修订,形成了《邮政法(修订草案)》(以下简称修订草案)。2003 年,修改邮政法被列入十届全国人大立法计划,相关修改工作由国务院法制办牵头,国家邮政局起草。2003 年 11 月,国务院法制办就第一稿小范围听取了快递公司意见。

2003 年 11 月,邮政法第五稿提出,"500 克以下信件寄送由邮政专营",快递实行特许经营,设立"邮政普遍服务基金"等。业内人士认为,这实际上是强化了邮政的专营地位。第五稿出台的 8 个月后,第六稿将专营范围缩小到 350 克以下,但依然未能缓和邮政和民营快递之间的关系。快递业内人士称,按照上述规定,国内 90％ 的民营快递企业会死掉。而国际快递公司的业务中,有近 60％ 的业务属于 350 克以下的商务信函。

第六稿出台时,正好是《行政许可法》开始实施之际。中国国际货代协会在递交给商务部条法司、外贸司、外资司的修改意见中,认为第六稿有诸多与《行政许可法》相悖的条款。与《行政许可法》相呼应的是,2004 年 7 月,商务部已经放宽了国际货代业(含国际快递业务及企业)的市场准入条件,将原来的审批制改为备案制。这也是邮政法修改稿中提到的,"国务院对信件的国际速递另有规定的,依照其规定"。但是这一备案制却只对国际快递业有效,如果依照《邮政法》第六稿,民营快递无法享受与外资和邮政同样的待遇。因此有民营快递代表直陈:"为什么洋人能做的业务,中国人反而不能做?"中国货代协会则建议国家尽快统一国内外快递政策。尽管第六稿在国家邮政局的修改下,被指进一步垄断,但是此稿并非终稿,依然存在回旋余地。国务院法制办相关官员还表态说,国务院可能成立独立的第三方邮政监管机构,对邮政实施监管。

2004 年 7 月 28 日,国务院法制办在京召开会议,征求社会速递企业对《邮政法》(2004 年 7 月 19 日稿)的意见。2004 年 8 月 12 日,国务院法制办在京主持召开会议,征求部分邮政企业对《邮政法》(2004 年 7 月 19 日稿)的修改意见。2005 年 12 月 16 日,国务院法制办、信息产业部、国家邮政局在香山饭店举行修改工作会议,这是国务院原则同意邮政改革方案后,三单位第一次联合召开修改工作会议。国家邮政局根据国务院 27 号文件的有关精神,对邮政法修改稿(2004 年 7 月 19 日稿)提出了新的修改意见,各方对此进行了讨论。

2006 年 1 月 5 日,国务院法制办新修改一稿,向 14 个国务院部委和 5 个省征求意见。2006 年 1 月,第七稿终于揭开面纱。在第七稿中,邮政部门建议信件的寄递业务由邮政企业专营;但国际信件的速递业务和单件重量在 350 克以上的国内信件速递业务除外。相比第六稿,邮政部门没有将 350 克以下(包括 350 克)国际速递业务囊括其中。

2006 年 2 月,新出炉的《邮政法》修改稿第七稿再次面临考验。根据立法程序,历时一年半的修订之后,这部由国家邮政局和国务院法制办牵头起草的修改稿将于当年 4 月进入全国人大常委会审议。

2006 年 3 月 13 日,国务院法制办新修改一稿,送有关部委征求意见。

2006 年 3 月 16 日,国务院召开邮政法修改协调会,听取 8 个部委对 3 月 13 日修改稿的意见。

2006 年 8 月 15 日,国务院法制办将邮政法(修订草案)确认稿[①]再次送国家邮政局和相关部委征求意见,该稿进一步对民营快递的递送范围作了扩展,将信件邮政专营范围降到了 150 克以下。但同前七稿一样,这仍然未能使民营快递业满意。

随着《邮政法》8 月版提交国务院常务会议审议的日期日益临近,上海近 50 家民营快递、物流和货运公司再次集体质疑这份没有公开的法律草案,呼吁《邮政法》起草单位应该开门立法,尊重利益相关方的知情权,保证所有重大分歧意见能够被充分讨论和协商。

2006 年 9 月 28 日,国务院法制办、国家邮政局等部门的相关负责人来到上海,与国内 20 余家非邮政的快递企业老总面谈,国际四大快递也派代表出席。此次座谈会是自第 8 稿起草以来,国家相关部门首次倾听非邮政企业的意见。这场面谈会由国务院法制办委托中国国际货代协会和国内民营快递业的老大申通快递出面组织。在历时四个小时的交流中,20 余家非邮政企业列举了 12 个专题,呼吁邮政法的修改起草能够给非邮政企业一个公平的市场竞争环境。

2006 年 10 月 13 日,原计划在 9 月底相关会议上讨论通过的《邮政法》草案第八稿(下称"第八稿草案")被推迟讨论,这意味着第八稿草案也将被推迟进入全国人大常委会有关机构的审议程序。与此同时,民营快递企业和外资快递企业纷纷要求公开第八稿草案。

2007 年 5 月 24 日,邮政法修改草案第九稿出台。其中有关邮政专营的条款空缺,理由是因各方面的争议很大,这部分内容"待研究"。

2007 年 6 月 13 日,国务院法制办、信息产业部、国家邮政局联合主办"《邮政法》修订企业座谈会",征求邮政业企业对《邮政法》修改稿的意见和看法。

会议分为两个部分,上午主要征求各类快递企业:中国速递服务公司、中国对外贸易运输(集团)公司、民航快递有限责任公司、北京宅急送快运股份有限公司、北京小红马快递有限公司、盛彤实业有限公司、上海圆通速递有限公司、全一快递有限公司、上海信达快

---

① 即邮政法修改稿第八稿,笔者注。

递公司、上海圣彪速递管理有限公司、顺丰速运（集团）有限公司、天地快件有限公司（TNT）、联合包裹快递有限公司（UPS），共计 13 家企业的意见；下午专门听取中国邮政集团公司的意见。

参会快递企业提出的主要意见是：

第一，邮政法应注意保护民营企业利益。民营企业对外资的并购和扩张，反应十分强烈，在外资加速进入的情况下，希望国家加大保护民营企业力度；希望法律规定的注册资本金有一定的弹性。

第二，专营开放的范围应更大一些，应把商业信函排除在专营范围以外；可采用"重量＋资费"的方式，并规定一定的开放时间表。

第三，快递监管职权应由邮政监管机构统一行使，不宜另行规定工商部门的管理权和处罚权。

第四，监管手段要便于操作。可采用职业鉴定、质量保证金等手段规范行业竞争秩序，提高监管效率。

第五，限制外资经营国内信件业务不利于公平竞争。

2008 年 6 月，由于受邮政专营权、新的普遍服务机制规范和建立以及市场监管等问题的困扰，《邮政法》修改草案第十稿继续进行讨论。

2008 年 10 月 6 日，国务院总理温家宝主持召开国务院常务会议，讨论并原则通过《中华人民共和国邮政法（修订草案）》。会议决定修订草案经进一步修改后，由国务院提请全国人大常委会审议。

2008 年 10 月 28 日，十一届全国人大常委会第五次会议初次审议了《中华人民共和国邮政法（修订草案）》。29 名委员和代表共提出 72 条意见。

2008 年 10 月 29 日，全国人大常委会将修订草案全文上网，向社会征求意见，同时征求国务院有关部门、地方人大常委会、相关单位和研究机构的意见。截止日期为 11 月 30 日。至截止日，共征集各方意见 5624 条。

2009 年 2 月 18 日—20 日，全国人大常委会委员、常委会副秘书长、法律委员会副主任委员乔晓阳和全国人大常委会法制工作委员会副主任安建率领调研组，就《邮政法》（修订草案）的修改意见在湖北进行调研。国家邮政局局长马军胜、副局长徐建洲，湖北省人大常委会副主任刘友凡参加调研。

2009 年 2 月 18 日，调研组在武汉市举行座谈会，听取了湖北省局局长李庭中关于该局成立后履行邮政管理职能情况的汇报和对修订草案中的条款、文字等提出的修改意见和建议，还听取了省财政厅、建设厅、交通厅、公安厅、国家安全厅等部门负责人及部分全国、省人大代表对修订草案提出的修改意见和建议，并到武汉邮区中心局、珞珈山邮政支局等有关场所实地调研，考察邮政生产组织、邮政业务办理的情况、邮政设施设置和建设情况。2 月 19—20 日，调研组在武汉市分别与省邮政公司和所属基层单位以及快递企业座谈，在红安县与邮政、部分乡镇、村委会负责人座谈，到农村邮政支局现场考察，深入了解邮政普遍服务、快递服务发展等情况和存在的主要问题，广泛听取对修订草案的意见和建议。

2009 年 4 月 20 日，第十一届全国人大常委会第八次会议召开，下午分组审议邮政法。

4 月 24 日，第十一届全国人大常委会第八次会议表决通过《中华人民共和国邮政法》（修订草案）。胡锦涛主席签署第十二号主席令予以公布，自 2009 年 10 月 1 日起施行。

3.修订意义重大

《邮政法》修订是我国邮政业发展历程中的重要里程碑。从 2003 年《邮政法（修订草案）》被列入十届人大立法计划开始，修订草案几经数稿，围绕邮政专营权的内容规定，各方进行了锱铢必较的博弈。修订后的《邮政法》以法律的形式充分肯定了邮政体制改革的成果，适应了改革开放以来人民群众对邮政普遍服务的需求，以及经济社会快速发展对提供更高水平的邮政服务、快递业务的迫切要求。《邮政法》的修订颁布，丰富和完善了我国邮政法制体系，是我国邮政法制建设取得的重大成果，对于贯彻落实科学发展观、促进邮政业又好又快发展，具有重要而深远的意义。

2009 年修改后的《邮政法》主要有六项成果。第一，明确了邮政业（包含快递业在内）在国民经济中的地位和作用，邮政业是国民经济的基础产业，邮政网络是国家的基础网络。第二，分清楚了邮政公益性服务和商业化服务的区别。新《邮政法》规定，国家保障中华人民共和国境内的邮政普遍服务；邮政企业按照国家规定承担提供邮政普遍服务的义务；国务院和地方各级人民政府及其有关部门应当采取措施，支持邮政企业提供邮政普遍服务。"邮政普遍服务"是公益性的，是为老百姓提供的公共服务，所有人都有这个权利。而快递等商业性服务，应该用另一个方法来运作。正如习近平同志所讲，改革都得从顶层设计开始。正是区分了不同性质的业务，采用不同的发展方式，邮政业改革是比较成功的。这是《邮政法》成功最主要的一条。第三，明确了邮政业的政企分开，政府监管什么，企业干什么，都说明白了。第四，邮政业是通信业，所以特别明确了国家信息安全的重要性，用法律条文保证国家的信息安全。第五，明确了写一封信、收一封信，是与人民群众人权有关的大事。第六，第一次明确提出了快递业的快递服务概念，使我国快递企业有了法律地位，实现了合法化运营，解放了生产力。新《邮政法》规定：经营快递业务，应当依照本法规定取得快递业务经营许可；未经许可，任何单位和个人不得经营快递业务。更重要的是，新《邮政法》规定外商不得投资经营信件的国内快递业务，有效杜绝了外商在我国通过低价等手段进行恶意竞争，保护和促进了国内快递企业的快速发展。可以说，新《邮政法》使快递业政策环境逐步完善，有利于建立统一、开放、竞争有序的快递市场体系。随着新《邮政法》和《快递业务经营许可管理办法》的实施，快递企业出现积极要求许可准入并加快加大硬件建设投资的势头，快递业务量的增长势头更大，促进了快递行业的持续快速发展。

——原国家邮政局政策法规司司长　达瓦

（三）修订后的主要内容

2009 年修订的《邮政法》共九章八十七条,九章分别为:总则、邮政设施、邮政服务、邮政资费、损失赔偿、快递业务、监督检查、法律责任、附则。

关键词一:普遍服务

第二条规定,国家保障中华人民共和国境内的邮政普遍服务。邮政企业按照国家规定承担提供邮政普遍服务的义务。国务院和地方各级人民政府及其有关部门应当采取措施,支持邮政企业提供邮政普遍服务。本法所称邮政普遍服务,是指按照国家规定的业务范围、服务标准和资费标准,为中华人民共和国境内所有用户持续提供的邮政服务。

这就使得政企分开后,我国承担邮政普遍服务的主体得以明确,同时又明确了国务院和地方政府及其有关部门的义务和邮政普遍服务的概念。

参加邮政法制定的原国家邮政局相关负责人在接受专访时特别强调,"邮政法第一次修订最困难的方面就是分清邮政普遍服务业务和竞争性业务",而邮政法第一次修订的重大成就之一是成功地对邮政普遍服务和竞争性业务进行了明确区分,这是邮政行业在修法后推动体制改革持续深入并实现邮政行业大发展的基本前提和重要保障。

关键词二:监督管理

第四条规定,国务院邮政管理部门负责全国的邮政普遍服务和邮政市场的监督管理工作。省、自治区、直辖市邮政管理机构在国务院邮政管理部门的领导下,负责本行政区域的邮政普遍服务和邮政市场的监督管理工作。

第六十一条规定,邮政管理部门依法履行监督管理职责,可以采取现场检查,向有关单位和个人了解情况,查阅、复制有关文件、资料、凭证,查封、扣押和开拆检查等监督检查措施。

邮政行业监督管理的主体得以明确,法律赋予政企分开后的国家邮政局及其所辖省、自治区、直辖市邮政管理局对邮政市场实施监督管理的职权,为邮政市场监管的有序推进提供了法律保障。

随后,为进一步贯彻实施《邮政法》,保障邮政普遍服务,加强邮政业市场监管,促进邮政业科学发展,各地纷纷探讨建立《邮政法》行政执法协调工作机制,并取得了一定成效。

关键词三:邮政专营

第五条规定,国务院规定范围内的信件寄递业务,由邮政企业专营。

第五十五条规定,快递企业不得经营由邮政企业专营的信件寄递业务,不得寄递国家机关公文。

值得注意的是,第五条和第五十五条关于邮政信件专营的规定非常笼统,对重量的具体限制绝口不提,既没有说是 350g,也没有说是 150g,更没有说是 50g。其实,这是国家邮政局为了尽快完成邮政法修订而"搁置争议"之举。因为实践证明,只要邮政信件专营规定得很具体,各方的争议就无法调和,秉承着"先有新法,再说其他"的理念,国家邮政局最终选择了笼统规定。

对重量没有具体限制

在 2009 年邮政法出台前由国家邮政局代拟的《国务院关于邮政企业专营业务范围的规定(草案)》(最终没有实施)第二条提出了,单件重量在 100 克以内(国家规定的特大城市市区内互寄的单件重量在 50 克以内)的信件国内快递业务,只能由国家邮政企业经营。有民营快递公司测算,民营快递企业的信件业务量占 40%～60%,其中 100 克以下的占 80%,同城快递 50 克以内占 50%～60%。这意味着邮政专营标准一旦确定,将有很多民营快递企业会失去大量的业务,而且很可能会造成裁员,部分民营企业不但面临经营困难,还会面临倒闭。对此,网上流行一个段子说:"民营快递公司发来通知了,为了配合 10 月 1 日新的《邮政法》施行,我这个民营快递公司,将准备一个 100 克的硬纸板,快递物品超过 100 克,邮费不变。"这个段子虽显"无厘头",但也道出了民营快递的无奈。

2009 年邮政法出台后,为明确邮政信件专营的范围,国家邮政局数次欲打破"搁置争议"的状况,但都无疾而终。同时,为了更好地促进行业发展,国家邮政局最后对"搁置争议"状况持长期默认态度,时至今日邮政信件专营的具体规定仍未确定。

关键词四:安保机制

第七条规定,邮政管理部门、公安机关、国家安全机关和海关应当相互配合,建立健全安全保障机制,加强对邮政通信与信息安全的监督管理,确保邮政通信与信息安全。

要求与寄递业务相关的四个部门相互配合,建立健全安全保障机制,为邮政行业安全发展提供强大动力。

关键词五:邮政设施

第八条规定,邮政设施的布局和建设应当满足保障邮政普遍服务的需要。地方各级人民政府应当将邮政设施的布局和建设纳入城乡规划,对提供邮政普遍服务的邮政设施的建设给予支持,重点扶持农村边远地区邮政设施的建设。建设城市新区、独立工矿区、开发区、住宅区或者对旧城区进行改建,应当同时建设配套的提供邮政普遍服务的邮政设施。提供邮政普遍服务的邮政设施等组成的邮政网络是国家重要的通信基础设施。

对地方政府就邮政设施的布局和建设应当承担的义务进行明确,为邮政普遍服务的正常运行提供政策保障。

关键词六：撤点报批

第九条第三款规定,邮政企业设置、撤销邮政营业场所,应当事先书面告知邮政管理部门;撤销提供邮政普遍服务的邮政营业场所,应当经邮政管理部门批准并予以公告。

这是邮政法首次赋予邮政管理部门行政审批权,为邮政管理部门有效管理邮政企业的普遍服务业务提供了强有力的法律武器。

关键词七：停限办报批

第十五条规定,邮政企业应当对信件、单件重量不超过 5 千克的印刷品、单件重量不超过 10 千克的包裹的寄递以及邮政汇兑提供邮政普遍服务。邮政企业按照国家规定办理机要通信、国家规定报刊的发行,以及义务兵平常信函、盲人读物和革命烈士遗物的免费寄递等特殊服务业务。未经邮政管理部门批准,邮政企业不得停止办理或者限制办理前两款规定的业务;因不可抗力或者其他特殊原因暂时停止办理或者限制办理的,邮政企业应当及时公告,采取相应的补救措施,并向邮政管理部门报告。

通过进一步赋予邮政管理部门停限办业务审批权,来规范和约束邮政企业的行为,确保邮政普遍服务和特殊服务业务正常开办。

关键词八：普特服补贴与普服基金

第十六条规定,国家对邮政企业提供邮政普遍服务、特殊服务给予补贴,并加强对补贴资金使用的监督。

第十七条规定,国家设立邮政普遍服务基金。邮政普遍服务基金征收、使用和监督管理的具体办法由国务院财政部门会同国务院有关部门制定,报国务院批准后公布施行。

为全面了解邮政普遍服务基金征收的经济环境和使用需求,为制定邮政普遍服务基金政策提供参考,2011 年 7 月 7 日至 10 日,由国家邮政局徐建洲副局长任组长,财政部综合司副司长文秋良、国家邮政局普遍服务司司长陈晓薇等 11 人组成的联合调研组,赴广东开展了为期 4 天的邮政普遍服务基金调研。

国家建立邮政普特服补贴制度,设立普服基金,通过资金投入保障邮政普遍服务和特殊服务的正常运行,虽然普特服补贴制度得到正常执行,但是由于邮政普遍服务基金一直存在"劫富济贫"等较大争议,一直未能正式建立。

关键词九：分业经营

第十八条规定,邮政企业的邮政普遍服务业务与竞争性业务应当分业经营。

这从原则上规定邮政企业应当分业经营,但邮政企业在长期的实践中仍存在混业经营问题,由此带来的问题也层出不穷。

邮电分家提出政企分开、分业经营、分账核算,但是改革进程中的几步走就走了政企分开这一步。分业经营,当时国家提出这个有深刻的含义,即邮政的业务种类或者经营体系要按照业务分块来走,比如应投递独立出一个公司,分拨中心独立出一个公司,运输、投递同样都是独立公司,也就是把生产段落分成四大环节全部进入市场,采取市场化的一种手段管理经营它。但是目前邮政是抓着整个所有的运营体系不放,没有主次之分,只有抓银行是最明确的,如果银行不独立出这个体系外,我认为这个状况改变不了。

——中国快递协会副会长、秘书长孙康

关键词十:收寄验视

第二十四条规定,邮政企业收寄邮件和用户交寄邮件,应当遵守法律、行政法规以及国务院和国务院有关部门关于禁止寄递或者限制寄递物品的规定。

第二十五条规定,邮政企业应当依法建立并执行邮件收寄验视制度。对用户交寄的信件,必要时邮政企业可以要求用户开拆,进行验视,但不得检查信件内容。用户拒绝开拆的,邮政企业不予收寄。对信件以外的邮件,邮政企业收寄时应当当场验视内件。用户拒绝验视的,邮政企业不予收寄。

根据2009年邮政法第五十九条规定,第二十四条和第二十五条规定适用于快递企业及其从业人员。

这在邮政法中首次明确,快递企业与邮政企业一样,要建立和执行收寄验视制度,推动了收寄验视制度的健全和完善。

关键词十一:损失赔偿

第四十五条第二款规定,邮政普遍服务业务范围以外的邮件的损失赔偿,适用有关民事法律的规定。

第五十九条规定,第四十五条第二款关于邮件的损失赔偿的规定,适用于快件的损失赔偿。

这进一步明确了邮政企业和快递企业对用户的损失赔偿责任,为用户依法维权提供了依据,对有效推动邮政企业和快递企业切实做好服务保障工作发挥了巨大作用。

关键词十二:快递业务经营许可

第五十一条规定,经营快递业务,应当依照本法规定取得快递业务经营许可;未经许可,任何单位和个人不得经营快递业务。外商不得投资经营信件的国内快递业务。

第五十二条规定,申请快递业务经营许可,应当具备下列条件:

(一)符合企业法人条件;

(二)在省、自治区、直辖市范围内经营的,注册资本不低于人民币50万元,跨省、自治区、直辖市经营的,注册资本不低于人民币100万元,经营国际快递业务的,注册资本不低于人民币200万元;

(三)有与申请经营的地域范围相适应的服务能力;

(四)有严格的服务质量管理制度和完备的业务操作规范;

(五)有健全的安全保障制度和措施;

(六)法律、行政法规规定的其他条件。

这是邮政法首次确定,我国对快递业务实施经营许可制度,外商不得投资经营信件的国内快递业务,并就申请快递经营许可的条件进行了非常具体的规定。由此,我国法律首次确认了民营快递的合法性,为快递行业的迅猛发展提供了法律保障和重大机遇。

参加邮政法制定的原国家邮政局相关负责人表示,快递业务经营许可制度的确立意义非常重大,为邮政业的快速、健康发展提供了重要保障。

关键词十三：法律责任

2009 年邮政法第八章(第六十七条到第八十三条)规定了邮政企业和快递企业违反本法所需承担的法律责任。

对于未经许可经营快递业务、侵犯邮政信件专营权等行为,邮政法规定了严厉的处罚措施,看看第七十二条规定就知道了。

第七十二条　未取得快递业务经营许可经营快递业务,或者邮政企业以外的单位或者个人经营由邮政企业专营的信件寄递业务或者寄递国家机关公文的,由邮政管理部门或者工商行政管理部门责令改正,没收违法所得,并处五万元以上十万元以下的罚款;情节严重的,并处十万元以上二十万元以下的罚款;对快递企业,还可以责令停业整顿直至吊销其快递业务经营许可证。

违反本法第五十一条第二款[①]的规定,经营信件的国内快递业务的,依照前款规定处罚。

关键词十四：解释术语

由于修订后的邮政法中出现了很多新的术语,为避免误解,并提升法律的易执行性,在第八十四条中对邮政企业和快递等相关术语进行了解释。根据第八十四条,邮政企业是指中国邮政集团公司及其提供邮政服务的全资企业、控股企业;快递是指在承诺的时限内快速完成的寄递活动;邮件是指邮政企业寄递的信件、包裹、汇款通知、报刊和其他印刷品等;快件是指快递企业递送的信件、包裹、印刷品等;信件是指信函、明信片。

关键词十五：不溯及以往

2009 年邮政法确立快递经营许可制度,根据法律不溯及既往的原则,并结合我国快递行业的实际情况,对法律修订以前已经成立的快递企业进行了妥善的安排,这集中体现在第八十五条的规定中。

第八十五条　本法公布前按照国家有关规定,经国务院对外贸易主管部门批准或者备案,并向工商行政管理部门依法办理登记后经营国际快递业务的国际货物运输代理企业,凭批准或者备案文件以及营业执照,到国务院邮政管理部门领取快递业务经营许可证。国务院邮政管理部门应当将企业领取快递业务经营许可证的情况向其原办理登记的工商行政管理部门通报。

除前款规定的企业外,本法公布前依法向工商行政管理部门办理登记后经营快递业务的企业,不具备本法规定的经营快递业务的条件的,应当在国务院邮政管理部门规定的期限内达到本法规定的条件,逾期达不到本法规定的条件的,不得继续经营快递业务。

---

① 　外商不得投资经营信件的国内快递业务,笔者注。

（四）修订影响深远

原国家邮政局政策法规司司长达瓦接受采访

2009 年邮政法出台后，原国家邮政局政策法规司司长达瓦表示，新法的出台是在党的领导下实现的，其最重要的现实意义是法律更具可操作性，其通篇体现了"坚持改革，坚持开放，促进邮政业科学发展"的精神，特别是第一次用法律的形式明确了快递企业的法律地位，确定了快递市场准入制度，规定了快递业务的基本规范，为建立统一开放、竞争有序的邮政市场提供了法律保障，意义重大、影响深远。"我想，不久的将来，我们中国也会有自己的 UPS、FedEx，这是指日可待的。"达瓦说。

就邮政法第一次修订和邮政体制改革关系，达瓦特别指出，二者是相互促进、相互依托的关系；体制改革和修法的实践实质上就是解放生产力的实践，为行业下一步的腾飞提供了重要保障和强大动力。

（五）推动法律宣贯

1.加强行业培训

为了进一步推动修订后《邮政法》的宣传贯彻工作，国家邮政局和中国快递协会联合组织了全国快递企业高级管理人员培训班。2009 年 9 月 22 日至 23 日，第二期全国快递企业高级管理人员培训班在河南登封举行，各省（区、市）快递协会的负责同志，邮政速递物流、顺丰、申通、中通、汇通、天天等快递企业的高级管理人员参加了培训班。

中国快递协会副会长兼秘书长达瓦、国家邮政局市场监管司司长安定、政策法规司副司长蒋强等同志，在培训班上详细地介绍了《邮政法》的立法背景、立法宗旨和主要内容，阐述了现阶段邮政业发展的主要矛盾和解决途径，详细讲解了如何实施《快递业务经营许可管理办法》，实施快递业务员国家职业技能鉴定的目的、意义、要求和目标等问题。

2.开展专题调研

2009 年 11 月 21 日，国家邮政局副局长王渝次在重庆主持召开了"贯彻实施邮政法促进行业发展专题调研会"。会议对三年来邮政管理工作经验进行了总结，就当前邮政业发展面临的形势，2010 年全面贯彻实施邮政法工作思路、工作重点和着力点等内容进行了重点研讨，并围绕推进行业发展，落实相关政策，抓好产业协同发展，提高行业管理水平以及地方立法工作等工作展开热烈讨论。重庆、浙江、湖北、吉林、云南、河南、江西等 7 个省（市）邮政管理局的领导及国家局相关人员参加了会议。

王渝次副局长充分肯定了此次研讨会的成果，并提出四点意见：一是全面贯彻实施邮政法，重点要做好对邮政普遍服务的监督保障，监督的重点是服务网络和服务质量水平；二是按照鼓励竞争、促进发展的原则，引导快递企业建立现代企业制度，规范经营、管理和服务，推动快递服务上规模、上档次、上水平；三是要深化邮政改革，加强对重大问题的研究，提高依法行政水平，为实现邮政行业的又快又好发展做出应有贡献；四是要认真总结三年来邮政管理工作的经验，谋划好今后一段时期工作的思路，把邮政管理工作提高到一个新的水平。

3.组织座谈

2010 年 9 月 17 日，国家邮政局在人民大会堂举行座谈会，纪念修订后的《中华人民共和国邮政法》施行一周年。全国人大常委会委员、全国人大法律委委员、全国人大常委会副秘书长李连宁，交通运输部副部长徐祖远，国务院法制办相关领导出席座谈会并讲话。国家邮政局局长马军胜介绍了《邮政法》施行一年来我国邮政行业取得的成就和今后的工作要求，提出要深化改革、健全体制，促进邮政行业更大发展。

座谈会现场

《邮政法》施行以来，国家邮政局加快建立和完善《邮政法》配套制度，制定了《快递业务经营许可管理办法》《邮政机要通信保密管理规定》，颁布了《邮政普遍服务标准》，出台了《邮政企业设置和撤销邮政营业场所管理规定》《邮政企业停止办理或限制办理邮政普遍服务业务和特殊服务业务管理规定》《快递业务经营许可条件审核规范》《邮政业消费者申诉处理办法》等一批规范性文件。同时，邮政地方立法开始启动，《四川省邮政条例》《陕西省邮政条例》等相继颁布施行，邮政法制体系基本形成。

《邮政法》加大了普遍服务的保障力度，国家分别安排专项资金和财政补贴，支持邮政普遍服务设施建设和保障邮政普遍服务有效运行;地方政府积极出台支持邮政普遍服务政策;邮政基础设施建设扎实推进;空白乡镇邮政局所补建工作启动;"村邮户箱"工程建设加紧实施。同时,邮政管理部门通过《邮政普遍服务监督管理办法》《邮政普遍服务标准》的实施进一步强化了邮政普遍服务监管。

《邮政法》进一步推动了快递服务规范的有序发展。在国家邮政局的统一部署下,快递业务经营许可工作有序推进,全国 18.5 万人参加快递业务员职鉴考试,核准颁发快递业务经营许可证 2916 个。

马军胜强调,邮政行业已站在新的历史起点上,但目前我国邮政行业的发展能力和水平仍然不能满足人民群众的用邮需求,不能适应经济社会发展需要,邮政改革有待深化,邮政管理体制有待健全。为此,要着力做好五方面的工作:一是着力推进邮政法制建设,进一步夯实邮政行业的法制基础;二是着力促进邮政业转型升级,进一步发挥邮政基础性产业的作用;三是着力推进公共邮政服务均等化,进一步强化邮政普遍服务保障监督;四是着力优化发展环境,进一步推动快递业务大发展上水平;五是着力加强服务型政府建设,进一步提高依法行政的能力和水平。

(六) 修订效果显著

在 2009 年新邮政法出台以前,民营快递业长期被视为非法"黑速递",经常遭遇邮政部门执法查扣快件、罚款等事件。而与此相对应的是,在 2009 年邮政法出台以后,民营快递企业的合法地位得以确立、合法权益得到法律保障,更为可贵的是获得了难得的宽松发展环境,相关企业如雨后春笋般涌现,快递行业发展逐步步入正轨,民营快递迎来了发展壮大的春天。

2010 年 8 月,河北 15 家公司获得第一批快递经营许可证

　　数据显示,2009 年上半年,第一次修订的邮政法尚未生效,但在邮政管理部门备案的经营快递业务的企业法人就已有 2000 多家,企业分支机构已有 5000 多家,从业人员 40 万人以上,年产值超过 500 亿元。在 2009 年邮政法生效后,相关快递企业和货代企业纷纷依法向国家邮政局申领了《快递业务经营许可证》,合法市场主体出现了爆发式增长。

　　伴随着《邮政法》第一次修订的大好时机,再加上乘着《邮政法》第二次修订的东风,2013 年,全国快递企业已达 8000 余家,其中主要的快递品牌已达 20 余个,快递业累计完成业务量 92 亿件,同比增长 61.6％;累计实现业务收入 1442 亿元人民币,同比增长 36.6％。连续五年平均增长率达 43.5％,业务规模跃居世界第二,最高日处理量突破 6500 万件。

三、《邮政法》第二次修订

（一）修订背景

　　2009 年《邮政法》出台后,民营快递迎来了前所未有的发展良机,整个快递行业的规模日益增大,发展速度日益加快,而与之不相适应的是邮政监管体制的"高位截瘫",在省以下没有邮政监管机构,邮政市场监管面临的形势极为严峻。国家邮政局局长马军胜说:"国家和省两级邮政监管体制已难以适应实际需要,省级以下邮政监管缺乏机构保障的问题日益突出。"为有效改变这一情况,国家邮政局多次呼吁、多方奔走,与公安、国家安全、中央编办等部门进行了长期的沟通,最终推动了省以下邮政监管体制的改革。

　　2012 年 1 月 20 日,国务院办公厅印发了《关于完善省级以下邮政监管体制的通知》(国办发〔2012〕6 号),指出,"邮政体制改革以来,邮政行业发展明显加快,市场规模不断扩大,快递产业迅速兴起,改革取得了明显成效。2009 年修订的邮政法将快递业务纳入邮政市场监管范围,并明确和强化了邮政管理部门的监管责任。面对新的形势和要求,省以下邮政监管缺乏组织保障的问题日益突出,现行邮政监管体制已难以适应实际工作需要,必须进一步深化改革。这是有效维护邮政通信和信息安全的客观需要,是贯彻实施邮政法、提高邮政普遍服务水平的必然要求,也是进一步落实政企分开、促进邮政企业健康发展的重要措施"。同时,《通知》决定,设置市(地)一级邮政管理局,在 27 个省(区)按照市(地)行政区划设置 332 个市(地)邮政管理局,在 4 个直辖市和海南省(除海口市、三亚市)跨区域设置 25 个邮政监管派出机构。

　　《通知》出台后,各省(区、市)纷纷制定了各自的体制改革方案,市地邮政监管机构人员调配、公务员招录等工作稳步进行。

深圳市邮政管理局揭牌仪式现场

2012 年 9 月 29 日上午,深圳市邮政管理局成立揭牌仪式在深圳市福田区隆重举行,这是全国首个揭牌成立的市(地)邮政管理局。2012 年 11 月底前,全国省以下邮政监管机构基本组建完成,各地市邮政管理局的工作逐步步入正轨,但 2009 年邮政法并未赋予其监管职权,体制改革和修法出现了不相适应的情况。

(二)修订过程

省以下邮政监管体制改革的进行,需要相应修改 2009 年邮政法的有关规定,明确省以下邮政管理机构履行监管职责的法律依据。

为推动新的邮政监管体制与《邮政法》的规定相衔接,充实邮政行业法规体系,促进相关文件提升法律效力,做到职权法定,确保省级以下邮政管理机构依法履职、监管到位,国家邮政局于 2012 年 4 月 28 日组织召开邮政行政立法座谈会,研究《邮政法》重要条款的修改问题。会议由国家邮政局党组成员、副局长王梅主持。全国人大财经委、全国人大常委会法工委、国务院法制办、交通运输部的立法专家应邀参加会议。国家邮政局政策法规司负责人介绍了《邮政法》重要条款修改的背景和初步分析的情况。专家们一致认为,根据邮政监管体制的新变化、新情况,抓紧推进《邮政法》相关重要条款的修改十分必要,在立法程序上也具有可操作性。专家们建议,先由国家邮政局提出具体修改方案,再按照程序规定逐级上报,尽快提请审议,并表示将全力支持此项工作。

经过调研、座谈,国家邮政局起草了《中华人民共和国邮政法修正案(送审稿)》,在交通运输部同意后向国务院进行了报送。国务院法制办收到《送审稿》后,征求了全国人大财经委、全国人大常委会法工委,部分地方政府和国务院有关部门的意见,会同交通运输部、国家邮政局对送审稿作了修改,形成了《中华人民共和国邮政法修正案(草案)》,在获得国务院同意后报全国人大常委会审议。

2012 年 10 月 26 日,第十一届全国人民代表大会常务委员会第二十九次会议审议通过了《关于修改〈中华人民共和国邮政法〉的决定》。

（三）修订的主要内容

第十一届全国人民代表大会常务委员会第二十九次会议决定对《中华人民共和国邮政法》作如下修改：

将第四条①修改为："国务院邮政管理部门负责对全国的邮政普遍服务和邮政市场实施监督管理。省、自治区、直辖市邮政管理机构负责对本行政区域的邮政普遍服务和邮政市场实施监督管理。按照国务院规定设立的省级以下邮政管理机构负责对本辖区的邮政普遍服务和邮政市场实施监督管理。国务院邮政管理部门和省、自治区、直辖市邮政管理机构以及省级以下邮政管理机构（以下统称邮政管理部门）对邮政市场实施监督管理，应当遵循公开、公平、公正以及鼓励竞争、促进发展的原则。"

经过 2012 年的修订，《邮政法》正式赋予省以下邮政管理机构监管职权，为邮政体制改革的深入推进，为省以下邮政管理机构依法履职和有效开展工作提供了法律保障。

此外，据参与 2012 年《邮政法》修订的邮政行业内部人士透露，邮政法在 2012 年进行修订时，省以下邮政体制改革实际上已经在进行了，事实上的先改革后修法的做法曾引起一定范围的争论，有个别人大代表还提出了自己的看法，但最终还是达成了一致，审议通过了修法的决定。

四、《邮政法》第三次修订

2013 年 11 月 9 日至 12 日，党的十八届三中全会在北京召开，为期 4 天的全会听取讨论了习近平受中央政治局委托作的工作报告，审议通过《中共中央关于全面深化改革若干重大问题的决定》。全会提出，建设统一开放、竞争有序的市场体系，是使市场在资源配置中起决定性作用的基础；必须加快形成企业自主经营、公平竞争，消费者自由选择、自主消费，商品和要素自由流动、平等交换的现代市场体系，着力清除市场壁垒，提高资源配置效率和公平性；要建立公平开放透明的市场规则，完善主要由市场决定价格的机制，建立城乡统一的建设用地市场，完善金融市场体系，深化科技体制改革。

为贯彻落实党的十八届三中全会精神，发挥市场在资源配置中的决定性作用，促进邮政业发展，放开部分邮政业务资费提上了工作日程。为确保邮政业务资费的放开有法可依，《邮政法》的修订显得尤为必要。

---

①　2009 年《邮政法》第四条：国务院邮政管理部门负责全国的邮政普遍服务和邮政市场的监督管理工作。省、自治区、直辖市邮政管理机构在国务院邮政管理部门的领导下，负责本行政区域的邮政普遍服务和邮政市场的监督管理工作。国务院邮政管理部门和省、自治区、直辖市邮政管理机构（以下统称邮政管理部门）对邮政市场实施监督管理，应当遵循公开、公平、公正以及鼓励竞争、促进发展的原则。

表决全国人大常委会关于修改《中华人民共和国义务教育法》等五部法律的决定草案

2015年4月24日,第十二届全国人民代表大会常务委员会第十四次会议审议通过了《关于修改〈中华人民共和国义务教育法〉等五部法律的决定》,对《中华人民共和国义务教育法》《中华人民共和国邮政法》《中华人民共和国铁路法》《中华人民共和国公证法》和《全国人民代表大会常务委员会关于司法鉴定管理问题的决定》五部法律中关于政府价格管制的有关规定进行了修订。其中,对《邮政法》的修订主要体现在将邮政普遍服务资费由政府定价改为实行政府指导价或政府定价。

此次对《邮政法》的修订淡化了关于邮政专营业务资费标准的专门规定,这除了是为贯彻落实十八届三中全会的精神外,还与2009年《邮政法》修订后,国务院邮政管理部门关于邮政专营的具体规定一直"难产"不无关系。

在《邮政法》修订后,国家发展改革委和国家邮政局于2015年5月联合印发《关于放开部分邮政业务资费有关问题的通知》(发改价格〔2015〕1126号),将国内特快专递资费、明信片寄递资费、印刷品寄递资费和单件重量10公斤以下计泡包裹(每立方分米重量小于167克的包裹)等竞争性包裹寄递资费,由政府定价改为实行市场调节价,邮政企业可以根据市场供求和竞争状况自主确定资费结构、资费标准和计费方式。至此,邮政业务资费改革得以深入推进。

五、邮政法修订的意义和作用

2009年《邮政法》的修订赋予了民营快递企业合法的经营地位,并确立了快递经营许可制度,使众多民营快递企业免受了"灭顶之灾",对我国快递行业的迅猛发展意义重大,为我国成为第一快递大国和"1天1亿件"的实现提供了强有力的法律保障。

2012年《邮政法》的修订从法律上赋予了省以下邮政监管机构行使职权的权利,在法律上将邮政体制改革的成果进行了固化,为邮政管理部门组织的健全和力量的壮大发挥了巨大作用,为邮政行业的安全、规范和科学、快速发展提供了巨大动力。

2015 年《邮政法》的修订,为十八届三中全会的精神在邮政行业的贯彻落实扫清了障碍,对邮政企业的发展壮大和邮政行业的科学发展发挥了积极作用。

第二节　相关规章和规范性文件的制定

目前,我国颁布的与快递业相关的部门规章及部委发布的规范性文件主要有 28 部,如下表所示。①

中国快递业相关规章制度

序号	时间	名称
1	2008 年 08 月 11 日	《快递业务员国家职业技能标准》(人社部办公厅、国家邮政局综合司)
2	2008 年 08 月 18 日	《国家邮政局、国家工商行政管理总局关于印发〈国内快递服务合同〉(示范文本)的通知》
3	2009 年 04 月 14 日	《民政部关于中国快递协会成立登记的批复》
4	2009 年 05 月 23 日	《国务院办公厅转发及交通运输部等部门关于推动农村邮政物流发展意见的通知》
5	2009 年 09 月 27 日	《国家邮政局、中国民用航空局关于促进快递与民航产业协同发展的意见》
6	2011 年 02 月 09 日	《国家邮政局、国家工商行政管理总局关于印发〈快递行业特许经营(加盟)合同〉(示范文本)的通知》
7	2011 年 07 月 07 日	《公安部、国家安全部、国家邮政局关于加强寄递渠道治安管理工作的通知》
8	2012 年 02 月 27 日	《国家邮政局、商务部关于促进快递服务与网络零售协同发展的指导意见》
9	2012 年 06 月 14 日	《国家邮政局、国家工商行政管理总局关于规范经营快递业务的企业许可审批和登记管理有关事项的通知》
10	2013 年 02 月 06 日	《交通运输部、公安部、国家邮政局等七部门关于加强和改进城市配送管理工作的意见》

---

① 丁红涛:《中国快递行业法律体系的现状、问题和发展方向》,微信公众号:挂甲屯法律评论。

序号	时间	名称
11	2013 年 03 月 01 日	《快递市场管理办法》(交通运输部)
12	2013 年 04 月 12 日修正	《邮政行业安全监督管理办法》(交通运输部;2011 年 01 月 04 日公布)
13	2013 年 04 月 12 日修正	《邮政行业统计管理办法》(交通运输部;2011 年 10 月 11 日公布)
14	2013 年 09 月 13 日	《国家邮政局、工业和信息化部关于推进快递服务制造业工作的指导意见》
15	2014 年 01 月 20 日	《交通运输部、公安部、商务部关于加强城市配送运输与车辆通行管理工作的通知》
16	2014 年 09 月 26 日	《中央综治办、公安部等九部门关于加强邮件、快件寄递安全管理工作的若干意见》
17	2014 年 12 月 07 日	《邮政行政执法监督办法》(交通运输部)
18	2015 年 02 月 16 日	《交通运输部、农业部、供销合作总社、国家邮政局关于协同推进农村物流健康发展,加快服务农业现代化的若干意见》
19	2015 年 03 月 26 日	《国家工商行政管理总局办公厅关于做好中国邮政集团公司和中国邮政速递物流股份有限公司管理体制改革登记有关工作的通知》
20	2015 年 05 月 20 日	《国家邮政局、商务部关于推进"快递向西向下"服务拓展工程的指导意见》
21	2015 年 06 月 24 日修正	《快递业务经营许可管理办法》(2009 年 09 月 01 日;2013 年 04 月 12 日第一次修正)
22	2015 年 10 月 14 日	《邮政普遍服务监督管理办法》(交通运输部)
23	2015 年 11 月 16 日	《国家邮政局、教育部关于加快发展邮政行业职业教育的指导意见》
24	2016 年 04 月 09 日	《国家发展改革委"十三五"西部和农村地区邮政普遍服务以及全国邮政机要通信基础设施建设工作方案》
25	2016 年 05 月 25 日	《国家邮政局、民政部赈灾包裹寄递服务和安全管理规定》
26	2016 年 12 月 16 日	《国家邮政局、公安部、国家安全部禁止寄递物品管理规定》
27	2017	《国家邮政局、公安部、国家安全部关于加快全国邮件快件实名实际信息系统推广应用工作的实施方案》
28	2017	《国家发展改革委、财政部、国家邮政局关于调整完善邮政普通包裹寄递资费体系结构有关问题的通知》

一、《快递市场管理办法》

（一）制定背景

21 世纪到来后，公众对快递服务的需求不断增长，快递公司如雨后春笋般涌现，快递业务与人们的联系越来越紧密，快递纠纷也随之日益增多。根据国家邮政局与国家统计局 2007 年开展的全国性统计，当年，全国较大规模的快递企业已有两千多家，从业人员 24 万人以上，年产值在 400 亿元以上。2008 年上半年，全国规模以上快递企业业务量完成 6.9 亿件，同比增长 26％，收入完成 196 亿元，同比增长 23％。当时，国有、民营、外资三类快递企业的市场占有率分别为 55％、27％和 18％。

据时任国家邮政局副局长徐建洲介绍，快递市场迅猛发展的同时，也存在三方面的突出问题：一是违法经营的现象比较严重，有的企业违法牟利扰乱市场秩序；二是服务质量参差不齐，用户权益难以保障；三是国家有关禁限寄规定和收寄验视制度落实不好，安全隐患较多，社会各界对快递市场存在的问题反应比较强烈。

2007 年 1 月，邮政实行政企分开。国务院明确规定，由国家邮政管理部门对快递等邮政业务实行市场准入。对快递市场的法制建设，新组建的国家邮政局非常重视，在充分调研和反复论证的基础上，起草了《快递市场管理办法》草案，并多次征求了有关企业、协会和部门的意见，草案经交通运输部部务会议审议通过，于 2008 年 7 月 12 日正式对外公布并施行。

（二）意义及主要内容

《快递市场管理办法》的出台，对快递市场的健康发展具有重要意义：一是对消费者的权益保护做了专门的规定；二是对快递企业提供服务提出了规范性的要求，督促企业提高自身服务质量；三是赋予政府监管部门必要的监管手段，对市场上的违法经营行为进行处罚，快递企业将在更公平更规范有序的环境中，不断发展壮大，人民群众对快递服务的需求将不断得到满足，政府促进快递市场健康发展的监管目标也会逐步实现。

《办法》遵循公开、公平、公正的原则，建立了两项规范和五项制度，促进快递市场的统一开放竞争有序，规范快递市场发展，满足经济社会发展需要。

（1）两项规范是指服务规范和行为规范。服务规范是指《办法》针对当时快递服务中的延误、丢损和投诉热点问题，从规范服务的角度出发，规定快递企业应执行《快递服务》邮政行业标准，公布并遵守服务承诺、合理制定格式合同、建立与用户沟通渠道和制度等。行为规范是指《办法》从维护安全、保护用户权益、促进良性竞争的角度出发，对快递企业及快递从业人员制定了禁止性的行为规范，比如，不得操纵市场价格、扰乱市场秩序等等。（2）五项制度包括：应急保障制度、快递从业人员培训制度、收寄验视制度、统计报告制度、服务质量公告制度。

同时，《办法》赋予邮政管理部门依法实施监管的权力，对快递企业的一些违规行为规定了较为严厉的处罚措施。例如,快递企业违反快递服务标准,严重损害用户利益的,由邮政管理部门责令改正,并处以 5000 元以上、30000 元以下的罚款;违法泄露在从事快递服务过程中知悉的用户信息的,由邮政管理部门责令改正,对快递企业处以 10000 元以上、30000 元以下的罚款,对快递企业法定代表人或负责人以及其他直接责任人员处以 1000 元以上、5000 元以下的罚款。

泄露用户信息受重罚

（三）修订

2013 年 1 月 11 日,交通运输部发布 2013 年第 1 号令:《快递市场管理办法》已于 2012 年 12 月 31 日经第 10 次部务会议通过,予以公布,自 2013 年 3 月 1 日起施行。实际上,这是对 2008 年出台的《快递市场管理办法》的修订。

综合分析发现,2013 年的《快递市场管理办法》根据《邮政法》的修订对 36 个方面的内容进行了相当大的修改,其中最主要的是赋予省级以下邮政管理机构监督管理权、强调对消费者合法权益的保护和加强加盟制快递企业管理。

在 36 处改动中,既有放松管理的事项,又有加大管理力度的方面,而这一切都是与行业发展现状和推动行业更好的发展相适应的。

二、《快递业务经营许可管理办法》的制定

2009 年 4 月 24 日,第十一届全国人民代表大会常务委员会第八次会议对《邮政法》进行了修订,这是《邮政法》的第一次修订。在此次修订中,确定了民营快递的合法地位,并明确提出确立快递业务经营许可制度。

在《邮政法》第一次修订后不足五个月的时间里,国家邮政局起草了《快递业务经营许可管理办法》并于 2009 年 9 月 1 日由交通运输部发布。

在《快递业务经营许可管理办法》的起草过程中,国家邮政局多次征求社会各方面意见,与快递企业、用户积极沟通,主动接受社会监督,满足了快递行业发展和市场监管的需要,体现了市场管理公开、公平、公正及便利高效的原则。

（一）意义和作用

信件和包裹、印刷品等物品的快递业务，直接关系到用户的通信秘密以及合法权益的保护，同时还涉及国家安全和社会稳定。《邮政法》规定快递业务实行经营许可制度，制定《快递业务经营许可管理办法》是《邮政法》配套政策法规体系的一项重要内容。

《快递业务经营许可管理办法》的实施对快递行业的发展起到积极的促进作用。实行市场准入，有利于促进一些小型快递企业通过联合等方式，壮大企业规模，完善管理体制，加快网络建设，并提高员工的整体素质，走差异化战略并加强各方面、各领域的合作来实现品牌化，从而提高服务质量。

针对《快递业务经营许可管理办法》的实施会不会造成垄断的质疑，国家邮政局表示，从一般的行业分析，过高的门槛可能会造成垄断，但没有一个合理的底线也会造成行业混乱。《快递业务经营许可管理办法》的实施不但不会造成垄断，而且有利于整个行业的快速有序发展，还会促使快递企业的市场化、规模化和国际化。

（二）主要内容

《快递业务经营许可管理办法》分总则、许可条件、审批程序、许可证管理、监督检查、法律责任、附则 7 章 37 条，自 2009 年 10 月 1 日起施行。

《快递业务经营许可管理办法》根据《邮政法》第五十二条的规定，明确了快递业务经营许可的申请条件；根据《邮政法》第五十三、五十四条的规定，明确了快递业务经营许可的审批程序和快递业务经营许可的申请条件。

《快递业务经营许可管理办法》对经营快递业务的法人企业应当具备的条件予以明确和细化，主要体现在三个方面：一是明确了"严格的服务质量管理制度和完备的业务操作规范"的具体内容（第六条第四项）；二是明确了"健全的安全保障制度和措施"的具体内容；三是明确了关于"有与申请经营的地域范围相适应的服务能力"的规定。根据跨省、自治区、直辖市经营和经营国际快递业务的不同需要，《快递业务经营许可管理办法》分别从经营网络、运递能力、处理场所、设备设施、信息网络、人员资格等方面对企业应当具备的服务能力作出了规定。

《快递业务经营许可管理办法》以修订后的《邮政法》为依据，在赋予快递企业合法身份的基础上，明确行政许可的条件和程序，依法保护快递企业的合法权益，维护快递市场的公平竞争环境；明确了在省、自治区、直辖市范围内经营，跨省、自治区、直辖市经营和经营国际快递业务三类许可的条件，尤其突出了对服务能力的不同要求；针对部分快递企业已经具有一定的市场经营能力和发展潜力，但暂时未能达到许可条件的现实情况，设置了一年的申请过渡期，为这些企业尽快达到许可标准留出了一定的空间。

《快递业务经营许可管理办法》对申请快递经营许可的企业在从业人员中快递业务员持证比例进行了规定：申请在省、自治区、直辖市范围内经营快递业务的，应有符合《快递业务员国家职业技能标准》并通过资格认定的快递业务员；经营同城快递业务的，快递业务员中具备初级以上资格的不低于 30％；经营省内异地快递业务的，快递业务员中具备初级以上资格的不低于40％；申请跨省、自治区、直辖市经营快递业务的，应有符合《快递业务员国家职业技能标准》并通过资格认定的快递业务员，企业及其各分支机构快递业务员中，具备初级以上资格的均不低于40％；申请经营国际快递业务的，应有符合《快递业务员国家职业技能标准》并通过资格认定的快递业务员，企业及其各分支机构快递业务员中，具备初级以上资格的均不低于50％。

针对《快递业务经营许可管理办法》中有关快递业务员持证比例的要求是否会增加企业负担的疑问，国家邮政局表示，对于快递业务员职业资格的规定不会增加企业的人力成本，不会加重企业发展负担，因为实行快递业务员职业技能鉴定考试需要的成本主要包括培训和鉴定考试两部分。培训包括对考评员、师资和鉴定对象的培训，考评员和师资培训的成本由政府承担。各企业都有自己的员工培训计划、要求、内容和方式，只需将鉴定考试的培训内容纳入企业内部的培训中，并按照企业培训时间、地点、内容、要求培训即可。参加鉴定的人员按照国家规定的收费标准缴纳考试费，企业无成本投入。

（三）两次修订

随着邮政体制改革的深入和政府职能转变的现实需要，《快递业务经营许可管理办法》在2013年和2015年分别进行了修订。

2013年4月12日，交通运输部发布2013年第4号令：《关于修改〈快递业务经营许可管理办法〉的决定》已于2013年4月3日经第3次部务会议通过，现予公布，自公布之日起施行。

这是对《快递业务经营许可管理办法》的第一次修订，修订内容主要是赋予省级以下邮政管理机构快递业务经营许可管理职权（主要是受理企业分支机构的备案）。

2015年6月24日，交通运输部发布2015年第15号令：《关于修改〈快递业务经营许可管理办法〉的决定》已于2015年6月19日经第8次部务会议通过，现予公布。

这是对《快递业务经营许可管理办法》的第二次修订，主要修订内容是将第十二条第（三）项中的"验资报告"删除。

三、《邮政行业安全监督管理办法》的制定

2011年1月4日，交通运输部时任部长李盛霖签发了2011年第2号令：《邮政行业安全监督管理办法》已于2010年12月23日经第11次部务会议通过，现予公布，自2011年2月1日起施行。

（一）主要内容

《快递业务经营许可管理办法》分总则、通信与信息安全、生产安全、应急管理、监督管理、法律责任、附则7章57条，在明确企业安全主体责任和邮政管理部门安全监管责任方面发挥了巨大作用。

第一章总则明确了行业安全监管方针,规定邮政行业安全监督管理坚持安全第一、预防为主、综合治理的方针,保障寄递渠道畅通和邮件、快件寄递安全,确保邮政企业、快递企业生产安全和邮政行业从业人员人身安全。

在第二章通信与信息安全中,从硬件方面对寄递企业应当承担的责任和义务进行了明确,明确邮政企业、快递企业应当采用技术手段,对收寄、分拣、运输、投递等环节实行安全监控,防止邮件、快件在寄递过程中短少、丢失、损毁。监控设备应当全天 24 小时运转,监控资料保存时间不得少于 30 天,并按照国务院邮政管理部门的要求报送。

在第三章生产安全中,规定邮政企业、快递企业应当建立健全安全生产责任制,落实安全生产保障、安全生产检查与事故隐患排查、安全生产教育培训、安全生产信息报告等制度。

在第四章应急管理中,要求邮政企业、快递企业按照国务院邮政管理部门的规定,制定突发事件应急预案和专项预案,根据情势变化适时修订更新,并及时向邮政管理部门备案。

在第五章监督管理中,给出了操作性很强的规定:邮政安全监督检查人员应当将检查的时间、地点、内容、发现的问题及其处理情况,作出书面记录,并由监督检查人员和被检查单位的负责人签字;被检查单位负责人拒绝签字的,监督检查人员应当将情况记录在案。

在第六章法律责任中,强调寄递企业落实主体责任的重要性,并对未制定应急预案的行为规定了处罚措施——由邮政管理部门责令限期改正,可给予警告或处 1000 元以上5000 元以下的罚款;逾期未改正的,处 5000 元以上 10000 元以下的罚款。

《快递业务经营许可管理办法》的出台非常必要、非常重要,对企业和管理部门所应承担的安全责任进行了明确,对提升行业安全监管能力,推动行业安全发展具有重大意义。

(二) 2013 修订内容

为了适应邮政体制改革的进程,特别是地市邮政管理部门的成立,2013 年 4 月 12日,交通运输部对《快递业务经营许可管理办法》进行了修订,主要是赋予省级以下邮政管理机构监管职权:

在第四条第二款后增加两款,分别作为第三款、第四款:"按照国务院规定设立的省级以下邮政管理机构负责本辖区的邮政行业安全监督管理工作。

国务院邮政管理部门和省、自治区、直辖市邮政管理机构以及省级以下邮政管理机构,统称为邮政管理部门。"

将第二十八条中的"当地省级邮政管理机构"修改为"所在地省级以下邮政管理机构"。

将第三十四条中的"省级邮政管理机构"修改为"省级以下邮政管理机构"。

将第四十条第二款修改为:"省、自治区、直辖市邮政管理机构和省级以下邮政管理机构应当及时向上一级邮政管理部门报告邮政行业安全信息,并定期通报相应的公安机关、国家安全机关、海关、安全生产监督管理部门。"

四、《邮政行业统计管理办法》的制定

（一）主要内容

2007 年 1 月，国家邮政局实行政企分开，剥离企业职能，并重组为国家邮政管理部门。2007 年 6 月，为规范邮政业统计工作，加强邮政业统计监督管理，国家邮政局发布《邮政业统计管理办法（试行）》，包括总则、邮政业统计机构和统计人员职责、统计调查计划与统计制度、统计资料的管理和公布、奖励与对违规行为的处理、附则六章三十三条，自 2007 年 7 月 1 日起施行。《邮政业统计管理办法（试行）》在国家邮政局重组后的半年内即得以出台，这充分体现了国家邮政局对行业统计工作的高度重视。

虽然国家邮政局在《邮政业统计管理办法（试行）》中着力淡化"企业"色彩，但受制于当时现实条件的制约，效果并不明显，这在第三条的规定中得到了充分体现。

该办法第三条规定，本办法适用于国家邮政局、各省（含自治区、直辖市，下同）邮政管理局和邮政业企业、事业单位进行的统计活动。邮政业企业包括：中国邮政集团公司，在境内从事寄递服务的各类企业（含国有、民营、外资等各种经济类型的快递企业）和单位，邮政用品用具生产企业以及邮政业其他从业企业。

由于国家邮政局职权有限，在《邮政业统计管理办法（试行）》中对违规行为的处理充分使用了"建议权"这一"武器"，规定邮政业各单位有虚报、瞒报和伪造、篡改统计资料及拒报或者屡次迟报统计资料等行为的，由国家邮政局或者省邮政管理局建议本级人民政府统计机构或者有关部门依法予以处理。

（二）2009 年第一次修订

2009 年，《邮政法》修订后，快递企业被纳入邮政行业之内，《邮政业统计管理办法（试行）》已无法适应行业统计工作的需要，并严重制约了行业统计工作效能的提升。

在这一背景下，国家邮政局及时启动了《邮政业统计管理办法（试行）》的修改工作，并在此基础上完成了《邮政行业统计管理办法》的起草工作，由交通运输部于 2011 年 10 月 11 日发布，分总则、统计机构与统计人员、统计调查管理、统计资料管理和公布、监督检查和附则共六章四十三条，自 2012 年 1 月 1 日起施行。这是《邮政行业统计管理办法》的第一次修订。

修订后的《邮政行业统计管理办法》共有六大特点，一是扩大了统计调查对象的范围，将快递企业、集邮票品集中交易市场开办者以及邮政行业的其他相关企业和组织新增为统计调查对象；二是建立制度，规定邮政管理部门、统计调查对象应当建立健全统计资料的审核、签署、报送、交接、保管、借用、归档、销毁等管理制度，依法管理统计资料；三是明确责任，统计调查对象主要负责人是统计工作的第一责任人，全面负责本单位统计调查工作，并对本单位统计数据的真实性负责，统计调查对象应当加强统计基础工作建设，建立健全原始记录和统计台账制度，严格落实统计工作责任制；四是确定调查种类，邮政行业

统计调查分为常规统计调查和专项统计调查;五是推动标准化,国务院邮政管理部门根据国家统计局制定的统计标准和相关要求统一制定邮政行业统计标准,保证邮政行业统计调查采用的指标含义、计算方法、分类目录、调查表式和统计编码等的标准化,统计调查对象应当积极推进统计信息化建设,逐步提高统计工作的信息化水平;六是完善监管措施,对于相关违规行为,邮政管理部门可以责令改正,也可以予以通报,并移交政府统计主管部门依法处理。

(三)2013 年第二次修订

为保证《邮政行业统计管理办法》能适应邮政体制改革的进程,赋予省以下邮政管理部门行业统计监管职权,交通运输部 2013 年 4 月对其进行了第二次修订,主要内容如下:

将第四条第三款、第四款分别修改为:"省、自治区、直辖市邮政管理机构和按照国务院规定设立的省级以下邮政管理机构在国务院邮政管理部门的领导下,组织、开展、管理、监督本辖区的邮政行业统计工作。

国务院邮政管理部门和省、自治区、直辖市邮政管理机构以及省级以下邮政管理机构,统称为邮政管理部门。"

在第十一条第二款后增加一款,作为第三款:"省级以下邮政管理机构应当确定统计机构,配备专职或者兼职统计人员,统一管理本辖区的邮政行业统计工作。"

在第三十三条第二款后增加一款,作为第三款:"省级以下邮政管理机构负责汇总、审定本辖区邮政行业统计资料,经本机构主要负责人签署后予以发布。"

第三节　相关标准的制定

截止到 2016 年年底,我国出台的快递标准共有 36 个,其中国家标准 7 个,行业标准 29 个,基本情况见下表。[①]

我国出台的快递标准列表(截至 2016 年年底)

序号	时间	名称
1	GB/T 28582—2012	快递运单
2	GB/T 27917.1—2011	快递服务　第 1 部分:基本术语
3	GB/T 27917.2—2011	快递服务　第 2 部分:组织要求

---

① 丁红涛:《中国快递行业法律体系的现状、问题和发展方向》,微信公众号:挂甲屯法律评论。

序号	时间	名称
4	GB/T 27917.3－2011	快递服务　第3部分:服务环节
5	GB/T 16606.1－2009	快递封装用品　第1部分:封套
6	GB/T 16606.2－2009	快递封装用品　第2部分:包装箱
7	GB/T 16606.3－2009	快递封装用品　第3部分:包装袋
8	YZ/T 0157－2016	快递车辆基础数据元
9	YZ/T 0156－2016	快递营业场所基础数据元
10	YZ/T 0155－2016	快件集装容器　第1部分:集装笼
11	YZ/T 0154－2016	快件寄递状态分类与代码
12	YZ/T 0129－2016	邮政普遍服务标准
13	YZ/T 0153－2016	快递末端投递服务信息交换规范
14	YZ/T 0152－2016	邮政业信息系统安全等级保护基本要求
15	YZ/T 0151－2016	邮政业车辆定位系统技术要求
16	YZ/T 0150－2016	智能快件箱设置规范
17	YZ/T 0149－2015	快递安全生产操作规范
18	YZ/T 0148－2015	快递电子运单
19	YZ/T 0147－2015	寄递服务用户个人信息保护指南
20	YZ/T 0146－2015	快递服务监管信息交换规范
21	YZ/T 0145－2015	快递末端投递服务规范
22	YZ/T 0144－2015	邮政业服务设施设备分类与代码
23	YZ/T 0143－2015	快件基础数据元
24	YZ/T 0142－2015	邮政业信息系统安全等级保护定级指南
25	YZ/T 0141－2015	快递代收货款服务信息交换指南
26	YZ/T 0140－2015	邮件和快件投递状态分类与代码
27	YZ 0139－2015	邮政业安全生产设备配置规范
28	YZ/T 0138－2015	邮政业从业企业标准化工作指南
29	YZ/T 0137－2015	快递营业场所设计基本要求
30	YZ/T 0136－2014	快递专用电动三轮车技术要求
31	YZ/T 0135－2014	快递业温室气体排放测量方法
32	YZ/T 0134－2013	快递代收货款服务规范
33	YZ/T 0133－2013	智能快件箱
34	YZ/T 0132－2013	邮政业机构代码编制规则
35	YZ/T 0131－2013	快件跟踪查询信息服务规范
36	YZ/T 0130－2012	快递服务与电子商务信息交换标准化指南

一、《快递服务》系列国家标准的制定

（一）首部《快递服务》标准的制定

在广泛征求社会各界意见,严格按照国家行业标准制定程序完成起草、审查和审批工作后,2007 年 9 月 21 日,国家邮政局举办新闻发布会,通报了《快递服务》邮政行业标准发布和制定的相关情况。该标准是我国首部《快递服务》标准,于 2008 年 1 月 1 日起施行。

《快递服务》标准主要包括服务组织的人员、服务时限、单件重量、查询期限和赔偿标准等内容。它填补了我国快递服务行业标准的空白,对于规范企业经营行为,提高快递服务质量,保障消费者合法权益,促进快递服务健康有序发展具有重要的推动作用。

国家邮政局组建后高度重视标准化工作,按照《国务院关于加快发展服务业的若干意见》的文件精神,抓紧组织邮政业技术标准的制定工作,成立了邮政业标准化领导小组和标准化工作办公室,并依据规章向国家标准委申请,成立了由政府部门的业务专家、企业单位代表、科研院校的技术专家组成的邮政业标准化技术委员会。

根据邮政市场主体多元化的新形势,本着为各种所有制企业创建公平竞争、共同发展的市场环境的精神,国家邮政局于 2007 年 3 月启动了快递服务标准项目,委托中国标准化研究院承担标准的起草工作,还请中国速递服务公司、民航快递、中铁快运、中外运、顺丰、申通、圆通等部分快递企业指定专人担任标准化工作联络员。2007 年 7 月,国家邮政局通过网站等多种形式,广泛征求社会各界对标准草案的意见,共收到来自 600 多家单位的近 700 条补充和完善的建议。项目组还专程听取中国消费者协会对标准的修改意见和建议。2007 年 8 月,国家局组织标准化研究院,逐条对上述意见进行了整理、分析和吸纳,在此基础上完成了送审稿。邮政业标准化技术委员会认为,标准的内容完整齐全,符合快递发展的实际情况,对快递服务组织具有指导作用;标准的编写格式满足国家标准《GB/T1.1－2000　标准化工作导则　第 1 部分:标准的结构和编写规则》的要求;标准的审查结果符合法定程序,同意《快递服务》标准作为推荐性行业标准上报国家邮政局审批发布。

国家邮政局根据中央和国务院关于加快发展服务业的战略决策,组织制定《快递服务》标准,既符合"公开透明、协商一致、广泛参与"的标准化工作原则,也符合邮政业发展的客观需要。该标准从中国的国情出发,首先着眼于解决快递服务有标准,使服务提供者和消费者都有所遵循的问题。

（二）第二部《快递服务标准》的出台

为有效适应快递行业发展需要,持续健全快递监管法律和规章制度体系,进一步规范快递企业经营行为,确保《快递市场管理办法》关于"经营快递业务的企业应当按照快递服务标准,规范快递业务经营活动,保障服务质量"的规定落到实处,《快递服务》系列国家标

准的制定和发布显得日益必要和重要。在这一背景下,国家邮政局逐步加快《快递服务》系列国家标准的制定和发布。

《快递服务》国家标准列入国家标准委 2008 年第二批国家标准制修订计划项目,其编制工作于 2009 年 4 月正式启动,由中国标准化研究院负责起草;2011 年底经国家质检总局和国家标委会批准发布,历时两年半,时间比较长。期间数易其稿。整个编制过程中一个最显著的特点就是多层次、多渠道、大范围地征求意见。标准广泛征求了各级邮政管理部门、邮政企业、快递企业和广大消费者意见,力求内容更加科学合理,公平公正,兼顾各方利益。

为完成《快递服务》国家标准的制定,项目组曾先后 4 次深入 30 余家快递企业进行调研,与百余人次进行座谈,发放调研问卷近百份。国家邮政局网站全文刊登《快递服务》标准征求意见稿,面向全社会征求意见;向中国邮政集团公司发函征求邮政企业意见;召开专门会议,听取 DHL、UPS、FedEx、TNT 等四大外资公司意见。

针对快件的"先签后验"还是"先验后签"这一焦点问题,国家邮政局和中国标准化研究院专门召开座谈会,认真听取业内专家和业外法律专家意见;标准文本出台后,再次在国家局网站上公开征集消费者和社会各界的意见。此外,全国邮政业标准化技术委员会还召开了《快递服务》国家标准审查会,充分听取各位委员的意见和建议。通过会议讨论,委员们一致同意标准通过审查。

事实上,标准的制定经历了调查研究、征求意见、邮政业标委会审查、国家标委会审批发布等程序,严格遵循"公平公正、公开透明、协商一致"的标准化工作原则,充分体现了利益相关方充分协商一致的标准化工作原则,有效地保证了标准的编制质量。

2011 年 12 月 30 日,国家质量监督检验检疫总局、国家标准化管理委员会联合发布《快递服务》系列国家标准即我国第二部《快递服务标准》,2012 年 5 月 1 日起正式实施。

1.第二部《快递服务标准》的意义

国家邮政局政策法规司靳兵副司长 2012 年 4 月表示,《快递服务》国家标准的制定是经济社会发展的必然结果。邮政体制改革五年来,快递市场发展迅猛,业务量年均增长率高达 27%,业务总量五年翻了一番半,日均处理量从 300 万件增长到 1300 万件,市场规模排名世界第三位。在较短的时间里,我国快递市场成长为增长速度最快、发展潜力最大的、新兴的战略性服务业,受到国内外和社会各界的高度关注。与市场高速发展相适应,快递服务质量备受社会关注。据中国消费者协会公布的数据表明,2011 年全国消协组织受理邮政和快递服务投诉 6920 件,同比增长 31%。延时送达、快件损毁、价格不透明、索赔难等问题成为投诉的主要内容。在 2012 年年初的国家邮政局工作会议上,马军胜局长提出要建立"诚信、服务、规范、共享"的行业核心价值理念,快递服务要以发展上规模、服务上水平、管理上层次、能力上等级为核心,大力加强能力建设,着力推进服务升级,进一步规范市场秩序,进一步扶持快递企业做大做强。在这种形势下,首部《快递服务》国家标准应运而生,适应了我国经济社会发展的需要。

同时,《快递服务》国家标准的制定也适应了邮政业改革发展的需要。2007年国家邮政局发布实施了《快递服务》邮政行业标准,该标准实施四年多来,达到了用户、企业和政府三方面都满意的良好效果。由于其技术内容先进、实施效果显著,还荣获2009年度"中国标准创新贡献奖"二等奖。但是,行业标准是在新《邮政法》尚未出台的背景下制定的,主要解决标准有无的问题。新《邮政法》出台后,明确了快递企业的法律地位,建立了快递市场准入制度,还对经营快递业务的企业应该履行的法律义务、应当规范经营做出了许多重要的规定,这些规定都是《快递服务》标准应该遵循的基本准则。因此,将《快递服务》从行业标准提升为国家标准,也是适应了邮政业改革发展的需要。

《快递服务》国家标准的制定具有十分重要的意义,既填补了我国快递领域国家标准的空白,符合国务院关于加快发展服务业的战略决策,也适应了经济社会和邮政业发展的客观需要;不仅有利于推动快递行业转型升级、提升快递服务水平,同时,也有利于进一步规范快递市场,保障用户合法权益,具有里程碑意义。

《中华人民共和国快递行业服务标准》,这是国家标准,不仅填补了我国的空白,也填补了世界空白。该标准内容涉及快递企业生产、管理和服务的方方面面,对于推动快递行业建立现代企业制度、提升企业管理水平都起到了十分重要的作用。

——原国家邮政局政策法规司司长　达瓦

2.第二部《快递服务标准》主要内容

《快递服务》系列国家标准共分为《快递服务　第1部分:基本术语》(GB/T 27917.1—2011)、《快递服务　第2部分:组织要求》(GB/T 27917.2—2011)和《快递服务　第3部分:服务环节》(GB/T 27917.3—2011)三个部分,各部分既相对独立,又紧密联系,共同构成了《快递服务》标准的全部内容。

《快递服务　第1部分:基本术语》以规范行业用语为目的,广泛搜集、整理现有概念,并对80条重要的、基础的以及易混淆的概念进行了界定,从而建立起系统全面的快递服务概念体系,为快递服务相关的经营、管理、教学、科研等活动搭建了统一的交流平台。这一部分还很好地处理了与上位标准《邮政业术语》国家标准的关系。为保持标准之间的协调一致,本部分不再列出内件、收寄、投递、签收等在《邮政业术语》国标中已经界定的基础术语。

《快递服务　第2部分:组织要求》共16章39条,从规范企业管理、提高管理效率出发,对快递服务组织所应遵循的总则,以及资质、组织文化、服务场所、设备设施、服务格式合同、服务时限、服务安全等多角度提出了具体要求。第2部分的内容比较全、规定较细,涉及企业生产、管理和服务的方方面面,对于推动建立现代企业制度、提升企业管理水平,均发挥着十分重要的作用。

《快递服务　第3部分:服务环节》共6章18条,主要针对近几年来快递服务出现的热点和焦点问题,梳理了国内快递和国际快递的各个服务环节,并对其服务规范进行了详细规定。具体的环节主要包括收寄、内部处理、投递、查询、投诉和申诉、赔偿、例外情况等,对公众普遍关心的上门取件、快件签收等问题在这一部分都能找到答案。因此,本部分的制定,无疑将对提高快递服务质量,保障消费者合法权益有着非常重要的推动作用。

3.第二部《快递服务标准》的宣贯

为提高全行业对"标准"的理解和掌握能力,并且在快递服务实施过程中按照"标准"进行管理和操作,国家邮政局2012年4月12日举行《快递服务》系列国家标准电视电话培训会议。国家邮政局政策法规司负责人在会上作了讲话,并指出,国家邮政局相关部门要把"标准"作为一项重要抓手,在市场准入、服务监督、申诉处理、质量评价等工作中,坚持依据标准,以标准为基础,履行政府监管职能,进一步规范市场秩序,保障消费者合法权益。各省(区、市)邮政管理局首先要认真组织,加强学习,深刻理解"标准"的实质和精髓。其次要认真拟订宣贯方案,通过多种方式,有重点、有计划地开展本地区"标准"宣贯工作,同时还要及早谋划、安排部署省级以下监管机构和人员的培训工作。行业协会要充分发挥政府和企业的桥梁作用,协调有关单位,组织丰富多彩的培训活动,为"标准"的执行提供服务。此外,还要跟踪研究国家标准的执行情况,及时反馈,更好地推动"标准"的实施。各快递企业一定要高度重视标准化工作,要以贯彻执行"标准"为契机,组织内部培训,重新梳理企业管理制度,针对企业管理的薄弱环节,提出整改措施;要边学习边整改,郑重向广大消费者承诺,执行国家标准,提升服务质量,提高人员素质,树立服务品牌,提高企业竞争能力。

《快递服务》系列国家标准电视电话培训会议召开

二、《邮政业安全生产设备配置规范》[①]的制定

（一）标准的制定适应行业严峻安全形势的需要

寄递渠道安全管理是邮政行业持续健康发展的基础保障，而安全设备配置则是保障邮政业安全生产的重要基础。寄递企业综合运用了多种交通工具，实行全程全网作业，因而具有企业数量多、营业网点多、从业人员多等特点，安全管理难度比较大。同时，一些企业在安全生产设备方面投入不足，导致物防、技防能力和水平严重滞后，难以应对当前复杂的安全生产形势，阻碍了行业的发展。如何破解这一症结？邮政体制改革后，国家邮政局于 2015 年 3 月 31 日发布首部强制性邮政行业标准——《邮政业安全生产设备配置规范》并于当年 9 月 1 日正式实施。

《邮政业安全生产设备配置规范》对指导企业科学购置安全生产设备，增强识别风险源、预防安全事故的能力，做到安全隐患"早预防、早发现、早处理"具有重要意义。这不仅是优化邮政业安全防范模式、构建科学安全防范体系的重要途径，也是邮政管理部门提升行业安全监管水平的内在要求，更是推动服务民生、维护群众利益的要义。

（二）主要内容和适用范围

《邮政业安全生产设备配置规范》从消防设备、隔离设备、监控设备、安检设备、报警设备和其他等 6 方面对快递企业营业场所和处理场所的安全生产设备的配置作了详细规定，并对机房安全生产设备和运输车辆安全生产设备的配置提出了具体要求。

《邮政业安全生产设备配置规范》适用范围比较广泛，涵盖了邮政、快递企业和其他从事寄递服务企业的场所，以及从收寄到投递的各个环节。此外，除了邮政、快递企业之外，受邮政、快递企业委托，从事寄递服务的其他企业也要遵照执行《邮政业安全生产设备配置规范》所提出的各项要求。

（三）分类别提出要求

作为一项强制性行业标准，《邮政业安全生产设备配置规范》中所有表述为"应"的条款，都是要求强制执行的；而对于表述为"宜"和"可"的有关条款，鼓励寄递企业创造条件积极采用。

值得一提的是，对于《邮政业安全生产设备配置规范》中要求强制执行的内容，企业必须认真执行，以保障寄递安全。相关企业和人员如果不执行《邮政业安全生产设备配置规范》要求，将承担相应的法律责任。

（四）两个维度三项要求

《邮政业安全生产设备配置规范》从安全生产设备配置和管理两个维度提出了三项基

[①] 相关内容参考了国家邮政局《邮政业安全生产设备配置规范》的解读。

本要求:

一是在设备配置总体原则方面,寄递企业要按照相关法律法规规定,以人防、物防、技防相结合为原则,配置相关安全生产设备,保障生产经营安全。

二是在设备技术参数方面,寄递企业所配置的安全生产设备的技术参数和性能指标,要符合相关国家标准或行业标准的规定。

三是在设备管理方面,寄递企业要加强对安全生产设备的管理,建立设备管理档案,开展设备操作培训,确保设备发挥安全保障作用。

此外,《邮政业安全生产设备配置规范》在对营业场所和处理场所安全设备配置进行明确、具体规定的同时,对机房建设和投递运输这两个邮政行业的关键环节提出了严格要求——寄递企业机房建设执行《计算机场地通用规范》的相关规定,并分别对干线运输车辆和揽投车辆安全设备的配置进行了规定。

三、《快递安全生产操作规范》①的制定

为了进一步健全快递安全防控体系,夯实快递安全基础,提升快递安全生产操作水平,国家邮政局正式发布《快递安全生产操作规范》邮政行业标准(YZ 0149—2015)。该标准为强制性行业标准,适用于快递服务组织从收寄到投递各个环节的安全生产操作,自2016年6月1日起施行。

(一)标准制定的重要意义

一是贯彻落实《国务院关于促进快递业发展的若干意见》重要部署。该规范明确指出,要实施寄递渠道安全监管"绿盾"工程,全面推进快递企业安全生产标准化建设,落实邮政业安全生产设备配置规范等强制性标准,明确收寄、分拣、运输、投递等环节的安全要求。制定《快递安全生产操作规范》强制性行业标准,正是贯彻落实国务院文件部署、坚持"安全为基"基本原则的重要举措,有利于夯实快递业安全基础,提升快递安全操作水平,促进快递业健康发展。

二是完善行业安全生产体系。安全生产是人防、物防和技防相结合的体系。其中,人是生产的第一要素,也是保障安全生产的关键。近年来,快递业发展迅速,业务规模持续扩大,从业人员数量急剧增加。但是,从业人员安全意识不强,安全操作水平亟待提升的问题依然存在,给行业安全生产带来很大隐患。因此,研究制定《快递安全生产操作规范》强制性标准,明确提出从业人员安全生产操作的原则要求和一般性要求,以此为基础不断加以培训和推广,有利于提升从业人员安全操作水平,健全行业安全生产体系。

三是提升行业安全监管水平。安全是企业生产经营的底线,安全监管是政府管理部门的重要职责。《中华人民共和国标准化法》第十四条规定"强制性标准,必须执行。"这意味着强制性标准具有强制执行效力,是政府监管的合法依据。同时,随着政府职能不断转

---

① 相关内容参考了国家邮政局《快递安全生产操作规范》的解读。

变,以标准为手段,加强事中事后监管,也是政府履行职能的重要方式。因此,制定《快递安全生产操作规范》强制性行业标准,落实邮政管理部门加强行业安全生产监管的内在要求,有利于提升行业安全监管水平。

(二)标准制定的基本思路

1.遵循现有法律法规

标准,尤其是强制性标准,应与法律法规、部门规章和规范性文件的相关规定协调一致。因此,标准的制定广泛参考了《邮政法》《邮政行业安全监督管理办法》《邮政业安全防范工作规范》等法律法规和规范性文件;同时,还广泛参考了《中华人民共和国安全生产法》等安全生产相关法律法规的规定。此外,标准还按照精简、有效的编制原则,对法律法规、部门规章和现行标准中的有关内容进行了全面梳理,并采用引用的方式加以援引,以保持相同内容协调一致。

2.立足强制性标准定位

标准是邮政行业强制性标准,《中华人民共和国标准化法》、《中华人民共和国标准化法实施细则》、国家标准委《关于加强强制性标准管理的若干规定》等文件,对强制性标准的范围、制定程序、实施效力等均作出明确规定。本标准的制定严格遵循上述要求,以"全行业统一遵循的基本安全要求"为准则,全面梳理快递安全生产的关键环节,提出全行业普遍遵守的安全生产操作要求,快递企业应严格执行标准规定。

3.突出重点安全风险环节

快递服务具有环节多、流程长、经转复杂等突出特点。因此,标准制定在遵循安全生产一般规律的基础上,对各环节发生安全事故的概率以及发生事故的危害程度进行分析,针对快递服务各环节事故发生概率高、危害程度大的重点安全风险环节,提出规范性操作要求,推动快递企业落实各项安全措施,保障快递业安全平稳运行。

4.标准制定过程

2014年年底,国家邮政局委托中国标准化研究院联合各邮政行业企业共同起草《快递安全生产操作规范》强制性邮政行业标准。

2015年8月,标准起草组经过资料收集、企业调研、座谈研讨、行业内征求意见后,完成了标准征求意见稿的编写,向社会公开征求意见。

2015年12月8日,国家邮政局召开局长办公会,审议并原则通过了《快递安全生产操作规范》。

2016年6月1日,《快递安全生产操作规范》正式实施。

5.标准的关键技术内容

标准的强制性定位。标准是强制性标准,对于标准中所有表述为"应"的条款,所有在我国境内从事快递服务的组织均应严格遵守,贯彻执行标准有关规定。

(1)标准框架。本标准的总体框架为"1+4+2",即一个基本要求;四个关键环节,包括收寄、分拣、运输、投递环节的安全操作要求;两类特殊情况,包括重大活动时期安全生产操作以及安全事件处理要求。"1+4+2"构成了标准的全部内容,条理清楚,结构清晰,重点突出。

(2)基本要求。标准对贯穿快递安全生产操作全过程的基本要素提出了六点要求,即完善制度、强化培训、即查即停、文明操作、以人为本和全程管控。其中,完善制度和强化培训突出快递安全操作的基础能力建设;即查即停、文明操作和全程管控突出快递过程中的基本安全操作要求;以人为本则突出安全事件应对与处理的原则要求。

(3)收寄安全生产操作。收寄安全是保障快递安全生产的第一道关口。本标准对收寄环节关键的安全防控点进行了细致分析,提出了验视、封装和信息核对三个风险点在操作上的具体要求。

(4)分拣安全生产操作。标准对分拣环节的操作准备、装卸、分拣和安全检查四个关键点进行了规定。

(5)例如在分拣环节,本标准从基本要求、人工操作和机器操作三个方面提出要求。在基本要求方面,要求易碎品等特殊物品应单独码放,小件物品及文件类快件不宜直接接触地面等。在人工操作方面,要求普通快件脱手时离摆放快件的接触面之间的距离不应超过 30 cm,易碎件不应超过 10 cm,与装卸要求保持一致;在光线较弱、车辆较多的情况下,操作人员服装应加反光条,确保人身安全。在机器操作方面,标准重点要求机器设备应专人操作;不应有跨越踩踏机器、在机器上走动等违规行为。

(6)运输安全生产操作。在运输安全操作环节,标准重点对车辆检查、车辆驾驶两个关键点进行了规定。其中,在车辆驾驶环节,标准提出五条具体要求,特别是根据道路运输相关规定,要求驾驶员不应疲劳驾驶,每连续行驶 4h 应停车休息 20min 或更换驾驶员,夜间连续驾驶不应超过 3h。

投递安全生产操作。投递是快递企业与用户直接接触的又一重要环节。标准重点对快件携带和快件投递两个关键点进行了规定。

①在快件携带环节,标准按文件及小件、大件、超大超重快件不同类型分别提出了要求。如文件及小件应分类顺序放入投递车辆或快递业务员随身携带的盛装容器内,大件应按"先派后装、重不压轻"原则放入投递车辆的容器中等。

②在快件投递环节,标准对车辆的停放、投递签收、投入智能快件箱、无法投递、代收货款快件的投递分别提出了要求。如投递车辆应按规定停放,快递业务员离开投递车辆前,应锁牢装载快件的容器,避免快件丢失等。

(7)重大活动时期的安全生产操作。标准对重大活动时期的快递安全生产操作进行了规定,概括来说,就是专区处理、集中安检、重点查验、统一投递、减少中转,即:对于寄往活动举办区域的快件,宜在活动举办区域之外的处理场所设置专区进行处理,处理时 2 人以上进行操作;应对所有快件进行集中安全检查,并进行重点查验、跟踪和监控;对于寄往活动重点部位的快件,在投递前应再次安全检查,在投递时应集中处理、统一投递,专人专车、双人派押;宜调整作业组织,减少在活动区域进行中转的快件量;同时,还要严格执行国家关于重大活动时期的其他特殊规定。

(8)安全事件处理。标准规定,安全事件应按照"人员安全、快件安全、财产安全"的顺序进行处理。同时,标准还对发生快件被盗被抢事件、交通事故、遭遇地震、洪水等自然灾害或其他不可抗力情况的处理进行了规定。标准还特别要求快递服务组织按照国家和邮政管理部门关于邮政业安全信息报告和处理的相关规定,实行 24 小时值班制度,及时报送安全事件信息。

国家邮政局 2013 年在吉林召开智能快递投递箱标准研讨会

除了上面介绍的三个标准外,国家邮政局等部门在进行充分调研的基础上,近年来推动了快递行业多项标准的出台,例如《快递营业场所设计基本要求》《邮政业信息系统安全等级保护基本要求》《邮政业车辆定位系统技术要求》《智能快件箱设置规范》等,为行业规范发展提供了重要制度保障。

第四节 快递法律地位的确立

一、快递地位的界定

(一)邮政法第一次修订首次确立了快递的法律地位

通观 1986 年版《邮政法》,未对快递有任何着墨,这说明,快递一直到 2009 年以前,都没有明确的法律地位。而与此相对应的是 2009 年修订的《邮政法》则拿出了专门的一章（第六章,共十条）来对快递业务进行规定,这是我国法律首次明确快递业务和快递企业的法律地位,使快递成为一个合法的行业,快递企业成为合法的企业,彻底消除了快递行业和快递企业在法律上的尴尬。新修订的《邮政法》还确立了鼓励竞争、促进发展的原则,确立了快递业务经营许可制度,为快递市场的健康发展提供了制度保障。同时,通过市场准入制度给予各快递企业平等的发展机会,适应了我国经济社会发展对快递业务的需求。

国家邮政局局长马军胜表示,信件以及包裹、印刷品等物品的快递业务,直接关系到用户通信秘密以及其他合法权益的保护,涉及国家安全和社会稳定,必须依法建立快递市场准入制度。2009 年《邮政法》对快递经营许可设立了相应的资本金条件,关于资本金的规定,有效保证了入市经营的企业能够具备一定的风险承担能力和损失赔偿条件,也是为了维护用户的合法权益。

（二）快递实行许可经营

现行《邮政法》第五十一条第一款规定,经营快递业务,应当依照本法规定取得快递业务经营许可;未经许可,任何单位和个人不得经营快递业务。

对未经许可经营快递业务的行为,《邮政法》第七十二条规定了具体的罚则:未取得快递业务经营许可经营快递业务,或者邮政企业以外的单位或者个人经营由邮政企业专营的信件寄递业务或者寄递国家机关公文的,由邮政管理部门或者工商行政管理部门责令改正,没收违法所得,并处五万元以上十万元以下的罚款;情节严重的,并处十万元以上二十万元以下的罚款;对快递企业,还可以责令停业整顿直至吊销其快递业务经营许可证。

（三）规章和标准促使了快递法律地位的巩固和细化

《邮政法》确立了快递的合法地位后,《快递市场管理办法》、《快递业务经营许可管理办法》等规章和《快递服务国家标准》、《邮政业安全生产设备配置规范》及《快递安全生产操作规范》等行业标准的出台、修正,进一步健全和细化了快递业务经营许可制度,促使了快递法律地位的巩固和细化,使得快递企业合法合规经营有了可以量化的标准,彻底打消了众多民营快递会受到不公正对待的顾虑,为快递行业"百花齐放、百家争鸣"良好发展态势的出现提供了强大动力。

二、企业依法经营情况

在邮政法修订后,尤其是第二次修订后,邮政管理体制不断完善,并正式形成了"国家邮政局—省（区、市）邮政管理局—市（地）级邮政管理局"三级邮政管理机构。同时,随着行业的持续发展,个别地区建立了县一级邮政管理机构,实现了四级邮政管理机构的建立。邮政管理体制的不断完善,持续壮大了邮政市场监管力量,邮政市场检查和行政执法力度也随之不断加强。根据国家邮政局公开的信息,从 2014 年到 2016 年,全国邮政管理部门在出动执法人员、开展执法检查、检查单位、出检天数和行政处罚五个方面的数量均呈逐年递增态势,管理力度持续加大,企业经营逐步规范。

2014 年,全国邮政管理部门加大邮政市场检查和行政执法工作力度,全年出动执法人员 169989 人次,执法检查 70341 次,检查单位 31653 家次,出检天数 6801 天,查出违法违规行为 18671 次,办理邮政市场行政处罚案件 2178 件,罚款 1092.39 万元。其中,寄递市场案件 2167 件,集邮市场案件 2 件,邮政用品用具市场案件 9 件。按照邮政市场行政处罚案件类别统计,七类案件数量依次为:邮政行业安全监管类 1177 件,快递业务经营许可类 782 件,快递服务质量监管类 248 件,邮政用品用具市场监管类 9 件,市场秩序类 3 件,集邮市场监管类 2 件,行政管理秩序类 2 件。

2015 年,全国邮政管理部门继续加大邮政市场检查和行政执法工作力度,全年出动执法人员 237537 人次,执法检查 97941 次,检查单位 97941 家次,出检天数 27501 天,查处违法违规行为 13671 次,同比下降 26.78%;下达行政处罚决定 2801 份,同比增长 28.60%;罚款金额 1461.804 万元,同比增长 33.82%。其中,寄递市场案件 2790 件,邮政用品用具市场案件 11 件。按照邮政市场行政处罚案件类别统计,五类案件数量依次为:邮政行业安全监管类 1471 件,快递业务经营许可类 1023 件,快递服务质量监管类 367 件,邮政用品用具市场监管类 11 件,市场秩序类 4 件。

2016 年,全国各级邮政管理部门加大邮政市场监督检查和行政执法工作力度,出动执法人员 313813 人次,执法检查 116213 次,检查单位 128205 家次,出检天数 35376 天,查处违法违规行为 22891 次,办理邮政市场行政处罚案件 4665 件,罚款 2839.8 万元。其中,邮政行业安全监管类件 2900 件,快递业务经营许可类 1646 件,快递服务质量监管类 271 件,邮政用品用具市场监管类 4 件,集邮市场监管类 3 件,市场秩序类 3 件,行政管理秩序类 2 件。

根据笔者在邮政管理一线执法岗位长期工作的经验来看,除邮政企业的违法违规行为较少外,顺丰和"四通一达"的违法违规行为总量也不大且呈现稳步下降趋势。而与此同时,一些小的快递品牌尤其是近年来刚出现的一些品牌违法违规行为却居高不下,严重损害了消费者的合法权益和行业的良好形象。更有甚者,有些品牌压根未实际运营,在骗取加盟商高额加盟费后"跑路"了事,造成的影响极为恶劣。

三、《快递条例》呼之欲出

在快递行业大腾飞、大发展的过程中,行业发展方式粗放、基础设施滞后、安全隐患较多等问题仍较为突出。不法分子觊觎寄递渠道的便捷,利用快递进行涉毒、涉枪等刑事犯罪的情况屡见不鲜,行业安全发展所面临的形势极为严峻。

为有效应对这一情况,邮政管理部门采取了健全法规规划体系、优化快递市场环境和加强行业安全监管等措施,着力提升监管能力,保障寄递渠道安全。上述措施虽然取得了一定的成效,但距上级的要求和群众的期待仍有一定的差距,特别是在完善现有法规体系、提高快递业法治化和规范化水平方面仍需加大工作力度。

（一）科学组织起草工作

为进一步完善行业法律法规体系,历来重视行业立法工作的国家邮政局早在2013年之前就启动了《快递条例草案（征求意见稿）》（以下简称征求意见稿）的起草工作,并及时成立快递条例立法工作领导小组,加强组织领导工作,抽调精兵强将负责具体工作。在征求意见稿起草过程中,国家邮政局注重开门立法,据不完全统计,召开研讨会或座谈会五次,听取企业和系统内部的意见和建议。

2013年9月23日－24日,国家邮政局在安徽省召开了快递条例立法企业座谈会,邮政速递物流、民航快递、顺丰速运、宅急送、圆通快递、联合包裹、中外运敦豪等12家快递企业的代表参加了会议。

2013年11月1日,国家邮政局召开快递条例立法研讨会,就快递条例初稿征求局内相关机构意见。

2013年11月29日至30日,国家邮政局在福建召开了快递条例立法系统内座谈会,听取北京、天津、辽宁、黑龙江、浙江、江西、福建、湖南、青海等省、市邮政管理局对征求意见稿的意见和建议。

2014年5月12日至14日,国家邮政局在湖南召开第二次快递条例立法系统内座谈会,听取山西、吉林、上海、江苏、山东、湖南、广东、广西、贵州、宁夏、陕西等省（区、市）邮政管理局主要负责人对快递条例草案的意见和建议。会议还邀请了交通运输部法制司和国务院法制办工交商事司有关同志参加。

2014年7月17日,国家邮政局政策法规司与中国快递协会联合召开快递条例立法企业座谈会,包括国有、民营和外资在内的十余家快递企业法律部门负责人参加了会议。

（二）立法调研

为提升《快递条例》立法的科学性、针对性和有效性,国务院法制办、全国政协社会和法制委员会、国家邮政局开展了多次立法调研。

2015年5月11日至14日,国家邮政局副局长赵晓光、国务院法制办工交商事司司长张建华一行,就《快递条例》立法前往江苏进行调研,实地考察了中邮航南京集散中心、苏宁云商集团、苏南快递产业园区、海门叠石桥国际家纺城电商交易区、海门申通、南通顺丰等。

2015年7月27日,国务院法制办会同国家邮政局在北京开展快递条例立法调研。也是在2015年7月27日,国务院法制办召开快递企业座谈会,听取顺丰、京东、申通、圆通、中通、韵达等快递企业北京区域负责人关于快递条例草案的意见、建议。参会企业向调研组反映了快递企业营业网点、处理中心用地难,快递车辆上路难、停靠难,快件丢失案件立案难,以及企业分支机构管理等产业实际问题,对快递加盟管理、快件收寄验视、快递代收货款、快件损失赔偿等快递条例草案制度设计提出了具体看法,呼吁快递条例早日颁布实施。

2015年12月4日,就《快递条例》的制定,全国政协社会和法制委员会组织部分全国政协委员在京开展专题调研座谈。全国政协社法委驻会副主任吕忠梅,全国政协委员、国家邮政局局长马军胜,全国政协委员、中国快递协会会长高宏峰等出席调研座谈。国家邮政局副局长赵晓光陪同调研并在座谈会上介绍了有关情况。

（三）政协委员建言献策

全国政协2016年21日下午在京召开第46次双周协商座谈会,围绕"《快递条例》的制定"建言献策。全国政协主席俞正声主持会议并讲话。

全国政协委员马军胜、高宏峰、李国华、甄贞、计时华、孙步新、吴鸿、侯欣一、余渐富、徐冠巨、胡亚东、骆沙鸣、汤维建、李军,以及企业代表刘强东、王卫在座谈会上发言。

委员们认为,快递业是现代服务业的重要组成部分,直接联系着千家万户,对人们生活方式、商业模式改变很大,今后还具有很大的发展空间。我国现代快递业是在改革开放中诞生,并且随着市场经济的推进而发展起来的,是我国发展最迅速的行业之一。2015年,我国快递业务量突破200亿件,业务收入完成2760亿元,比五年前分别增长7.8倍和3.8倍,五年新增就业岗位100万个以上。但也存在行业政策法规体系不够完善、基础设施滞后、管理方式较为粗放、安全隐患较多等问题。要进一步完善相关立法,完善快递业治理体系。

一些委员建议,一是政府要加大对快递业的支持力度。邮政部门应会同有关部门制定好行业发展规划。加强物流园区和物流枢纽建设,航空、高铁、城市交通都要支持快递业发展。二是要发挥行业协会作用。政府要简政放权,对快递业管理的部分职能可以由协会承担,协会要加强自律,政府主导拟订的法规、规章和标准,应更多地让协会参与。三是强化安全责任落实,保护用户合法权益。要完善货物的延误、损害的投诉机制和赔偿机制,强化个人信息的安全保护。物流企业要强化安全责任,政府部门的安全管理措施要更科学和准确,更有可操作性。四是要规范快递行业发展,尽快制定快递条例和相关法规规章,提高快递业法治化、标准化水平,给快递企业创造公平竞争的空间。委员们还对纠纷解决机制、智能包裹柜的使用、保险制度、末端网点的公开等问题提出了意见建议。

（四）首次征求意见

国务院领导同志高度重视《快递条例》立法工作,相关部门按照部署加快推进相关工作。

为进一步增强立法的公开性和透明度,提高立法质量,国务院法制办2015年11月16日将《快递条例(征求意见稿)》及说明全文公布,向社会征求意见。有关单位和各界人士可以在2015年12月15日前提出意见。

（五）再次征求意见

在 2015 年 11 月 16 日—2015 年 12 月 15 日征求意见后,有关部门根据有关单位和各界人士的意见,对《快递条例(草案)》进行了后续的更新完善,并已经通过国务院审议,这意味着按照正常程序法规马上就要正式发布实施了。

但是,就在《快递条例》即将呱呱坠地之际,2017 年 7 月 12 日召开的国务院常务会议却给它按了"暂缓键",李克强总理明确要求,要将已审议的《快递条例(草案)》向社会公开征求意见。

"我们不仅要听管理部门的意见,还要听各家快递公司的意见。"总理说,"更重要的是,快递行业已经与百姓的生活息息相关、密不可分了,所以,这份草案必须要充分听取人民群众的意见!"

2017 年 7 月 24 日,国务院法制办发出通知:根据国务院常务会议决定,为进一步增强立法的公开性和透明度,提高立法质量,现将《快递暂行条例(征求意见稿)》(以下简称征求意见稿)全文公布,向社会征求意见。有关单位和各界人士可以在 2017 年 8 月 25 日前提出意见。

（六）主要内容

一是实名制交寄。意见稿明确规定,寄件人交寄快件,应当如实提供以下事项:寄件人姓名、地址、联系电话;收件人姓名(名称)、地址、联系电话;寄递物品的名称、性质、数量。同时,寄件人拒绝提供身份信息或者提供身份信息不实的,经营快递业务的企业不得收寄。

菜鸟与顺丰数据之争:消费者个人信息泄露的可能性与法律责任

事件概况

2017 年菜鸟与顺丰的数据之争,一时之间成为舆论焦点。菜鸟率先通过舆论攻击顺丰,顺丰迎战,双方隔空喊话,打了两个回合。圆通等快递公司,受制于菜鸟,选择站到了菜鸟一边。京东等电商公司,与阿里的竞争日趋白热化,则选择站到了顺丰一边。依托阿里平台上的商家,因顺丰的无可替代性而遭受殃及。消费者的购物体验受到影响,还担心个人信息是否会泄露,对个人信息在顺丰与菜鸟之间任意传输是否违反了相关法律心存疑虑。菜鸟与顺丰之争,最终靠快递行业主管部门国家邮政局的强势介入而暂停,直至平息。

一、菜鸟与顺丰数据之争通常不会引发消费者个人信息泄露

消费者信息泄露是大众和媒体关注的问题。大众有种错觉,阿里、顺丰把消费者的信息随意提供给对方,甚至更多人。

阿里给顺丰的信息:订单的时间、数量、分布等大数据信息,但并无单个订单的详情。这些信息帮助顺丰安排人力、车辆等事项,便于顺丰做好运输、分拣、投递工作。

顺丰给阿里的信息:快件的运转信息。这些信息帮助阿里平台上的商家一站式获得

商品的销售、物流等全方位的信息。

从阿里与顺丰之间的数据传输内容来看，并不涉及消费者个人信息泄露问题。但不少媒体，还有所谓的专家、律师纷纷登场，在对快递行业、快递企业了解不够的情况下，大肆炒作，发表煞有介事的观点。

二、阿里平台和主要快递企业对消费者的个人信息保护均作出了较为严苛的承诺

阿里平台和主要快递企业均对消费者的个人信息保护作出了承诺（见附件）。倘若这些承诺没有得到遵守，消费者一方面可以向阿里平台或快递企业主张违约责任，另一方面也可以主张侵权责任。

不论是阿里平台，还是快递企业，为了其声誉和长远发展，即便是没有法律责任，通常也不会作出有害消费者个人信息保护的事情。

三、菜鸟将有关信息提供给顺丰是否违反有关规定或者约定？是否涉嫌泄露消费者个人信息？

顺丰、丰巢从菜鸟获得寄件人的姓名、手机号码等信息。这些信息一方面是菜鸟提供的，另一方面，也是顺丰完成快递服务所必须获知的信息，是商家或消费者与顺丰之间快递服务合同项下商家或消费者应提供的信息。至于收件人的信息，同样如此。菜鸟将寄件人、收件人的信息提供给顺丰，一是可以视作寄件人、收件人委托菜鸟将必需的快递信息给顺丰，二是可以视作寄件人或收件人与顺丰之间快递服务合同项下必须提供给顺丰的信息。因此，顺丰从菜鸟获知的用于完成快递服务的关键信息，不论顺丰，还是菜鸟，均不涉嫌泄露消费者个人信息。

而且，阿里平台上通常应有与商家、消费者就物流信息传送的约定。

四、顺丰将有关信息提供给菜鸟是否违反有关规定或约定？是否涉嫌泄露消费者个人信息？

顺丰将快件的收、运、分、送等信息，提供给菜鸟。这是寄件人与顺丰之间快递服务合同的必然要求，寄件人有权获知这些信息，而菜鸟只是协助寄件人获得这些信息的渠道或方式。对阿里平台上的商家来说，他们作为寄件人，在平台上能直接获知快递信息，则更为方便、实用，不用再到顺丰的平台上查询相应的快递信息。对阿里平台上的买家来说，他们作为收件人，通常也会同意卖家知晓快递信息。如果买家不同意卖家将收件人的基本信息提供给顺丰，则顺丰无法完成快递服务。况且，卖家、卖家的信息，菜鸟本已知晓，且是菜鸟直接提供给顺丰的。顺丰只是将物品在物理上位置的变化信息提供给菜鸟，也不会泄露消费者的个人信息。

《邮政法》第84条规定，快递，是指在承诺在时限内快速完成的寄递活动；寄递，是指信件、包裹、印刷品等物品按照封装上的名址递送给特定个人或单位的活动，包括收寄、分拣、运输、投递等环节。从这一规定可知，顺丰作为快递服务企业，要完成快递服务，获知收件人的姓名、地址等信息，是必需的。

五、菜鸟通过数据接口获知顺丰、丰巢的其他信息，是否违法？

关于公民个人信息保护的规定，主要有以下七个：(1)《全国人民代表大会常务委员会

关于维护互联网安全的决定》(2000.12.28;2009.08.27 修正);(2)《全国人民代表大会常务委员会关于加强网络信息保护的决定》(2012.12.28);(3)《消费者权益保护法》(2013 年修正);(4)《中华人民共和国刑法修正案(九)》(2015.08.29);(5)《网络安全法》(2016.11.07);(6)《最高人民法院、最高人民检察院关于办理侵犯公民个人信息刑事案件适用法律若干问题的解释》(2017.05.08);(7)《电信和互联网用户个人信息保护规定》(工信部;2013.07.16)。

倘若菜鸟通过数据接口获知了顺丰、丰巢除了上述信息之外的其他信息,则菜鸟、顺丰、丰巢均涉嫌违反了上述规定,甚至构成了侵犯公民个人信息罪。

六、顺丰通过数据接口获知菜鸟的其他信息,是否违法?

倘若顺丰通过数据接口获知了菜鸟除了上述信息之外的其他信息,则菜鸟、顺丰均涉嫌违反了相关规定,甚至构成了侵犯公民个人信息罪。

七、对快递企业保护消费者个人信息的要求还有哪些?

除了以上规定外,在快递行业范围内,还有以下规定和标准:

(1)《中华人民共和国邮政法》;(2)《邮政行业安全监督管理办法》;(3)《寄递服务用户个人信息安全管理规定》(4)《邮政行业安全信息报告和处理规定》;(5)《快递服务与电子商务信息交换标准化指南》(YZ/T 0130—2012);(6)《快件跟踪查询信息服务规范》(YZ/T 0131—2013);(7)《智能快件箱》(YZ/T 0133—2013);(8)《邮政业信息系统安全等级保护定级指南》(YZ/T 0142—2015);(9)《寄递服务用户个人信息保护指南》(YZ/T 0147—2015)。[①]

二是鼓励共享快递柜。对已成为行业投资重点的快递柜,意见稿也给出了明确意见。意见稿认为,企业事业单位、住宅小区管理单位应当根据实际情况,采取与经营快递业务的企业签订合同、设置快件收寄投递专门场所等方式,为开展快递服务提供必要的便利。鼓励多个经营快递业务的企业共享智能末端服务设施,为用户提供便捷的快递末端服务。

三是明确反对垄断行为。意见稿强调,地方各级政府"应当确保政府相关行为符合公平竞争要求和相关法律法规,维护快递业竞争秩序,不得出台违反公平竞争,可能造成地区封锁和行业垄断的政策措施。"

四是贵重物品未尽到提醒义务应赔偿。意见稿规定:寄件人交寄贵重物品的,应当事先声明;经营快递业务的企业可以要求寄件人对贵重物品予以保价。

五是寄件丢失损毁应首接首赔。意见稿规定:用户的合法权益因快件发生延误、丢失、损毁或者内件短少而受到损害的,用户可以要求该商标、商号或者快递运单所属企业赔偿,也可以要求实际提供快递服务的企业赔偿。

六是私拆冒领出售个人信息吊销快递资格。意见稿规定:冒领、私自开拆、隐匿、毁弃、倒卖或者非法检查他人快件,依法给予治安管理处罚,情节严重的处 10 万元以上 20

---

① 丁红涛:《菜鸟与顺丰数据之争:消费者个人信息泄露的可能性与法律责任》,微信公众号:挂甲屯法律评论。

万元以下的罚款,并可以责令停业整顿直至吊销其快递业务经营许可证。

业内人士表示,快递条例是快递行业最高法律准则,这次改进将紧跟行业发展趋势与经常出现的问题,不再像过去"法未出,先落后",有着较强的可执行性。

2015年,《快递条例(交通运输部、邮政局起草)》被列入国务院立法工作计划。[①]

2017年,《快递条例(交通运输部、邮政局起草)》被列入国务院立法工作计划。[②]

在国务院主要领导的高度重视下,经过各相关部门共同努力和协力推进,在广大人民群众的期待中,《快递暂行条例》呼之欲出!

第五节　我国快递行业法律体系建设任重道远

我国快递行业法律体系存在的问题主要有以下方面:

一是颁布的《邮政法》不能适应快递行业发展的需要。2009年修订《邮政法》时,快递行业才刚刚走上正途。当前的快递行业,与那时有着天壤之别。不能适应行业发展需要主要表现在:(1)邮政企业从业务量和业务收入上均不再在邮政业中占据主导地位,但《邮政法》的内容是以规定邮政企业为主,以规定快递企业为辅。《邮政法》共有九章,只有第六章是专门规定快递行业的。《邮政法》第二章邮政设施、第三章邮政服务、第四章邮政资费、第五章损失赔偿是专门规定邮政企业的。第一章总则、第七章监督检查、第八章法律责任、第九章附则虽然是邮政企业、快递企业的共同规定,但却侧重于邮政企业。(2)快递企业的许可及备案制度,《邮政法》规定的过于笼统。《快递市场管理办法》、《快递业务经营许可管理办法》作为行政法规,对许可制度的规定过多,在一定程度上超出了行政法规可以规定的事项。《经营快递业务的企业分支机构备案管理规定》仅仅是国家邮政局颁布的规范性文件,不是行政法规。这些规定的效力级别偏低,在一定意义上讲,有违背上位法的嫌疑。(3)多数快递企业的运营采用加盟制模式,但《邮政法》对加盟企业和被加盟企业之间的责任并未规定,通过《合同法》、《商业特许经营管理条例》等法律、行政法规也不能较好地解决加盟制企业内部的矛盾,不能较好地处理加盟制企业与行业主管部门,与消费者之间的关系。(4)电子商务是快递行业发展的重要推动力量,但《邮政法》没有电子商务的任何规定。就电子商务与快递行业连接部分的有关事项,例如,电商平台限制消费者选择快递企业,限制快递价格,《邮政法》应当作出原则性的规定。(5)综合交通运输体系

[①]　国务院办公厅,国务院办公厅关于印发国务院2015年立法工作计划的通知,2015年4月13日,http://www.gov.cn/zhengce/content/2015-09/02/content_10127.htm。

[②]　国务院办公厅,国务院办公厅关于印发国务院2017年立法工作计划的通知,2017年2月27日,http://www.gov.cn/zhengce/content/2017-03/20/content_5178909.htm。

是快递行业发展的主要依托力量,但《邮政法》没有交通运输体系支撑快递业发展的任何规定。就交通运输体系与快递行业连接部分的有关事项,例如,快递车辆的通行、停靠等方面的问题,《邮政法》应当规定。(6)快递行业日益全球化、科技化、金融化,但《邮政法》缺少相关的原则性规定。

可见,《邮政法》不能满足快递行业发展的需要,还导致邮政和快递的混乱,邮件和快件的混乱,导致司法实践中把快递服务合同当作运输合同,导致快递行业的发展缺少法律层面的支撑。因此,修改《邮政法》是上上之选。

二是立法的效力层级偏低。《邮政法》的主要内容是针对邮政企业的,只是附带规定了快递企业。针对快递企业的立法,除了个别行政法规、部门规章外,多数都是规范性文件。这些规范性文件主要是为了弥补《邮政法》的不足。但从效力层级上看,远远不能适应快递业的发展和需要。

三是与其他立法缺乏衔接。电子商务、物流方面的立法,缺少快递的规定;《刑法》、《治安管理处罚法》《海关法》等法律,对邮政业仍停留在邮寄递送邮件的层面,只规定邮件,而不规定快件,缺少对快递行业的基本认知。

综上所述,快递行业的发展是快递行业形成法律体系的根本原因,快递行业法律体系是支持快递行业进一步发展的核心力量。但是,《邮政法》以及逐渐形成的快递行业法律体系,还不能满足快递行业的发展需要。从促进生产、改变流通、方便生活的角度看,快递行业的发展是有利于国计民生的。我们一方面要向行业外人士宣传快递行业,宣传快递行业自成系统的法律体系;另一方面要通过修订《邮政法》,进而不断颁行相关的行政法规、部门规章、地方性法规、地方规章、标准、规划及其他规范性文件,逐步完善快递行业的法律体系。①

---

① 丁红涛:《中国快递行业法律体系的现状、问题和发展方向》,微信公众号:挂甲屯法律评论。

第六章

中国快递协会的成立与发展

现代快递服务起始于国外,20 世纪 80 年代才逐步在中国境内初生萌芽和起步。党的十一届三中全会描绘出中国经济奋进的蓝图,改革开放政策在中国大地全面展开,在建设有中国特色社会主义理论的指导下,波澜壮阔的经济腾飞开始了,中国快递业发展经历了从缓慢发展到快速起飞的实质性转变。

中国邮政于 1980 年开办了国际特快专递业务,1984 年开办了国内特快专递业务,开中国现代快递业之先河。我国实行改革开放后,经济得到迅猛发展,中国邮政的特快专递服务已远远满足不了市场的需求,难以适应经济发展和对外开放的需要。

20 世纪 80 年代,外资快递企业撬开了中国大门,纷纷进入中国市场,在国内设立合资快递企业。这些外资快递企业把国外快递的先进理念、管理经验和技术带入中国,为中国的快递注入了一股强大的活力。

20 世纪 90 年代,随着市场经济的进一步推进,国内一些非邮政企业和个体经营者,开始逐步介入包裹寄递业务领域,邮政企业独家经营的状况开始改变。特别是珠三角和长三角地区经济发展迅速,对商务文件、样本传递的时效性、安全性、方便性的要求越来越高,催生了以顺丰和"三通一达"为代表的民营快递业。中国快递市场已呈现三足鼎立的竞争格局,国有快递企业、民营快递企业、外资快递企业共存,形成了中国快递市场多元化的竞争格局。

但当时在国内,还是邮政一家独大,并处于垄断的地位,其他快递被戴上"黑快递"的帽子。究其原因,在相当一段时间里,即 2006 年邮政体制改革之前,既没有法定的执法机构来监管快递业,快递也没有明确的合法经营地位,邮政部门既是经营者,又是管理者,集经营、管理的权责于一身,管理对象就是其主要竞争对手(各类非邮政企业),自然很难做到公平公正。因此,非邮政企业一方面要遭受寄递正规军邮政的打压围剿,一方面社会的大量需求催逼着快递业的规模不断扩大。这种奇特的社会现象折射出中国邮政改革的势在必行。

2005 年国务院印发了《邮政体制改革方案》。2007 年 1 月,重组后的国家邮政局和新组建的中国邮政集团公司在人民大会堂举行揭牌典礼,标志着新中国邮政历史上第一次实现了政企分开,初步形成了政府依法监管、企业独立自主经营的新体制。随着我国邮政体制改革的进一步深化,快递业迅速崛起,行业规模逐步扩大,行业实力稳步增强。

2009 年 4 月人大常委会表决通过了修订后的《中华人民共和国邮政法》,并于 2009 年 10 月 1 日起实施。修订后的《邮政法》颁布实施,赋予了快递企业法律地位,确立了快递业务经营许可制度以及快递业务的经营行为规范,以法律的形式固化了邮政体制改革的成果。快递市场发展迎来了政策最好、环境最宽松的时期。同时,《邮政法》还对成立行业协会做了明确规定。这个时期也是快递企业发展劲头最足、企业家投资信心最强、企业管理水平和经营实力改善最快的时期。中国快递协会正是在中国快递业的起步成长期这个阶段里酝酿、筹备,于 2009 年 2 月正式成立的。

第一节 中国快递协会成立

一、中国快递协会成立前夕——成立工作的提出和搁置

在中国快递协会成立之前,大多数民营以及国际快递企业加入了中国国际货代协会快递委员会。而由于"婆家"没有明确,快递行业协会的成立工作,在很长一段时间都处于停滞状态。据原国家邮政局行业管理司司长达瓦介绍,其实早在2003年,行业管理司就向党组写了报告,要成立快递协会,得到党组认可,但之后一直得不到相关部门的批准。一个比较典型的事例就是,2004年9月,上海16家民营快递企业向上海市行业协会发展署递交关于成立"上海市快递行业协会"的正式申请,却遇到了一个意想不到的问题。由于国内快递行业的主管单位还不明确,按照当时有关规定,每个行业协会按规定都必须有一个相应行业业务主管单位,快递要成立协会就必须找到"主管部门"。不过当时的问题是,有关政府机构也没有正式授权邮政局作为行业的主管部门。假如邮政局行业主管的资格被确认,就难以避免邮政局既是主管单位又是协会成员的局面,也就是一直以来人们常说的,邮政局兼具裁判员和运动员的双重身份。在这种背景下,成立快递协会的工作就搁置了下来。

类似于《邮政法》的修改,由国家邮政局主导推动、以中国速递服务公司为核心成员的中国快递业协会,牵涉更多的可能不是协会本身,而是在整个邮政体制改革背景下,来自多方利益的博弈,这使得一个本应没有行政权力的行业性中介组织的产生承载了过多的东西。2006年6月底,中国快递协会完成筹备方案,并报送相关部门审批,但此后就杳无音信,何时报批也成了未知数。当时,关于筹备成立中国快递协会的争议和质疑声主要有这几方面。

有观点认为,中国邮政已经正式开始实行政企分开,原来既是运动员又是裁判员的双重身份必然失去,这时肯定希望找个替身维护垄断地位。因此,新国家邮政局筹备的快递行业协会,很可能成为邮政快递业的"二政府"。也有观点认为,行业协会应该由处于市场主体地位的企业自发组建而成,而非某个政府部门主导筹建或某个政府部门指定一家原有隶属关系的企业独家发起成立。一个真正市场机制下的中介组织,应鲜明地体现它的民间性质,尽快地去行政化,才能更好地为行业企业谋利。当时质疑的焦点更多地集中在快递业协会的性质上面。一位民营快递公司董事长就表示了自己的担心:"国家邮政局一直想推行快递业市场准入制度,从而达到限制非邮政企业的目的。在《邮政法》出台陷入僵局的情况下,快递协会的组建很有可能是邮政'曲线救国'的一种策略转变。"

面对来自多方的质疑和猜测,国家邮政局一直未从正面予以反驳或证实。对此,国家邮政局当时的一位官员表示,由于许多话题过于敏感,再加上很多事情还没有最终拍板,说话的时机还不成熟,等到一切尘埃落定的时候,勿须辩解真相自然大白。

行业组织如何真正成为企业的娘家？

……

"现在,国际快递市场哪有像中国邮政这样既当裁判员又当运动员的?"日前,一位不愿具名的人士向记者说,"4 月初,江苏省几家快递企业再次遭到查处,运输车和邮件被查扣"。

令他不解的是,2 月底国务院批准国家邮政局根据"三定方案"重组,实行政企分开——即原国家邮政局的行业监管职能归属信息产业部,原企业职能剥离给新组建的中国邮政集团公司。"但目前江苏等地邮政局仍在利用监管职能打压民营快递企业,而且有了新的变化。"

该人士称:"目前,国家邮政局正在组建一个以 EMS 为核心的邮政快递行业协会,即将退休的国家邮政局行业管理司司长达瓦将出任该协会负责人。在江苏等地的邮政局已经开始拉拢当地民营快递企业入会,如果不入会就可能遭打压。"

为什么要建立这个协会,上海东方万邦副总经理刘和平对记者说:"邮政实行'政企分开'已成定局,原来既是运动员又是裁判员的双重身份必然失去,这是他希望找个替身维护垄断地位。该协会成立后很可能成为邮政快递业的'二政府'。"

"行业协会应和政府脱钩,由行业人士组建并服务全行业。已吸收了大多数民营快递和国际快递企业的中国国际货代协会快递委员会,EMS 和中邮物流为何不参加? 他们要另立门户不是利用'二政府'式的行业协会维护垄断地位? 这不是和国家'政企分开'的精神背道而驰吗?"对组建"邮政快递行业协会"的说法,国家邮政局总局一位负责人则对记者予以否认。[①]

……

二、筹建工作加快推进

（一）成立迎来新契机

2007 年 1 月 29 日,新的国家邮政局和中国邮政集团公司同时正式挂牌,标志着中国邮政改革的政企分开工作基本完成。就在挂牌后不久,重组后的国家邮政局就组织召开了第一次国内快递企业座谈会。会上,国家邮政局局长马军胜称,邮政监管部门将尽快完善行业法规体系和监管体系,建立行业统计制度,建立行业标准;鼓励公平竞争,在加强政府监管的同时,积极筹建行业协会,扶持快递业做大做强。国家邮政局挂牌成立后的第九天,即 2 月 6 日,国家邮政局召集各地邮政管理机构、统计部门和部分快递企业代表,召开了面向全国快递企业的首次电视电话会议,宣布国家统计局从 2 月 15 日正式开始对全国的快递企业进行普查。这是国家邮政管理部门首次对国内快递行业的集体统计普查,此次调查内容涉及快递企业 2005 年、2006 年基本情况和经营情况,包括企业的详细地址、

---

① 杨达卿、蔡远游、单士兵、张宾峰:《行业组织如何真正成为企业的娘家?》,《现代物流报》,2006 年 4 月 27 日第 003 版。

主要业务活动、经营快递业务范围、快递业务收入等。这次电话会议传递出一个重要消息,即为了规范国内快递市场,国家邮政局正积极筹备成立快递行业协会,预计部分省市协会上半年可以成立。

2007年5月,根据国办发〔2007〕36号《关于加快推进行业协会商会改革和发展的若干意见》的要求,有关部门大力推进行业协会商会的机制体制改革,提出机制体制改革必须坚持市场化方向,坚持政企分离,并明确规定现职公务员不得在行业协会、商会兼任领导职务。这个文件的颁发为中国快递协会提供了重要依据和支撑。

(二)困难仍然存在,"农村包围城市"

对于筹备成立中国快递协会,中国国际货代协会快递委员会秘书长刘建新说:"快递业由于具有跨行业、跨领域的特点,牵涉到航空、铁路、交通、邮政、海关、工商等不下十个部门的利益,国家邮政局要协调这么多部门的利益,并找到一个最佳的利益平衡点,显然不是一件容易的事情。从另外一个方面来说,作为副部级的国家邮政局,要在多个国家部级单位之间充当协调员,本身也是一件很尴尬的事情。由副部级单位去协调部级单位的事情,肯定会有一些部门不想买账,这无形中增加了国家邮政局的工作难度。"

当时筹备成立中国快递协会的牵头负责人达瓦表示,邮政部门的改革虽然受到整个社会和快递业界的欢迎和肯定,但要真正实现从那些不合时宜的观念、做法和旧体制的束缚中解放出来,跳出所有制形式的框框套套,想新的、看远的、做实的,营造政治上认同、社会上尊重、政策上支持,发展上扶持的氛围,促使快递企业提升核心竞争力,推动企业加快在竞争中谋发展的步伐,还任重而道远。

中国快递协会筹备的时间很早,早在2003年,我们行业管理司就给国家邮政局党组写了报告,要成立快递协会,得到党组认可,但直到2009年才得以成立。这期间一直得不到批准,我没有办法,就提出执行毛主席的农村包围城市战略,让各省先成立省级快递协会,2007年各省基本都全部成立,那么剩下北京就好办了,我们就走了这样一条路。

——原中国快递协会副会长兼秘书长　达瓦

三、中国快递协会正式成立

(一)中国快递协会的诞生

2007年8月15日,全国首个省级快递行业协会——广东省快递行业协会在广州成立。协会由11家企业发起,包括国有、民营、合资和外资在内的90家快递企业申请成为协会的首批会员。随着广东省快递行业协会的成立,成立快递行业协会这一模式在全国推广开来。2009年,我国已登记备案的快递企业达到5000多家,全国已有30个省(区、市)成立了省级快递协会。通过各方人士两年多的努力筹备,在分管民政部的国务院副总理以及分管快递的国务院副总理的签字批准下,2009年2月11日,中国快递协会在北京正式成立,引起国内外的普遍关注。我国快递领域第一次有了全国性的协会,进一步完善了我国的邮政行业管理体制。

中国快递协会正式成立

在中国快递协会成立当天,中共中央政治局委员、国务院副总理张德江致信祝贺。交通运输部高宏峰副部长、国家邮政局马军胜局长共同为协会揭牌,万国邮联国际局总局长爱德华·达扬为大会发来贺信。中国快递协会第一次会员大会也同时在北京召开,大会选举出中国快递协会第一届理事会、会长和13位副会长。原交通运输部副部长洪善祥当选会长,副会长为达瓦、刘学德、袁国利、张亮、王建军、王振刚、王观锠、王卫、陈显宝、陈德军、喻渭蛟、相峰、董昱,协会秘书长由达瓦兼任。大会审议并通过了《中国快递协会章程》、《中国快递协会会费缴纳办法》、《中国快递协会会员守则》和《中国快递协会第一次会员大会选举办法》,发布了《中国快递协会企业自律公约》。中国快递协会的成立,得到了国务院领导的关心和重视,得到了民政部的指导和帮助,得到了相关部门以及业内人士的大力支持。

中央电视台在当天19时的新闻联播中即播出了中国快递协会成立的消息。新华社当晚滚动播发两条信息。次日,中央人民广播电台、光明日报、人民日报等媒体分别报道了中国快递协会成立的新闻。在成立大会现场,中国政府网对快递协会成立全过程进行了现场直播,同时就快递市场管理、快递服务发展等配发了15篇相关报道。国家邮政局网站同时进行了现场直播。新浪网、搜狐网等网络媒体对会议报道进行转载。中国交通报等行业媒体为宣传中国快递协会成立进行了提前策划,为中国快递协会成立营造良好氛围。

（二）协会的主要职责

中国快递协会在成立初期，设立了五个工作部门，即综合部、会员管理部、行业发展部、质量管理和培训部、国际联络部。协会的主要职责是：

（1）充分发挥桥梁和纽带作用。要努力适应新形势的要求，深入开展行业调查研究，积极向政府及其部门反映行业、会员诉求，提出行业发展和立法等方面的意见和建议，积极参与相关法律法规、宏观调控和产业政策的研究、制定，参与制定修订行业标准和行业发展规划、行业准入条件，完善行业管理，促进行业发展。

（2）加强行业自律。依据《中华人民共和国邮政法》和其他相关法律的规定，在国家邮政管理部门的指导下，围绕规范市场秩序，健全各项自律性管理制度，制定并组织实施行业职业道德准则，大力推动行业诚信建设，建立完善行业自律性管理约束机制，规范会员行为，协调会员关系，维护公平竞争的市场环境。

（3）切实履行好服务企业的宗旨。代表本行业企业的利益，切实为企业服务。掌握国内外行业发展动态，收集、发布行业信息；依照有关规定创办报刊和网站，开展法律、政策、技术、管理、市场等咨询服务；组织人才、技术、管理、法规等培训，帮助会员企业提高素质、增强创新能力、改善经营管理；推广和表彰先进；参与行业资质认证、新技术和新产品鉴定及事故认定等相关工作；受政府委托承办或根据市场和行业发展需要举办交易会、展览会等，为企业开拓市场创造条件。

（4）积极帮助企业开拓国际市场。要借鉴国外先进做法，在维护国内产业利益和支持企业参与国际竞争等方面充分发挥作用。要积极组织国内企业开拓国外市场；建设行业公共服务平台，开展国内外经济技术交流与合作，联系相关国际组织，指导、规范和监督会员企业的对外交往活动；主动参与协调对外贸易争议，应诉、申诉等相关工作。

（5）指导各地快递行业协会工作。

四、协会成立的深远影响

在社会经济发展对快递的需求越来越大的背景下，快递服务业越来越显重要。在我国社会主义市场经济体制逐步完善和政府职能不断转变的条件下，需要行业组织发挥桥梁纽带作用，服务行业发展，规范市场秩序，推进行业建设。快递服务的加快发展需要行业组织提供有效服务，快递市场的规范管理需要行业组织发挥自律作用，发展环境的不断优化需要行业组织发挥协调作用，快递企业权益的维护需要行业组织发挥维权作用。

中国快递协会成立是我国快递服务发展进程中的一件大事，标志着我国快递服务进入一个新的发展阶段，标志着我国快递管理体制和市场机制的进一步完善，对行业的健康发展具有十分重大的意义。中国快递协会成立后，也大大加强了政府与企业、企业之间、企业与用户的沟通和交流，进一步完善了快递管理体制和市场机制，促进了快递服务的持续快速发展,使快递服务更好地适应经济社会发展需要。①

五、如何发展中国快递协会

中国快递协会成在立后,为解放思想、更新观念、创新理念,建设一个充满活力的社团组织,主要开展了以下几个方面的工作。

(1)找准定位,正确履行协会职能。中国快递协会是由全国范围内具有一定资质条件的提供快递服务的企业及与快递服务有关的个人和其他组织自愿参加的具有社团法人资格的非营利性全国性社团组织。协会成立后,将围绕促进行业发展,着力发挥桥梁纽带和参谋助手两大作用以及服务、协调、自律三大职能。

(2)积极开展各项服务,以服务促发展;组织会员企业积极应对国际金融危机挑战、促进快递服务实现平稳较快发展。帮助企业开拓国内、国际市场;促进会员企业转型升级,促进行业集约发展;大力推动业务创新,引导企业顺应经济社会发展要求,根据市场变化大力发展供应链服务、电子商务配送、一体化物流和分销配送业务。

(3)加强行业自律,建立自律机制,大力营造公平竞争的市场环境。健全各项自律性管理制度,制定并实施行业职业道德准则,大力推动行业诚信建设,建立完善行业自律性管理约束机制,规范会员行为,维护公平竞争的市场环境;建立内部监督体系,制定风险警示和举报制度;着重推进抑制恶性竞争、打击扣件压件行为、落实理赔制度、贯彻落实《快递服务》标准等重点工作的开展。

(4)发挥协调作用,促进和谐发展。协调会员企业与政府间、会员企业间、会员企业与消费者间、会员企业与社会间的关系,有效化解有关争议和矛盾,创造和谐环境,建立和谐行业,实现和谐发展。

(5)发挥维权作用,维护行业利益和企业合法权益。在维权方面,协会具有不可替代的作用。协会要切实代表行业利益,加强对行业发展共同问题的研究和解决,积极向政府和相关部门反映行业和会员诉求,切实发挥好维权作用。

(6)强化组织建设,夯实工作基础。要始终坚持正确的政治方向,深入贯彻落实科学发展观,自觉接受行业管理部门的指导和监督,在国家政策和法律框架内,依照协会《章程》,按照民主办会、民主管理、行为规范、自律发展的原则创造性地开展工作。健全协会组织法人治理结构。加强各项基础建设,强化基础管理,搞好队伍建设,发挥全国各级快递协会组织的合力。

(7)开展业内国际合作和交流。与其他国家和地区同行业组织建立并发展友好合作关系,组织参加国际交流活动,维护国家利益,促进快递业发展。

(8)提供管理咨询和服务。围绕会员单位所关注的热点、难点、焦点问题,开展调研和咨询服务,推进企业发展,提高企业经营管理水平。

---

① 交通运输部副部长高宏峰在快递协会成立大会上的讲话。

中国快递协会经过八年的努力和发展,紧紧围绕政府及上级主管部门的要求,遵守协会章程,认真抓好协会的各项工作,全面落实年度目标和任务,使中国快递协会逐步成长壮大,为中国快递业的发展殚精竭虑,成就了中国快递业在国内经济发展中的重要地位,极大增强了中国快递业在国际上的影响力。

中国快递协会第一届理事会理事名单
(按姓氏笔画排列)

姓名	工作单位
王卫	顺丰速运(集团)有限公司
王俭	陕西省邮政速递物流公司
王梅	国家邮政局人事司
王久军	四川省邮政速递物流公司
王观锟	上海市邮政公司
王宝华	北京市快递行业协会
王建军	中铁快运股份有限公司
王炎明	北京众和圆通快递有限公司(华北管理区)
王振刚	民航快递责任有限公司
方志鹏	福建省邮政速递物流公司
方里元	上海希伊艾斯快递有限公司
白晓刚	北京顺丰速运有限公司
刘学德	中国国际货运代理协会
吕佳	联邦快递(中国)有限公司(FEDEX)
孙其明	湖北省邮政速递物流公司
安定	国家邮政局市场监管司
达瓦	国家邮政局政策法规司
张亮	中外运速递有限公司
张力杨	河南省邮政速递物流公司
李凯乐	广东省邮政速递物流公司
李树春	北京市飞翔鸟快递有限责任公司
杜福	北京市邮政速递物流公司
杜永模	山东省邮政速递物流公司
杨全	浙江省邮政速递物流公司
杨海荣	北京邮电大学
沙迪	国家邮政局快递协会工作指导委员会
邵钟林	国家邮政局快递协会工作指导委员会

续表

姓名	工作单位
陈显宝	北京宅急送快运股份有限公司
陈洪涛	江苏省邮政速递物流公司
陈家超	上海全一快递有限公司
陈德军	盛彤实业有限公司(申通)
陈麟骅	上海市快递行业协会
周海强	浙江顺丰速运有限公司
林淑芬	广东省快递行业协会
俞卫江	交通运输部公路司运输处
洪善祥	洪善祥
相峰	UPS中国区(优比速包裹运送〈广东〉有限公司)
赵琪	荷兰天地(中国)投资有限公司北京分公司
徐青	中国民用航空局运输司
徐增洲	上海增洲实业有限公司(汇通)
桑全	广州顺丰速运有限公司
聂腾云	上海韵达货运有限公司
袁国利	中国速递服务公司
麻洪根	北京多元申通快递服务有限公司
喻渭蛟	上海圆通速递有限公司
董昱	中外运敦豪国际航空快件有限公司
董兰园	辽宁省快递行业协会
詹际盛	上海天天快快递有限公司
赖梅松	浙江中通速递服务有限公司
潘韦	顺丰速运集团(上海)速运有限公司
潘尚总	浙江省快递行业协会

第二节　中国快递协会历年工作综述

一、2009至2011年：服务政府、服务企业、服务客户

中国快递协会成立三年来,在协助政府部门、服务快递企业、促进行业发展等方面发挥了重要作用。

（一）《快递服务》标准的制定与落实

在国家邮政局的委托下,中国快递协会承接了推动《快递服务》标准的达标工作,《快件信息跟踪查询规范》、《快递企业等级评定实施细则》等相关规定的调研制定,并组织了各类研讨活动;组织企业开展《快递服务》标准达标工作,此外,中国快递协会级各省(区、市)快递协会都成立了达标工作领导机构,制定了切实可行的达标工作方案。

上海市快递协会制定达标检查细则和计划,量化达标活动的各项指标。截至2011年年底,先后有33家快递企业通过达标检查验收。

江苏省快递协会以开展企业达标工作为契机,帮助企业查找不足,促使企业对照标准建立健全相关制度,促进企业规范作业流程,完善基础制度,推进快递行业标准化建设。截至2011年1月,共有98家快递企业通过达标验收。

吉林省快递行业协会联合吉林省邮政管理局举办了两期快递企业负责人及企业管理人员参加的培训班,并先后组织开展了三批《快递服务》标准达标评定验收工作。吉林省16家网络型品牌快递企业中,有15家网络型快递企业通过评定验收进入达标企业,占应达标企业的94%。协会向达标企业颁发了"《快递服务》标准达标企业"牌匾和"达标企业证书",并在省、市报纸公布。

江西省快递行业协会经过宣传发动、自愿申报、自查整改、申报评定四个阶段,按照国家邮政局要求的抽查比例,分别对40个机构网点进行了检查验收,评出省内全网达标企业8个,省内单点达标企业10个,共94个快递服务组织达标。

新疆快递协会在开展《快递服务》标准达标工作中,成立了达标工作领导小组和达标评审工作领导小组,制定了工作原则和工作标准,从资料准备、企业形象、标准掌握、资产整改等环节给予企业辅导。据统计,新疆全区共有31家快递企业获得"《快递服务》标准达标企业"称号。

安徽省快递协会制定了《安徽省〈快递服务〉标准达标工作实施方案》和评定工作细则,各快递企业也建立了以企业负责人为主的达标工作班子。经过各级快递协会的努力,全国18家网络型快递企业共抽查网点数1725个,达标率为73.86%。

陕西省快递协会又继续在《快递服务》标准达标企业中开展了快递服务质量信誉等级评定工作。已达标企业积极以质量信誉等级评定活动为契机,对照等级标准,抓检查、抓整改,把改善硬件条件和提升软件基础结合起来,参评的24家企业除去不具备条件的3家外,21家企业中,获得AAA级的有16家,获得AA级的有5家。

（二）解决问题,全心全意服务

2010年年初,广东DDS快递公司因代收货款导致企业倒闭,在社会上造成了一定的负面影响。中国快递协会根据国家邮政局的要求,于3月4日召开了代收货款业务安全问题研讨会。代收货款是快递服务中一项增值业务,应按照国家加快发展,支持企业加强管理,规范有序地发展,确保资产安全的总体要求,经营代收货款业务。会议建议,相关部门应尽快论证出台《快递服务质量保证金制度》,进一步规范快递市场,确保快递业务健康有序地发展。

2010年10月21日,中国快递协会邀请中国消费者协会、各地消费者协会、各省快递协会以及快递公司的代表、相关专家、学者、律师参加了"快递服务热点问题研讨会"。会上,代表们就如何依法理顺快递业务在电子商务活动中的法律关系,如何加强快递企业自律,如何改进快递服务水平、促进快递业务健康发展,更好地服务经济社会,更好地保护消费者的利益问题进行了充分研讨。

2011年11月22日,中国快递协会与《快递》杂志、国家邮政局发展研究中心共同举办的首届"中国快递论坛"在北京召开。中国快递协会组织会员企业、协会等方面的代表以"改革创新、转型升级"为主题,对如何促进我国快递业大发展、上水平、更好地服务民生进行了深入的交流探讨。河南省快递协会先后举办了两届高层理论研讨活动,共征集43篇论文,评选出32篇优秀论文,其中有5篇优秀论文被"中国快递论坛"编入优秀论文征集中。吉林省快递行业协会于2008年9月组织召开了"吉林省快递市场发展理论研讨会",研讨会共征集论文20篇,通过大会发表共评出优秀论文9篇。

2011年中国快递协会还先后承担了《快递服务和电子商务信息交换标准化指南》、《快件信息跟踪查询规范》、《快递企业等级评定实施细则》、《快递行业严重违规人员信息查询系统》等文件的研究工作。

(三)争取政府支持,优化发展环境

2010年,中国快递协会大力宣传贯彻落实修订后的《邮政法》。解决快递车辆进城难、停靠难的问题。快递运输车辆进城难、停靠难是长期以来困扰企业的一个难点问题,它直接影响了快递服务的时限和服务质量,以广东省率先突破这一瓶颈为起点,各省快递协会积极配合、协助当地的邮政管理局,与公安、交通、城管等部门协商、沟通。到2011年年底,已有广东、天津、浙江、贵州等20多个省(区、市)制定了快递车辆进城通行政策,先后解决了这个问题。其中,天津市快递协会会同市邮政管理局与地方相关部门沟通,争取理解与支持,最终以天津市邮政管理局名义核发《快递专用证》。广东省快递行业协会、陕西省快递协会经过努力,促成了行业主管部门与地方政府多个部门联合发布了《关于保障快递企业运输车辆便捷通行的通知》,通过为快递车辆发放通行证的方式,解决了车辆进城难、停车难的问题,仅广东省就为全省快递企业核发了5000多个快递车辆通行证。2011年5月,深圳市禁止电动车在市区上路,影响了快递服务"最后一公里"快件派送,广东省快递行业协会及时向省行业主管部门反映情况,并接受中央电视台的专访,中央电视台"财经频道"做了专题报道,引起深圳市政府的重视,将快递服务列入特殊行业,并做出"电动车只限不禁,快递电动车贴专用标志通行"的决定,使深圳市每天超过50万的快件收派免受影响。吉林省快递行业协会也根据企业诉求,与当地政府部门共同努力,解决了长春市快递企业运营车辆通行难、停车难的问题。中国快递协会还多次与国家发改委、国土资源部等部门进行沟通,及时反映会员企业的诉求。通过国家邮政局和快递协会的不懈努力,快递被列入国家鼓励发展的产业目录,这为快递业又好又快发展营造了更加宽松

的发展环境。

2011年,中国快递协会积极参与《邮政业发展"十二五"规划》编制,并组织开展了"十二五"规划的培训工作。2011年3月5日,国家邮政局副局长王渝次参加了中国快递协会在广州召开的一届二次会员大会,专题讲授了《邮政业发展"十二五"规划(草案)》。会后,中国快递协会切实开展了为会员企业做好决策参考、管理咨询、行业自律工作。河南省快递协会积极参与《河南省快递业"十二五"发展规划》初稿和定稿,并协调省发改委"十二五"现代物流业发展规划编制部门听取快递行业对编制"十二五"现代物流业发展规划的意见,推动快递业"十二五"发展规划与河南省邮政业发展规划、现代物流综合交通体系规划的衔接。积极推进河南全国快递集散交换中心建设,促进建设项目列入河南省政府2012第一批重点建设项目。

(四)加强企业调研,助力政府决策

2010年6月10—23日,中国快递协会与交通运输部部长政策咨询组部分成员一起,先后赴北京、上海、广东等地区,深入邮政速递物流企业和民营快递企业,分别召开了六个不同层面的座谈会,详细了解快递企业与民航业衔接配合方面亟待解决的政策、法规、标准、规划等问题。在调研活动中,为邮政企业和快递解决了航空运输中遇到的一些困难和问题,并认真整理调研资料,形成相关的政策建议。

2011年,为了引导企业转型升级,加强诚信建设,全面推动企业发展,国家邮政局遵照"按规模分等,按服务分级"的原则,于9月上旬颁布了《快递企业等级评定管理办法》,并根据《办法》制定和颁布了《快递企业等级评定实施细则》。

各省(区、市)快递协会也立足当地实际,积极参与政府管理部门组织的有关政策调研,参与制定和修订行业发展规划和行业标准,反映企业诉求,为政府决策提供咨询服务。

上海市快递协会参加了多部门开展的"如何解决制约上海快递行业发展的瓶颈问题"联合调研,积极反映快递企业发展中的问题和诉求,呼吁完善法律法规,出台相应政策,促进快递企业的发展。在2001年8—11月,先后5次参加市立法研究所组织的对《上海市实施中华人民共和国邮政法办法(草案)》的讨论,并根据上海快递行业的实际情况提出了修改意见和建议。2011年,江苏省快递协会参与了《长江三角洲地区快递服务发展规划》和《江苏省快递服务业发展规划(2010—2012)》的制定,为出台这些政府规划反映了企业的意见。广东省快递协会作为全国首家成立的省级协会,接受了国家邮政局委托的"快递行业协会管理制度研究"项目,最终形成了包括23个制度文件的《快递行业协会管理制度》(试行本)全国范本。

(五)服务会员企业,帮助企业排忧

2010年年初,中国快递协会针对快递服务中存在的问题,副会长达瓦专程赴杭州与阿里巴巴进行沟通交流,就快递与网购互相合作、互相支持、信息共享等问题达成了共识。2010年,圆通、汇通公司在杭州、上海的分拨中心遇到建设用地方面的困难时,中国快递

协会及时与国土资源部沟通,通过土地主管部门出面处理,帮助企业解决了实际困难。2010 年 3 月,中国快递协会接到快递企业反映,有个别媒体以曝光消费者投诉材料为由,要企业出钱做广告。中国快递协会立即派人与媒体相关负责人进行了沟通,较好地解决了问题,保护了会员企业的合法权益。2010 年 8 月,上海中通快递公司出现了网点公司与总部发生矛盾冲突的情况,事态的发展很可能影响中通快递网络的稳定。中国快递协会多次在北京、上海召集中通公司相关人员进行协调,确保了中通公司的正常运营,也维护了消费者的利益。

各省级协会也通过召开宣贯会、举办培训班、组织调研等方式,深入了解企业需求,服务快递企业。2011 年,为解决快递服务"进校难"的问题,天津市快递协会同天津市教育委员会、天津市邮政管理局召开了由各大专院校主管部门负责人参加的对接会议,提出解决问题的意见和建议,得到院校方的理解与支持,由院校提供专用场地,供快递企业提供服务,使得"进校难"问题得以解决。广东省快递行业协会一方面多次协助行业主管部门召开宣讲会、辅导讲座、研讨会等,另一方面收入省内 7 个城市 26 家品牌网络企业总部和 130 多个站点,协助 120 多家企业办理了快递业务经营许可证。江苏省快递协会举办多期快递企业管理人员培训班,培训业务骨干近千人。培训内容涵盖修订后的《邮政法》解读、电子商务、快递发展趋势等。

为帮助企业加强人才队伍建设,做好快递业务员国家职业技能培训考核工作,中国快递协会及各省(区、市)协会积极配合快递业务员职业技能鉴定考试工作,2010 年 1 月至 2011 年 12 月间,上海市快递协会受上海市邮政管理局委托,协助组织了 174 场职业技能鉴定考试,上海地区 20940 名快递业务员报名参加,16336 人取得鉴定合格证书,考试合格率达 78%。广西快递协会受广西壮族自治区邮政管理局委托,先后举办了 6 期快递业务知识技能学习培训班,进行授课辅导,全区共有 74 家快递企业参加了培训,6 期培训总人数 350 多人。2009 年,河南省快递协会联合河南省邮政行业职业技能鉴定指导中心举办了河南省第 1 期快递业务员培训班,全省重点网络快递企业共 269 名业务员参加了此次培训。截至 2011 年,河南省快递协会配合省职业技能鉴定指导中心已完成初级、中级业务员培训班 21 期,培训 4500 人次。

(六) 采取多种措施, 保证旺季服务

2011 年,中国快递协会起草了《关于做好快递业务旺季服务保障工作的承诺书》,先后两次征求骨干企业的意见和建议。到 7 月底,申通、圆通、汇通、中通、韵达、希伊艾斯、海航天天等 7 家企业先后在《承诺书》上签字、盖章。为了确保《承诺书》上的措施落到实处,中国快递协会在中秋节、国庆节以及"双 11"等节假日建立值班制度,与骨干企业建立联系和沟通机制,及时指导企业处理快件积压、突发事件和消费者申诉问题。2011 年"双 11"前夕,中国快递协会与国家邮政局市场监管司在上海召开了由淘宝和骨干快递企业参加的会议,为保障"双 11"网购促销活动期间快递网络的平稳运行,要求企业把《承诺书》上的措施落到实处,保障了网络运营的平稳和畅通。2011 年的快递业务旺季期间,快递

企业广大干部员工做到旺季坚守在岗位。节假日不放假,确保为广大人民群众提供迅速、准确、安全、方便的良好服务。

2011年年底,吉林省快递协会为增进媒体与企业、企业与消费者之间的沟通,争取媒体对快递企业的理解和支持,与吉林省邮政管理局联合召开了"吉林省快递业务旺季服务保障工作落实情况交流会",邮政速递物流、吉林省顺丰、长春申通、吉林省圆通等8家网络型快递企业负责人和《吉林日报》、《新文化报》、《长春晚报》等六家当地主要新闻媒体的代表参加了会议。

(七)加强自身建设,职能逐步完善

经过近三年的发展,中国快递协会组织建设得到进一步完善,吸纳协会新成员,不断发展和壮大队伍,组建了常务理事会,会员总数达181个。为了维护用户权益,维护会员企业合法利益,积极引导行业健康发展,2010年4月中国快递协会第一届二次理事会决定成立快递与电子商务专业委员会。同月,又成立了信息化专业委员会。中国快递协会为加强与外资企业的交流,协调,建立了常态化的工作机制,成立了外资工作委员会。针对外资会员企业反映的车辆进城通行问题、标识问题、办理行政许可遇到的困难和快递服务标准制定等方面的问题,及时与政府主管部门沟通。2011年,中国快递协会加强了党的组织建设,党支部围绕国家邮政局党组中心任务展开了一系列具体工作。2011年12月份,成立了快递法律事务专业委员。同时,强化了基础工作和管理,各项工作逐步进入了程序化、规范化和制度化的新阶段,进一步发挥了协会与企业、协会与政府的桥梁和纽带作用,起到了加强行业自律,维护公平竞争,推动快递业健康发展的作用。

各省(区、市)快递协会也通过完善内部运作机制,建立健全组织、会议、联络和工作等各项规章制度,加强行业自律。2008年1月,江苏省快递协会第一届理事会二次会议讨论通过《江苏省快递协会会员自律公约》,后又制定了《江苏省快递协会会员开除违法员工信息管理约定》,协助处置违纪开除人员录用问题,推进行业自律。2011年3月,广东省快递行业协会与广东省行业主管部门、广东省银联共同搭建了代收货款第三方结算平台。同时起草了《广东省快递行业代收款服务公约》,组织了全省48家快递企业签订了服务公约,加强了协会对企业自律行为的监督。

(八)授牌"快递之乡"凝聚民营企业

2010年,中国快递协会应浙江省桐庐县政府要求,委托北京社会系统工作研究院,形成了《中国民营快递之乡》论证报告,并召开了"中国民营快递之乡"论证会,完成了论证工作。经请示国家邮政局党组后,全体理事投票表决通过,并于10月21日召开的中国快递协会年会上为桐庐县人民政府颁发了"中国民营快递之乡"的牌匾,极大鼓舞了桐庐籍六家大型快递企业的发展热情,为民族快递服务业又好又快发展起到了积极的推动作用。

(九)加强宣传工作,服务行业发展

中国快递协会编发的中国快递信息,受到会员单位的欢迎,已刊出信息26期,发表在

《中国交通报》、《快递》杂志、《现代物流》、《经济日报》、《物流时代》、中央人民广播电台、中央电视台等主流媒体的文章24篇。中国快递协会网站建设工作进展顺利，关于2010年6月正式开通。

各省（区、市）快递协会也积极办好本地会刊，为会员企业服务。上海市快递协会除利用会刊《上海快递》定期向上级主管部门和会员单位报道协会工作、宣传快递行业法律法规、传递行业动态、反映会员情况、介绍行业前沿信息外，还经过市邮政管理局牵线，在上海《解放日报》开辟每月一期的"两新星空快递专版"，报道快递企业服务和发展情况，提升快递企业的社会关注度和快递品牌的知名度。江苏省快递协会以会刊《江都快递》和江苏快递网为平台，集中就政策信息、管理动态、安全监管、信息广场、企业活动、经济观察、行业说法、服务热点等快递行业的信息进行及时的反映和报道。安徽省快递协会会刊《安徽快递》，构建了会员单位联络员网络体系，增强了协会的凝聚力。吉林省快递协会会刊《吉林快递》，以"服务社会、服务企业、服务政府"为宗旨，截至2011年年底，共发行26期。江西省快递行业协会于2009年组建了《江西快递》会刊报道组，每年举办一期全省快递宣传报道通讯员培训班，先后开展三期培训通讯员72人。陕西省快递协会创办的《陕西快递》季刊，四年来共发刊18期，对联系内外、沟通信息起到了较好的作用。新疆快递协会创办了会刊《天山快递》，组建新疆快递行业信息员队伍，切实发挥了内刊的信息交流作用，为会员单位之间、会员单位与政府之间的信息交流提供了平台。

二、2012年：围绕中心工作，强化行业自律

2012年，中国快递协会以提升快递企业服务质量为主线，充分发挥自身的桥梁纽带作用，积极服务会员企业，反映企业诉求，强化行业自律，推动行业健康发展。

（一）围绕中心工作，当好桥梁纽带

2012年，中国快递协会组织快递企业参加首届中国（北京）国际服务贸易交易会（简称京交会），成功举办"2012中国快递论坛"。组织了"2012中国快递论坛"、展区展示及洽谈、签约仪式和八场专题推介会等活动。

中国快递协会、国家邮政局新闻宣传中心和发展研究中心共同主办"2012中国快递论坛"。本届论坛以"提升质量服务民生"为主题，从服务创新、能力提升、科技进步、规范管理、与电子商务和制造业协同发展、依托综合交通运输体系加快发展、促进快递国际化发展等诸多方面，深入系统地诠释了新时期如何更好地以提升服务质量为核心，促进企业改革创新、转型升级。

京交会期间，快递服务展区共接待参观、预约洽谈和咨询的国内外客商达3000余人次，参展企业与国内外客商达成多项合作意向，极大地推动了企业的发展；签约仪式共组织了四个签约活动总成交额近达50亿人民币。为了达成电子商务企业（天猫）与快递企业签订战略协议，协会领导多次赴杭州与淘宝及天猫协商，淘宝副总裁、天猫总裁也数次

来协会参与合约的制定工作;中国快递服务贸易专题推介会共设快递物流园区、快件处理自动化、快递专用车辆、手持终端设备、快递信息平台建设、快递服务国际化、快递服务与电子商务、快递服务与金融服务等八个专题研讨会暨推介会;为了保证京交会及论坛的顺利进行,中国快递协会还做了大量的服务保障运行工作,准备了多辆大中型车辆往返于会场与住宿酒店之间,方便参会代表出行,专门制定了安全保障方案,制订了详细的工作流程。

快递企业等级评定工作是2012年的一项重要工作,中国快递协会在2011年工作的基础上,继续稳步推进了此项工作。一是协会开发《快递服务等级评定网上申报系统》,听取了市场监管司、发展研究中心的意见与建议,经过多次修改与模拟运行,2012年,该系统在中国快递协会网站正式开通,实现了快递企业等级评定工作的线上管理;二是在2012年7月31日在中国快递协会理事扩大会议上,要求各地尽快设立快递企业等级评定指导委员会和快递企业等级评定机构,广东、上海作为试点省份,应尽快结合本地实际,制定本地快递企业等级评定办法和标准,报全国快递企业等级评定委员会审核批准后实施;三是在2012年8月15日召开了各省(区、市)快递行业协会负责人会议,广东、上海快递行业协会分别介绍开展快递企业等级评定试点工作的情况;四是协会邀请部分省(区、市)协会负责人和专家,于2012年9月14日在新疆召开会议,重点就《实施细则》有关内容提出了补充意见,分析了快递企业的服务能力、服务水平、企业内部管理情况的现状等;2012年10月11日中国快递协会与市场监管司进行了沟通,确定了年内推进快递企业等级评定管理的具体工作,并以国家邮政局国邮发〔2012〕198号文件和中国快递协会中快协会〔2012〕15号文件形式印发。

2012年8月,中国快递协会联合国家邮政局政策法规司,赴上海、江苏、浙江等地,举办《快递服务》国家标准宣贯培训班;在各省(区、市)管局与协会大力支持帮助下,企业积极报名参与,三地共有200余家企业、600余人参加培训,覆盖了国有、民营、外资等各类市场主体,取得了良好的效果。

中国快递协会以落实京交会快递企业与电子商务企业签订的协议为契机,两次召开会议,进一步完善快递企业与电子商务企业协调对接及信息沟通机制,增强企业应对旺季网上购物业务的服务能力和管理水平。淘宝的"双11"活动将快递业务量推向2012年旺季生产的峰值,为平稳度过业务高峰期,缓解旺季生产压力,中国快递协会及快递与网购专业委员会于8月21日、9月21日和11月1日,分别召集电子商务企业与快递企业负责人及专业技术人员,就"双11"快递保障措施的落实情况、网购促销规则、商家物流操作流程细节、快递揽收分拣运输投递各环节能力保障等进行了深入沟通,并预判分析可能产生的问题,共同商讨应对措施。在政府主管部门、中国快递协会和企业的共同努力下,"双11"期间,快递业平稳度过了日处理3000万件的高峰期。

根据国内各快递服务组织提供的跟踪查询的服务水平参差不齐、信息服务不规范的情况,协会成立《快件信息跟踪查询规范》项目组,并负责起草工作,项目组深入企业调研,详细了解快递企业的信息化现状、快件处理业务流程及快件信息跟踪查询服务现状,确定了快件信息跟踪查询的内容、快件信息跟踪查询的时限。

（二）服务会员企业，维护行业利益

中国快递协会充分发挥协会职能作用，深入了解会员企业需求，认真倾听企业呼声，切实为会员企业做好服务工作，帮助企业解决一系列实际困难。

(1)快递服务领域刑法适用专题座谈会。针对快递企业多次反映的快递企业从业人员监守自盗案件多发的情况，中国快递协会与国家邮政局政策法规司联合组织召开快递领域刑法适用座谈会，专题研究民营快递企业内针对快件的犯罪行为的刑法适用问题。全国人大法工委、最高人民法院、最高人民检察院、公安部、国务院法制办以及中国政法大学等高等院校的法律专家应邀参加会议。快递企业相关负责人也提出了相关刑事法律规定的适用和修改建议。

(2)配合市场监管司处理星晨急便事件。星晨急便倒闭事件发生后，协会领导极为重视，立即要求会员部向各省(区、市)快递行业协会下发通知，要求各省及时了解当地星晨急便分支机构或加盟商的动态，帮助其解决相关问题或困难，配合当地管局做好安抚工作，避免事态扩大化。通知下发后，有六个省级快递行业协会反映了当地星晨急便的有关情况，协会及时收集整理并向市场监管司进行了通报。

(3)积极帮助外资企业解决困难。外资企业通过外资专业委员会，反映其在经营活动中遇到的困难或问题，如申请国内业务许可、车辆进城难、快件清关等，希望通过协会帮助其呼吁或解决。中国快递协会均认真对待，将外资企业反映的情况及时上报，并联合相关部门，积极为外资企业解决困难。

(4)帮助企业解决多级分支机构工商登记注册问题。部分企业在工商登记注册过程中，遇到了多级分支机构难以注册的问题，协会为此专门成立了《快递企业多级分支机构工商登记注册》项目组，组织项目调研，并提出解决方案。在多方共同努力下，2012年6月14日，国家邮政局、工商总局下发关于规范经营快递业务的企业许可审批和登记管理有关事项的通知(国邮发〔2012〕100号)，解决了快递企业多级分支机构的工商登记注册问题。

(5)继续推动车辆城市通行问题。根据国务院落实《物流业调整和振兴计划》的安排，经过与发改委、交通运输部相关部门的充分沟通，交通运输部在2012年年初开展了《城市物流车辆技术要求》的研究工作，出台国家标准，解决快递车辆的城市通行问题。

(6)积极参与政策咨询工作，反映企业诉求。协会参与了《邮政业发展"十二五"规划》、《快递服务"十二五"规划》、《中国民用航空发展第十二个五年规划》等的修改建议工作，根据快递业发展的实际情况，提出了合理化建议并被相关部门采纳。

(7)推进行业诚信体系建设。协会与国家局机关党委、新闻宣传中心共同组织在全行业开展"诚实守信为本，争做道德模范"征文活动，推进诚信体系建设，提升全行业凝聚力，提高文明服务水平。

（三）加强交流合作，扩大协会影响

应香港快递协会邀请，中国快递协会由邵钟林副秘书长带队前往香港进行工作考察。协会拜访了中联办，与香港快递协会举行了座谈，并签订了两会合作意向书。应欧洲快递协会和欧盟邀请，中国快递协会由沙迪副秘书长带队，组织 EMS、中外运、顺丰、申通等快递企业负责人一行 8 人前往德国、比利时等国进行考察。在欧洲考察期间，中国快递协会与欧洲快递协会举行了座谈，两会就双方主要工作进行了交流。达瓦秘书长赴港，应邀参加了第十六届北京—香港经济合作研讨洽谈会。

（四）加强自身建设，严格制度执行

中国快递协会不断加强秘书处团队建设，严格执行秘书处管理制度。大力推进组织建设和党建工作，努力发挥协会作用，积极开展各项工作。组织学习廉政风险防控文件，传达防控廉政会议精神。按照国家邮政局《关于开展廉政风险防控工作的实施方案》，协会内部开展了梳理岗位职责等工作，分析排查可能存在的风险点，制定有效的防控措施。

三、2013 年：围绕中心、服务大局、强化行业自律

中国快递协会围绕中心，服务大局，充分发挥协会职能作用，积极开展了以下几个方面工作。

（一）围绕中心重点，积极开展工作

中国快递协会受国家邮政局的委托，承办第二届京交会快递服务板块的筹备组织工作。通过协会的统一组织，20 多家快递企业及关联企业积极参展参会，各项活动取得了圆满成功。为了贯彻落实中央八项规定精神，中国快递协会经过认真研究，出台了第二届京交会快递服务展区招商方案，在展位面积扩大了一倍、赞助回报项目增加了 30％的情况下，赞助费用却相对 2011 年大幅削减了 25％，参展企业报名踊跃。最终，810 平方米的主展区有包括国有、民营、外资在内的 16 家快递企业参展，640 平方米的北扩区，有 5 家关联企业参展。

中国快递行业（国际）发展大会受到了组委会的高度重视，被列为京交会八个专业大会之一，会议规模居整个京交会之首。大会以"现代快递与持续发展"为主题，重点探讨国内外快递行业发展趋势与前景、快递行业与电子商务的协同发展、促进行业竞争力提升等议题。大会邀请了政府相关部门、部分驻华使馆、快递企业、国内主流电商企业、投资机构、研究机构、快递产业链上下游企业以及上百家新闻媒体单位，参会人数超千人。大会还对资本市场与快递业的协力发展进行了分析与研讨。

参与中国快递服务 OTO 商务洽谈会的企业达 239 家，参会人数 450 人次，共计 180 余对企业代表进行了意向性商务洽谈，初步合作意向达 20 多项，达成签约 6 项，预计双方合作金额有望突破 5 亿元人民币。

　　与 2012 年相比,2013 年中国快递服务展区面积扩大了一倍,参展快递企业在数量和规模上均有所上升,展示内容更加丰富、多样,表现形式也更具趣味性、互动性,极大地提升了展区人气,展示了快递业发展的最新面貌。展会上,参展企业宣传了企业形象,推广了各自的快递服务产品,收集了广泛的国内外意向客户资料,并达成了多项合作意向。京交会期间,商务部、国家邮政局、北京市委市政府及部分省区市领导均参观了中国快递服务展区。

　　中国快递服务战略合作签约涉及邮政、快递、物流、电商等多个领域的广泛合作。2012 年首届京交会上,9 家快递企业和天猫实现标的为 50 亿元的战略合作;2013 年,原有的"9+1"模式进一步扩容,增加了中国邮政,扩容为"10+1",合作范围进一步扩大,合作内容进一步加深,签约标的额达 200 亿元人民币。商务部、国家邮政局、北京市政府相关领导出席并见证了签约仪式。

　　京交会期间,中国快递协会还组织各快递企业参加了联合国贸发大会和多个国别日主题活动近二十场。企业借此机会开阔了视野,借鉴学习了国际先进经验,挖掘和对接了更优质的合作资源,广交宾朋,为企业拓展国际市场奠定了基础。中国快递协会还抓住京交会期间媒体关注度高的特点,全方位多角度宣传快递业发展成就,取得了良好的效果。京交会开幕前,先后组织了包括新华社、香港大公报在内的二十多家媒体对中国快递协会及参展企业进行了集体采访。第二届京交会期间,快递服务板块吸引了众多国内外媒体进行采访报道,参与采访报道的媒体达上百家。其中,中央电视台、北京电视台、北京人民广播电台等对快递服务板块进行了专题直播报道。本次宣传报道,协会还充分利用了各类新媒体的传播效用,如对中国快递行业(国际)发展大会通过腾讯网、新浪网进行了网络直播和微博直播等。

　　根据中国快递协会《关于推进快递企业等级评定工作的通知》(中快协〔2012〕15 号)确定的工作,年初,中国快递协会领导分别走访主要快递企业,进一步宣贯快递企业分等分级管理工作对行业发展、企业发展的意义。推进企业进行分等分级建设工作,制订《创星级企业建设方案》并开展创建工作。企业纷纷对照《办法》查找不足,并向协会报送了《创星级企业建设方案》。根据国家邮政局的要求,按照"政府引导、企业自愿、客观公正、科学合理"的原则,广东、上海、河北三省(市)首先开展企业等级评定试点工作。2012 年,三个试点省(市)相继起草完成了各自的《等级评定实施细则》,中国快递协会在广东、河北两地分别召开等级评定动员布置大会,动员企业积极参与等级评定工作。

　　中国快递协会第二届会员大会于 2013 年 9 月 26 日召开,并顺利完成了换届选举工作,产生了新一届理事会及领导班子。换届选举作为大会最主要的一项工作取得了圆满成果,交通运输部副部长高宏峰当选中国快递协会新一届会长。大会严格按照程序,经一届四次理事会表决通过了第二届中国快递协会会员 269 名;在第二届一次会员大会上,经全体参会会员表决,选举产生了中国快递协会第二届理事会共 94 名理事;在二届一次理事会上选举产生了中国快递协会常务副会长 1 名、副会长 17 名、秘书长 1 名、副秘书长 1名。第二届理事会还通过了秘书处内设机构调整议案。第二届的中国快递协会会员队伍得以进一步壮大,会员涉及快递、电子商务、信息技术、汽车、民航、金融、设备制造、印刷、教育、媒体等多个领域,会员覆盖面更加广泛,会员结构更趋多元化。国家邮政局高度重视此次换届选举工作,专门成立了换届工作领导小组,由国家邮政局副局长刘君任组长,李惠德任副组长,成员由市场监管司、人事司、办公室和协会相关领导组成。换届工作领导小组多次召开会议,对换届筹备的各项工作给予详细的指导与部署,并就工作推进情况,先后两次向国家邮政局党组进行汇报,得到了国家邮政局党组的支持与认可;为副会长单位及理事单位制作了牌匾,为全体会员制作了会员证书;制作了《辉煌成就》纪念册和快递业发展的专题片,宣传记录了快递业近几年来的发展成就。大会还邀请了人民日报、工人日报等十家中央媒体进行宣传报道。整个宣传活动有效引发了社会对新一届快递协会的关注,形成了一定的社会影响力,取得了较好的效果。

根据国家邮政局保障旺季服务的相关要求,中国快递协会早着手、早准备,积极组织召开多次快递企业与天猫的业务协调会。尤其是10月25日,在杭州召开的"双11"业务旺季快递服务动员大会上,协会对旺季服务工作进行了全面部署,认真听取了13家主要快递企业对今年业务旺季工作的准备情况,听取了天猫关于"双11"期间快件流量和流向的预测与分析。中国快递协会为保障"双11"快递服务的质量,还采取了五大措施:一是发布了《关于做好2013年"双11"业务旺季快递服务工作的通知》,指导快递企业按照生产业务量变化情况,认真谋划、周密安排、科学调度;二是成立了旺季服务协调办公室,引导企业加强行业自律,积极帮助企业解决有关困难;三是在业务高峰期间,协会对重点企业、重点区域进行巡视与督导,保障快递服务旺季期间的服务质量与安全生产;四是协会建立了资源互补、协调作业的工作机制,当企业出现快件积压情况时,协会将组织其他快递企业进行疏导,协调快递企业之间相互配合、通力合作,集中力量做好应对工作;五是协会督促快递企业做好集中下单,错峰发货。

(二)解决热点难点,服务会员企业

中国快递协会通过与中国银联合作,利用银联供应链综合服务平台,提升快递企业资金流转速度和风险管理能力。2013年1月,双方签署战略合作协议。5月,在第二届京交会上,10家快递企业与银联平台市场拓展方签署了战略合作框架协议。

召开每季度一次的外资专业委员会工作会议。DHL、UPS等外资企业围绕普遍服务基金、企业年审报告、各地成立地级快递协会等问题进行了讨论。协会高度重视外资企业所提出的意见与建议,针对这些问题积极帮助企业向相关部门反映诉求,努力解决企业所遇到的困难。

(三)积极出谋划策,反映行业诉求

快递协会经过对《国务院关于促进民航业发展的若干意见》重点工作的讨论,在加强机场规划和建设、建立航空快递物流园区、打造机场与快递物流园区规划建设一体化平台,在国际航空和区域性枢纽加快建设快递物流绿色通道,建立商检、安检、海关、边检一

体化的高效的绿色通道功能等方面提出修改意见;认真组织学习和讨论全国物流园区发展规划(征求意见稿)并提出修改意见。

学习全国政协提案第 0661 号的函,经过讨论,在规范快递企业经营、加强行业自律、推进快递行业从业人员培训教育等方面提出改进工作意见。2013 年召开快递企业经营许可,工商登记、车辆通行等专题研讨会,推进各项重点工作不断深入,寻求解决问题的方法。在开展快递企业评等评级工作的基础上,推进快递企业加强自律,落实安全生产责任制度。

对《物流业发展中长期规划(2013—2020)》(征求意见稿)进行了认真学习讨论,结合快递服务业发展的实际情况,针对专业性综合物流服务能力不足,尤其是电商快递配送服务能力远不能满足电子商务快速发展的需求;现有的航空货运资源、铁路运输缺少对现代化快递物流的研究提出建议。在支持建立以城市配送为中心的公共配送体系、优化城市配送网络、解决城市物流配送车辆通行问题方面提出了建议。

(四)推动行业培训,加快人才建设

按照《标准化管理办法》的相关职责,中国快递协会组织宣讲团,赴广东、广西培训《快递服务》国家标准及相关规范,有近 400 人参加了培训。培训与国家邮政局等级评定工作紧密结合,收到了很好的效果,为提高快递企业的服务质量和水平发挥了积极作用。

为加快落实国家邮政局快递"百千万人才工程",中国快递协会与北邮深圳研究院共同建立"快递服务系统工程实验室",面向快递企业在职员工,开展有计划、分层次的职业学历培训。

(五)实现国际互访,搭建跨国桥梁

中国快递协会借第二届京交会的机会,邀请了欧洲快递协会和香港速递业协会来访。访问期间,分别与国家邮政局领导进行了会见,应邀参加京交会开幕式、联合国贸发大会、国别主题日等活动,并在中国快递行业发展大会上做了发言。此次欧洲快递协会来访,实现了与中国快递协会的互访。双方增进了了解,建立了紧密的工作联系,为中国快递企业实施"走出去"战略,搭建了桥梁。中国快递协会与欧洲快递协会还就国际快递人才的培训、中国快递企业海外市场的拓展等多方面达成合作,共同推动中欧快递业务及电子商务业务的发展。两协会的来访加深了双方的了解与互信,进一步推动了双方在多个领域的合作。

(六)召开会员大会,吸纳建议意见

2013 年 3 月,协会召开了一届四次会员大会。大会按照章程,向全体会员做工作报告、财务报告、会员发展情况说明等,提请大会审议表决。参会代表对审议内容进行了充分讨论,对协会今后的工作提出了宝贵的意见与建议。大会还就 2013 年的两项重中之重的工作——等级评定工作和"京交会"快递服务板块的组织工作进行了全面部署。

（七）加强自身建设，健全规章制度

新一届协会领导班子产生一个多月以来，协会秘书处主要对内部结构进行了调整与理顺，着手建立健全多项规章制度，根据协会工作的需要，增设了三个部门，并明确了各部门职责。

四、2014 年：凝聚力量　推动行业健康发展

在中国快递业发展历程中，2014 年是具有里程碑意义的一年。这一年，快递业被首次写入政府工作报告；这一年，国务院总理李克强两次视察快递企业，五次为快递业"点赞"；这一年，快递业务量完成 140 亿件，跃居世界第一。随着我国快递业发展的一路高歌猛进，截至 2014 年年底，业务量连续 46 个月同比平均增幅超过 50%，快递业这匹"黑马"因成为中国经济新的增长点而备受瞩目。这一年，国务院常务会议对快递业有了全新的定位：快递业是服务业的关键产业，是代替传统流通方式、刺激消费升级的现代产业，是物流领域的先导性、领军性产业。

2014 年，全行业保持了持续快速发展的良好态势，快递业务收入完成 2040 亿元，同比增长 42%，业务量完成 140 亿件，同比增长 52%，快递服务满意度稳步提升。随着"三向"工程的实施，全国快递服务网络均衡度持续改善，农村快递市场发展迅猛，全年快递包裹量超过 20 亿件。企业"走出去"的步伐不断加快，服务网络已延伸至东南亚、北美、欧洲、大洋洲等地区。快递与上下游产业的融合力度不断加大，全年支撑国内网购交易额突破 2 万亿元，占社会消费品零售总额比重超过 7%，快递为飞机、汽车、电子等先进制造业提供多样化服务取得显著成效，与综合交通运输体系对接更加顺畅，铁路快件班列开通运行，自主航空运力持续增强，快递专用货机超过 70 架。

2014 年，中国快递协会坚持"服务、协调、自律"的根本宗旨，充分发挥桥梁纽带作用，积极服务会员企业，强化行业自律，反映行业诉求，推动行业健康发展。主要做了如下工作：

（一）积极反映诉求，优化发展环境

中国快递协会完成《快递业中长期发展规划》及《促进快递业发展三年行动计划（2014—2016）》，有效衔接了国务院《物流业发展中长期规划》，鼓励、引导、规范快递业的健康发展；结合快递业发展的实际需求，积极参与了《快递条例》《物流业发展中长期规划（2014—2020）》《邮政业标准体系》《快递服务非机动车技术求》等三十余部规定草案的制定工作，提出意见、建议并被采纳，有效推动了各项政策、规划的制定和落实。在快递条例（草案）制定过程中，中国快递协会多次广泛征求快递企业书面反馈意见，组织召开快递条例立法座谈会，就草案中快递业务经营许可、经营模式、实名寄递、职业技能鉴定、收寄验视、行业安全等内容提出了进一步的修改意见与建议。

中国快递协会就快递业发展过程中遇到的问题与困难，与新华社进行了深入的沟通。

新华社随即展开调研,对行业一些重点难点和热点问题进行深入剖析追踪,形成调研报告。中国快递协会协助记者深入快递企业采访,并提供了大量行业数据及相关背景材料。调研报告以内参形式报国务院,国务院副总理马凯对此做出重要批示:新华社"快递业发展调研"反映的情况、做的分析和所提建议,都值得重视和认真加以研究。快递业作为新兴现代服务业,对于促进经济增长、提升发展质效、增加社会就业、方便生产生活等都具有重要意义,也关系的国家物资和信息安全,必须放在战略高度去看待。目前快递产业发展很快、势头很好,但问题不少、挑战很大,请继续在深入调研的基础上,制定规划,完善政策,健全法制,依靠科技,促进我国快递产业转型升级,又好又快发展。

围绕企业在办理经营许可方面遇到的问题与困难,积极向国家邮政局反映与沟通,推动相关规定的出台,同时对快递经营许可相关规定提出修改意见并被采纳。召开外资工作委员会会议,将外资企业反映的问题及时汇报反映,局领导高度重视,对问题进行了认真研究处理。

（二）加强行业自律，提升服务质量

根据国家邮政局的工作部署,中国快递协会发挥行业自律作用,建立快递服务价格监测体系,对外发布快递服务价格指数。为此,经与市场监管司共同研究,决定首先对快递价格及成本进行测算研究。中国快递协会召开座谈会广泛听取部分省快递协会领导、专家学者和快递企业对此项工作的意见与建议。同时,对参与成本调查的快递企业,就成本数据采集等相关内容进行了培训。该项目于 2014 年 5 月底完成数据采集调查工作,7 月中旬经专家论证评审通过。此次成本调查,对全面掌握行业实际运行情况、引导企业合理定价提供了指导依据。

认真贯彻落实九部门《关于加强邮件、快件寄递安全工作的若干意见》的精神,在全国"两会"、亚信峰会、APEC 会议等重大活动期间,及时向快递企业转发国家邮政局相关文件,督促企业在作业过程中采取安全保障措施,将安全生产监督落实到位,保障快件寄递安全、消费者信息安全和公共安全。"3.15"期间,积极与消协等部门加强沟通,引导企业妥善处理遗留问题,规范操作,改善形象并联合向社会发出诚信宣言。向社会发布《快递行业安全自律公约》,接受人民群众对快递安全生产的监督,同时也加强了快递企业在安全制度建设、机构建设、安全防范等方面的工作。

"双 11"前夕,中国快递协会会长高宏峰带队赴杭州、上海等地调研,对快递企业应对业务量高峰加强协调与指导。中国快递协会提前加强与快递企业、电商平台的沟通与协调,召开座谈会、动员会,掌握企业运行情况,为企业协调解决困难,加强与电商企业协调峰值调控与压力预警机制。与铁路、航空密切合作,增加运能与运力,切实保证了业务高峰期快递网络的平稳运行。"双 11"期间中国快递协会派出四个调研组分赴广东、浙江、湖北、四川、陕西等九省(区、市),在各省邮政管理局的大力支持下,与省快递协会一同实地调研 40 多个网点。经过全行业的共同努力,快递服务保障工作平稳度过,在"双 11"快件业务量再创历史新高的同时,全行业较好地实现了高效安全平稳运行的目标,中国快递

协会所做工作也得到了国家邮政局和社会各界的一致肯定。

推动落实《智能快件箱》行业标准，关注并鼓励推广"最后一公里"投递模式的创新，探索建立快递末端综合性多功能的智慧快递服务体系。联合中国物业管理协会调研校园智能快递服务模式，推动校园、社区、办公楼快递服务与物业管理的融合发展。

加强行业诚信体系建设，一是起草《快递行业失信警示制度（试行）》，经充分听取相关方面意见进行修改完善后，向社会公布。失信警示制度遵循事实清楚、客观公正、及时准确的原则，将快递服务中企业与个人发生的重大违法违规行为，汇总登入《快递行业失信警示名录》，快递企业可通过中国快递协会网站进行查询。二是参与"寻找最美快递员"、青年文明号创建等活动。按照国家邮政局精神文明建设指导委员会的统一部署，中国快递协会积极参与了"寻找最美快递员"活动，并向全行业广大干部职工发出了争做"最美快递时代先锋"的倡议书，共有 10 名基层快递员和 2 个快递员集体荣获"最美快递员"称号。中国快递协会还组织快递企业参与了"争创快递行业青年文明号"工作，扎实推进了行业文化建设和精神文明建设。

（三）搭建合作平台，行业发展空间不断拓宽

中国快递协会与中国航空运输协会、中国民用机场协会、中国铁路总公司、澳门民航学会等加强交流与合作，优化行业资源配置，促进与综合交通运输体系的衔接。中国快递协会与中国航空运输协会、澳门民航学会等分别签署了合作意向书，双方在航空货运、航空代理、快件通关运输、人员交流培训等方面加强合作，并建立日常联系机制。与民用机场协会在航空绿色通道、快件分拨中心进入新机场建设等方面进行深入研究、密切协作。授予杭州空港物流园区"中国快递物流示范基地"称号，推动其与快递业的密切合作。完成《关于充分利用铁路（高铁）、航空资源建设快递运输通道的思考与建议》。

2014 年 5 月，高宏峰与中国铁路总公司副总经理胡亚东进行会谈，随后，中国快递协会召开了快递服务与铁路物流发展研讨会。在多方的共同努力下，自 7 月 1 日起，电商快递班列沪深、京沪、京广、京哈线相继开通运行。快件班列规划覆盖全国超过 70 个城市，日均运输能力达 2000 吨。国家邮政局高度重视此项工作，马军胜与胡亚东就快递与铁路间的深入合作交换意见。国家邮政局副局长刘君、中国快递协会会长高宏峰、常务副会长李惠德多次前往大兴、河北固安等专列始发站进行考察调研。中国快递协会还根据运行情况形成相关建议，与中国铁路总公司进行深入沟通。

国家邮政局在年初提出将快递业务板块由"1＋1"向"1＋3"拓展。中国快递协会努力发挥作用，使快递服务深度融入社会生产的产业链、供应链和服务链。通过中国快递协会与多家汽车制造企业签署战略合作协议，部分快递企业开办了汽车制造业的零配件分销配送服务，为家电企业提供配送服务。中国快递协会组织了银联快递供应链综合服务平台升级推介会，并与中国银联在京交会上共同见证了 10 余家快递企业与银联平台市场拓展方的深化签约，通过银联网络代收货款累计达 670 亿元，推动了快递企业产品与服务的升级，降低了行业风险。

中国快递协会连续三届组织参加京交会,为会员单位搭建了一个交流、洽谈合作的国际化平台,促进了快递业合作领域的不断扩大,2014 年京交会签约额再创新高,达到 500 亿元人民币,是上一届京交会签约额的 2.5 倍。通过参加京交会,全面展示了快递服务新产品、新技术,展现行业实力,提升了行业形象;行业发展大会上专家学者畅谈发展之路,全方位阐释行业发展前沿趋势,推动行业科学健康发展;商务洽谈促进了企业间的商贸交往、务实合作、互利共赢;签约仪式促成了快递企业与电商、金融、制造业、国际快递企业战略合作协议的签署,中国快递协会还与中国电子商务协会等签署了合作协议。

(四)增强服务意识,提升服务会员能力

2014 年 3 月由全国政协委员、中国快递协会会长高宏峰提交了关于解决快递服务车辆通行难的政协提案。经过一年的工作,提案涉及的关于将邮政车辆通行政策扩展到快递车辆问题,公安部会同国家邮政局在《快递条例(草案)》中写进了相关内容;关于研究制定城市快递服务专用车辆技术规范和快递电动车标准问题,工信部、质检总局表示,将抓紧研究尽快出台快递服务车辆标准、修订《邮件运输车技术条件》行业标准;关于落实快递车辆便利通行措施,公安部将指导各地公安交通管理部门不断细化城市配送车辆通行和停放的具体措施。高宏峰带队赴上海、广东、浙江、北京等地调研,听取企业经营状况与发展规划,深入了解企业在经营活动中遇到的问题,同时也努力为企业协调解决实际困难。考察上海青浦快递产业园区、"中国民营快递之乡"浙江桐庐等地,与青浦区政府、桐庐县政府相关领导座谈,密切关系,增进协调与合作。

快递业全面纳入"营改增"试点实行一段时间后,中国快递协会举办了快递企业税务专题培训会。专门邀请了国家税务局税收科学研究所、财政部财政科学研究所、财政部税政司的专家学者,对税制改革背景、过程、实施过程中的问题以及税制改革的方向等进行了全面深入的解读,并现场解答了企业提出的相关问题。

与快递企业法务部门建立日常沟通机制,密切联系,加强交流,提供法律方面的咨询工作。收集整理了关于快递法律的规章制度、案例、大事件等,形成了快递行业法规文件汇编等,为快递企业法律法规的查询提供了方便。

(五)加强沟通联系,深化对外交流合作

应万国邮联邀请,高宏峰率团出席了在瑞士伯尔尼举行的邮联邮政监管大会并在大会上发言。同时,应德国邮政敦豪集团(DHL)邀请,在法兰克福与 DHL 就两国快递业在快件通关便利化、快件安全和节能减排等方面的特点进行了交流。2014 年 10 月底,中国快递协会还组团赴澳门,考察了澳门快递业与民航货运业务发展情况,与澳门民航学会签署合作意向书,促成并见证了圆通速递与澳门机场签署战略合作协议,拜访了全国政协副主席何厚铧先生和中联办李刚主任等。9 月,中国快递协会还随国家邮政局组团赴瑞典斯德哥尔摩参加了第十八届世界邮政博览会,出席了世界邮政经营论坛,就行业发展、政府监管等问题与发言嘉宾、参会代表进行了深度交流,并现场参观了邮政设备和技术展。

（六）重视党建工作，加强自身建设

在北京、上海、深圳三次召开各省（区市）快递行业协会负责人座谈会，传达贯彻国务院总理李克强视察快递企业时的指示精神，交流工作经验，共商协会发展大计。会议代表还深入部分快递企业总部参观调研，与企业座谈交流。按照国家局机关党委工作总体要求，深入学习宣传贯彻党的十八大和十八届三中、四中全会精神，巩固和发扬党的群众路线教育实践活动成果，以加强思想政治建设为主线，完善党的组织建设，加强入党积极分子培养等组织建设工作。

积极吸纳新会员，收到副会长申请2家，理事申请10家，会员申请7家，个人会员申请1人，秘书处经过认真审核，将上述申请提交二届二次会员大会进行审议表决。

五、2015年：搭平台　强服务　推动行业健康有序发展

2015年，国际形势的复杂变化和国内经济的下行发展给快递业带来了不良的影响，然而，快递业主动寻求改变、努力适应新的变化，全行业齐心协力，克服了"马鞍效应"。2015年快递业全年业务量206亿件；快递业务收入完成2760亿元，同比增长35%。

中国快递协会始终围绕国家邮政局中心工作，发挥桥梁纽带作用，反映行业诉求，强化行业自律，努力服务会员企业，推动行业健康有序发展。2015年重点在以下五个方面开展了工作：

（一）拓展沟通渠道，优化发展环境

2015年5月和10月，全国政协为快递业两次召开专题座谈会。十余位全国工商联领导对快递企业进行了调研，通过与行业管理部门、协会和企业负责人的交谈，了解到快递业在发展中主要面临的用地难、融资难、基础设施缺乏、快递车辆通行跨境快件通关难等阻碍，这为打造"快递强国"探明了道路，也为我国快递业的健康发展提供了有力保障。此外，协会还参加了《快递条例》调研和专题座谈会，代表行业对《快递条例》的制定提出了相关意见和建议。

2010年12月中旬，按照国务院要求，协会就《国务院关于促进快递业发展的若干意见》（国发〔2015〕61号）的贯彻落实情况向国务院办公厅进行了报告。报告围绕《若干意见》提出的促进快递业发展的总体要求、重点任务和政策措施，结合行业发展实际，重点就快递业在做大做强过程中，需要国家顶层设计来解决的制约快递业发展的突出问题向国务院办公厅进行了汇报，推动行业加快发展。

在政协第十二届全国委员会第三次会议上，高宏峰会长提交了促进跨境电子商务和快递物流发展方面的政协提案，就加快跨境电商和快递物流综合改革试点、快件快速通关以及国有、民营、外资快递企业享受同等通关便利等方面提出建议，推动跨境快递业务发展过程中相关问题的解决。提案形成过程中，协会三次召开快递企业国际业务座谈会，跟进企业国际化进程，交流中遇到的问题与困难，并向相关部门反映。协会参加了由国家邮

政局、海关总署和欧盟世贸组织共同召开的"邮政和快递包裹安全监督和通关便利化研讨会"，并在会上与相关部门就快递安全、快件通关等问题进行了深入探讨。

（二）搭建交流平台，提升行业影响力

2015年3月26日，中国快递论坛在上海青浦区召开。论坛由国家邮政局、新华社、上海市人民政府指导，中国快递协会、新华社上海分社、国家邮政局新闻宣传中心承办，参会人数超千人，规模与质量超过历届。论坛以"全面开放下的中国快递业转型升级"为主题，邀请专家、学者与企业家齐聚一堂，分析中国快递业在经济新常态下的新形势和新格局，共同探寻行业未来发展之路。论坛首次发布了中国快递发展指数，揭晓了2014年中国快递业十件大事，并启动了《2015中国快递业蓝皮书》项目。

2015年11月13日，首届中国国际快递大会在杭州桐庐召开。会议由国家邮政局、浙江省政府、中国快递协会联合主办，杭州市政府和桐庐县政府承办。大会以"便民惠民通达天下"为主题，邀请国内外专家共同探讨"互联网＋"视野下的市场开放与中外快递合作，大众创业万众创新与物流产业发展，快递与关联产业融合发展。快递业的质量与安全等话题。会议还解读了《国务院关于促进快递业发展的若干意见》，并发布了2015年第三季度中国快递发展指数。来自国内外15个国家近700名快递业及关联产业代表齐聚桐庐参加此次盛会。大会还同时举办了"2015中国国家快递物流采购博览会"，数十家快递及上下游企业参展。

中国快递协会率领快递企业先后出访德国、印度和台湾地区，对海外快递市场进行考察，并与德国电子商务与快递协会、印度快递协会建立了联系与交流机制，为国内快递企业发展国际业务铺路搭桥。协会受对外友好协会邀请在印度参加了中印论坛，EMS在大会上做了发言。随京交会推介团在德国法兰克福书展上对快递板块进行了推介。与台湾国际物流暨供应链协会在年内实现了互访、双方签订了合作意向书及备忘录，考察期间协会还与桃园机场、台北港等探讨了合作方向，随后大陆快递企业陆续在台开设分支机构，有力推进了两岸贸易往来。

协会组织会员单位参加了5月份在贵州举行的"2015中国电子商务创新发展峰会"，并承办了"快递物流分论坛"，进一步推进快递与电子商务的协同发展。

（三）加强行业自律，提升服务质量与水平

每年的快递业务旺季特别是"双11"都是对快递服务能力和安全保障的双重考验。协会高度重视快递旺季服务工作，及早着手，召开预备会、动员会、分析研判旺季特点，准确把控行业走势。协会与快递和电商会员企业加强沟通，听取快递企业寄递服务工作安排汇报，积极协调促进电商与快递企业的顺畅衔接与协作共赢，指导企业安全合理安排生产、确保行业运行安全有序。在协会牵头下，15家快递企业与菜鸟网络向社会共同发出快递服务保障承诺。

针对快递业存在的安全隐患，协会发出了《快递行业安全倡议书》，号召行业坚守发展

底线,维护快递安全。在南京与品牌快递企业签订了《2015 年快递服务质量目标责任书》,督促企业提高服务质量,开通快递业失信警示查询系统。

为落实国家邮政局提出的"绿色快递"要求,引导行业走节能环保发展之路,协会发布了《绿色快递节能包装倡议书》,号召快递企业应用节能环保的包装技术和包装材料,实现快件安全寄递,达到"绿色快递"的发展目标。协会组织快递企业分别参加了国家邮政局、国家濒管办举办的快递业濒危物种保护履约培训和倡议活动,以及国家邮政局、国家禁毒委在广州举办的快递行业禁毒主题宣誓倡议活动,推动企业积极履行社会责任。

(四)增强服务意识,促进行业发展

收集整理快递业相关的法律、法规、政策和文件,出版了《快递行业法规文件汇编》,为快递企业法律法规的查询提供便利。召开快递企业法务工作座谈会,传达贯彻中央综治办公安部等九部门《关于加强邮件、快件寄递安全管理工作的若干意见》,就协会开展的法律服务工作听取会员企业的意见,不断改进完善,帮助企业协调解决法律事务。

举办了快递业危险品航空运输知识培训班,就危险品航空运输的规定和技术标准,未申报危险品的识别、航空公司运输操作流程,对危险品的应急响应演练以及个人防护等知识进行全方位的讲解,举办了快递服务制造业专题培训班,加快快递企业功能整合和服务延伸,加速向综合型快递物流运营商的转型升级。与亚太邮联联合在泰国举办了企业高级管理人员培训班,积极推动了快递走出去战略的实施,为快递业培养高端人才,全面提高快递企业的管理水平和业务能力,编辑出版了快递员操作手册《快递小哥》。

参与编制《快递业发展"十三五"规划》,推动我国快递业在"十三五"时期进一步转型升级,迈上新的发展阶段。与国家民航局、中国航空运输协会联合对上海、南京、杭州三地的快递与航空合作发展进行调研。为下一步出台促进我国航空物流发展的相关政策提供基础与依据,推进航空快递业的发展。完成《快递企业信息化进程分析报告》,为下一步推进企业信息化建设奠定基础。直接推动了圆通货运航空正式获批成立和其他相关工作,促进了我国快递业自主航空能力的建设。与北京快递协会共同推进快递企业京津冀一体化布局。邀请北京市规划委员会、北京铁路局等部门,就快递企业未来发展规划中的用地需求,车辆通行,最后一公里平台创建于资源共享等问题举行座谈。相关部门对此给予了政策解答,并建议快递企业从长远发展角度出发,结合国家京津冀一体化发展思路,优化在周边交通顺畅区域选地用地,走出一条行业资源需求整合与公共平台共享的集约化发展之路。铁路部门也表示,将考虑对原有利用率不高的货场进行改造,并将高铁快递车辆研制纳入铁路发展工作计划。

(五)重视党建工作,加强协会建设

按照国家邮政局党组和机关党委的要求,党支部深入学习贯彻党的十八大、十八届三中、十八届四中、十八届五中全会精神和习近平总书记系列重要讲话精神,全面贯彻落实中央国家机关工委和国家邮政局党组的工作部署、积极开展"三严三实"专题教育活动,组

织党员干部开展专题学习和交流。党支部专门召开会议、传达马军胜书记的党课精神,支部书记以"'三严三实'——永恒的从政准则"为题目,开展专题教育党课,通报了协会秘书处贯彻落实"三严三实"专题教育实施方案。制定了《中国快递协会党风廉政建设制度》、组织开展了纪念建党94周年,世界反法西斯战争和中国人民抗日战争胜利70周年的纪念活动。积极推动行业文化建设,提出中国快递协会全面推进行业文化建设的指导意见,通过培育和践行快递业核心价值理念,增强行业的凝聚力,增强行业发展的软实力。积极发挥工会作用,特别是在细微之处为群众办实事、办好事,在具体工作中体现党组织把群众的生活放在心上,构建和谐的工作环境。

协会通过了民政部2014全国性社会组织评估,并荣获4A级行业协会称号。通过此次评估,使协会规范化、制度化管理迈上新的台阶。当年新增会员17家,会员覆盖面不断扩大,结构不断优化。3月,中国快递协会二届二次会员大会和二届三次理事会在上海召开,审议通过了《快递业中长期发展规划》及《促进快递业发展三年行动计划(2014—2016)》。

第七章

快递与国民经济的相互促进作用

第一节 快递发展与经济增长的关系

一、快递发展对经济增长的作用

快递业是现代服务业的重要组成部分,也是推动流通方式转型、促进消费升级的现代化先导性产业,连接着供给侧和消费侧,在稳增长、促改革、调结构、惠民生、防风险等方面发挥着重要作用。

一般认为,美国是最早诞生现代快递业的国家。20 世纪 60 年代美国经济的发展使得越来越多的经济部门迫切需要快速递送服务,从而极大地推动了快递业的诞生。我国现代快递业起步于 1979 年,改革开放后,我国的外向型经济与民营经济日渐活跃,到 1992—1993 年间,大量的民营快递公司出现。1998 年邮政体制改革后,快递业迅速发展,逐渐成为重要经济形态及新兴服务业态,不但与生产、流通和消费等领域密不可分,而且在诸多领域均具有无法替代的作用。经过 30 多年的快速发展,已经成为能够促进国民经济增长、创造社会就业、促进产业结构升级的新兴现代服务业。特别是近年来,电子商务兴起、跨区域贸易的迅速增长,加上制造业、高科技和知识型产业处在调整转型过程中,快递业发挥了重要的作用,呈现出良好的势头和广阔的发展前景。2017 年,全年完成邮政行业业务总量 9764 亿元,比上年增长 32.0%;邮政业全年完成邮政函件业务 31.5 亿件,包裹业务 0.3 亿件,快递业务量 400.6 亿件①。

2014 年 1 月 27 日,李克强总理在陕西顺丰视察时指出:快递业关系经济民生,联系千家万户,是中国经济的一匹"黑马"。中国是当前全球快递业增长最迅速的区域,2014 年我国快递业务量首次超越美国,荣登全球快递第一大国。据 2015 年国家邮政局首次发布的中国快递发展指数显示:2014 年中国快递发展指数高达 282.4,比上年增长 70.8;从 2006 年到 2016 年,业务量增长 31 倍,业务收入增长 13.7 倍。统计数据显示,2017 年我国快递业务的收入近 5000 亿元,我国快递业务量的规模已经连续 4 年位居世界第一,包裹快递量超过了美国、日本、欧洲等发达经济体,对全球包裹快递量的增长贡献率超过了

---

① 中华人民共和国国家统计局网站,中华人民共和国 2017 年国民经济和社会发展统计公报,2018 年 2 月 28 日,http://www.stats.gov.cn/tjsj/zxfb/201802/t20180228_1585631.html。

50％。我国已经成为名副其实的快递大国[①]。

随着我国全球化、工业化、城市化进程的加快,社会生产及其组织方式、生活方式正在发生巨大变化,快递业在经济社会发展中的作用和地位日益凸显。2012 年以来,我国的快递业迅猛发展,市场结构在持续优化,资源要素在加速聚集,成为产业经济的新亮点。由于改革开放的不断深入,科技、经济快速发展,人们的生活节奏越来越快,生活方式发生巨大变化,生活水平也在不断提高,消费热情日益高涨。商业形态从实体店到电子商务,消费形式不断翻新,消费领域不断拓展。由于消费的急剧增加,消费在国民经济当中的作用日渐突出,逐渐成为拉动经济增长的"三驾马车"之首。消费在一定程度上决定着生产。快递业使制造、分销和消费扁平化,既降低消费成本,又提高制造和销售效率,从而促进经济增长。

二、经济发展对快递的促进作用

现代快递业的发展与地区的经济发展密不可分。根据牛津经济研究院的研究,全球快递业未来增长将持续超过 GDP 增速,主要原因就是世界贸易长期发展前景向好,对快速有保障的递送服务需求不断增加,尤其是新兴经济体,新兴电商产业给快递市场带来了更大的活力。

在全球经济一体化的趋势下,各国间的贸易壁垒不断消除,国际贸易和国内贸易活动愈加活跃;市场竞争的加剧,生产、经营和社会活动趋于高效率和快节奏,时间价值越来越重要,大量的样品、文件、资料、图纸、贸易单证、商务函件、高附加值物品、社会活动礼品和家庭高档商品等产生了快速传递需求,为快递业提供了大量的货源,推动了快递产业的快速发展。例如,随着现代科学技术的发展,产品的科技含量增加,高科技企业的大量产品,体积小、重量轻,货值却很高,占用流动资金很大,由此产生了快速、便捷、个性化服务的物流需求。而快递能将这些产品以最快速度送达客户,并为之提供良好的包装、仓储、报关等物流服务,满足了企业的需要,实现了最大可能的社会化分工。

自 20 世纪 70 年代末的改革开放政策实施以来,中国经济规模和经济总量不断扩大,国内生产总值(GDP)年平均增长 9.7％。1978 年,我国人均 GDP 只有 155 美元,2016 年,我国人均 GDP 达到 8100 美元。从 1978 年到 2016 年,我国平均每年的贸易增长速度是 14.8％。按照市场汇率计算,中国已经成为世界第二大经济体;如果按照购买力平价计算,中国则是世界第一大经济体[②]。

随着经济的发展,居民购买能力提升,当人货不在同一地区或者货物运输较困难时,

---

① 《〈快递暂行条例〉和快递业发展相关情况吹风会上国家邮政局局长马军胜讲话》,国务院新闻办公室网站,2018 年 2 月 27 日,http://www.scio.gov.cn/32344/32345/37799/38021/tw38023/Document/1623940/1623940.htm。

② 林毅夫:《改革开放近 40 年中国经济创造奇迹的原因》,北京大学国家发展研究院第二届"国家发展论坛",2017 年 12 月 11 日,https://www.jrzj.com/202435.html。

物流需求逐渐呈现,快递行业由此出现并不断发展。进入20世纪90年代后,由于中国经济全面进入新的快速发展时期,特别是珠三角和长三角地区依托独特的资源和要素优势和灵活的机制,成为新一轮国际制造业转移的理想目的地,也成为中国外向型经济最活跃的地区。在此经济背景下,一批以沿海地区为主要业务区域的快递企业陆续成立并快速发展起来。

2001年,中国加入世界贸易组织,中国经济走向更深层次开放和发展。社会经济对运输时效性、送达范围提出更高要求,而电子商务规模的持续扩大,网络购物的不断繁荣,更加推动了中国快递业的高速发展。在市场需求的拉动下,快递企业在资金、人员、设施上的投入有了大幅度的增加,网络的涵盖范围得到持续发展,作业的处理能力不断提高。而国外快递企业随着中国政策的不断放宽,也不断加大对中国市场的投入,甚至还获得了经营国内快递业务的牌照,中国快递行业竞争变得更加激烈。

三、快递发展与经济增长的相互促进关系

快递业全天候高效地服务于生产和消费,不仅可以消除库存、加快流通,更能促进消费、增加就业,带来经济增长。随着经济的增长,财富积累,生活水平有所提高,将进一步刺激消费,提升购买能力,由此带来的物流、快递业务的需求也将进一步扩大。通过快递,能够实现实物流从供应者向消费者的转移,同时促进资金流从消费者向生产者的流动,最终实现物质流通与经济增长。

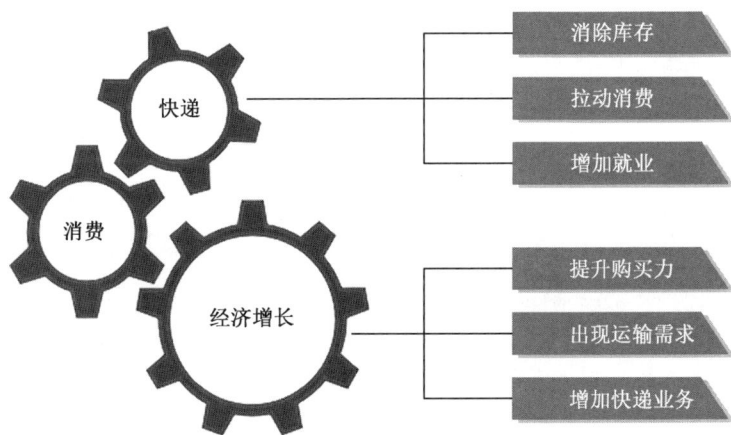

快递发展与经济增长的相互促进关系

快递业的快速发展,一方面反映了我国人口众多、居民生活水平提高带来的旺盛消费需求;另一方面也反映了电子商务价格便宜、消费便利等特征。同时也表明我国经济的新结构、新模式、新动能等一系列新特征正在形成,并成为推动经济发展的崭新力量。2009年新修订的《中华人民共和国邮政法》正式颁布实施,确立了快递服务业的法律地位。邮政法提出的"鼓励竞争、促进发展"原则,极大地释放了快递服务业的发展活力。2016年超过300亿件的业务规模连带产生的效果是,日均服务超过2.5亿人次,支撑网络零售额

超过 4 万亿元,占社会消费品零售总额比重达到 12.5%,新增就业 20 万人以上。2016年,全年农村地区收投包裹超过 80 亿件,直接服务农产品外销达 1000 亿元以上。与此同时,2016 年全年快递业务量完成 313.5 亿件,同比增长 51.7%;业务收入完成 4005 亿元,同比增长 44.6%。邮政普遍服务和快递服务满意度稳中有升,消费者申诉处理满意率达到 97.6%。

未来几年,我国快递市场规模将继续保持两位数以上的增速,发展前景广阔。而随着电子商务的不断成熟,快递行业将会加快发展,发展空间巨大。

延伸阅读:经济增长理论

自亚当·斯密以来,整个经济学界围绕着驱动经济增长的因素争论了长达 200 多年,最终形成的比较一致的观点是:在一个相当长的时期里,一国的经济增长主要取决于下列三个要素:随着时间的推移,生产性资源的积累;在一国的技术知识既定的情况下,现在资源存量的使用效率;技术进步[①]。在此基础上,形成了以下著名的经济增长理论:

(1)哈罗德—多马经济增长理论。哈罗德—多马经济增长理论的思想核心是经济稳定持续增长所需的条件与引起经济波动的原因,还有如何调控经济以实现长期均衡增长。这个理论假定全社会仅生产一种产品,该产品既可能成为消费品供个人消费,也能够成为资本品,再假设全社会有且仅有一个生产部门和一种技术。哈罗德—多马经济增长模型作为一种现代经济增长理论,将凯恩斯的储蓄等于投资的均衡公式加以动态化和长期化,在当时引发了大量研究,但哈罗德—多马经济增长模型也有其不足之处,主要在于它的技术不变假定。

(2)区域经济增长极理论。区域经济增长极理论于 20 世纪 50 年代由非常著名的法国经济学家弗朗索瓦·佩鲁的发展极概念演变而来的。[②] 该理论是二战后西方经济学家对于一国经济平衡增长抑或是不平衡增长激烈论战的产物,它的主要内容是经济增长是依照不同速度的不平衡增长。经济增长率先的是主导部门和富于创新力的行业,这些行业积聚于一点,进而形成一定的规模经济和聚集经济效益,最终以巨大的辐射作用影响其周围的区域经济中心。区域经济增长极理论为如今广泛采用的空间计量学研究空间维度的变化奠定了重要基础。

(3)新古典经济增长理论。20 世纪 50 年代末,美国著名经济学家索洛及英国的经济学家斯旺提出新古典增长理论。该理论认为:从长期来看,经济增长,不只受资本和劳动增长率,还受劳动力和资本对收入提高的相对作用权数影响,它相当大程度上由技术进步决定,但人们生活水平的改善则是由政府政策、技术进步和其他多种因素决定的。柯布—

---

① 亚当·斯密(1723 年 6 月 5 日—1790 年 7 月 17 日),经济学的主要创立者。他首次提出了全面系统的经济学说,并为该领域的发展打下了良好的基础,其著作《国富论》是现代政治经济学研究的起点。

② 弗朗索瓦·佩鲁(1903 年 12 月 19 日—1987 年 06 月 02 日),法国经济学家,教授。1982 年佩鲁提出"新发展观",认为社会要维持可持续发展;1955 年,佩鲁提出"发展极"理论,认为经济发展在时间和空间上都不是均衡分布的。

道格拉斯生产函数是新古典经济增长理论的模型基础。[①] 该理论的不足之处主要是将技术进步视为经济增长决定因素且使得技术进步成为外生变量并把它排斥在外。

(4)新经济增长理论。20 世纪 80 年代中期,新经济增长理论出现了,或称为"内生增长理论"。内生增长理论强调:长期增长率是由内生因素导致的。与新古典经济增长理论相比,该理论把技术进步等要素内生化,认为技术进步会带来经济长期增长。保罗·罗默和卢卡斯是该理论的代表。在新古典经济增长模型之后逐步发展出来的新经济增长理论,在某种意义上是对新古典经济增长理论的继承与发扬。

第二节　快递对经济增长的促进作用

一、国内外对快递业发展状况的研究

在对快递发展状态研究方面,英国牛津经济预测中心(2005)发表的《*The Impact of The Express Delivery Industry on The Global Economy*》开了对快递业发展状况研究的先河[②]。这一研究报告的基础材料来自其收集的众多国家案例以及调查问卷数据,主要研究结论包括:全球快递业经营规模现状(2003 年)与未来发展(2013 年);快递业能够在促进贸易与增强贸易优势等方面发挥作用;快递业能够有效提高生产效率并且推动招商引资;预估出快递业对全球经济增长的影响,这里主要是指直接影响以及它未来的行业发展前景;部分国家对快递业发展有限制作用的政策所造成的影响。2009 年世界贸易组织(WTO)年度出版物《*Postal and courier services*》中对邮政和快递之间的相关关系进行了讨论,认为随着全球通信服务的发展,邮政服务和快递服务能够带来巨大的经济社会价值。2017 年 4 月起,全球快递协会(GEA)已着手根据快递市场容量、市场关税情况、市场准入门槛等数据指标,将美国、英国、中国、荷兰等 137 个国家的快递发展状况纳入研究范围[③]。

在国内,最早对快递发展状况比较权威的研究是中国快递市场研究课题组(2006)发布《中国快递市场发展研究报告(总报告)》[④]。该总报告指出快递业是在社会分工不断深

---

① 柯布—道格拉斯生产函数最初是美国数学家柯布(C.W.Cobb)和经济学家保罗·道格拉斯(PaulH. Douglas)共同探讨投入和产出的关系时创造的生产函数,是用来预测国家和地区的工业系统或大企业的生产和分析发展生产的途径的一种经济数学模型。

② 中国快递市场发展研究课题组:《中国快递市场发展研究报告(总报告)》,《经济研究参考》2006 年第 34 期,第 4~26 页。

③ World Trade Organization,Postal and Courier Services,S/C/W/39,12 June1998。

④ 卢云、张诚:《快递业对我国经济增长的实证研究》,华东交通大学 2016 年硕士论文。

化条件下形成的产业,也是在我国产业结构升级下应运而生的;从国内国际发展背景出发,研究中国快递市场发展现状和前景,分析存在的主要障碍和问题,提出可操作的对策建议。专题报告重点研究快递市场准入和邮政专营、普遍服务基金和普通服务补偿机制、邮政和快递的监管问题、WTO 和快递服务、快递市场发展的国际经验等问题。报告将我国快递市场划分为国内异地、同城快递和国际三大主要业务板块;认为在我国东部已形成以京津、江浙沪、深圳广州等沿海大城市群为中心的区域快递圈,它们为中、西部带来了逐层递进式的辐射。

在对快递市场监管方面,WTO 从监管层面,以发展快递市场为目的,认为市场应当充分竞争并保持对外开放。德国垄断委员会(Monopolization)在 2013 年首先提出邮政快递市场竞争应当机会平等并能保障公共福利性质。目前德国邮政股份公司(Deutsche Post AG)[①]在信件市场仍占据 90% 的份额。经过长年经营,其良好的收发投递网络和顾客口碑,形成了强有力的竞争优势。根据公司公布的数据,德国邮政的经营业绩在 2016 年增长了近 10 亿欧元至 35 亿欧元,利润同样增长了约 10 亿欧元至 26 亿欧元,是其史上取得的最好业绩。

在国内,对于快递监管层面的研究集中在 2006—2010 年,特别是《邮政法》2009 年修订施行以来,我国的快递业由小到大迅猛发展,市场结构得到持续优化,资源要素得以加速聚集。魏莹(2007)从深刻影响我国快递业发展的两大问题出发,即快递业行政主管部分多头领导与邮政体制改革,分析多国快递业监管历程,特别是对发达国家的邮政系统多头领导问题,在邮政改革和快递业经验的基础上,提出意见和建议,主张建立一个公平和公正的竞争环境以解决上述问题[②]。李谦、吕利平、晏敬东(2008)分析了我国快递业市场监管的必然性和存在的主要问题,认为快递业是我国新兴行业,目前管理及约束机制尚未健全,造成监管不足的局面,故需加强法律手段、经济手段以及行政手段的监管,确保整个行业的健康发展[③]。李刚(2010)研究得出,快递业的规模迅速扩大,与此同时,企业间多元化竞争的激烈程度越来越高,由此显著提高了行业市场集中度;在很多时候,快递企业的服务不能满足客户的要求和期望,屡屡遭到投诉,暴露出市场秩序亟待规范的问题,政府监管也需要日趋完善[④]。

二、快递对经济增长的影响因素

(一)快递影响经济增长的内在动力

联邦快递和斯坦福研究院(2001)分析了联邦快递对新经济的全球影响。这项研究是

---

① 德国邮政股份公司是德国联邦邮政 1995 年私有化成立的私有制邮政公司,德国邮政当前主要业务有四个方面:邮件、快递、物流和金融。

② 魏莹、杨长春:《我国快递业公平竞争环境的研究》,对外经济贸易大学 2007 年硕士论文。

③ 李谦、吕利平、晏敬东:《我国快递业的产业环境分析》,《商业经济》,2008 年第 307 期,第 112~113 页。

④ 褚天舒:《我国快递行业的现状及发展趋势》,商,2016 年第 1 期,第 247 页。

第一次全面尝试评估联邦快递对新经济的影响。它包括四个主要影响领域：商业影响、消费影响、交通运输物流行业影响、宏观经济影响[①]。该研究利用影响模块、定性评估、分析结构，以及其他创新做法，对联邦快递对新经济的影响和产生的效益提供了一个全面的审视。该研究认为联邦快递的发展在许多方面反映了企业和消费者从旧经济向新经济的转型。在旧经济供应链中，联邦快递主要的角色在生产环节中要素投入的运输、运输环节中向经销商配送、销售和服务环节中向顾客递送。在新经济供应链中，联邦快递在供应链中的更多环节起到重要作用，包括产品和市场开发、市场营销网络营销，需求管理、采购系统，仓储管理、库存可视性与控制、仓库管理系统、追踪和跟踪、配送、配送网络规划、运输规划系统、自动条码，顾客义务、顾客信息系统、电子销售点、装运可视化和计费、回程及逆向物流，联邦快递在供应链的几乎所有重要模块都起到重要的作用。

　　TM Goncalves 和 G Amorim（2004）对快递业在葡萄牙所产生的经济影响进行了研究。他们首先对葡萄牙的快递业进行了描述，分析了快递业在促进生产力、投资和贸易方面的重要性，最后对快递业的经济贡献以及限制快递业发展会造成的后果进行了研究[②]。该报告主要有以下几个观点：其一，在葡萄牙，快递业一直是增长最快的行业之一，超过同期国内生产总值年均增长速度。其二，快递业对经济贡献有间接、诱导和催化的作用。间接和诱导效应是指为其他经济活动提供输入业（上行）的影响，这些影响通过收入消费需求的经济型连锁产生效果。催化影响是指所有其他经济活动依赖于快递服务到他们的生产功能（下行）的变化所产生的影响。其三，快递业提供了一种快速、可靠和可实时监控的服务，国际贸易企业可以通过快递服务减少制造时间。其四，通过对 3000 家葡萄牙公司的调查，研究快递服务对公司的重要性。62％的公司都认为快递服务对其十分重要，74％的企业通过快递服务将产品发送给客户，大约有 68％的企业要求其供应商通过快递服务将订货，这些服务货物中，84％为备件和 63％为零部件。其五，对企业来说如果限制快递业的发展，将会增加其成本、降低其与客户之间的联系、降低其市场份额。如果对夜间航班进行管制，那么其造成的经济成本是巨大的。

　　牛津经济预测中心和 Mott MacDonald（2006）对英国快递业的经济影响进行了研究[③]，通过行业调查、分析并与计量经济学模型相结合的手段，评估快递业的重要性。该研究认为快递行业对英国经济影响显著，在促进贸易和投资、提高整体竞争力和效率方面有重要作用。并形成以下观点：其一，快递行业对英国经济增长至关重要。快递业对英国经济的最重要的贡献是通过影响其他行业的能力和竞争力进而影响英国经济。目前快递业通过"催化作用"，一年对经济贡献 13 亿英榜，在过去的 20 年中，这种催化贡献总计 120 亿英镑。其二，在未来，快递业预期将以平均 6.7％的速度增长，其对经济的贡献依然显著，在解决就业、间接促进其他产业等方面有重要作用。其三，如果限制快递业的发展，如

---

①　左慧敏：《我国快递业与经济水平的关系探究》，《中国市场》，2016 年第 36 期；第 30～32。

②　牛津经济研究院：《快递业对全球经济的影响》，2009 年 9 月，https://wenku.baidu.com/view/65886cf77c1cfad6195fa767.html。

③　韩姣、陈永锋：《山西快递市场的需求预测研究》，西发建筑科技大学 2014 年硕士论文。

减少夜间航班,将会对企业尤其是制造企业造成严重影响,将增加其经济成本,供货的快捷性和可靠性将受到重要影响。

牛津经济研究院(Oxford Economics)在 2006 和 2009 年,以多个国家的案例为基础,通过大量数据分析提出了一些有说服力的观点,该研究报告主要有以下五个方面的观点:其一,估计了 2008 年到 2018 年的全球快递业经营规模,并指出快递业是世界经济增长最快的领域之一。从 2003 年到 2008 年,快递业以高于世界经济增长率的速度增长,在拉美和中国等新兴市场,其增速更快。其预计,2013 至 2018 年快递业的实际增速将达到年均7%。报告分析了快递业直接的产值创造情况,还分析了其产生的引致需求和供给,关注了快递业发展对其他产业的促进作用。其二,随着全球化、专业化不断增长,快递业在促进贸易及强化贸易竞争优势方面起着重要作用。全球经济一体化和经济活动越来越依赖贸易,快递业最大的贡献在于确保全球所有地区的企业在不断增长的全球市场中具有竞争力。通过实证,报告指出快递企业的主要客户集中于高科技制造产业、医药产业、商务和金融服务业等。其三,快递业在促进企业生产率提高、促进区域发展和吸引投资方面具有重要作用。优质的快递服务使企业拥有了提高企业生产率的机会。快递服务有助减少生产成本、减少仓储费用,次日送达服务使得企业拥有了采取诸如订单生产模式的高效率生产组织模式。在引致投资方面,该报告提出,接近市场的程度及供应链解决方案的好坏是投资者重要的评价依据。区域内拥有了提供便捷快速运输服务的快递业后,企业不再需要将企业设立在主要销售市场附近。其四,报告分析了快递业的发展前景及其对全球经济增长产生的影响。报告指出,未来十年,快递业将为其客户提供全球运输资源和高质量运输服务。实证研究表明,企业的销售将越来越依赖快递服务,这在出口导向型的市场表现尤为明显,以知识为基础的行业更加依赖于快递业。其五,报告指出,对快递业的限制,不仅损害快递企业的效率,同时也削弱了企业在整个经济中的竞争力。消除对快递行业的限制,将鼓励增加贸易、投资和就业,拉动 GDP 增长,增加政府财政收入。

(二)快递影响经济增长的外在体现

大田联邦快递有限公司总经理钟国仪在 2003 年物流企业家论坛上指出:我国的物流费用较高,给经济发展带来了沉重的负担,影响着企业竞争力的提升,国际快递在促进一国投资、就业、促进产业结构转型升级等方面有重要的经济贡献。[1] 国家邮政局数据显示,从 2007 年到 2016 年,国内快递行业平均单价从 28.5 元下降到 12.7 元,降幅达 55.4%。[2]受此影响,中国物流信息中心测算,2016 年我国社会物流总费用 11.1 万亿元,占 GDP 的比例为 14.9%,较 2015 年下降 1.1 个百分点,单位 GDP 消耗的物流成本有所减少。

中国快递市场研究课题组通过研究指出快递业对中国经济的影响在于:一是提升服

---

① 尹志慧、高安妮:《联邦快递收购 TNT 中国货运影响几何》,引自《联邦快递对未来充满信心——访大田联邦快递有限公司总经理钟国仪》,《空运商务》,2015 年 09 期,第 35～37 页。
② 国家税务总局大企业税收管理司课题组:《快递业高速增长助力中国经济发展》,《中国财经报》,2017 年 8月 29 日第 6 版。

务业,促进国民经济产业结构调整,快递业适应新的技术发展和经济全球化趋势,具有较强的发展潜力和广阔的发展前景。二是提高出口部门竞争力,改善高技术出口产业投资环境,快递业可以帮助改善企业运行的经济环境,给其他部门提高竞争力的帮助和支持。三是扩大就业,课题组调查得出,在我国民营快递企业中,一线业务人员主要来自下岗职工和农村富余劳动力,截至 2016 年年初,全国社会化电商从业人员总数为 203.3 万人,其中,站点快递员、站点仓库操作人员、基层管理人员等一线人员 163.6 万人[①]。四是推动垄断行业改革,1998 年邮政和电信分营后,民营快递企业不断成长壮大的局面,也间接促进了我国邮政转变运营模式,在快递服务业的带动下,邮政业开始转型升级,以适应市场需求,使行业服务质量整体向"又快又好"转变,由此推动了邮政业的业务规模不断扩大,经济效益明显提升。

台湾学者曾玉勤(2007)指出,中国经济在进入 20 世纪 90 年代中期以来,商品市场告别短缺走向相对过剩,产业结构和经济结构升级,新的商品流通业态不断出现,在连锁经营、物流配送、电子商务等商业模式的带动下,快递业呈现出前所未有的热潮,从国家到相关部门、地方政府及工商企业各界都普遍认识到快递的重要作用。

中国社会科学院徐希燕(2009)对快递业与国民经济发展的关系进行了研究,指出快递产业的宏观经济效益主要体现在以下方面:促进产业结构调整,推动产业结构的高度化、合理化,同时产业结构调整也为快递业的发展提供良好的契机;快递业的发展提高企业效率,降低企业生产、运营成本,增加企业对市场变化的敏感度,强化企业的核心竞争力,从而提高经济运行效率;带动交通运输、航空货运和电子商务等关联产业的发展;优化生产力布局和资源配置,推动区域经济发展,在全球化的背景下,快递对区域经济发展的贡献日益增长;快递日益成为投资者在区位决策时重要的考量因素,因而快递业的发展可以改善城市投资环境,吸引投资;快递企业通过运输规模效应,节约能耗。除此之外,快递业的发展还有促进就业、提升居民收入水平、保障国家经济和信息安全的社会效益。在宏观层面,报告认为中国快递产业是国民经济的重要产业和新的经济增长点,是改善民生、促进社会和谐的重要力量,是扩大开放、加强国际交流合作的重要推动力。在中观层面,中国快递产业是物流产业的重要组成部分,是制造业的重要配套产业,是现代服务业的重要基础。在微观层面,快递产业促进企业提高效率、降低成本、增加竞争力。

杜艳(2013)从产业链的角度研究了快递业对国民经济增长的作用机制,对快递业进行了投入产出分析,对快递业对国民经济和社会发展的直接贡献和间接贡献分别进行了测算,系统、全面地评价了快递业对中国国民经济和产业发展的贡献,并运用系统动力学理论分析我国快递业与国民经济增行间相互作用关系,建立相关模型。她认为快递业通过三种途径对国民经济增长产生作用,分别是拉动国内消费、支持国际贸易和促进投资增长。短期来看,快递业发展对投资影响最大,说明快递业还处在比较粗放的发展阶段,增长主要靠投入带动。长期来看,快递业对消费的促进作用比较明显,对我国拉动内需的举

---

① 梁达:《快递业已成为经济增长新亮点》,《上海证券报》,2017 年 2 月 21 日第 8 版。

措起到很好的支撑作用。

三、快递影响经济增长的特性

(一)快递业自身的特征

快递作为一种新兴的服务业,满足市场经济发展对个性化运送服务的需求,是运输业中最快捷周到的一种服务形式,具有快捷性、网络性和服务性的特征。

1.快捷性

快捷性是快递业的根本特性,是区别于传统邮政业和物流业的重要特性,快递速度是反映快递服务质量的核心要素。快递的实物传递性,决定了快递服务在保证安全、准确的前提下,传递速度是最重要的服务质量衡量标准。快递作业的收寄环节一般在工作日结束后集中处理,在投递环节实时签收,使得寄件人能够全过程了解运送情况,并提供送达证明。在跨国运送时,可以根据客户要求提供清关、代缴关税及其他相关税收的服务。其他运输企业无法像快递企业那样独立、有效地满足客户需求,特别是向分散各地的客户提供快速、有保障的送达服务。

国内典型快递企业针对用户的不同需求,开发出不同的快递产品,按递送范围不同,提供同城、国内异地、国际快递服务。根据产品的时效性不同,可以将快递产品划分为即日达、次晨达、次日达,不同产品具体的时效性,根据各快递企业网站信息整理,可以提供这些产品的典型快递企业见下表。

不同时效快递产品

产品	特性	主要快递企业
即日达	当天收取,当天送达	顺丰、申通、圆通
次晨达	当天取件,次日上午12点送达	顺丰、EMS、圆通
次日达	当天取件,次日送达	EMS、顺丰、申通、圆通
隔日达	当天取件,隔日送达	EMS、顺丰、申通、圆通

2.网络性

快递业是一个网络型产业,快递网络的主体是由诸多节点和线路组成的网络体系。快递服务具有全程全网的网络运行特点,递送过程要经过网络内部众多环节的联合作业才能完成,其中完善的线路是网络有效运行的基础。

从快递网络的结构上看,点是指快递企业的营业网点、分拣场所、转运站等;线则是指邮路,即服务于快递运输的运输方式。

从环节上看,快递服务包括从门到门等众多环节,每一个环节的生产效率对整个生产过程的效率产生影响,如果一个环节出现能力不足就会对整个生产过程产生"瓶颈"制约作用,导致"短板"效应,影响整个生产过程的处理效率。例如,电商企业之间频繁的价格战,不仅令电商企业实现爆发式增长,快递企业也同样受益,呈现高速增长态势。但同时,价格战也造成业务量不均衡,对快递企业的生产形成冲击。国家邮政局数据显示,我国快递业 2012 年前三季度快递业务量超越 2011 年全年业务完成水平,同比增 52.3%;前三季度民营快递企业业务量占全部快递业务量的比重达 73.6%,较上年同期扩大 8%。而借助淘宝电商快递,民营快递企业市场份额持续扩大,业务增速显著高于其他控股类型企业。[①]

快递的网络性表现在两个方面:一方面,快递服务需要运输业的支撑,依靠飞机、汽车、火车和船舶等各种交通运输工具等组成的网络来实现,同时快递网络具有明确指向性,如果出现网络局部拥塞或利用不足的情况,不同线路物流交叉调度的灵活性和可实现性就将降低。另一方面,快递服务的全过程需要同一企业在不同区域内(国内或全球)合作完成,或者由不同企业合作完成。增加网点会对快递业务量产生两方面影响,一是由于新增网点的快递业务直接增加业务总量;二是由于便利性的提高,原来网点的业务量也间接地增加。

快递业的网络性特征决定了快递的服务范围和运行效率。从企业供给角度看,快递企业追求网络经济,一方面要求快递企业合理布局分拨中心、转运中心和营业网点,优化网络结构,实现规模经济;另一方面,要求快递企业优化营业网点,实现范围经济。从社会需求角度看,要求快递企业增加营业网点,扩大服务范围,更好地服务社会生产和生活。快递业的网络特性要求快递企业合理布局网点、优化网络结构、提高运行效率;同时,要求快递企业之间尽可能共享网络资源,实现网络经济。

3.服务性

从本质上说,快递需求是衍生需求,快递服务只是实现物品的空间位置转移,并不生产新的产品,因此服务性是其基本特征之一。同时服务质量体现了企业的经营管理水平。在我国,快递业服务于个人以及企事业单位。

用户之间寄送物品或者购买商品多选择速度快能够提供门到门服务的快递,以网购为例,我国快递业的快速发展离不开近年来电子商务的蓬勃发展,同时电子商务也深深地改变着快递行业的竞争状态。例如,2015 年中国网络购物交易规模保持稳定增长,市场渗透率达 12.6%。根据艾瑞咨询 2015 年中国网络购物市场数据,2015 年中国网络购物市场交易规模达 3.8 万亿元,较 2014 年增长 36.2%,仍然保持稳定的增长水平。根据国家统计局社会消费品零售总额数据,2015 年网络购物交易规模大致占社会消费品零售总额的 12.6%,线上渗透率增长 2 个百分点[②]。在电子商务市场高速发展的带动下,买卖空间分离,异地快递服务已成为我国快递市场的主导,快递业跨区域、网络化、一体化的发展格局初步形成。

---

① 艾瑞咨询:《2016 年中国网络购物行业监测报告——现状趋势篇》,2016 年 7 月 3 日,http://www.199it.com/archives/490846.html。

② 电子商务研究中心(www.100EC.cn),《2016 年中国网络购物行业监测报告现状篇》

快递服务于企业,随着我国经济结构转型与升级加快,对高端快递的需求将大大增加,企业在商业活动中越来越追求商业文件、样品及高精物品寄送的快速、安全。B2B 模式对快递业提出了更高的要求,快递企业的主要客户集中于高科技制造产业、医药产业、商务和金融服务业等。同时,快递业在促进企业生产率提高、促进区域发展和吸引投资方面具有重要作用。优质的快递服务使企业拥有了提高企业生产率的机会。快递服务有助减少生产成本,减少仓储费用,次日送达的服务使得企业拥有了采取诸如订单生产模式的高效率生产组织模式。

正是由于快递业既能够服务于个人也能够服务于企业,扮演着从制造商生产产品到市场到消费者这一过程中重要的角色,具有服务性的特征,才能够更好地体现快递业在我国经济社会中的作用。

(二)经济增长自身的特性

关于经济增长,经济学界并没有一个统一的理解。一般认为,经济增长为一个国家在一定时间内产出和劳务供给量的增加,既包括经济总量(国民生产总值、国民收入)的增加,又包括人均产量(人均国民生产总值、人均国民收入)的增长。美国经济学家西蒙·库兹涅茨曾将经济增长定义为:"一个国家的经济增长,可以定义为给居民提供种类日益繁多的商品和服务的能力长期上升,这种不断增长的能力是建立在现今技术以及所需要的制度和思想意识之相应的调整的基础上的。"库兹涅茨的定义包含了三层含义:第一,经济增长集中表现在经济实力的增长上,而这种经济实力的增长就是商品和劳务总量的增加,即国民收入的增加。第二,技术进步是实现经济增长的必要条件。第三,经济增长的充分条件是制度与意识的相应调整。

在宏观经济学中,经济增长通常是指在一个较长的时间跨度上,一个国家人均产出(或人均收入)水平的持续增加。经济增长率的高低体现了一个国家或地区在一定时期内经济总量的增长速度,也是衡量一个国家或地区总体经济实力增长速度的标志。决定经济增长的直接因素:投资量、劳动量、生产率水平。用现价计算的 GDP 可以反映一个国家或地区的经济发展规模,用不变价计算的 GDP 可以用来计算经济增长的速度。本文所涉及有关经济增长的研究,指的是经济实际总产出的增加。

任何增长理论的出发点都是总量生产函数,表示总产出和生产中投入要素的关系,假设总产出通过两种投入要素生产出来,资本和劳动:

$$Y = F(K, L) \tag{7.1}$$

其中,Y 表示总产出,K 表示资本,L 表示劳动。根据布兰查德的研究,资本积累本身不能支持经济增长,经济增长要靠技术进步。技术进步有很多方面:提供更好的产品,提供新产品,产品种类更加丰富。如果把产出看作经济中生产出来的产品所提供的服务的集合,那么在给定的资本和劳动下,技术进步就是引起经济增长的主要因素。把技术水平看作一个变量,即在任意一个时间点从则本和劳动中得出的产出。把技术水平记做 A,生产函数为:

$$Y = F(K, N, A) \tag{7.2}$$

即得到扩张的生产函数,产出依赖于资本、劳动和技术水平。

三、快递直接带动经济增长的方式

经过多年的快速成长,快递业已经成为能够促进国民经济增长、创造社会就业、促进产业结构升级的新兴现代服务业。现如今,我国工业生产组织方式和人们的生活方式都发生着显著变化,这也使得快递业的作用和地位越发重要。

(一)快递业方便民众生活,提高生活水平

随着电子商务的迅速发展,电子商务平台的交易金额大幅增长,短短数年间,民众的消费方式已不能和过去相提并论,各年龄段的人们都越发青睐网上购物。在网上购买商品不但方便,而且能在网购平台上得到很多个性化的商品,并且相较于实体店,同一种商品在网上购买的价格较低。快递以低成本带来了快捷便利的送达服务,这也顺应了时代对于效率的要求,必将越发深刻地影响国计民生诸多领域,促进经济增长。例如,20多年前,人们拎着菜篮子走进农贸市场,讨价还价声不绝于耳,市场如集市般热闹,进入21世纪,超市应运而生,市民购买有了更多的自主权,没有讨价环节,购物效率也提高了许多。如今,坐在电脑跟前,动下鼠标,天南海北,甚至海外商品也都跳进眼前,"菜篮子"完成了从实体购物车到网络"购物车"的转变。

电商网购与快递改变居民生活方式

社会经济不断发展,人们的生活越发忙碌,更加注重时间和效率。市场上的快递企业承担了商品实物流通中绝大部分的配送任务。快递业为各行各业提供涉及仓储、运输、配送、分拣、包装等多种服务功能,并在此过程中满足了绝大多数商品的配送服务需求,做到货畅其流。快递业弥补了传统邮寄方式的一些缺陷,满足了人们对迅速、高效服务的需求,而离开了快递企业的配送,商品实物流通尤其是来源于电子商务平台的商业流通活动将无法开展。快递供给能力的提升刺激了消费,也让上门洗衣、超市代购等"互联网+"服务业创新更为得心应手。例如,2014年全国网上零售额同比增长49.7%,2015年又增长了33.3%。撑起这张越来越壮观"消费版图"的,是日新月异的中国快递业。与之相对应的是,2015年中国快递完成业务量206亿件,同比增幅高达48%,稳居世界第一,年人均

使用快件量也从 2011 年的不到 4 件增长至 15 件①。

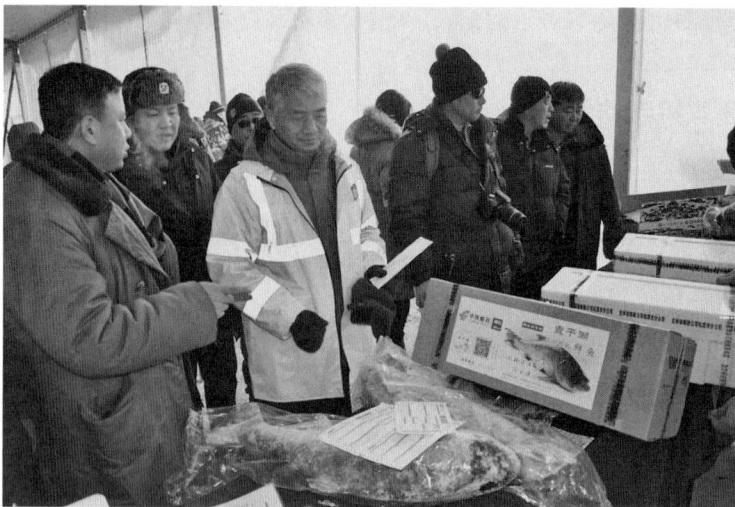

时任吉林省邮政管理局局长王永利(中)到吉林省松原市调研邮政快递
的查干湖冬捕项目开展情况,推动电商快递服务农村经济发展。

(二)快递业发展提供更多就业机会

快递产业是由包装、装卸、运输、配送、存储、流通加工和快递信息等功能集合而成的,是第三产业中的服务行业,属于劳动密集型产业。从业人员基数大,具有更多的就业机会,可以吸纳大量劳动力。根据牛津经济研究院的研究,快递业带来的间接就业比快递业直接就业的规模还大,直接与间接就业比率是 1∶1.24。

我国快递市场主要是国际快递市场、国内异地快递市场和国内同城快递市场,这三类市场发展水平不同,面向的对象和需求也有很大差异。快递市场覆盖面广泛,从专业性较高的机场工作人员、海关人员和经理人到专业性一般的运输司机、收件员、分拣员和投递员等,能够为不同素质和资历的人提供合适的就业机会。只有增加就业,人民安居乐业,方能促进经济繁荣,社会健康发展。经济增长与充分就业都是宏观经济的重中之重,当前中国经济下行压力加大,就业形势不容乐观,积极发展快递业等第三产业,是解决就业压力,从而促进经济健康可持续增长的重要举措。

2018 年 2 月 26 日,国务院新闻办公室宣布,2017 年中国城镇登记失业率仅仅只有 3.9%,为 2002 年以来最低水平;全国城镇新增就业达到 1351 万人,而城镇失业人员再就业达到 558 万人,均超预期②。新增就业与失业再就业主要集中在物流快递行业、网约车、网店三个领域。国家邮政局有关数据显示,2010 年快递业从业人员增长 35%,远远高于

---

① 《快递改变生活方式,提高购物兴致》,闽南网,2016 年 2 月 29 日,http://szb.mnw.cn/xiaofei/1114253. shtml。

② 朱迅垚:《"虚实之争"的终结,马云宗庆后的和解,朱迅垚的虚拟现实》(ID: nfzhuxunyao228),2018 年 3 月 3 日,https://www.yanshuo.me/p/182527。

全国同期城镇就业总人数 1.5％的增长率,近年来一直保持较高的增长速度,在第三产业中属于高速增长行业。2011 年我国快递业务营业网点达到 6.4 万处,从业人数超过 70 万人,占第三产业就业人员总数的 2％,据测算,我国快递业及相关产业创造了 200 万～300 万个就业机会[①]。而自 2012 年以来,中国快递行业业务收入、业务总量分别增长 2.7 倍和 3.6 倍,快递业务年均增长 53％,快递企业达到 2 万家,截至 2012 年年底,快递从业人员的人数大概为 200 万人。据中国产业信息网显示,2015 年三通一达、百世汇通、顺丰、EMS、京东的快递员工总数超过 120 万人,寄送全国 80％左右的包裹(我国快递业 CR8 约 80％)。2016 年年初由北京交通大学、阿里研究院和菜鸟网络联合发布的《全国社会化电商物流从业人员研究报告》数据显示,当时快递物流相关行业的从业员员已达 203.3 万,相较于 10 年前已增长近 13 倍。

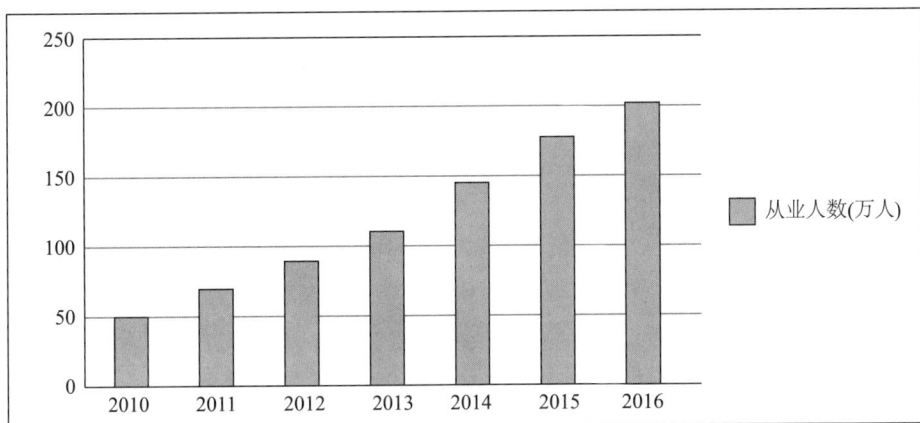

快递相关工作的从业人数

(三)快递业帮助企业降低库存,提高生产效率

(1)快递业是生产与生产、生产与消费的纽带。生产、流通、消费三者之间关系紧密,流通连接生产与生产、生产与消费,流通效率对提高生产效率和消费水平具有重大的作用。快递连通生产与生产、生产与消费,提高了流通效率。快递业是高效率的物流业,对于刺激内需具有重大作用。未来在商品流通领域,尤其是价值较高的商品,将大幅压缩流通环节,实现从工厂生产到客户销售的扁平化。快递业时效性强,能够实现"门到门"、"桌到桌"甚至是"手到手"的寄递服务。在企业之间、城市之间的物品运输、沟通、信息交流、节约社会资源等方面起到了十分重要的作用。随着快递业务领域的不断拓宽,快递业务收入迅猛增长,推动了整个国民经济的发展。

流通效率对提高生产效率和消费水平具有重大的作用。一方面,流通连接生产与生产,高效的流通能大幅度节省生产成本,提高生产效率,减少产品积压,提高企业之间的交易效率,实现企业的经济效益,从而刺激投资需求。另一方面,流通连接生产与消费,高效

---

① 吴昊、谭克虎:《快递业对经济社会发展的作用分析》,《经济问题探索》,2014 年第 2 期,第 48～51 页。

的流通能顺利、快速、经济地实现消费品从企业到消费者,从而刺激消费需求,而消费为生产创造出新的动力,进一步地刺激投资需求。快递业是高效率的物流业,对于提高流通效率、刺激内需具有重大作用。快递服务现代农业,保障农产品更快"从田间到餐桌",带动销售方式转变,提高流通效率、扩大就业岗位、帮助农民增收,成为有效拉动农村经济发展的新引擎。为打造"快递+特色农产品"示范工程,辽宁省朝阳市邮政管理局采取"驻村设点"模式,通过"快递+特色农产品"模式做实快递服务现代农业,从而提升农村快递服务品质水平、助力实现扶贫攻坚。该市邮管局经过充分走访调研,指导多家快递企业创建农产品合作项目、打造品牌效应:多家品牌快递企业全方位对接凌源市蔬菜花卉现代农业示范基地寄递业务,使凌源蔬菜花卉销往全国 60 多个大中城市以及俄罗斯、日本、印度等国际市场,年快件量达到 12 万件,实现业务收入 192 万元;快递"组团"进驻大枣主产地集中揽收,缩短流转时限,发挥集群规模化效应,"大枣季"通过寄递渠道销售大枣年逾 5 万箱,近 50 万斤[①]。

(2)快递业发展促进社会化分工。快递网络的主体是由诸多节点和线路组成的网络体系。一个机构稳定、高效运作的物流网络,不仅可以减少组成要素之间的磨损和交易成本,减少用户使用网络资源和要素的成本,还可以放大要素的功能,提高要素和整体网络的收益。20 世纪六七十年代以来,随着全球经济一体化进程的不断加快,各国间的贸易壁垒不断消除,国际贸易和国内贸易活动愈加活跃,生产、经营和社会活动趋于高效率和快节奏,时间价值越来越重要,大量的样品、单证、商务函件、资料的快速传递需求,为函件快递业者提供了大量的货源;随着科学技术的发展,产品的科技含量增加,高科技企业的大量产品体积小、重量轻,货值却很高,占用流动资金很大,快速递送能将这些产品尽快送给客户,并提供良好的包装、仓储、报关物流服务,满足了企业的需要,实现了最大可能的社会化分工,因此带来了巨大的报酬递增效应和专业化分工经济。

(3)快递能够整合资源,降低企业库存成本。快递是对分散的货物流动进行集中处理,量的集约必然要求利用现代化的物流设施以及先进的信息网络进行协调和管理。现代物流属于技术密集型产业,具有资产结构高度化、技术结构高度化、劳动力高度化等特征,从这个角度来说,建立物流体系有利于区域产业结构向高度化方向发展。快递中信息技术的应用是促进国民经济发展的加速器,现代快递在信息技术的支持下,先进的管理理念得到了广泛的应用。以工业为例,我国规模以上工业企业库存率在 9% 左右,远高于发达国家 5% 的水平,而近年来,随着物流(快递)业与制造业的深化融合,库存管理更加精细,工业企业库存率逐步降低,带来占压资金、仓储等成本下降。物流(含快递)总费用中资金占用成本(利息费用)与 GDP 的比率从 2012 年的 2.6%,降至 2017 年前三季度的 1.9%,仓储费用与 GDP 的比率由 2012 年的 2% 左右下降到 1.7%,反映整个经济活动中

---

① 《以服务现代农业为抓手推动快递业发展》,辽宁省朝阳市邮政管理局网站,2017 年 4 月 6 日,http://lncy.spb.gov.cn/tpxw_1880/201704/t20170406_1114748.html.

库存呈下降趋势[①]。

此外，快递通常是将各地分散的货物集中到一个地方进行处理，因此需要使用现代化的物流设施设备和配套的信息技术，协调和管理整个网络，同时也需要企业高层掌握先进的管理理念。从本质上说，快递业是一个技术密集型的产业，具有高度化的资产结构、技术结构和劳动力，能够帮助区域内产业结构由低向高转变。快递高效及时地为企业提供材料与零部件，能有效地减少企业的库存成本；不仅如此，快递企业为生产企业提供供应链一体化解决方案，能有效地降低企业购买能力，提高企业的交货能力和生产能力，减少企业在整个供应链中的库存成本。

（4）快递可优化产业结构。根据产业结构发展演进规律，产业结构的发展方向是合理化和高度化。产业结构合理化是以第三产业的发展水平来衡量的。产业结构高度化是第一产业向第二产业、第三产业升级演化，劳动密集型化向资本密集型和技术密集型产业演进。在发达国家中，服务业占 GDP 的比重在 60％以上，美国更是达到了 70％；2013 年我国服务业占 GDP 比重为 46.1％，首次越过第二产业（43.9％）[②]。服务业之所以发展到如此规模，一个重要原因就是像快递业这样的新型服务业起到了重要作用。首先，快递业的发展促进了传统邮政业和传统运输业的改革。传统的邮政业和运输业无法满足社会对文件、样品等快速、便捷投递的特殊要求，因此，快递业大量分流和替代了这两个行业的传统业务，并且加快了邮政系统的改革和提高效率的进程。其次，快递业是适应经济全球化和市场经济竞争而迅速发展起来的新兴产业，有广阔的市场前景。快递企业根据企业技术装备和增值服务能力分为高端、中端和低端市场三个不同层次，即国际快递、国内异地快递和国内同城快递，各层次服务提供商都具有足够的发展空间，发展势头良好。

（四）快递业服务生产，转变经济发展方式

"十二五"期间，我国把调整经济结构作为加快转变经济发展方式的主攻方向。《"十二五"综合交通运输体系规划》明确提出要"大力发展便捷、高效快递服务"。在国家制定的关于服务业、电子商务、基础设施建设等一系列推动发展改革的重大政策中，快递服务都占有相当重要的位置，而且制定了针对性的措施。现代制造企业对方便、快捷、高速的物质和信息交流的需求更为强烈，快递业与制造业加强深入合作，结成战略合作与联盟关系，相互融合和联动，将成为两大产业发展的必然趋势。促进两大产业联动发展，不仅对制造业具有重要的支撑作用，也可以推动快递业本身服务水平的提高。借助"互联网＋物流"模式，快递业正在加速改变着许多制造企业的生产流程，例如，2016 年的"双 11"，美的公司就通过与大数据公司菜鸟网络合作，打通线上线下仓库，把工厂生产节奏提前了一个

---

①　中商产业研究院：《2017 年中国物流行业现状及 2018 年市场发展预测》，2017 年 12 月 13 日，http://www.askci.com/news/chanye/20171213/094416113869_3.shtml.

②　梁达：《电子商务与快递业正在撬动经济版图》，搜狐财经网转自上海证券报，2014 年 07 月 08 日，http://business.sohu.com/20140708/n401931556.shtml.

月,并使成本降低了40％^①。

(1)快递业是社会生产过程顺利、有效进行的前提条件。社会生产的一个主要特点是它的连续性,伴随着连续不断"再生产之流"始终的就是快递,而且现代社会生产的总体效率和效益已主要不是依赖生产过程本身,而是依赖于与生产过程相伴的快递的有效性、准时性和合理性。因此,快递是社会再生产有效进行、不断地创造社会财富的前提条件。B2B模式的电子商务快速发展,需要高效及时的快递业支撑,否则企业的高效生产将无法进行,快递业是社会生产的第三利润源泉。企业不仅使用快递向客户递送产品,也通过快递提高生产效率。调查及实例研究表明,许多企业都经常或偶尔要求供货商用快递运送零配件,很多企业还使用快递向自己的生产部门递送配件。根据全球资讯管理公司的报告,快递帮助这些企业减少了3％～5％的供货成本,一定程度上提高了企业的生产效率^②。

(2)快递业能够加快产品流通。快递高效及时地为企业提供材料与零部件,能有效降低企业的库存成本;不仅如此,快递企业为生产企业提供供应链一体化解决方案,能有效地降低企业的购买能力,提高企业的交货能力和生产能力,减少企业在整个供应链中的库存成本。牛津经济研究院2009年对北美、欧洲、拉美、亚洲的94个国家的公司调查表明:次日送达对生产至关重要,一半的受访公司表示因其库存维持在最低程度,故而零部件的次日送达十分重要;2/3的公司也表示,在设备出现故障的情况下,它们需要零配件的紧急递送^③。调查结果和大量实例表明,世界各地的公司维持最小库存的做法日益盛行,所以对快递服务的需求越来越大。许多公司只是维持关键配件的少量库存,同时要求供货商在生产开始后及时递送所需配件,因此快递能够帮助公司最大限度地降低库存成本。

(3)快递业可以大大提高生产效率。任何一个社会或国家都有众多的产业、部门和企业,这些产业、部门和企业又分布在不同的地区,属于不同的所有者。它们之间相互供应产品用于生产和生活,它们相互依赖又相互竞争,形成极其错综复杂的关系。快递业连接社会生产的各个部分使之成为一个有机整体,是维系这些关系的纽带和桥梁,对提高整个社会的交易效率,从而促进国民经济增长具有十分重要的作用。未来在商品流通领域,将大幅压缩流通环节,实现从工厂生产到客户销售的扁平化。快递业提供时效特快的"门到门"的递送服务,为实现流通结构的扁平化提供重要支撑。企业只需一个电话,就能获得快递企业的"门到门"的一条龙服务。快递所提供的优质服务可以帮助企业提高生产效率,降低生产成本,节约仓储费用。同时快递服务可以帮助企业实现专线生产组织模式,由传统的生产组织模式向先进的订单生产模式等转变。一些中小规模的企业通过这些时效性强、高质量的运输服务更好地参与国际贸易。为菜鸟网络提供机器人的上海快仓智

---

① 《快递突破300亿件总理为何格外看重这一数据?》,人民网,2016年12月29日,http://politics.people.com.cn/n1/2016/1228/c1001-28984292.html。

② 《公务员面试热点:透析百亿快递背后的意义》,国家公务员考试网,2017年3月22日,http://www.gjgwy.org/201703/330705.html。

③ 牛津经济研究院:《快递业对全球经济的作用》,中国物流与采购,2010年第1期,第20～23页。

能科技有限公司市场总监孙迪说,分拣机器人每小时可以完成 1.8 万件货物拣选,效率比人工提升了 70％。2017 年 6 月开始,京东公司的无人机在西安和宿迁开始常态化运营。

四、快递间接促进经济增长的方式

快递是通过促进联动产业的发展,间接促进经济增长的。快递业属于公共服务领域,关乎国计民生,快递业的服务需求具有多层次、多样化的特点,这使得它和其他行业具有广泛的关联。快递业将社会生产的各个部分连接起来,促进不同产业联动发展,推动经济的增长。

(一)快递助力外贸腾飞

出口一直以来都是推动我国经济增长的重要力量,而在当今世界市场瞬息万变的情况下,拥有迅速、高效、安全、门到门的快递服务对国际贸易量增长具有显著的推动作用,这也是本国外贸业的一大竞争优势。在很长一段时间内,我国快递业尚不能完全满足企业和消费者对它的需要和期望,但长远来看,快递业需通过自身努力,达到适应其他行业需求,服务于其他行业的目的。这其中,外贸行业正是迫切需要快速、及时、周到、准确、安全的快递服务来顺应其发展。

自 20 世纪 90 年代起,产品和货物净出口业逐渐被人们所关注,因为其日益成为对国民经济增长做出稳定高贡献率的行业之一,特别是在 2005—2008 年间,出口一跃成为影响我国国民经济增长的关键因素[①]。现在,世界 500 大企业已有大部分进入中国市场,更多的跨国公司、大企业进入中国的制造业和流通业,国际物流寄递的需求会越来越大,寄递对于国家贸易的推动作用也越来越明显。

(二)快递与电子商务相辅相成

1993 年美国学者詹姆士·穆尔(James F.Moore)在《哈佛商业管理评论》上首次提出了"商业生态系统(business ecosystems)"这一概念。他认为,区别于传统的以行业划分为前提的竞争战略理论,由组织和个人所组成的经济联合体,包括企业本身、客户、供应商、中间商、金融机构、政府等,应该充分利用各方比较优势,形成一种共生共荣的和谐生态环境。

进入 21 世纪以后,随着网络通信技术的迅猛发展,基于 Internet 的电子商务成为经济增长的新亮点。电子商务的出现,不仅改进了传统商务活动模式,而且对传统产业的融合以及经济结构的调整都产生了积极影响。所谓电子商务生态系统,就是将商务生态系统的理论和研究成果运用到电子商务领域,形成一个以从事电子商务活动的企业或个人为核心,以物流、网络、广告、计算机为媒介,同时制约于技术、政策、社会环境等外部环境

---

① 霍忻:《我国贸易与投资的长短期经济增长效应——基于 1982—2012 年实证数据的经验分析》,《山东工商学院学报》,2016 年第 30 期(总第 132 期),第 1 卷第 12～18 页。

的新型商务生态系统。在电子商务以惊人速度发展的同时,起到媒介作用的物流业也被提升到前所未有的高度。其中,快递业是现代物流业的重要组成部分,作为物流业高附加值的一端,在经济发展中起到了举足轻重的作用。因此,电子商务要想获得大发展,必须和快递物流企业强强联合,快递业与电子商务发展相互依存,这是其他任何行业都无法取代的。此外,国际贸易的发展,国与国之间的界限被打破,各国间信息快速传递,也在一定程度上推动了电子商务的发展。通过电子商务促成了对外贸易程序上的大大简化,使得中小企业进入全球市场的难度大大降低,让中小企业也能参与到全球竞争。

20世纪90年代后期以来,我国的电子商务进入了持续多年的快速发展高峰期,这对我国快递业的发展发挥了极大的推动作用。网络购物形式的产生为中国快递业迎来了全新的经济增长点,可以说,快递业和电子商务的发展是拉动中国消费模式改变的两驾马车。受全球性经济危机影响,我国的出口产业遭遇巨大打击,出口量急速下降,而电子商务的发展,由电商平台增加的购物需求在很大程度上挽救了大量出口型企业。在这个过程中,快递业的迅速发展和经验累积,也为电子商务的迅速发展和壮大提供了条件。

近年来,电子商务快速发展,已经成为我国重要的社会经济形式和现代流通方式,广泛深入地渗透到生产、流通、消费等各个领域,改变着传统经营管理模式和生产组织形态。电子商务作为一种新型的交易方式,将生产企业、流通企业以及消费者和政府带入了一个网络经济、数字化生存的新天地。2008年中国电子商务带动的包裹量超过5亿件,全国快递服务1/3的业务量是由电子商务完成的。2009年,中国个人网上购物销售额达到1320亿元,约占商品零售额的1%,其中75%的交易商品需要通过实物递送。全国网购人数超过1.2亿,90%的用户选择了普通包裹和快递服务,全国快递服务近三成的业务是由电子商务牵动完成的[1]。2015年,电子商务年交易额突破18万亿元。电子商务、网络购物等新型服务业态的迅猛发展,推动人们消费方式的转变,促进电子商务快递需求快速增长,70%以上的网络购物依靠快递完成交易过程。2013年网购形成的1.86万亿元市场规模中,至少有1万亿元来自于快递的支撑和保障[2]。从宏观层面看,邮政业成为推动制造等传统行业转型升级、拉动经济增长、缩小城乡差距的重要力量。为了更好地适应电子商务的发展,很多快递企业都纷纷与电子商务网站合作,提供商品的快递服务,未来二者的融合将进一步加深,在服务水平和服务质量上为消费者提供更满意的服务。

同样,电子商务的发展促进了快递行业的腾飞。因为在电子商务环境下,不管是消费者购置商品、在线支付,还是商家接受订单、确认收款,都可以通过虚拟网络来实现,唯一不能实现的就是实物商品的传送。所以在整个电子商务生态系统中,起到衔接作用的快递就显得尤为重要。快递业作为电子商务生态系统中必不可少的环节,它的增长离不开十多年来电子商务的飞速发展为之注入的新活力。随着电子商务的飞速发展,网络购物

---

① 章伟霞:《电子商务与快递物流共赢发展策略探讨》,《广西职业技术学院学报》,2010年3月第3期,低65~67页。

② 马军胜:《改革发展普惠民生 共建共享现代邮政》,中央政府门户网站,2014年3月11日,http://www.gov.cn/xinwen/2014—03/11/content_2635840.htm。

的人数迅速增长,由网络购物带来的快递业务量迅速增加。

《2010－2015 年中国快递业投资分析及前景预测报告》显示,保守估计,中国民营快递企业数量达 1 万多家。另据中国海关统计,2010 年中国快递市场规就已经达到模达 640 亿元,进出口快件量保持每年大约增长 30%,在金融危机的冲击下仍然保持增长 20%以上,是全球快递业增长最快的黄金市场[①]。据前瞻产业研究院《中国快递行业市场前瞻与投资战略规划分析报告》显示,随着电商的发展,国内快递业也进入高速增长阶段。"十二五"期间,全国快递服务企业业务量持续快速增长,市场规模从 2011 年的 36.7 亿件增长到 2015 年的 206.7 亿件,年均增长率超过 50%。同时,由于快递业务量基数越来越大,虽年增长量仍持续加大,但增长速度从 2014 年开始有所放缓[②]。我国快递法人企业达 2 万家,从业人数超过 200 万。快递服务平均价格从 2012 年之前的 18.5 元/件下降到 12.7 元/件,五年间下降了 31%。全行业日均服务超过 3 亿人次,年直接服务农产品外销超过 1000 亿元,直接服务制造业产值超过 1200 亿元,支撑网络零售额超过 4 万亿元,占社会消费品零售总额比重达到 12.5%。

(三)快递与制造业联动发展

制造业作为我国经济增长的主导部门和经济转型的基础,是指对制造资源,按照市场要求,通过制造过程,转化为可供人们使用和利用的工业品与生活消费品的行业。制造技术既是科学技术走向实际应用的接口和桥梁,又是推动科学技术向前发展的基础。先进的制造技术对于创造物质财富和发展科学技术有着重大意义。改革开放以来,我国制造业持续快速发展,建成了门类齐全、独立完整的产业体系,有力推动了工业化和现代化进程,显著增强综合国力,支撑我国的世界大国地位。中国已经成为世界最大的制造国,过去 30 年制造业规模增长了 18 倍,2014 年制造业附加值达到 2.2 万亿美元,全球 80%的空调、90%的个人计算机、75%的太阳能电池板、70%的手机和 63%的鞋子产自中国;制造业在中国 GDP 的比重高达 40%,并且直接为 1.3 亿人提供了工作岗位[③]。

2012 年 5 月 29 日,在由中国快递协会、《快递》杂志和国家邮政局发展研究中心主办"2012 中国快递论坛"上,暨南大学唐玉华副教授指出:现代制造企业对方便、快捷、高速的物质和信息交流的需求更为强烈。中国快递业、制造业的联动发展机制,从上往下是指制造业将一个产品从设计方案到研发,到采购,到生产,到销售,到最后的环节,每个环节之间是快递业可以切入的部分。现在企业要面对多变的市场需求,特别是产品的更新换代很快,周期很短,所以要求对动态变化市场需求能够作出快速反应,快递企业就能够很好地实现制造企业与市场需求之间迅速有效的连接,现在快递业能够在 24~48 小时内将

---

① 《物流变"物留"B2C 血本建物流 信息化补短板》,中网资讯,2011 年 2 月 16 日,http://www.100ec.cn/index/detail——5653117.html。

② 《顺丰确认启动 A 股上市 民营快递掀"资本之争"》,中国服务外包网,2016 年 2 月 23 日,http://chinasourcing.mofcom.gov.cn/news/118/65417.html。

③ 胡凯:《快递业与制造业协同发展:转型升级的有效路径》,人民网,2016 年 5 月 11 日,http://theory.people.com.cn/n1/2016/0511/c83865－28342287.html。

占世界 GDP90％的地区联系起来,通过快递开拓国际市场,将物流、服务外包给快递企业,可以使中小企业也能够开拓国际市场。

2013 年 10 月,国家邮政局和工信部两部委联合下发《关于推进快递服务制造业工作的指导意见》。指导意见出台后,在全国范围内,快递企业都呈现出积极服务制造业的新气象。国家邮政局局长马军胜介绍,全国共有 427 个快递服务制造业试点项目,已经形成涵盖航天、汽车、电子、制药、服装等多个领域的服务制造业实验群[1]。快递企业探索出的服务制造业的模式大致有 5 种:(1)"入厂服务"模式。快递企业数据库平台与制造业过程控制系统、生产管理系统互通,成为企业供应链的一部分。以山东重汽集团为例,生产一辆重卡在总装线上要安装 500 多个关键零部件。快递企业入厂服务后,根据山重生产计划及时投递零部件,减少了库存,减轻了企业资金压力。(2)"仓储＋配送"一体化模式。浙江印象实业股份有限公司就把杭州仓库设在了顺丰速运公司里。这不仅省去了快递上门取货的时间,而且顺丰还运用大数据技术,特别为印象实业旗下秋水伊人服装的网店设计了速配站和中转场,在不少城市实现了网上订单次日达甚至即日达。(3)"订单末端"配送模式。快递企业为制造业企业寄递部分产品,并在产品销售环节提供部分管理服务。(4)"区域性供应链"服务模式。这一模式主要产生于产业关联度密集区域,针对中小型制造企业生产、交付、结算频繁的特点,提供专业化外包快递物流服务,同时提供代收货款等增值服务。(5)"嵌入式电子商务"快递模式。快递企业实现与电商企业资源计划管理系统、客户管理系统和供应商管理系统的集成,运用云计算等技术,对销售数据、消费行为数据进行分析,为企业生产经营决策提供参考;同时建立服务信息追溯系统,对服务过程中质量信息进行采集。

2014 年 9 月 24 日,李克强总理在国务院常务会议上指出,要推动快递业与制造业联动发展。快递业与制造业联动发展,不仅有利于制造企业降本增效,加强结构优化,促进行业整个竞争力的提升和转型,而且有利于快递企业开拓新的市场空间,增加盈利空间,加快其向综合物流运营商转型。在地方,山东省比较早提出促进邮政、快递服务与先进制造业协同发展。在《山东省邮政和快递服务业转型升级实施方案》中,明确要求推广山东邮政速递物流与重汽集团、海尔集团的供应链一体化管理示范项目经验,引导邮政、快递企业结合山东省产业布局安排,与先进制造业企业结成供应链合作伙伴关系,参与制造业供应链管理,提升产业协作配套水平,打造 3～5 个邮政、快递服务制造业的"山东样本"[2]。2014 年以来,山东高速信联支付有限公司发布的物流服务电子商务平台——满易网、民生银行设计的物流行业诚信平台、快达网络科技规划的物流信息服务平台以及荣庆物流打造的鲁南国际物流园等 4 个信息平台先后投入使用,将传统物流园区的信息展示、交易机会发现、交易磋商、成功支付等功能从线下移植到线上,物流企业、物流中介、个体运输

---

[1] 李彤:《快递企业服务制造业的新鲜事不断出现》,北方网转自人民日报,2016 年 8 月 15 日,http://news.enorth.com.cn/system/2016/08/15/031107771.shtml。

[2] 《山东省邮政和快递服务业转型升级实施方案》,大众网转自齐鲁晚报,2016 年 8 月 24 日,http://www.dzwww.com/shandong/sdnews/201609/t20160907_14879154.htm。

户、货主都可以在这些平台上，根据自己的需求进行交易，实现线上线下物流共同促进、共同发展。目前，临沂市中心城区建立物流市场网站 22 个、商务网站 1910 个、网店 11200 个，网络交易额达 30 亿元。其中，金兰物流投资 8600 万元建设了鲁南交通物流信息中心，是目前国内最先进的专业物流信息配载中心之一，实现了精准管理、快速准确配货，大大提高了物流效率[①]。

（四）快递优化综合交通运输体系

快递业采用不同种类的运输（水路、公路、铁路、航空等）的模式来经营企业，构建运输网络，它的发展直接带动了交通运输业。快递业采取的运输方式集约高效地整合各种模式的优点并最大化利用。另外，充分发挥综合交通枢纽的综合作用，依托枢纽，构筑功能与层次清晰的快递节点体系，并进行了优化，最大限度地提高了现代快递的整合功能。以往的货运与快递业相比，逊色许多，而快递业能达到这样的速度，主要还是依赖于交通运输业的发展和进步，如今，快递也越发倾向于航空运输、高速铁路运输，特别是近年来我国大量开发高速铁路运输，进行了高速铁路运输试点，取得了一定成效。

快递在实现"门到门"服务时，需要连续的、全过程的高效运输，实现包括航空运输、铁路运输、公路运输等多种运输方式无缝整合的"大交通行业"。综合交通运输体系建设和快递发展紧密结合起来，铁路、公路、民航等各种交通运输工具为快递提供支持和支撑，共同推进快递业的发展。同时，快递业的发展将对运输业提出更高的要求。未来，随着我国高速公路、民航、铁路的快速发展，特别是"四纵四横"高速铁路网的建成，大大提升了快递网络的承载能力，为快递服务依托综合交通运输平台，扩大运输能力、提高服务质量、加快发展提供了坚实的基础。

快递业需要与交通运输行业，特别是综合交通运输体系建设紧密结合。在促进交通运输与快递业的高度融合与发展时，应做到四个方面[②]：第一，促进运输业与快递业发展的一体化，综合利用交通运输资源，大力拓展快递的服务网络，加强运输政策、布局规划、技术规范、设施建设、业务流程、信息管理等方面的统筹协调，努力实现快递网络在各种运输方式间的无缝衔接，高效转换和快速通达，依托并引导大型运输枢纽加强区域分拣中心和快递物流园区的建设。第二，促进快递企业和交通企业间的合作，在优势互补的基础上努力实现互利共赢，一方面加强铁路、公路、航空以及水运、货运枢纽的建设，加大中西部的运力布局，优化货运网络，加快运输结构的调整，促进传统交通货运企业向综合型物流供应者转型；另一方面，继续支持中国邮政航空公司和顺丰等航空公司扩大规模、建设航空枢纽、完善航线网络，与此同时，鼓励快递和运输企业强强联手、优势互补，共同开拓航空运输市场。从全球快递业竞争态势看，快递业与交通运输业的相互融合与协作是快递

---

① 《临沂物流业 让塑料制造业走得更顺》，中国物流与采购网，2015 年 8 月 10 日，http://www.chinawuliu.com.cn/information/201508/10/304068.shtml。

② 吴晓：《综合交通运输体系建设与快递发展》，2012 中国快递论坛，2012 年 5 月 29 日，http://finance.sina.com.cn/hy/20120529/092012169234.shtml。

企业处于竞争优势的必然选择,南航与顺丰签署战略合作协议,合作呈现出良好的势头,航空企业与快递企业的协作很值得尝试,应该努力探索出地空联运的路子。第三,促进合作搭建公共信息平台,实现双方的协调发展,加强邮政业与交通运输在信息化建设方面的合作,发挥各自优势,推进互联互通,综合利用信息资源,提升邮政业和交通运输信息化服务管理水平。第四,进一步深化改革,完善管理机制,推动快递业向现代服务业转型。快递服务从劳动密集型产业的特征出发,完善激励和约束机制,加强人员队伍建设,增强产业凝聚力,提高快递服务标准和服务质量,也积极依靠科技和管理创新,运用和助力推广现代科技装备和管理手段,改进运输组织、快递效率和综合服务水平,不断提高快递服务的覆盖面和便捷性,提升产业集中度,引导和促进产业的聚集,促进快递行业从劳动密集型加快向技术和劳动密集型相结合的方向转型,从而实现更高层次的集约化发展,适应不断增长的经济社会需求。

(五)快递与高新技术产业协同发展

随着科学技术的发展,产品的科技含量增加,高科技企业的大量产品,体积小、重量轻,货值却很高,占用流动资金很大,快递服务能将这些产品尽快送给客户,并提供良好的包装、仓储、报关物流服务,满足了高新技术企业的需要,实现了高科技企业最大可能的社会化分工。另外,快递产业对货物定位信息的需求还推动了 GPRS、GIS 等网络信息技术的研究开发。例如,网购的便利和快递普及让我们在日常生活里的"买买买"变得更加方便,快递行业也得到了高速发展。近年来国内快递市场快速扩张,由其衍生出来的快递柜行业也正在成长中,目前在我国快递柜行业仍处于发展期,智能快递柜数量及市场规模的前景空间还很大。2012 年全国智能快递柜市场规模为 31 亿元,按照我国快递业务不断增长的态势,以及智能快递柜的迅速发展,预计 2020 年中国快递柜市场规模将超 180 亿元①。

---

① 《我国智能快递柜市场3年后或超180亿元》,成都市口岸与物流办公室,2017年12月1日,http://www.cdwl.gov.cn/index.php？a＝show&c＝index&catid＝6&id＝7682&m＝content。

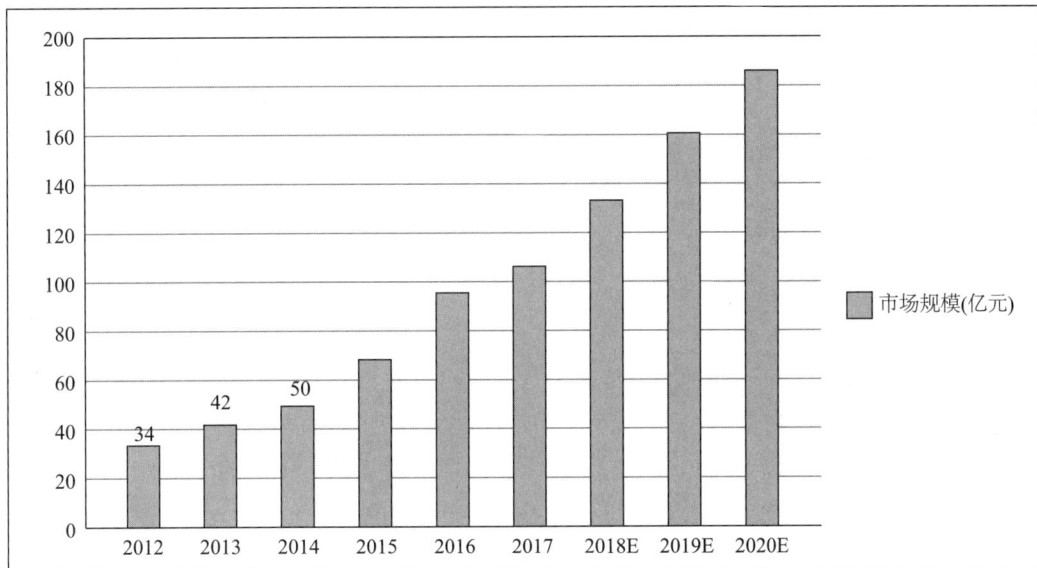

2012—2020 年中国快递柜市场规模走势

此外,据工业部门统计信息显示,截至 2013 年年底,我国规模以上高新技术制造业比 2008 年增加 1077 家,规模以上制造业企业数的比重比 2008 年提高 1.3 个百分点,高新技术制造业从业人员比 2008 年增长 36.9%,高新技术制造业实现主营业务比 2008 年增长 108.2%[①]。高新技术制造业,如医药制造业、航空、航天器及设备制造业、电子及通信设备制造业、计算机及办公设备制造业、医疗仪器设备及仪器仪表制造业等,货物价值和毛利率比较高,能够支撑起快递的物流成本。与此同时,高新技术产品,特别是消费类产品的更新换代速度非常快,因此带来的库存贬值速度也非常快,例如手机的更新速度基本为 6 个月左右,销售周期最长不超过一年,大多在 3~4 个月左右,因此库存高企将带来极大的损失,需要快递给予更好的物流服务。

(六)快递为其他产业发展铺路

批发零售业关系到人们的日常生活,要求有较高的市场灵敏度,反应迅速能够及时满足市场需求,为客户提供高品质服务,避免因缺货而导致的不必要损失,快递业为快速消费品行业提供即时配送,促进了快速消费品行业的健康发展。反之,零售业新的变革必然对快递行业产生深远影响。2016 年 11 月,马云在云栖大会提出"未来将没有电商,只有新零售";2016 年 12 月,Amazon 在美国推出无人超市 Amazon go。阿里官方定位新零售是对线下超市商业业态完全重构的新零售业态,通过数据驱动,完成线上、线下与现代物流技术的完全融合。新零售的本质驱动的供应链的变革。传统零售和电商时代,大部分的供应链是以产品导向,通过促销和 IP 引流的模式,带来的是漏斗式的订单转化;新零售

---

① 《调查显示全国高技术制造业五年利润增 166%》,中国经济网,2014 年 12 月 17 日,http://www.ce.cn/cysc/newmain/yc/jsxw/201412/17/t20141217_4137896.shtml。

时代 IP 重构了,从平台的 IP 入口聚变成众包的 IP 入口,供应链模式将是用户精准需求拉动的新型供应链模式。先有需求集约,再有订单履行,需求在云端,供应链全程可视化。在新零售趋势下,干线物流不再是渠道压货模式,是渠道有效用户订单驱动的直发模式,工厂直发消费者目的地城市物流,以零担、大包裹为主,干线将不是第三方物流的整车模式,也不是集约化的小包裹快递模式。而快递企业必须加大投入发展城市配送,否则城市配送企业与干线的集散结合过后,快递的业务会被传统的零担配载公司抢走份额。城市配送企业的业务将分为两类:集散中心 to B(社区店、商圈门店、专门店);集散中心 to C(类似传统快递和宅配业务)。

随着互联网和电子商务的发展,传统餐饮业也亟待转型,采用团购、网上订餐、网络专业优惠券、外卖等多种新型推广方式,均是为适应社会发展,在如今的订餐外卖中,快递业为买家和餐饮业主搭起了沟通的桥梁。当前,餐饮业对快递产生了新的要求,即要求在率先实现质量和新鲜度的基础上,提供更快的服务。例如 2016 年以来重点打造冷链配送的京东商城,依托既有的商城流量优势和客户资源,正在加速拓展第三方冷链配送业务。目前来看,顺丰、EMS 和京东在冷链配送上的竞争刚刚进入准备阶段。京东商城仓储物流部副总裁傅兵曾表示,冷链物流体系中的难点主要在两方面,一方面是冷链设施的匮乏,一方面是"最后一公里"的成本太高。京东本身有触及"最后一公里"的配送网络,只需通过相应的冷链技术把冷链商品加入即可,但在通过租赁改造和自建等方式铺设冷链网络时依旧进行了较大的投入。一直稳坐生鲜冷链配送头把交椅的顺丰,在全国已有 190 条速运干线,建立起了冷藏仓网,实行分仓发运。相比速度快、成本高的航空冷链,顺丰的这种方式虽然配送时间会慢 1~2 天,但降低了生鲜冷链运输成本。相对应的,顺丰还开发了专门的冷链贮运设备。比如一款集装箱式的移动预冷箱,适用生鲜产品的快速预冷临时中转存储,能在 2 小时内预冷 4 吨生鲜产品,是传统冷库冻结效率的 4 倍。

现代农业是农村电子商务的重要支撑,而现代农业的发展离不开快递下乡,我国倡导快递"向下、向西"工程,构造较为完善的快递服务网络,正是在为现代农业铺就发展网络。快递业关乎我国农业的现代化进程,是现代农业的重要关联产业。随着"互联网+"的兴起,现代农业发展方式特别是农产品销售流通渠道获得拓展,快递服务现代农业蕴含巨大潜力。2015 年 10 月 14 日,国务院常务会议确定了促进快递业发展的新措施,培育现代服务业新增长点,为快递业的发展提供了新的推动力。在会议确定的内容中,明确提出要推进"互联网+快递",引导快递企业服务农业订单生产等新模式。邮政企业应紧抓这一难得的机遇,充分发挥自身的优势,弥补存在的不足,实现农村地区寄递服务的新发展。

在"互联网+"的影响下,农业订单生产模式对寄递服务的需求空间更为广阔,需求类型更为丰富,如农产品的常温寄递、冷链寄递、基于大数据的"云仓"寄递服务等。这就要求邮政企业对市场信息能够迅速反应,提供个性化、定制化的服务。在这个过程中,寄递服务成为农业连接终端消费者的重要渠道,使得寄递服务的价值实现增长,更具引领带动作用,促进农业生产的转型发展。以快递企业为例,2015 年 6 月,顺丰与浙江省仙居县人民政府合作,为仙居杨梅提供全供应链解决方案与全渠道销售服务,通过顺丰航空的快速物流体系,形成线上线下全渠道销售、全程冷链流通服务的推广与销售平台①。反观邮政企业的寄递服务,虽然有众多的农村网点深入"最后一公里"腹地,但是这些网点并没有形成"现代化网络"的整体优势,各自为战的现象比比皆是。邮政企业亟须转变在农村寄递服务方面的发展思路,借助互联网实现自身资源的整合,充分运用大数据分析,为农业订单生产新模式提供优质服务。

五、快递促进国民经济增长的方式

(一)快递业拉动国内需求

快递业为电子商务、制造业、批发零售业以及餐饮业提供专业的配送服务,对拉动国内需求具有重要的推动作用,是促进我国经济增长的新引擎。网上购物模式带来人们消费形式的快速转型,在我国经济欠发达地区,网络消费和零售对总体消费的拉动作用尤为明显,网上购物不仅促进购物模式转型,在很多地区还成为经济的新增长点。

近年来快递业发展迅速,2014 年中国的快递业务量首次超过美国,成为快递业业务量方面的世界第一大国,2017 年中国快递业务量完成了 400.6 亿件,是 10 年前的 30 多倍,10 年间年均增长超过四成。中国快递业务量的规模已经连续 4 年位居世界第一,包裹快递量超过了美国、日本、欧洲等发达经济体,对全球包裹快递量的增长贡献率超过了50%,成为名副其实的快递大国②。但中国还远非快递强国,快递服务能力远未达到人们的要求和期望。中国快递业的服务对象目前来说主要是电商,400 多亿件里面大概有68%是服务电商的,但在与制造业协同发展、跨境业务方面,与国际上大的企业还存在一定差距。民众在决定是从线上购买商品抑或是在线下购买时,企业在决定是增加库存还是减少库存时,受到快递服务的影响较大,若是快递能够及时迅速无误地送达,则民众乐于在网上购买商品,进行消费,企业也能降低库存,减少成本。而在实际生产和生活中,民众对快递业满意度提升与企业倾向于准时配送,降低库存往往是一个慢慢积累的过程,这需要快递企业持续发力,以服务民众,服务其他行业为己任,从而协同合作,拉动内需,刺激经济增长。

(二)快递业为国际贸易提供支持

伴随着国际贸易的发展,国际物流(快递)得以不断完善,作为国与国之间经济往来的桥梁,国际物流(快递)与国际贸易共同构成了国际经济发展不可或缺的两个方面,并对促进国际贸易发展有着不可忽视的作用。首先,国际贸易中的货物转移对物流(快递)功能提出更高的要求。以运输功能为例,相较于国内运输,国际运输要涉及更多的环节,线长

---

① 赵玉洲:《以"互联网+快递"服务农业订单生产》,《中国邮政报》,2015 年 10 月 27 日第 2339 期,第 4版。

② 《中国出台快递业首部行政法规 促进行业健康发展》,网易新闻,2018 年 2 月 27 日,http://news.163.com/18/0227/17/DBLUH1KN00018AOQ.html。

面广,需要承担更高的风险。国际物流(快递)的整个运输过程涉及运输方式在海、陆、空、管道以及多式联运等方式的选择,并且还要面对选择合适的运输路线和对运输活动进行合理、有效管理的问题。变化多端的运输方式、多样的运输工具、各国之间的运输关系交往等,这些都蕴含较多的可变因素,增加了运输的风险系数,对国际物流(快递)的运输效率产生重要影响。其次,高效的国际物流(快递)系统为国际贸易的发展提供便利条件。经济全球化的发展促成产品市场从卖方向买方的重大转变,使得国际贸易中货物的提供需要各国企业的共同合作来满足客户的个性化需求。最后,国际物流(快递)的电子化发展推动国际贸易物流、信息流和资金流的最大化效能发挥。在全球化的供应链管理中,电子信息技术的应用使得国际供应链成员之间的沟通更加便捷、高效,减少了供应链上各成员之间信息的不确定性,进而有效降低国际贸易成员之间的成本,提升其经济效益。

我国的快递服务产业是在外贸业的发展刺激下产生的,而快递业的发展又相应地为对外贸易的发展提供了便利,使得对外贸易在很大程度上不再受到空间的限制,同时也更加具有时效性。快递使企业可以在远离市场的地区发展,可以使发展中的地区参与到全球贸易中去,这令外贸企业的库存成本和采购成本大大降低,提高了企业竞争力。快递业促进贸易增长,而贸易的发展也将通过驱动商业和经济活动的方式,反过来促进快递业的进一步发展。对外贸易的发展对国民经济增长乃至提升我国综合国力做出了重大贡献,在此之中快递服务行业起到了重要的支撑作用。2017 年,全国快递服务企业业务量累计完成 400.6 亿件,业务收入累计完成 4957.1 亿元,同比增长 24.7%。其中国际/港澳台业务量累计完成 8.3 亿件,同比增长 33.8%,业务收入 530.41 亿元,占全部快递收入的 10.7%。根据海关统计,2017 年我国进出口总额 27.79 万亿元人民币,国际快递业务收入约占同期进出口总额的 0.19%。

(三)快递业促使投资增长

快递业与众多行业的关联性决定了它的发展能够带动更多行业的壮大,由此扩大的投资将为我国经济注入新的活力。例如,交通运输业中建设大型的飞机空降基地、大型的物流集散中心,电子商务中开设更多的线上交易平台,快递业自身增加计算机设备、信息技术设备、运输车辆、投递专线、投递车辆投资等。快递业对于投资有着重要影响,而投资对于行业和经济的驱动性也将促使商业活动日益频繁,最终也能对快递业有所裨益。在江西省南昌市编制的《南昌市物流业发展规划(2013—2025)》中,计划投资 10 余亿用来建设快递物流园,这也意味着今后南昌市各大快递企业将有一个集中的仓储、分拨、转运枢纽。除了政府投资,各地也在积极引进第三方投资快递设施建设。2017 年 11 月 14 日,落户西宁市湟中县的青海省贵强快递物流园建成,这是青海省第一个由第三方投资建设的快递物流产业园,将有力提升全省快递企业的发展能力和水平。该园区占地 33 公顷,能够为寄递企业提供安全、通畅、环保、便捷、效率的交通服务,拥有标准化分拣场地 11500 平方米,快递从业人员已超过 200 人。目前,圆通、中通、申通三家快递公司省级分拨中心已入驻该园区。

快递业与我们每个人的生活紧密联系,而转变我国经济发展方式、加强经济增长的内生动力以及产业结构优化升级也同样离不开快递业的支撑。近些年快递业正在不断整合发展壮大,未来它对我国总体经济的影响将越发深远。在中央推行的供给侧改革背景下,快递业等第三产业占比将逐渐上升,快递业的发展依托于资本市场的建设和融资的发展,而快递业的迅速增长也给企业投资带来了信心,加快采用新技术,提升创新转化率。快递对经济增长的作用涵盖很多经济活动,推动快递业增长,将不仅有利于快递业的发展,还有助于发挥产业联动效应,推动我国产业结构优化升级。

六、快递对我国国民经济增长的促进

（一）中国快递的特征

1.发展速度快,市场规模大

我国的现代快递业起步于改革开放之后,至今已有三十多年的历史。在 20 世纪 80 年代初,中国邮政先后开通了国际特快专递业务与国内特快专递业务,这标志着大陆快递业务的开始,但中国快递的真正发展时期却是在 20 世纪 90 年代,珠三角注册成立的顺丰速运、长三角成立的申通快递以及在北京开始营业的宅急送等,国内的民营经济资本给中国快递业的快速发展注入新的力量。中国快递市场的巨大需求也吸引了国际快递巨头纷纷来华投资,抢占中国的快递市场。从 20 世纪 80 年代至今,中国的快递业从无到有,从单一的业务到综合多样化的业务,中国快递业的发展是持续和高速的,为我国的国民经济发展做出了巨大的贡献。2017 年 9 月,国家邮政局副局长刘君表示,中国快递业已进入了日均快件处理量超亿件时代[①]。在众多的新兴战略性服务行业中,快递业成为我国产业增长速度最快、发展潜力最大的朝阳产业。

2.竞争格局多元化

在国内存在着四股快递资本力量:一是包括联邦快递公司、敦豪公司以及美国联合包裹速递公司这三大快递业投资巨头在内的外资快递企业,这些企业有着丰富的快递业运作经验以及雄厚的资金支持,他们在全球拥有着发达的快递网络。二是国内的国有快递企业,主要代表为中国邮政、中铁快运以及民航快递等,这些企业有着先天的背景优势以及完善的国内运输网络。三是大型的民营快递企业,像顺丰速运、申通快递、圆通速递、中通快递、韵达快递等,这些企业已经有足够的实力在地区局部市场站稳脚跟,并已向全国快递市场进行扩张。第四类是小型民营快递企业,这类企业主要经营同城或省内快递业务,规模较小但经营灵活,但管理体制并不完善。当前,这四种快递力量形成共存并竞争的多元市场格局。

---

① 《中国日均快递处理量超"亿件","最后一公里"成行业主攻方向》,凤凰资讯,2017 年 9 月 5 日,http://news.ifeng.com/a/20170905/51881302_0.shtml。

4.国内异地快递占主要市场份额,且地区发展不平衡

国家邮政局的调查统计数据显示,2017 年,全国快递服务企业业务量累计完成 400.6 亿件,同比增长 28%;业务收入累计完成 4957.1 亿元,同比增长 24.7%。其中,同城业务量累计完成 92.7 亿件,同比增长 25%;异地业务量累计完成 299.6 亿件,同比增长 28.9%;国际/港澳台业务量累计完成 8.3 亿件,同比增长 33.8%。在业务量上,2017 年,同城、异地、国际/港澳台快递业务量分别占全部快递业务量的 23.1%、74.8% 和 2.1%;业务收入分别占全部快递收入的 14.8%、50.7% 和 10.7%。与去年同期相比,同城快递业务量的比重下降 0.6 个百分点,异地快递业务量的比重上升 0.5 个百分点,国际/港澳台业务量的比重上升 0.1 个百分点,由此可见国内异地(城际)快递是我国快递业的主要业务,占据了主要的市场份额。从地区发展来看,2017 年,东、中、西部地区快递业务量比重分别为 81.1%、11.6% 和 7.3%,业务收入比重分别为 80.9%、10.8% 和 8.3%。与去年同期相比,东部地区快递业务量比重上升 0.2 个百分点,快递业务收入比重下降 0.2 个百分点;中部地区快递业务量比重下降 0.3 个百分点,快递业务收入比重上升 0.1 个百分点;西部地区快递业务量比重上升 0.1 个百分点,快递业务收入比重上升 0.1 个百分点。由此可见,我国快递业的主要市场是在东部,而中西部的市场份额较小,地区发展不平衡。

(二)中国快递的发展方向

英国牛津研究所在 2008 年发布的《全球快递发展趋势报告》显示:全球快递业在 2008 年的营业额达 1750 亿美元,北美是世界最大的快递市场,2008 年利润达 760 亿美元。欧洲 490 亿美元,亚太地区 420 亿美元,而且这两个地区的市场未来发展空间很大。区域增长最快的当属新兴市场国家所在的地区,特别是中东、拉美。但就国家而言,中国快递业是近年来发展最快的,2008 中国快递业收入就达到了 90 亿美元,占整个亚太地区的 20%。根据全球快递协会(Global Express Association,GEA)2013 年公开的数据显示,全球快递行业对全球 GDP 的贡献率达 0.19%,欧盟国际快递业务市场规模最大,亚太区和中南美洲的快递业务量增长最快,而中国快递是亚太地区发展最迅速的。以上数据均说明中国快递发展的良好趋势与强势劲头。

在宏观经济增速放缓、传统部门发展疲软的形势下,快递业成为近年来中国经济增长的新亮点。2008 年—2017 年,中国快递业务量由 15.1 亿件增至 400.6 亿件,9 年间增长了 26.5 倍,市场规模连续四年居世界第一。同期,快递业务收入由 408.4 亿元增至 4957.1 亿元,9 年间增长了 11.89 倍。快递业务收入占中国整个邮政行业收入的比重逐年快速上升,从 2008 年的 42.5% 上升至 2017 年的 74.9%。

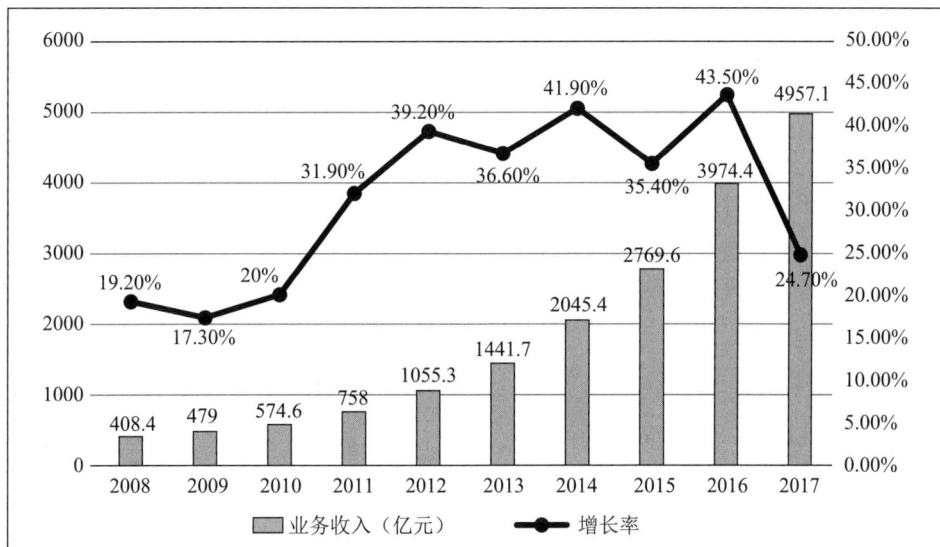

中国快递业务收入变化情况

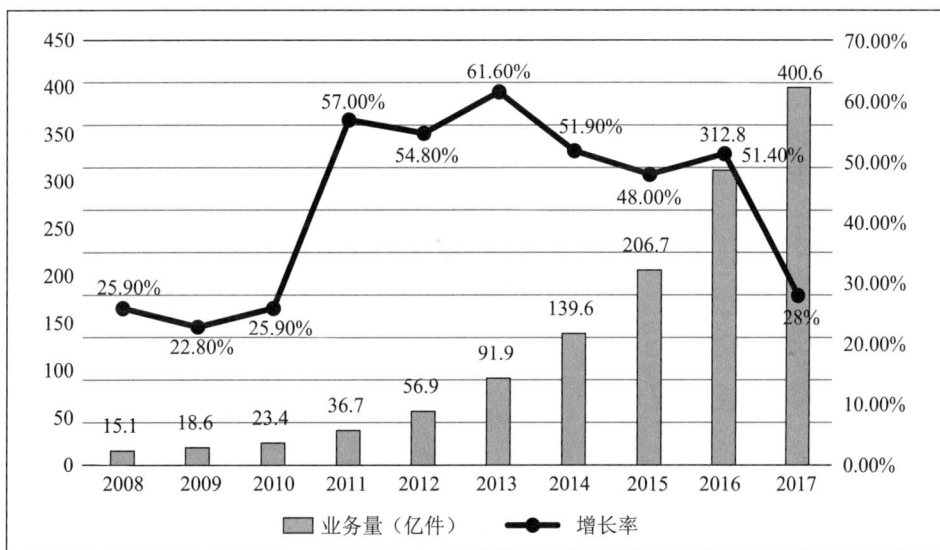

中国快递业务量及增长情况

近年来,我国快递行业呈现出越来越清晰的发展趋势:

(1)快递服务普惠特征凸显。例如,2014 年中国年人均快递使用量约为 10.3 件,是 2008 年的 10 倍;年人均快递支出 151.5 元,是 2008 年的 5 倍;快递年平均服务人次达到 279 亿。全国快递营业网点从 2010 年的 6.4 万处增至 2014 年的 12 万处。国内重点快递企业在直辖市和省会城市网点覆盖率达到 90％以上,省辖市网点覆盖率达到 80％以上;农村快递网点发展到近 5 万个,乡镇覆盖率提高到 50％以上①。

---

① 陈晓林、纪颖:《迎接挑战 顺势而为》,《中国邮政报》,2015 年 12 月 1 日第 2359 期,第 4 版。

（2）快递业务支撑网络购物。例如，2013年中国超越美国成为全球最大的网络零售市场。2014年，中国网络零售市场交易规模达到2.79万亿人民币，其中70%左右的网购交易额需要借助快递服务来实现，即快递将支撑国内网购交易额突破2万亿元[①]。在2014年"双十一"当天，阿里巴巴旗下的天猫和淘宝平台成交额达到571亿元；之后一周内快递行业共处理快件5.4亿件，同比增长56%；最高日处理量突破亿件，同比增长57.8%，是当年日常处理量的3倍以上[②]。

（3）快递市场结构发生改变。同城业务比重持续上升，例如2014年快递国内同城业务发展速度最快，同城件占全部快递量的比重从2010年的22.9%提升至今年的25.4%，相较之下异地件所占比重稳定在七成左右，国际件所占比重逐年小幅下降，说明国际业务的增长速度与同城业务相比仍显稍缓。

（三）中国快递市场规模结构

我国学术界和一些从业者较早就开始了对快递市场规模结构的研究，如在2006年的研究中就提出，经过了近30年的发展，我国的快递市场已经粗具规模，形成了三大市场板块和三大市场主体的观点。三大市场板块是国际快递、国内（异地）快递、同城快递，三大市场主体是包括有国有、民营和外资快递在内的规模不等的快递公司。

快递市场具有明显的规模经济优势，快递市场的集中度很好地反映了市场中各企业的竞争程度和各个企业的规模等。2005年国内快递业的市场规模约为300亿元人民币左右，其中EMS、中邮物流占到60亿元，物流配送和快运占118亿元左右，民营快递占100亿元左右，其他性质的企业占22亿元左右[③]。中国邮政处在绝对垄断地位，包括四大国际快递公司在内的快递公司短期内无法对中国邮政形成威胁。中国经济的发展、加入世贸组织，快递市场将会进一步开放，中国邮政的垄断地位将进一步受到挑战。虽然中国邮政的网点数量是包括国际四大巨头在内的任何一个都无法比拟的，但是中国邮政的体制不够灵活，无法适应不断变化的国内快递市场需求，这就给了民营快递企业很好的发展机会。

中国快递市场可以分为高、中、低三个市场。低端市场上集中了中国快递公司中的大部分，国内90%以上的民营快递公司都将市场定位在低端市场，以专业快递为主。低端市场中的公司处在了很尴尬的境地，由于快递公司很多，竞争十分激烈（多是价格竞争），利润极低，甚至出现了"谁不涨价谁就死、谁先涨价谁先死"的奇怪现象。相应的是中高端市场，由于市场门槛很高，竞争不是很激烈，利润很高。处在这个市场的企业多是以实用性很高的产品、高科技产品、药品为主要的递送对象。这些产品对安全性、时效性均要求

---

① 田晓剑：《我国跨境电商商机巨大》，《人民邮电》，2014年9月22日，第6版。

② 《"双十一"成交571亿背后：阿里系大练兵》，网易新闻，2014年11月12日，http://news.163.com/14/1112/01/AAQHQBCK00014AEE.html

③ 范维维、宗贺贺：《我国快递市场发展趋势分析及启示》，《物流科技》，2011年第34期（总第187期），第3卷第75～77页。

较高,递送成本也较高,但是由于这个市场处在供不应求的状态,客户对价格不敏感造成了价格很高,利润很高。中高端市场中包括EMS、中邮物流、顺丰等国内快递业的巨头以及部分实力雄厚的外资企业。在国内快递市场中,东部仍然是主要的市场,但是东部快递公司数量众多导致东部的快递行业竞争激烈,甚至出现了严重的恶性竞争。国家西部大开发战略的实施,使西部成为今后中国经济发展的重点,经济的发展需要快递业的相应发展,因此西部地区将成为今后中国快递发展的主要市场。同样电子商务的向西扩展也同样带动了西部快递业的发展。在国家邮政局公布的2017年邮政行业运行情况中,可以明显看到这一变化趋势:与2016年同期相比,东部地区快递业务量比重上升0.2个百分点,快递业务收入比重下降0.2个百分点;中部地区快递业务量比重下降0.3个百分点,快递业务收入比重上升0.1个百分点;西部地区快递业务量比重上升0.1个百分点,快递业务收入比重上升0.1个百分点。

（四）中国快递市场领跑者

截至2016年年底,国内获得许可经营快递业务的企业共有11000余家。但据行业内部估计,到2017年年底,国内获得许可经营快递业务的企业约有两万家。中国快递经过30多年的发展,已经形成了EMS、顺丰等诸多品牌,品牌集中度较高,前十位的品牌市场份额占比高达60%～70%。近年来,我国快递行业的兼并重组趋势逐渐加速。国内领先企业通过并购、加盟等方式,扩大服务网络;国际资本则通过并购重组快速进入我国市场。总体上看,我国快递行业的集中度在逐渐提高,并形成五个梯队,每个梯队在主营市场、价格定位和管理服务上各有侧重和特点,如下表所示。

中国快递市场主要参与者分类表

类别	主要品牌	主营市场	价格特点	管理与服务
龙头企业	邮政、EMS、顺丰	中高端快递市场	价格较高,定价规范,运营稳定	全国网络干道健全,产品服务类型多元,并拥有自身的全货机,在速度与质量上占据明显的优势
三通一达	申通、圆通、中通、韵达	电商市场	价格中端,定价相对规范,运营基本稳定	以加盟为主,管理较为规范,既能提供较高水平的电商快递服务,又能在中高端领域提供部分服务
非三通一达的全网型企业	宅急送、天天、百世汇通、优速等	电商市场	价格中低端,定价较为规范,运营稳定性略低	以加盟为主,管理方式较为粗犷,面对的客户多为价格敏感性较高的散户和小商户

类别	主要品牌	主营市场	价格特点	管理与服务
区域型快递公司	无锡三丰、东莞世纪同诚、义乌捷达、郑州乐速速递等	某一地域市场，专做落地配等业务	价格很低，定价缺乏规范，运营稳定性较差	以专业、快速作为企业的生存砝码，但缺乏资本实力和渠道铺设能力，融资较难
外资公司	FedEx、UPS、DHL 和 TNT 以及雅玛多、欧西爱司、嘉里大通	商务件	价格很高，定价规范，运营较为稳定	凭借雄厚的资本、先进的管理水平占据国际市场绝对优势

（五）我国快递业对经济的贡献

我国首次全国快递服务统计调查结果于 2007 年 7 月 24 日公布。自此，我国有了较为健全和完善的快递统计制度，为邮政部门制定包括快递在内的邮政业发展规划、出台促进快递服务发展的有关政策提供了全面而有效的依据。从 2007 年到 2017 年的 10 年，特别是邮政法 2009 年修订施行以来，2017 年我国的快递业由小到大迅猛发展，市场布局在连续优化，资源要素在加快聚集，快递业务量完成了 400.6 亿件，是 2007 年的 33.4 倍，这 10 年间年均涨幅达 42％，2017 年快递业务的收入完成了近 5000 亿元，是 2007 年的 14.5 倍，年均增幅达 30.6％。这一切均表明，我国快递业正在崛起，发展形势喜人，快递业已经成为一个具有庞大规模的产业。

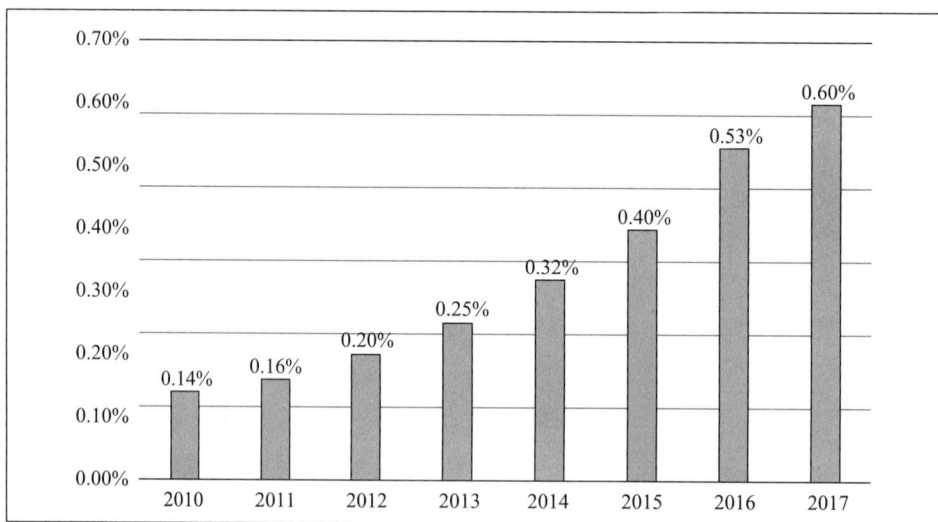

全国快递业务收入占当年 GDP 的比例

如上图所示，2017 年快递业务收入占 GDP 比例达到 0.60％，比 2010 年年末提高了 0.46 个百分点。近七年来，快递业务收入在国内生产总值中所占比重已经实现"七连升"，这反映了快递业在整个国民经济中的地位正稳步提升。快递业务收入占 GDP 比例取决于一国经济总体发展水平和快递业的发展速度,不管是在中国,还是在全球范围内,未来快递业的增长速度仍将超过 GDP 的增速,主要原因是世界贸易长期发展前景向好,对快速有保障的递送服务需求不断增加,在中东、拉美等新兴经济体更是如此。

2017 年各省市快递业与 GDP 的变化情况表

省份	快递业务累计(万件)	同比增长(%)	快递累计收入(万元)	同比增长(%)	GDP(万亿)	增速(%)
北京	227452.1	16	3038329.8	18.4	2.80	6.70
天津	50199	22.4	763314.9	20.2	1.86	3.60
河北	119389.3	32.1	1264880.7	34.2	3.60	6.70
山西	24359.1	30.5	299901.6	35.4	1.50	7.00
内蒙古	11035.3	30.3	239592.8	29.5	1.75	4.00
辽宁	51434.5	29.1	680585.6	22.2	2.39	4.20
吉林	17569.4	26.5	304484	21.2	1.53	5.30
黑龙江	23185.6	6.5	358414.8	8.1	1.62	6.40
上海	311503.7	19.7	8688851.6	22.5	3.01	6.90
江苏	359627.8	26.7	4081730.6	20.3	8.59	7.20
浙江	793231.1	32.5	6682204	23.5	5.18	7.80
安徽	86332.3	25.3	895715.9	26.9	2.75	8.50
福建	166110.7	28.8	1619683.4	20.1	3.23	8.10
江西	43754.5	14.2	491976.7	19.1	2.08	8.90
山东	151474.6	25.7	1705165.2	22.7	7.27	7.40
河南	107377.6	28	1159337.9	22.9	4.50	7.80
湖北	101277.9	30.9	1190450.7	36.6	3.65	7.80
湖南	59181.6	21.8	641882.9	24.4	3.46	8.00
广东	1013468	32.1	11466893.4	30.3	8.99	7.50
广西	31750.3	39	448672.2	32.4	2.04	7.30
海南	5915.8	21.5	126970.8	26.5	0.45	7.00
重庆	32874.9	15.8	447311.3	14.8	1.95	9.30
四川	110795.9	38.2	1274785.5	32.3	3.70	8.10
贵州	15781.9	40.2	311536.8	43	1.35	10.20
云南	22775.8	30.6	360114.9	24.4	1.65	9.50
西藏	567.5	−22.7	20487.7	−1.1	0.13	10.00

续表

省份	快递业务累计(万件)	同比增长(%)	快递累计收入(万元)	同比增长(%)	GDP(万亿)	增速(%)
陕西	45750.6	24	563581.1	23.5	2.19	8.00
甘肃	7201.7	18.7	148095.9	18.4	0.77	3.60
青海	1449.7	34.4	38832.9	29.3	0.26	7.30
宁夏	3721.5	14.8	67784.4	15.7	0.35	7.80
新疆	9042.3	4.4	189518.9	9.3	1.09	7.60

从上表中可看出,各省市地区生产总值与快递业务量之间存在一定的关联性,GDP体量与增速对快递业务量和业务收入都有影响,体现出快递业发展与经济发展情况存在高度相关。这主要是由于快递业与外贸、电子商务、交通运输业、制造业、零售业等众多产业关联度较高,其中电子商务行业更是近年来我国持续保持着快速增长态势、潜力巨大、影响广泛的行业。在多个产业的联动作用之下,快递业与经济的关系紧密,经济增长得益于快递业发展的积累。尽管各省市的快递业平均增长率均较高,部分省份达到45%以上,但我国快递业发展较好的省份仍主要集中在我国东部地区,与国民经济区域发展水平相对应。中国区域经济发展的不均衡性,使得快递业发展呈现出较为显著的集中特征。快递服务联系千家万户,联系生产和生活,在经济越发达的区域,经济刺激下行业需求旺盛,从而需要大量的快递服务,快递业也因此获得了肥沃的发展土壤,故快递业的发展与经济发展水平高度相关。

在中国经济逐渐确立"新常态"之际,在国家西部大开发、中部崛起战略纵深推动之际,在"一带一路"、京津冀协同发展、长江经济带优化经济发展空间格局作为国家战略推动之际,中国各省市经济将迎来新的调整和发展。未来,我国快递业可能在一定时期内仍然保持地区间差异较大的情况,但这必然不是长久之计,在政府扶持下快递业会得到更大的发展,并进一步衔接到综合交通体系,成为促进经济增长和满足人民消费需求的重要保障。在此过程中,我国中西部地区将大力挖掘快递业的发展潜力,以便为经济增长带来推动效应。

第三节　经济增长对快递的带动

一、促进我国快递发展的直接经济因素

我国快递业的快速发展,一方面反映了我国人口众多、居民生活水平提高带来的旺盛

消费需求,另一方面也反映了电子商务价格便宜、消费便利等特征;同时也表明我国经济的新结构、新模式、新动能等一系列新特征正在形成。

物流(快递)行业的发展与经济增长之间的关系一直是我国学术界关注的焦点,对这一问题的研究成果也比较丰富。张文丽采用 1989—2012 年的数据,利用协整分析和误差修正模型分析 GDP 增长和对外贸易出口对我国快递行业发展的动态影响[①]。通过实证分析结果表明,GDP 每增长 1 个百分点,快递业务量增长 7.28 个百分点。这初步阐明了经济增长与快递业务增长的关系,证明经济发展对快递业的带动作用。

王子敏则认为:快递行业的快速发展是经济发展到一定阶段的必然产物,同时也是近期我国对外贸易出口受挫而引致企业将产品生产和销售专注于国内市场的必然结果,长期稳定的经济增长是我国快递行业快速发展的最主要的动力[②]。一方面,经济增长导致收入水平上升,消费者收入水平增长引致消费升级和消费需求增长;另一方面,经济增长导致网络基础设施逐步完善、信息化水平不断提升以及 B2C 商业模式不断壮大,这引致消费行为发生变化,快递业的快速发展恰是迎合消费者消费行为变动的必然结果。

二、促进我国快递发展的间接经济因素

(一)宏观方面

1.网络化程度

快递发展与信息技术的发展特别是互联网发展息息相关。近几年来,宽带业务迅速增长使得互联网上网人数急剧上涨,促进了电子商务的迅速发展,为电子商务实物配送提供了主要途径,成为商家与客户之间的纽带。显然,各种类型的互联网信息系统和物流技术的应用为快递业发展提供了良好的信息支撑平台。网上购物带动快递业的发展。据中国电子商务研究中心数据显示,在 2011 年 12 月底,基于网络购物的快递企业数量已经达到了 6800 家,而由此为快递业带来的收入为 360.2 亿元,并占到了当年全国快递业总收入的 60% 以上[③]。因此可以说,随着电子商务的兴起,特别是网络购物的爆发式增长,由此产生的物流需求也给国内快递业带来了飞速发展的机遇。

---

① 张文丽、《经济增长和外贸出口对我国快递行业发展的影响及对策》,《对外经贸》,2014 年第 10 期,第 64～67 页。

② 王子敏:《经济增长、互联网发展与快递业的关系研究》,《北京交通大学学报》(社会科学版),2012 年 11 月第 3 期,第 63～67,73 页。

③ 何建华:《网购环境下快递业顾客满意度调查研究——以申通和邮政快递比较为例》,《重庆文理学院学报》(社会科学版),2014 年第 33 期,第 101～105 页。

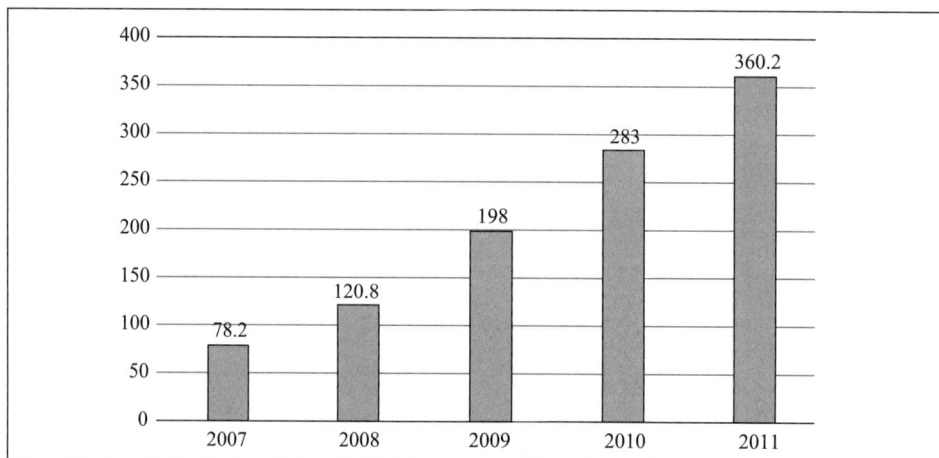

国内网络购物所带来的快递业收入规模增长（亿元）

从统计数据可以发现：自 2007 年开始，我国网络购物用户数一直高位增长，2008—2010 年增长率均达到 50% 左右的水平，用户年增长的绝对数量也在持续增大。2011 年，网上购物渗透率仍在提升，但网上购物用户年增长率却下滑至 20.8%，新增用户绝对数下降为 3344 万人，与 2010 年相比减少 1907 万人[①]。在网民网络购物使用深度增加的同时，网络购物的用户增速已有所放缓，现在网上购物占快递业务量约 60% 以上。

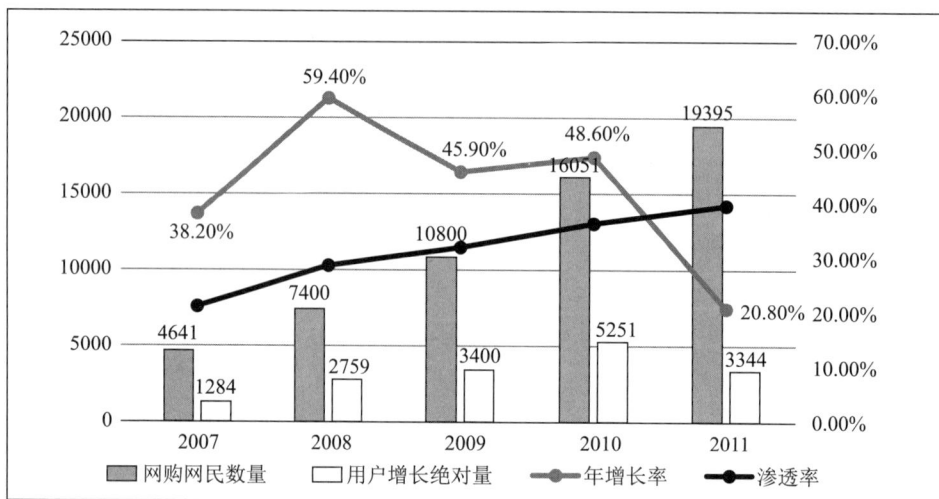

我国网上购物用户数量、增长率及渗透率

2.工业化程度

工业是社会分工的产物，包括重工业和轻工业。重工业主要是指采掘工业、原材料工业、加工工业；轻工业主要是指提供生活用品和制作手工工具的工业。其中，轻工业与快

[①] 中国电子商务研究中心：《2012 年中国网民消费行为调查报告》，2013 年 1 月，http://b2b.toocle.com/detail——6080463.html。

递业的关系比较密切,因此我们从轻工业角度分析工业化程度和快递业的关系。快递运输的产品主要来源于轻工业。随着消费者对于日常用品、服饰、电子产品的需求量越来越大,快递业务量也随之增加。快递业运输的产品:服装、数码家电、食品糖酒、礼品饰品占到了 30%,国内业务中的同城快递、异地业务中 67.5% 以上的业务也来自于日用品、服饰、电子产品。而国内快递业务量的产品绝大多数都是由轻工业提供的。轻工业的发展不仅促进了国内快递业务的发展,而且还促进了国际快递业务的发展。我国轻工产品因为价格较为低廉而占据了全球市场的较大份额,因此我国快递业务中的国际快递业务 85% 以上均来源于家电、食品、皮革等产品,出口国外的塑料制品、家电、皮革行业的 10 强企业利润分别占到行业利润总额的 11.4%、40.2%①。

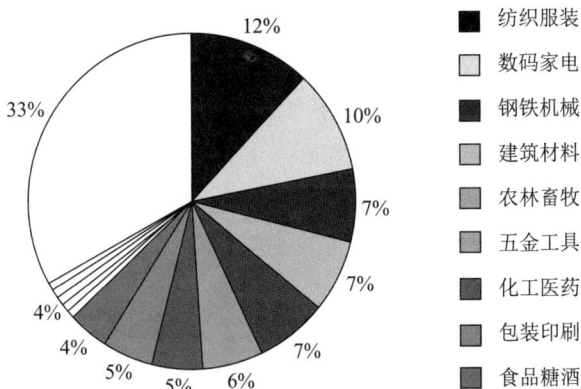

快递服务的主要进出口轻工业产品份额

3.轻工业区域发展差异化对快递业的影响

例如,2010 年 1 月—11 月,中西部地区工业总产值增速为 37.9%,比东部地区快 11 个百分点,形成了轻工业经济增长带。此外,据 2010 年快递业发展统计年报显示:东、中、西部地区快递业务比重分别为 79.3%、11.6% 和 9.1%,与上年末相比,中、西部地区比重出现上升。

4.市场化程度

国外零售业市场发展与快递业的关系。国外零售业市场交易方式逐渐变化,越来越多的消费者选择从网上购买商品。例如,2011 年 12 月牛津研究院发布的最新报告显示:2011 年,欧洲国家中英国的网上零售市场最为发达,网上零售额占社会总零售额的比例达到 12%,其次是德国和瑞士,分别为 9% 和 8.7%②。

---

① 邹姝琪、侯云先:《快递业发展影响因素实证研究》,《现代商贸工业》,2014 年第 1 期,第 70～72 页。

② 周浩、余金利、郑越:《网络销售能力对中国工业企业出口参与的影响》,《财经研究》,2014 年第 40 期,第 46～58 页。

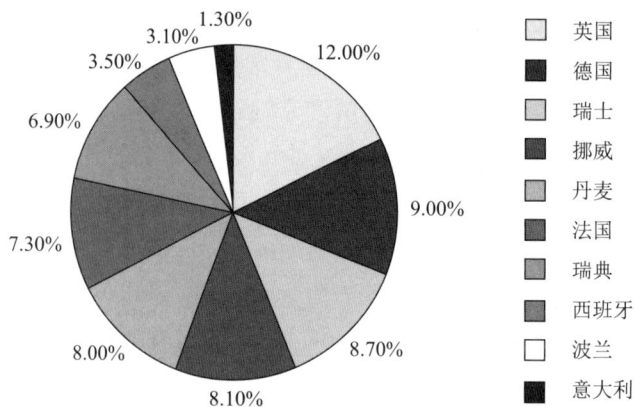

图例：
- 英国
- 德国
- 瑞士
- 挪威
- 丹麦
- 法国
- 瑞典
- 西班牙
- 波兰
- 意大利

欧洲部分国家网上零售占社会总零售额的比例

从上图的分析得知,欧洲一些主要资本主义国家:英国、德国、法国、瑞士、挪威等社会零售业市场中选择在网上购物的比重平均在 7% 左右,网上零售的交易促进了各国快递业的迅速发展。2015 年的世界 100 强物流公司中,德国、英国、瑞士、法国等国家的物流企业有很多,尤其是德国就有 9 家[①]进入世界 100 强物流企业,这与跟欧洲的网上零售的高速发展呈正相关的关系。此外,国内零售市场也影响着快递物流发展水平。例如,2011 年中国网络购物市场交易规模达 7735.6 亿元,较 2010 年增长 67.8%。2010 年中国网络购物市场交易规模占社会消费品零售总额的比重从 2010 年的 2.9% 增至 2011 年的 4.3%,但我国进入世界 100 强的物流快递企业只有中国邮政、中外运。不管是网购零售业的比重还是世界 100 强物流公司的数量上,我国与发达资本主义国家都存在着很大差距。

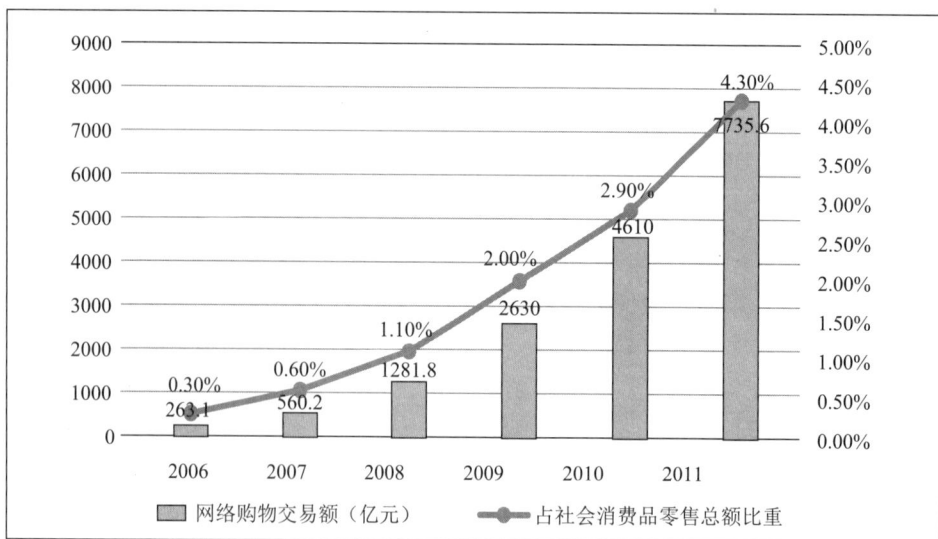

我国网购交易额与零售额

---

① 分别是:DPWN(DHL)德国邮政—敦豪,《财经研究》,2014 年第 40 期,第 46~58 页。德国国有铁路公司、德国超捷物流、德国哈帕罗德航运、德国飞格国际通运、德国胜利航运等

5.全球化程度

轻工业产品的出口带动快递业发展。例如,2011 年全国轻工全行业累计完成出口额 4431.14 亿美元,同比增长 22.95%。其中 12 月份完成出口额 415.41 亿美元,同比增长 16.83%。我国的塑料制品,皮革、毛皮及其制品,家用电器仍为出口额较大的行业,分别占到轻工业全部出口额的 12.75%、10.86% 和 10.46%。从同比增速来看,工艺美术品,制盐,纸浆、纸张及纸制品等行业出口额增速较快。

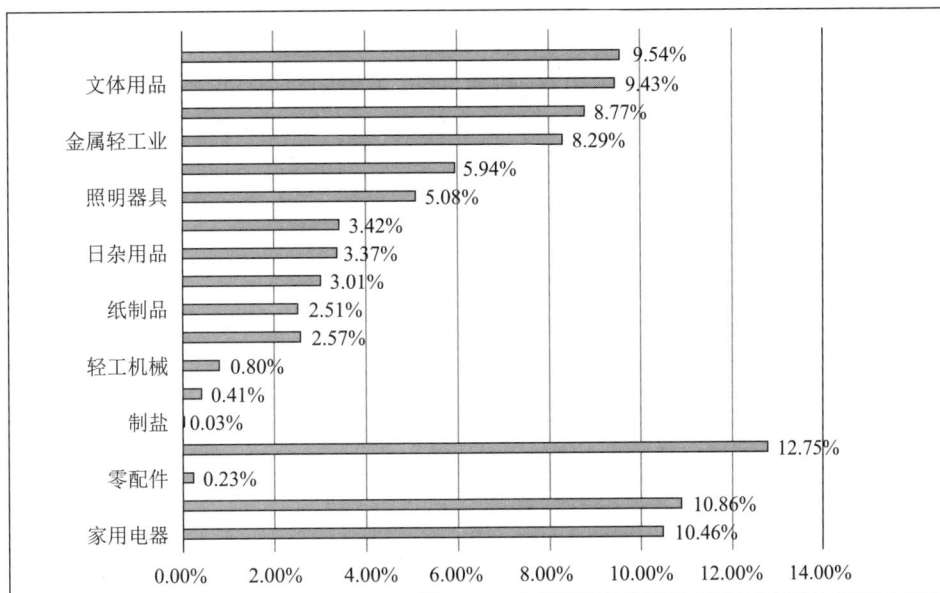

我国网购交易额与零售额

6.地区对外贸易差异

例如 2011 年 1—11 月,国内进出口贸易继续保持较高增速,东部地区更为活跃,增幅更高,出口增幅比平均水平高的幅度更大。如下表所示,国内东南沿海的七省市进出口值合计占全国进出口总值的 81.6%,其中北京、福建省的外贸进出口增长幅度均超过了 30%,另外东中部地区的 5 个省发展速度也在 15% 以上,超过全国平均增长水平。而北京、广东、上海、浙江的快递业务量均在全国排名前五名,这些地区的对外贸易额的增加大大促进了当地国际快递业务量的发展。

2011 年部分省份进出口贸易总值变化趋势

省份	外贸进出口总值(亿美元)	增长幅度(%)
广东省	8309	17.9
江苏省	4906.6	16.4
上海市	3987.7	19.6
北京市	3531.2	30.5

省份	外贸进出口总值(亿美元)	增长幅度(%)
浙江省	2814.5	22.6
山东省	2144.2	25.6
福建省	1301.2	33.7

快递企业需要在全球范围内增加营业网点数,2011年,除了EMS在全球有近200个网点覆盖,顺丰在韩国和新加坡也有自己的网点外,其他的国有、民营快递企业在海外还没有自己的网点覆盖。在很长一段时间内,我国的国际快递业务被UPS、DHL、Fed Ex、TNT这四大快递公司垄断,占市场80%以上的份额[①]。

7.各种运输方式对快递业的影响

(1)公路、铁路运输对快递业的影响。快递的特点是快捷便利,对交通运输能力的要求非常高。一个国家的航空、航海、铁路、公路的完善程度和交通便利程度对快递业的发展至关重要,只有这些基础设施发达了,才能保证快递业务的"准时"、"安全"和"高效"。按照国内快递业务量来划分,同城快递和异地快递主要是通过公路和铁路来运输,国际快递主要是通过航空来运输。例如,在2005—2009年,全国铁路里程和公路里程分别增长13.39%和15.4%,其中,增幅最高的是高速公路,短短四年时间,高速公路里程增长了58.78%[②]。显然,高速公路的增长速度远远高于其他运输方式的增长速度,而且从货物周转量看,2005—2009年铁路周转量增长了21.77%,而公路货物周转量增长了3.27倍,公路是我国同城、异地快递业务最主要的交通设施,公路周转量的大幅度增长表明伴随着我国快递物流的迅速发展。从快递业务结构角度来看,国内同城、异地、国际及港澳台快递业业务量分别占全部快递业务量的22.3%、74.2%和3.5%,特别是异地快递业务量占有总业务量的74.2%。显然,由于异地快递业务量主要依靠高速公路运输方式,2005—2009年高速公路线路长度增加速度58.78%,远远高于公路里程的增长速度,其对快递业异地业务的发展有很大的促进作用,公路货物周转与异地和同城的业务增长呈现一定的正相关联系。

(2)航空运输对快递业的影响。例如,2010年国内快递业完成货邮运输量563.0万吨,比2009年增加117.5万吨,增长26.4%;国内航线完成货邮运输量370.4万吨,比2009年增加51.0万吨,增长16.0%,其中港澳台航线完成21.7万吨,比2009年增加5.8万吨,增长36.2%;国际航线完成货邮运输量192.6万吨,比2009年增加66.5万吨,增长

---

① 《联邦快递并购TNT"三巨头"分占国际快递市场》,网易新闻,2015年4月9日,http://news.163.com/air/15/0409/10/AMOKE5N400014P42.html。

② 《2015年交通运输行业发展统计公报》,中华人民共和国交通运输部网站,2016年5月5日,http://zizhan.mot.gov.cn/zfxxgk/bnssj/zhghs/201605/t20160506_2024006.html。

52.8%[①]。"十二五"期间我国货邮运输量年平均增速 12.9%,2010 年国内东部地区货邮吞吐量为 898.6 万吨,中部地区完成货邮吞吐量 42.7 万吨,东北地区的货邮吞吐量 40.8万吨,西部地区完成货邮吞吐量 147.0 万吨。东部地区、中部地区、西部地区、东北部地区2010 年机场货邮吞吐量分别占全国总额的 79%、4%、13% 和 4%。这与东部地区快递业务量占全国业务量的 79.3% 不谋而合,中、西部快递业务量与货邮吞吐量也存在正向关系。

(二)微观方面

1.人力资源

(1)人员数量方面。国内快递业人力资源状况是初级人力要素多、高级人力要素缺乏,与国外差距明显。2005—2010 年全国规模以上快递企业从业人员的数量从 16.63 万人增加 54.2 万人,增加了 2.25 倍。而 2006—2009 年快递业从业人数占第三产业人数的比重基本上稳定在 0.09%,直到 2010 年,比重猛增到 0.2%,所占比重较去年增加 1 倍多,可见快递业的就业人数随着快递业的发展会不断增加。

(2)人员素质方面。国际快递企业认为,快递业务作为终端物流服务,快递人员要直接面对面地与客户打交道,快递人员综合素质的高低对企业开拓新客户、巩固老客户无疑是至关重要的。DHL 一直把提高快递人员的素质看得格外重要,每年对员工的培训投入都在成倍增加;UPS 员工的培训从品德、仪表到对客户说话的语气甚至走路速度等都形成了一套完整的规范[②]。据统计,外资快递企业的投诉率远远小于国内快递企业的投诉率,国内快递企业的从业人员素质与外资企业相比有较大的差距,为了在快递市场上占有竞争优势,国内快递人员的整体素质需要不断提高。

2.信息资源

快递业在生产经营上最突出的特点是其全程全网、联合作业和服务一体化的特性。由于在大多数情况下,一个优质、高效的异地快递服务总是需要由两家或两家以上的企业相互协作、密切配合才得以完成,这就在客观上要求快递经济运行过程的全程全网、联合作业。2010 年,中国邮政 EMS 已拥有全国很多个网点,覆盖城乡网点数约有 3 万多个,具有近 2800 个城市的实物传递网,其中 300 多个城市间递送快件实现了次日递、次晨达,物流快递网的组网能力,在区域、城际甚至省际都具有明显的优势[③]。中铁快运国内网络遍及全国 500 多个城市,在全国 31 个省、自治区和直辖市,设有很多个经营网点,加起来共约 1700 多个,负责门到门服务的网络,可以覆盖全国 900 多个城市(含部分县、区)。民航快递依托国内 900 多条航线和 129 个机场的独特优势,建立了全国地面网络和若干区

①　《2010 年民航行业发展统计公报》,中国民用航空局网站,2011 年 5 月 4 日,http://www.caac.gov.cn/XXGK/XXGK/TZTG/201511/t20151103_10684.html。

②　任博华:《国际快递巨头在华战略及国内业者的对策》,《物流科技》,2008 年 11 期,第 136～140 页。

③　陈晓云、孙俊:《浅析中国本土快递业的发展策略》,《商场现代化》,2007 年第 03 期,第 267～268 页。

域集散中心,在全国大中城市的覆盖网点已达 297 个,基本形成了民航快递全国网络体系。

3.基础设施

快递服务的特点体现在快速、灵活和方便等方面。长短途运输的快速运输工具和负责集散货物、分发、派送的小型运输工具是快递企业必不可少的基础设施。此外,大型快递业还在货源集散地,尤其是企业云集的中心地区,配置了专用中转和控制中心,建设了大型仓库群、控制和指挥中心、运输工具存放中心、客户服务中心等设施。国内外快递企业基础设施比较[①]:从汽车数量上讲,以 EMS 为代表的国有快递企业是国内实力最强的企业,与国外四大快递企业比较,FedEx 与 UPS 拥有的车辆数最多,分别拥有 14 万辆和 14.9 万辆,TNT 和 DHL 分别拥有 1.9 万辆和 1.8 万辆,与 EMS 差距不大。从飞机数量上讲,我国 EMS 的差距与国外四大快递企业相比较差距较大,拥有飞机数量最多的 FedEx 是 EMS 飞机数量的 72.2 倍,UPS 和 DHL 拥有 250 辆飞机,FedEx 是两者的 2.6 倍。

4.基础设施投资

根据国家邮政局《中国邮政业经济运行报告》分析显示,在投资规模和扩张方面,发展较快的是民营和跨国快递企业。重点投资方面,各类有实力的快递企业在 2012 年继续加大投入,以争取未来市场竞争的主动地位。中外运空运投资十多亿元加强在国内重点机场和周边物流园区场站、仓库的建设,顺丰在紧锣密鼓地继续加强自营航空货运公司的建立。申通投资 1 亿多元、建造能够实现货件分拣自动化的、总建筑面积约达 4 万平方米的华东地区运转中心。圆通、宅急送等一批大型民营快递企业也都在积极投资,改进运转布局,谋求稳定的航空运力或长期的舱位供给,以确保本公司快递服务的时效性与市场竞争力。跨国快递企业也加快了进入中国快递市场的步伐,大力建设处理和转运中心,发展运输能力,搭建快递服务网络,利用自身的品牌、网络、技术和服务优势,在国际快递市场业务取得优势地位的同时,开始关注国内异地和同城快递市场。外资快递方面,四大国际快递公司在华的重点机场或物流仓库等项目都在 2012 年前后进行了有计划的建设。

---

① 丁雅婷:《联邦快递和顺丰快递竞争优势比较分析》,大连理工大学 2013 年硕士论文。

第八章

中国快递业的国际化

这里所说的中国快递业的国际化,主要是讲述中国快递企业走向国际市场的历程。中国快递企业走向国际市场,可以追溯到 1987 年 5 月,邮政 EMS 开启与国际非邮政快递公司的合作,诞生中国速递国际快件(简称"中速快件")业务开始。从此以后邮政 EMS 担任了中国快递业国际化的先锋并不断探索国际化发展。随着国民经济的发展以及人民生活水平需求的提高,民营快递企业也在不断地由国内市场走向国际市场,典型的代表有顺丰、通达系、百世等等不断地在国际化进程中寻找突破,如境外上市、在境外建立合资企业、建立海外仓、跨境服务等等。

2016 年,在全球每年约 700 亿件的快递量中,中国占了 300 亿件,占比接近一半。2016 年,中国的快递业务量完成 313.5 亿件,同比增长 51.7%;业务收入完成 4005 亿元,同比增长 44.6%,其中国际/港澳台业务收入累计完成 429 亿元。从总体上看,我国快递业不论国内收入还是国际业务收入的增长幅度都是非常突出的。

但与发达国家的快递企业相比,特别是在单件收益、经营范围、全球性布局、自动化智能化水平以及标准化方面差距明显。从 2016 年 313 亿件的业务量来看,平均每件收入仅13.3 元,折合成美元只有 2.05 元,相对偏低。而某外资快递企业年平均单件收入为 12.2美元,单价只是别人的零头,比较来看,差距明显。另外,国外单个大型快递企业的年收入接近 600 亿美元,(根据国外快递物流三大巨头企业的财报数据进行估算:2016 年 DHL营业收入为 776.06 亿美元,UPS 营业收入 631.38 亿美元,FedEx 营业收入为 501.61 亿美元),一个企业完成的快递收入,即相当于我国快递整个行业的收入。再有,我国跨境电商70%的订单是由国外企业完成的。比较来看,更显示出差距。我国快递企业的发展历史相对较短,国际化进程也是近几年的事,与欧美企业相比,目前还存在较大的差距,尤其是在国际化进程方面。

第一节 快递业国际化进程

一、三大快递巨头的国际化道路

UPS、FedEx、DHL、TNT 在内的四大国际快递公司是曾经享誉全球的快递巨头,但近几年 TNT 连续经营亏损,已于 2016 年 5 月 24 日被 FedEx 以 44 亿欧元收购,这使四大巨头变成了三大巨头,同时也反映出国际快递巨头们的国际化拓展性以及国际化扩展性的发展轨迹。

UPS、FedEx 作为美国发展起来的巨头,是随着美国政府的逐渐开放和企业本身抓住了以往国际化发展的机遇而发展起来的。

20 世纪 70 年代末至 80 年代初期,美国放松对航空领域的管制,允许大飞机载货,以及之后放松邮政专营的业务和货车运输的管制,都促进了美国快递业的国际化程度的加深。这时的 FedEx 抓住了机遇,加快了其国际化的步伐,进入了美洲和欧洲市场,提供差异化的服务,进而提高了在国际市场上的竞争力。

20 世纪 80 年代至 90 年代,这一时期的快递巨头们进入了全球化的战略阶段,形成初步的全球网络布局,1989 年 FedEx 通过收购飞虎国际航空公司,拥有了 21 个国家的航权。1992 年 UPS 可以递送超过 200 个国家和地区。

进入 21 世纪之后,UPS、Fedex 都加快了国际化进程,迈入跨国战略阶段,通过多次并购,并在全球范围内深耕亚洲和南美市场,逐步完善全球运输网络。

另一巨头 DHL,它是由 Adrian Dalsey,Larry Hillblom 和 Robert Lynn 在美国旧金山创立的,在 2002 年,德国邮政环球网络在年末完成了 DHL 的 100% 控股。此后不断通过收购、并购方式在全球进行扩展。在 2008 年,DHL 在德国莱比锡哈勒机场建立欧洲最先进的航空转运中心。该转运中心是欧洲最庞大的建筑之一,拓展了 DHL 国际网络,使之与不断增长的全球市场联系更加紧密,有助于 DHL 改善所提供的海外客户服务。

二、中国快递企业的国际化路线

中国现代快递最早出现于改革开放后的 1980 年。一方面,当时中国邮政先后于 1980 年、1984 年开办了国际、国内特快专递业务,开中国大陆现代快递业之先河。从时间上来看,先是国际后是国内。另一方面,我国的现代快递是国内快递和国际快递在进行竞争,中国的快递市场是国际快递公司的国际化市场,中国快递公司也在不断地经营国际快递。

(一)邮政 EMS 的国际化

中国邮政速递物流主要经营国内速递、国际速递、合同物流、快货等业务,国内、国际速递服务涵盖卓越、标准和经济不同时限水平和代收货款等增值服务,合同物流涵盖仓储、运输等供应链全过程,拥有享誉全球的"EMS"特快专递品牌。

EMS 于 1980 年 7 月 15 日创办,是中国最早的快递服务提供商。历经多年的发展,EMS 现已发展成全球快递业务公司,在海外设有诸多分站点,开创了我国的现代快递业。

1.在国际化进程方面

1987 年 5 月,EMS 开启与国际非邮政快递公司合作,诞生"中速快件"业务,也是最早的中国快递踏入国际化的标志性事件。2003 年 12 月 1 日,开通上海至大阪自主航线,将自主国内网络延伸到国外。2006 年 8 月 3 日和 12 月 19 日,邮政航空公司开通北京—韩国首尔、上海—日本大阪国际航线,实现韩国、日本主要城市次日递。2009 年 7 月 8 日,国际承诺服务进军欧洲,推广至英国、西班牙。

2.在产品方面

有国际及台港澳特快专递、中速快件、国际及台港澳电子商务、国际及台港澳包裹。其中,国际及台港澳特快专递是中国邮政速递物流股份有限公司(以下简称邮政速递物流)与各国(地区)邮政合作开办的中国大陆与其他国家、台港澳间寄递特快专递(EMS)邮件的一项服务,可为用户快速传递国际各类文件资料和物品,同时提供多种形式的邮件跟踪查询服务。该业务与各国(地区)邮政、海关、航空等部门紧密合作,打通绿色便利邮寄通道。此外,邮政速递物流还提供代客包装、代客报关等一系列综合延伸服务。

中速国际快件业务即"China International Express"(简称"中速快件")。中速快件业务是指邮政速递物流与商业公司合作办理的国际快件业务,通达全球 220 多个国家和地区。中速快件根据重量、运递时限和服务方式的不同,分为标准快件、经济快件、重货快件等;同时提供门到门、门到港、港到港以及增值服务(收件人付费、代垫关税等)。

国际及台港澳电子商务业务,是邮政速递物流为适应跨境电子商务(简称"跨境电商")以及大陆与台港澳之间电商物品寄递的需要,整合邮政速递物流网络优势资源,与主要电商平台合作推出的寄递解决方案。邮政速递物流的跨境电商产品有 e 邮宝、e 速宝,支持线上下单、上门揽收或客户自送,同时,邮政速递物流还推出了中邮海外仓(跨境电商出口)和中邮海外购(跨境电商进口)一站式综合物流解决方案。

国际及台港澳包裹业务主要分为航空包裹、空运水陆路包裹(SAL)、水陆路包裹三种基本业务类型,用户既可以到邮政营业窗口办理业务,也可以通过邮政速递揽收交寄。

中国邮政是我国国际业务范围覆盖最广的速递企业,可以通达全球 220 个国家和地区。2016 年中国邮政国际寄递业务量同比增长 41.3%,国际小包直客业务量收占比均超过 80%。

3.在推进国际性标准方面

中国作为当今的快递大国,在与全球快递标准对接的过程中,中国邮政 EMS 担任着很多的引领探索开创职责。1999 年,邮政 EMS 发起设立万国邮联 EMS(全球特快专递)合作机构,并担任理事至今。

中国、日本、韩国、美国、澳大利亚、中国香港 6 个国家和地区的邮政部门于 2002 年在美国夏威夷卡哈拉东方饭店召开了 6 个邮政 CEO 高峰会议、会后组成了卡哈拉邮政合作组织(简称:"卡哈拉"邮政)。本项目是一项集团性的国际邮政业务合作项目。中国邮政 EMS 作为组织成员之一,参与了统一国际 EMS 服务标准。

2005 年 7 月 25 日,与卡哈拉合作组织成员共同推出中国、美国、澳大利亚、日本、韩国、香港间国际时限承诺服务。

2009 年 7 月 8 日,卡哈拉邮政合作组织 CEO 会议在日本京都召开,会上启动了至西班牙和英国的 EMS 承诺服务。中国邮政 EMS 承诺服务由此从环太平洋地区扩展至欧洲。

(二)民营快递企业国际化路线

随着中国经济的发展,越来越多的民营快递企业开始放眼国外,而随着快递市场的不断深化,国内的快递也在走向国际化,以开放的姿态去迎接市场的挑战。如顺丰、三通一达、百世等国内知名的大快递公司都先后不断加快自己在其他国家的国际化布局。

1.顺丰速运的国际化路线

作为国内快递行业的龙头企业——顺丰,早在创业之初,就开通了中国内地到香港的业务,但它的国际化之路并不激进。近年来,观其战略已开始非常重视开拓国际业务,而且已取得惊人的成绩了。

(1)顺丰国际快递业务发展迅速

顺丰控股 2016 年发布的年度报告显示,顺丰国际快递业务增长迅猛。

首先,在业务收入方面。在上市前后,顺丰国际业务取得重大突破,其中 2016 年顺丰国际快递业务营业收入超过 11 亿元,同比增长 3 倍多;国际快递业务占营业收入比重从 2015 年的 0.56% 增长到 1.91%。

其次,在业务覆盖方面。顺丰国际快递服务覆盖美国、欧盟、墨西哥等 51 个国家和地区,遍布全球五大片区,包括美洲片区、西欧片区、欧亚片区、南亚片区、北亚片区。下附为顺丰成立至 2017 年的国际网络布局的主要事件。

顺丰国际网络布局进程表

序号	时间	境外区域	网点布局与区域覆盖
1	1993 年	香港	1993 年在香港特别行政区设立营业网点,目前营业网点覆盖了香港(除部分离岛)的全部区域
2	2007 年	台湾	2007 年在台湾设立营业网点,目前覆盖台湾本岛的全部区域(离岛除外)
3	2008 年	澳门	2008 年在澳门特别行政区设立营业网点,覆盖了澳门的全部区域
4	2010 年	新加坡	2010 年顺丰在新加坡设立营业网点,覆盖了新加坡(除裕廊岛、乌敏岛外)的全部区域
5	2011 年	韩国	2011 年顺丰在韩国设立营业网点,覆盖了韩国全境
6	2011 年	马来西亚	2011 年顺丰在马来西亚设立营业网点,覆盖了马来西亚全境
7	2011 年	日本	2011 年顺丰在日本设立营业网点,覆盖了日本全境
8	2012 年	美国	2012 年顺丰在美国设立营业网点,覆盖了美国全境
9	2013 年	泰国	2013 年顺丰开拓泰国为新目的地,派送范围覆盖了泰国全境
10	2013 年	越南	2013 年顺丰开拓越南为新目的地,派送范围覆盖了越南全境
11	2014 年	澳洲	2014 年顺丰开拓澳洲为新目的地,派送范围覆盖了澳洲全境
12	2014 年	俄罗斯	2014 年顺丰开拓俄罗斯为新目的地,派送范围覆盖俄罗斯全境

序号	时间	境外区域	网点布局与区域覆盖
13	2015 年	蒙古	2015 年顺丰开拓蒙古为新目的地,派送范围覆盖蒙古乌兰巴托
14	2015 年	印尼	2015 年顺丰开拓印尼为新目的地,派送范围覆盖了印尼全境
15	2015 年	印度	2015 年顺丰开拓印度为新目的地,派送范围覆盖了印度全境
16	2016 年	柬埔寨	2016 年顺丰开拓柬埔寨为新目的地,派送范围覆盖了柬埔寨全境
17	2016 年	墨西哥	2016 年顺丰开拓墨西哥为新目的地,派送范围覆盖了墨西哥大部分地区
18	2016 年	加拿大	2016 年顺丰开拓加拿大为新目的地,派送范围覆盖了加拿大全境
19	2016 年	欧洲 28 个国家	2016 年顺丰开拓欧洲 28 个国家为新目的地,包括英国、德国、葡萄牙、法国、荷兰、比利时、卢森堡、西班牙、波兰、捷克、瑞典、罗马尼亚、丹麦、爱尔兰、希腊、意大利、奥地利、芬兰、斯洛伐克、保加利亚、匈牙利、斯洛文尼亚、塞浦路斯、爱沙尼亚、克罗地亚、立陶宛、拉脱维亚、马耳他,派送范围覆盖了这 28 个国家全境
20	2016 年	巴西	2016 年顺丰开拓巴西为新目的地,派送范围覆盖了巴西大部分地区
21	2016 年	缅甸	2016 年顺丰开拓缅甸为新目的地,派送范围覆盖了缅甸全境
22	2016 年	文莱	2016 年顺丰开拓文莱为新目的地,派送范围覆盖了文莱全境
23	2016 年	新西南	2016 年顺丰开拓新西兰为新目的地,派送范围覆盖了新西兰全境
24	2016 年	阿拉伯联合酋长国	2016 年顺丰开拓阿拉伯联合酋长国为新目的地,派送范围覆盖了阿拉伯联合酋长国全境
25	2016 年	孟加拉	2016 年顺丰开拓孟加拉国为新目的地,派送范围覆盖了孟加拉国全境
26	2016 年	斯里兰卡	2016 年顺丰开拓斯里兰卡为新目的地,派送范围覆盖了斯里兰卡全境
27	2016 年	巴基斯坦	2016 年顺丰开拓巴基斯坦为新目的地,派送范围覆盖了巴基斯坦全境

序号	时间	境外区域	网点布局与区域覆盖
28	2017 年	菲律宾	2017 年顺丰开拓菲律宾为新目的地,派送范围覆盖了菲律宾全境

数据来源:顺丰速运官网

再次,在产品线上方面。截至 2016 年顺丰的国际性产品包括:国际小包(服务网络已覆盖全球 200 多个国家和地区),以及国际标快、国际特惠、海外仓储、转运等不同类型及时效标准的进出口服务。

①国际标快:为满足客户对紧急物品的寄递需求,各环节均以最快速度进行发运、中转和派送的高品质门到门国际快件服务。

收件范围:中国大陆及港澳台地区、俄罗斯、美国、新加坡、马来西亚、日本、韩国、蒙古、越南、泰国。

派件范围:俄罗斯、新加坡、韩国、马来西亚、日本、美国、澳洲、加拿大等 16 个国家。

②国际特惠:为满足客户对非紧急物品的寄递需求而推出的经济型国际快件服务。

收件范围:中国大陆及港澳台地区、新加坡、马来西亚、日本、韩国、美国。

派件范围:新加坡、马来西亚、日本、韩国、美国、巴西、俄罗斯、欧洲 28 国等共 43 个国家及地区。

③直运+:是为满足有品牌效应需求和对价格敏感的客户而提供的经济型跨境快递产品。

收件范围:中国大陆华南地区(深圳、广州、东莞、佛山、中山、潮汕、惠州、五邑、广西、海南)。

派件范围:覆盖全美 48 州(除阿拉斯加和夏威夷外)。

④国际小包:为跨境电商 B2C 卖家发送 2kg 以下包裹而推出的一款高品质小包类服务。

收件范围:中国大陆及香港地区。

派件范围:全球 200 多个国家及地区。

⑤顺丰国际重货:为满足客户寄递大重量段物品至海外国家而推出的性价比较高的国际重货服务。

服务范围:中国大陆寄至美国、日本、新加坡、马来西亚、韩国,韩国寄至中国大陆。

⑥国际电商专递:为跨境电商卖家销售较高价值商品应配套更加优质高效物流服务的需求而量身定制的跨境物流专递类产品。

收件范围:中国大陆及香港地区。

派件范围:欧洲 26 国、澳大利亚、俄罗斯、乌克兰。

⑦海购丰运(SFBUY):顺丰速运集团旗下专业的海淘转运服务平台,致力于为海淘客户提供高效、便捷的全球转运服务。

进口流向:美日韩到中国大陆及港澳台。

出口流向:中国大陆到港澳台、新加坡、马来西亚(西部)。

⑧顺丰国际海外仓:针对发往俄罗斯、欧美等跨境电商客户量身打造,帮助中国卖家实现海外本土化销售,降低物流运营成本,实时监控库存和订单状态,订单响应速度迅速。

东欧仓:俄罗斯、白俄罗斯、乌克兰、挪威以及欧洲 28 个国家。

中欧仓:欧洲 28 个国家。

(2)顺丰航空开启民营快递新领域

顺丰作为民营快递的标杆性企业,在航空运输方面也不断寻求突破,于 2009 年获得中国民航局正式批复筹建顺丰航空有限公司(以下简称"顺丰航空"),也是国内首家由民营快递公司创立的航空公司。截至 2017 年 8 月,全货机数量已达 40 架,是目前国内运营全货机数量最多的货运航空公司。2015 年,开通"深圳—台北"全货机运输航线;2016 年,正式成为国际航空运输协会(IATA)会员;2016 年 12 月 20 日,顺丰航空正式获颁国际航空运输协会(简称"国际航协"、"IATA")会员证书,顺利成为国际航协会员,迈向国际交流与合作的新格局。近年来,随着顺丰集团业务规模与范围的不断扩大,对顺丰航空的安全运行管理水平提出了更高的要求。为尽早实现与国际先进水平的全面接轨,顺丰航空于 2016 年 2 月正式启动国际航协运行安全审计(IATA Operational Safety Audit,简称"IO-SA"),并于 11 月 10 日以 0 发现项的优异成绩通过审计,正式成为 IOSA 注册运营人,这也为顺丰航空 12 月正式加入 IATA 打下了坚实基础。

顺丰航空隶属于顺丰速运,在为顺丰速运提供安全高效的快件空运服务的同时,也着力于创新业务经营模式、提升国际航线运行水平。近年来,顺丰航空全货机已陆续以包机形式飞入大阪、仁川、加德满都、达卡、金边等城市,为国内通往亚洲周边区域增添多条航空物流渠道。

2017 年 8 月 27 日,顺丰航空"成都—河内"货运输航线顺利开飞,国内首条直飞河内的全货机运输航线也由此起航。新航线由顺丰航空 B767−300 型远程宽体全货机定期执飞,每周两班,为成都及其周边辐射区域进出越南架起了新的航空货运通道。此次合作的达成,是顺丰航空坚持以客户需求为核心、结合自身航空物流运营优势、助力客户实现电子产品全球化生产的又一次有益尝试。与此同时,"成都—河内"货运航线的定期运行有望进一步提升两区域之间的航空物流品质,助力两地货物流通与商贸往来。

(3)顺丰联姻 UPS,开辟新市场

顺丰控股副董事长林哲莹曾强调,顺丰上市以后,国际化肯定是一个重中之重。"中国市场培育了顺丰,让顺丰壮大到可以跟四大快递平起平坐、争夺市场。我们有足够的财力、足够的能力去实施国际化。"并且,他透露未来不排除资本层面的深度合作。话题还萦绕在顺丰以及快递行业上空,2017 年 5 月 26 日,顺丰控股和 UPS 宣布将在香港成立合资公司,助力双方共同开发和提供国际物流产品,聚焦跨境贸易,扩展全球市场。

顺丰和 UPS 分别对合资公司投资 500 万美元,共计 1000 万美元。其中顺丰和 UPS 拟各出资 50 万美元认购合资公司发行的股份,持股比例为 50%。

UPS 称,"SF-UPS 直运＋"将率先在华南推出,并在年内覆盖全国。UPS 和顺丰携手推出联合品牌后,在国内将由顺丰上门取件,抵达目的地美国后,由 UPS 提供快速清关服务,并完成最后一公里派送,承诺转运时效稳定在 7 个工作日内。

UPS 和顺丰的合作是四大国际快递对来自相对廉价的邮政、专线竞争的反应,提供美国到中国个人包裹邮寄服务的新干线递送。其实,顺丰和 UPS 的合作,给消费者和生产商都提供了更多选择,而给其他涉及国际 B2C/B2B 业务的物流公司造成了竞争压力,"但 UPS 和顺丰的合作扩大了整个跨境物流市场,是个好事情"。

顺丰和 UPS 携手的条件得天独厚,两家公司都采取直营模式,品质控制水平稳定,调度统一,因此两家公司合资攻打国际市场的模式,很难被加盟模式的物流/快递公司复制。

(4)鄂州顺丰机场——中国版孟菲斯国际机场

孟菲斯国际机场是美国田纳西州孟菲斯的国际机场,为世界最大货运机场。该机场是美国西北航空的第三大转运中心,也是联邦快递的总部。联邦快递的入驻,使原本不知名的孟菲斯国际机场一跃成为世界物流中心,孟菲斯也赢得美国"航空都市"的美誉。在国际上,全球快递领军企业大部分都拥有一个全球或者是全国性的货运枢纽,用于提高货物周转率和飞机使用率。

随着顺丰成功上市以及业务发展不断的创新突破,顺丰速递已经确定在湖北鄂州燕矶兴建货运空港,该机场将是全球第四、亚洲第一的货运空港集散中心。

2016 年 4 月 6 日,国家民航局正式同意将湖北鄂州燕矶作为顺丰机场的推荐场址。该项目包括 4E 级全货机机场、物流运输基地和产业园,目标是建成为全球第四、亚洲第一的航空物流枢纽。顺丰机场将会在 2020 年投入使用,并且预计在 2045 年实现 765.2 万吨的年货运吞吐量,为当地甚至整个中国以及世界范围内创造出更多的社会经济价值。根据相关报道查证,顺丰机场相关配套工程已于 2016 年 9 月 30 日正式动工,随着顺丰机场的顺利推进与建设,顺丰航空战略也越来越清晰,国际化也越来越明确。

(5)顺丰互联化平台产品不断试水

随着互联网、移动互联的快速发展,各行各业都在寻求突破,快递行业也是如此。

2014 年 11 月 11 日,顺丰优选海购平台"优选国际"上线,以奶粉为主打加入海购战场。"优选国际"与顺丰优选定位保持一致,主打更高附加值的食品领域。

2013 年 9 月海购丰运(SFBuy)正式上线。海购丰运定位为给消费者提供"足不出户、购遍全球"的网络购物体验,本阶段已开通美国市场,随着用户规模的逐步扩大,未来还会拓展到更多国家。

2015 年 1 月 8 日,顺丰自营的跨境 B2C 电商网站"顺丰海淘"(后更名为"丰趣海淘")正式上线。丰趣海淘由上海牵趣网络科技有限公司营运,是顺丰旗下唯一自营的跨境电商平台,提供在线网站、移动客户端、微信移动版等多渠道电商服务,也是国际供应链布局领先的跨境电商,极速保税和跨境直邮双线服务并行。

2.圆通速递的国际化路线

成立于 2000 年 5 月 28 日的上海圆通速递有限公司,不仅立足国内,还面向国际,致力于开拓和发展国际快递及物流市场。为进一步满足客户需求，加快圆通国际化步伐，圆通速递于 2015 年正式启动全球速递项目。

2015 年 1 月中旬，圆通宣布开启海外直购，旗下电商平台"一城一品"正式启动海外直购业务。一城一品为圆通蛟龙投资集团旗下上海圆通新龙电子商务有限公司所有，以各地名优特产和农产品为主营商品的网购电商平台。一城一品网经营原则是原产地直供，为消费者提供地方特产和农产品。

2015 年 4 月 22 日，圆通速递联合亚、美、欧等多个国家和地区快递企业发起成立了一个覆盖全球主要市场的国际包裹服务网络——"全球包裹联盟"。据圆通速递官网显示，现已开通港澳台、东南亚、中亚和欧美快递专线，并开展中韩国际电子商务业务，将圆通的服务网络延伸至全球。

2016 年 1 月 13 日，圆通正式上线了旗下跨境进口电商平台"一国一品"。2017 年，一国一品已上线澳洲馆和日本馆，采取海外直邮的方式，目前主营母婴产品、乳制品和洗护等产品。

（1）圆通速递积极参与海外市场竞争

事实上，圆通速递并非首家在海外布局的快递企业。"通达系"国内快递公司陆续抢滩海外市场，加快海外布局。不少专家均表示，快递企业加速出海有利于融入全球供应链，进一步增强我国企业的竞争力。

圆通速递坚持积极拓展海外市场，壮大业务规模公司以"跟着'一带一路'的国家政策走出去，跟着华人华企走出去，跟着阿里及跨境电商走出去"为国际化发展的指导原则。圆通将主打"最具性价比"的跨境全链路产品，线上对接阿里等电商平台，线下依托密布全国的终端网点，以线上线下相结合的营销模式形成市场突破。在境外，圆通将复制国内加盟制的成熟经验，借用成熟体系优势，以"大众创业，天下加盟"的模式在华人聚集区域发展本地末端网络。同时，圆通将依托自身主导建立的国际包裹联盟，搭建跨国间快递公司的协同合作网络，以自建与合作相结合的方式，拓展公司在全球的业务覆盖范围，让中国服务伴随中国制造一同走向世界，为全球客户提供高品质的综合性快递物流服务。

（2）圆通率先跨境并购，加速国际化进程

2017 年 11 月 3 日，圆通速递的子公司圆通国际控股有限公司（以下简称"圆通国际控股"），与香港联交所主板上市公司先达国际物流控股有限公司出售各方办理了相关股权交割手续。交割完成后，圆通速递通过圆通国际控股持有先达国际 61.75% 的股份，实现对先达国际的控股。

圆通速递董事局主席兼总裁喻渭蛟评价此次对于先达国际的控股："我们双方合作，不仅有利于公司拓展全球网络覆盖面、提升国际业务竞争先发优势，也有利于加强国际业务人才梯队建设，打造最具性价比的跨境物流全链路产品与服务，为公司成为全球领先的综合性快递物流运营商和供应链集成商奠定坚实基础。"

其实，圆通之所以并购先达，主要是看中了其核心价值资源和拥有的直营市场业务站点。

先达国际董事会主席兼行政总裁林进展表示：他们将以香港作为核心枢纽，配合圆通的全球发展战略，跟随国家"一带一路"倡议携手"走出去"，在多元化的资本平台上进一步整合双方优势资源，开发全链路产品，加速国际业务发展。

(3)圆通速递启动全球包裹联盟

2015年4月22日，由圆通速递发起的"全球包裹联盟"（简称GPA）峰会在上海隆重召开。此联盟也是唯一一个由国内物流快递企业发起的国际化物流快递联盟平台。这也是圆通速递标志着要走出去，面向世界，走向国际化，抢时间、占机遇的时候。此后，GPA合作模式逐渐形成、完善，并陆续完成了机构设立、品牌注册、系统开发等前期工作。2017年5月28日，GPA联盟在浙江省义乌市正式启动，标志着GPA开始进入试运营阶段。首批联盟成员来自全球25个国家和地区，共50家网络加入联盟。圆通速递董事局主席兼总裁喻渭蛟表示，相信一年以后GPA和先达两个布局将会成为圆通全球化的核心战略布局。圆通组建GPA所表示出来的是信息的统一、服务的统一和未来品牌的统一，包括信息的标准化、决算的标准化都会实现统一。启动GPA和不久前收购先达国际物流控股有限公司，都标志着圆通真正具备了实施国际化战略的能力，能够助力中国快递企业"走出去"。

3.申通快递的国际化路线

申通快递品牌初创于1993年的杭州。进入21世纪后，海淘热潮和跨境电商业务逐步升温，申通国际也应运而生。"申通国际"隶属于申通快递有限公司，为申通快递的国际品牌。申通经过多年发展，为了满足客户国际件方面的需求，在国际快递方面也做了很多的拓展，通过与外商协作和国外建立了快件来往。申通国际现有服务范围已经覆盖中国香港、中国台湾、日本、韩国、美洲、欧洲、澳洲等全球60多个国家及地区。

申通国际业务是整个申通快递的重要组成部分，也是申通快递在立足传统业务基础上，进一步做大做强、跨越发展的重要抓手。申通快递的海外业务开办以后，着力推进实现一站式、全链路跨境电子商务服务，大大提高跨境电子商务供应链的效率，降低运营成本，增强申通快递在跨境电子商务的市场竞争力，促进中国跨境电子商务行业的发展。

据申通国际官网显示，申通国际致力于打造高品质的全球"门到门"服务，为国际件的卖家或买家提供揽收、转运仓储、出口报关、国际运输、目的地国进口清关、订单管理、送货上门的跨境物流一体化服务。用户可通过申通国际官网和APP进行运费查询、在线下单和订单信息追踪等，申通国际还能为跨境电商提供国际产品的设计和解决方案，满足不同买家与卖家的个性化国际物流需求。

申通是最早在境外直接设立分支机构的快递企业之一，先后设立香港、美国、英国、俄罗斯分公司。2017年申通规划拓展境外网点至69个国家和150个城市及地区，发展北美、欧洲、中东、俄罗斯、韩国、日本和澳大利亚等出口专线。

(1)申通开启国际全货机包机模式

2016年11月2日，捷克布拉格国际机场以国际航空界传统的"过水门"仪式欢迎申通快递首航货机，这标志着申通快递正式落户捷克，并成为中国首家拥有跨洲全货机包机的快递公司。

据悉,此次申通快递国际全货机为全新的波音747-800,承载力高达130吨/班。目前该航班每周三次单程从香港飞往布拉格,从中国到欧洲,从前端收件到末端派件,最快30小时内即可完成中欧跨境收派。申通负责人表示,申通开通此条飞往欧洲的全货机包机是全球化布局需要和快递"走出去"的需要,同时可增强申通的核心竞争力,满足世界客户的快递需求,提升服务品质和时效,满足更多客户全球买卖的需要。

(2)申通海外多地布局与国际业务拓展

2017年5月29日,在京交会期间,申通分别与波兰邮政签订合作协议。申通将与波兰邮政利用中欧专列、航空包机、海运等运输资源,在波兰建立东欧地区物流转运中心,并辐射欧洲建立多个海外仓、全面拓展中欧小包、国际专线等快递业务,推动申通快递走向欧洲,建立中国—欧洲双向辐射的快递枢纽。

6月12日,法国邮政和DPD集团到访申通集团,双方就未来合作研发中欧跨境电商综合解决方案交换了意见,并达成初步战略合作意向。未来,申通快递将携手法国邮政和DPD集团展开多领域合作,共同拓展中欧国际跨境业务。

除与海外企业建立联系之外,申通还在5月11日与广东卓志跨境电商供应链服务有限公司签订战略合作协议,双方在跨境电商物流进出口关务、国内派送、海外仓运营等几大领域进行深入的合作。5月底,申通又对外宣布其广州口岸成功完成跨境电商进口通关试运行。申通快递欧洲公司重约1.5吨的跨境电商直邮包裹,由西班牙直飞广州白云机场后,经过快速通关流程,仅用6个小时即完成清关验放程序,包裹当日即实现海关放行,进入申通快递网络进行中转派送。

对于申通的国际化发展,申通国际负责人朱群表示在四个方面与行业、企业实现共享。共享网络,物流行业是高门槛的行业,申通国际海外网点将增加到1000个;共享干线货运平台,减少重复投入;共享系统,打通封闭环节,加速行业发展;共享大数据,促进产品的研发和精准投入,为上下游的合作伙伴进行更深入的合作奠定基础。

按照规划,申通未来将大力发展国际快递网络,开发国际快递产品,建立自主国际口岸,逐步形成相对完整的海外业务,包括跨境电商业务体系,陆续增加海外加盟点、直营点,不断扩展全球网络。以上一系列的动作表明,申通正在提速国际化战略。

4.中通快递的国际化路线

中通快递股份有限公司创建于2002年5月8日,是一家集快递、物流、电商、印务于一体的国内物流快递企业。

2013年12月,中通快递收购了俄速通20%的股权,开始涉足中俄跨境物流。"中通国际"是中通快递控股投资成立的国际物流有限公司,于2014年8月成立,自2014年下半年开始,中通国际已经在试行部分进口业务,于2015年3月1日正式上线,专门从事国际物流、国际包裹业务、跨境电商出口或进口业务.欧洲专线业务从深圳口岸始发,5至8日即可到达欧盟各国,从国内揽件到欧盟国家签收时效为6到10天。

2014年到2017年,中通国际先后在港澳台、美国、法国、德国、日韩、新西兰俄罗斯、迪拜、马来西亚等地设立 10 多个中转仓。

同时,推出欧盟专线、美国专线、日韩专线、新澳专线、东盟专线、中东专线、非洲专线及全球其他国家专线的包裹寄递业务、国际物流配送及仓储业务邮政小包、代取件业务等。

(1)中通国际与 USPS 建立战略合作关系

2016 年 10 月 12 日(美国当地时间),中通国际和 USPS(美国邮政)在美国圣地亚哥签署合作协议,正式建立战略合作关系,双方将开拓全球跨境电子商务配送业务。中通国际和 USPS 的合作是中通积极响应国家"一带一路"号召,实施"走出去"发展战略的重要举措。

USPS 副总裁 CliffRucker 在签约仪式上表示,中通在中国有着一流的品牌影响力、业务拓展能力和服务保障能力,且在国际业务发展上有着自己独特的经营模式和优越性。USPS 愿意与中通一道,共享优势资源,共同拓展国际业务,携手开拓物流全球化的新局面,为共同做大做强"世界生意"贡献力量。

近年来,中通国际已先后在美国设立了波特兰、洛杉矶、特拉华三处中转仓,在中国台湾设立了 7 个中转仓,在德国、法国、日韩、新西兰等地设立了中转仓,且每个仓都配备了先进齐全的软硬件设施。同时,中通已开通欧盟专线、美国专线、澳大利亚新西兰专线、日韩专线、中东专线、东盟专线等全球主要国家和地区的包裹寄递业务。

此次中通国际与 USPS 签署战略合作协议,双方希望在仓储配送、拆拼箱、面单贴换、包装和包裹退运管理、客服在线服务等方面展开具体合作,并共同开发、落地中美进出口物流产品,共建客服系统,提供实时物流信息查询,给客户提供细致周到的用户体验。

(2)快递企业首家境外上市

2016 年 10 月 27 日,中通快递成功登陆纽交所,成为首家在美国上市的中国快递企业,股票代码为 ZTO。中通选择在美国上市有自身的考虑,目的是为了使发展更加国际化。中国物流快递咨询网首席顾问徐勇认为,"在美国上市,公司国际化水平更高,会获得世界范围内的知名度和美誉度"。赴美上市后,中通快递的知名度和美誉度会在全球范围内传播,这对未来国际市场的开拓非常有利。

5.韵达快递的国际化路线

韵达快递品牌创立于 1999 年 8 月。2013 年以来,韵达快递开启了国际化发展步伐,相继与日本、韩国、美国、德国、澳大利亚、印度等国家和地区开展国际快件业务合作,逐步走出国门,为海外消费者提供快递服务。

2014 年 9 月,韵达曾上线了海淘代购网站"易购达"。更早一点,韵达快递美国服务中心官方网站(www.yundaex.us)正式上线,开始为国内海淘网购客户和全球华人提供美国仓储、转运及跨境物流运输咨询、查询服务。

2015 年 2 月 2 日,韵达跨境电商网站 U-DA("优递爱")正式上线,这标志着韵达快递正式进军跨境电商市场。优递爱定位于全球中高端消费用户,是依托韵达快递现有全球服务网络,汇合全球知名大中型品牌商、生产商,整合国内外优质产品资源的全球跨境品牌零售电商平台,为全世界品牌零售商提供基于互联网的全球整合供销仓储服务,以客户需求为导向,满足不同海淘用户的需求,以实现功能、产品和服务的差异化。

2014年5月,在中国·杭州跨境贸易电子商务进口业务启动暨产业园开园仪式上,韵达快递宣布将携手中外运进入跨境电子商务领域。

韵达快递作为国内知名快递物流服务商,借此东风,携手中外运空发展,积极推进国际化发展战略,加快国际化发展步伐,为国内外消费者提供更便捷的快递物流服务,不断提高跨境快递物流服务能力和水平,持续提高客户体验,同时也为国内商家的商品走出国门提供更好的快递物流服务。

韵达国际业务起步较晚,业务收入在当时还占比还较小。作为公司快递业务的重要组成部分,公司高度重视国际业务的布局与发展,到2016年,公司已在20个国家或地区开通跨境物流之国际业务并持续推进、保持良好的发展趋势。公司的战略是继续加速海外网点布局,推进主要国家海外仓设立工作,完善跨境物流供应链管理,丰富国际业务产品线。

6.百世快递的国际化路线

"百世汇通"快递的前身"汇通快运"于2003年在上海成立,2010年11月,杭州百世网络技术有限公司成功收购"汇通快运",随后更名为"百世汇通",成为百世网络旗下的知名快递品牌,并于2016年3月1日正式更名为"百世快递"。

2013年12月,百世汇通航空部开始在全网进行国际快递业务试运行,经过3个月的试运营,状态良好,且业务量以每月20%的幅度稳定增长,

2014年3月,百世汇通正式进军海外市场,开通全球国际快件业务,百世汇通国际快件业务由百世汇通总部航空部运营,与国际著名快递企业合作,业务覆盖全球200多个国家和地区。

百世汇通国际快件直接从上海统一发往世界各地,而港台地区的快件则主要以专线为主,其他国际区域的快件与国际快递企业合作,并在部分线路上开通专线服务。

百世汇通全球国际快递业务的全线开通,标志着百世汇通业务正式开拓到海外市场并和国际接轨,之后不仅要面临国内快递企业的压力,更要面对更多国外企业的竞争,机遇与挑战是并存的。

百世国际快件业务由百世汇通总部航空部运营,在海外则联合国际快递企业合作,业务覆盖可达全球200多个国家和地区。

百世快递董事长周韶宁曾说:为企业提供仓配一体化服务的产品,百世云仓目前已经覆盖全球,在美国、德国、澳大利亚、日本等地已拥有自建仓储。同时在中国宁波、广州、郑州、天津、重庆拥有保税仓库,韩国、中国台湾业务也即将陆续开通,这些布局都将助力国内外企业打开海外销售市场。

截至2017年年底,占据国内快递80%市场份额的七大快递企业(邮政EMS、顺丰、圆通、申通、中通、韵达和百世),都已在国际化进程方面有所建树,这也代表着我国快递企业正在走出国门,走向世界。未来的路不仅仅是国内市场的竞争,还要走出去,参与国际市

场的竞争。

第二节　快递国际化的政策性文件与联盟会议

政府工作报告连续三年提及快递发展，"十三五"规划纲要草案六提邮政快递。马军胜认为："我们应当加快快递业供给侧结构性改革，打造若干具备国际竞争力的快递企业，扩大快递有效供给，带动快递业转型升级提质增效。""到 2020 年争取打造若干具备国际竞争力的快递航母。"

一、快递国际化的政策性文件

（一）国务院关于促进快递业发展的若干意见

2015 年 10 月 23 日，国务院印发《关于促进快递业发展的若干意见》，这是国务院出台的第一部全面指导快递业发展的纲领性文件，提出了促进快递业发展的总体要求、重点任务和政策措施。

这份意见对于快递国际化的发展目标是形成覆盖全国、联通国际的服务网络。在五大任务中，首要的就是培育壮大快递企业，让快递"走出去"参与国际化竞争；其次是各重点口岸城市建设国际快件处理中心，建立"海外仓"，实施快递"上车、上船、上飞机"工程，增强国际航线的竞争力，利用与发挥电子口岸、国际陆港等"一站式"通关平台优势，扩大电子商务出口快件清单核放、汇总申报通关模式的适用地域范围，实现进出境快件便捷通关。

（二）快递业发展十三五规划政策简要

2017 年 2 月 13 日，国家邮政局发布《快递业发展"十三五"规划》，提出到 2020 年基本建成普惠城乡、技术先进、服务优质、安全高效、绿色节能的快递服务体系，形成覆盖全国、联通国际的服务网络。

这份在规划中，提及国际化字眼 32 次，其中对于"十二五"回顾中也明确指出供给能力不足，有针对性地在十三五规划展望中强调通过"一带一路"战略步入务实合作阶段，加强区域间贸易活动，通过国际物流战略通道建设成一批深度参与国际分工、具有国际竞争力的快递企业。

而在发展目标中，明确了国际快递服务的通达范围更广，速度更快的服务品质提升。同时根据目标分解了若干主要任务，首要的就是壮大市场主体，打造快递航母，围绕品牌化、集团化、国际化发展方向,鼓励企业通过合作、联盟、收购、交叉持股等方式实现兼并重组,开展资源要素整合,集中优势资源扩大市场份额,打造具备国际竞争力的"快递航母",突出优势做大做强做精。

通过一系列的软硬件规划建设,如加强国际快递枢纽的建设,积极搭载中欧班列等铁路国际联运,拓展国际货运航线,逐步打造辐射全球的国际快递航空网。在重点口岸城市建设国际快件处理中心,实现跨境电商商品的集货运输、集中分送,拓展跨境电子商务领域。建设跨境寄递通道;因地制宜加强国际快件监管区建设,调整完善设点布局等方面来提高国际化竞争力。

(三)服务贸易发展十三五规划

2017 年 3 月 2 日,中华人民共和国商务部联合中央宣传部、发展改革委、工业和信息化部、财政部、交通运输部、卫生计生委、人民银行、海关总署、税务总局、统计局、旅游局、中医药局等 13 部门关于印发《服务贸易发展 "十三五"规划》中明确表述需要邮政快递做好保障措施,重点强调了推进快递市场对外开放。

从对市场布局的角度支持跨境寄递发展,完善国际邮件处理中心布局,支持建设一批国际快件转运中心和海外仓,因地制宜加强各类口岸国际邮件互换局(交换站)和国际快件监管区建设。

从业务的发展规划角度,支持邮政企业开展国际小包业务,推动开展国际航空快件中转集拼业务。

从企业走出去经营的角度,支持快递企业通过设立分支机构、合资合作、委托代理等方式拓展国际服务网络,依托"一带一路"国家和地区国际骨干通道建设,开辟中国与南亚、中亚、东南亚、欧洲跨境邮件、快件运输通道。

从政府政策的角度,推进完善邮政快递领域服务贸易相关政策,完善邮件、快件在通关、检验检疫、结汇等方面的管理体制机制。

从整体的快递国际化要求角度,努力实现邮政、快递企业国际市场份额稳步提升;国际邮件、快件出口量稳步增长;跨境寄递服务与跨境电子商务联动效应明显,打造联通亚太、辐射全球的航空快递货运枢纽,构建联通国际的邮政快递服务网络,国际邮政快递服务的通达范围更广、速度更快。

(四)快递国际化与服务贸易的相互协作

从以上的两大十三五规划中,可以看出中国政府对快递国际化的重视。其中对于快递企业来说,尤其重要的支持方式就是鼓励快递企业"走出去"。鼓励重点快递企业以服务跨境电商、伴随国内企业境外发展等为契机,衔接境外物流体系,构筑立足周边、覆盖"一带一路"、面向全球的跨境寄递网络。加强重点国家、重点城市和重点线路的国际快递网络构建,开辟中国与东北亚、东南亚、东欧和非洲快件运输通道,延伸北美、西欧服务网络。鼓励国内快递企业间、快递企业与境外企业间建立战略协作关系,设立海外集散中心和服务网点,实施衔接统一的服务标准、信息交换标准及结算标准,实现跨境寄递的全生命周期管理,提升跨境寄递服务水平。引导重点快递企业建立保税公共仓储与海外重点国家快递专线等相结合的服务体系,在重点口岸城市建设国际快件处理中心,实现跨境电商商品的集货运输、集中分送,拓展跨境电子商务领域。推动开展国际航空快件中转集拼业务,提升国际快件中转运输能力。鼓励支持企业在境外建立海外仓,实现信息共享、实体展示、批发零售等功能,提升服务层次。

建设跨境寄递通道。因地制宜加强国际快件监管区建设,调整完善设点布局;充分利用自由贸易试验区、跨境电子商务综合试验区、电子口岸、一站式通关等基础设施功能和政策优势,增强服务跨境电商的能力;推动海关、检验检疫、外汇管理、税收管理等部门完善跨境快件管理措施,促进跨境电商信息流、物流、资金流的集约高效运行;研究推进中欧班列运输国际快件,协助推动采用拼箱运输方式,推行电子快递清单;利用政府间对话机制和对外商贸谈判,推动解决目标市场的进入等相关问题,优化企业"走出去"国际环境。

运输贸易仅次于旅游贸易,是我国国际服务贸易的第二大领域。在《服务贸易发展"十三五"规划》中,物流运输服务领域中海运港口、航空运输、铁路运输、邮政快递和国际货运代理均被列为发展重要领域,其中邮政快递业被称为中国经济的"黑马",过去的几年中年均增幅均在50%以上。

但是国内邮政快递品牌的主要市场仍然在国内,和DHL、UPS、FedEx等相比,无论是业务规模、覆盖范围和开展的业务类型都存在一定差距,邮政快递跨境服务进步空间巨大。

二、快递行业的国际性会议

(一)首届中国(杭州)国际快递业大会

2015年11月13日,以"便民惠民.通达天下"为主题的首届中国(杭州)国际快递业大会,在素有"中国民营快递之乡"称号的浙江桐庐举行。国务委员王勇出席并带来了中国政府的声音。来自国内外的60余家快递及关联企业代表齐聚一堂,探讨未来五年快递发展的思路和走向。中国国际快递产业大会将永久性会址落户桐庐,以后每两年举办一次。

"中国快递也不仅要有'四通一达',更要走出去,做到四通八达。"当听到国通快递要跻身民营快递"四通一达"时,国务委员王勇风趣地说。

本次大会恰逢双十一的第三天,中外嘉宾集聚一堂也让跨境电商的发展成为炙热话题。跨境业务的发展离不开中外快递企业的深入合作,中外快递企业如何在一个开放的市场环境中展开竞合,是中国市场主体都面临的课题。国务委员王勇强调,促进快递业"便民惠民,通达天下"需要国际社会的共同努力。中国愿意本着相互尊重、互利互赢的原则,与世界各国加强法律政策衔接,制定完善双边、多边快递服务贸易规则,广泛开展技术合作,密切快递业人才交流,加强安全领域协调沟通,共促全球快递业持续健康发展,为推动世界经济复苏繁荣、增进人民福祉做出更大贡献。

　　"本次会议在中国快递业发展历史上具有里程碑的意义,有助于推动中国快递业在经济发展进入新常态下朝着国际化、专业化、品牌化的方向发展,在服务国际民生、促进转型升级方面发挥更好的作用。"谢济建表示,要把本次会议的成果转化为快递发展的结点,打造好最美桐庐县,争做最美快递人。

　　2015年12月31日,义乌国际邮件互换局正式启用。这是2014年11月19日国务院总理李克强到访义乌青岩刘村时,送给义乌的一份大礼包。2015年,义乌国际邮件互换局创下了"当年报批、当年开工、当年建成、当年运营"的新纪录。放眼全国,国际邮件互换局(交换站)呈现出遍地开花的局面。在跨境电商如火如荼的当下,互换局、交换站的设立,对跨境电子商务发展的促进作用,才刚刚显露出来。

(二)"全球包裹联盟"峰会

　　2015年4月22日,由圆通速递发起的"全球包裹联盟"(Global Parcel Alliance,以下简称GPA)峰会在上海隆重召开。来自韩国、日本、俄罗斯等不同国家和地区的快递企业作为意向创始成员参加了本次峰会。峰会探讨了如何发挥各成员在资源和服务方面的优势,共同建立覆盖全球主要市场的包裹服务网络。本次会议由圆通速递作为发起成员,韩国CJ大韩通运、中国台湾统一速达等国家及地区快递公司作为意向创始成员,围绕包裹流、信息流、资金流以及快件清关等议题进行了广泛而深入的交流,共同启动GPA成立进程。该联盟着重探讨了如何充分发挥各成员在包裹服务方面的优势,通过成立GPA,共同建立一个覆盖全球主要市场的国际包裹服务网络,将包裹安全、可靠、快速、便利地送达世界各个角落的消费者手中,让跨境寄递和跨境网购变得更加高效、更加简单,从而拉近世界的距离。"GPA"的成立,将有效促进各成员之间持续交流、深化合作,通过资源共享、优势互补,共同创业、共同创新、共同创造,也共同分享互联网时代下的发展机遇与中国市场增长空间。

　　2017年5月29日,"2017新快递物流发展大会"在"世界小商品之都"浙江义乌召开。会上,圆通速递首创发起的"GPA"正式启动,这是目前为止唯一一个由国内物流快递企业发起的国际化物流快递联盟平台,搭建通达全球的快递物流网络。

(三)2016快递行业(国际)发展大会

　　2016年5月30日,2016快递行业(国际)发展大会在京召开。本次大会作为第四届京交会重要内容之一,以"助力新经济、培育新动能、服务新业态"为主题,举办了主题演讲和互动对话,进行了中国快递服务战略合作签约,总签约额超1000亿元,多项合作对促进中国快递业实现绿色发展、国际化发展以及与上下游行业融合发展将起到重要的推动作用。国家邮政局副局长刘君、中国快递协会会长高宏峰为大会开幕致辞,并与北京市副市长张建东等共同见证签约仪式。

第三节 跨境电商的助力推动作用

跨境电商一般指跨境电子商务,是指分属不同环境的交易主体,通过电子商务平台达成交易、进行支付结算,并通过跨境物流送达商品、完成交易的一种国际商业活动,其中最为重要的环节就是商品的寄递问题。跨境电商这些年的不断创新与发展,也推动着我国快递企业的国际化进程。

2015年3月26日,在"2015中国快递论坛"上,跨境电商成为热词,被视为快递业未来发展的新引擎。会上提出,要进一步扩大"向外"成果,提升跨境电商服务品质。

一、跨境电商的发展

(一)跨境电商的阶段性发展

从最早的电子商务国际贸易到现在的跨境电商,我们可以说对外的互联网商业模式共经历了三个阶段,实现从信息服务到在线交易和全产业链服务的跨境电商产业转型。

跨境电商1.0时代(1999—2003):主要商业模式是网上展示、线下交易的外贸信息服务模式。跨境电商1.0阶段第三方平台主要的功能是为企业信息以及产品提供网络展示平台,并不在网络上涉及任何交易环节。

跨境电商2.0阶段(2004—2012):随着敦煌网的上线,跨境电商2.0阶段来临。这个阶段,跨境电商平台开始摆脱纯信息黄页的展示行为,将线下交易、支付、物流等流程实现电子化,逐步实现在线交易平台。

跨境电商3.0阶段(2013至今):2013年成为跨境电商的重要转型年,跨境电商全产业链都出现了商业模式的变化。国务院多次出台促进跨境电商发展的政策。2013年7月,在《关于促进进出口稳增长调结构的若干意见》中提出,积极研究以跨境电子商务方式出口货物(B2C、B2B等方式)所涉及的海关监管、退税、检验、外汇收支、统计等问题,完善相关政策,抓紧在有条件的地方现行试点,推动跨境电子商务的发展。2014年5月,《关于支持外贸稳定增长的若干意见》出台跨境电子商务贸易便利化措施,鼓励企业在海外设立批发展示中心、商品市场、专卖店、"海外仓"等各类国际营销网络。2015年5月,《关于加快培育外贸竞争新优势的若干意见》提出,大力推动跨境电子商务发展,积极开展跨境电子商务综合改革试点工作,抓紧研究制定促进跨境电子商务发展的指导意见;培育一批跨境电子商务平台和企业,大力支持企业运用跨境电子商务开拓国际市场;鼓励跨境电子商务企业通过规范的"海外仓"等模式,融入境外零售体系。

2012年起,上海、杭州、宁波、广州、深圳等16个城市获得跨境电子商务服务试点资格,开展跨境电子商务进出口业务。新获批的自贸区也对跨境物流多有支持:《福州市2015年电子商务与物流快递协同发展试点工作实施方案》提出,将在自贸试验区内建设20万平方米跨境电商物流园。天津在最新版"现代物流业发展三年行动计划"中,也提出加强与周边国家和地区的跨境物流体系和走廊建设。

跨境电商的蓬勃发展,也为快递企业的发展注入了新活力。自2013年9月起,顺丰布局美国转运市场后,国内主要快递企业纷纷布局跨境物流。2014年时,圆通就已联合菜鸟网络针对中国台湾的淘宝买家开通了官方直运,使得物流时效缩短一半时间,成本降低1/3以上。2015年3月19日,圆通速递开通国际物流航线,以点对点包机形式运输中韩两国间的电商包裹。这条国际物流航线打通了中国内地—韩国、香港—内地之间的跨境快件,最快一个多小时就能将货物从韩国运到中国。

对此,圆通速递有限公司董事长喻渭蛟表示,"随着我国由快递大国向快递强国的迈进,快递业规模将持续扩大,而跨境电子商务、农村和城市电子商务等都将对快递产生更多拉动效应。"

(二)各地的跨境电商

从跨境电商的阶段性发展来看,尤其是2010年后,各地方政府总结市场的发展情况,有计划、有组织地推进各地的跨境电商政策落地与实施。

2016年1月15日,国家工商总局专门批复浙江省工商局,印发了《关于支持中国(杭州)跨境电子商务综合试验区建设发展的若干意见》,十五条新政支持杭州综试区建设。内容包括"深化登记制度改革、推进信息共享公开、促进知识产权保护、加大维权模式创新"等四方面共十五条扶持政策。同年1月18日,杭州市政府办公厅印发《中国(杭州)跨境电子商务综合试验区发展规划》。目标是到2017年年底,杭州市集聚跨境电子商务产业链企业5000家以上,跨境电子商务产业园区10个以上,通过综试区服务的跨境电子商务出口达到300亿美元,进口100亿美元。其中,杭州出口60亿美元、进口40亿美元。

2016年1月20日,广西出台《关于促进全区跨境电子商务健康快速发展的实施意见》,将推进跨境电子商务服务试点建设,支持南宁市开展跨境贸易电子商务服务试点;积极探索跨境电子商务模式下商务、海关、检验检疫、国税、外汇等部门协同机制,实现跨境电子商务"快通关、快报检、快汇兑、快退税"全流程业务。

2016年3月2日,深圳检验检疫局下属深圳市检验检疫科学研究院主导编制的三项深圳市跨境电子商务通关系列地方标准顺利通过评审,于2016年3月内正式发布实施。该系列标准是国内首批针对跨境电商通关检验检疫业务所制定的标准化指导性技术文件,标志着深圳跨境电商通关业务管理由"保守、无序"向"科学、有序、规范"转变,将对促进深圳市跨境电商规范有序发展、提升贸易通关便利化水平等具有重要的指导性作用。

2016年3月11日,天津滨海新区为进一步发挥制度创新的综合优势,推动产业转型升级,逐步探索建立一套适应和引领跨境电子商务发展的管理体系,结合自身实际,制订了《关于滨海新区推动跨境电子商务发展的工作方案》。

2016年3月29日,黑龙江省政府出台《黑龙江省推进跨境电子商务健康快速发展工作方案》,提出了一个总体目标和五项重点任务,并对推进全省跨境电商快递协同发展进行了部署;以提升跨境电子商务物流仓储服务能力、加快跨境电子商务产业园区建设和构建跨境电子商务服务体系为抓手,全力推动跨境电子商务健康快速发展,努力将黑龙江打造成为全国区域性跨境电子商务交易中心、物流中心和结算中心。

2016年4月19日,浙江省商务厅联合浙江省财政厅、质监局、国税局等七个部门出台了《浙江省大力推进产业集群跨境电商发展工作指导意见》,描绘了该产业发展的未来蓝图。浙江省商务厅电子商务处表示,大力推进产业集群跨境电商发展,对浙江省深度融合世界经济发展格局、抢占国际贸易竞争制高点、推动外贸和经济转型升级具有重要意义

2016年4月27日,山东省政府印发《中国(青岛)跨境电子商务综合试验区建设实施方案》,并成立领导小组,研究设立综合试验区建设发展引导基金。山东出台青岛跨境电商综试区的实施方案是继杭州、苏州、大连、哈尔滨等地的跨境电子商务综合试验区启动之后,又一地方性跨境电子商务综合试验区新突破与新进展。

2016年5月9日,安徽省政府办公厅发布《中国(合肥)跨境电子商务综合试验区建设实施方案》,合肥将引进培育5家以上跨境电子商务龙头企业,实现进出口额5亿美元以上。根据《实施方案》,到2017年,合肥将引进培育20家以上跨境电子商务龙头企业,实现进出口额达20亿美元以上。到2020年,全市聚集跨境电子商务企业1000家以上,线下园区10个以上,实现进出口额100亿美元以上。

2016年5月13日,成都市商务委正式对外公布了"成都市商务委员会 成都市财政局关于印发《成都市2016年度服务业发展引导资金(竞争立项部分)申报指南》",并于其中的《成都市2016年度跨境电子商务支持资金实施细则》,列出多项跨境电商资金支持政策。

2016年5月17日,南京市发布《关于促进跨境电子商务快速健康发展的实施意见》解读。根据《意见》,南京将拿出"真金白银"作为激励资金,鼓励传统企业"试水"跨境电商。南京市商务局负责人介绍,数据显示,2015年1季度,南京全市累计验放一般出口清单和货值同比分别增15.5倍、26.8倍,跨境电商正成为南京开放型经济新的增长点,对首次开展跨境电商业务并形成相应实绩的传统企业,南京财政将对前期投入相关费用给予不超过50%的扶持。

2016年5月24日,广东省政府公布了《广东省人民政府关于印发大力发展电子商务加快培育经济新动力实施方案的通知》,即粤府〔2016〕41号文件。该文件指出要促进跨境电商快速发展,并提出到2020年,跨境电商进出口额年平均增长率保持在30%。

2016年5月27日,广东省人民政府印发《中国(广州)跨境电子商务综合试验区实施方案》、《中国(深圳)跨境电子商务综合试验区实施方案》,要求综合试验区要结合当地特点,着力在跨境电子商务企业对企业(B2B)方式相关环节的技术标准、业务流程、监管模式和信息化建设等方面先行先试,为推动全国跨境电子商务健康发展创造更多可复制推广的经验。

2016年6月7日,江苏省昆山市印发《关于促进跨境电子商务发展的若干政策意见(试行)》,鼓励跨境电子商务平台建设,全方位推动跨境电子商务的发展;引进实际投入1000万元及以上的跨境电子商务项目,最高奖励500万元。

2016 年 7 月 4 日,四川省政府官网正式对外发布了川府函〔2016〕129 号文《关于印发中国(成都)跨境电子商务综合试验区实施方案的通知》。这意味着,《中国(成都)跨境电子商务综合试验区实施方案》正式获批,成都市按照《国务院关于同意在天津等 12 个城市设立跨境电子商务综合试验区的批复》,进入了跨境电商综试区的全面推进阶段。

二、跨境电商与快递

(一)跨境快递的发展

我国快递物流企业加速出海与跨境电商的巨大市场潜力不无关系。在不少专家看来,"一带一路"倡议的推进,为我国快递业的海外发展创造了巨大市场空间。尤其是跨境电商的异军突起,促使与之配套的跨境快递成为快递业境外投资热点。跨境快递是发展跨境电商的核心支撑,"海外仓"、"最后一公里"快递服务、"跨境集运"等模式的发展成为我国物流快递企业海外布局新契机。

根据《中国服务贸易十三五规划》明确要求,"支持跨境寄递发展,完善国际邮件处理中心布局,支持建设一批国际快件转运中心和海外仓"。"支持快递企业通过设立分支机构、合资合作、委托代理等方式拓展国际服务网络,开辟中国与南亚、中亚、东南亚、欧洲跨境邮件、快件运输通道。"

拓展国际服务网络方面,目前,菜鸟跨境物流已经成为全球最大的跨境开放网络,覆盖 224 个国家和地区。在巴西、智利、哥伦比亚、墨西哥等多个拉美国家,菜鸟通过建立"无忧物流专线",将中国到智利的包裹递送速度提升了 120%,墨西哥、哥伦比亚等国的递送速度则提升了 100%。

建设转运中心和海外仓方面,2017 年 3 月 28 日,在速卖通全球大促活动中,一位西班牙马德里的买家在下单 5 小时后就收到首单商品———一部中国的手机。这种跨境物流的极速体验,完全得益于海外仓的运营,热卖商品早已提前入仓。

我国有 200 多家企业在境外设立超过 500 个海外仓,其中中国邮政、菜鸟网络、顺丰、圆通、申通等物流企业也纷纷设立海外仓,拓展国际化业务。2017 年菜鸟网络的平台上有 74 个跨境仓库,其中主要服务于出口的海外仓有 43 个;中国邮政目前已开办美国、英国、德国和澳大利亚仓库业务。

中国邮政速递物流跨境电商产品以经济实惠的资费及稳定的发运质量吸引了众多忠实客户,并已发展成为跨境电商的首选物流方式之一。邮政速递物流跨境电商产品有:e 邮宝、e 速宝,线上下单,上门揽收或客户自送,同时,邮政速递物流还推出了中邮海外仓(跨境电商出口)和中邮海外购(跨境电商进口)一站式综合物流解决方案。

e 邮宝:是邮政速递物流为适应跨境电商轻小件物品寄递需要推出的经济型国际速递业务,利用邮政渠道清关,进入合作邮政轻小件网络投递。单件限重 2 千克,主要路向参考时限 7～10 个工作日,价格实惠。

e 特快:日本、韩国、中国台湾、中国香港、俄罗斯、澳大利亚、新加坡、英国、法国、巴西、西班牙、荷兰、加拿大、乌克兰、白俄罗斯等 16 个主要国家和地区,收寄重量不受 2KG 限制,计费首续重为 50 克,寄递时限更快,信息反馈更完整。

e 速宝:是邮政速递物流为满足跨境电商卖家个性化市场需求提供的商业渠道物流解决方案,要求申报信息真实准确,须如实填写内件品名、税则号、申报价值和重量等。

中邮海外仓:是邮政速递物流为跨境电商卖家量身定制的灵活、经济、优质的一站式跨境出口解决方案。该服务可以帮助国内跨境电商卖家实现销售区域本土发货、配送,全面缩短从出单到收件的时限。

中邮海外购:是邮政速递物流为满足国内消费者"足不出户,买遍全球"的购物需求,专门设计开办的跨境电商个人包裹进口转运、入境申报配送等综合物流服务。该服务可以实现在线制单,海关电子申报,在线关税缴纳,一票到底,全程状态追踪。

顺丰国际海外仓是针对跨境电商客户量身打造的一站式物流供应链服务,范围覆盖俄罗斯、白俄罗斯、乌克兰、挪威、法国、德国、意大利等欧洲 28 个国家。不仅可以帮助中国卖家实现海外本土化销售,降低物流运营成本,还能通过系统实时监控库存和订单状态,提高订单响应速度,缩短派送时间,提高客户满意度。

申通国际也积极投入建设全球海外仓服务体系,为全球跨境电商提供从头程运输、清关、仓储管理、库存管控、订单处理、物流配送和信息反馈等一条龙供应链服务,于 2017 年在洛杉矶、纽约、伦敦、布拉格、迪拜、马来西亚、印尼、仁川和东京等 9 个城市开设海外仓。

中通已与天猫国际、网易考拉、聚美优品、小红书等知名跨境电商平台建立了良好的合作关系,开通了欧盟、美国、澳洲、新西兰、日韩、东盟等国家的专线包裹寄递业务,尤其是牵手天猫国际后,跨境业务量更是节节攀升。

(二)快递企业搭建跨境电商平台

中国的快递企业除了在跨境配送发力之外,在搭建平台方面也是不遗余力。顺丰在电商平台也一直"痴心不改",顺丰副总裁林哲莹认为:"跨境电商这方面的市场增长也给我们提供了机会,我们应该把握这样的机会,我认为这会是顺丰一个新的增长点。"顺丰海淘,是顺丰速运在 2014 年重磅推出的跨境进口零售网站,主要以自有采购团队加境外电商的组合。"丰趣海淘"采用极速保税和跨境直邮双线服务并行的方式,为消费者提供海外优质品牌的进口商品,包括母婴用品、食品保健、美妆个护等。

2016 年 6 月,顺丰又携手俄罗斯本土排名第一的电商 Ulmart,建设中国到俄罗斯的出口电商平台丰卖网。这次推出的丰卖网以跨境电商飞速发展的俄罗斯作为第一个突破口无疑是最好的选择,结合本土电商一起,业内都称这是跟已在俄罗斯占有一定地位的速卖通厮杀的妙招。

其他快递企业也纷纷试水电商平台,韵达速递推出跨境电子商务平台——优递爱(UDA)网上购物商城平台;圆通速递旗下电商平台"一城一品"也在 15 年启动了海外直购业务。

（三）跨境电商的物流模式

跨境电商物流上有五大物流模式，包括国际快递模式、国内快递模式、邮政包裹模式、专线物流模式、海外仓储模式。而邮政包裹的模式是当前跨境电商的主要模式。

1.国际快递模式

国际快递模式，指的是三大快递巨头——DHL、UPS 和 FedEx。这些国际快递商通过自建的全球网络，利用强大的 IT 系统和遍布世界各地的本地化服务，为网购中国产品的海外用户带来极好的物流体验。

例如通过 UPS 寄送到美国的包裹，最快可在 48 小时内到达。然而，优质的服务往往伴随着昂贵的价格。一般中国商户只有在客户时效性要求很强的情况下，才使用国际商业快递来派送商品。

2.国内快递模式

国内快递主要指 EMS、顺丰和"三通一达"。在跨境物流方面，"三通一达"中申通和圆通布局较早，美国申通在 2014 年 3 月上线，圆通也是 2014 年 4 月与 CJ 大韩通运合作。而中通、韵达则是近期才启动跨境物流业务。

顺丰的国际化业务则要成熟些，目前已经开通到美国、澳大利亚、韩国、日本、新加坡、马来西亚、泰国、越南等国家的快递服务，发往亚洲国家的快件一般 2～3 天可以送达。

在国内快递中，EMS 的国际化业务是最完善的。依托邮政渠道，EMS 可以直达全球60 多个国家，费用相对四大快递巨头要低。此外，中国境内的出关能力很强，到达亚洲国家是 2～3 天，到欧美则要 5～7 天左右。

3.邮政包裹模式

据不完全统计，中国出口跨境电商 70％的包裹都是通过邮政系统投递。其中中国邮政占据 50％左右。因此，目前跨境电商物流还是以邮政的发货渠道为主。邮政网络基本覆盖全球，比其他物流渠道都要广，这也主要得益于万国邮政联盟和卡哈拉邮政组织（KPG）。

不过，邮政的渠道虽然比较多，但也很杂。在选择邮政包裹发货的同时，必须注意出货口岸、时效、稳定性等。

4.专线物流模式

跨境专线物流一般是通过航空包舱方式运输到国外，再通过合作公司进行目的国的派送。专线物流的优势在于其能够集中大批量到某一特定国家或地区的货物，通过规模效应降低成本。因此，其价格一般比商业快递低。

在时效上，专线物流稍慢于商业快递，但比邮政包裹快很多。市面上最普遍的专线物流产品是美国专线、欧美专线、澳洲专线、俄罗斯专线等。也有不少物流公司推出了中东专线、南美专线、南非专线等。

5.海外仓储模式

海外仓储服务是指为卖家在销售目的地进行货物仓储、分拣、包装和派送的一站式控制与管理服务。确切来说,海外仓储应该包括头程运输、仓储管理和本地配送三个部分。头程运输是指中国商家通过海运、空运、陆运或者联运将商品运送至海外仓库。仓储管理是指中国商家通过物流信息系统,远程操作海外仓储货物,实时管理库存。本地配送是指海外仓储中心根据订单信息,通过当地邮政或快递将商品配送给客户。

海外仓储模式的好处在于,仓储置于海外不仅有利于海外市场价格的调配,同时还能降低物流成本。拥有自己的海外仓库,能从买家所在国发货,从而缩短订单周期,完善客户体验,提升重复购买率。结合国外仓库当地的物流特点,可以确保货物安全、准确、及时地到达终端买家手中。海外仓储模式是目前最火最流行的跨境电商物流解决方案之一,综合效率成本等因素,是企业在跨境电商方面解决物流问题最佳的选择。

第四节 积极参与"一带一路"

"一带一路"即"丝绸之路经济带"和"21世纪海上丝绸之路"的简称。他不是一个实体和机制,而是合作发展的理念和倡议。2013年11月,"一带一路"的概念正式写入十八届三中全会的《中共中央关于全面深化改革若干重大问题的决定》,上升为国家战略。

此概念的提出要追溯到2013年9月7日,习近平在哈萨克斯坦纳扎尔巴耶夫大学发表演讲时表示:为了使各国经济联系更加紧密、相互合作更加深入、发展空间更加广阔,我们可以用创新的合作模式,共同建设"丝绸之路经济带",以点带面,从线到片,逐步形成区域大合作。紧接着,2013年10月3日,习近平主席在印尼国会发表演讲时表示:中国愿同东盟国家加强海上合作,使用好中国政府设立的中国—东盟海上合作基金,发展好海洋合作伙伴关系,共同建设21世纪"丝绸之路经济带"。而在2014年5月21日,习近平在亚信峰会上做主旨发言时指出:中国将同各国一道,加快推进"丝绸之路经济带"和"21世纪海上丝绸之路"建设,尽早启动亚洲基础设施投资银行,更加深入参与区域合作进程,推动亚洲发展和安全相互促进、相得益彰。2014年11月8日在加强互联互通伙伴关系对话会上,习近平指出共同建设丝绸之路经济带和21世纪海上丝绸之路与互联互通相融相近、相辅相成。

"一带一路"是依靠中国和相关国家现有有的双多边机制,借助区域合作平台,高举和平发展的旗帜,主动地发展沿线国家经济合作伙伴,共同打造政治互信、经济融合、文化包容的利益共同体、命运共同体和责任共同体。

快递企业与"一带一路"

我们认为快递业的发展到了今天,必须要有国际化的视野,快递的发展,要积极的贯彻国家构建开放性经济体系,把引进来和走出去更好地结合起来,推动快递业向产业链的价值高端延伸,提升产业竞争力,服务"一带一路"的战略,更好地服务电商,更好地服务中国企业走出去。

——国家邮政局政策法规司司长 金京华

中国邮政作为跨境商品寄递的主渠道,一直积极推进"互联网＋快递"的模式,发挥网络优势,实施"走出去"战略,全力服务中国与"一带一路"沿线国家间跨境电商的发展。

2015年9月3日,中国邮政集团公司总经理李国华与俄罗斯联邦邮政总裁德米特里E.斯特拉什诺夫签署了关于《响应"一带一路"倡议,加强合作推进跨境电商市场发展》的协议,双方就开发跨境电商配送新产品和铁路运邮方面展开合作。

2016年4月,由中国邮政集团公司主办的2016中国(重庆)跨境电商邮政高层论坛举行。论坛上,"一带一路"沿线国家的邮政代表围绕"合作共赢、促进发展"主题,以服务跨境电商、发展跨境包裹寄递业务为核心进行了深入交流,提出了具有开创意义的合作设想,分享了新产品开发、邮政改革创新等方面的经验和做法,并一致通过了《重庆宣言》。

2016年3月,中国邮政主办了中俄邮政、海关、铁路六方会谈,推进中俄国际铁路运邮常态化。一个月后的4月10日,搭载着295袋、共计23110件国际挂号小包的K19次国际列车从哈尔滨西站发出开往莫斯科。5月23日,搭载了10袋、444件水陆路俄罗斯国际挂号邮件的K3次"北京—乌兰巴托—莫斯科"列车顺利抵达莫斯科。至此,哈尔滨至莫斯科的K19次、北京至莫斯科(经乌兰巴托)的K3次国际客车运邮测试成功。

伴随着一列列中欧班列的开通和营运规模的扩大,运邮测试工作也在积极推进。2014年,"中欧·郑新欧""中欧·渝新欧"班列带运国际邮件测试成功。2016年5月,重庆和哈尔滨被海关总署列为中欧铁路运邮试点城市,同年10月,"中欧·渝新欧"班列全程运邮测试成功。中国邮政正在为实现中欧班列运邮常态化进行不懈的努力。

在出口业务方面,中国邮政联合电商平台先后开办了国际小包、e邮宝、e包裹、e特快等寄递业务。在进口业务方面,开办了进口商业快件、保税进口、中邮海外购、进口e包裹、e特快和中韩海运EMS业务。同时,提高邮政口岸的处理能力,优化国内网络组织;上线了进口邮件在线报关和缴税系统,加快了邮件的清关速度。

中国邮政在挂号小包的基础上推出信息可跟踪的小包产品,截至2017年5月,已与德国、荷兰、波兰、匈牙利等11个国家邮政开展了跟踪小包业务,提升了国际业务的服务质量。邮政速递物流通过建立海外仓,为中国卖家提供"商业出口＋仓储＋落地配＋退换货"一体化仓配服务。

中国邮政立足于国际寄递市场,借助邮路通达世界的优势,扩大与国外邮政对接口岸,与海关部门携手打造高效、便捷的清关通道,畅通国际电商包裹运营渠道。截至2017年4月底,中国邮政共设立国际邮件互换局兼交换站49个、国际邮件互换局8个、国际邮件交换站10个。

2015年12月31日,义乌国际邮件互换局启用,实现了"当年审批、当年建设、当年验收、当年运行",对义乌提升国际物流时效具有重要意义。2016年4月26日,中国(合肥)

· 339 ·

跨境电子商务综合试验区揭牌暨合肥国际邮件互换局运营启动,这是安徽首个国际邮件互换局,成为服务安徽跨境电子商务发展的重要支撑和窗口。2016 年 12 月 16 日,中国邮政西安邮件处理中心项目开工,该中心集中国邮政干线运输中心、西安邮件处理中心、西北仓储物流中心、国际邮件互换局、跨境电子商务西北中心等五大功能于一体,有望成为西部首屈一指的集国内国际邮件处理、物流仓储、电子商务为一体的综合枢纽。2017 年 3 月 28 日,济南国际邮件互换局启动运行,从此山东中西部 11 个地市的进出口邮件可在济南直接办理总包通关,国际邮件进出境更加顺畅。此外,邮政速递物流昆明、乌鲁木齐、石家庄等快件监管中心也相继运营。这些自动化的国际邮件处理中心大大提高了邮政口岸的服务能力,为跨境电商发展提供了有力支撑。

中国邮政加快推进南京集散中心国际功能建设,形成以南京集散中心国际港为自主航空网络核心节点,北京、上海、广州等口岸为一级节点,杭州、福州、厦门等口岸为二级节点的立体化邮政口岸网络。

对于各大民营快递企业,也均有不同的运营策略积极响应国家的"一带一路"进行部署。

顺丰控股副董事长林哲莹说,"一带一路"倡议提出以来,顺丰积极在欧洲设立海外仓,并在东南亚地区设立分支机构,顺丰的国际业务也保持了高达数倍的年均复合增长率。

在 2014 年到 2017 年的 3 年里,顺丰的国际业务同比增长高达 70％以上,业务覆盖多个"一带一路"沿线国。2016 年"双十一"期间,由顺丰承运的跨境电商包裹中,件量排名前六位的地区依次为俄罗斯、欧盟、乌克兰、美国、白俄罗斯、巴西,其中三个地区属"一带一路"沿线国家。

顺丰副总裁林哲莹曾告诉新浪财经记者:"这几年,我们可以看到国家'一带一路'的政策效应已经明显地体现在顺丰的业务中,'一带一路'的倡议和国家战略的实施,使我们开辟国际市场相当于走了一些捷径,我们在欧洲设的海外仓、在东南亚设立的分支机构都得以很快落地实施,我想这个除了企业自身的努力,跟国家富强、国家的战略定位、政策效应都是息息相关的,民营企业确实可以在国家的大政方针下得到一些实惠。"

以顺丰和爱沙尼亚邮政的合作为例。爱沙尼亚是一个东欧国家。2015 年 9 月,顺丰与爱沙尼亚国家邮政公司共同组建合资快递公司,负责将东北欧地区消费者网购的中国商品快速运至爱沙尼亚、拉脱维亚、立陶宛、芬兰、俄罗斯和该地区其他一些国家。

随着"一带一路"倡议逐步落地,互联互通成为沿线国家关注的重点方向。快递企业作为价值链上的重要一环,该扮演什么样的角色?林哲莹认为,包括顺丰在内的快递企业应该充当"主力军","一带一路"应该有一个骨干的快递网络,这种骨干快递网络不是哪一个单一的中国企业,不管是民营企业和国有企业单打独斗的,应该形成联动的力量。除了担当快递环节主力军的角色,顺丰显然也不打算错过跨境电商本身的红利。此前顺丰优选早已上线海淘业务,随后又上线"丰趣海淘",采用极速保税和跨境直邮双线服务并行的方式,还在俄罗斯市场上线了出口电商"丰卖网"。

　　圆通速递同样看好"一带一路"沿线国家市场。为此圆通选择发起成立"全球包裹联盟",这是一个由国内物流快递企业发起的国际化物流快递联盟平台。圆通计划借此搭建全球的快递物流网络。该联盟首批企业成员来自全球 25 个国家和地区的 50 家快递企业及产业链,均在其所在国家和地区所属行业领域位居前列。

　　圆通速递喻渭蛟曾在多个场合公开表示,"一带一路"建设迫切需要中国快递物流企业走出去,"中国制造"也需要和"中国服务"协同走出去。中国的电商平台要"买全球""卖全球"需要中国快递企业同步"运全球""送全球"。

　　百世借力"一带一路"加速布局,于 2017 年初在乌鲁木齐建成百世新疆跨境电商分拣清关中心,海关和国检均入驻现场办公,大大提高了清关效率,可以做到 24 小时完成清关。"百世将先开出途经新疆的中俄电商跨境专线。跨境电商包裹从义乌集合后,通过铁路运达乌鲁木齐,点对点的集约运输简化了流程,加上百世新疆清关中心快速的清关和优化的国外落地派送资源,给客户带来更优的价格和更快的时效。以去俄罗斯的包裹为例,由乌鲁木齐经吉尔吉斯斯坦空运去俄罗斯,全程时效将从原来走陆路 20～35 天缩短至 8～15 天,让更多海外消费者享受到物流的中国速度。"百世副总裁、百世供应链总经理张芒粒说。

　　中通快递计划在"一带一路"沿线国家建立仓储设施,并专门投资成立了"中通国际",从事国际物流、国际包裹业务、跨境电商出口或进口业务。此外,申通、韵达等国内快递公司也都竞相走出国门开展跨境寄递等业务。

　　虽然全球经济增长的不确定性在增加,但在"一带一路"倡议下,中国快递企业正走向国际化,将为全球贸易的复苏与增长重新注入活力,同时也将对整合全球物流资源和为全球客户获得进出口综合物流服务提供帮助。

第五节　快递国际化趋势与目标

一、快递、邮政业国际发展趋势

　　国际快递以 DHL 为例,战略上注重区域覆盖:DHL 计划到 2020 年将其欧洲包裹网络覆盖 35 个国家,DHL 希望在其市场和网络比较稳定的区域通过一体化来优化物流服务,提高物流效率。2018～2020 年,DHL 希望可以实现一个品牌、一个 IT 版图全覆盖,届时,DHL 将能高效地提供统一的服务,目的是打造"欧洲联合包裹王国"。

　　市场投资上继续加强全球市场地位:上半年,德国邮政 DHL 在法国、意大利、荷兰等国市场都有投资,其目的是要提高区域服务能力。法国是 DHL 的主要市场,DHL 计划截至 2020 年在法国投资 2 亿欧元(约合人民币 15.57 亿元)。在意大利,DHL 投资 2600 万欧元(约合人民币 2.02 亿元)在博洛尼亚机场建分拣中心,在与机场原有 15 年的合约基础上再延长 10 年。在荷兰,DHL 投资 3500 万欧元(约合人民币 2.72 亿元)新建一座大型分拣中心。

在亚太市场,DHL 继续投资扩大市场份额,稳固市场地位。印度税收改革制度将推动商品的自由交易,为物流网络的优化创造机会,这将使印度涌现出更多的制造商。为及早布局,DHL 计划于 2020 年前在印度投资 2.5 亿欧元(约合人民币 19.46 亿元),用于加强物流业务运营,进一步挖掘印度市场的物流业务需求。在过去的 18 个月,DHL 已在印度投资了 7000 万欧元(约合人民币 5.45 亿元)。

在日本,DHL 启用了新配送中心,将向欧洲、美国引入新的国际运输产品,满足客户的需求。此前,DHL 电商在亚洲以及世界各地进行了多种扩张活动。2017 年 3 月底,DHL 为新加坡客户推出了直通美国国际包裹服务,并在香港开通了辐射亚太地区超过 5 亿在线消费者的履约中心。

此外,DHL 也正在加紧在摩洛哥布局,投资了 90 万欧元(约合人民币 700.82 万元)新建分拣中心。该中心面积 1100 平方米,包含海关清关区域,日处理能力 120 吨。该中心将促进货物的转运,降低成本,缩短自由贸易区之间的运输时间。到 2020 年,DHL 计划建成 20 个分拣中心,使其速递产品在摩洛哥使用起来更方便。

与企业合作提供多种服务:德国邮政 DHL 在奥地利、瑞典、法国等市场进行了多项合作,合作内容涉及为客户提供配送服务,如在奥地利其与食品连锁超市 Billa 合作,提供超市购物配送服务,客户在超市进行的日常购物可以以包裹的形式运送到家,该服务可以在奥地利全国 2200 家超市中使用。DHL 还与法国超市集团欧尚、法国出版配送集团 NAP 等合作,为企业提供物流、供应链服务。

二、国内快递国际化发展趋势与目标

2017 年 2 月 13 日,国家邮政局官网公开了《快递业发展"十三五"规划》,提出到 2020 年基本形成覆盖全国、联通国际的服务网络。规划设定的六大目标中首先提出,在产业能力上快递市场规模要稳居世界首位,到 2020 年快递业务收入达到 8000 亿;并提出要积极打造"快递航母",形成 3~4 家快递企业集团。

随着"三通一达"和顺丰先后上市,国际化发展成为快递企业的集体目标。进入 2017 年以后,国内私营快递物流公司及电商公司进一步加快海外市场布局,通过收购与合作,进入国际网络,提供跨境业务,实现海外扩张。

顺丰速运主要布局亚太市场。2017 年 4 月,顺丰泰国分公司及其曼谷分部正式投入运营,至此,顺丰国际在东盟的网点布局已覆盖新加坡、马来西亚、越南、泰国等四个国家。除快递业务外,顺丰国际重货已开通韩国、新加坡、马来西亚流向服务,进入东亚及东南亚的重货国际物流市场。同年 5 月,顺丰还与 UPS 联手在香港成立合资公司——环球速运控股,聚焦跨境贸易,提供国际物流产品。

　　圆通速递不断整合资源抢占更多国际快递市场份额。2017年5月，圆通收购先达国际物流，进入海外市场。同年6月，其首创的"全球包裹联盟"正式启动，首批成员主要是所属行业内位居前列的企业，来自全球25个国家和地区。设立该联盟的目的是让跨境寄递更高效、更便捷。未来，该联盟将推动信息统一、服务统一、品牌统一，使跨境运输流程更加标准化。

　　申通快递国际化布局加快。2017年5月，申通与荷兰邮政签订合作协议，双方将利用中欧班列、航空包机、海运等运输资源，在波兰建立东欧地区物流转运中心，并辐射欧洲多个海外仓，建立中国—欧洲双向辐射的快递枢纽。同年6月，又与法国邮政DPD达成战略合作意向。

　　阿里巴巴多举措加快在亚太市场的推进步伐，其在东南亚各国开展的合作涉及电商、物流、快递、金融等多个方面。阿里巴巴的全球化战略主要是与本土化充分结合。继在美国、日本等国家建立机构后，阿里巴巴澳新团队在澳大利亚正式运营。2017年5月，菜鸟网络的法国海外仓正式运营，它与西班牙海外仓一道，逐步实现全欧洲72小时送达；同时，阿里巴巴再次投资印度，在已经持有印度版"支付宝"Paytm公司40%股份的基础上，追加投资近2亿美元成为最大股东；与马来西亚合作建设"数字自由贸易区"，设立区域物流中心。

三、培育品牌参与国际竞争，打造"快递航母"

　　国家邮政局设定的目标是，到2020年，"要培育2个以上具有国际竞争力和良好商誉度的世界知名快递品牌"，参与国际竞争。

　　在行业保持较高速度增长的同时，主管部门也对同质化价格竞争的现状提出了意见。《快递业发展"十三五"规划》在提到壮大市场主体这一主要任务时，提到鼓励骨干快递企业通过联盟、收购、交叉持股等方式兼并重组，鼓励中小企业进行战略合作或战略重组。

　　"过去几年主管部门一直在引导企业从以价格竞争向以服务竞争、由同质化标准服务向差异化特色服务转变，但因为之前时机可能还没到，效果并不明显。"徐勇表示，但随着行业微利化、无利化的趋势逐渐明显，行业出现兼并重组将成为必然。

　　客观的现实是，国内快递品牌的市场仍然在国内，包括顺丰等品牌的快递服务只涉及一部分国家。和DHL、FedEx等相比，无论是业务规模、覆盖范围和开展的业务类型都存在一定差距。中国快递企业要全面进入国际市场，并在国际市场上占据一定的市场份额，其道路还很漫长。

第九章

中国快递业的新征程

第一节　快递企业走向资本市场

2016 年对于中国快递企业来说是一个特殊的年份,这一年是民营快递企业上市元年。圆通、申通、中通、顺丰、韵达、百世六家巨头民营快递公司相继上市,逐鹿资本市场,标志着我国快递业已进入全方位拥抱资本的新阶段。"登陆资本市场,对我国民营快递企业具有里程碑意义,说明快递业多年来的努力和广阔前景得到了多方面认可,也意味着我国快递业站上了一个新起点。"时任中国快递协会常务副会长兼秘书长李惠德评价说。

一、各快递企业上市之路

(一)圆通上市——中国快递第一股

2016 年 10 月 20 日上午 9 点 30 分,随着在上海证券交易所的一声鸣锣,圆通速递股份有限公司正式登陆 A 股,成为中国快递行业首家上市公司。领先上市成功,标志着圆通速递赢得了资本市场的信赖和支持,向打造世界级快递航母的战略目标又迈出了坚实的一步。

回顾圆通速递上市历程,从首次披露借壳方案到成功登陆 A 股,用时 6 个月零 12 天,这样的速度在 A 股算不上奇迹,但绝对是高效的典范。圆通速递董事长喻渭蛟透露,公司从准备上市的那一天起,就准备了两套方案:IPO 或者借壳。至于什么时候、以什么样的方式来实现上市,是公司上市团队根据公司的发展战略来最后决定的。在喻渭蛟看来,上市只是结果,准备过程同样重要。

从 2016 年 1 月 16 日开始,大杨创世向外界公布了重大资产重组方案,圆通作为交易对象首次浮出水面;3 月 23 日,大杨创世第八届监事会第十次会议审议通过了《关于本次重大资产出售及发行股份购买资产并募集配套资金方案的议案》,重组工作稳步推进;3 月 30 日,大杨创世收到上海证券交易所问询函,上交所要求圆通就其资产的业务模式及行业风险、本次交易安排和经营情况及财务信息等情况进行说明;4 月 9 日,大杨创世对上交所问询函进行了回复;4 月 11 日,公布重组方案后的大杨创世复牌,收获一字涨停,以 27.64 元收盘;4 月 20 日,大杨创世收到《中国证监会行政许可申请受理通知书》的公告,这意味着证监会受理了圆通借壳上市的申请,圆通借壳上市进入最后的冲刺阶段;5

月 20 日,大杨创世收到《中国证监会行政许可项目审查一次反馈意见通知书》,证监会要求圆通对相关问题作出书面说明和解释,并在 30 个工作日回复;6 月 4 日,圆通对反馈意见书进行了回复,这是圆通与证监会的第一轮问答;7 月 8 日,大杨创世收到证监会出具的《中国证监会行政许可项目审查二次反馈意见通知书》,5 天后,大杨创世即完成了二次反馈意见的回复。这是圆通与证监会的第二轮问答,这一轮问答结束后,圆通上市只差临门一脚;7 月 21 日,大杨创世收到证监会通知,证监会并购重组委将于 27 日召开工作会议,对本次重组方案进行审核,也就是说,圆通借壳能不能成功,就看 27 日并购重组委的审核结果;7 月 28 日,圆通借壳大杨创世方案通过,成功登陆 A 股。①

16 年前,喻渭蛟以 5 万块钱起家,他和他的创业团队根本没有想过,有一天公司会发展到如此规模,因为当时的快递业连基本的经营资格都未取得,属于作坊式的"黑快递",随时会被取缔。直到 2009 年,民营快递才取得合法地位,可以说,圆通的发展见证了国内民营快递业一路蜕变成长的历史。

(二)中通赴美上市

2016 年美国当地时间 10 月 27 日 9 时 30 分,北京时间 10 月 27 日 21 时 30 分,有着 224 年历史的美国纽约证券交易所,迎来了中国快递时刻——随着中通快递创始人、董事长赖梅松和股东团队、核心管理团队的代表敲响上市钟,中通快递在纽约证券交易所正式挂牌交易。这意味着,来自中国的民营快递企业正式登陆国际资本市场。

从中国到美国、从桐庐到纽约,中通这一步走了 14 年,一声中国快递的最强音响起,诞生了五大纪录。

(1)海外第一股。作为"三通一达"中成立时间最晚的企业,中通却没有和其他企业一样选择在国内借壳上市,而是远赴美国到纽交所挂牌,成为"首个在海外上市的中国快递企业",这个纪录的含金量十足。

(2)最大规模 IPO。中通此次挂牌纽交所,共发行 7210 万股,每股发行价定为 19.50 美元,高于之前的指导区间 16.50～18.50 美元,募集资金超过 14 亿美元,成为美国 2016 年最大规模 IPO。同时,这也是电商巨头阿里巴巴 2014 年 250 亿美元 IPO 以来规模最大的一次。中通这次 IPO 使其市值超过 120 亿美元。

(3)最庞大的"承销团"。中通此次 IPO 有 4 家投资机构、6 大承销商。4 家投资机构分别是红杉资本中国基金、美国华平投资集团、高瓴资本集团和渣打,6 大承销商分别是摩根士丹利、高盛、瑞信、摩根大通、花旗和华兴。此次承销团的规模是继 2014 年阿里巴巴上市以来最庞大的一次"组合",集结了市场上最好的 6 家投行,足见资本市场和机构对中通快递 IPO 的认可和重视。

(4)最吸引全球目光。随着中通上市,"中通蓝"闪耀太平洋两岸。当地时间凌晨,纽

---

① 《热点解读|圆通上市获批,揭秘中国快递第一股背后鲜为人知的谋略与布局》,搜狐网,2016 年 07 月 29 日,http://www.sohu.com/a/108262889_465938。

交所的门外就高高挂起了中通快递的蓝色标识,纽交所内也随处可见"ZTO"的蓝色字样,而在太平洋彼岸的上海,黄浦江畔的金融中心大楼外侧的灯光秀也开启了"中通模式",不断播放"中通快递 誉满中华 通达天下"的宣传语。更加值得注意的是,纽约时代广场在实时滚动和播出中通快递的广告。美国纽约时报广场素有"世界的十字路口"之称,被视为"吸引全球目光"的最佳窗口之一。此前曾有格力电器、京东、华为、阿里巴巴等国内顶级企业都在此向全世界讲述自己的品牌故事。此外,中国国家宣传片以及成都、井冈山、丽江等城市的形象宣传片也曾在此播放。此次中通登陆时报广场,吸引了全世界的目光,这也是中国民营快递首次登上世界顶级舞台,讲述从草根一步步打拼到现在的故事,演绎的是中国快递的发展速度。

(5)首次向世界传达"同建共享"。"同建共享"是中通招股说明书中出现次数最多的字眼之一。"同建共享"可简单解释为"责任共担,成果共享",这也是中通区别于其他快递企业的重要一环。业内专家指出,中通的"同建共享"是中通在传统加盟制基础上根据自身特点做出的现代化商业规划。让关键区域的总经理持有中通股份,设计公平科学的网络合作伙伴业务转让机制,网络内各方利益高度平衡,由原先多个利益主体转变为一个共同的利益主体,中通将传统加盟制快递企业升级为现代化创业创新商业平台,实现责任共担、利益共享,进而强化网络合作伙伴的品牌忠诚度。中通向全世界传达"同建共享"理念,也是在传达中国民营快递发展的理念。基于此,中国民营快递加盟制将逐渐被更多的人所认识,有利于中国快递走向全球。

赖梅松表示,中通在美国纽交所成功上市,既是对中通过去成绩的肯定,更是对中通的未来提出了更多挑战,它意味着将承担更大的责任。上市从来都不是中通快递的最终目标,其目标是成为一家全球一流的综合物流服务商,上市是帮助实现目标和使命的重要策略和手段,是奋力前行的助推器,有助于中通快递进一步提升服务能力和水平,增加社会、客户对中通快递的认知和信任。[①]

(三)申通登陆 A 股

2016 年 12 月 30 日上午 9 时 25 分,随着公司创始人陈德军等领导一起敲响深交所上市钟声,申通快递股份有限公司成功登陆 A 股市场,开启资本市场新征程。这也是继圆通速递重组更名上市后,又一家快递企业挂牌国内资本市场。

回顾申通上市进程,可谓一波三折。虽然申通在 2015 年年底率先宣布将借壳上市,进展速度却没有走在前列,"快递第一股"的头衔也旁落他人。申通借壳艾迪西上市,历时近一年时间。2015 年 11 月 30 日,艾迪西召开第三届董事会第十一次会议,审议通过了重大资产重组事项的相关议案;2015 年 12 月 4 日,艾迪西收到深圳证券交易所下发的《关于对浙江艾迪西流体控制股份有限公司的重组问询函》(中小板重组问询函(需行政许

[①] 李秉新、张彬:《中通快递在美成功上市》,人民网,2016 年 10 月 28 日,http://world.people.com.cn/n1/2016/1031/c1002-28820244.html。

可)〔2015〕第 46 号);2015 年 12 月 13 日,艾迪西发布公告,拟置出全部资产、负债,置入申通快递 100%股权,作价 169 亿元,同时,公司拟募集配套资金不超过 48 亿元;2015 年 12 月 14 日,艾迪西(002468)复牌涨停,披露了《重大资产出售并发行股份及支付现金购买资产并募集配套资金暨关联交易预案(修订稿)》等与本次重大资产重组相关的文件;2016 年 4 月 20 日,艾迪西发布《重大资产出售并发行股份及支付现金购买资产并募集配套资金暨关联交易报告书(草案)》,明确申通快递 100%股权作价 169 亿,其中,股份支付金额为 149 亿,现金支付金额为 20 亿;2016 年 7 月 19 日,艾迪西发布公告,回复关于证监会对其资产重组审查反馈意见;2016 年 10 月 18 日,艾迪西发布《关于中国证券监督管理委员会上市公司并购重组审核委员会审核公司重大资产重组事项的停牌公告》,公司股票即日开市起停牌,待收到并购重组委审核结果后,公司将及时公告并复牌;2016 年 10 月 24 日,申通上市获证监会有条件通过;2016 年 12 月 30 日,申通在深交所敲钟上市。[1]

上市之后,申通董事长陈德军表示,未来申通将以“服务”为导向,打造人流、物流、信息流三流合一的快递生态圈,致力于打造“数据申通”“智慧申通”“文化申通”“百年申通”,让中国人自己的快递品牌走向世界。

(四)韵达上市

韵达上市的锣声敲响了,从“韵达货运”到“韵达速递”再到“韵达货运”,最终的上市名字为“韵达股份”。韵达是桐庐帮快递中最为低调的一个,其掌门人聂腾云很少接受媒体的采访,但是从韵达在深交所敲锣的那一刻开始,一切都改变了,韵达将正式接受所有投资者的检验。新的征程从 2017 年 1 月 18 日正式开始,这一天韵达控股股份有限公司在深圳证券交易所挂牌上市,正式登陆资本市场。

同圆通和申通一样,韵达也是选择借壳上市,上市历程自然和以上两家类似。2016 年 7 月份,新海股份发布的重组预案显示,公司拟通过重大资产置换及发行股份购买资产,实现韵达货运借壳上市,后者交易作价 180 亿元。交易完成后,上市公司将转型进入快递物流行业,同时实际控制人将变更为聂腾云和陈立英夫妇。

成立于 1999 年的韵达速递,从创立时的十几个人、几十票快件,已经发展成为快递行业巨头。韵达上市之后将会和“三通”在资本市场开始新的角逐。

(五)顺丰拥抱资本市场

顺丰作为民营快递中最大的一家企业,在三通一达相继完成上市之后也选择走向了资本市场。2017 年 2 月 24 日,顺丰控股在深交所举行重组更名暨上市仪式,正式登陆 A 股。

顺丰是一家主要经营国际、国内快递业务的港资快递企业,主要采用直营的经营模

---

[1] 王洪磊、李平:《过了!申通上市获证监会有条件通过!陈德军:接下来要做 6 件事》,《中国邮政快递报》,2016 年 10 月 24 日。

式,由总部对各分支机构实施统一经营、统一管理,因此也是目前中国速递行业中投递速度最快的快递公司之一。对比此前已经上市的几家快递公司,顺丰仍是目前国内最为"赚钱"的快递公司。直营模式是顺丰与其他上市快递企业相比最大的差异。顺丰控股总部控制了全部快递网络,包括干支线运输、中转场和配送网点,收派件取得的收入、发生的成本,人员福利、购置设备支出等都纳入顺丰控股统一结算。

相比于加盟经营模式,采用直营模式的顺丰控股对各业务环节具有绝对控制力,有助于内部管理的规范化,可以有效保障服务质量和客户体验,与中高端的产品定位相适应。

2017 年 2 月 23 日,A 股上市公司鼎泰新材发布公告正式更名为"顺丰控股",全称为顺丰控股股份有限公司,至此,顺丰借壳上市彻底完成。另外,鼎泰新材在发布的公告中还公布了一些顺丰业务的基础数据,比如其已经覆盖全国 320 余个地级市、2500 余个县区级城市、7800 余个乡镇,这些数据直接反映出顺丰的巨大体量。

"上市的好处无非是圈钱,获得发展企业所需的资金。顺丰也缺钱,但是顺丰不能为了钱而上市。上市后,企业就变成一个赚钱的机器,每天股价的变动都牵动着企业的神经,对企业管理层的管理是不利的。"这是顺丰上市以来,媒体报道中王卫被引用最多的话,但显然,为了在竞争中站住脚,顺丰上市也是必然的选择。

作为行业的老大,为了保住自己的竞争优势,顺丰也需要在快递上投入更多的资金。根据顺丰之前发布的募资公告,顺丰未来还会在航空货运方面加强布局,除了买飞机、建机场之外,冷链运输和国际扩张也是其未来主要的发展方向之一。

（六）百世在美上市

继顺丰、圆通、申通、中通和韵达陆续上市后,北京时间 2017 年 9 月 20 日 21 点 30 分,百世集团在纽约证券交易所正式挂牌上市,交易代码为"BSTI",开盘价 11.48 美元,相比 IPO 价格上涨 14.8%。此次 IPO 百世集团一共发行 4500 万股美国存托股份(ADS),每股价格为 10 美元,总融资额为 4.5 亿美元,相比此前发布的融资目标减少了约 50%。有业内人士分析称,这是受到中通的影响,国外投资人热情减弱,同时融资也并非是百世赴美上市的核心诉求,作为三通一达之后第一个上市的企业,百世相对理性。

百世集团董事长兼 CEO 周韶宁表示,上市只是百世的起点,把融资额降低,是为了更好地对投资者负责,巩固长期的价值。"百世不想刚上市就出现股价下跌",他说。有投资人表示,百世赴美上市的核心目标并不是资金,"百世其实并不那么缺钱",赴美上市的其他意义更为重要。同时,随着多家快递企业陆续上市,百世也看到了股价的不同趋势,因此如今企业的态度更为理性。

实际上,百世赴美上市也存在舆论环境的压力。此前,中通率先在美国上市,随后遭遇数据造假指控,导致部分国外投资者对中国企业的信任度下降。此外,中通在上市首日就跌破发行价。

资料显示,百世集团旗下包括百世供应链、百世快递、百世快运、百世店加、百世金融、百世国际等多个业务单元,各个业务板块均衡发展,虽然出现阶断性亏损,但原因是公司在做大量的资产注入以及固定资产投资,收益不可能短期见效。由此看来,业务均衡发展不仅仅发力快递业务的百世,是阿里系物流企业中定位相对清晰的。

业内分析认为,轻资产的商业模式使百世的服务网络可以保持运营的灵活性和主动性,以低成本实现规模效应。2012 年至 2016 年,百世快递、百世快运的复合年增长率均达到 93%,百世供应链复合年增长率达到 96%。①

至此,国内主要民营快递公司均已完成上市,其他体量较小的快递公司也陆续走向资本市场,快递行业迎来了新的发展时代。

二、融资促发展

上市融资对于快递公司来说不是终点,而是新的起点,正如顺丰控股上市当天,其掌门人王卫在深交所敲钟现场提出的警示:"顺丰上市不是上岸,作为公众公司,将承担的社会责任更大,更需谨言慎行。"的确,上市只是一个开始,如何运用资本走好未来的路才是关键。

各家公司一齐登陆资本市场预示着接下来快递行业将进入兼并整合时代。在国内快递格局已经成熟、快递包裹量达到世界第一的背景下,快递企业要想获得更好的发展,必然要在资本方面有所进益。

正如业内专家所言:"快递企业上市有必然性,也有偶然性。必然性在于近些年快递企业业绩状况良好不仅得益于市场需求大,还有国家政策的支持;偶然性在于证监会的审批之快,使快递五'股'得以迅速齐聚资本市场。"

资本助力下的快递企业要想在下一个竞争阶段中维持自身的市场地位,快递创始人要尽可能吃透快递产业的内在发展规律,构建新的思维方式,优化商业模式,聚焦关键价值链,做价值链的分配者、资源的组织者,充分发挥资本作用,"收割"市场,争做行业的领导者。

三、各方总裁规划

圆通速递股份有限公司董事局主席兼总裁喻渭蛟:上市之后,圆通速递将充分利用资本市场的融资和并购工具,丰富产品结构、提升综合实力、完善产业布局,增强公司的可持续发展能力和盈利能力,创造更多的价值,使圆通遍布全国乃至全球的客户分享公司高速增长带来的收益,致力于成为国内领先、国际知名的综合物流供应商和供应链集成商。圆

---

① 《百世物流终上市 在美上市中国公司最大 IPO 出炉》,搜狐网,2017 年 09 月 21 日,http://www.sohu.com/a/193463635_393779。

通航空自2015年9月底顺利首航后,2016年8月23日引进第5架全货机,这也是圆通速递借壳上市通过证监会审批后迎来的第一架飞机。圆通计划到2020年至少拥有20架飞机,到2025年拥有100架飞机。

中通速递服务有限公司董事长赖梅松:快递业正在从单纯的业务竞争向"服务＋生态"转型,已进入新科技、新装备、新生态、新模式的发展阶段。因此,中通上市后也将以此为目标,不断优化完善中通国际、中通快运、中通云仓等,也将在冷链、金融、科技等方面进行探索和投入;且进一步整合资源,扩大国内布局,拓展国际网络建设;关注基层,保障基层网点的利益,提升归属感;注重安全,切实保障寄递渠道和快递网络的安全。

申通快递有限公司董事长陈德军:上市后,申通未来发展的两大方向,一个是主体产业,另一个是资本方面。从产业方向看,会在多元化方面进行一些布局,包括在快递、快运、冷运、仓配一体等领域进行布局,另外还有一些国际业务、向农村领域扩展的业务也在布局中。

韵达速递董事长聂腾云:要以"打通上下游、拓展产业链,画大同心圆、构建生态圈"为指引,满足并引导形成新的消费方式和体验,为做大做强韵达品牌和促进快递行业快速健康发展不断努力。韵达将以此次上市为契机,通过产融结合、借力资本实现双轮驱动、科技赋能、打通上下游,实现智慧物流。

百世快递新掌门人周少华表示:服务是发展根本,要保持现有快递网络的稳定、服务和时效,加大基础设施投入,推进信息化、标准化和品牌建设。

顺丰控股集团总裁王卫:顺丰上市后,对客户的服务质量会更好。顺丰会充分将资本用于拓展机队、提升中转场站的自动化及智能化水平、发展国际快递、冷链运输等业务,提升经营规模及效率,并转型综合物流服务商,进一步巩固竞争优势。

经过十多年的发展,快递行业增速放缓使得越来越多的快递公司资金吃紧,选择上市一方面可以缓解企业在资金方面的压力,另一方面也利于其拓宽融资渠道、降低运营成本、拓展新的市场领域。快递行业的市场竞争日趋激烈,快递企业的毛利率也在下降。很显然,中国快递已经进入微利时代,争夺市场份额与提升业务利润是摆在快递公司面前的两大难题。针对这一现象,业内专家表示,微利意味着同质化竞争,同质化产能过剩导致的价格战,不仅大量消耗着企业资源,对行业也是一种伤害。要缓解微利,一则需推出差异化、个性化产品或服务,二则应在政策的引导下加大兼并重组的力度。正如陈德军所言:"快递业的兼并重组是中国快递业发展的趋势之一,中国快递业必须经过'野蛮生长'阶段,然后进入资本化运作阶段,进而提高行业毛利率。"

中国快递业的几大巨头间的竞争如火如荼,随着它们将战火从业务量烧到资本市场,新一轮的竞争又拉开序幕,抓住上市契机或可抢占先机。但上市募集资金不是慈善筹款,也不是无私捐助,而是一种需要为投资者产生价值的投资。在资本光环下,各大快递公司新的角逐已经开始。

第二节　中国快递转型探索之路

一、政策引领行业转型规划

2017年2月13日,国家邮政局发布《快递业发展"十三五"规划》,提出到2020年要形成覆盖全国、连通国际的服务网络。

快递近几年在高速发展的同时,也面临诸多挑战。比如,网购人口红利逐步衰减,快递增长的结构性风险加大;模式创新与现行法规之间碰撞日趋频繁,对政府治理提出新挑战。

《规划》提出了到2020年要基本建成普惠城乡、技术先进、服务优质、安全高效、绿色节能的快递服务体系,形成覆盖全国、联通国际的服务网络。具体看,主要有以下几点:

(1)在产业能力方面,《规划》要求快递市场规模要稳居世界首位,服务网络进一步健全,基本实现乡乡有网点、村村通快递的目标。要建设一批辐射国内外的航空快递货运枢纽,积极打造"快递航母",形成3~4家年业务量超百亿件或年业务收入超千亿元的快递企业集团,培育2个以上具有国际竞争力和良好商誉度的世界知名快递品牌。

(2)在服务品质方面,《规划》提出,寄递服务产品体系更加丰富,承诺时限产品比重进一步提升,国际快递服务通达范围更广、速度更快。

(3)在安全水平方面,要全面落实"三项制度",实现寄递流程可跟踪、隐患可发现、责任可追溯等目标,遏制重特大事故的发生。

(4)在绿色低碳方面,快递生产方式绿色低碳水平大幅提升,能源资源利用效率大幅提高,快件包装标准化、绿色化水平显著提升,包装材料循环利用率不断提高。

此外,《规划》还提出了要完善规划标准、推进依法治业、强化运行监测、加大行业宣传等保障措施。[1]

二、行业机遇

"十三五"时期,世界经济在深度调整中曲折复苏,格局更趋复杂。我国经济步入新常态,经济发展方式正在加快转变,新的增长动力正在孕育形成,经济长期向好基本面没有改变。随着供给侧结构性改革的加快推进、大众创业万众创新的全面深化和行业关联产业环境的持续优化,我国快递业进入难得的发展机遇期。

---

[1] 《快递业发展"十三五"规划》

（1）供给侧结构性改革为快递业转型升级提供新动能。我国经济发展逐步向形态更高级、分工更优化、结构更合理的阶段演化，将在更高层次上推动供需矛盾的解决。国家协同推进新型工业化、信息化、城镇化、农业现代化，超大规模内需潜力不断释放，为我国快递业持续高速发展创造了广阔空间。随着电子商务、制造业、农业等关联产业升级，快递业上游产业环境将更加优化，全新供给模式加快形成，迫切需要提升快递服务供给质量和效率。资本介入逐步加快，融资环境不断改善，跨界融合渐成趋势，将有力推动快递业市场主体兼并重组，建立完善的现代企业制度。推进快递业供给侧结构性改革，将逐步打破行业发展单一、同质、低质化的现状，向多元、规范、精细化转型，压减低效供给，提高质量效率。

（2）"互联网＋"行动计划为快递业创新发展提供新引擎。"互联网＋"行动计划推动形成网络化、智能化、协同化的产业发展新形态，将为经济社会发展增添新动力。快递业对接供需两端，积极提高服务匹配能力，将逐步打造一个服务于各行各业、服务于新经济的生态体系。快递发展空间未来将向更广阔的领域延伸，快递与电商合作不断深化，与现代农业、制造业、跨境贸易等协同模式不断拓展。线上线下互动，将进一步畅通实物流、信息流、资金流，推动快递业加速升级，发展便民利商新业态。新一代信息技术与现代制造业、生产性服务业等融合发展，将进一步创新服务链、打通信息链、改造实物链，助推快递业步入新的发展时代。

（3）开放型经济新体制为快递业国际化发展提供新机遇。我国正加快构建开放型经济新体制，推进高水平双向开放，将逐步放宽商贸物流等外资准入限制。随着国内包裹快递市场的全面开放，快递业市场竞争进一步加剧，将推动行业改革向纵深发展。"一带一路"战略步入务实合作阶段，区域间贸易活动更为频繁，国际物流战略通道建设将进一步加强，亟须形成一批深度参与国际分工、具有国际竞争力的快递企业。中国制造"走出去"步伐加快，为快递企业实施"跟随发展"战略、拓展海外市场创造有利条件。自由贸易区战略实施和跨境电子商务发展，促使快递企业加快提升订单处理、跨境运输、海外仓储、境外投递等能力。

（4）"放管服"改革为快递业健康发展提供新助力。面对经济下行压力和传统动能减弱，我国进一步深化简政放权、放管结合、优化服务改革。快递业务经营许可程序不断优化，商事制度改革进一步推进，将有利于推动社会资源有效聚合，持续释放快递市场活力。加强快递业事中事后监管，坚持放管结合，将有利于规范市场秩序，适应新业态、新模式发展，促进快递市场主体公平竞争。提高政务服务效率，加强政企互动，提高行业政策的针对性和有效性，将有利于助推行业健康有序发展。

（5）资源环境制约对快递业绿色发展提出新要求。我国资源环境承载能力的刚性约束趋紧，生态环境恶化趋势尚未得到根本扭转。随着快递业持续高速发展，传统发展模式越来越受受成本、资源和环境的制约。劳动力等生产要素成本不断上升，对行业发展的影响日益突出。车辆、包装材料等生产资料的需求量大幅增加，资源消耗和环境影响将进一步加大。未来快递业将全面节约和高效利用资源，通过减少收寄、封发、运输、投递等各个环节对环境的污染和资源消耗,降本增效。通过减少对传统能源的依赖,优化要素投入结构,实现快递业"低污染、低消耗、低排放、高效能、高效率、高效益"的绿色发展。[①]

三、各快递企业的新布局

在资本化刺激和政策引领之下,国内快递企业正在积极探索转型之路,新一轮的布局已经开始。

(一)顺丰的战略布局

顺丰重点布局四大业务——国际、冷运、重货、同城配。

和之前相比,顺丰控股的业务多元化方向更加明显,2016 年,顺丰的传统国内快递业务占比进一步下降,国际、冷链、仓配、重货等新兴业务收入占比进一步提升,多元化日渐明显。

1.国际业务

顺丰财报中显示,顺丰国际的网点已覆盖南亚、韩国及美国等华人集中的社区,如新加坡牛车水、韩国东大门等,未来两年国际业务服务范围将增长至 260 个国家及地区。顺丰国际业务现有客户约 9.3 万个,超百万客户达 120 个。过去三年国际业务高速增长,同比增长达 70% 以上。

目前,顺丰国际提供包括国际标快、国际特惠、国际小包、保税仓储、海外仓储、转运等不同类型及时效标准的进出口服务。

2.冷运业务

除国际业务外,冷运业务也是顺丰重要突围业务。截至 2017 年年末,顺丰控股冷运网络覆盖 104 个城市及周边区域,其中有 51 座食品冷库、108 条食品运输干线、3 座医药冷库、12 条医药干线,贯通东北、华北、华东、华南、华中核心城市。目前顺丰冷运覆盖食品、医药行业生产、电商、经销、零售等多个领域,公司全年冷运食品与医药业务高速发展,2017 年收入 22.95 亿元。

冷链运输也是快递企业供给侧升级的关键,与美国大型连锁企业相比,中国内地冷链运输仍处在初创阶段,生鲜电商、医药配送的扩张明显还在受制于冷链限制。顺丰控股现有的冷链模式,属于"自建的一段式全程冷链"配送方式,投入较大但难以复制,规模化后有望与现有的顺丰高端业务一样,具备差异化服务的优势。对于顺丰来说,冷运业务既是机遇又是挑战。

---

① 《快递业发展"十三五"规划》

机遇一：冷链市场规模大。

2015年我国生鲜电商交易规模达到560亿元，持续保持高速增长，预计2018年将达到1283亿元，生鲜市场可谓一片火热，被认为是电商领域的又一片蓝海，冷链配送则是生鲜电商的必要条件，市场同样巨大。另外据统计，2015年冷链物流市场规模1509亿元，年增长22%，这是一个千亿级别的市场。

机遇二：成本高、提升空间大。

尽管市场容量巨大，但是生鲜配送需要全程冷链，技术要求高，特别是"最后一公里"的冷链宅配需要很高的技术设备要求，但目前我国冷链建设非常不完善，冷链流通率很低，导致农产、生鲜类产品物流成本占比较高，已经占到生鲜电商单价的40%以上，掣肘了生鲜电商的盈利突破。相关统计数据显示，我国冷链流通率低、基础薄弱，平均冷链率不到发达国家的1/5，损耗率是发达国家的4倍以上，还有极大的提升空间。

机遇三：政策的支持。

在《国务院关于积极推进"互联网＋"行动的指导意见》中明确表示，要着力解决农副产品标准化、物流标准化、冷链仓储建设等关键问题，鼓励发展社区自提柜、冷链储藏柜、代收服务点等新型社区化配送模式。另外在2016年的"中央一号文件"中，冷链配送则被视为推进农产品供给侧改革的重要一环，提出要"完善跨区域农产品冷链物流体系，开展冷链标准化示范，实施特色农产品产区预冷工程"。

同时顺丰的冷运业务也面临如下挑战。

挑战一：降低生鲜农产品货损率，提高配送质量。

生鲜农产品出现货损，很大程度上是由于包装不当和配送的时间过长造成的。包装方面，以配送红提为例，虽然顺丰冷运采用的是塑料盒包装，外部的保护性较好，但由于红提自身重力的压迫和运输过程中的晃动，处于底部的红提在收货时明显已有轻微的损坏，损坏的红提占到总量的1/4左右。由此可见，像葡萄、草莓的配送包装，更需要有避震的防护措施。包装的非标准化降低了物流配送效率，也给配送的质量带来风险。

另外，配送时间过长也是造成货损的一个原因。目前，顺丰优选一般采用"泡沫箱＋低温冰袋"的模式进行配送，成本相对较低，但低温环境只能持续较短时间，若配送时间超过一定范围或者在夏天，冷源材料的低温保障功能则会弱化甚至消失，生鲜农产品的质量便可能受损。

而很多消费者一般白天在公司上班，白天配送的产品通常是放到小区的智能快递柜，晚上回家再取货；再或者配送途中出现突发状况（如交通堵塞）等情况，就会导致配送时间的延迟，最终导致生鲜产品的新鲜和安全无法保证，带来货损风险。

挑战二：降低快递配送的成本。

国内目前主要采用的是"二段式"半程冷链（干线运输＋落地配，依托城市间干线冷链运输，以城市冷库为节点，配合"最后一公里"的落地配完成宅配）。二段式冷链宅配的最大优点是能够快速复制，但不足之处在于，从落地配的角度看，落地配如缺乏资金，便无法更替专业的冷链设备。生鲜商品具有高度非标准化、质量动态变化、产品多样性等特点，订单量没有形成规模化时成本较难控制。一件商品的运输途经几家物流承运商，这对上下游的信息对接以及承运商之间的信息对接都提出了严格的要求。

虽然顺丰冷运主要采用"一段式"全程冷链，配送队伍与速递融合在一起，但成本依旧居高不下。以顺丰优选的秘鲁红提来说，39.9元/KG，加上顺丰运费10元，实际为49.9元/KG，价格尽管能接受，但相比超市的价格高出许多，大部分消费者不肯为高出的配送成本买单。事实上，据内部人员透露，10元的价格就目前来说还不足以支付顺丰的配送成本，涨价是迟早的事情。

首先，电商环境下的消费者比较分散，且消费者的购买生鲜习惯还没有形成，生鲜订单量不足；大多客户对生鲜的购买仅为体验式购买，客户单价不高，也加大了配送成本。

要降低冷链的配送成本，首先需要实现产业规模化，只有形成了产品的完整产业链，才会形成规模效应。"顺丰冷运"冷链的覆盖只有在形成规模化之后，才能承接除了优选之外的其他客户，当客户订单达到一定的规模，相应的冷链物流的相关物流成本自然就会降低并稳定下来。

其次，实现"最后一公里"集中送货和约定送货，这样可以减少冷藏车的空载空置问题，也可以保证产品的新鲜度。

再次，对冷库的技术改造和冷藏车入冷库装卸货，实现冷藏产品的按温度等级分类放置，同时冷藏车入库可以减少装卸货这段时间产品的损耗问题。

"顺丰冷运"除了在全国各地兴建冷库，还应该加大配置"冷冻＋冷藏"的混合配送车辆、冷藏周转箱与恒温设备，升级末端宅配冷藏配送工具，进一步提高生鲜农产品的储存时间和新鲜度。而通过这样方法，冷链物流的成本才会真正降下来。

3.重货业务

顺丰控股自2015年起正式推出重货运输产品，主要客户系服装、电子、五金、家具、仪器、汽配等轻工行业的产品制造商、品牌分销商。重货运输产品有助于为客户提供多样化、客制化的重货运输服务，同时也有助于利用闲余运力资源，降低整体运营成本。

作为顺丰物流布局的重要一环，顺丰重货业务发展迅速，每年收入以翻倍的速度增长，其主要收入来源为顺丰普运（陆运零担），随着货量的增长，顺丰快递和零担网络也在逐步分网，成为顺丰的核心竞争力。

顺丰重货包括顺丰普运、重货快运和重货专运，其中普运（即陆运零担）主要针对有低价要求的客户，重货快运（即零担空运）主要针对有高时效要求的客户，重货专运（整车业务）针对有整车直发需求的客户，目前基本用外包的方式进行。

4.同城配送业务

除冷链及细分市场的介入，顺丰的第二大战略方向是对新零售线下配送和城市及时配送的战略布局。具体来看，顺丰针对新零售趋势的"星网计划"，试图将顺丰配送渗透到人们生活的方方面面。

另外其即时配业务也已与麦当劳、肯德基、汉堡王、德克士、百度、天虹、华润万家、家乐福等品牌达成合作，组建完成近4000人的专职配送团队，与百度外卖的合作更是如虎添翼。在懒人经济下,顺丰的"星网计划"无疑将是继冷链布局后的又一大成功战略,目前顺丰的星网已粗具规模,未来或将成为顺丰最为成功的战略布局策略,人们的生活吃、穿、住、行都将离不开顺丰。

在末端配送方面,顺丰运用新技术,打造新模式,2015 年 6 月 6 日,顺丰、申通、中通、韵达、普洛斯五家物流公司联合公告,共同投资创建深圳市丰巢科技有限公司,研发运营面向所有快递公司、电商物流使用的 24 小时自助开放平台——"丰巢"智能快递柜,以解决快递末端难的问题。这几家企业汇聚了全国 8.7 万个服务网点、85 万名一线配送人员,以及每日递送全国 50% 以上的快件。

根据丰巢官方公布的数据,自 2015 年 6 月启动,到 2017 年年末,丰巢的市场范围已经覆盖全国 74 个城市,投放了 4 万组快递柜,格口数量达 300 万,日均包裹处理量已达快递柜行业第一。

深圳市丰巢科技有限公司的法定代表人是顺丰总裁王卫。丰巢初期投资 5 亿人民币,顺丰持股为 35%,申通、中通、韵达均是 20%,普洛斯为 5%。

虽然丰巢由各快递公司共同投资,但是他们并不直接参与运营管理,而是将其作为社会化的物流资源,以平台的身份,面向所有快递企业、电商商家、社区化服务商业体开放。

对于"最后一公里"问题的解决,阿里巴巴和京东也都早已开始布局。"菜鸟驿站"由阿里巴巴旗下菜鸟网络牵头组建,按照官方描述,菜鸟驿站是面向社区和校园的物流服务平台,为用户提供包裹代收、代寄等服务,致力于为消费者提供多元化的"最后一公里"服务。作为阿里旗下菜鸟网络的五大战略方向之一(快递、仓配、跨境、农村和驿站),最新数据显示,菜鸟驿站已有超过 4 万个网点。而京东早在 2012 年就在北京北辰和中关村自提点上线自提柜业务,提出"上班下单、下班提货"的概念。2012 年 9 月 4 日,刘强东发微博,配图是京东自提柜,并表示 24 小时可以自提,希望京东自提柜能进入每个小区。根据京东 2014 年 5 月公布的信息,京东自提柜覆盖的城市主要包括北京、天津、上海等 25 个城市。除了京东、丰巢、菜鸟驿站,速递易在智能快递柜的布局更早,发展速度很快,根据速递易官方公布的数据,目前其在全国 79 个城市布局了 5.5 万个网点,已投递快件超过 7 亿件,是市场份额最大的快递柜品牌。此外,速递易已在北京、上海、深圳、重庆等地成立72 家分子公司。

随着各大巨头布局最后一公里,顺丰和丰巢也将会面临更加激烈的竞争。

5.数据灯塔

除了布局以上四大业务以外,顺丰还在数据方面暗自使劲。数据灯塔是顺丰推出的首款大数据产品,通过数据分析为企业客户提供物流仓储、市场开发、精准营销、产品运营管理等方面的决策支持,助力客户优化物流和拓展生意。

近年来,多种来源的数据、不同的数据分析模型及快速发展的分布式计算使得海量数据处理成为可能。随着互联网的不断普及与物联网技术的不断发展,未来大数据的应用场景将不断丰富,应用价值将不断提高,在数据服务中的比重也将越来越大。尤其进入DT 时代,大数据应用和智能化已成为企业掘金新方向,基于解决企业客户日益增长的智能多维分析需求,这也是数据灯塔应运而生的主要背景。

顺丰拥有 20 余年物流领域积累的海量大数据及外部公开平台数据,如覆盖全国 3000 多个城市和地区的楼盘、社区信息,海量的电商数据、社交媒体数据、专业门户网站等。因此,顺丰数据灯塔可进行基于大数据的多维度深层次专业分析,以及拥有通过快递实时直播、监控快件状态、预警分析、仓储分析、消费者画像研究、同行分析、供应链分析、智慧商圈、智慧云仓、促销作战室等分析功能于一体,为企业生意发展提供专业解决方案,成为赋能客户实现智慧物流、智慧商业的大数据产品。

在强大的数据量和分析服务能力上,数据灯塔主要为客户解决的痛点和价值在于:

(1)实现物流全流程实时监控。市场上还没有一款产品可帮助客户解决快递全流程实时监控痛点,且协同实现仓储收、发、存数据并行分析管理。面对当前激烈的市场竞争,客户渴望通过提升物流服务水平、控制物流成本,最终实现智能管控。

(2)掌握全面多维的商业决策数据。市场上各类商机信息呈现多维度、多渠道且散落的状态,是否能充分掌握同行、供应链上下游、消费者等全方位的有效市场动态情况成为客户的痛点。

(3)定制个性化解决方案服务。每个企业客户都有着其独特的经营特色,对大数据服务的需求也呈现了多样化、个性化特征,要实现个性化定制服务方案的真正落地实施,需打通全链路资源,这往往让客户很头痛。

在大数据时代,数据就是财富,数据灯塔在不久的将来有很大可能成为顺丰的支柱型业务。[①]

(二)圆通战略布局

圆通速递目前已经形成通达全国的航空、汽运、铁路运输网络,初步实现圆通航空国内、国际干线网络布局;通过募投项目,圆通将打造业内领先的"三网合一"快递服务平台。另外,圆通与阿里以及中国联通的战略合作进一步强化信息服务能力。

圆通在正式登陆资本市场后,将继续强化在网络覆盖、运能网络、航空、信息化等方面的优势,进一步扩大市场份额,并向智能化、信息化等高科技方向发展。

1.优化保有业务,巩固行业地位

(1)运能网络提升项目。2016 年 11 月,运能网络提升项目总投资 8.6 亿,主要用于干线运输车辆购置和航空货运飞机购置,其中,募投资金主要用于干线车辆购置。三年计划新增采购干线运输车辆共 1156 辆,计划 2017 年和 2018 年各购买 1 架波音 737-800 飞机。项目投产将拓展公司运能网络,提高自有车辆比例,提升自有航空运能网络,为拓展高端商务市场、国际市场奠定基础。预计本项目完全达产后第一年将为圆通速递节省运输成本 1.16 亿元。

---

① 《解密|顺丰数据灯塔——物流行业首款大数据产品服务》,物流沙龙官方微博,http://blog.sina.com.cn/s/blog_70270cb10102whh6.html。

（2）建设转运中心及智能设备升级。建设期为 2 年，拟在上海、杭州、合肥、天津、武汉、金华新建 6 处转运中心，其中上海和杭州配备自动化智能分拣设备，实现设备技术工艺升级。转运中心建设将提高中转操作能力，满足业务快速增长的需求，另外，将核心转运中心由租赁土地房产模式转为自有模式也可以有效增强业务稳定性。自动化智能分拣系统可以通过圆通速递的信息系统平台和可视监控系统统一进行调控、数据收集和指令调整，提高整个快递业务过程的可视性、可控性以及服务的标准化程度。

对现有转运中心进行替代和升级，同时新增绍兴枢纽。11 处转运中心将建设成为快递、快运、仓储相结合的综合转运枢纽，并在快递分拣区域中针对有更高时效要求的高附加值快递产品（如限时达、冷链、商务件、特殊物品等）设立独立操作区域；此外，还在嘉兴、济南、虎门转运枢纽单独设立国际件的分拣区域。这使圆通可以提供综合物流一体化服务，打造综合性快递物流运营商，并拓宽高附加值市场及国际市场。

对公司信息系统的数据采集能力、系统安全等级和系统使用效率进行全方位升级，并在 16 处自营枢纽转运中心配置自动化分拣设备，同步提升信息系统和业务流程的智慧化水平，降低人力成本，提高服务能力。此举意味着公司将由过去的“人工＋半自动”模式逐步向“信息化＋全自动”模式过渡升级。

（3）建设城市高频配送网络及终端网点。拟在商业经济活动发达、高时效产品需求旺盛的国内部分重点区域建设城市高频配送网络，支撑高附加值快递产品的服务和时效保障，提升高附加值快递产品的市场份额。这将使得圆通的服务对象从电商向城市 O2O、城市仓配、冷链食品等领域拓展。该项目将在城市的重点位置建设一级、二级集散中心、配送站，并购置运送车辆以及配置相应的基础设施和信息化设备等。

终端网络方面，拟在城市内校园、社区、专业市场、宾馆、机场、单位、景区等区域以及中西部地区、农村地区建设包括“旗舰终端”和“标准终端”在内的两类终端服务网点，提升原有靠加盟网点形成的网络的深度。

（4）打造智慧物流信息一体化平台。本项目投资总额为 6.1 亿元，预计建设期为三年。项目建设内容主要包括智慧快递平台升级建设、智能移动客户端建设、数据中心建设、智慧物流信息一体化平台整合，项目建成后将进一步提升圆通速递的信息处理能力和信息化管理水平，为公司进一步向“互联网＋”转型升级提供保障，全方位提升公司在现代物流服务领域的核心竞争力。

圆通速递与联通运营公司签署了《战略合作框架协议》，根据协议，公司利用其覆盖全国的网络资源和完善的配送体系，为联通运营公司及所属单位提供服务项目包括但不限于电子渠道、电商配送、国内国际快递等全方位快递及相关业务。联通运营公司依托其在通信领域的各种优势，为公司提供办公及业务所需的服务；联通运营公司优先为公司提供先进的基于 4G 的移动应用产品，以提高公司企业办公自动化及业务信息化水平，并在相关合作中优先使用联通运营公司的优质服务。

2.自建航空,打造中国的 UPS

购置引进航空货运飞机,并采购航材备件及飞行模拟机等。圆通作为加盟制快递中第一个购买自有飞机的企业,很早就形成了打造高端服务的思想,此举进一步提升了公司的服务品质,适应未来国内快递行业逐渐由价格竞争转向时效品质竞争的态势。

圆通航空自正式开始运营以来,已逐步开通杭州—成都、杭州—西安、杭州—深圳及深圳—西安等 6 条定期往返货运航线,陆续投入运营 5 架波音 737—300 等货运飞机(4 架自有,1 架租赁)。募集资金 2 亿新增 6 架飞机,预计到 2019 年,将再增加 7 架飞机,总机队规模达到 18 架。

建设一流国际航空物流枢纽,打造西北快件转运集散中心。总投资 3 亿元的圆通速递西北转运中心项目,是空港新城加快建设一流国际航空物流枢纽,打造西北快件转运集散中心进程中的重要一环,主要建设有办公楼、分拣车间、研发楼等,日处理 60 万件,年货物流量 1.5 亿票,提高了空港新城的货运水平。

2016 年 12 月 3 日,广西南宁市长周红波会见圆通速递董事局主席兼总裁喻渭蛟一行,同日签订合作框架协议。项目计划在南宁市辖区内总投资 15 亿元人民币建设圆通广西区域总部基地及航空枢纽基地项目,主要包括土地、建安成本、自动化分拣设备以及信息化投入。该项目集快递/快运、跨境电子商务、航空货运等业务于一体,计划用地规模约350 亩。

南宁项目只是圆通速递国际拓展布局中的一个环节。在此之前圆通速递董事局主席兼总裁喻渭蛟已经先后拜会广东省委常委、广州市委书记任学锋;四川省委副书记、省长尹力;陕西省委副书记、省长胡和平;金华市委常委、义乌市委书记盛秋平等省市政府领导,并签署政企战略合作协议。

圆通速递分别投入巨资,在广州、成都、西安和义乌等核心战略城市分别建设圆通速递的华南、西南、西北和浙江区域总部和航空基地,其中在西安更进一步与陕西省政府共同组建中国西北国际货运航空公司。

3.积极打造国家工程实验室,助力行业升级

2017 年 5 月 12 日,由国家发改委批复、圆通速递牵头承建的"物流信息互通共享技术及应用国家工程实验室"(NELLIT)在圆通速递上海总部正式揭牌。这也是首个由民营快递企业牵头承建的国家工程实验室。未来三年,圆通速递计划投资超过 1 亿元,用于该实验室的建设。

该实验室由上海市发改委主管,由工业和信息化部电信研究院、中国重型汽车集团有限公司、北京国邮科讯科技发展有限公司、上海物联网有限公司、中国联合网络通信集团有限公司等五家理事单位组成。

针对我国物流业存在的物流信息互联互通不足、物流装备信息化和自动化程度低、物流业标准体系亟待完善等问题,该实验室将针对物流快递业发展的瓶颈,围绕提升物流运营效率和寄递安全水平的迫切需求,重点做好互通平台搭建、物流资源和运能资源的整合、智能装备研发、行业标准制定、示范基地建设以及物流人才培养等工作。

据介绍,国家工程实验室各类项目将从范围、装备、运输模式和行业及用户群体四个维度助推行业创新升级。为此,未来 10 年,国家工程实验室将分三个阶段进行建设。第一阶段的三年期内,将力争突破多层次货物识别定位跟踪溯源技术、研发智能装备五种以上,其中主要包括三种以上运输智能装备,两种以上仓储智能装备。

圆通速递董事局主席兼总裁、国家工程实验室理事会理事长喻渭蛟在仪式上介绍,"该实验室将以全局、全行业、全球的视角,秉承共建、共创、共享的理念,构建'互联网＋物流'领域自主知识产权和标准体系,形成中国物流业互联、物联、智联序次推进工程技术的研发基地,致力于成为现代科技成果在中国物流业创新应用的孵化器、加速器和倍增器。"

国家邮政局政策法规司相关负责人表示,国家工程实验室的批复成立充分体现了国家有关部门对邮政行业科技创新工作的认可和重视,对于提振邮政行业广大科技工作者科技创新的热情和信心,推动行业科技创新工作再上新台阶具有积极作用。[①]

(三)中通战略布局

中通,在美国上市后并非一帆风顺,不过这并不影响中通快递在国内的飞速发展和通达系龙头老大的地位。融资之后,中通将继续布局快运、国际及多元化业务。

1.快运业务

中通是三通一达中进入快运最早的,也是发展最快的,2016 年 4 月 23 日,中通速递正式启动全国快运招商加盟,2017 年直营分拨中心 56 个,集配站 33 个和 2300 余家一级加盟网点,日均货量已超 4000 吨,已成为快运市场不可忽略的力量。而且中通快运一开始就对标百世快运,将网络与快递完全分开,无论系统、标准化都做得有模有样,此次扩张融资用途凸显扩张大容量卡车,更加说明中通在快运上的决心与野心！再从中通之前的布局看,随着其快递地位的夯实,以及国际和商业布局的初步完成,其战略方向开始向快运转移,抓住先机,为客户提供包括快递和快运的一揽子服务,提升客户黏性保存量,吸引同行客户加增量。

2.国际业务

2016 年 8 月 28 日,中通快递泰国公司在曼谷正式成立。中通国际事业部负责人表示,公司通过"同建共享"的独特运营模式,创新实施了一系列平衡机制,在行业内用最短的时间,逐步形成了最强劲的运营能力、服务能力和成本管控优势。对于中通国际来说,公司希望帮助更多合作伙伴"降本增效"、共同做大做强"世界生意",促进跨境电商的发展和全球经济贸易的流通。

此前不久,中通国际推出国际物流在线下单平台,旨在为合作伙伴提供流量支持、信息支持、散户揽件支持等一站式综合服务。该平台的上线,也将改变传统国际物流运营模式。开通不到一个月,其在线下单平台上已吸引近 100 家跨境物流供应商,先后开通了欧

---

① 《物流领域首个国家工程实验室在上海揭牌》,上海市邮政管理局网站,2017 年 05 月 15 日,http://sh. spb.gov.cn/dtxx_13189/201705/t20170515_1160052.html。

盟专线、美国专线、澳洲新西兰专线、日韩专线、东盟专线、中东专线等全球主要国家和地区的包裹寄递业务。

此外,中通国际先后在美国设立了波特兰、洛杉矶、特拉华3个中转仓,在中国台湾设立了7个中转仓,在德国、法国、日本、韩国、新西兰等国家都设立了中转仓,且每个中转仓都配备了先进齐全的软硬件设施。

在中国"一带一路"倡议、全球一体化、东盟一体化和互联网大数据技术驱动下,中国与东盟之间的经贸关系得到了持续快速的发展。中通服务入驻泰国以及对整个东盟的业务布局,对推动东盟电商、快递业的发展壮大提供了有力的支撑。

2016年10月12日,中通国际与USPS(美国邮政)正式建立战略合作关系,双方携手开拓全球跨境电子商务配送业务。中通副总裁赖建昌指出,中通国际和USPS的合作是中通积极响应国家"一带一路"号召,实施"走出去"发展战略的重要举措。中通将始终秉承"用我们的产品,造就更多人的幸福"的使命,通过拓展和优化国际服务网络,帮助国内外合作伙伴"降本增效",全面促进跨境电商的发展和全球经济贸易的流通。

USPS副总裁Cliff Rucker在签约仪式上表示,中通在中国有着一流的品牌影响力、业务拓展力和服务保障能力,且在国际业务发展上有着自己独特的经营模式和优越性,USPS愿意与中通一道,共享优势资源,共同拓展国际业务,携手开拓物流全球化的新局面,为共同做大做强"世界生意"贡献力量。

近年来,中通国际不断顺应市场需求,培育新的业务增长点,提升公司业务水平和市场竞争力,取得了显著的成效。先后在美国、中国台湾、德国、法国、日本、韩国、新西兰等国家和地区设仓,配备了齐全的软硬件设施,并相继推出了美国、欧盟、澳大利亚、新西兰、日韩等专线包裹寄递业务。

作为万国邮联成员的USPS,拥有着数量庞大的客户群以及极强的号召力,主要为客户提供包裹传送、货物运输、邮政服务等一系列业务。此次中通国际与USPS签署战略合作协议,双方希望在仓储配送、拆拼箱、面单贴换、包装和包裹退运管理、客服在线服务等方面展开具体合作,并共同开发、落地中美进出口物流产品,共建客服系统,提供实时物流信息查询,给客户带来细致周到的用户体验。接下来,中通还将继续挖掘更多海外优质合作资源,不断完善海外网络平台建设,将服务拓展至全球更多的国家和地区。

3.多元化布局

中通快递低调地成立了五个公司,分别布局影业、智能化设备、仓储、投资以及文化传播。从这五家刚刚成立公司的业务和结构及中通定的战略来看,中通正在加速多元化步伐。也许是因为股市上的"挫折",中通开始转变策略,不仅仅从快递业务获取盈利,而是逐步强化布局,进行多元化、全方面拓展。这次中通悄然成立的五家公司,除了两家可以说和物流相关,另外三家的触角已经伸向了文化、金融领域。

以中通进入文化传播领域为例,首先,"中通影业"的董事长赵钢,因为参与赵本山主导的电视剧《马大帅》而为广大观众知晓,在中国影视剧市场也有极强的人脉资源。中通快递成立影业公司,对中通集团的多元化和中通快递的品牌提升都有较大的帮助,是出于对公司宣传的目的。其次赵钢也是中通快递的投资者之一,在中通股市疲软的时候前来帮助中通进行多元化布局也是可以理解的了。

2017年年初,中通快递董事长赖梅松曾经说过,中通将运用新科技,投入新装备,拓展产业链,构建生态圈,以转型增效为主线,实现中通从"大"向"大而强"转变。他所提到的生态圈并不只是局限于物流快递领域,而是对整个市场的全面布局。

总之,中通领导层的头脑相当清晰,知道当下最该做什么,集中力量办大事,这点是相当难得的。另外从中通2013年以来的战略布局可以看出,除对快运的重点投入外,中通对商业和国际市场也是相当重视的,不论是优选上线,还是国际物流布局都是相对较早的。

(四)申通战略布局

1.新建中转场地

申通上市募集的资金,其中有一项就是新建中转场地,以提升全网货量。申通官方称,2016年在全国新建8个大型转运中心并全面实现大型分拨中心建设的成本管理、效益管理、目标规划,为申通战略布局提供决策支撑。其中,申通位于辽宁盘锦的东北转运中心和河南郑州的华中转运中心均已开工建设,新建的分拨中心加强了申通总部对于全网的管控力,从而有利于整体执行力的提升。

2.实现自动分拣

随着业务量的不断增加,采用效率更高的自动化分拣系统已是行业共识。申通通过3～5个月的时间打造申通自有的自动化分拣系统,并在2017年年底前实现试点转运中心的自动分拣系统及设备的实施,在未来的两年逐步实现全国转运中心的自动分拣。自动化分拣项目可以有效提升申通转运中心的操作分拣效率,降低人员成本,降低分拣错误率,实现大批量、连续性的快递分拣。

3.建立数据中心

互联网时代,企业对大数据的应用十分关键。申通通过建立运营体系的数据中心,将数据集中并分类汇总,实现用数据管理转运中心,整体提升转运中心各项运营数据指标。申通将大数据用于转运中心,提升转运中心的效率,从而提高整个网络的运行能力。

4.布局末端网络

此项目的目的在于"抢占前端有利地形,整合前端零散客户资源,减少最后一公里派送成本,缓解末端派送压力,提高末端服务质量,重塑品牌形象,改善末端现有环境,促使网点转型升级",申通发展末端布局项目的主体思路"以自建末端为主,第三方合作为辅"。申通在末端建设方面,主要采取"芸水驿""O2O门店"和"实惠邮局"三种形式的末端门店。"芸水驿"末端项目为申通自建,已在重庆、武汉、济南等地相继开展工作,门店数量达到200余家,月处理快件单量10万余票。

全国乡镇级土特产配套入驻门店,实现农村配送城市的线下O2O商业模式,按预期规划,申通将在 3～5 年内相继铺设 5 万家门店,切实改善末端现有运作模式,促使网点转型。

得末端者得天下,申通的三种末端形式无疑是对现有人力配送的有益补充,无论是业务量还是服务质量,都会得到进一步提升,申通对外的整体形象也会再次升级。

5.升级网点管理

在现有加盟模式的基础上,网点管理的升级项目更加强调战略目标的落地,以结果为导向,不断进行管理创新。通过建立作业指标管理体系,重点抓过程管理,和对网点关键作业节点的考核,不断提升快件时效和服务。通过星级评定,推进网点积分制,整合费制资源,实现网点阶梯定价,最终实现对加盟商管理体制的改革。积分制和阶梯定价,一改传统一刀切的模式,众多网点的活力也必能再次被盘活,有效缓解网点的生存压力,有利于网点抢占市场。

6.新建考核体系

此战略项目建立了更加科学和完善的绩效管理体系,目的是从个人到组织绩效的提升。按照申通官方解释,新体系将根据经营项目确定的公司战略目标和各部门目标,将组织绩效分解到个人并实施管理,以兑现个人绩效工资。新的考核体系,也必能进一步激发申通员工的潜能和积极性。

7.完善管理体系

建立公司及各部门下半年经营指标及目标,并搭建指标数据体系,统一数据归口,规范数据逻辑,同时经营指标与绩效考核衔接推动工作执行,通过指标驱动公司发展,最终实现以经营目标为导向的管理模式。随着项目的推动,申通逐渐形成"战略方向—重点工作—规划预算—经营指标—落地执行—绩效考核"的管理体系。

8.优化客服体系

申通优化客服体系的一期项目,主要包括丰富及推广移动端下单渠道和建立全网电话客服监控监管体系,促使整个网络电话打得通,接听可见、可听、可评,以提升全网整体服务质量及效率,从而有利于申通申诉率的降低,同时也会提升整体服务水平。

9.选拔储备人才

市场的竞争永远都是人才的竞争。申通人才选拔及储备项目的目的在于改变当前的晋升机制,建立适合申通发展需要的人才储备及选拔机制,主要是通过人才选拔、考评、培养、考核、竞聘等方式,培养中层管理岗位和转运中心管理岗位。

众所周知,申通是曾经桐庐帮快递的"带头大哥",但是近两年在业务量上逐渐被中通和圆通超过,为了重现昔日的辉煌,申通势必要在新阶段实现触底反弹。

（五）韵达战略布局

韵达股份发布的 2017 年上半年业绩报告显示,2017 年上半年公司营收 43.1 亿元,同比增长 43.2%;实现归属于上市公司股东的净利润 7.48 亿元,同比增长 41%;累计完成业务量 19.67 件,同比增长 44.28%。2017 年第二季度,我国快递进入"单日亿件包裹时代",

韵达以"一体两翼"为发展战略,借力资本市场积极打造快递航母,实现公司快递全程时效的提高。在快递服务指标方面,据国家邮政局统计数据显示,韵达公司 2017 年上半年快递服务有效申诉率连续 6 个月低于行业可比公司的平均水平,主营业务指标保持稳定增长。

这些指标的增长得益于韵达的战略布局:

1.智能化布局,提升效率

融资之后,韵达继续巩固信息化和智能设备化优势。韵达深入实施创新驱动发展,成功研制"神行者"智能运力管控平台,通过车辆的 GPS 定位以及韵达司机 APP 的操作系统,实现对车辆行驶状况的可视化管控。陆续开发"指环王"扫描枪、"快手"设备、新型摆臂、自动交叉带等高科技产品,持续巩固信息化和智能设备化优势,引领"智慧物流"的发展。为提高公司核心竞争力,改善公司资本结构,顺应快递行业现代化、信息化、智慧化的发展趋势,公司拟募集资金不超过 45 亿元,主要投向智能仓配一体化转运中心建设项目、转运中心自动化升级项目、快递网络运能提升项目、供应链智能信息化系统建设项目和城市快速配送网络项目。项目实施后,将有助于公司构建以快递网络为核心、辐射周边产业链的综合物流网络。同时,韵达增资丰巢科技,继续布局智能快递柜产业。

2.布局网络优化

在网络整体优化方面,韵达"自营枢纽转运中心＋终端取派加盟"的扁平化运营模式优势得到发挥。韵达已在全国设立了 55 个自营枢纽转运中心,便于全局把控和调度。常规干线运输线路多达 4200 多条,末端派送车辆 20000 余辆,3000 多家加盟商及 20000 余家配送网点。网络平台优势和充足的运能,都助力服务广度、深度和质量方面有较大提升。

3.重金投入末端"最后一公里"建设

主要包括:自建门店、合作便利店、智能快递柜等等。截至 2016 年 12 月,韵达末端网点自建门店超过 20000 个,合作便利店、物业及第三方合作资源超过 16650 个,智能快递柜 140000 余个,通过"便利店＋快递"模式,解决派送时间错配难题,减少客户投诉。

韵达未来将把"末端揽派"的服务工作放在更加突出的位置,以全程时效、客诉率、丢损件、客户满意度等指标为核心抓手,探索奖惩管控有益机制。

4.瞄准长三角市场

韵达计划在上海、宁波等地新建智能化的多功能转运中心,并对全国范围内其他部分转运中心进行物业自有化、智能化和仓配一体化建设。建设项目是对现有转运中心的补充和替代升级,项目的投入将扩大物业自持比例,提高公司的中转集散能力和服务质量,增强网络稳定性。

宁波转运中心建设项目的实施地点为宁波,宁波北临杭州湾,西接绍兴,南靠台州,是长三角南翼经济中心和浙东交通枢纽,公路和航空等交通十分便利,经济和电子商务行业迅速发展,对快递业务需求大。

韵达方面称,韵达现有宁波转运中心为租赁取得,操作面积 4320 平方米,随着宁波地区业务量的增长,其快件处理能力已逐渐接近上限。为提高时效和客户满意度,需通过新建自有转运中心对现有宁波转运中心进行替代升级,以满足业务量的大幅增长。新的宁波转运中心位于宁波市余姚罗江工业园,占地面积近 6 万平方米,通过扩大场地面积并引入智能自动化设备,可以有效缓解转运中心处理能力不足的压力。通过此次募集资金投资项目,韵达在重点地区新增转运中心,进一步提高快递网络覆盖率。通过此次募集资金投资项目,韵达在重点地区新增转运中心,进一步提高快递网络覆盖率。

长三角、珠三角和京津冀地区是我国产业集中、经济发展迅速的地区,产业经营水平和居民消费水平都相对较高,快递流出流入持续保持较大的需求。根据国家邮政局统计,2016 年,东、中、西部地区快递业务收入的比重分别为 81.1%、10.7% 和 8.2%,业务量比重分别为 80.9%、11.9% 和 7.2%。

韵达股份董事长聂腾云此前在接受专访时提到,服务永远第一。"什么是品牌,品牌是靠服务打出来的,不是唱出来的。对一个企业品牌最好的认知,就是服务。未来的成长动力来自哪里?同样是服务。用户需求和用户体验才是企业发展的重中之重,及时准确地把握用户需求,并且通过技术创新来满足这种需求。"

本章中,我们仅列举了顺丰及三通一达的发展战略,其实,作为国有企业的邮政 EMS,也制定了相应的发展战略,但由于邮政 EMS 正处于改革过程中,本章就没有对其进行全面阐述。另外,百世快递未来将继续投资于人才、技术和业务创新,专注于战略规划的执行,以扩大市场份额,提高运营效率,提升服务质量,为股东和生态系统创造长期价值。

总之,中国快递新征程的号角已经吹响,想要在征途中生存下来,就必须抓住机遇顺势而为、积极探索,新的曙光就在前方!

第三节　中国快递业发展环境分析

党的十九大指出,我国社会主要矛盾已经转化为人民日益增长的美好生活需要和不平衡不充分的发展之间的矛盾。这一矛盾在快递业的具体表现则为人民日益增长的快递需要与快递业发展不平衡不充分之间的矛盾。这需要快递业提供更多样化更个性化的产品、更精准更可靠的服务、更全面更丰富的功能和更绿色更智慧的方式。

我国快递业仍然处于可以大有作为的战略机遇期。快递业要发挥在国民经济和社会发展中的基础性先导性作用,就需要坚持"创新、协调、绿色、开放、共享"的新发展理念,深入分析我国经济社会发展趋势,准确把握全球快递业发展规律,推动行业由"快递大国"向"快递强国"变革。

我国将通过"两步走"建成现代化邮政强国

第一步:到 2035 年,基本建成现代化邮政强国。邮政业的综合实力、创新能力、协调发展水平显著提高,全要素生产率与世界先进水平相当;基础能力显著增强,面向全球主要国家的服务网络基本建成,功能充分释放,人民群众满意度显著提升;普惠、智慧、安全、诚信、绿色邮政基本建成,协同更加广泛;行业制度体系持续完善,治理体系和治理能力现代化基本实现;形成若干家具有较强国际竞争力的跨国企业;行业在国民经济和社会发展中的基础性先导性作用更加突出,在世界邮政业发展与治理中具有举足轻重地位和引领作用。

第二步:到 21 世纪中叶,全面建成现代化邮政强国。邮政业的综合实力、创新能力、全球化普惠化水平、诚信文明水平等得到全面跃升,实现行业治理体系和治理能力现代化。邮政业深刻改变人们的生产生活方式,成为关系国计民生的战略性基础产业,成为建设富强民主文明和谐美丽社会主义现代化强国的重要力量;有数家在全球具有引领和标杆地位的行业企业,成为世界邮政业发展的引领者和全球规则的重要制定者。

快递业作为现代服务业的重要组成部分,是推动流通方式转型、促进消费升级的现代化先导性产业,对推动国民经济供给侧结构性改革、加快培育新的发展动能,特别是对去库存、降成本、补短板具有重要作用,将在引领经济新常态中迎来重大发展机遇。未来,从快递需求、供给主体、基础设施、资源要素、发展方式、增长动力和政策环境各方面来看,中国快递业将发生一系列深刻变化。

一、行业持续保持"供需两旺"状态

《快递业十三五发展规划》提出六大发展目标

到 2020 年,中国快递将基本建成普惠城乡、技术先进、服务优质、安全高效、绿色节能的快递服务体系,形成覆盖全国、联通国际的服务网络。

一是产业能力方面。快递市场规模稳居世界首位;基本实现乡乡有网点、村村通快递;建设一批辐射国内外的航空快递货运枢纽;企业自主航空运输能力大幅提升;形成 3～4 家年业务量超百亿件或年业务收入超千亿元的快递企业集团,培育 2 个以上具有国际竞争力和良好商誉度的世界知名快递品牌。二是科技创新方面。重点快递企业基本实现内部作业自动化、服务设施设备智能化,客户服务、企业运营、行业管理的信息化水平基本达到国际先进水平;建成一批工程技术中心和 3～5 个行业科研基地;技能人才总量达到 80 万人,创新型人才队伍不断壮大。三是服务品质方面。寄递服务产品体系更加丰富,承诺时限产品比重进一步提升,重点快递企业国内重点城市间实现 48 小时送达;国际快递服务通达范围更广,速度更快;快递标准化程度提升,快递服务满意度、时限准时率稳步提高,用户有效申诉率逐年下降;行业整体信用水平明显提升。四是安全水平方面。全面落实收寄验视、实名收寄和过机安检三项安全生产制度,实现寄递流程可跟踪、隐患可发现、事件可预警、风险可管控、责任可追溯等目标,遏制重特大事故的发生。五是绿色低碳方面。快递生产方式绿色低碳水平大幅提升,能源资源利用效率大幅提高,资源消耗、碳排放总量得到有效控制;快件包装标准化、绿色化水平显著提升,基本淘汰有毒有害物质超标的包装物料,包装材料循环利用率不断提高。六是综合效益方面。快递服务普及程度大幅提高,有力带动社会就业;快递服务领域不断延伸,服务内涵不断深化,对关联行业支撑作用不断增强,快递对国民经济贡献不断增强。

快递业是近年来快速发展的新兴服务行业。未来,中国快递业对国民经济的贡献将逐渐增大。一方面,快递业务规模增长速度远远高于同期国民经济的增长速度。服务深度即为客户提供快递服务的完全程度和便利程度将持续提升,能够接近或超过发达国家快递深度 0.8% 的水平。商业模式和服务模式的完善将带动顾客使用快递频率,人均快递费用支出将持续增加。另一方面,快递业务的需求潜力将继续增大。体现在快递业自身的扩张能够促进行业本身和整个服务业规模的扩大,对整个经济增长也能起到拉动作用;体现在快递与电商呈现越来越紧密的协同关系,快递在保证网购商品及时送达、促进消费潜力释放方面发挥着重要作用;体现在快递业具有较为明显的劳动密集特征,能够创造大量的就业岗位,对于稳定和扩大就业也能起到支持作用。

2012—2017 年,中国快递业务量从 57 亿件增长到 401 亿件,连续 4 年稳居世界第一,包裹快递量超过美、日、欧等发达经济体,对世界快递增长贡献率超过 50%,已经成为世界邮政业的动力源和稳定器。在 2017 全球智慧物流峰会上,阿里巴巴集团董事局主席马云表示,八年后,快则六七年,中国包裹量将达到每天 10 亿个,是目前规模的 10 倍。根据业内专家预测,预计到 2020 年,我国快递业供给总量将超过 700 亿件,行业总体规模将超过 8000 亿元。

二、重要基础设施建设全面加强

(一)快递发展对航空货运产生了更大的需求

根据牛津经济研究院数据,全球快递航空货运市场在 2008—2013 年间实际年平均增速达 3%,2013—2018 年间则会有 7% 的实际年均增长。发达国家的快递主要是通过航空运输来实现,仅美国联合包裹和联邦快递两家所拥有的飞机就超过了 1000 架。广大发展中国家特别是金砖五国(BRICS)经济高速增长,对快递业务的需求也随之增加,快递企业势必采用航空运输来提高投递时限和投递效率,从陆地转向天空便成为国内快递业的共识。我国的航空货机数量偏少,快递航空运输的比例仅占 15%,国内快递 80% 主要依靠公路运输。随着我国快递业务量突破 400 亿件,发力航空几乎成为各大快递企业上市后共同的战略选择。在国内航空快递市场上,EMS、顺丰、圆通均已成功自建了货运航空公司,航空快递"三足鼎立"已经成形,"空中之战"战略布局形成。顺丰位于湖北鄂州的机场项目正式开工,圆通将组成"一主三动"的航空基地。申通、中通、韵达正与各航空公司合作。

2016 年国内外主要快递企业拥有飞机数量情况

指标	UPS	FDX	DHL	中国邮政	顺丰
飞机(架)	671	650	138	26	51
车辆(万辆)	11.4	10.0	9.2	4.6	1.6

(二)多式联运成为快递业发展高点

快递业对寄递时限要求较高,且对价格较为敏感,如果采取单一运输方式,无法满足不同客户的实际需求,多式联运作为一种集约高效的先进运输组织方式,可充分发挥不同运输工具比较优势,提高资源利用率和综合效益,推进多式联运实现协同融合,是现代快递业建设的必经之路。从国际快递业巨头的发展历程看,提升多式联运运用比例,加快不同运输方式的无缝衔接与深度融合,建立由多运输方式共同构成的大型快递园区、快递枢纽,甚至快递城市,将大幅提高快递业对资源的集聚能力、是快递业发展到成熟阶段的必然选择。多式联运建设都将成为各企业快速整合运输能力,提高长距离及跨境运输的主攻方向。随着铁路快递基地的加快建设、公路港的逐步转型升级,交通快递综合枢纽有序布局,各种运输方式趋于衔接,多式联运发展将奠定重要基础,公铁联运、海铁联运占比增加。

三、行业供给侧结构性改革深入推进

我国供给侧结构性改革正在深入推进,快递业将进入提质增效的新阶段,强化创新驱动,提升供给适应性和有效性是推动行业供给侧结构性改革的切入点和目标。快递服务功能不断丰富,联动领域逐步拓宽。(1)行业将聚焦商业流通新趋势,深化与线上线下各类渠道的协同,培育中高端消费的新动能。根据美国福利斯特公司的预测,到 2020 年,中国将成为全球最大的网络零售市场。(2)聚焦服务现代农业,培育生鲜冷链的新动能。以快递企业为外销主体,快递企业深度参与到农产品、营销、包装、寄递、销售及其他增值服务等一系列的服务。(3)聚焦服务制造强国,嵌入工业互联网平台。互联网与制造业融合发展的路线图将越来越清晰,培育现代供应链的新动能。在定制化生产的产品设计与研发阶段,定制化生产的物资采购阶段、定制化生产的营销与售后阶段均可以得到广泛的运用场景。快递企业与制造企业实行了系统对接,基本实现了仓储、运输、配送和退货的一站式服务,进入门槛更高、科技含量更高、利润回报也更高。

快递所提供的快速、便捷、安全的快递服务是国际贸易顺利进行的重要保障之一,国际贸易的快速发展给全球快递业发展提供了新的发展机遇。2018 年,中国跨境电商交易规模预计将达到 8.8 万亿,海淘用户规模达到 7400 万人次。2020 年将突破 12 万亿元,年均增长 20％以上。我国跨境电商占进出口额的比重将由 2015 年的 19.5％上升到 2020 年的 37.6％。2017 年,全国农村实现网络零售额 1.2 万亿元,同比增长 39.1％;农村网店达 985.6 万家,带动就业人数超过 2800 万人。随着《中国制造 2025》进入实施阶段,智能制造、服务型制造要求快递业深度融入企业供应链,推动产业转型升级。更加富裕、年轻、乐于网购的新生代消费者将重塑中国消费市场。根据波士顿咨询预测,新生代消费占比将从现在的 45％激增至 2020 年的 53％,年轻一代中国消费者比上一代的消费能力更强,网络购物热情更高,网络消费经验更多。

　　快递行业的发展离不开科技进步,其中绿色进步是快递发展到今天一个重要的方面,还有社会诚信、文化建设等。和过去相比,中国快递今天才真正像一个行业,而不再是局部的小打小闹。中国快递在供给侧结构性改革上,真的是中国经济改革的一个典范。

　　但是,中国快递的短板和弱项也很多,比如从供给的角度,供给不足,主要表现在对高层次的需求,即满足国际跨境的这种需求,满足老百姓生活便利的需求,在企业文化自身的建设方面等等都需求方便都比较弱。例如,在经济结构调整中,服务生产制造业、往材料上游走就遇到些困难,比如冷链运输,现在在局地顺丰做得非常好,其次是邮政,但真正满足地方性需求,在旺季能够全方位通过服务把农业农民都联系起来还是短板。所以,服务农业是一个大市场、一个大课题,我们正在做,正在路上。全国有七千多个乡村,建设美丽乡村,精准扶贫,都是快递企业完全可以从政治角度切入去参与做自己的事,那么市场定位、开发、发展战略的制定都需要从企业顶层设计做起。

——中国快递协会副会长　孙康

四、行业服务国家重大战略稳步推进

　　快递业将进一步优化行业城乡、区域、内外的空间布局,积极服务国家重大战略。

(一)服务"一带一路"倡议

　　从"一带一路"重点合作的内容来看,就是要实现商流(信息流)、快递物流和资金流的"三流合一"。商流是动机和目的,资金流是条件,快递物流才是终结和归宿。快递业服务"一带一路"具有五大优势。(1)网络优势。世界是一张寄递网络,是企业重要的商品流通渠道。(2)体制优势。具有与大国地位相称的国际话语权,例如,在万国邮联中,中国是行政和经营理事会双理事国,是改革特设组、实物寄递和电子商务委员会主席国。(3)商贸优势。中国跨境电商占中国进出口贸易比重达到 17％,寄递成为关键支撑。(4)技术装备优势。中欧班列打造推动建设内陆和西部对外开放的新格局。(5)就业优势。年新增就业超过 20 万人,走向"一带一路"国家同样有利于解决所在国的就业。"一带一路"倡议为快递企业"走出去"扩展空间。在"一带一路"倡议下,跨境电子商务、制造业、现代农业加快国际布局,打开更大的国际市场,同时一些产业产能正向沿线国家和地区转移,促进设施联通、贸易畅通,快递企业的国际市场空间随之扩大;"一带一路"倡议为快递业国际化提供政策支持。《推进共建丝绸之路经济带和 21 世纪海上丝绸之路的愿景与行动》政策出台,为邮政和快递企业在沿线国家建设跨境寄递大通道,开拓国际市场提供了政策支持;"一带一路"倡议为跨境寄递打开新的运输通道。在"一带一路"倡议的推动下,快递企业已经积极研究使用中欧班列运输通道,提升运输能力,丰富产品体系,为国际快递业务快速发展提供动力。

中央 1 号文件连续 15 年提及邮政快递

振兴乡村、服务"三农"也就是农业、农村、农民是一项长期的系统性工程,新华社报道称,2004 年以来中央 1 号文件连续第 15 次提及邮政、快递。

2016 年的《意见》指出,实施"快递下乡"工程,加强商贸流通、供销、邮政等系统物流服务网络和设施建设与衔接,加快完善县乡村物流体系。

2017 年的《意见》指出,实施快递下乡工程,推动商贸、供销、邮政、电商互联互通,加强从村到乡镇的物流体系建设。

2018 年国办 1 号文件则指出,优化农村快递资源配置,健全以县级物流配送中心、乡镇配送节点、村级公共服务点为支撑的农村配送网络。

(二)服务乡村振兴战略

通过"快递下乡"发挥连通城乡、贯通一二三产业的优势,支撑农村和农业现代化,促进城乡融合。国务院办公厅《关于推进电子商务与快递物流协同发展的意见》指出,重点解决农产品销售中的突出问题,加强农产品产后分级、包装、营销,建设现代化农产品冷链仓储物流体系,打造农产品销售公共服务平台,支持供销、邮政及各类企业把服务网点延伸到乡村,健全农产品产销稳定衔接机制,大力建设具有广泛性的促进农村电子商务发展的基础设施,鼓励支持各类市场主体创新发展基于互联网的新型农业产业模式,深入实施电子商务进农村综合示范,加快推进农村流通现代化。

(三)服务区域协调发展战略

推动大城市群寄递服务同城化发展。京津冀地区、长江三角洲地区、珠江三角洲地区快递服务发展"十三五"规划先后发布。

三大区域快递服务发展"十三五"规划发布

《京津冀地区快递服务发展"十三五"规划》提出:围绕建成"普惠城乡、技术先进、服务优质、安全高效、绿色节能、定位清晰、优势互补、互利共赢"的京津冀快递服务体系总体目标,以"一核心、两区域、四枢纽、五节点、多园区"为架构,打造中国北方快递业发展核心区,形成特色鲜明的区域快递协同发展新格局。

《长江三角洲地区快递服务发展"十三五"规划》提出:加快建立全国快递业的改革创

新先行区、转型提效示范区和高端服务引领区。到 2020 年,率先构建普惠城乡、技术先进、服务优质、安全高效、绿色节能的快递服务体系,努力打造与世界级城市群地位相匹配、引领全国、联通国际的快递强区。

《珠江三角洲地区快递服务发展"十三五"规划》提出:以国家"一带一路"战略和广东自贸区建设为契机,以改革创新为动力,以依法治邮为保障,以粤港澳合作为重点,加快转变发展方式,促进快递转型升级、提质增效,将珠三角地区打造成为世界知名快递企业聚集地、快递服务"走出去"先行地、全国快递转型升级示范区。

三大区域快递规划承上启下、作用特殊,紧密结合行业发展实际,科学谋划区域快递发展思路和功能定位,合理设定发展目标,明确发展主要任务、重大工程和保障措施,是区域快递协同发展的纲领性文件和行动指南。此外,雄安新区快递业发展思路立足雄安新区的特点和优势,在规划编制、政策标准体系制定、基础设施建设、产业融合联动、快递物流园区规划、末端服务平台构建等方面积极探索,找到快递业服务新区建设的契合点,为雄安新区战略实施作出应有的贡献。《海峡西岸经济区快递服务发展规划》根据国家对海峡西岸经济区的战略定位,以"加快转变,跨越发展"为主线,提出了"先行先试、便捷两岸;对接两洲、带动中西;区域协作、联动发展"的基本思路,对促进区域快递一体化发展,构建与台湾地区对接的现代快递服务体系,推动该地区快递服务健康持续发展具有重要的指导意义。粤港澳大湾区等区域性快递网络也将得到快速建设。

五、政策红利进一步释放

快递暂行条例因何两次上了国务院常务会议?

2017 年 7 月 12 日的国务院常务会议上,李克强总理明确要求将已审议的《快递条例(草案)》向社会公开征求意见。2018 年 2 月 7 日,李克强主持召开的国务院常务会议通过《快递暂行条例(草案)》。

《快递暂行条例(草案)》在促进快递业健康发展、保障快递安全、保护各方合法权益的基础上,立足包容审慎监管和管理创新,对快递服务车辆、包装材料等相关强制性规定作了调整,增加了推动相关基础设施建设、鼓励共享末端服务设施等规定,完善了无法投递快件的处理程序,补充了快递业诚信体系建设的内容,促进快递业在法治轨道上提质升级。李克强总理要求,"对于刚刚出现的新行业、新业态,要坚持包容审慎的监管原则,不要一上来就管死限制死,而要有序引导整个产业健康发展"。总理说,"更重要的是,快递业已经与老百姓的生活息息相关、密不可分了,这份草案必须要充分听取人民群众的意见!"

李克强总理强调,大力发展和有序规范快递业,要给地方政府留出足够空间。"中国快递业规模增速全球第一,不光带动了就业,同时大大方便了群众生活。""一些新产业、新业态,在发展中难免会出现这样或那样的问题,我们要坚持'包容审慎'四个字,通过营造公平竞争的市场环境,发挥市场自我调节的功能。"他说,只要我们切实保障消费者权益不受损害,消费者自己会"用脚投票",从而推动市场的健康发展和企业的优胜劣汰。李克强明确要求,要适应快递业快速发展的特点,根据实施情况不断完善有关政策规定。"快递业,包括其他新产业、新业态仍有很多未知,正因为未知才有活力,才有创新力量,才有发展空间,才能形成新动能。"李总理强调,坚持包容审慎绝不是"不监管",而要密切跟踪各种苗头性问题,及时采取措施。"不要认为出来一部管理条例就一成不变了。要根据新情况、新变化,条例该修改的要修改,该调整的要调整。"

从快递业面临的各项利好政策和发展环境来看,2017 年 10 月,国务院办公厅发布《关于积极推进供应链创新与应用的指导意见》,这是中国首次就供应链的创新发展出台指导性文件。2018 年 1 月 23 日,国务院办公厅发布 2018 年 1 号文件《国务院办公厅关于推进电子商务与快递物流协同发展的意见》。2018 年 1 月 31 日,快递小哥被请进中南海参加李克强总理主持召开的座谈会。2018 年 2 月 7 日,国务院通过《快递暂行条例(草案)》,进一步完备了邮政业法律法规体系。2017 年 12 月 20 日,国家邮政局还公布了《国家邮政局关于推进快递业服务"一带一路"建设的指导意见》,将加强与沿线国家快递领域交流合作,加快推进中欧班列运输快件常态化工作,打造全流程全功能全方位的服务跨境电商综合平台。

《快递业发展中长期规划(2014—2020)》进入承上启下阶段,将提出邮政强国建设的基本思路、发展目标和主要举措;细化快递业服务决胜全面建成小康社会、开启全面建设社会主义现代化国家新征程三年行动计划。无车承运人试点要求税收、保险制度跟进,车型标准化促进组织优化、技术改造和装备升级,行业标准化工作有序推进,快递安全监管约束将进一步增强;"互联网＋政务"有望得到推进,"放管服"改革将取得新进展,业内企业迫切要求的进一步放松行业管制和政策约束,优化提升服务,重点解决税费、通行、土地、审批等长期制约行业发展的突出问题,并支持新动能、新业态、新模式创新发展,快递业政策向着发展稳定、竞争有序、治理规范方向持续改善。

六、资源要素进一步齐备

随着我国人口数量红利的消失,快递业人工成本上升趋势明显。根据公开数据,2013 年至 2015 年,圆通速递在配送费用方面的支出从 26％上升到了 35％.而申通快递从 41％上升至 51％,人工配送成本高企,增大了快递企业的发展压力。快递企业迫切需要降低人工成本并提高整体物流效率的方式,而智能化物流解决方案正是降低人工成本及提升整体物流效率的有效方式,"以机器替代人工"将成为必然选择。

一是随着人工智能时代的临近,智能化硬件将迎来发展机遇期,快递机械化、自动化、智能化有望加快发展,物联网、云计算、大数据、区块链在快递领域的应用效果逐步显现,智能仓库、仓储机器人、无人驾驶、无人机配送进入实质性探索阶段，这对快递从业人员的职业素质提出了更高要求。

二是随着土地节约集约利用严格执行，快递用地指标获取难度增加。原有快递用地随着城市扩张加速缩减，存量快递用地资源紧缺。盘活存量土地资源，编织多层次的节点网络，提升周转效率和集聚效应成为趋势。

三是资本市场风险投资对于企业盈利要求持续增加。中国快递业处于成长期，后上市时代的快递业存在资本市场经验不足短板，体现在存在激励机制不足、资本投向不清晰、过于重视经营成本等问题。资本市场的"双刃剑"定位需在快递上市企业在公司治理、风险管理、经营战略等方向实现成熟的运作。引入战略投资者存在趋同风险，削弱了企业在管理和产品提升方面的协同作用，发展方向的同质化服务不利于吸引二级市场投资者。赴美上市(VIE结构)的企业普遍经历了融资减半、股价下滑等风险。

四是"互联网＋"高效快递催生大量新的业态和模式。新兴的互联网平台企业将"虚实结合"，从线上深入线下。传统快递企业将加快拥抱互联网，实现业务在线化，加快产业互联网改造，提升发展内生动力。随着需求升级、供给转型，产业融合、供应链整合渐成趋势。大型企业向供应链转型，产业链分工协作持续优化。

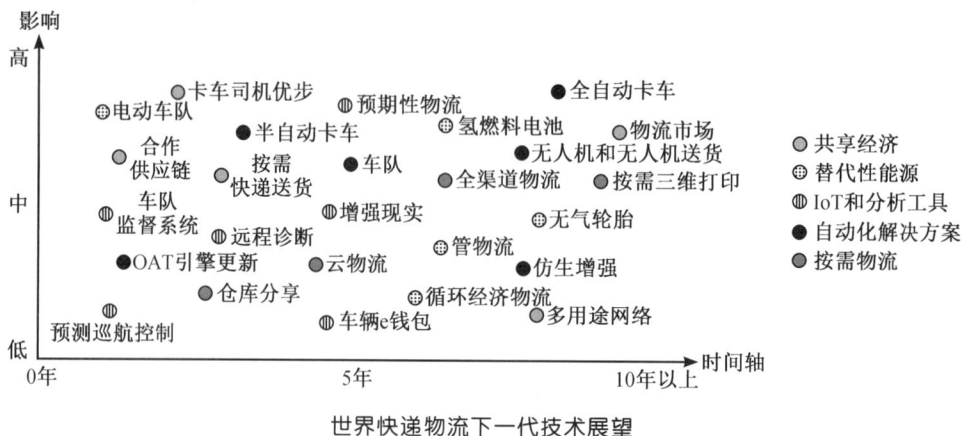

世界快递物流下一代技术展望

第四节　中国快递业的未来发展趋势分析

一、提升质量成为企业可持续发展最佳着力点

我国快递业迅猛发展，高速发展带来了企业管理及行业治理能力水平跟不上行业发展速度的问题，一味依赖同质化价格竞争，提供服务离消费者的期望和现实需求尚有差

距。在未来的竞争格局中,快递企业将贯彻实施"寄递质量提升"行动计划,牢牢树立寄递时限是企业核心竞争力的理念,多措并举补短板、强弱项,提高服务质量,抵御转型风险,做到精准服务、智能高效、科学管控。

快递业各主体提升服务质量的方向和举措有几个方面:

一是丰富服务功能拓宽联动领域,精准对接上下游产业,加快培育新动能。精准对接现代农业,依托商贸、供销、交通等多种资源,通过自营、合作、委托第三方平台等多种方式,加快农村配送网络与节点建设,与个体农户、新型农业经营主体深入合作,发展农产品批量、定向配送,促进农产品上行;精准对接制造业,加强企业供应链管理水平与冷链运输能力,嵌入工业互联网平台,提高与生产制造、采购销售等环节协同衔接水平;精准对接跨境电子商务,加快海外布局步伐,提高国际服务网络覆盖比例,运用中欧班列与航空运输共同构建陆空立体式跨境寄递通道,通过保税仓储、海外仓储、转运等多种服务类型,为用户提供多样选择。

二是健全细化全流程作业规范指南,精准预判各环节时限。行业将通过拓宽下单、查询渠道,增强客服培训,构建统一标准,规范服务流程;通过提高客服、下单、配送、运输、分拣等环节信息系统对接与数据传输能力,动态预判上门、投递时限;及时反馈服务进程,增设多方式提醒功能,对网点封闭、道路阻断、货物损毁等事件及时做出消费提示,便捷溯源渠道;快递客户将能随时随地追踪自己的快件,根据预约送达时间,自由选择适宜的收件方式,合理安排自己的行程,从而享受到可预期、可信赖、可定制的快递服务。

三是精准服务客户需求。精细划分服务领域,增强附加服务供给能力,对服务进行分级管理,通过合理定价,引导行业差异化竞争;构建多元供给体系,增强中高端产品供给,促进细分市场快速形成;通过产品分层,与垂直电商、品牌电商、大型卖家、团队用户建立深度合作关系,降低对单一电商平台的依赖程度;综合运用多种配送方式,因地制宜发展夜间配送、分时段配送,避免时空错配;树立柔性服务理念,满足个性化、定制化消费的寄递需求;及时处理客户投诉,定期开展客户回访、时限测评和满意度调查,通过数据分析改进服务措施,提升服务水平。

四是构建多层次的人才培养体系,培养行业管理、专业技术、资本运作、国际运营人才等各类专业化人才。

二、智慧快递成为推动行业转型升级新动力

2017年《政府工作报告》首次提出促进数字经济加快成长的目标,数字经济呈现的是全面连接后的产出和效益。传统产业与互联网行业通过"互联网＋"实现跨界融合,带来数字经济的大发展,数字经济驱动快递业转型升级。作为一种新的经济形态,快递市场发展离不开数字经济驱动。第一,数据成为关键生产要素,"丰鸟大战"背后的数据之争充分体现了数据对于企业的重要性。第二,数字基础设施成为新的基础设施,网络和云计算成

为快递企业必要的信息基础设施。第三,数字能力成为对快递从业者中的新要求。数字技能和职业技能兼备才能在众多从业者脱颖而出。未来快递成长需要以数据为导向,通过大数据算法、数据可视化技术、智能分析技术等先进技术,提高交付效益和服务质量。通过数据对快递需求进行预测,通过需求预测和数据研究,企业可以推测客户对产品的需求,提前进行仓配管理,智能规划运输线路。

快递业的技术先导性作用将日趋突出,加大技术改造和装备升级投入力度,促进快递机械化、自动化、智能化发展,提升快递生产效率。快递正将成为零售业、电商、消费品和医疗保健等几乎所有行业运转的支柱骨干,大数据、云计算、人工智能等高科技手段大量运用,自动化、人工智能、Uber 化、物联网、3D 打印、新能源、区块链等概念也将为重塑新业态奠定基础。库存前置、智能分仓、科学配载、线路优化,努力实现信息协同化、服务智能化。自动化正成为快递支持系统中非常重要的一部分,自动化分拣设备、机械化装卸设备、智能末端服务设施、电子快递运单以及快件信息化管理系统的推广应用,将成为解决用工荒难题的重要途径;物联网技术应用将产生惊人的效益,快递业机器人创业公司如快仓、Geek+等开始"冒头"服务;区块链技术和 AI 技术开始在快递业崭露头角,可以确保行业供应链之间密切合作,提高快递业交易的安全性和透明度;智能眼镜可使快递配送效益上升到一个更高的水平,快递第一公里和最后一公里配送的运行效率将大大提高,即使在拥挤的城市街道中快递人员也能拥有更大的灵活性;增强现实技术与智能眼镜配合,使快递配送人员不需手动输入就能进行路线搜索,而面部识别技术将使订单交付更具个性化,避免错误交付事件的出现;一大批具有超强处理能力和先进处理设备的快递转运中心相继投产使用。

三、产业集中度催生中国产生世界知名快递品牌

根据美国经济学家贝恩和日本通产省对产业集中度的划分标准,产业市场结构粗分为寡占型(CR8 ≥ 40)和竞争型(CR8<40%)两类。我国快递业集中度 CR8≥70%,基本保持在中高度范围,说明我国的快递业属于中高度集中度市场,具有一定的垄断性,市场集中度基本保持平稳,但有下降趋势。这种高度寡占型的结构形成与快递服务的行业特征密切相关,快递业具有全网型、规模经济、马太效应等市场特征,只有当业务规模达到一定的程度,网络覆盖相对完善时,企业才能获得足够的利润来维持长期运营。当业务规模到达一定程度,快递业出现马太效应现象,业务量逐步向业务规模大的企业集中,造成业务量越大发展越快,从而造成业务量相对集中的寡占型市场结构。

贝恩(美)对市场结构的分类表

集中度 市场结构	CR₄ 值(%)	CR₈ 值(%)
寡占Ⅰ型	$CR_4 \geqslant 85$	
寡占Ⅱ型	$75 \leqslant CR_4 < 85$	$CR_8 \geqslant 85$
寡占Ⅲ型	$50 \leqslant CR_4 < 75$	$75 \leqslant CR8 < 85$
寡占Ⅳ型	$35 \leqslant CR_4 < 50$	$45 \leqslant CR8 < 75$
寡占Ⅴ型	$30 \leqslant CR_4 < 35$	$40 \leqslant CR8 < 45$
竞争型	$CR_4 < 30$	$CR8 < 40$

中国快递市场集中度

我国快递服务已由原来的 EMS 占据主要地位的单极结构向多家快递企业参与竞争的多极结构转变。2009 年以来,原有企业垄断力下降,新兴民营快递企业规模小而分散,使市场规模经济下降。同时根据美国服务业联盟预计,中国快递业将成为全球增长最快的地区,快递市场容量很大,新企业进入容易,必将导致我国快递市场集中度会有下降趋势。但是,随着国家政策、规划、标准等管制手段成熟,快递业壁垒逐步提高,对于快递企业的管理和服务水平逐渐提高,快递企业的优胜劣汰加剧。快递业本身对于规模经济和范围经济的依赖,逐渐由劳动密集型产业转化为资本密集、技术密集的行业,整个行业的发展必然朝着更高的市场集中度和更高的成熟度发展。

快递业的特性决定了快递业集中度将呈现"微笑曲线"形态,在经历规模发展向稳定状态后,特别是产能达到动态均衡时,规模经济特性将促使快递企业加大投入力度、通过兼并重组、路由优化等方式整合资源,快递业集中度将由下行趋势逐步向上升趋势转变。积极打造"快递航母",全行业将形成 3～4 家年业务量超百亿或年业务收入超千亿元的快递企业集团,培育两个以上具有国际竞争力和良好商誉度的世界知名快递品牌。

四、绿色发展成为行业转型重点领域

经济发展,侧重以竞破局;绿色发展,注重以和谋远。绿色经济成为今天世界经济发展的主题和方向。习总书记在十九大上多次强调要加强生态文明建设,绿色发展被提到了一个历史的新高度。随着资源总量的刚性约束及环境污染问题日益明显,提高绿色快递发展水平将成为行业供给侧结构性改革的主要方向。绿色快递这条庞大的产业链,涵盖包装物料供应商、快递企业、电商平台与商家等多个从业主体,关系到成千上万消费者。绿色快递是一项系统工程,绝非一个平台、一家企业能够独立完成的,需要政府、快递企业、商家和消费者的共同努力和担当,对快递的生产制造、运输、使用以及回收处置等进行合理管理,减少收寄、分拣、封发、运输、投递等各个环节对环境的污染和资源消耗,实现邮政业"低污染、低消耗、低排放、高效能、高效率、高效益"发展。

伴随"绿色邮政"行动计划的实施,绿色快递进入加速期。通过建立激励导向和制度约束,共同参与绿色快递的推进,升级设施设备,优化运营组织,培育绿色使用习惯。落实国家邮政局《推进快递业绿色包装工作实施方案》,快件包装减量化、绿色化和再利用渐入人心,修订快递封装用品等标准,研究提出绿色包装技术指标,推动建立绿色包装监测评估体系,研究绿色包装环保标识认定使用和管理办法,提出到 2020 年可降解绿色包装材料应用比例将达到 50%,引导重点品牌企业电子运单使用率不低于 80%,鼓励企业在邮件快件周转过程中重复利用塑料箱、纸箱和编织袋等封装容器;引导企业统筹运用各类运输方式,支持甩挂运输、多式联运和绿色配送;鼓励企业科学优化运输组织,应用车辆实时调度系统,优化配送路线,降低行驶能耗;鼓励企业在中转盘驳、末端配送等环节推广使用新能源和清洁能源车辆;鼓励企业优化生产作业流程,推广使用中转箱等设备。

五、快递末端成为行业创新下一个风口

快递业的末端正在走向"魔端"

当前,中国快递业拥有近 300 万名从业人员,每天收投快件超过 2 亿件。2017 年,快递业服务人次超过 800 亿次,是各种干线交通工具客运服务人次总和的 3 倍,预计 2020 年将超过 1500 亿人次,有望超过全国城市公共交通服务人次的总和,成为服务人次最多的实体末端网络。从打通上下游的价值来看,消费端的消费偏好、消费能力、消费习惯、消费需求等,收派员都能够感知。服务端的用户体验、对改进服务的意见建议以及服务满意度,收派员都能够掌握。

快递集信息流、资金流和物流为一体,连接三次产业,贯通国民经济各大行业。快递末端,一头连着需求一头连着供给。供给端的产业结构、产能水平、产品卖点,收派员都能够了解。很多末端网点直接参与当地特色产品的打造,深度参与原产地品牌、定价、包装、营销等产业链的前端。

通过快递服务,湖北莲藕、阳澄湖大闸蟹、山东樱桃、百色柠果、甘肃李广杏等若干包裹量超 500 万,甚至超 1000 万的现象级产品,成为服务三农和助力精准扶贫的重要力量。

基层网点是快递企业生存发展的生命线,作为快递企业网络的重要组成部分,快递末端最能够直接反映企业真实的成长经营情况。

随着国务院《关于促进快递业发展的若干意见》的出台《关于大力发展电子商务加快培育经济新动力的意见》,为了更好地引导快递企业改善快递终端服务能力,国家邮政局出台了《关于提升快递末端投递服务水平的指导意见》,从优化行业发展环境、培育企业服务能力、提高配套服务能力等方面进行指导,随着快递末端投递相关政策的出台和快递企业对终端服务的逐步重视,快递企业的终端服务难题将有望得到更好的解决。

"得末端者得市场、得末端者得天下",快递末端已经由快递服务的价值实现环节逐步演变为快递服务新价值的创造环节。为客户提供多样化、差别化、便捷化的快递末端选择,成为末端服务的重要内容,也是末端服务核心竞争力打造的主要方向。快递末端正成为各行业主体及资本争相进入的新风口,快递末端将成长为快递企业发展的一个新兴市场,快递企业将同社会物业、便利店、社区综合服务平台、校园管理机构等各种社会资源开展合作,共同打造快递末端的服务平台。例如,邮政企业的村邮站全面扩容,顺丰打造"顺丰家"和联合申通、中通、韵达、普洛斯等企业推出"丰巢",百世开辟"店加",圆通试水"妈妈店",京东推出"便民乐加",京东、淘宝推出线下自提点,菜鸟网络将投资 100 亿元构建农村物流公共服务平台……各企业将各展所能,试图攻克末端配送这个薄弱环节,末端领域的激烈竞争一触即发。

国务院支持鼓励快递末端有序健康发展

国务院办公厅《关于推进电子商务与快递物流协同发展的意见》提出,强化服务创新,提升快递末端服务能力。鼓励将推广智能快件箱纳入便民服务、民生工程等项目,加快社区、高等院校、商务中心、地铁站周边等末端节点布局。支持传统信报箱改造,推动邮政普遍服务与快递服务一体化、智能化。鼓励快递末端集约化服务。鼓励快递企业开展投递服务合作,建设快递末端综合服务场所,开展联收联投。促进快递末端配送、服务资源有效组织和统筹利用,鼓励快递物流企业、电子商务企业与连锁商业机构、便利店、物业服务企业、高等院校开展合作,提供集约化配送、网订店取等多样化、个性化服务。

《快递暂行条例》提出,企业事业单位、住宅小区管理单位应当根据实际情况,采取与经营快递业务的企业签订合同、设置快件收寄投递专门场所等方式,为开展快递服务提供必要的便利。鼓励多个经营快递业务的企业共享智能末端服务设施,为用户提供便捷的快递末端服务。

六、快递发展呈现多元化模式

我国快递服务存在的经营模式有两种——加盟和直营,两者各有特色,均在不同程度上促进了行业的高速发展。随着我国快递服务的发展,快递经营模式呈现混合发展趋势,一方面直营型快递企业在投递末端逐步采用加盟模式,另一方面加盟型快递企业加强了上层直营的力度。企业整体上将呈现"自营为主加盟为辅、上层自营下层加盟"的局面。

（1）快递与其他产业间实现跨行业的协同发展。打通上下游、形成产业链、画大同心圆、构建生态圈，已成为快递发展的时代要求。快递跨界融合不仅仅体现在主动谋求线上线下融合，更体现在从快递、邮政、运输、仓储等行业向生产、流通等行业扩展。2017 年，率先登陆资本市场的首批快递企业将加速由"单一型"向"平台型""产业链""生态圈"等模式转型。顺应智能制造、服务制造新要求，快递业主动培育"制造强国"所需要的仓储、运输、加工、配送等环节供应链服务；顺应消费个性化、品牌化新要求，快递业提升快递时效体验和智能水平；顺应全面脱贫攻坚、农业现代化要求，快递业建立和完善农村快递服务体系。

《快递暂行条例》首次明确加盟快递基本要素

《条例》第十八条规定，两个以上经营快递业务的企业可以使用统一的商标、商号或者快递运单经营快递业务。首次明确加盟、股东、利益捆绑等多种方式并存的新加盟合伙模式，将强化总部企业对全网安全、质量、稳定的主体责任。规定经营快递业务的企业应当签订书面协议明确各自的权利义务，遵守共同的服务约定，在服务质量、安全保障、业务流程等方面实行统一管理。

（2）快递共享经济新模式雏形初现。根据《中国分享经济发展报告 2017》显示，2016年我国有 6 亿人参与分享经济，市场交易额约为 34520 亿元，比 2015 年增长了 103%。分享经济具有成本低、效率高的显著特征，在网约车、共享单车、在线短租等领域发展迅速，也正在向金融、快递、生产能力、知识技能等领域渗透。共享快递模式从 2011 年开始出现，2014 年左右出现多家市场主体，代表性的企业有人人、达达、闪送、菜鸟裹裹、蜂鸟、百度骑士、点我达等。分享经济本质上是寄递服务，是同城寄递服务中时限最快的形态，分享的就是快递员的时间、技能和交通工具。未来，具有本地化的独特网络优势的众包企业直面快递业务同城市场竞争，如上海万象、南京晟邦、陕西黄马甲等加入菜鸟行列。"闪送"等共享经济已经逐步参与到快递业务中，双 11 和 618 都全面参与了快递运营。

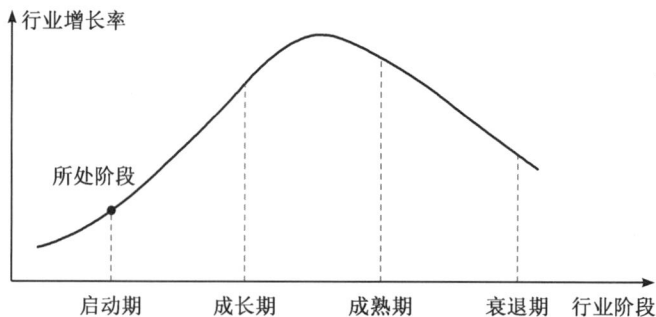

中国快递物流发展周期图

（3）快递和物流互联互通趋势显著，主要拓展快运、云仓、零售业务。顺丰、百世、中通、韵达已经成立快运事业部，以"快递的时效、仓储的管理"做快运效果显著，在业务规模上迅速接近传统快运的领先企业。不断切入重货冷链运输等业务领域,打造适合细分市场的新产品,以获取增长的新动力探索,逐步实现向综合物流供应商转型。长远看有望实现快递业务和其他业务收入各占50%的局面。京东物流子集团2017年宣布独立,京东物流供应链体系全面开放,这无形中给传统的快递企业带来流量的转移。苏宁作为零售企业强势兼并天天快递,将全面强化仓配一体化配送模式。德邦、荣庆、安能、佳吉、远成、天地华宇等一大批物流企业相继获得快递经营许可证,在涉猎快递业务的过程中谋求新优势新发展。例如,安能物流采用"以车计费"新模式正式进军快递市场。德邦快递推出了标准快递、特惠件、电商尊享件、商务专递等系列服务产品。荣庆跨界后则主要瞄准当前价值最高、潜力最大的生鲜电商末端配送市场逐步发力。

(4)国际快件成为快递企业竞争新"蓝海"。"一带一路"贯穿亚欧非大陆,中国与沿线国家间的贸易前景非常广阔。随着贸易主体小型化,跨境电子商务正在成为重要的新兴业态,预计到跨境电商出口额将超过9万亿元。2017年12月20日,国家邮政局公布了《关于推进邮政业服务"一带一路"建设的指导意见》,鼓励企业构建能够满足业务需求的全球快递服务网络。EMS充分利用万国邮联组织成员优势,业务通达全球200多个国家和地区,并在美国、德国、澳大利亚、英国等国家设有9处海外中转仓,这对以"仓储换时限"的中国快递"出海"模式来说优势明显。顺丰主要采取"远交近攻"和"轻重结合"的战略实施海外布局,业务范围已覆盖全球200多个国家,在东南亚地区的国家均设有品牌和自营网点,并在日韩建立了自营派送队伍。目前,顺丰在美国拥有100多名员工,在港台的业务中始终独占鳌头。还与UPS成立了合资公司——环球速运控股有限公司。圆通正加速拓展全球业务,建立起融合跨境电商平台、信息服务、快递网络的"三位一体"架构体系,并在欧盟、美国、东盟等地设立了18个境外分支机构。圆通投入逾10亿港元收购在香港上市的先达国际快递,并将义乌市定义为国际快递业务的枢纽。申通在全球45个国家的150余个城市建立了服务网络,在美国、英国、德国建有海外仓,并在波兰建立东欧地区快递转运中心。韵达2014年上线美国官网,与欧洲、北美韵达分公司签订战略合作协议,在美国、欧洲、新西兰、韩国等地推转运、直邮等服务,在德国、荷兰、日本、韩国建立海外仓。中通与河南省机场集团签订战略合作协议,共同打造航空快递集散分拨中心。

附　录

中国快递业大事记摘要
(2007 年－2017 年)

2007 年

1 月 29 日　重组后的国家邮政局和新组建的中国邮政集团公司举行揭牌仪式,马军胜任国家邮政局局长,刘安东任中国邮政集团公司总经理。这标志着我国邮政体制改革取得重大进展,邮政政企分开工作基本完成。

3 月 23 日　国家邮政局召开重组以来第一次工作会议,信息产业部部长王旭东到会并就做好邮政监管工作提出四点要求。

6 月 29 日　国家统计局与国家邮政局向社会首次公布全国快递服务业统计调查结果。截至 2006 年年底,全国经营快递业务的法人企业有 2422 家,从业人员达 22.7 万人;年投递快件总量达 10.6 亿件,年业务收入 299.7 亿元。

8 月 15 日　全国第一家省级快递行业协会——广东省快递行业协会成立。行业协会的成立,对快递服务业的全速发展起到了助推的作用。

9 月　国家邮政局发布《快递服务》邮政行业标准(YZ/T0128－2007),于 2008 年 1 月 1 日起实施。这是我国邮政业基础性建设的一次历史性突破,填补了我国快递服务行业标准的空白。

9 月 7 日　国家工商行政管理局、国家邮政局联合召开电视电话会议,部署全国快递服务“规范服务、促进发展”工作。

9 月 17 日　在中美战略经济对话框架下,国家邮政局等在北京举办首届中美邮政改革和快递服务研讨会。

11 月 6 日　国家邮政局发布《禁寄物品指导目录及处理办法(试行)》,要求各寄递服务企业按照“谁经营,谁负责”的原则,严格执行规定,严把收寄关,严格加强验视工作。

11 月 6 日　国家统计局对邮政业统计报表制度举行了批复,确定了邮政业统计报表制度实施的法律效力。

12 月 3 日　根据国家邮政局、国家工商行政管理总局“规范服务、促进发展”活动总体要求,国家邮政局组织邮政特邀社会监督员对快递服务展开实地测试工作。这是我国首次在全国范围内展开快递服务的实地测试工作。

12 月 8 日　全国快递协会工作座谈会在上海召开,已成立的 22 家省级快递协会、7 个拟于当年成立的省级快递协会的负责人、中国邮政速递公司和部分民营快递企业的代表近 50 人参加了座谈。

12 月 21 日　国家邮政局发布《邮政业“十一五”规划》。这是我国邮政管理部门向社会公开发布的第一个指导邮政全行业发展的五年规划。

2008 年

1月25日　国家邮政局2008年工作会议在北京召开。信息产业部部长王旭东出席会议并讲话。马军胜局长作题为《深入贯穿落实科学发展观　努力开创邮政业工作新局面》的工作报告。

1月30日　中央"一号文件"再次对邮政服务"三农"工作提出要求，文件指出：鼓励商贸、邮政、医药、文化等企业在农村发展现代流通业；邮政储蓄银行要通过多种方式积极扩大涉农业务范围。

2月20日　为加强寄递物品安全管理，国家邮政局出台《寄递服务企业收寄物品安全管理规定》，要求邮政业寄递服务企业应按照"谁经营、谁负责"的原则，建立健全并严格执行收寄验视制度；收寄物品时必须加强安全验视，核对无误后加盖验视章或签字确认。

3月　在中日两国深化邮政体制改革的重要时期，中国国家邮政局和日本总务省签署了关于加强双方合作的备忘录，并在日本东京举行了第一届中日邮政政策对话会。

3月11日　十一届全国人大一次会议第四次全体会议听取关于国务院机构改革方案的说明。按照此次机构改革方案，为加强邮政与交通运输统筹管理，依托综合运输体系发展发展现代邮政业，国家邮政局改由新组建的交通运输部管理。

3月27日—28日　国家邮政局在北京召开《快递业务员国家职业标准（草案）》初审会议，劳动和社会保障部职业技能鉴定中心以及国际劳工与信息研究所、信息产业部人事司、山东、上海、山西等省（市）邮政管理局、上海邮政公司上海速递局及部分快递企业代表参加。

4月1日　国家邮政局等七部门联合发出《关于进一步加强违禁品网上非法交易活动整治工作的通知》，要求邮政部门加强对快递市场的监管，落实寄递企业对邮递物品收寄验视的职责，禁止通过快递寄递渠道寄送违禁品。

5月14日　公安部、国家安全部、国家工商行政管理总局、国家邮政局联合发出《关于切实加强寄递物品安全监管工作的通知》（国邮发〔2008〕87号），要求邮政企业和各寄递服务企业认真落实国家有关规定，切实承担起寄递物品的安全运营职责。

5月　"512"汶川特大地震发生后，国家邮政局依照《国家邮政业突发事件应急预案》启动一级应急响应，成立了抗震救灾领导小组和办公室，对抗震救灾工作做出全面部署，全国邮政系统有力、有序、有效地开展了抗震救灾工作。

6月2日　国家邮政局选择区域内城市一体化趋势最为明显、快递服务发展水平较高的长江三角洲地区作为试点，启动《长江三角洲地区快递服务发展规划》编制工作。

6月17日　国家邮政局召开了快递业务员国家职业标准教材（初级）开发启动会议。这是快递业务员国家职业资格培训教程分等级开发的第一阶段工作。

7月8日　交通运输部审议并原则通过《快递市场管理办法》，这是我国专门规范快递市场的第一部行政立法性文件，对快递服务和管理进行了规范。

8月11日　人力资源和社会保障部、国家邮政局联合颁布《快递业务员国家职业标准》，填补了我国邮政业国家职业标准的空白。

8月18日　国家邮政局、国家工商行政管理总局联合发布《国内快递服务合同》示范文本，自2008年10月1日起施行。

9月10日　国家邮政局《快递服务人才教育培养计划实施纲要》课题初审会议召开，明确了快递人才教育培养的指导思想、主要目标、培养体系和具体形式。

9月17日　国家邮政局组织审议快递业务员国家职业标准教材（初级工）。

9月18日　第二届中美邮政改革和快递服务研讨会在华盛顿召开，国家邮政局副局长王渝次率领中国代表团出席。

9月19日　2007年邮政业投入产出调查圆满完成。此次调查是国家邮政局成立后第一次对全部邮政业企业进行的投入产出调查，调查采用抽样调查的形式，调查范围广、调查内容丰富。调查结果表明，2007年全国邮政业中间投入占总产出的比重为46％，增加值占总产出的比重为54％。

10月6日　国务院总理温家宝主持召开国务院常务会议，讨论并原则通过《中华人民共和国邮政法（修订草案）》。

11月18日　国家邮政局在杭州市组织召开了《快递业务员职业技能标准》宣贯会暨职业技能鉴定试点工作启动会议。

12月7日　国家邮政局在北京召开全国邮政业标准化技术委员会成立大会，这是全国服务业标准化工作中的一件大事，它为邮政业开展标准化工作提供了强有力的技术支撑和组织保证。

2009 年

1月12日　国家邮政局2009年工作会议在北京召开。交通运输部部长李盛霖出席。马军胜局长在工作报告中强调，要深入贯彻落实科学发展观，加快邮政业改革，依托综合运输体系发展现代邮政业，以优异成绩迎接国庆60周年。

1月16日　国家邮政局快递职业教材编写委员会在北京成立，这是国家邮政局重组以来为推动邮政业人才教育培养而成立的第一个专业组织。

2月4日　国家邮政局首次发布快递服务公众满意度调查结果通告。2008年快递服务总体满意度平均为64.9分，最高为72.1分，最低为59.5分。公众满意度调查结果表明，我国快递服务总体处于发展的初级阶段，满意度尚有比较大的提升空间。

2月11日　中国快递协会成立大会暨第一次会员大会在北京召开，中共中央政治局委员、国务院副总理张德江致信祝贺，万国邮联国际局总局长爱德华·达扬发来贺信，交通运输部高宏峰副部长、国家邮政局马军胜局长共同为中国快递协会揭牌。

2月12日—13日　国家邮政局和欧盟委员会在北京共同主办"中欧邮政改革和快递服务研讨会"，会议深入探讨邮政改革和快递发展的重大问题，分享邮政改革和发展的思路与经验。

2月13日　国家邮政局审议并原则通过《长江三角洲地区快递服务发展规划(2009—2013)》,这份规划对促进区域快递服务实现跨越式发展具有重要意义。

2月25日　国务院审议并原则通过《物流业调整和振兴规划》,针对促进邮政和快递企业发展提出了具体要求。

3月13日　国家邮政局发布《关于对备案快递服务企业进行统计调查的通知》(国发〔2009〕33号),要求各省(区、市)邮政管理局对备案快递服务企业进行统计调查。

4月24日　十一届全国人大常委会第八次会议表决通过了修订后的《中华人民共和国邮政法》,国家主席胡锦涛签署第12号主席令予以公布,自2009年10月1日起实施。

5月4日　国家邮政局审议通过《国家邮政局关于物流业调整和振兴规划的实施意见》,提出了十一条贯彻落实《规划》的具体政策措施。

5月9日　国家邮政局在北京召开快递业务员国家职业技能鉴定试题通过终审会议,一致同意将试题并入国家职业技能鉴定题库。快递业务员国家职业技能鉴定试题顺利通过终审,为下一步中级及以上级别教材开发和题库建设、加快开展快递业务员职业技能鉴定工作奠定了坚实的基础。

5月23日　国务院办公厅转发交通运输部等六部门联合下发的《关于推动农村邮政物流发展的意见》。这是应对国际金融危机,拉动国内消费需求的重要措施,也是党中央、国务院惠农强农德重要举措。

5月25日—26日　全国推广山东邮政发展农村物流经验现场会在青岛召开。会议强调,要深入贯彻落实科学负责观,认真总结推广山东发展农村邮政物流的经验做法,充分发挥邮政优势,积极服务"三农",深化改革、加快发展,做大做强农村邮政物流,为建设社会主义新农村和保持经济平稳较快发展做出更大贡献。

5月27日　国家邮政局审议并原则通过《珠江三角洲地区快递服务发展规划(2010—2014)》。该规划范围为广东省行政区划范围,业务发展兼顾香港、澳门地区,将珠江三角洲地区改革发展上升到国家战略层面。

6月5日　中国民用航空局和国家邮政局为提高邮件航空运输质量,促进我国邮件航空运输事业的发展,联合发布了《民航局　邮政局关于加强邮件航空运输工作的通知》(民航发〔2009〕38号)。

7月13日—23日　国家邮政局职业技能鉴定指导中心在济南举办了全国第一批快递业务员培训师培训班。

8月25日　"第二届中日邮政政策对话会"在北京召开。中方代表详细介绍了中国邮政体制改革、邮政法修订、邮政和快递服务以及市场监管情况。日方代表就日本邮政的私有化进程、私有化后的邮政服务、履行邮政普遍服务和开展函件邮递业务的现状以及产业发展的新问题等做了专题报告。

8月27日　交通运输部审议并原则通过《快递业务经营许可管理办法》,自2009年10月1日起施行。

9月2日　国家邮政局审议并通过《快递业务员职业技能鉴定办法(试行)》(国邮发

〔2009〕161 号），于 9 月 14 日正式印发。该办法的实施，有力助推了快递业务员的服务能力和技能水平。

9 月 24 日　四项涉及邮政业务的国家标准发布，自 2009 年 12 月 1 日起施行，分别是 GB/T16606.1-2009《快递封装用品　第一部分：封套》、GB/T16606.2-2009《快递封装用品　第 2 部分：包装箱》、GB/T16606.3-2009《快递封装用品　第 3 部分：包装袋》和 GB/T24295-2009《住宅信报箱》。原国家标准 GB/T16606-2002《邮政特快专递封套》和邮政行业标准 YZ/T0061-2001《楼房信报箱》同时废止。

9 月 29 日　国家邮政局与中国民用航空局联合发布《关于促进快递与民航产业协同发展的意见》（国邮发〔2009〕180 号）。

10 月 1 日　修订后的《中华人民共和国邮政法》正式施行，标志着我国在保障公民的通信权利，保护邮政业消费者合法利益方面取得了新的突破，并开创了邮政行业科学发展的新时代和行业管理依法行政的新历程。

10 月 16 日　国家邮政局召开邮政行业"十二五"规划编制工作电视电话会议，明确规划体系包括"一个总体规划"和"四个专项规划"，即《邮政普遍服务"十二五"规划》、《快递服务"十二五"规划》、《邮政监管体系"十二五"规划》、《中国邮政集团公司"十二五"发展规划》和 31 个省（区、市）规划。

10 月 20—21 日　第三届中美邮政改革和快递服务研讨会在南京市举行。

12 月 9 日　国家邮政局和国家食品药品监督管理局联合发布《关于加强监管管理防止通过寄递渠道销售假药的通知》（国邮发〔2009〕229 号）。

2010 年

1 月 9 日　国家邮政局 2010 年工作会议在北京召开。交通运输部部长李盛霖出席会议并作重要讲话，充分肯定了国家邮政局系统重组三年来以来所取得的成绩。

1 月 19 日　我国首家公开发行的快递类期刊《快递》杂志在北京举行了创刊首发仪式。这不仅填补我国在快递媒体领域的空白，也满足了国内快递企业激增的新闻宣传需求。

1 月　邮政监管信息系统上线试运行，信息系统与全国主要网络型快递企业的信息系统联网，可及时获得快递企业每日的业务数据。

2 月 9 日　国家邮政局召开《邮政快递服务"十二五"发展规划》编制工作启动会议。快递服务专项规划是邮政业"十二五"规划的重要组成部分。

2 月 11 日　国家邮政局公布 2009 年快递服务公众满意度情况，快递服务总体满意度平均为 66.3 分，比 2008 年提升 1.4 分。调查表明：我国快递服务公众满意度正在逐步提高，快递服务整体水平呈上升趋势，快递企业服务定位逐渐清晰，快递企业间的差距逐步拉大，关键服务环节亟待加强，特别是快递服务延误问题需要下大力气解决。

3 月 20 日　全国快递业务员职业技能鉴定考试在 26 个省、自治区、直辖市同时开考，30957 名快递业务员报名参加考试。这是我国首次在全国范围内举行大规模快递业务员技能鉴定考试。

3月24日　国家邮政局、国家安全部、公安部联合发布《关于加强中国 2010 年上海世博会期间寄递物品安全监管工作的通告》(国邮发〔2010〕33 号)。

3月25日　第三届中日邮政政策对话会在东京举办,会议重点交流不同体制下邮政行业的改革发展情况。

4月13日　国家标准化管理委员会为 2009 年度在业内产生重大影响的国家标准和行业标准颁奖。国家邮政局组织制定的《快递服务》行业标准获得"中国标准创新贡献奖"二等奖,此项标准填补了我国快递服务行业标准的空白。

4月22日　国家邮政局发布《关于加强快递企业代收货款业务管理的通知》(国邮发〔2010〕62 号),要求各省、自治区、直辖市邮政管理局对代收货款业务加强监督管理。

5月30日　国家邮政局为 UPS 等 18 家快递企业颁发国际快递业务经营许可证。UPS 成为《邮政法》修订实施以来,首家获国际快递业务经营许可证的知名外资企业。

5月17日　国家邮政局发布《关于印发〈快递业务经营许可信息公开暂行规定〉的通知》(国邮发〔2010〕83 号),该规定规范了快递业务经营许可信息公开的范围和内容。

6月10日　经国务院批准,中国邮政集团联合各省邮政各省共同发起设立中国邮政速递物流股份有限公司,该公司在国内 31 个省(自治区、直辖市)设立全资公司,该公司获得由国家邮政局批准的快递业务经营许可,经营国内和国际快递业务,经营区域包括 31 个省(区、市),成为国内规模最大、网络覆盖范围最广、业务品种最丰富的快递物流综合服务提供商。

7月29日　国家邮政局审议并原则通过《京津冀地区快递服务负责规划》。该规划对于充分发挥区域一体化优势,着力突破区域内行政区划限制,有效引导快递服务资源合理配置和网络布局优化,促进快递服务"大发展上水平",具有重要意义。

8月11日　国家邮政局审议并原则通过《邮政行业安全监督管理办法(草案)》。该办法规定,邮政行业安全监督管理应坚持安全第一、预防为主、综合治理的方针,保障寄递渠道畅通和邮件、快件寄递安全,确保邮政企业、快递企业生产安全和邮政行业从业人员人身安全。

8月11日　国家邮政局召开 2010 年上半年快递服务公众满意度为 68.6 分,较 2009 年提升 2.3 分。本次调查在北京等 28 个城市对邮政 EMS 等 11 家快递企业进行,采用定量调查和实地测试数量为 883 件。报告显示,公众对快递服务投诉的主要问题是快件延误、损毁和丢失,这三项在用户投诉中所占比例分别为 62%、21% 和 14%,"快件不快"仍是快递服务中比较突出的问题。

8月16日　国家邮政局审议通过《邮政术语》和《快递服务》国家标准,并按规定报送国家标准化委员会审批发布。

8月31日　国家邮政局在北京召开全国快递服务科技工作座谈会,宣布成立国家邮政局科技专家咨询组。

9月15日　我国全国规模以上快递企业日快件处理量突破 1000 万件,成为继美国和日本之后第三个快件日处理量突破千万件的国家。

10月8日　国家邮政局、国家安全部、公安部、海关总署联合发布《关于加强广州亚运会、亚残运会期间寄递物品安全监管工作通告》（国邮发〔2010〕166号）。

11月1日　中国快递协会公布《中国快递协会自律公约》，要求成员单位自觉保障消费者合法权益，自觉维护国家、行业德整体利益，并对服务质量、公平竞争、通信安全等各项问题做出了自律规定。

11月10日　国家邮政局发布《关于开展"规范市场秩序，维护用户权益"专项执法检查活动的通知》（国邮发〔2010〕199号），决定11月19日开始在全国开展"规范市场秩序，维护用户权益"专项执法检查活动。

11月12日　国家邮政局公布前三季度邮政行业经济运行情况，行业继续保持平稳有序的发展态势。其中，快递业务单月收入突破50亿元，创历史新高。

12月8日—10日　国家邮政局局长马军胜率中国代表团出席在美国旧金山举办的第四届中美邮政改革和快递服务研讨会，研讨范围涉及技术创新、服务提升、标准制定、行业组织、快递通关、协同发展、安全措施等方面，涵盖了邮政和快递领域的核心问题。

12月14—15日　第21次中美商贸联委会在美国召开，快递作为议题首次列入商贸联委会进行正式磋商，中美就加强快递监管交流合作等方面交换了意见。

2011年

1月4日　《邮政行业安全监督管理办法》（交通运输部2011年第2号令）颁布，自2011年2月1日起施行。该管理办法对邮政业的通信与信息安全、生产安全、应急管理、安全监管及法律责任做了明确的规定。

1月11日—13日　国家邮政局在北京召开2011年工作会议。交通运输部部长李盛霖出席会议并作重要讲话，马军胜局长作题为《全面贯彻实施〈中华人民共和国邮政法〉开创"十二五"邮政行业科学发展新局面》的工作报告。

1月20日　国家邮政局联合国家工商行政管理局共同发布《快递行业特许经营（加盟）合同（示范文本）》。示范文本的发布对规范快递企业加盟行为，指导快递企业提高管理效率，节约交易成本，规避经营风险，平衡加盟双方权利义务关系，促进快递市场健康发展具有重要意义。

2月　根据中组部、人力资源和社会保障部、国家统计局联合印发的《关于开展2010年度全国人才资源统计的通知》，邮政行业人才资源统计工作启动，统计范围涵盖中国邮政集团公司和5500余家快递企业。根据初步调查数据，截至2010年年底，邮政行业从业人员总数约为160万人，其中快递服务人员约70万人。

2月24日　国家邮政局组织编写了第一批共8本快递专业（方向）课程教材，该套教材的出版改变了全国各院校快递专业（方向）没有统一、系统的专业课程教材的局面。

2月24日　国家邮政局审议并通过《关于做好快递业务旺季服务保障工作的意见》。该意见提出，全行业应当高度重视、认真组织、研究和把握快递业务旺季的内在规律，积极采取措施,努力做好服务保障工作。

3月5日　国家邮政局授予中国邮政速递物流股份公司和顺丰速运(集团)有限公司"2011年全国快递'春运'服务保障工作突出贡献企业"的荣誉称号,并通报表彰。

3月16日　新华社公布《中华人民共和国国民经济和社会发展第十二个五年规划纲要》,提出邮政行业多项任务目标,首次将邮政服务纳入基本公共服务范围。

3月17日　国家邮政局审议并通过《国家邮政局关于2011年推进邮政行业科技进步的指导意见》,该意见提出,我国邮政行业科技发展水平总体不高且极不平衡。邮政行业应本着"突出重点、集中突破、分类指导、稳步推进"的原则,不断提升全行业科技创新能力和科技应用水平,更好地促进邮政业持续健康发展。

3月25日　国家邮政局通报2010年快递服务满意度调查结果。快递服务总体满意度平均为68.7分,我国快递服务整体水平呈稳步提升态势。其中,受理和揽收服务满意度提升明显,投递和售后服务满意度提升幅度不大,快递服务"重前不重后"的现象没有得到有效改善,"快递不快"问题仍然较突出。

4月18—19日　国家邮政局在杭州召开全国邮政市场监管工作座谈会。会议强调,各级邮政管理部门的工作重点是加大市场执法力度,规范市场经营秩序,增强快递规范服务能力,做好旺季保障工作,推动邮政市场监管工作再上新台阶。

5月24日　国家邮政局讨论并原则通过《关于快递企业兼并重组的指导意见》,该指导意见提出以"市场化、产业化、现代化"为方向,鼓励指导快递企业通过兼并重组建立健全现代企业制度,加快转型升级,进一步做强做大。

6月1日　国家发改委新修订的《产业结构调整指导目录(2011年版)》正式施行,体现了国家对邮政业的重视和肯定,标志着邮政业正式纳入国家鼓励发展的产业政策体系。《目录》强化了促进邮政业发展的政策导向:第一次单设"邮政业"门类,第一次在邮政业项下增设快递发展内容,第一次将邮政全行业(包括邮政服务和快递服务)纳入鼓励类项目。

6月1日　国家邮政局审议并原则通过《邮政行业统计管理办法》送审稿。

6月16日　国家邮政局在北京召开快递业务员中级职业技能鉴定培训教材终审会,通过《快递业务员国家职业技能标准》。

6月16—17日　全国邮政业标准化技术委员会在长春市召开会议,审查《快递运单》国家标准、《邮件封面书写规范　第二部分:国际》国家标准、《城市快递服务专用汽车》行业标准及《邮政业标准化"十二五"发展规划》。

6月22日　国家邮政局发布《2010年快递市场监管报告》。报告描述了快递市场的发展现状、存在的问题,面临的机遇和挑战,对2010年国家邮政局在加快快递市场监管、优化快递发展环境、维护用户合法权益、保障信息安全、职业技能鉴定以及处理消费者申诉等方面的工作进行了总结。

6月24日　国家邮政局印发《邮政业消费者申诉处理办法》。办法明确了申诉工作要以事实为依据、以法律为准绳,坚持合法合理的原则,重新明确了行业申诉的范围,完善了申诉处理的内容,增设了申诉调解的规定。

6月　根据人力资源和社会保障部、国家质量技术监督局、国家统计局联合发布《关于做好国家职业分类大典修订工作的通知》，国家邮政局职业分类大典修订工作委员会和专家委员会等工作机构成立，大典修订工作启动。依据"国民经济行业分类"和修订后的《邮政法》，将邮政业分为邮政服务和快递服务两部分，初步确立了邮政业分类框架体系，大典修订工作取得阶段性成果。

7月26日　国家邮政局联合公安部、国家安全部、海关总署、国家质检总局、新闻出版总署、中国民用航空局等有关部委召开寄递渠道安全保障协作机制联席会议，落实国务院有关会议精神，加强有关部门间的信息沟通，探讨建立更科学、高效的协作配合机制，保障寄递渠道安全。

7月29日　国家邮政局发布《快递市场监管报告制度》。《制度》规定，快递市场监管报告应由各省（区、市）邮政管理局和国家邮政局分别编制。快递市场监管报告的编制和发布，应当坚持实事求是、客观公正的原则。

8月4日　国家邮政局在北京召开快递专业（方向）研究生推荐教材终审会，《快递企业战略管理》一书通过审议。至此，第一批共8本快递专业（方向）推荐教材已全部通过评审。

8月11日　国家邮政局印发《快递业务操作指导规范》，针对快递业务全过程作业的重要环节和关键质量控制点，规定了规范操作的基本要求，旨在指导快递企业科学组织生产管理，解决因快递作业不规范引发的服务质量问题。

8月12日　国家邮政局召开电视电话会议，强调要加强行业内的统筹协调，共同做好快递业务旺季服务保障工作，真正使"小快件、大民生"的理念落到实处，为人民群众提供迅速、准确、安全、方便的快递服务。

8月15日　国家邮政局审议通过《邮政业标准化"十二五"发展规划》。该规划以转变邮政业发展方式为主线，以加快构建邮政普遍服务体系和快递服务体系为目标，着力建立健全标准化"三大体系"，即完善邮政业标准体系，健全邮政业标准实施监督体系，夯实邮政业标准化工作运行体系，增强邮政业标准化的科学性、导向性与时效性，为实现邮政业"十二五"发展目标提供坚实的技术支撑和服务保障。

8月30日　国家邮政局印发《快递企业等级评定管理办法（试行）》，对快递企业改革创新、转型升级起到重要的指导作用，也是推动企业加强诚信建设、提高服务质量的强大动力，更是引导全行业科学发展的一项重要举措。

9月23—25日　全国首次中级快递业务员职业技能鉴定师资骨干培训班在济南市举行，天津、河北、吉林、江苏、浙江、江西、山东、河南、湖北、广东、四川、新疆等12个中级快递业务员职业技能鉴定试点省选派了快递企业、职业院校和相关单位的共125名师资骨干参加培训。

10月10日　国家邮政局公布首批通过2011年快递业务经营许可年度报告审核的企业。

10月13日—14日　第五届中美邮政改革和快递服务研讨会在南宁市召开。会议就两国邮政改革与发展、快递市场发展现状和未来发展战略、快递对经济发展的重要性、快递与互联网的关系、保证客户满意度的方法与实践、促进快递服务发展的管理与政策等议题进行了广泛研讨。

10月15—16日　全国中级快递业务员职业技能鉴定考试在山东举行。这是继2008年初级快递业务员职业技能鉴定考试开展以来首次进行的中级快递业务员职业技能鉴定考试。

11月1日　新国家标准《国民经济行业分类》(GB/T4754—2011)施行。"邮政业"下设"邮政基本服务"和"快递服务"两个种类,并注明邮政快递服务在"快递服务"分类中。

11月2日　中国快递协会根据国家邮政局《快递企业等级评定管理办法(试行)》的规定制定的《快递企业等级评定实施细则》正式公布,快递企业等级评定指导委员会和全国快递企业等级评定委员会同时成立。

11月8日　国家邮政局市场监管司与中国快递协会在上海联合召开"应对11月11日网购促销活动"的快递服务座谈会,督促快递企业完善应急预案,切实做好网购快递服务保障工作。

11月22日　由中国快递协会、《快递》杂志、国家邮政局发展研究中心共同在北京举办以"改革创新、转型升级"为主题的"2011年中国快递论坛",这是中国快递协会成立以来首次举办快递论坛。论坛研讨内容为推动"十二五"期间快递服务科学发展,落实国家邮政局关于推动快递服务转型升级、做大做强的要求,增进快递企业与行业管理部门、相关院校和研究机构之间的沟通交流。

11月29日　国家邮政局系统圆满完成2011年快递业务经营许可年度报告工作,全国各级邮政管理部门共审核通过6405家,实地核查1068家,约谈313家,责令整改335家,行政处罚30家,依法注销69家。

11月29日　国家邮政局发布《海峡西岸经济区快递服务发展规划(2011—2015)》,该规划以"加快转变,跨越发展"为主线,提出了"先行先试、便捷两岸;对接两洲、带动中西;区域协作、联动发展"的基本思路。明确了完善海西快递发展环境、优化服务网络空间布局、整合两岸快递服务资源、加快快递服务体系建设和培育大型现代快递企业等五项主要任务。

12月8日　国家邮政局审议通过《邮政行业安全防范工作规范》。

12月12日　全国快递处理量达1800万件,创造单日快件处理最新纪录。

12月20日　国家邮政局审议通过《快递服务"十二五"规划》。按照该规划,到2015年,快递服务要努力实现三大目标:即做大行业,实现我国快递服务业务收入翻一番以上,总体规模进入世界前列;做强企业,形成一批规模较大、服务质量好、核心能力强、管理规范的大型快递企业或企业集团;做优品牌,推进快递企业增强服务能力,提升服务品质,打造五星级优质快递服务品牌,大力发展国内市场,积极拓展国际市场。

12月30日　国家质量监督检验检疫总局、国家标准化管理委员会联合发布第23号国家标准公告,批准发布了《快递服务》系列国家标准,包括GB/T20917.1—2011《快递服

务　第 1 部分:基本术语》,GB/T27917.2-2011《快递服务　第 2 部分:组织要求》。GB/T27917.3－2011《快递服务　第 3 部分:服务环节》。该标准于 2012 年 5 月 1 日正式实施,《快递服务》邮政行业标准同时废止。

2012 年

1 月 5—6 日　国家邮政局召开 2012 年工作会议和党风廉政建设工作会议。交通运输部部长李盛霖、副部长冯正霖出席。国家邮政局局长马军胜作题为《改革创新　转型升级　促进邮政行业又好又快发展》的工作报告,全面总结了 2011 年邮政行业发展情况,并对 2012 年邮政管理工作进行了部署。

1 月 19 日　国家邮政局第六次发布"业务旺季快递服务消费提示",向社会公布了市场监管信息系统反映出的快递单日业务量增长情况、日寄发快件量排名前 10 的城市、日投递快件量排名前 10 的城市等信息。

1 月 20 日　国务院办公厅印发《关于省级以下邮政监管体制的通知》(国办发〔2012〕6 号),要求做好完善省级以下邮政监管体制工作,通知明确了完善省级以下邮政监管体制的重要意义、指导思想和总体目标、主要内容和组织实施。

2 月 7 日　国家邮政局审议通过《2011 年快递服务满意度调查报告》。调查结果显示,快递服务总体满意度为 68.9 分,比 2010 年提升 0.2 分。

2 月 17 日　国家邮政局发布《关于表彰 2012 年全国快递旺季服务保障优秀企业和先进企业的决定》,授予邮政速递物流、顺丰速运两家企业"2012 年全国快递旺季服务保障优秀企业"荣誉称号,授予申通快递、圆通速递、中通速递、韵达快递 4 家"2012 年全国快递旺季服务保障先进企业"荣誉称号。

2 月 27 日　国家邮政局、商务部联合发布《关于促进快递服务与网络零售协同发展的指导意见》(国邮发〔2012〕1 号)。该意见分为充分认识促进快递服务与网络零售协同发展的重要意义、促进快递服务与网络零售协同发展的指导思想与原则、促进快递服务与网络零售协同发展的政策措施三个部分。

3 月 1 日　根据国务院、中央编委批准,国务院办公厅印发的《关于完善省级以下邮政监管体制的通知》和中央编办印发的《关于省级以下邮政监管机构设置人员编制的通知》,省级以下邮政监管体制实施工作正式启动。

3 月 14 日　国家邮政局、公安部、国家安全部联合印发《寄递渠道治安检查工作规定》,共同加强寄递渠道治安检查。

3 月 21 日　根据国务院常务会议决定,邮政快递被纳入《十二五综合交通运输体系规划》。邮政业首次纳入综合交通运输体系规划,体现了国家"加强邮政与交通运输统筹管理"的战略意图。《规划》确定的九大发展目标之一为"增强邮政普遍服务能力,发展农村邮政,实现乡乡设所、村村通邮"。

3 月 27 日　工业和信息化部发布《电子商务"十二五"发展规划》,明确将支持快递服务与电子商务联动发展内容纳入其中。

5月19日　2012年首次快递业务员职业技能鉴定全国统考在29个省(区、市)同时开考,本次考试全国共设考点54个,考场983个,参加考试人数29531人,其中,参加初级鉴定25882人、中级3649人。

5月28日　首届中国(北京)国际服务贸易交易会在北京开幕,国家邮政局作为京交会16个支持单位之一,组织国内主要快递企业参加会议。

5月29日　以"提升质量.服务民生"为主题的"2012中国快递论坛"在北京举办,国家邮政局局长马军胜宣布,邮政管理部门将采取四项措施,努力保障《快递服务"十二五"规划》中提出的三大发展目标的实现。

5月31日　国家发改委、公安部、财政部、国土资源部、交通运输部、国家工商总局等部委联合出台《关于鼓励和引导民间投资进入物流领域实施意见》,明确支持民间资本进入快递等重点物流领域。

6月27日　国家邮政局审议通过《2011年快递市场监管报告》,报告编制工作已逐步走上规范化和制度化轨道。

6月20日　国家邮政局在全国启动快递服务质量专项整治活动,提升申诉处理质量,加强快递服务质量监管,着力解决快递服务中存在的快件丢失、短少、损毁等热点问题,查处严重侵犯用户利益违法行为,维护市场秩序和用户利益,切实提高快递服务水平,促进行业健康发展。

6月　上海希伊艾斯快递有限公司(以下简称"CCES")在重组过程中,发生网络阻断事件,国家邮政局要求有关省(市)邮政管理局迅速介入调查、启动应急响应、部署处置工作。

7月2日　北京宅急送快运股份有限公司、杭州百世网络技术有限公司等12家企业向国家邮政局提出经营国际快递业务许可的申请,并得到受理。

7月5日　国家邮政局审议通过《邮政业标准化管理办法》。

7月6日—7日　国家邮政局职业技能鉴定指导中心在绍兴市召开了"高级快递业务员职业技能鉴定题库及培训大纲终审会",审议通过了题库和培训大纲(即《高级快递业务员职业技能鉴定考试指导手册》)。

10月1日　国家质量监督检验检疫总局、国家标准化管理委员会联合发布、实施352项国家标准。其中,GB/T28582—2012《快递运单》国家标准也在其列。

8月22日　由国家邮政局职鉴中心组织的首次全国邮政行业职业技能鉴定管理人员业务培训班在南戴河举办。

9月14日　国家邮政局召开全国电视电话会议,动员部署党的十八大期间寄递渠道安全保障工作。

9月25日　中国快递协会在上海召集邮政速递、顺丰、申通、圆通、宅急送、韵达、中通等大型快递企业协调会,协调十八大会议期间和旺季寄递问题。

9月29日　深圳市邮政管理局成立,这是全国首个揭牌成立的市(地)邮政管理局。

10月10日　在第25届万国邮联大会全会上,中国高票连任邮政经营理事会理事国。经国务院授权,出席大会的国家邮政局副局长王梅代表中国政府签署了《万国邮联总规则第二附加议定书》以及经大会修改的《万国邮政公约》《邮政支付业务协定》。

10月23日　第十一届全国人大常委会第二十九次会议审议《中华人民共和国邮政法修正案(草案)》的议案。10月29日表决通过《全国人民代表大会常务委员会关于修改〈中华人民共和国邮政法〉的决定》,国家主席胡锦涛签署第70号主席令予以公布。

11月11日　据国家邮政局的监测数据,"双11"网购大战,全国快递日处理量突破3000万件,由于应对有力,快递没有出现大面积延误。

11月　交通运输部审议通过《邮政业标准化管理办法》。11月17日,交通运输部2012年第7号令公布《办法》,并明确《办法》自2013年1月1日起施行。《办法》明确了邮政业标准化工作的原则、标准制定范围与类型、标准制定程序、企业标准的制定、标准的实施与监督等内容。

12月10日　国家邮政局发布《关于严密防范寄递企业及从业人员非法泄露用户使用邮政服务或快递服务信息的通知》,要求全行业迅速开展寄递企业信息安全检查工作。

12月1日　国务院印发《服务业发展"十二五"规划》。该规划明确提出,"十二五"时期,要加快邮政服务业发展,提高服务能力和水平。

12月17日　国家邮政局召开全系统电视电话会议,针对寄递服务信息安全管理工作进行部署和安排,决定开展专项行动,打击泄露寄递服务信息的行为,维护公民通信秘密和个人信息安全,确保行业持续稳定健康发展。

12月17日　国家邮政局召开电视电话会议,明确当前和今后一个时期邮政行业新闻宣传工作的主要任务和总体要求,部署《中国邮政快递报》创刊工作。

12月17日　深圳市快递行业协会成立仪式举行。这是全国首个市(地)级快递行业协会。

12月31日　交通运输部审议通过《快递市场管理办法(送审修改稿)》等事项。

12月　国家邮政局和国家安全生产监督管理总局组织有关专家编写了《收寄验视现场工作手册》,由新华出版社正式出版发行。

2013 年

1月6日　国家邮政局审议通过《关于切实做好安全生产工作,促进邮政行业科学发展安全发展的意见》、《邮政行政处罚程序规定(修订草案)》和《2012年度快递服务满意度调查报告》。

1月10日　国家邮政局召开2013年全国邮政管理工作会议和党风廉政建设工作会议。

1月10日　国家邮政局在北京召开快递企业代表座谈会,集中讨论了快递服务中突出的丢失、损毁、赔偿等问题,就如何认识相关法律规定,强化企业自律,引导营造良好发展环境进行了深入探讨。

1月11日　交通运输部公布修订后的《快递市场管理办法》(交通运输部令2013年

第 1 号），自 2013 年 3 月 1 日起施行。

1 月 16 日　国家邮政局公布 2012 年邮政行业运行情况——邮政企业和全国规模以上快递服务企业业务收入（不包括邮政储蓄银行直接营业收入）完成 1980.9 亿元，同比增长 26.9%；业务总量完成 2036.8 亿元，同比增长 26.7%。全国规模以上快递服务企业业务量完成 56.9 亿件，同比增长 54.8%；业务收入完成 1055.3 亿元，同比增长 39.2%。

1 月 23 日　全国邮政业标准化技术委员会审查通过《快件信息跟踪查询规范》（送审稿），并对《快递代收货款服务规范》（草案稿）进行研讨。

2 月 6 日　交通运输部、国家邮政局等 7 部委联合发布《关于加强和改进城市配送管理工作的意见》（交运发〔2013〕138 号），以贯彻落实《国务院办公厅关于促进物流业健康发展政策措施的意见》。

2 月 20 日　国务院办公厅印发《关于巩固完善基本药物制度和基层运行新机制的意见》，要求邮政服务在助力解决"看病难、药价贵"问题上发挥更大作用。

2 月 21 日　国家邮政局发布《关于做好全国"两会"期间邮政、快递服务和安全工作的通知》，要求努力为"两会"提供优质便捷的邮政、快递服务，确保"两会"期间邮政行业安全平稳运行和寄递渠道安全畅通。

2 月 27 日　国家邮政局审议并原则通过《快件跟踪查询信息服务规范》。

3 月 8 日　2013 年全国邮政市场监管工作会议在广州召开。要求认真贯彻实施修订后的《邮政法》《快递市场管理办法》，全面提升市场监管能力，推动邮政业快速、持续、健康发展。

3 月 22 日　国家邮政局发布《关于切实加强快递市场服务督导的通知》，督促全行业进一步提升服务水平，保障用户权益。

3 月 27 日　国家邮政局印发《关于开展 2013 年快递业务经营许可年度报告工作的通知》，对各省、自治区、直辖市参加年度年度报告的企业范围、工作时间、工作程序等进行了具体要求。

3 月 27 日　国家邮政局召开电视电话会议，部署《邮政业发展"十二五"规划》中期评估工作。

3 月 30 日　2013 年首次快递业务员全国职业技能鉴定全国统考在 27 个省（区、市）同时开考。本次考试参考省份多、参考人数多、考试规模大，共有 27345 人参加考试。

4 月 9 日　邮政业消费者申诉处理工作座谈会在厦门市召开，会议强调了申诉受理工作的重要性，对如何加强消费者申诉工作以及申诉处理系统升级改造等内容进行了研讨，为提升消费者申诉处理工作水平建言献策。

4 月 17 日　为深入贯彻新修订的《快递市场管理办法》，国家邮政局在上海组织召开专题宣贯会。

4 月 18 日　全国邮政业标准化技术委员会审查通过《邮政业机构代码编制规则》行业标准，《规则》对于保障邮政市场秩序，建立行业信用体系，提高科学管理水平，具有十分重要的意义。

4月20日　四川雅安芦山地震发生后,国家邮政局随即启动应急响应,发布了《关于切实做好抗震救灾工作的紧急通知》,要求高度重视抗震救灾工作,全力做好抢险救灾工作等。

4月30日　为进一步做好赈灾包裹寄递服务,确保寄递安全,国家邮政局发出通知,要求邮政企业、快递企业落实有关禁限寄物品的检查措施,严格进行收寄过程中的验视检查。

5月14日　国家邮政局政策法规司赴浙江开展开展快递市场条例立法调研。

5月20日　国家邮政局会同工信部等六部门联合印发《关于切实做好寄递服务信息安全监管工作的通知》,要求站在"以人为本、执政为民"的高度,采取有效措施,共同维护寄递服务信息安全。

6月5日　国家邮政局印发《国家邮政局寄递服务信息安全专项整治行动实施方案》,决定于2013年6月至10月开展寄递服务信息安全专项整治行动。

6月9日　国家邮政局审议并原则通过了《邮政业机构代码编制规则》。

6月13日　国家邮政局审议并通过了《2013年上半年快递服务满意度调查报告》。马军胜局长指出,快递服务满意度、消费者申诉率和快递准时率是邮政管理部门对快递服务监管的主要指标。

6月18日　国家邮政局召开全国邮政行业电视电话会议,传达近期习近平总书记重要批示精神和国务院有关安全生产会议精神。

6月19日　国务院法制办副主任安建、国家邮政局副局长赵晓光率队赴广东、湖南进行《快递市场管理条例》立法调研。

6月26日　快递企业等级评定试点工作座谈会在北京召开,会议强调要积极稳妥地推进等级评定工作,以引导快递企业提升服务能力,提高服务质量,加快科学发展。

6月27日　国家邮政局发出通知,针8名顺丰快递员"生命托举"勇救坠楼女童的见义勇为行为,号召全行业向他们学习,并要求在全行业范围内展开"提升邮政行业道德素质"的大讨论,加强行业道德素质教育,促进快递服务质量提升。

6月27日　国家邮政局组织召开专题交流研讨会,深入研讨跨境网购和跨境寄递话题,为快递服务跨境电商献计献策。

6月28日　国家邮政局和上海市人民政府签署《关于加快推进上海快递总部经济建设与发展合作协议》,提出建立促进快递业发展的合作机制,加快建设上海快递业总部经济,以更好地满足上海日益增长的快递需求。

7月3日　国家邮政局审议并通过《2012年快递市场监管报告》,报告展示了2012年快递市场发展情况和监管概况。

7月5日　国家邮政局召开电视电话会议,动员部署开展党的群众路线教育实践活动工作。

7月8日　《财富》杂志发布2013年世界500强排行榜,全球共有8家邮政、快递企业入围,中国邮政集团成为排名上升最快的企业之一,并首次冲进前200强,以509.329亿美元的营业收入(包括了邮政储蓄业务收入)升至 196 位,相较上年上升 62 位。

7 月 10 日 国家邮政局在北京召开全国邮政法制工作会议,明确提出全面加强法治邮政建设的工作目标。

7 月 18 日 国家邮政局局长马军胜主持召开第 146 次局长办公会,分析上半年行业经济运行情况。上半年,全行业继续保持了快速、稳定的发展态势,业务量和业务收入的增长连续 10 个季度超过 20%,快递业务量增速连续 28 个月超过 50%。得益于邮政企业和重点快递企业加强内部管理,企业的运行效率、服务质量均有不同程度的提升。

8 月 1 日 国家邮政局组织召开电视电话会议,对快递企业经营范围规范和清理工作进行动员和部署。重点清理工作包括超范围经营快递业务、未经许可经营快递业务、快递企业寄递国家机关公文、外资快递企业寄递国内信件快递业务、侵犯消费者合法权益的服务问题。

8 月 6 日 亚太邮政改革与发展高层研讨会在北京开幕,会议主要交流与分享各国邮政改革与发展经验,围绕数字化时代德邮政业发展、提升邮政业务质量及提高普遍服务水平以及亚太地区邮政政策及监管等议题进行研讨。

8 月 8 日 国务院发布《关于促进信息消费扩大内需的若干意见》(国发〔2013〕32 号),其中有关邮政、快递服务的内容将从政策层面上解决影响快递服务的"最后一公里"问题、推进跨境网购发展的监管问题,以及邮政会行业的财税政策问题,从而推动邮政快递服务更好更快发展。

8 月 12 日 国家邮政局审议通过《关于加强邮政行业规划工作得指导意见》。该意见旨在指导全国各省(区、市)邮政管理局结合三级邮政管理体制,更好地理清规划工作思路,找准工作定位,统筹管理职能。

8 月 22 日 首次全国邮政行业特有工种职业技能鉴定站培训班在长春市举办,来自全国 30 个省(区、市)职鉴(指导)中心和 33 个鉴定站的 100 名代表和学员参加了此次培训。

8 月 27 日 国家邮政局政策法规司在吉林召开智能快递投递箱标准研讨会议,形成了较好的研究成果,为科学引导智能快递投递箱有序发展提供了指导意见。

8 月 29 日 国家邮政局召开了全系统信息化建设工作电视电话会议,全面总结国家邮政局监管体系基础信息系统建设情况,安排部署核心业务系统和应用支撑系统的建设内容、建设安排等下一阶段工作要求。

9 月 1 日 国家邮政局发布的《快递业务旺季服务保障工作指南》正式施行。该指南明确规定,在快递业务旺季,快递企业不得擅自停收或者停投,如需上调资费,应提前说明并公布,严禁野蛮作业,同时特别指出,企业旺季服务保障情况将纳入经营许可年度报告。

9 月 2 日 国务院办公厅以国办发〔2013〕89 号文件转发了商务部等部门提交的《关于实施支持跨境电子商务零售出口有关政策的意见》。其中,跨境网购寄递获得了利好政策支持。

9 月 25 日 国家邮政局审议并通过《进一步加强邮政行业新闻宣传工作的指导意

见》。该意见明确了邮政行业新闻宣传的指导思想、主要原则、主要任务,体现了行业新闻宣传"一盘棋"思路。

10月9日　全国邮政业标准化技术委员会在银川召开2013年度第三次工作会议,审查通过了《智能快递箱》和《快递代收货款服务规范》两项行业标准。

10月14日　国家邮政局、工业和信息化部联合发布《关于推进快递服务制造业工作的指导意见》(国邮发〔2013〕178号)。该意见明确了推进快递服务制造业工作的指导思想和基本原则,提出要在技术密集型制造业、制造业规模化发展、制造业定制化生产、经济活跃区域的制造业集群、中小制造企业、制造业国际化等6个重点领域推进快递服务制造业的发展。

10月25日　十二届全国人大常委会第五次会议经表决通过了关于修改《消费者权益保护法》的决定。这是该法颁布近20年来的首次大修改。新消保法于2014年3月15日起施行。

10月25日　国家邮政局审议并原则通过《关于提升快递末端投递服务水平的指导意见》。该指导意见提出以多种形式提升快递末端投递服务水平的不断提升。鼓励和引导快递企业因地制宜与第三方开展多种形式的投递服务合作;引导快递企业加快自有品牌末端网点建设,提高快递网络覆盖率和稳定性;鼓励企业探索使用智能快件箱等自取服务设备,提高投递效率。

10月25日　国家邮政局市场监管司、中国快递协会在杭州召开2013年"双11"网购快递服务动员会议,就"双11"网购快递服务和快递业务高峰期的工作进行部署和互动交流。

11月1日　国家邮政局召开全系统电视电话会议,动员和部署即将到来的"双11"快递业务旺季的服务保障工作。

11月22日　国家邮政局发布《关于提升快递末端投递服务水平的指导意见》。该意见提出要在企业自主与政府指导相结合、自身建设与合作创新相结合、科技创新与产品创新相结合和高效便捷与保障安全相结合的原则下,通过引导企业加强自身能力建设,鼓励企业开展第三方合作模式创新,积极探索和推广智能投递等方式,提升快递末端投递服务水平。

12月4日　国务院总理李克强主持召开国务院常务会议,决定从2014年1月1日起,将铁路运输和邮政服务业纳入营改增试点,至此交通运输业已全部纳入营改增范围,政策进一步完善,总体税负减轻。

12月12日　根据国家邮政局监测,"淘宝系"网购促销活动将产生超过7000万件快件量。这个数字为快递平均业务量的2～3倍,是继"双11"电商促销之后,快递企业面临的又一次业务峰值。

12月16日　国家邮政局局长马军胜率团出席在台北举办的两岸直接通邮五周年纪念活动,两岸邮政e小包开通仪式暨海峡两岸珍邮特展开幕典礼同时举行。

12月22日　国家邮政局发出紧急通知,在全国范围内开展落实收寄验视制度专项整治活动,要求做到"全覆盖、零容忍、严执法、重实效"。

12月24日　苏南快递产业园授牌暨园区重大项目奠基开工仪式在江苏无锡空港产业园区举行。这是全国首家快递产业园区。

12月25日　国家邮政局召开全系统电视电话会议,通报了圆通速递违规收寄化学品发生泄露的事故经过和处置情况,要求认真吸取教训,加强行业安全监管,确保寄递渠道安全畅通。

12月25日　杭州市正式被国家邮政局授予全国首个"中国快递示范城市"称号。

12月31日　国家邮政局审议并原则通过《邮政业发展"十二五"规划中期评估报告》。报告显示,《邮政业发展"十二五"规划》实施进展顺利,行业发展成效显著,规划确定的目标和邮政业主要经济发展指标的实现情况整体达到预期进度。

12月31日　国家邮政局审议并原则通过《快递业务经营许可变更审核流程优化方案(草案)》,并决定于2014年3月1日起正式施行。优化后的许可变更流程,可大大缩短许可变更时限,减轻企业负担,激发企业活力,为企业提供更加规范、便捷、高效的服务。方案同时明确邮政管理部门将建立超时通报制。

2014 年

1月6日　国家邮政局在北京召开2014年全国邮政工作会议和系统党风廉政建设工作会议。会议强调,要继续实施"深化邮政改革创新,推动快递转型升级"两大战略,推动企业建立现代企业制度,积极探索邮政公共服务市场化机制,启动"快递下乡"、"快递西进"工程,将快递业务板块由"1+1"向"1+3"拓展。

1月6日　国家邮政局市场监管司派出三个工作组,赴江苏、黑龙江、湖北、广西、云南、甘肃等6个省(区),就开展"规范和清理快递企业经营范围工作"和"落实收寄验视制度专项整治活动"进行督导检查。

1月15日　国家邮政局公布2013年邮政行业运行情况。邮政企业和全国规模以上快递服务企业业务收入(不包括邮政储蓄银行直接营业收入)累计完成2547.8亿元,同比增长28.6%;业务总量累计完成2725.1亿元,同比增长33.8%。全国规模以上快递服务企业业务量累计完成91.9亿件,同比增长61.6%;业务收入累计完成1441.7亿元,同比增长36.6%。

1月　中共中央、国务院印发《关于全面深化农村改革加快推进农业现代化的若干意见》。该意见提出,加强以大型农产品批发市场为骨干、覆盖全国的市场流通网络建设,开展公益性农产品批发市场建设试点;加快发展主产区大宗农产品现代化仓储物流设施,完善鲜活农产品冷链物流体系;完善农村物流服务体系,推进农产品现代流通综合示范区创建;加快邮政系统服务"三农"综合平台建设。

1月21日　国家统计局公布的最新数据显示,2013年国内生产总值(GDP)达到568845亿元,GDP增速为7.7%;第三产业占比提高到46.1%,首次超过第二产业。作为第三产业(服务业)的重要组成部分,邮政行业在GDP中的占比逐年攀升,成为拉动国民经济增长的积极力量,快递业务收入 GDP 占比已经实现"三连升"。

　　1月27日　国务院总理李克强来到位于西安市肖里村的西安顺丰速运有限公司看望慰问快递员工。李克强说:"快递业关系经济民生,你们既是在运送商品,也是在传递亲友心意,给大家送去春节的温暖,把幸福快递到千家万户。快递业是中国经济的"黑马",祝你们在马年快马加鞭、万马奔腾、马到成功!"在慰问过程中,李克强还亲自给一个即将发出的快件贴上了面单,当了一次"快递员"。

　　2月13日　国家邮政局审议并通过了《邮政业标准体系》。邮政业标准化体系由基础标准、安全标准、设施设备与用品标准、服务与管理标准以及信息化标准等五部分组成,是《邮政业"十二五"发展规划》中提出的将着力建立健全的标准化"三大体系"之一。

　　2月28日　国家邮政局审议并原则通过《寄递服务用户个人信息安全管理规定》《无法投递又无法退回快件管理规定》和《邮政行业安全信息报告及处理规定》等规范性文件。

　　3月9日　根据"两会"新闻中心组织的题为"电子商务与快递服务协调发展"的网络访谈透露,2013年我国电子商务交易总额超过 10 万亿元,其中网络零售交易额大约 1.85 万亿元,乐观估计我国已成为世界上最大的网络零售市场。其中,在 1.85 万亿元市场规模中,有近 1 万亿元是来自快递的支撑和保障。在 92 亿件的快递业务量中,有超过 60% 是来自网购。

　　3月10日　国家邮政局发布的《无法投递又无法退回快件管理规定》开始施行。规定明确,快递企业在无着快件的保管和处理过程中,不得违法提供用户使用快递服务的信息。

　　3月11日　国家邮政局市场监管司发布《关于印发〈邮政市场行政执法案由规定(试行)〉的通知》,就贯彻落实《邮政市场行政执法案由规定(试行)》提出工作要求。

　　3月　全国政协委员、国家邮政局局长马军胜在全国政协十二届二次会议期间提交提案,建议住房和城市建设管理部门、民政管理部门根据城市发展需要,将快递服务网络建设纳入城市规划和社区配套设施规划,以突破快递服务"最后一公里"这个瓶颈。

　　3月12　国家邮政局职业技能鉴定指导中心在北京组织召开快递业务师鉴定题库评审会。

　　3月18日　国家邮政局印发《关于开展 2014 年快递业务经营许可年度报告工作的通知》。根据《快递业务经营许可管理办法》和《快递业务经营许可年度报告规定》,结合中央关于加快政府职能转变、建设服务型政府的要求,通知对各省、自治区、直辖市参加年度报告的企业范围、工作时间、工作程序等进行了具体要求。

　　3月20日　国家邮政局审议通过《经营快递业务的企业分支机构备案管理规定》,将经营快递业务的企业分支机构备案职能下放省级以下邮政管理机构,以切实减轻企业负担、激发快递市场主体的活力,并利于充分发挥属地管理优势,便于加强属地化监管。

　　3月29日　2014 年首次快递业务员职业技能鉴定全国统考在 25 个省(区、市)同时开考,共有 22775 人参加考试。

　　4月1日　2014 年全国邮政市场监管工作会议在银川市召开。会议要求,2014 年邮政市场监管工作,必须坚持"安全为基、发展为要、服务为上、管理为本",从四方面入手提升邮政市场监管效能,推动行业快速、健康、安全发展。

4月25日　电子商务与物流快递协同发展座谈会在北京召开,围绕快递车辆城市通行、末端投递、园区建设、信息共享和跨境电商等热点难点"谈问题、析成因、谋对策"。根据会议精神,商务部、国家邮政局等部门将积极推动地方政府整合资源,优化政策环境,创新管理方式,破除行业发展瓶颈,建立适合电商行业特点的物流快递管理体系。

4月29日　中国梦·邮政情"寻找最美快递员"揭晓发布会在北京举行,10名基层快递员和2个快递员集体荣获"最美快递员"称号。

4月　共青团中央、交通运输部、国家邮政局联合印发通知,决定在全国快递行业开展创建青年文明号活动。通知明确了快递行业青年文明号创建主体的基本条件、评选表彰工作规范,提出了建立活动组织机构、明确创建计划、健全制度规范、设计有形载体、弘扬品牌文化等五方面创建措施。

5月8日　国家邮政局审议通过《快递业温室气体排放测量方法》和《快递业务经营许可注销管理规定》。

5月14日　国务院常务会议部署加快生产性服务业重点和薄弱环节发展,以促进产业结构调整升级。李克强总理强调,要更多依靠市场机制和创新驱动,通过建设物流公共信息平台和货物配载中心,加快标准化设施应用,推进第三方物流与制造业联动发展等五个方面的工作,发展生产性服务,促进提升国经济整体素质和竞争力。

5月19日　国家邮政局审议并通过《2013年快递市场监管报告》。2011年开始,《市场监管报告制度》成为国家邮政局每年向社会公布快递市场监管情况,报告编制工作成为加快快递市场监管、传递行业运行信息、总结工作成效的重要手段,也成为权力规范运行、信息公开透明、社会监督到位的重要载体。

5月30日　以"诚信服务、融合发展、共享未来"为主题的2014年中国快递行业(国际)发展大会在北京召开,活动期间项目合作签约额超500亿元,多项合作对促进快递业与上下游行业融合发展、中国快递走向世界将起到重要的推动作用。

6月　国家邮政局市场监管司发出通知,要求做好《快递安全生产操作规范(YZ0149—2015)》的贯彻实施工作。该标准自2016年6月1日起施行,是继《邮政业安全生产设备配置规范》之后第二部强制性邮政行业标准。

6月10日　国家邮政局审议通过《关于全面推进邮政行业文化建设的指导意见》,这是国家邮政局落实教育实践活动整改方案关于加强制度建设的具体举措。

6月10日　国家邮政局审议通过《快递专用电动三轮车技术要求》行业标准。

6月11日　国务院总理李克强主持召开国务院常务会议,讨论通过了《物流业发展中长期规划》,确定了农产品物流、制造业物流与供应链管理、再生资源回收物流等12项重点工程,提出到2020年基本建立现代物流服务体系,提升物流业标准化、信息化、智能化、集约化水平,提高经济整体运行效率和效益。

6月17日　交通运输本届专家委员会和第三届政策咨询小组在北京组建成立。部第四届专家委员会共由 98 名专家组成,分设铁路、公路、水路、民航、邮政 5 个专业组,其中邮政组 12 名成员分别来自邮政管理部门、邮政和快递企业、行业协会、相关院校等。辽宁省邮政管理局局长孙康受聘为部第四届专家委员会副主任兼邮政组组长。

6 月 26 日　全国首个县级邮政管理机构义乌邮政管理局成立,国家邮政局局长马军胜为其揭牌。义乌邮政管理局揭牌成立,是县域邮政监管模式新的探索和实践。

7 月 1 日　首列电商快递班列正式在上海与深圳之间运行。此前,中国快递协会与中国铁路总公司密切合作,调查快递企业铁路货运的需求。中国铁路总公司积极响应,仅用不到两个月的时间,便在北京、上海、广州、深圳四地间,为快递业量身定制首批三对六列电商快递班列。

7 月 21 日　中国互联网络信息中心(CNNIC)在京发布第 34 次《中国互联网络发展状况统计报告》。报告显示,截至 2014 年 6 月,中国网民规模达 6.32 亿;网络购物用户达 3.32 亿,较 2013 年年底增加 2962 人,半年增长率为 9.8%;我国网民使用网购的比例首破 50%,达到 52.5%。

7 月 31 日　首批试运行的两岸海运快件集装箱货物顺利抵达厦门港。这批快件经分拨、验放、清关,4 小时内完成了货物下船至清关验放的全过程。两岸海运快件作为两岸“三通”中“通邮”的升级版,是进一步落实《海峡两岸邮政协议》及国家邮政局出台的《海峡两岸经济区快递服务发展规划(2011-29015)》迈出的关键一步。

8 月 1 日　国家邮政局召开电视电话会议部署快递业务经营许可工作,国家邮政局党组对该项工作给予了高度的重视。

8 月 6 日　《国务院关于加快发展生产性服务业促进产业结构调整升级的指导意见》出台,提出以产业转型升级需求为导向,进一步加快生产性服务业发展,实现服务业与农业、工业等在更高水平上有机融合。其中,快递行业获得了多方面利好政策支持。

8 月中旬,国家邮政局正式推出邮政业消费者申诉微信平台,服务号为“yz12305”。这是继 2008 年开通“12305”申诉电话和网上申诉渠道后,国家邮政局新推出的又一加强邮政、快递企业服务质量监管、提高企业服务水平和申诉处理能力、提升消费者服务满意度的举措。

8 月 27 日　国家邮政局审议通过《邮政行业“十三五”规划编制工作方案》。

9 月 10 日　国家邮政局局长马军胜主持召开局长办公会,听取中国快递发展指数研究工作情况汇报。会议提出,务必使中国快递发展指数逐步纳入到国家有关部门的相关指数体系,为国民经济发展服务。

9 月 10 日　国务院总理李克强在第八届夏季达沃斯论坛致辞中表示:“中国有信心、有能力、也有条件不断克服困难,实现今年经济社会发展的主要预期目标。”李克强说,中国经济的积极变化,不仅表现在就业增加和居民收入增长上,也体现在结构优化上。简政放权加上“定向减税”等财税金融措施,有力地支持了服务业和新兴业态等的发展。他特别指出,“上半年,物流快递、电子商务等新产业、新商业模式迅速成长”。

9 月 12　全国首次快递业务师职业技能鉴定考试在山东工程技师学院举行,来自山东快递企业的 131 名考生参加了快递业务师职业鉴定考试,这是我国在快递领域开展的首次企业高层次技能型人员鉴定考试。

9 月 国家邮政局向各省、自治区、直辖市邮政管理局印发通知,部署开展邮政行业打击侵权假冒工作。

9 月 为规范电子运单的使用,保障用户合法权益,国家邮政局专门就规范电子运单的条款、制作、管理及使用做出规定。

9 月 为深入贯彻落实国务院有关工作要求,加强邮政市场事中事后监管,维护邮政市场秩序,国家邮政局印发了《邮政市场行政执法重大案件督办工作制度(试行)》,对邮政市场重大违法案件实行挂牌督办。该制度明确,国家邮政局对违反邮政行业法律、法规、规章等有关规定,严重损害消费者合法权益、严重扰乱邮政市场秩序或造成重大社会影响的违法案件,提出明确要求,督促相应省(区、市)邮政管理局办理。

9 月 24 日 国务院总理李克强主持召开国务院常务会议,决定依据我国进入世界贸易组织时的承诺,全面开放国内包裹快递市场,对符合许可条件的外资快递企业,按核定业务范围和经营地域发放经营许可。会议强调,要坚持放管结合,确保快递行业有序健康发展。

9 月 25 日 国家邮政局审议并原则通过《邮政行政执法信息公开规定》。

9 月 30 日 交通运输部和国家邮政局召开部局联席会议,积极促进快递转型升级。

10 月 国务院印发《物流业发展中长期规划(2014—2020 年)》,部署加快现代物流业发展,建立和完善现代物流服务体系,提升物流业发展水平,为全面建成小康社会提供物流服务保障。

10 月 10 日 国家邮政局审议通过《2014 年快递业务旺季服务保障工作方案》,强调要求做好快递旺季服务保障工作。

10 月 20 日 根据国家邮政局统计,全国快递服务企业累计业务量首次突破 100 亿件,我国从"快递大国"向"快递强国"转变的道路上迈出了坚实的一步。

10 月 21 日 2014 年度快递企业新闻宣传工作座谈会在上海召开,国家邮政局要求各快递企业充分认识做好新闻宣传工作的重要性,准确把握其桥梁和纽带、窗口和平台、载体和手段等三大定位,充分发挥其导向、凝聚、激励、价值、传播等五大功能。

10 月 24 日 财政部、商务部、国家邮政局联合发布《关于开展电子商务与物流快递协同发展试点有关问题的通知》,部署包括扶持天津、石家庄、杭州、福州、贵阳 5 个试点城市推进电商快递协同发展等工作。

10 月 29 日 国务院总理李克强主持召开国务院常务会议,部署推进消费扩大和升级,促进经济提质增效。会议要求重点推进 6 大消费领域,其中包括扩大移动互联网、物联网等信息消费,提升宽带速度,支持网购发展和农村电商配送;加快健康医疗、企业监管等大数据应用;促进绿色消费,推广节能产品,对建设城市停车、新能源汽车充电设施较多的给予奖励等。

11 月 国家邮政局印发《关于做好 APEC 会议期间进(出)京邮件、快件疏运安排的通知》,部署 APEC 会议期间进(出)京邮件、快件疏运工作,确保"双 11"快递业务旺季的有序运营。

11 月 1 日　国家邮政局职业技能鉴定指导中心门户网站(www.spbosta.org)正式上线运行。

2015 年

1 月 1 日　国家邮政局正式入驻人民日报客户端移动政务发布厅。手机用户可以通过人民日报客户端订阅"国家邮政局"账号,随时随地了解并借助微信、微博等社交媒体分享邮政管理动态、行业政策等资讯。

1 月 1 日　《邮政行政执法监督办法》正式实施。该办法明确了邮政管理部门行政执法监督机构、监督范围、监督方法等内容,科学设定监督职责,严格监督程序,把静态的执法资格监督与动态的执法活动监督有机结合,由身份管理向行为管理延伸,规范邮政行政执法行为,坚决杜绝执法中的违法、不当和不作为。

1 月 6 日　2015 年全国邮政管理工作会议在北京召开。此次会议传递出的 2014 年邮政行业发展成就和建设"五个邮政"、打造"邮政强国",特别是中国快递业务量达 140 亿件、跃居世界第一等信息,以及提出加快我国从邮政大国向邮政强国迈进的目标,引发媒体和社会各界的关注和热议。

1 月 15 日　国家邮政局公布 2014 年邮政行业运行情况。邮政企业和全国快递服务企业业务收入(不包括邮政储蓄银行直接营业收入)累计完成 3203.3 亿元,同比增长 25.7%;业务总量累计完成 3696.1 亿元,同比增长 35.6%。全国快递服务企业业务量累计完成 139.6 亿件,同比增长 51.9%;业务收入累计完成 2045.4 亿元,同比增长 41.9%。

1 月 22 日　国家邮政局审议通过《快递营业场所设计指南》《邮政业从业企业标准化关注指南》两项行业标准。

1 月 26 日　国家邮政局在其网站开设了执法信息公开专栏并正式上线,实现邮政行政执法信息的在线实时公开。

1 月　国家邮政局分别向各省(区、市)邮政管理局和各主要快递企业下发通知,要求全力保障春节前"不休网、不拒收、不积压",为人民群众提供优质的寄递服务。

1 月 28 日　全国邮政业标准化技术委员会在安庆市召开 2015 年度第一次会议,审查通过了《邮政业安全生产设备配置规范》《邮件和快件投递状态分类与代码》两项行业标准。

2 月 3 日　电子商务与物流快递协同发展试点城市座谈会在泉州市召开。

2 月 5 日　中央综治办、国家原则局等九部门在北京联合召开《关于加强邮件、快件寄递安全管理工作的若干意见》宣贯部署电视电话会议,明确任务分工,扎实有效推进意见贯彻落实。

2 月 11 日　在交通运输部认真开展 2012—2013 年度全国交通运输行业精神文明建设先进集体和先进个人评选活动中,根据交通运输部《关于表彰全国交通运输行业精神文明建设先进集体先进个人的决定》(交政研发〔2015〕15号),全国邮政行业20个单位和个人荣获表彰。

　　3月3日　世界野生动植物日,国家邮政局市场监管司会同国家濒危物种进出口管理办公室(国家濒管办)、国家林业局森林公安局、中国野生动物保护协会(CWCA)、国际野生物贸易研究组织(TRAFFIC)、中国快递协会等组织邮政企业、16家快递企业联合提出对非法野生物交易"零容忍"倡议。

　　3月4日　第十二届全国人大第三次主席团第一次会议结束后,习近平总书记听取了再次当选大会主席团成员的泰兴市邮政局江平路邮政支局支局长何健忠的邮政工作汇报,并对邮政工作做出重要指示:"农村市场广阔,电子商务更是大有可为。希望邮政能够做好!"

　　3月5日　第十二届全国人民代表大会第三次会议在北京开幕,国务院总理李克强作政府工作报告时两次提到"物流快递",并强调要加快培育消费增长点。发展物流快递,把以互联网为载体、线上线下互动的新兴消费搞得红红火火。李克强在回顾2014年工作时特别指出,互联网金融异军突起,电子商务、物流快递等新业态快速成长,众多"创客"脱颖而出。

　　3月13日　全国邮政业标准化技术委员会在深圳召开2015年度第二次会议,审查通过了《邮政业信息系统安全等级保护定级指南》和《快递代收货款服务信息交换指南》两项行业标准。

　　3月15日　在会见采访十二届全国人大三次会议的中外记者时,国务院总理李克强总理表示,"很愿意为网购、快递和带动的电子商务等新业态做广告"。

　　3月19日　国家邮政局局审议并原则通过《邮政业安全生产设备配置规范》和《邮件和快件投递状态分类与代码》两项标准。

　　3月20日　国家邮政局局长马军胜主持召开国家邮政局信息化建设领导小组会议,部署2015年以及今后系统信息化建设工作。

　　3月24日　国家邮政局审议并原则通过《关于促进邮政服务创新发展的若干意见》和《村邮站服务规范》。

　　3月26日　2015中国快递论坛在上海召开,本届论坛聚焦"全面开放下的中国快递业转型升级",首次发布了中国快递发展指数,揭晓了2014年中国快递业十件大事,并启动了《2015中国快递业蓝皮书》编撰项目。

　　3月26日　国家邮政局首次发布了中国快递发展指数。2014年中国快递发展指数达到282.4,比上年增长70.8,2010—2014年中国快递发展指数年均增速29.6%。2014年中国已成为全球第一快递大国。2014年发展规模指数为510.0,比2013年提高168.3。2010—2014年中国快递发展规模指数年均增速50.3%,是同期国内生产总值增速的6倍以上,服务质量稳中向好,发展普及保持增长,发展趋势趋于稳定。

　　3月28日　2015年首次快递业务员职业技能鉴定全国统考在25个省(区、市)同时开考,共有18190人参加考试。

4月21日　交通运输部表彰由交通运输部和中华全国总工会评选的"2014年感动交通十大年度人物",国家邮政局推选的新疆邮政速递物流有限公司乌鲁木齐分公司艾克帕尔·伊敏光荣当选。

4月27日　国家邮政局审议通过《2014年度快递市场监管报告》。

4月28日　2015年庆祝"五一"国际劳动节暨表彰全国劳动模范和先进工作者大会在北京举行。中共中央总书记、国家主席、中央军委主席习近平发表重要讲话,包括来自邮政系统38位代表在内2968名全国劳动模范和全国先进工作者接受表彰。

5月　国家邮政局发布通知,要求各企业做好车辆安全检查和从业人员安全教育,查找并消除安全隐患,切实做好车辆安全管理,确保运输安全。

5月7日,国务院发布《关于大力发展电子商务加快培育经济新动力的意见》,部署进一步促进电子商务创新发展。该意见提出了营造宽松发展环境、促进就业创业、推动转型升级、完善物流基础设施、提升对外开放水平等七方面的政策措施,邮政行业再获重大利好。

5月12日　一架顺丰速运B757全货机载着由云南省政府提供的17.5吨赈灾物资,从成都双流国际机场起飞,直越喜马拉雅山脉,经昆明—缅甸—印度—孟加拉,飞赴遭受强震重创的尼泊尔首都加德满都。这是中国民营快递企业首次参与国家组织的国际救灾运输。

5月14日　国家邮政局在南京市召开会议,对快递服务质量专项整治工作进行动员部署,要求依据《中华人民共和国邮政法》、《快递市场管理办法》和《快递服务》等国家标准,结合企业自查整改报告和快递服务达标工作方案开展专项检查,强化动态监管,全面督促企业提高快递服务水平。

5月15日　国家邮政局审议并通过《快递业务经营许可工作优化方案》。优化方案在坚持现有许可制度的前提下,坚持问题导向,从梳理权限、优化流程、缩短时限等方面入手,大幅精减材料,缩短审批时限;放宽绿色通道,提高审批效率;升级信息系统,实现流程控制,使许可工作更好地适应行业发展。

5月22日　国家邮政局召开全国邮政管理部门禁毒工作电视电话会议。

5月25日　以"邮政业创新发展方式——迎接未来"为主题的第八届国际邮政研讨会在土耳其西南部城市安塔利亚举行,就影响邮政技术发展、物流、金融服务以及电子商务发展的主要趋势展开讨论。国家邮政局副局长赵晓光率中国代表团出席会议并以"邮政服务的创新方式"为题做主旨发言,在与会国家中引起强烈共鸣。

5月29日　国家邮政局审议并原则通过《国家邮政局关于规范和改进邮政行政审批工作深入推进简政放权放管结合职能转变的实施方案》和《邮件快件收寄验视规定》。

5月29日　国家邮政局、商务部联合发布《关于推进"快递向西向下"服务拓展工程的指导意见》要求进一步健全城乡快递服务网络,加强快递在中西部、农村地区与电子商务的协同发展,促进农村流通现代化,到2020年,基本实现"乡乡有网点,村村通快递"。

6月3日　国家邮政局召开电视电话会议,全面落实好快递业务经营许可优化工作。

要求从减少材料、下放权限、优化流程、缩短时限等方面入手,做到"五个统一",即统一基本制度、统一审批程序、统一申请材料、统一核查标准、统一时限要求。

6月 国家寄递渠道安全管理领导小组办公室发布通知,决定于6月10日至30日,由中央综治办、公安部、国家安全部、国家邮政局牵头,交通运输部等寄递渠道领导小组成员参加,组成四个联合督导组,分赴天津、上海、福建、新疆等12个省(区、市),就贯彻落实中央综治办等九部门《关于加强邮件、快件寄递安全管理工作的若干意见》文件情况进行专项督导检查。

6月 上海市邮政管理局在上海召开项目研讨会,发布了上海民营快递企业总部评估指标体系基本框架。该指标体系将从战略引导、管控力度、系统支撑、企业文化、业绩表现等五大维度59个指标开展测评。与会专家认为,该指标体系对指导快递总部发展具有前瞻性引领作用,同时兼顾实践操作性。

6月12日 国家邮政局审议通过《邮政企业设置和撤销邮政营业场所管理规定》《邮政企业停止办理或者限制办理邮政普遍服务和特殊服务业务管理规定》等两项规定和《快件基础数据元》《快递末端投递服务规范》《邮政业服务设施设备分类与代码》等三项标准。

12月 2014年,全国邮政管理部门加大邮政市场检查和行政执法工作力度,全年出动执法人员169989人次,执法检查70341次,检查单位31653次,出检天数6801天,查出违法违规行为18671次,办理邮政市场行政处罚案件2178件。按照邮政市场行政处罚案件类别统计,其中,邮政行业安全监管类案件数量为1177件,快递业务经营许可类案件数量为782件,快递服务质量监管类案件数量为248件。

6月25日 国家邮政局会同国家禁毒办在广东省举办全国寄递行业禁毒主题宣誓倡议活动,邮政企业和各主要品牌快递企业代表承诺将认真履行禁毒义务,严格执行收寄验视制度,坚决将毒品及涉毒物品堵截在寄递渠道之外。

6月30日 由国家邮政局指导,国家邮政局新闻宣传中心主办的快递"最后一公里"峰会在北京举行。峰会立足推动绿色邮政、智慧邮政建设,聚焦"融合创新 借势发展"的主题,共同梳理了快递"最后一公里"的建设成果,探讨了如何破解快递"最后一公里"问题、如何更好地提升快递末端服务水平。峰会还首次对外发布了《中国快递领域新能源汽车发展现状及趋势报告》和《中国智能快件箱发展现状及趋势报告》。

7月29日 国家职业分类大典修订工作委员会全体会议在北京召开。会议审议并颁布2015年版《中华人民共和国职业分类大典》,"快递员"作为新职业被纳入《大典》,这标志着其职业身份在"国家确定职业分类"上首次得以确立。

7月 全国邮政行业精神文明建设工作研讨会在上海举行,第二届中国梦·邮政情"寻找最美快递员"活动再次拉开大幕。此次活动评选对象将大大拓展,涵盖快递服务的收、转、运、派以及客服、IT等各个环节。

8月7日 国家邮政局召开局长专题会议,研究部署中国人民抗日战争暨反法西斯战争胜利70周年纪念活动期间寄递渠道安全保障工作相关事宜。

9月2日 国家邮政局审议并原则通过《寄递服务用户个人信息保护指南》《快递服

务监管信息交换规范》和《经营邮政通信业务审批工作细则（试行）》。

9月　商务部、交通运输部、国家邮政局等19部门联合发布《关于加快发展农村电子商务的意见》，为完善农村现代市场体系、促进农村流通现代化、提高农村流通效率、释放农村消费者潜力提供了有力的政策支持。由国家邮政局牵头的"快递向西、向下服务拓展工程"，被列为重要内容，并入围当前五项重点工作加快推进。

9月9日　在江西省邮政管理局、省农工委、省商务厅和省快递协会的见证下，中国邮政集团公司江西省分公司与江西顺丰、申通、圆通、中通、汇通、韵达、天天、优速8家省内主要品牌快递企业正式签订战略合作协议。双方将在22个县区共同推进农村快递服务体系建设，并力争至2017年年底实现"乡乡有网点、村村通快递"。这是全国首个省级农村快递服务体系建设战略合作的范例。

9月18日　国务院总理李克强主持召开深化国有企业改革和发展座谈会，听取国资委及包括中国邮政集团公司在内的多家国有企业关于改革发展的汇报，并赞扬了中国邮政与阿里巴巴等民营企业的合作，关注和鼓励中国邮政进行混合所有制改革探索。

9月24日　李克强总理到河南保税物流中心视察工作，走进中通快递（郑州）国际包裹分拣中心工作区，再次调研快递发展情况。

10月12日　国家邮政局参与全国人大财经委在上海开展的电子商务立法调研，重点就有关快递物流、跨境电商等问题广泛听取邮政企业、快递企业和有关部门的意见、建议。

10月14日　国务院总理李克强主持召开国务院常务会议，审议通过《关于促进快递业发展的若干意见》，确定促进快递业发展的措施，培育现代服务业新增长点。

10月17日　国家邮政局与教育部签署协议，决定共建北京邮电大学现代邮政学院。国家邮政局局长马军胜、教育部副部长林蕙青为现代邮政学院揭牌。

10月20日　国家邮政局职业技能鉴定指导中心在北京组织召开快递专业（方向）职业教育教材终审会，通过对《快递操作实务》和《快递客户关系管理》等教材的评审。

10月22日　中央综治办、公安部、交通运输部、安监总局、国家邮政局等15部门决定，即日起到2016年3月底，在全国范围内集中开展危爆物品、寄递物流清理整顿和矛盾纠纷排查化解专项行动。

10月　《国务院关于促进快递业发展的若干意见》发布后，国家邮政局召开全系统电视电话会议，专题动员部署《国务院关于促进快递业发展的若干意见》的贯彻落实工作。

11月3日　国家邮政局与北京市人民政府签署《关于加快推进首都邮政行业建设与发展合作协议》，共同加快建设"国内领先、国际一流"的首都邮政业，更好地服务首都经济社会发展，满足北京城乡居民日益增长的民生需求。协议确定了双方合作的"十大方面"和"六大领域"，这也是首个全面涵盖邮政、快递两大业务领域的综合性、系统性合作协议。

11月2日　由共青团中央、人力资源和社会保障部联合主办的第十一届"振兴杯"全国青年职业技能大赛决赛在沈阳市举行。快递业务员作为竞赛职业之一首次参加"振兴杯"大赛，也是邮政体制改革以来行业首次参加国家级一类大赛。

11月11日　国家邮政局局长马军胜视察部分快递企业的北京分拨中心后,并在国家邮政局邮政业安全中心通过信息系统现场指挥调度。据国家邮政局监测数据显示,主要电商企业全天共产生快递物流订单4.6亿件,同比增长65%,全天各邮政、快递企业共处理1.48亿件。

11月　"双11"期间,国家邮政局新闻宣传中心联合中国邮政速递物流、顺丰速运等16家快递公司首次向社会各界发出关于快递包装的绿色倡议和宣言。

11月13日　以"便民惠民　通达天下"为主题的首届中国国际快递业大会在杭州桐庐召开,国务委员王勇、浙江省政府省长李强、国家邮政局局长马军胜等出席。会议探讨了"互联网+"视野下的市场开放与中外快递合作、大众创业万众创新与物流产业发展、快递与关联产业融合发展、快递业的质量与安全等话题。

12月8日　国家邮政局审议并原则通过《快递电子运单》和《快递安全生产操作规范》两项行业标准以及《智能快件箱投递服务管理规定(暂行)》。

12月25日　国家邮政局举行新闻发布会宣布,我国快递年业务量于当日首次突破200亿件大关,继续稳居世界第一。这是继去年我国快递年业务量首次突破100亿件之后,我国快递业发展史上又一座里程碑,也是行业发展"十二五"规划完美收官的重要内容之一,更是我国快递业从数量增长向质量增长转变的一个拐点。

12月29日　国家邮政局审议并原则通过《智能快件箱设置规范》《邮政业车辆定位系统技术要求》两项标准和《关于促进环保科技在邮政业推广应用的指导意见》。

2016 年

1月1日　2015年12月27日由十二届全国人大常委会第十八次会议审议通过的《中华人民共和国反恐怖主义法》开始施行。

1月　促进"快递发展"在国家层面受到前所未有的重视。21日,全国政协主席俞正声主持召开第46次双周协商座谈会,围绕"《快递条例》的制定"建言献策;27日,改革开放以来指导"三农"工作的第18份中央一号文件《中共中央国务院关于落实发展新理念加快农业现代化实现全面建设小康社会目标的若干意见》正式发布,实施仅两年多的"快递下乡"工程被纳入其中。

3月　在"两会"期间,"快递"首次出现在全国政协常委会工作报告中,政府工作报告也连续三年提及"促进快递发展","快递"成为代表们热议的关键词之一。这意味着,快递业作为现代服务业的关键产业,在国民经济中的产业地位基本确立。

1月15日　国务院印发关于同意在天津等12个城市设立跨境电子商务综合试验区的批复,正式同意在天津、上海、重庆、合肥、郑州、广州、成都、大连、宁波、青岛、深圳、苏州等12个城市设立跨境电子商务综合试验区。

1月28日　国家质检总局、中央综治办、国家标准委召开发布会,发布了《社会治安综合治理基础数据规范》(GB/T310000-2015)国家标准,寄递物流安全被纳入其中,为推动落实快件100%先验视后封箱、100%寄递实名制、100%X光机安检提供了制度保障。

2月1日　商务部发布关于确定商贸物流标准化专项行动第二批重点推进企业(协会)的通知。通知显示,京东、苏宁等100余家商贸物流企业入围该名单。入围的61家企业中,不仅包括招商局物流、中国物资储运、中远物流等国企物流巨头,也包括宅急送等民营快递类企业。

2月6日　国务院印发《国务院关于深入推进新型城镇化建设的若干意见》,提出推动基础设施和公共服务向农村延伸,推动水电路等基础设施城乡联网,加快信息进村入户,尽快实现行政村通硬化路、通班车、通邮、通快递。

2月17日　国家发改委与阿里巴巴集团签署结合返乡创业试点发展农村电商战略合作协议。未来三年,双方将共同支持300余试点县(市、区)结合返乡创业试点发展农村电商。

2月　顺丰速运与企业弹性用工服务商青团社合作,以杭州为试点,作为测试弹性用工的先行。

3月17日　商务部、国家发改委、交通运输部、海关总署、国家邮政局、国家标准委六部门共同发布《全国电子商务物流发展专项规划(2016—2020年)》。规划提出,到2020年基本形成"布局完善、结构优化、功能强大、运作高效、服务优质"的电商物流体系。

4月21日　国务院办公厅印发《关于深入实施"互联网＋流通"行动计划的意见》,意见从加快流通转型升级、推进流通创新发展、营造诚信经营公平竞争环境等12项内容对"互联网＋流通"行动进行了部署,促进流通创新发展和实体商业转型升级相关工作。

5月25日　国家邮政局和民政部联合出台《赈灾包裹寄递服务和安全管理规定》,从收寄条件、优先待遇、安全保障、部门协作等方面加以规范,鼓励邮政企业、快递企业积极参与赈灾包裹寄递活动。

5月　国家邮政局和江苏省人民政府联合发文,决定共建南京邮电大学现代邮政学院和邮政研究院。南京邮电大学成为继北京邮电大学之后全国第二所专门设立现代邮政学院的高校。

6月27日　国家邮政局发布《2015年度快递市场监管报告》。数据显示,2015年,随着快递服务网络不断延伸,基础建设、运输能力持续完善,末端投递方式更加多元,信息系统综合效能日益显现,我国快递业综合实力不断增强,服务能力、服务水平稳步提高。2015年快递服务满意度总体得分为74分,同比提高0.3分,连续5年持续攀升。

7月29日　国家发改委正式印发《"互联网＋"高效物流实施意见》。该意见提出了构建物流信息互联共享体系、提升仓储配送智能化水平、发展高效便捷物流新模式、营造开放共赢的物流发展环境等四项主要任务。

8月1日　《上海市推进国际航运中心建设条例》正式施行,这是国内第一部关于航运中心建设的地方性法规,为推动上海邮政快递打造"向外"航运枢纽提供了利好支持。

9月　国家邮政局、浙江省邮政管理局等单位按照"全国保浙江、浙江保杭州"的总要求,全国邮政快递行业以"最高标准、最严措施、最佳状态"圆满完成G20峰会寄递渠道安全保障任务。8月20日—9月6日,在全国邮(快)件量达13.2亿件,未发生一起重大生产安全事故。

12月2日 国家发改委、人民银行、中央网信办、公安部、商务部、工商总局、质检总局和中国消费者协会联合签署印发《关于对电子商务及分享经济领域炒信行为相关失信主体实施联合惩戒的行动计划》,在"双11"前夕对刷单炒信行为集体亮剑。

8月8日 国务院印发《"十三五"国家科技创新规划》,强调将面向"互联网＋"时代的发展需求,围绕生产性服务业共性需求,重点推进电子商务、现代物流、系统外包等发展,增强服务能力,提升服务效率,提高服务附加值。

7月30日 国家发改委、交通运输部印发《推进"互联网＋"便捷交通促进智能交通发展的实施方案》。方案在健全智能决策支持系统方面强调,要加快多式联运、交通枢纽物流园区、城市配送、危险品运输、跨境电子商务等专业化经营平台信息互联互通,提升大宗物资、集装箱、快递包裹等重点货物运输效率。

8月11日 交通运输部印发《关于推进供给侧结构性改革 促进物流业"降本增效"的若干意见》,着力推进物流业集约化、智能化、标准化发展。意见明确了促进物流业降本增效的五大领域19项任务。

9月26日 国务院办公厅转发国家发改委《物流业降本增效专项行动方案(2016—2018年)》,部署降低企业物流成本、提高社会物流效率工作,大力推进物流业转型升级和创新发展。

9月27日 国家工商行政管理总局发布《网络购买商品七日无理由退货实施办法(征求意见稿)》,拟将网购七日无理由退货不适用范围限定为消费者定制的商品、鲜活易腐的商品等七类。

10月25日 交通运输部发布《关于进一步加强农村物流网络节点体系建设的通知》,要求县级交通运输部门要主动会同农业、商务、供销、邮政等部门,联合编制县域农村物流三级网络节点体系发展规划。

10月26日 京东正式向外界展示了由其自主研发的自动化物流仓储系统。这套系统由机器人、人工智能算法和数据感知网络打造。

10月25日顺丰集团旗下顺丰科技正式获批加入全球CSA(Cloud Security Alliance)云安全联盟,参与《CSA STAR Tech云计算与大数据产品安全技术标准》的编写工作,顺丰成为大中华区首家成为云安全联盟成员的快递物流企业。

11月11日 国家邮政局监测数据显示,主要电商企业全天共产生快递物流订单3.5亿件,同比增长59%;全天各邮政、快递企业共处理2.51亿件,同比增长52%。11月11日至16日,全行业处理快件业务量超过10.5亿件,比去年同期增长35%。

11月17日 全国邮政业标准化技术委员会在成都召开会议,审查通过《快递营业场所基础数据元》《快递车辆基础数据元》《快件寄递状态分类与代码》《快递用集装容器第一部分:集装笼》等四项邮政行业标准送审稿。

11月23日 国务院扶贫办出台《关于促进电商精准扶贫的指导意见》。该意见明确了电商精准扶贫工作任务,其中强调,要加强交通运输、商贸、农业、供销、邮政等农村物流基础设施共享衔接,推进县、乡、村三级农村物流配送网络建设,提升电商小件快运服务能力;完善邮政县乡仓储中心布局;加快贫困村村级电商服务点、助农取款服务点建设;支持贫困地区"万村千乡"农家店、邮政、供销合作社信息化改造,增加网上代购代售新型服务功能。

11月23日　国务院印发《"十三五"脱贫攻坚规划》。该规划提出,要加强贫困村邮政基础设施建设,实现村村直接通邮,加快推进"快递下乡工程",完善农村快递揽收配送网点建设等,成为改善贫困村生产生活条件的具体要求。

11月25日　国家邮政局和重庆市人民政府签署协议,决定共建重庆邮电大学现代邮政学院和邮政研究院。至此,国内最具影响力的四所邮电大学全部开办邮政业高层次人才培养学院,标志着邮政业高层次人才培养支撑体系基本完成。

12月16日　第一届全国"互联网＋"快递大学生创新创业大赛总决赛在浙江绍兴圆满落幕。作为首届由大学生参与的快递"双创"大赛,这是一场引领行业未来、成就青春梦想的"双创"盛宴。通过此次比赛,越来越多的大学生更加了解快递;许多大学生们,从快递的潜力军变成了生力军。

10月20日　圆通速递率先完成借壳上市,成为国内A股市场的第一快递股。

10月27日　中通快递远赴美国,在纽约证券交易所挂牌交易,正式登陆国际资本市场。

11月8日　韵达速递的借壳上市方案获证监会有条件通过后。12月23日,壳公司新海股份通过议案,拟将证券简称变更为"韵达股份",韵达上市也步入最后冲刺阶段。

12月20日　国家邮政局监测数据显示,我国快递年业务量突破300亿件,"十三五"时期快递业发展取得开门红。这也是我国快递业在2014年首次进入百亿时代,2015年突破200亿大关后,再次冲上新高点,并坐稳"世界第一快递大国"的宝座。

12月28日　鼎泰新材发布临时股东大会决议公告,王卫等8名顺丰高管被选为鼎泰新材非独立董事,意味着顺丰系将全面接管鼎泰新材。之前,10月11日,顺丰借壳上市的方案获得证监会有条件通过。

12月30日　申通快递在深圳证券交易所挂牌上市,成为第二家正式登陆国内A股市场的快递股。2016年,中国快递业迎来了"上市潮"。

12月20日　国家邮政局会同国家发改委、交通运输部印发《邮政业发展"十三五"规划》,明确了全行业"十三五"期间的奋斗目标是"到2020年全面建成与小康社会相适应的现代邮政业,推动我国由邮政大国向邮政强国迈进"。

2017 年

1 月 5 日　2017 年全国邮政管理工作会议在北京召开。马军胜局长提出了"打通上下游、拓展产业链、画大同心圆、构建生态圈"的行业发展思路。

1 月 5 日　2017 年快递企业座谈会在北京举行。刘君副局长指出,快递业要响应中央对行业的新定位新要求,解决行业发展面临的突出问题,适应行业发展的现实需要。

1 月 18 日　韵达在深圳证券交易所挂牌上市,正式登陆资本市场。随着韵达正式上市,圆通、中通、申通和韵达这四家"通达系"民营快递企业全部完成上市。

2 月 13 日　国家邮政局发布《快递业发展"十三五"规划》。该规划明确了"十三五"时期我国快递业发展的总体目标:到 2020 年,基本建成普惠城乡、技术先进、服务优质、安全高效、绿色节能的快递服务体系,形成覆盖全国、联通国际的服务网络。

2 月 24 日　顺丰在深圳证券交易所登陆资本市场,证券代码为 002352。顺丰股价开盘涨 4.73%,报 47.49 元,总市值达 1999 亿元。这是中国第五家登陆资本市场的快递企业,也是第四家在 A 股上市的快递企业。

3 月 1 日　国家邮政局审议通过《京津冀地区快递服务发展"十三五"规划》《长江三角洲地区快递服务发展"十三五"规划》和《珠江三角洲地区快递服务发展"十三五"规划》。

3 月 3 日　全国政协会议开幕,《快递条例》和绿色包装被提及。

3 月 9 日　国家发改委批复,原则同意由圆通速递联合北京国邮科讯科技发展有限公司、工业和信息化部电信研究院、中国重型汽车集团有限公司等单位共同筹建物流信息互通共享技术及应用国家工程实验室。这是全国物流领域首个国家工程实验室,也是全国首批"互联网＋"领域的国家工程实验室之一。

3 月 16 日　国家邮政局办公室印发《关于开展快递业绿色包装应用试点的通知》,选择北京、上海、浙江、安徽、湖北、广东、贵州、陕西等省(区、市)邮政管理局和顺丰、申通、圆通、京东和优速等快递品牌开展试点工作。

3 月 28 日　邮件快件实名收寄系统推广应用试点启动。实名收寄信息系统由国家邮政局统一指导建设,寄递企业采集实名收寄数据信息并实时上传。

3 月 30 日　全国邮政业标准化技术委员会审查通过《快件航空运输信息交换规范》《快递服务与制造服务(仓配一体化)信息交换规范》两项邮政行业标准。

4 月 6 日　申通快递投入使用分拣机器人"小黄人",分拣效率惊人。"小黄人"可实现 24 小时不间断分拣,占地面积小,1 小时可以分拣 18000 个快件,可节省 70% 的人工。

4 月 15 日　国家邮政局组织在湖北武汉召开快递业信用体系建设试点工作座谈会,全面总结试点工作开展情况,提炼经验,分析问题,研讨对策,为统筹推进全行业信用体系建设工作奠定基础。

5 月 6 日　以"以青春的名义共建美丽中国"为主题的首届绿色快递进高校活动在全国六所高校同时启动。活动倡导在大学生中率先发扬绿色用邮的新风尚,引导和营造良好社会舆论氛围,让更多的企业、组织和个人参与到践行绿色环保、共建"美丽中国"的伟大工程中来。

5月17日　顺丰联手腾讯云、万科物业、申通、韵达、唯品会等知名企业成立首个跨行业信息安全联盟。

5月22日　国家邮政局出台《国家邮政局关于加强和改进快递末端服务管理工作的指导意见》(国邮发〔2017〕49号),推动企业总部在规范加盟关系、加强"四专建设"、改革"以罚代管"、保障职工权益等方面采取更多实质性举措。

6月2日　针对菜鸟网络与顺丰速运(集团)旗下的蜂巢科技相继关闭互通数据接口问题,国家邮政局召集双方高层来京进行协调。7月3日,双方就数据共享合作达成一致意见。

6月18日　京东"无人车"正式运营。这是继2016年"双11"京东无人机和无人车亮相之后首次投入运营。京东配送机器人会首先承担校园和办公楼的配送。

6月21日　顺丰获快递业无人机合法飞行权。至此,无人机真正进入物流业务前线。顺丰无人机的空域范围首先覆盖江西省赣州市南康区五个乡镇。

6月23日　国家邮政局公告注销北京日益通速递有限责任公司、上海麦力快递有限公司两家企业跨省经营许可。

7月5日　国务院常务会议决定开展快递工商登记"一照多址"改革,简化分支机构备案手续。

7月6日　顺丰速运总裁王卫受邀参加总理座谈会。王卫认为,包括顺丰在内的快递业能够取得如此骄人成绩,与国务院近年来倡导的简政放权、放管结合、优化服务密不可分,减少行政审批项目让包括顺丰在内的众多企业受益良多,大大激发了市场活力。

7月11日　国家邮政局向品骏控股有限公司、远成快运(上海)有限公司、南京晟邦物流有限公司三家企业发放跨省经营许可。其中,远成为传统物流企业、品骏为电商自建物流,而晟邦则属于新兴的落地配企业。

7月12日　国务院总理李克强主持召开国务院常务会议,决定将《快递条例(草案)》向社会公开征求意见。草案突出以规范促行业发展,规定了简化快递布局设点手续、提供车辆通行停靠便利以降低物流成本等措施,明确了快递服务规则和寄递安全责任,并强调保护消费者和快递从业者合法权益,对加盟经营、损失赔偿、用户信息安全保障等作了规范。

7月18日—22日　公安部、国家邮政局等九部门部署开展易制爆危险化学品和寄递物流专项整治工作。

7月26日　中通开通了从云南昆明至北京、上海两地的高铁运输路线,加上此前开通的昆明至广东、广西、湖南、湖北、江西、贵阳路线,中通的高铁路线总共达到了8条。

8月7日—8日　由国家邮政局、中国快递协会主办,国家邮政局邮政业安全中心、中国邮政快递报社协办的首届"诚信快递　你我同行"演讲比赛全国总决赛在北京圆满举行。

8月9日　全国邮政业标准化技术委员会审查通过《快递封装用品》系列国家标准。

8月29日　圆通速递上榜2016中国民营企业500强榜单,以营业收入120.96亿元位列第 415 位。

8 月 27 日　顺丰航空"成都—河内"货运输航线顺利开飞,首条国内直飞越南河内的全货机运输航线也由此起航。新航线由顺丰航空波音 767-300 型远程宽体全货机定期执飞,每周 2 班。

9 月 20 日　智能供应链服务供应商百世集团在纽约证券交易所正式 IPO 上市,一共发行 4500 万股美国存托股份(ADS),每股价格为 10 美元,总融资额高达 4.5 亿美元。

10 月 13 日　京东建成全球首个全流程无人仓,将仓储机器人、分拣机器人、码垛机器人、物流 AGV 等智能产品引入物流仓储环节之中。

11 月 2 日　十部门联合发布《关于协同推进快递业绿色包装工作的指导意见》。该意见明确了"十三五"期间快递业绿色包装工作要实现的三大目标,即:绿色化、减量化、可循环取得明显效果,科技创新和应用水平大幅提升,治理体系日益完善。

11 月 11 日　"双 11"当天,主要电商企业全天共产生快递物流订单 8.5 亿件,同比增长 29.4%;全天各邮政、快递企业共处理 3.31 亿件,同比增长 31.5%。

11 月 15 日　中国快(邮)件单日投递量创新纪录,达到 2.26 亿件,创行业日投递量最高纪录。

12 月 3 日—5 日　第四届世界互联网大会在浙江乌镇召开。中国邮政作为参展单位,在互联网之光博览会现场开设了以"中国邮政——线上线下综合服务提供商"为主题的展厅,多媒体、全方位地展示中国邮政"一体两翼"战略布局中的现代邮政服务,涉及邮政农村电子商务、金融、寄递业务等。

12 月 11 日　第二届全国"互联网＋"快递大学生双创大赛圆满收官。此次大赛以"凝聚创新力量、放飞创业梦想"为主题,重点围绕"互联网＋快递"的产业升级、服务提升、协同发展和平台建设四个方面设置了创新产品设计、工作流程优化、创业计划实施三类比赛项目。

12 月 12 日　"双 12"当天,邮政、快递企业共揽收包裹 2.43 亿件,比去年同期增长 38%。

12 月 29 日　国家邮政局审议通过第二批 9 个"全国快递服务现代农业示范基地"。包括:江苏宿迁(沭阳花木项目)、安徽黄山(茶叶项目)、安徽宿州(砀山酥梨项目)、广东梅州(金柚项目)、广西玉林(百香果项目)、四川攀枝花(杧果项目)、云南文山(三七项目)、陕西宝鸡(眉县猕猴桃项目)、甘肃定西(马铃薯项目)。

12 月 29 日　国家邮政局印发《快递业信用管理暂行办法》。该办法对快递业信用信息的采集、评定、应用和监督管理等进行了规定,明确提出快递业信用管理以经营快递业务的企业为主要对象,建立唯一电子化信用档案进行信用评定和管理。对以加盟方式经营快递业务的,在信用建设方面实行统一管理,强化落实企业总部在信用管理方面的主体责任。

12 月 28 日　首个"全国快递科技创新试验基地"落户安徽南陵县。预计到 2020 年,基地将培育并集聚快递领域科技创新企业不少于 20 家,总产值超 30 亿元。

后 记

在广大读者殷切期盼下，《中国快递史话》终于付梓印刷了。本书从立项、策划、筹备、写作、审稿，到最后完成出版、发行等工作，历时一年有余，在此期间获得国家邮政局、中国快递协会、上海市邮政管理局、厦门市邮政管理局、北京市快递协会、驿永智库/第 e 智库等行业监管部门、行业协会、专业智库的指导，得到了顺丰速递、华瀚（上海）数据科技股份有限公司等知名企业的大力支持与无私帮助，在此向他们致以诚挚的谢意，也向为本书付出辛勤劳动的创作团队、编审人员一并表示感谢。

改革开放 40 年来，中国快递业用自己的飞速发展见证着国家发生的历史巨变。为中国快递业写史，这是一项极具开创性的浩大工程，颇有挑战性。对此，编者诚惶诚恐，如履薄冰，唯以严苛要求自身，竭尽全力，方能为中国快递业交出一份满意答卷。欣慰的是，我们的创作团队始终恪守自己的行业良知和无私奉献精神，以谦恭认真的态度、迎难而上的勇气，尽善尽美地完成这项工作。这份成功的喜悦属于每个人。

《中国快递史话》是一本有情怀的书，凝结着一群热爱行业发展的快递人的心血。国家邮政局政策法规司原司长、中国快递协会原副会长兼秘书长达瓦，中国外运集团总公司原董事长兼总裁、中国国际货代协会原会长罗开富，国家邮政局原巡视员王永利等对编纂本书给予了诸多指导。本书主编之一、物流快递行业资深专家黄伟从事快递管理工作几十年，对中国快递业有着深刻的理解和情怀，在本书编纂上的政策指导、方向把握、史料查找、书稿撰写等工作上亲力亲为。本书另外一位主编蔡远游则是一位知政策、立理论、懂业务的物流行业达人，他负责组建创作班子、统筹稿件、把关文字、订正史料等，做了许多创建性的工作。本书的主要统稿人、海西物流杂志社主编王亚妮在半年内多次奔走于北京、上海、深圳、厦门等城市，走访许多已退休在家的历史见证者、逐一核实史料，付出了艰辛的劳动。另外，最需要肯定的就是参与本书创作的编撰成员，他们来自行业、熟悉行业、热爱行业，要么曾经或正在从事行业管理、要么是行业研究者或从业者，因为一个共同的愿望目标凝聚在一起。他们分别是中国快递协会原副秘书长邵钟林先生、驿永智库/第 e 智库干事周荣发先生，辽宁省邮政管理局陈肇兴女士，陕西省渭南市邮政管理局肖新先生，河北省承德市邮政管理局刘唱唱先生，华瀚（上海）数据科技股份有限公司齐银才先生、周业凯先生、上官伟先生和张缘先生等。总之,每位参与到这项工作中的人都在自己擅长的专业领域,毫无保留、竭尽全力地贡献着自己的才华与智慧,这种可贵的精神让人感动。

本书创作过程也并非一帆风顺,其间遇到了许多问题和困难。首先是,在如何用史话形式呈现中国快递业发展历史题材这个问题上,由于参与创作者多,每个人对问题的理解程度、看问题的角度、写作风格等都不尽相同。为了杜绝稿件出现"四不像"的结果,在创作过程中,我们对创作团队反复要求,一定要统一写作风格,绝不能用写报告的刻板语言来写作,理论多、事例少、语言晦涩难懂尤为本书写作大忌。一些章节初稿完成后,经审稿发现,稿件内容对历史资料的处理存在不当之处,要么用写研究论文的风格,要么采用极为专业晦涩的术语来表述,后经创作团队反复琢磨、推敲、重新加工,最终才拿出相对满意的稿件,使得本书各章节内容在一定程度上实现风格统一。

其次,由于创作团队人员少、时间紧,本书在创作过程中存在许多力不从心之处。主要体现在,一是采访的相关历史见证者,包括参与过邮电分营、政企分开、国家邮政体制改革、外资快递进入中国等重要历史事件的国家邮政局、中外运集团、中国邮政集团公司,以及民营快递企业关键人物还不多,对这些人物的走访工作做得不够细致、全面,这无疑是本书的一大遗憾。二是本书对民营快递企业的发展介绍不够充分。作为史话,最能体现行业发展特征和矛盾冲突的便是这些时代造就的行业领军人物,但本书中对他们的创业历程和人物性格描述得不够丰满、生动。三是本书在数据的权威性方面有所欠缺,由于快递企业发展是一个动态的过程,在营业额、企业规模、人员数量、技术设备数量等方面不断更新变化,本书在完全做到数据的准确性方面难免有许多不足。四是本书对快递业法律法规的介绍也是一个短板,尤其在法律滞后导致行业发展问题频出、法律体系创新建设对行业发展推动等方面缺少有代表性的案例分析。五是本书年份断代到2017年,而快递行业是一个日新月异,新鲜事物层出不穷的行业,本书对行业内一些创新的商业模式、快递末端终端创新的解决方案等延伸度还不够,涉及面还不广。六是本书主要介绍了中国大陆快递业发展的历史情况,没有叙述香港、澳门、台湾地区快递业的发展情况,这是一个缺憾。待作者有机会时再予弥补。

鉴于编者水平有限,本书固然存在许多不足和瑕疵之处,但相信这样一本饱含集体智慧、内容丰富、观点新颖、传播导向明确的介绍行业发展史的专业图书,定会让读者耳目一新,获益匪浅。

希望读者开卷有益,能对中国快递业发展有一个系统、全面、清晰的认识,了解我国快递业辉煌与艰辛并存的发展历程,对这个行业曾经走过的路、迈过的坎有一种情感上的理解,也希望后来者站在新的起点上,能够励精图治、奋发图强,在业已取得巨大成就的基础上,扬帆远航,推动我国快递业发展再攀新高峰!

编者

2018 年 12 月 17 日